LIMITAÇÕES FORMAIS E MATERIAIS AO PODER DE TRIBUTAR

Oswaldo Othon de Pontes Saraiva Filho
Julio Homem de Siqueira
Américo Bedê Júnior
Daury César Fabriz
Junio Graciano Homem de Siqueira
Ricarlos Almagro Vitoriano Cunha

Coordenadores

Prefácio
Sacha Calmon Navarro Coêlho

LIMITAÇÕES FORMAIS E MATERIAIS AO PODER DE TRIBUTAR

2

Belo Horizonte

2021

© 2021 Editora Fórum Ltda.

É proibida a reprodução total ou parcial desta obra, por qualquer meio eletrônico, inclusive por processos xerográficos, sem autorização expressa do Editor.

Conselho Editorial

Adilson Abreu Dallari
Alécia Paolucci Nogueira Bicalho
Alexandre Coutinho Pagliarini
André Ramos Tavares
Carlos Ayres Britto
Carlos Mário da Silva Velloso
Cármen Lúcia Antunes Rocha
Cesar Augusto Guimarães Pereira
Clovis Beznos
Cristiana Fortini
Dinorá Adelaide Musetti Grotti
Diogo de Figueiredo Moreira Neto (*in memoriam*)
Egon Bockmann Moreira
Emerson Gabardo
Fabrício Motta
Fernando Rossi
Flávio Henrique Unes Pereira

Floriano de Azevedo Marques Neto
Gustavo Justino de Oliveira
Inês Virgínia Prado Soares
Jorge Ulisses Jacoby Fernandes
Juarez Freitas
Luciano Ferraz
Lúcio Delfino
Marcia Carla Pereira Ribeiro
Márcio Cammarosano
Marcos Ehrhardt Jr.
Maria Sylvia Zanella Di Pietro
Ney José de Freitas
Oswaldo Othon de Pontes Saraiva Filho
Paulo Modesto
Romeu Felipe Bacellar Filho
Sérgio Guerra
Walber de Moura Agra

FÓRUM
CONHECIMENTO JURÍDICO

Luís Cláudio Rodrigues Ferreira
Presidente e Editor

Coordenação editorial: Leonardo Eustáquio Siqueira Araújo
Aline Sobreira de Oliveira

Av. Afonso Pena, 2770 – 15º andar – Savassi – CEP 30130-012
Belo Horizonte – Minas Gerais – Tel.: (31) 2121.4900 / 2121.4949
www.editoraforum.com.br – editoraforum@editoraforum.com.br

Técnica. Empenho. Zelo. Esses foram alguns dos cuidados aplicados na edição desta obra. No entanto, podem ocorrer erros de impressão, digitação ou mesmo restar alguma dúvida conceitual. Caso se constate algo assim, solicitamos a gentileza de nos comunicar através do e-mail editorial@editoraforum.com.br para que possamos esclarecer, no que couber. A sua contribuição é muito importante para mantermos a excelência editorial. A Editora Fórum agradece a sua contribuição.

Dados Internacionais de Catalogação na Publicação (CIP) de acordo com a AACR2

L734	Limitações formais e materiais ao poder de tributar / Oswaldo Othon de Pontes Saraiva Filho...[et al.] (Coord.). – Belo Horizonte : Fórum, 2021. 531 p.; 14,5 x 21,5cm ISBN: 978-65-5518-308-5 Coleção Fórum Princípios Constitucionais Tributários. Tomo II 1. Direito Tributário. 2. Direito Constitucional. 3. Direito Processual. I. Saraiva Filho, Oswaldo Othon de Pontes. II. Siqueira, Julio Homem de. III. Bedê Júnior, Américo. IV. Fabriz, Daury César. V. Siqueira, Junio Graciano Homem de. VI. Cunha, Ricarlos Almagro Vitoriano. VII. Título. CDD: 341.39 CDU: 351.72

Elaborado por Daniela Lopes Duarte - CRB-6/3500

Informação bibliográfica deste livro, conforme a NBR 6023:2018 da Associação Brasileira de Normas Técnicas (ABNT):

SARAIVA FILHO, Oswaldo Othon de Pontes; SIQUEIRA, Julio Homem de; BEDÊ JÚNIOR, Américo; FABRIZ, Daury César; SIQUEIRA, Junio Graciano Homem de; CUNHA, Ricarlos Almagro Vitoriano (Coord.). *Limitações formais e materiais ao poder de tributar*. Belo Horizonte: Fórum, 2021. (Coleção Fórum Princípios Constitucionais Tributários – Tomo II). ISBN 978-65-5518-308-5.

SUMÁRIO

PREFÁCIO
Sacha Calmon Navarro Coêlho... 15

PRIMEIRA PARTE
LIMITAÇÕES FORMAIS AO PODER DE TRIBUTAR

O PRINCÍPIO DA EFICIÊNCIA EM MATÉRIA TRIBUTÁRIA
Ricardo Lobo Torres 23

1	Eficiência como princípio de legitimação	23
2	Princípio econômico e jurídico	24
3	Eficiência sob o prisma da política tributária	26
4	Princípio da eficiência e excesso de obrigações acessórias e complexidade do sistema tributário brasileiro...........................	28
5	Princípio da eficiência e excesso de exação...............................	28
6	Princípio da eficiência no controle dos gastos públicos.............	29
7	O tributo vinculado e a destinação de sua receita a finalidade diversa daquela que motivou sua instituição.............................	30
7.1	Tributo vinculado	30
7.2	Controle...	35

A VEDAÇÃO AO *BIS IN IDEM* E À BITRIBUTAÇÃO NO EXERCÍCIO DAS COMPETÊNCIAS RESIDUAIS (E DAS PRIVATIVAS)
Fernando Masagão, Ricardo Mariz de Oliveira 37

1	*Bis in idem* x bitributação. Definição do conteúdo do princípio em estudo...	38
2	O *bis in idem* na Constituição de 1988	45
3	A jurisprudência do STF a respeito..	46
4	A natureza da norma inserta no art. 154, I, da Constituição de 1988	48

O PRINCÍPIO DA PROIBIÇÃO DA BITRIBUTAÇÃO (*NON BIS IN IDEM*) – JURISPRUDÊNCIA E DOUTRINA. ENUNCIADOS
José Augusto Delgado 59

1	Introdução	59
2	Enunciados da jurisprudência do Supremo Tribunal Federal sobre o princípio da proibição da tributação	59
3	Três pronunciamentos da doutrina sobre o princípio da proibição da tributação	69
4	Conclusão	72

PRINCÍPIO DA VEDAÇÃO ÀS ISENÇÕES HETERÔNOMAS

Kiyoshi Harada 75

1	Introdução	75
2	Tratados e convenções internacionais	76
2.1	Fundamento dos tratados	76
2.2	Hierarquia dos tratados	77
3	Posição da jurisprudência do STF	79
3.1	Posição da jurisprudência do STF em matéria tributária	82
4	Isenção heterônoma. Conceito e origem	83
4.1	Conceito de isenção heterônoma	83
4.2	Origem da isenção heterônoma	84
5	Exame do art. 151, III, da Constituição	85
6	Isenções decorrentes de tratados e convenções internacionais...	86
7	Conclusão	88
	Referências	88

A LEGALIDADE E O IMPOSTO SOBRE GRANDES FORTUNAS: UMA BREVE ANÁLISE ACERCA DAS AÇÕES DIRETAS DE INCONSTITUCIONALIDADE POR OMISSÃO NºS 26 E 31 E DO MANDADO DE INJUNÇÃO Nº 4.733

Luís Carlos Martins Alves Jr. 91

1	Introdução	91
2	A ADO nº 31, a ADO nº 26 e o MI nº 4.733	93
3	As proposições legislativas e o IGF	102
4	Conclusões	103

PRINCÍPIO DA VEDAÇÃO À BITRIBUTAÇÃO (NON BIS IN IDEM): NOVAS FRONTEIRAS

João Sérgio Ribeiro, Andreia Barbosa 105

	Introdução	105
1	A bitributação jurídica e económica da renda	106
2	Métodos para eliminar a bitributação jurídica	108

2.1	Método da isenção	108
2.2	Método da imputação ou do crédito de imposto	109
2.3	Dedução	110
3	Métodos para eliminar a dupla tributação económica	111
4	A bitributação no domínio da tributação indireta	112
4.1	Especificidades concetuais – a bitributação em sede de IVA	113
4.2	Motivações e consequências da bitributação em sede de IVA	114
5	Métodos para eliminar a bitributação em sede de IVA	116
6	A bitributação – novas fronteiras (?)	117
	Conclusão	120

SEGUNDA PARTE
LIMITAÇÕES MATERIAIS AO PODER DE TRIBUTAR

REFORMA DO CUSTEIO DA PREVIDÊNCIA DO RPPS NA BERLINDA: EXAME DA COMPATIBILIDADE DA ADOÇÃO DE ALÍQUOTAS PROGRESSIVAS E DA PREVISÃO DE CONTRIBUIÇÃO EXTRAORDINÁRIA (ARTS. 1º E 11 DA EC Nº 103/2019) COM OS PRINCÍPIOS CONSTITUCIONAIS DA VEDAÇÃO DE CONFISCO, DA IGUALDADE E DO DEVIDO PROCESSO LEGAL

Oswaldo Othon de Pontes Saraiva Filho		123
1	Introdução	123
2	Considerações propedêuticas	126
3	Exame da constitucionalidade da EC nº 3/2019 concernente às previsões de alíquotas progressivas para contribuições previdenciárias do setor público e de contribuição extraordinária	127
4	Conclusão	162
	Referências	166

A EQUIDADE NA FORMA DE PARTICIPAÇÃO DO CUSTEIO DA SAÚDE, PREVIDÊNCIA E DA ASSISTÊNCIA SOCIAL

Gustavo Miguez de Mello, Luiz Carlos Simões, Isabel Fernanda Augusto Teixeira		169
I	Introdução	169
II	Breves considerações sobre a saúde, a previdência e a assistência social	170
III	Equidade no arcabouço jurídico pátrio	173
IV	A equidade como instrumento de custeio da saúde, da previdência e da assistência social	175
V	Conclusão	184

AS RESTRIÇÕES À CONCESSÃO DE REMISSÃO OU ANISTIA

Marcus Abraham 185

1   Introdução 185

2   Remissão e anistia e suas limitações no Código Tributário Nacional 186

2.1   A remissão 186

2.2   A anistia 187

3   As restrições constitucionais à concessão de remissão e anistia. 189

4   As restrições à concessão de remissão e anistia na Lei de Responsabilidade Fiscal 195

5   Conclusões 198

A SEGURANÇA JURÍDICA E A PROTEÇÃO DA CONFIANÇA

Misabel Abreu Machado Derzi 201

      Introdução 201

1   A proteção da confiança como princípio constitucional e suas relações com a irretroatividade e outros direitos fundamentais 204

1.1   Segundo a dogmática alemã e suíça 205

1.2   Delimitação geral do objeto da proteção da confiança aplicável ao Direito Público no Brasil 206

2   De plano: o princípio da proteção da confiança somente protege o cidadão/contribuinte ou o privado, contra o Estado .. 210

3   O que é digno de proteção? 212

4   O tempo e a irretroatividade dos atos do Poder Executivo e do Poder Judiciário, da proteção da confiança e a boa-fé objetiva... 216

5   As deformações do princípio da proteção da confiança no Direito Tributário nacional 220

6   Sobre os princípios, sua aplicação e relações 223

AS IMUNIDADES GENÉRICAS

Sacha Calmon Navarro Coêlho 227

      A imunidade intergovernamental recíproca 227

      A imunidade dos templos de qualquer culto, dos partidos, dos sindicatos e das instituições de assistência social e de educação 236

      A imunidade dos templos 241

      A imunidade dos partidos 243

      Considerações sobre imunidade das instituições partidárias, religiosas, sindicais, educacionais e assistenciais 244

      A imunidade dos livros, jornais, periódicos e do papel destinado à sua impressão 251

O PRINCÍPIO DA RENDA LÍQUIDA

Ramon Tomazela Santos 257

1   Introdução.. 257

2   O imposto sobre a renda na Constituição Federal.................. 258

3   O princípio da renda líquida.. 261

4   Conclusões.. 272

A CAPACIDADE CONTRIBUTIVA COMO PRESSUPOSTO DO
FENÔMENO DA TRIBUTAÇÃO

Raphael Silva Rodrigues 275

1   Introdução.. 275

2   Conceito de capacidade contributiva..................................... 276

2.1   Capacidade econômica e capacidade contributiva................ 283

2.2   Eficácia e alcance do princípio da capacidade contributiva........ 284

2.3   Medida da capacidade contributiva 293

3   Limitações sistêmicas ao princípio da capacidade contributiva. 295

4   Considerações finais... 296

INCENTIVOS E BENEFÍCIOS FISCAIS E O PRINCÍPIO DA
CAPACIDADE CONTRIBUTIVA

Betina Treiger Grupenmacher.. 299

1   Introdução.. 299

2   Tributação e solidariedade no estado fiscal........................... 300

3   Incentivos fiscais e benefícios fiscais. Espécies.................... 301

4   Capacidade contributiva, justiça fiscal e desonerações
tributárias... 303

    Considerações finais... 312

O PRINCÍPIO DA PROIBIÇÃO AOS EFEITOS DE CONFISCO:
ANOTAÇÕES INTRODUTÓRIAS

Karina Borges de Almeida, Julio Homem de Siqueira 315

    Introdução.. 315

1   Confisco e efeitos de confisco 315

2   Multa tributária e a proibição aos efeitos de confisco........... 320

3   Efeitos de confisco e efeitos proibitivos................................ 322

4   Efeitos de confisco e capacidade econômica......................... 323

    Considerações finais... 328

A IMPOSSIBILIDADE DE APLICAÇÃO DO DIREITO À NÃO AUTOINCRIMINAÇÃO NO PROCEDIMENTO DE FISCALIZAÇÃO TRIBUTÁRIA

Américo Bedê Junior, Lara Carvalho Breda 329

Introdução 329

1   O argumento histórico do princípio do *nemo tenetur se detegere* e a interpretação do texto constitucional... 332

2   O dever de colaboração em matéria tributária como viabilizador da igualdade e livre concorrência no mercado 336

3   O princípio da proporcionalidade como vetor interpretativo na análise dos limites do direito à não autoincriminação........... 340

      Conclusão.. 343

PRINCÍPIO DA LIMITAÇÃO AO TRÁFEGO DE PESSOAS OU BENS

Marilene Talarico Martins Rodrigues 345

      Liberdade de tráfego e pedágio.. 347

      Taxas pelo exercício do poder de polícia.................................... 350

      Da violação ao art. 145, II, da CF e artigos 77 e 79 do CTN........ 356

      Da violação ao art. 150, inciso V, da CF – que veda a limitação ao tráfego de pessoas e de bens – e ao art. 5º, XV, da CF – que garante o direito de locomoção com seus bens 357

      A inconstitucionalidade da exigência antecipada do pagamento da taxa 360

      Da ilegalidade da responsabilidade solidária dos proprietários dos estacionamentos – violação aos arts. 128 e 134 do CTN 361

      Da violação ao artigo 170 da CF – impedimento ao livre exercício de atividades econômicas 363

A PERCEPÇÃO DE RIQUEZA COMO SEGURANÇA JURÍDICA

Edison Carlos Fernandes 369

      Introdução.. 369

1   Identificação constitucional das riquezas a serem tributadas..... 370

2   Princípio da realização como a percepção da riqueza 372

      Conclusões 374

O PRINCÍPIO DA SEGURANÇA JURÍDICA EM MATÉRIA TRIBUTÁRIA

Paulo Roberto Lyrio Pimenta... 377

1   Introdução.. 377

2   O princípio da segurança jurídica 377

2.1   Noção inicial 377

2.2	Natureza	379
2.3	Fundamentos constitucionais	380
2.4	Conteúdo	383
3	A segurança jurídica no âmbito do sistema constitucional tributário	385
4	A segurança jurídica no Código Tributário Nacional	386
5	O princípio da proteção da confiança: dimensão subjetiva da segurança jurídica?	388
5.1	Noção	388
5.2	Origem	389
5.3	Pressupostos para aplicação	391
5.4	Autonomia	392
5.5	Fundamentos constitucionais	393
5.6	Aplicação no Direito Tributário	393
6	Conclusões	395

ALGUMAS NOTAS SOBRE O PRINCÍPIO DA NEUTRALIDADE FISCAL NO MODELO DO IMPOSTO SOBRE O VALOR ACRESCENTADO NA UNIÃO EUROPEIA

Clotilde Celorico Palma		397
1	Nota introdutória	397
2	Características essenciais do IVA	397
2.1	Características gerais	397
2.2	As operações tributáveis	400
2.3	Conceito de sujeito passivo	401
3	O princípio da neutralidade e o IVA	402
4	Conclusões	410

O PRINCÍPIO DA UNIVERSALIDADE – CONSIDERANDOS AO NÍVEL DA TRIBUTAÇÃO DA RENDA NO BRASIL E EM PORTUGAL

Paula Rosado Pereira		413
1	Princípio da universalidade – enquadramento geral	413
2	Decorrências do princípio da universalidade quanto à tributação da renda	415
2.1	Incidência objetiva ampla	416
2.2	Imposto único sobre o rendimento	417
2.3	Tributação global e unitária	418
2.4	Tributação limitada ao acréscimo patrimonial global	419
2.5	Tributação com carácter pessoal	419

2.6	Concretização do princípio da igualdade	420
3	Perspectiva ao nível do IRS português	421
3.1	Enquadramento	421
3.2	IRS – Amplitude da base de incidência	421
3.3	IRS – Imposto semidual	422
3.4	A natureza semidual do IRS e os princípios materiais	425
4	Conclusões	427

PRINCÍPIO DA NEUTRALIDADE FISCAL TRIBUTÁRIA: A PROGRESSIVIDADE NO DIREITO BRASILEIRO

Silvia Faber Torre		429
1	Incidência da tributação progressiva: impostos pessoais e reais	432
2	Imposto sobre a renda e proventos de qualquer natureza	435
3	Imposto sobre propriedade territorial urbana	439
4	Imposto Territorial Rural	445
5	Imposto sobre transmissão causa mortis e doação de quaisquer bens ou direitos	447
6	Imposto sobre a Transmissão Intervivos de Bens Imóveis (ITBI)	450

O PRINCÍPIO DA PROGRESSIVIDADE TRIBUTÁRIA: CONCEITO FUNDAMENTAL E BREVES CONSIDERAÇÕES PRÁTICAS NO IR, IPTU, ITBI E ITR

Marcelo Campos, Andressa Gomes		453
I	Introdução	453
II	Sistema constitucional tributário brasileiro: rápidas considerações	454
III	Os princípios da capacidade contributiva e a progressividade em matéria tributária	455
IV	A progressividade no Imposto de Renda das pessoas físicas	461
V	A progressividade no Imposto sobre a Propriedade Predial e Territorial Urbana	462
VI	A progressividade no imposto sobre transmissão *inter vivos*, a qualquer título, por ato oneroso, de bens imóveis, por natureza ou acessão física, e de direitos reais, exceto os de garantia, bem como cessão de direitos a sua aquisição	465
VII	A progressividade no Imposto sobre a Propriedade Territorial Rural	467
	Conclusão	467

AS NOTAS DISSONANTES DO PRINCÍPIO CONSTITUCIONAL DA CAPACIDADE CONTRIBUTIVA

Maurin Almeida Falcão.. 469

I	Os fundamentos da justiça fiscal..................................... 469
II	A fragilidade do princípio constitucional da capacidade contributiva.. 472
III	Conclusão... 477

ABORDAGEM DIALOGAL ENTRE O DIREITO E A ECONOMIA

Agostinho do Nascimento Netto.. 479

1	Introdução.. 479
2	Diálogo (possível) entre a Ciência Econômica e a Ciência do Direito... 480
3	Tributação conceitualmente adequada............................. 483
4	Princípio fiscal tributário da neutralidade....................... 485
5	Constitucionalização expressa do princípio fiscal tributário da neutralidade 488
	Conclusões.. 491

IN DUBIO CONTRA FISCUM. ANÁLISE DO PRECEITO FRENTE AOS CONTEMPORÂNEOS PARADIGMAS DE INTERPRETAÇÃO DO DIREITO

Thais de Laurentiis 493

1	Introdução.. 493
2	Linhas gerais sobre o *in dubio contra fiscum*................... 494
2.1	Histórico da concepção do *in dubio contra fiscum* 494
2.2	Certeza do conceito e incerteza da natureza jurídica................. 495
3	Pressupostos acerca do trabalho hermenêutico no Direito 497
3.1	Interpretação no Direito: atribuição de significado aos textos.... 497
3.2	Interpretação do Direito Tributário: o falso problema da autonomia 499
4	Utilização do *in dubio contra fiscum* atualmente 501
4.1	Do caminho doutrinário de abandono do *in dubio contra fiscum* 501
4.2	Da desnecessidade do *in dubio contra fiscum* para a garantia dos direitos dos contribuintes no caso concreto 506
5	Síntese conclusiva 508

PRINCÍPIOS RELATIVOS AO LANÇAMENTO TRIBUTÁRIO

Oswaldo Othon de Pontes Saraiva Neto 511

I	Introdução.. 511

II	Do princípio da verdade material como forma de compensação do contraditório mitigado no processo administrativo fiscal	512
III	Do ônus da prova e o princípio do *in dubio contra fiscum*	513
IV	Motivação do ato administrativo vinculado e controle externo do lançamento	514
V	Princípio da inalterabilidade do lançamento: irrevogabilidade e imutabilidade dos critérios jurídicos adotados como fundamento	516
VI	Do princípio da inalterabilidade do lançamento e dos limites à retificação da Certidão de Dívida Ativa nos autos da Execução Fiscal	517
VII	Conclusões	523
	Referências	525

SOBRE OS AUTORES 527

PREFÁCIO

Introito

No tocante aos trabalhos que tenho a honra de prefaciar, inseridos no livro que Oswaldo Othon de Pontes Saraiva Filho juntamente com outros juristas coordenaram, os li a voo de pássaros, mas com olhos de águia.

Deles não vou falar, nem devo, um por um. Graça não teria e quem sou eu para dizer de cada qual o que merecem. É afazer do leitor.

Meu amigo Othon, um viking do Direito Tributário em constante movimentação, merece encômios pelo esforço de unir tantos talentos a bem da tributarística brasileira.

Prólogo

Para nós, o Direito, "fato social", apresenta-se profundamente imerso no devir da história. É mesmo o reflexo, no plano da cultura, dos valores e interesses sociais dominantes, diversos no tempo e no espaço. A sociedade é o meio em que o Direito medra e se desenvolve. Assim como a árvore surge e vive da terra, o Direito brota e existe em razão do "chão" social. E o que é a sociedade senão o conviver contínuo de seres humanos em momentos e lugares historicamente dados?

Da convivência, é intuitivo, resultam modos de organizar as relações inter-humanas, desde as relações de produção até as de cunho cultural. E, assim, nascem as instituições como pontos de articulação da vida social. Neste panorama sobressai o Direito, enquanto instrumento regulador de condutas e de organizações comunitárias.

É interessante notar que a "estrutura social" das coletividades humanas apresenta um alto grau de coerência entre os seus elementos componentes, muito embora a profunda e estonteante complexidade das modernas sociedades obscureça este fato. Para desvelar o véu que recobre a organicidade intrínseca de toda a sociedade, é preciso vislumbrá-la desde o seu ponto de partida. A primeira coisa que o homem faz juntamente com os seus semelhantes é produzir para viver. Produzindo, convivem. O modo de conviver vai depender, então, do modo como produzem. Não são, ou foram, as sociedades "caçadoras" diversas das sociedades "pastoras" no modo como se estruturaram?

Ao produzirem, para viver, os homens usam instrumentos, aplicam conhecimentos, inventam técnicas, agregam experiências que, em última análise, decidem sobre o tipo de relações que haverão de manter entre si. O homem é, antes de tudo, um ser-de-necessidades ou *homo necessitudinis*. Para satisfazer às suas necessidades básicas, sempre presentes, sempre prementes, tem de agir, isto é, *trabalhar*. Eis o *homo faber*. Dessarte, para satisfazer às suas necessidades, o homem "trabalha" a natureza, humanizando-a. Catando frutos, caçando, pescando, plantando, domesticando animais, minerando ou transformando os metais, industrializando as matérias-primas ou comerciando, o *homo faber* arranca da natureza sustento para a sobrevivência com o "suor do seu rosto". Ao trabalhar constrói a si próprio, sobrevive. A história nada mais é do que a história do homem e de seu fazer pelos tempos adentro. Seria impossível entendê-la e as sociedades que sucessivamente engendrou, sem referi-las fundamentalmente às relações de produção, que o modo de produzir dos homens em cada época e de cada lugar tornou possíveis e plausíveis. As relações sociais, econômicas e culturais da sociedade primitiva, da sociedade grega, romana, árabe ou visigótica, da sociedade medieval, da sociedade capitalista foram condicionadas por diferentes estruturas de produção. Ora, *todas essas sociedades*, como de resto, todas as comunidades humanas, atuais e pretéritas, foram e são *articuladas juridicamente*.

Fenômeno do mundo da cultura, o Direito está inegavelmente enraizado no social. Contudo, embora o discipline, paradoxalmente, é um seu reflexo. Isto porque é radicalmente instrumental. Mas o fenômeno jurídico não se reduz ao puro instrumento normativo.

Da vida em sociedade brota o Direito. *Ex facto oritur jus*. Robinson Crusoé, em sua ilha deserta, é a imagem clássica da impossibilidade do Direito pela ausência de intersubjetividade. O "ser" e o "outro", convivendo, realçam o social, e, por certo, do *fato social* projetam-se interesses, carências e aspirações a suscitar regulação. Daí os valores. E são eles que fecundam o Direito. Se o Direito é dever-ser, é dever-ser de algo, já o disse Vilanova, o recifense, como a sublinhar que o axiológico não paira no ar, desvinculado da concretude da vida. Os valores não são entes etéreos ou coleção de imperativos morais, imutáveis e intangíveis, tais quais essências sacrossantas. Não são supra-humanos nem nos chegam *ab extra*. Projetam-se do homem-na-história, do homem concreto, de um estar-aí-no mundo-com-os outros. *Das necessidades* às aspirações, e daí às normas. Assim, se o Direito está na norma, por certo brotou do espaço cultural de cada povo com as suas aspirações e seus valores, epifenômenos da experiência social, nucleada à volta do processo de reprodução da vida humana.

Ocorre que os critérios e valores que informam historicamente a construção das "legalidades vigentes" trazem a marca dos interesses concretos, até mesmo conflitantes, que do fundo mais profundo da sociedade emergem à luz, colimando "formalização" e "juridicidade". Trata-se então de dar "forma", "eficácia" e "vigência" a prescrições que se reputam "certas" e "necessárias" à convivência humana e à "ordem pública". Tudo isto é feito através de "instituições" que repassam para a ordem jurídica os conflitos de interesses existentes no meio social. O Estado, assim como o *Direito*, são instrumentos de compromisso. Por isso mesmo se diz que o Direito é "um fenômeno social", um fenômeno de "acomodação". Há sempre uma relação de coerência entre sociedade e Direito.

A cada sociedade corresponde uma estrutura jurídica. O Direito da velha Atenas não serviria, é intuitivo, à moderna sociedade americana. Uma sociedade cuja estrutura de produção estivesse montada no trabalho escravo – o que ocorreu até bem pouco tempo – não poderia sequer pensar em capitalismo e, consequentemente, em *viabilizá-lo* através de um Direito do trabalho baseado no regime de salariado. Sem dúvida, o homem é quem elabora os sistemas sociais e o próprio Direito, e isto lhe é dado fazer, porque é dotado de inteligência, consciência e vontade. No mundo cultural, nada sucede a não ser através do psiquismo do *homo sapiens*. Mas, antes dele, há o *homo faber* e, antes deste, o *homo necessitudinis*. O espírito humano não vive no vazio nem retira do éter juízos, ideias e planos. Ao organizar a sociedade e o Direito, o homem não opera desvinculado da realidade.

Quem pensa, age e constrói o mundo cultural, o mundo do Direito, é o homem, não o "homem-em-si, mas o homem real, o homem concreto. O "eu", já o disse o jusfilósofo,[1] "é uma relação", "relação com o mundo exterior, com outros indivíduos. O Eu é como um sino: se houvesse o vácuo social em torno dele, nada se ouviria". E mais: "Cultural na sociedade é, portanto, sua própria organização. A organização é obra do homem cujo ser, cuja alma, cujo pensamento se expressam no conjunto de relações que dele fazem um primitivo, um bárbaro, um grego, um romano, um medieval, um tipo da Renascença ou da sociedade industrial moderna ou um proprietário, um escravo, um servo ou um proletário". O pensamento humano e seus produtos culturais são desde sempre

---

[1] LIMA, Hermes. *Introdução à ciência do direito*. 12. ed. Rio de Janeiro: Freitas Bastos, 1962, p. 15 *et seq.*

"produtos sociais". A capacidade de trabalhar por meio de conceitos não só forneceu ao homem instrumentos eficientes de se resolverem problemas práticos como transplantou a vida mental do plano sensorial para um mundo de símbolos, ideias e valores.

A ideia do Direito liga-se à ideia de conduta e de organização. O Direito valoriza, qualifica, atribui consequências aos comportamentos em função da utilidade social sugerida pelos valores da sociedade a que serve. Para o Direito – instrumento de organização – a conduta é o momento de uma relação entre pessoas (relação intersubjetiva) e não o momento da relação entre pessoa e divindade ou sua consciência, seu foro íntimo. Seu problema específico é estabelecer a legalidade fornecedora dos critérios através dos quais é possível às pessoas produzir, dispor e gozar dos bens, dirimir conflitos sociais e interpessoais, inibir ações indesejáveis e punir as transgressões. "A ordem jurídica é o sistema de legalidade do Estado, expresso no conjunto de normas existentes".[2]

O Direito é uma testemunha dos tempos. A análise das "legalidades vigentes" permite retratar as sociedades humanas em todos os seus planos e aspectos.

Tudo quanto dissemos, bem o sabemos, não é novo. Mas há algo que é preciso realçar. Algo extremamente duro e dramático. A história da humanidade, de um modo geral, tem sido desde sempre, da barbárie aos nossos dias, uma sucessão incessante de traumas, desigualdades, conflitos, destruição e morte. Por toda parte, em todo tempo, apesar de um contínuo progresso no domínio das ciências e das técnicas, dor, sangue e sofrimento, juntamente com um desejo ardente e sempre renovado de superar a precariedade da condição humana, têm sido a sina e a meta da humanidade. Esta luta entranha-se no próprio estofo da história: luta de homens, de raças, de classes, de povos. Não é só a humanidade que é partida. As sociedades e o homem também o são.

O Direito enquanto *ordem positiva* reflete, tem refletido, o que lhe vai pela base. Ele é a prova acabada da nossa imperfeição. Instrumento de disciplinamento das coletividades, através da *planificação prévia* dos comportamentos desejáveis, tanto tem servido a Agostinho e a sua *Civitas Dei* quanto a Hitler e o seu *Reich* de mil anos, com igual eficácia.

Este seu caráter instrumental – técnica aperfeiçoada que é de obtenção de comportamentos – tem levado os juristas, com desespero, a gritar que o *Direito* preexiste ao *Estado*, sua fonte, e que existe à margem

---

[2] LIMA, Hermes. *Op. cit.*, p. 38.

e até mesmo contra a *lei*, seu veículo. E, por isso, "nem tudo que é legal justo é". Por certo, tiranias e injustiças do pretérito e do presente, a leste e a oeste, sustentam este grito. O Direito jamais foi sinônimo de justiça. A lei tem sido aqui e alhures, agora como antanho, mais um instrumento de reprimenda do que de libertação. As "ordens positivas" são feitas pelos "donos do poder", pouco importando a ideologia que professem. Tem sido necessário, pois, gritar a existência de um Direito natural, anterior e acima do Estado. Só que este Direito não é reconhecido pelos Tribunais, não regula o dia a dia dos homens, nem jamais estancou a opressão e o arbítrio. É e tem sido sempre, literalmente, um grito de revolta destituído de positividade. Quando muito serve de *padrão* para dizer como o "*Direito-que-é*" deveria ser. Temos a convicção de que a *justiça* é algo que se coloca pra lá das "legalidades vigentes".[3]

A *civitas maxima*, reino da abundância e da liberdade, notificada pela escatologia cristã e marxista, se algum dia vier a ocorrer sobre a face do planeta, não ocorrerá *ex lege*. Apostar na *civitas maxima* é apostar naquilo que de melhor a humanidade pode oferecer. Todos aspiramos à justiça. Todos ansiamos pela racionalidade na organização da vida e das sociedades. Todos nos comovemos com a fé dos que creem no homem e no fim dos tempos. Seremos uma só humanidade, o lobo pastará com o cordeiro, e o Direito se confundirá com a justiça. Este ideal esteve na boca de todos os profetas e persiste seduzindo nossos espíritos. Contudo, não será crendo ou filosofando que acrescentaremos gramos de justiça ao dia a dia das gentes. Esta só virá em função da luta dos próprios interessados. Em suma, a justiça não vem nunca de quem aplica a lei, mas de quem a sofre. A solução está fora do *Direito*, por isso que está na história, nas práxis. Quanto se lute para que mais livre, igualitária e digna seja a "base da sociedade" – lá onde os homens produzem para viver –, mais justa ela será, e mais justo será o *Direito*.

Lewis H. Morgan,[4] sociólogo, antropólogo e historiador norte-americano, depois de dedicar toda a sua vida ao estudo da sociedade e do progresso humano, tanto que intitulou a sua obra-prima de "Investigações sobre o progresso humano desde o estado selvagem até a civilização através da barbárie", à altura da página 497 do seu monumental livro, dá-nos o seu julgamento da história e da civilização:

---

[3] Não obstante, os *valores* que se formam no tecido social "penetram" o *direito posto*, influenciando na aplicação das *normas*, conferindo-lhes *valências* novas.

[4] MORGAN, Lewis H. *La sociedad primitiva*. Trad. Alfredo Palacios. México: Pavlov, 1977.

"Desde o advento da civilização, chegou a ser tão grande o aumento da riqueza, assumindo formas tão variadas, de aplicação tão extensa, e tão habilmente administrada no interesse dos seus possuidores, que ela, a riqueza, transformou-se numa força irredutível, oposta ao povo. A inteligência humana vê-se impotente e desnorteada diante de sua própria criação. Contudo, chegará um tempo em que a razão humana será suficientemente forte para dominar a riqueza e fixar as relações do Estado com a propriedade que ele protege e os limites aos direitos dos proprietários. Os interesses da sociedade são absolutamente superiores aos interesses individuais, e entre uns e outros deve estabelecer-se uma relação justa e harmônica. A simples caça à riqueza não é a finalidade, o destino da humanidade, a menos que o progresso deixe de ser a lei no futuro, como tem sido no passado. O tempo que transcorreu desde o início da civilização não passa de uma fração ínfima da existência passada da humanidade, uma fração ínfima das épocas vindouras. A dissolução da sociedade ergue-se, diante de nós, como uma ameaça; é o fim de um período histórico – cuja única meta tem sido a propriedade da riqueza – porque esse período encerra os elementos de sua própria ruína. A democracia na administração, a fraternidade na sociedade, a igualdade de direitos e a instrução geral farão despontar a próxima etapa superior da sociedade, para a qual tendem constantemente a experiência, a ciência e o conhecimento. Será uma revivescência da liberdade, igualdade e fraternidade das antigas gens, mas sob uma forma superior".

Sacha Calmon Navarro Coêlho
Coordenador do curso de especialização em Direito Tributário das Faculdades Milton Campos. Ex-professor titular das Faculdades de Direito da UFMG e da UFRJ. Ex-presidente da Associação Brasileira de Direito Financeiro no Rio de Janeiro. Ex-procurador chefe da Procuradoria Fiscal de Minas Gerais. Ex-juiz federal. Autor do *Curso de Direito Tributário Brasileiro* (Ed. Forense). Advogado.

PRIMEIRA PARTE

LIMITAÇÕES FORMAIS AO PODER DE TRIBUTAR

O PRINCÍPIO DA EFICIÊNCIA
EM MATÉRIA TRIBUTÁRIA[1]

RICARDO LOBO TORRES

1 Eficiência como princípio de legitimação

A legitimação do Estado de Direito, fundada no contrato social e na liberdade, igualdade e fraternidade, que havia chegado ao impasse no período de vigência do positivismo jurídico (de meados do séc. XIX a meados do séc. XX), renova-se sob a perspectiva do Estado Democrático de Direito nas últimas décadas do séc. XX. A legitimação passa fundar-se no neocontratualismo e na afirmação procedimental da liberdade, da justiça e da segurança jurídica, o que postula a intermediação dos princípios formais da ponderação e da razoabilidade, da igualdade, da transparência, da clareza e da eficiência, que se irradiam pelo elenco dos princípios fundamentais (art. 1º da CF) e dos princípios vinculados à liberdade, à justiça e à segurança (arts. 5º, 6º, 7º, 150, 170, 195, 196, 208).

Nesse contexto a eficiência é um princípio de legitimação ou de justificação por ser vazia, destituída de conteúdo material, cabendo-lhe equilibrar e harmonizar os outros princípios constitucionais da tributação e os próprios valores presentes no Direito Tributário, como a liberdade, a justiça e a segurança jurídica.

Mas a eficiência não opera apenas no plano da legitimação ou da justificação do Direito Tributário, senão que tem papel relevante

---

[1] Artigo adaptado do artigo publicado no livro *"Pesquisas Tributárias – Nova Série nº 12"*, de coordenação do Professor Ives Gandra da Silva Martins.

no momento de aplicação dos princípios e regras jurídicas. Prefere Humberto Ávila, nessa dimensão prática, chamá-la de postulado aplicativo.[2]

2 Princípio econômico e jurídico

A eficiência surge no pensamento ocidental como princípio econômico. Só recentemente, com a emergência da globalização e o renascimento do liberalismo, é que ganha a conotação de princípio jurídico.

Desde o início da doutrina liberal preocupavam-se os economistas com o problema da eficiência, principalmente no domínio da tributação. Adam Smith esboçou as quatro máximas sobre os impostos: igualdade (capacidade contributiva), certeza (segurança jurídica), comodidade e economia na cobrança (eficiência).[3] Esta última se consubstanciava na afirmativa de que "todo o imposto deve ser arquitetado tão bem que tire o mínimo possível do bolso das pessoas para além do que traz para o erário público".[4]

O economista W. Pareto foi o responsável pela formulação mais refinada do princípio, que ficou conhecida como o "ótimo de Pareto": a

---

[2] Moralidade, Razoabilidade e Eficiência na Atividade Administrativa. *In: Revista Eletrônica de Direito do Estado*, p. 24, acesso em: 17 mar. 2006: "A razoabilidade e a eficiência não são meros *topoi* sem forma nem conteúdo, mas postulados específicos que estruturam a aplicação de princípios e regras"; ICMS. Substituição Tributária. Base de Cálculo. Pauta Fiscal. *In: Revista Dialética de Direito Tributário*, 123: 126, 2005: "A eficiência é, pois, uma meta norma ou norma de segundo grau. Sozinha, ela sequer tem sentido, pois depende sempre de um objeto cuja aplicação irá pautar".

[3] *Inquérito sobre a Natureza e as Causas da Riqueza das Nações*. Lisboa: Fundação Caloustre Gulbenkiam, 1950, v. 2, p. 485-487.

[4] *Id. Ibid.*, p. 487. Explicava Adam Smith o alcance da máxima de forma negativa, pela visão da ineficácia e da onerosidade da cobrança: "um imposto pode tirar ou afastar do bolso das pessoas muito mais do que arrecada para o tesouro público das quatro maneiras seguintes. Em primeiro lugar, o seu lançamento poderá requerer um grande número de oficiais cujos ordenados podem consumir a maior parte do produto do imposto e cujos emolumentos podem impor outra taxa adicional sobre o povo. Em segundo lugar, pode obstruir a iniciativa das pessoas e desencorajá-las de se aplicarem em certos ramos de negócio que poderiam garantir sustento e emprego a grande número de pessoas. Em terceiro lugar, pela confiscação e outras sanções em que incorrem esses infelizes, tentando, sem êxito, evadir-se dos impostos, pode muitas vezes levá-los à ruína, e desse modo acabar com o benefício que a comunidade poderia ter recebido do investimento dos seus capitais. Em quatro lugar, ao sujeitar o povo a freqüentes inspeções e ao exame odioso dos cobradores de impostos, pode expô-lo a desnecessárias dificuldades, vexames e opressões. É numa ou noutra destas quatro diferentes maneiras que os impostos são freqüentemente mais onerosos para as pessoas do que benéficas para o soberano".

eficiência consiste na situação em que é impossível melhorar a utilidade de uma das pessoas sem reduzir a de outra.[5]

Com a globalização da economia e as novas formulações teóricas, a eficiência transmigra para o campo do Direito.

Richard Posner, magistrado e professor de Direito americano, tenta introduzir na temática jurídica, a partir da disciplina por ele apelidada de Análise Econômica do Direito, o princípio da eficiência, que teria por objetivo, dentro de sua visão utilitarista, garantir "maximização da riqueza" (*wealth maximization*), entendida a riqueza como valor social.[6] Diz Posner que a sua teoria não é ética, mas pragmática.[7]

Mas é com a obra capital de John Rawls, intitulada "Uma Teoria da Justiça", que o tema da eficiência abandona as suas premissas utilitaristas e passa a ser examinado sob a perspectiva dos princípios jurídicos. Rawls aproveita em parte a sugestão de Pareto e afirma que "um sistema de direitos e deveres na estrutura básica é eficiente se e apenas se é impossível mudar as regras, para redefinir o esquema de direitos e deveres, de forma a que cresçam as expectativas das pessoas representativas (pelo menos uma) sem que ao mesmo tempo diminuam as expectativas de algumas (pelo menos uma) outras pessoas representativas".[8] Mas Rawls entende que o "princípio da eficiência permite que haja diversas configurações"[9] na alocação de recursos ou na distribuição de bens. Daí se segue que "o princípio da eficiência não serve apenas como concepção da justiça",[10] porém deve ser balanceado também com a equidade e com a concepção da igualdade liberal (*liberal equality*), entendida esta última como igualdade de chance, capaz de suprir as insuficiências da liberdade material apoiada na distribuição desigual de talentos e aptidões.

A eficiência, do ponto de vista jurídico, por conseguinte, afirma-se como concepção ponderada de princípios e valores, o que permite o aprofundamento da sua dimensão argumentativa, em parte descuidada por Rawls, que adotou posição monológica.[11]

---

[5] Cf. SEN, Amartya. *Ethique et Économie*. Paris: PUF, 1993, p. 32; MATHIS, Klaus. *Effizienz staatt Gerechtigkeit? Auf der Suche nach den philosphischen Grundlagen der ökonomischen Analyse des Rechts*. Berlin: Duncker & Humblot, 2004, p. 44.

[6] *Frontiers of Legal Theory*. Cambridge: Harvard University Press, 2001, p. 100.

[7] *Id., ibid.*, p. 102: "*And there is a pragmative justification*". Posner entende a pragmática no velho sentido empiricista americano e não na vertente discursiva.

[8] *A Theory of Justice*. Oxford: Oxford University Press, 1980, p. 70.

[9] *Ibid.*, p. 70: "*The principle of efficiency allows then that there are many efficient configurations*".

[10] *Ibid.*, p. 71: "*The principle of efficiency cannot serve alone as a conception of justice*".

[11] Cf. K. MATHIS, *op. cit.*, p. 139.

O princípio da eficiência se coloca em permanente tensão e busca se equilibrar com os princípios da equidade na distribuição de bens e da solidariedade.[12]

Nesse contexto a eficiência exibe a eficácia típica dos princípios de legitimação e vincula não só a Administração (art. 37, *caput*, da Constituição), mas também o Legislativo e o Judiciário. Mas a eficácia dos princípios de legitimação opera indiretamente pelo controle sobre os princípios dotados de conteúdo, ligados à liberdade, justiça e segurança, que tenham sido distorcidos em sua aplicação pela ineficiência da ação estatal, sendo eminentemente instrumental.[13]

Resumindo, oferecemos as seguintes respostas à questão proposta:

a) A eficiência se conceitua como princípio de legitimação de valores e princípios constitucionais vinculados a valores ou, no plano prático, como postulado aplicativo;

b) A eficiência, como princípio vazio, não tem limites materiais, mas apenas limites formais, procedimentais e argumentativos;

c) Sim, ele é de observância obrigatória pelos três poderes, mas a sua eficácia é meramente instrumental.

3 Eficiência sob o prisma da política tributária

O que distingue uma autêntica política tributária de uma singela política de arrecadação, pelo prisma da eficiência, é a adesão, por parte da legislação, da jurisprudência e da administração, à pluralidade dos princípios de legitimação do ordenamento tributário.

A eficiência convive com os demais princípios de legitimação, sem os quais é impensável a ordem tributária livre, justa e segura. Assim, os princípios da razoabilidade, ponderação, igualdade, praticabilidade,

---

[12] Cf. BUCHANAN, James. *The Limits of Liberty. Between Anarchy and Leviathan*. Chicago: The University of Chicago Press, 1975, p. 90 e 97; MUSGRAVE, R. *El Futuro de la Política Fiscal*. Madrid: Instituto de Estudios Económicos, 1980, p. 90; SHAVEL, S. "A Note on Efficiency vs. Distributional Equity in Legal Rulemaking". *American Economic Review* 71 (2): 414-418, 1981; KAPLOW, L. "Horizontal Equity: Measures in Search of a Principle". *National Tax Journal* 42 (2): 139-154, 1989; THÉRET, Bruno. "Neo-liberalism, Inegalités Sociales et Politiques Fiscales de Droit et de Gauche dans la France des Annés 1980". *Revue Française de Science Politique* 41 (3): 357; DWORKIN, R. *A Matter of Principle*. Cambridge: Harvard University Press, 1985, p. 267.

[13] Vide TORRES, Ricardo Lobo. *Tratado de Direito Constitucional e Financeiro. V. 2. Valores e Princípios Constitucionais Tributários*. Rio de Janeiro: Renovar, 1995, p. 195, 232 e seguintes. Cf., tb., MODESTO, Paulo. Notas para um Debate sobre o Princípio Constitucional da Eficiência. *Revista Diálogo Jurídico* 1 (2): 8, 2001. www.direitopúblico.com.br. Acesso em: 17 mar. 2006.

simplificação, concorrência, economicidade e transparência devem necessariamente informar o sistema tributário, em íntima articulação com o princípio da eficiência.

A eficiência se aproxima da razoabilidade e da ponderação porque o sistema de tributação carece do balanceamento entre a liberdade e a justiça e entre os seus princípios dotados de conteúdo.[14]

Sem igualdade é impossível a eficiência, que exige a igual distribuição de bens.[15]

A praticabilidade envolve simultaneamente os princípios da transparência, simplificação e eficiência.[16]

A simplificação é corolário da eficiência, tendo em vista que só o sistema tributário simples pode se tornar eficiente.[17]

A proteção da concorrência, hoje elevada a princípio constitucional (art. 146-A, da CF, introduzido pela EC nº 42/03), tem entre os seus objetivos alcançar a eficiência e a simplificação do sistema tributário, inclusive no plano internacional.[18]

A economicidade aparece também em íntimo relacionamento com a eficiência, pois significa sobretudo eficiente alocação de recursos, que possa levar ao maior proveito do Fisco com o menor gasto operacional.[19]

A transparência também se vincula permanentemente à eficiência, pois a sua prática visa a manter o sistema tributário eficiente.

Em síntese, o que distingue, pelo prisma da eficiência, uma autêntica política tributária, é a adesão à pluralidade dos princípios de legitimação do ordenamento tributário, nomeadamente a igualdade, a razoabilidade, a ponderação, a praticabilidade, a simplificação, a concorrência, a economicidade e a transparência.

---

[14] Cf. J. RAWLS, *op. cit.*, p. 71; K. MATHIS, p. 204.

[15] Cf. J. RAWLS, *op. cit.*, p. 71.

[16] TIPKE, Klaus/LANG, Joachim. *Steuerrecht*. Köln: O. Schmidt, 2002, p. 17, inclui na máxima da praticabilidade (*Praktibilität*) a determinação (*Bestimmtheit*), a transparência (*Transparenz*), a simplicidade (*Emfachheit*) e a minimização dos custos (*Wohlfeheit*).

[17] Cf. RUPPE, Hans Georg. "Steuer Gleichheit als Grenze der Steuervereinfachung". *In:* FISCHER, Peter (Ed.). *Steuervereinfachung*. Köln: Dr. Otto Schmidt, 1998, p. 47.

[18] Cf. KIRCHHOF, Paul. Steuergleichheit durch Steuervereinfachung. *In:* P. FISCHER (Ed.). *Steuervereinfachung, cit.*, p. 19; SCHMIDT-PREUSS, Mattias. Rechtliche Rahmenbedingungen selbstregulativer Gemeinwohlverwirklichung. *In:* KIRCHHOF, Paul (Ed.). *Gemeinwohl und Wettbewerb*. Heidelberg: C. F. Müller, 2005, p. 25; RENZSCH, Wolfgang. Reform der Finanzverfassung zwischen ökonomischer Effizienz, bundesstaatlicher Funktionalität und politischer Legitimität. *In:* BÜTTNER, Thiers (Hrsg.). *Finanzverfassung und Föderalismus in Deutschland und Europa*. Baden-Baden: Nomos, 2000, p. 40.

[19] C. BUGARIN, Paulo Soares. O Princípio Constitucional da Eficiência: um Enfoque Doutrinário Multidisciplinar. *Fórum Administrativo*, 3: 237-242, 2001.

4 Princípio da eficiência e excesso de obrigações acessórias e complexidade do sistema tributário brasileiro

O excesso de obrigações tributárias e a complexidade do sistema tributário não são compatíveis com o princípio da eficiência. Antes, conduzem à ineficiência da tributação no Brasil.

A simplificação fiscal passa necessariamente pelo alívio das obrigações acessórias, pela clareza na elaboração das regras de incidência e pela harmonização das legislações dos diversos entes públicos.

Bom exemplo, entre nós, tem sido o sistema que ficou conhecido como "Simples" e que tem por objetivo unificar as diversas incidências fiscais e facilitar o cumprimento das obrigações pelas pequenas e médias empresas.

A substituição tributária progressiva ou "para frente" é outro instrumento de simplificação fiscal, que pode conduzir à maior eficiência do sistema.

Em síntese, o excesso de obrigações acessórias e a complexidade do sistema tributário brasileiro, com multiplicação de incidências das diversas esferas impositivas sobre a renda, o patrimônio e os serviços, são incompatíveis com o princípio da eficiência.

5 Princípio da eficiência e excesso de exação

A ineficiente proteção ou a desconsideração manifesta dos direitos da liberdade do contribuinte pode configurar excesso de exação.

Já vimos, no item 1, que, com o princípio de legitimação, a eficiência leva à harmonização da liberdade e da justiça no sistema tributário. Em consequência, a ineficiência, a desproporcionalidade, a irrazoabilidade, a desigualdade, a complexidade, a opacidade e a incoerência, manifestamente introduzidas pela autoridade administrativa no ato normativo ou na prática tributária, implicam ofensa à liberdade e discriminação injustificável contra os contribuintes, tornando-se suscetíveis de controle jurisdicional.[20]

---

[20] TORRES, Ricardo Lobo. *Tratado de Direito Constitucional Financeiro e Tributário*. vol. 3. Rio de Janeiro: Renovar, 2005, p. 434.

6 Princípio da eficiência no controle dos gastos públicos

A legitimidade da imposição tributária depende do controle dos gastos públicos. Só a gestão eficiente e responsável da despesa pública pode legitimar a cobrança dos tributos. A CF prevê, no art. 70, que o controle da execução orçamentária deve observar os princípios da legalidade, economicidade e legitimidade dos gastos do governo.

A Constituição da Espanha prevê no art. 31, 2: "El gasto público realizará una arrogación equitativa de los recursos públicos, y su programación y ejecución respondieran a los criterios de eficiencia y economía".

Projeta-se diretamente o princípio da eficiência para a temática da gestão orçamentária, que também se deixa influenciar por novas técnicas gerenciais.

O controle da legitimidade previsto no art. 70 da CF é o que se exerce sobre a legalidade e a economicidade da execução financeira e orçamentária. As finanças públicas no Estado Democrático de Direito, que, ao contrário do Estado Guarda-Noturno ou do Estado Liberal do século XIX, tem a sua dimensão intervencionista e assistencialista, não se abrem apenas para a tomada de contas ou para o exame formal da legalidade, senão que exige também o controle de gestão, a análise de resultados e a apreciação da justiça e do custo/benefício, a ver se o cidadão realmente obtém a contrapartida do seu sacrifício econômico.[21]

O aspecto da legitimidade, por conseguinte, engloba os princípios constitucionais orçamentários e tributários, derivados da ideia de segurança jurídica ou de justiça, que simultaneamente são princípios informativos do controle. A análise do exato cumprimento do princípio da capacidade contributiva, que manda cobrar impostos de acordo com a situação de riqueza de cada um; do princípio da redistribuição de rendas, que proclama a necessidade da justiça redistributiva; do

---

[21] Cf. VILAÇA, Marcos Vinícios. Contas Públicas e Descentralização. *Jornal do Brasil* de 30.5.88: "A legitimidade formal das ações do governo é sua conformidade à lei. A legitimidade substantiva envolve o bom uso dos recursos públicos, bom uso significando, ao mesmo tempo o seu emprego socialmente desejado, tecnicamente factível e economicamente eficiente. A legitimidade substantiva, em suma, mede-se na escala dos resultados". KAREHNKE, H. Zur Neufassung des Artikels 114 des Grundgesetzes. *Die öffentliche Verwaltung* 1972, p. 155; AMATUCCI, Andrea. La Intervención de la Norma Financiera en la Economía: Perfiles constitucionales. *In:* AMATUCCI, Andrea *et al. Seis Estudios sobre Derecho Constitucional e Internacional Tributario.* Madrid: Ed. Derecho Financiero, 1980, p. 33; FANLO LORA, A. Relaciones del Tribunal de Cuentas con las Cortes Generales. *In: La Cortes Generales.* Madrid: Instituto de Estudios Fiscales, 1987, p. 987.

princípio do equilíbrio financeiro, que postula a adequação entre receita e despesa para a superação das crises provocadas pelo endividamento público, por exemplo, participa do controle da legitimidade.[22]

A legitimidade do Estado Democrático depende do controle da legitimidade da sua ordem financeira. Só o controle rápido, eficiente, seguro, transparente e valorativo dos gastos públicos legitima o tributo, que é o preço da liberdade.[23] O aperfeiçoamento do controle é que pode derrotar a moral tributária cínica, que prega a sonegação e a desobediência civil a pretexto da ilegitimidade da despesa pública. O controle, como garantia da liberdade individual e dos princípios jurídicos, na exata observação de K. Vogel,[24] não sofre limitações constitucionais, mas estímulos para a sua plena realização. Em síntese, é pertinente invocar o princípio da eficiência no controle da capacidade dispenditiva do Estado, com vistas a aferir a legitimidade da imposição tributária.

7 O tributo vinculado e a destinação de sua receita a finalidade diversa daquela que motivou sua instituição

7.1 Tributo vinculado

Entendendo-se por tributo vinculado aquele de natureza contraprestacional, que é subordinado à entrega de certas prestações estatais em contrapartida do seu pagamento (taxas e contribuições especiais), a resposta é afirmativa.

---

[22] Cf. ALBIÑANA, Cesar. Prologo. *In:* FERNÁNDEZ-VICTORIO Y CAMPS, S. *El Control Externo de la Actividad Financiera de la Administración Pública.* Madrid: Instituto de Estudios Fiscales, 1977, p. XIII; ESCRIBANO LOPES, Francisco. *Presupuesto del Estado y Constitución.* Madrid: Instituto de Estudios Fiscales, 1981, p. 328.

[23] ALBIÑANA, Prólogo, *cit.,* no 32, p. VI: *"tan pronto se plantea una reforma de nuestro sistema tributario surgen voces que niegan toda base – jurídica y moral – al impuesto por no existir un eficaz control del gasto público o por la falta de productividad del mismo".*

[24] Verfassungsrechtliche Grenzen der öffentlichen Finanzkontrolle. *Deutsches Verwaltungsblatt* 1970, p. 200.

7.1.1 Taxa

A taxa, assim a de serviços[25] como a de polícia,[26] se descaracteriza se não corresponder à efetiva, divisível e individualizada entrega da prestação estatal.

7.1.2 Contribuições econômicas

As contribuições econômicas, que se cobram com a finalidade de intervenção no domínio econômico, sendo devidas pelas pessoas que recebem benefícios pela entrega de prestações estatais indivisíveis, tornam-se inconstitucionais se não respeitarem a destinação constitucional.

Sabe-se, de acordo com o art. 4º, II, do CTN, que "a natureza jurídica específica do tributo é determinada pelo fato gerador da respectiva obrigação, sendo irrelevante para qualificá-la... a destinação legal do produto da sua arrecadação". Assim, a destinação da CIDE a órgãos públicos, ao BNDES ou a fundos não lhe altera a natureza tributária.

Outra coisa é a destinação constitucional do tributo, que entende com a finalidade da exação estipulada pela própria Constituição. A CIDE se subordina a tal regime: só a destinação às atividades de intervenção no domínio econômico preenche a finalidade constitucional do ingresso,

---

[25] Na Espanha é pacífica a jurisprudência expressa na STS, *Sentencia del Tribunal Supremo*, de 26.12.1970, Arz. 5405: o pressuposto configurador da taxa é constituído *pela prestação do serviço específico*, sem o qual ... não pode surgir o fato imponível que constitui o pressuposto fático de toda exação por ser o gerador da relação jurídico-tributária. Cf. REsp 41.597-SP, Ac. da 1a T., de 7.3.94, Rel. Min. Garcia Vieira, DJ 11.4.94/7598: "ausência de prova da prestação dos serviços públicos específicos pelo município". Do voto do relator no REsp 66.795-RJ (Ac. da 1a T., de 7.8.95, Rel. Min. Garcia Vieira, RSTJ 86/188) destaca-se o seguinte: "competia à recorrida [Municipalidade do Rio de Janeiro] fazer a prova de ter, efetivamente, prestado às recorrentes, os serviços públicos específicos nos anos posteriores à instalação destas e ela não fez esta comprovação".

[26] Cf. RE 95.212-PE, Ac. da 1ª T., do STF, de 24.11.81, Rel. Min. Rafael Mayer, RTJ 100/1.394: "Taxa Rodoviária Única. Veículo depositado em Juízo. Sem que ocorra o fato gerador consistente na demanda do exercício do poder de polícia pelo licenciamento do veículo para circular – inclusive pela impossibilidade resultante da apreensão judicial – não é exigível o pagamento da taxa"; RE 80.441-ES, Ac. do Pleno, de 16.3.78, Rel. Min. Moreira Alves, RTJ 88/880: "Taxa de Licença para Localização e Autorização Anual. Desde que haja órgão administrativo que exercite essa faceta do poder de polícia do município, e que a base de cálculo não seja vedada, é essa taxa constitucional"; RE 140.278-CE, Ac. da 1a T., de 27.8.96, Rel. Min. Sydney Sanches, DJ 22.11.96/45703: "a jurisprudência do STF firmou-se no sentido de que só o exercício efetivo, por órgão administrativo, do poder de polícia (...) [legitima] a cobrança de taxas".

necessária e impostergável, como vêm afirmando a doutrina[27] e a jurisprudência do STF.[28] A CF, no art. 177, §4º, II, na redação da EC nº 33/01, traçou a destinação da CIDE do petróleo: "a) ao pagamento de subsídios a preços ou transporte de álcool combustível, gás natural e seus derivados de petróleo; b) ao financiamento de projetos ambientais relacionados com a indústria do petróleo e do gás; c) ao financiamento de programas de infraestrutura de transportes".

Na Alemanha, o tributo especial (*Sonderabgabe*) é cobrado sem a finalidade, principal ou acessória, de obtenção de receita para as necessidades públicas, como proclamam a doutrina dominante[29] e o Tribunal Constitucional.[30] Tem apenas a finalidade de intervir no

---

[27] Cf. GRECO, Marco Aurélio. A Destinação dos Recursos Decorrentes da Contribuição de Intervenção no Domínio Econômico. CIDE sobre Combustíveis. *RDDT*, 104: 122-140, 2004; Contribuição de Intervenção no Domínio Econômico – Parâmetros para sua Criação. *In:* GRECO, Marco Aurélio (Coord.). *Contribuições de Intervenção no Domínio Econômico e Figuras Afins.* São Paulo: Dialética, 2001, p. 26; SCHOUERI, Luis Eduardo. Algumas Considerações sobre a Contribuição de Intervenção no Domínio Econômico no Sistema Constitucional Brasileiro – A Contribuição ao Programa Universidade – Empresa. *In:* M. A. GRECO. *Contribuições de Intervenção no Domínio Econômico...*, *cit.*, p. 361.

[28] RE 218.061-5, Ac. do Pleno, de 4.3.99, Rel. Min. Carlos Velloso, *Revista Dialética de Direito Tributário*, 70: 180, 2001; ADI 2.925, Ac. do Pleno, de 19.12.2003, Rel. Min. Marco Aurélio, DJ 4.03.2005: "LEI ORÇAMENTÁRIA. CONTRIBUIÇÃO DE INTERVENÇÃO NO DOMÍNIO ECONÔMICO. IMPORTAÇÃO E COMERCIALIZAÇÃO DE PETRÓLEO E DERIVADOS, GÁS NATURAL E DERIVADOS E ÁLCOOL COMBUSTIVEL. CIDE. DESTINAÇÃO. ART. 177, §4º, DA CONSTITUIÇÃO FEDERAL. É inconstitucional interpretação da Lei Orçamentária nº 10.640, de 14 de janeiro da 2003, que implique abertura de crédito suplementar em rubrica estranha à destinação do que arrecadado a partir do disposto no §4º do artigo 177 da Constituição Federal, ante a natureza exaustiva das alíneas "a", e "c" do inciso II do citado parágrafo".

[29] Cf. SPANNER, Hans. Die Steuer als Instrument der Wirtschaftslenkung. *Steuer und Wirtschaft* 1970, p. 378; STARCK, Christian. Uberlegungen zum Verfassungsrechtlichen Steuerbegriff. *Festschrift für Gerhard Wacke.* Köln, 1972, p. 198; MÜLLER, K. Der Steuerbegriff des Grundgesetz. *Der Betriebs-Berater* 1970, p. 1105; SCHEMMEL, Lothar. *Quasi-Steuern.* Wiesbaden: Karl-Bräuer-Institut, 1980, p. 41; RICHTER, W. *Zur Verfassungsmässigkeit von Sonderabgaben.* Baden-Baden: Nomos Verlag, 1977, p. 36; HENNEKE, Hans-Günter. Öffentliches Finanzwesen, Finanzverfassung. Heidelberg: C. F. Muller, 2000, p. 144: "A Constituição proíbe ao legislador, mesmo utilizando a competência material, cobrar tributos especiais (*Sonderabgaben*) para a obtenção de receita para as necessidades financeiras gerais de um órgão público e empregar a arrecadação de tais tributos para o financiamento das incumbências gerais do Estado (*allgemeiner Staatsaufgaben*)". Contra: BODENHEIM, Dieter G. *Der Zweck der Steuer. Verfassungsrechtliche untersuchung zur dichotomischen Zweckformel Fiskalischnichtfiskalisch.* Baden-Baden: Nomos Verlagsgesellschaft, 1979, p. 304.

[30] Cf. BVerfGE 37, I (16). Contribuição pró-vinho (*Weinwirtschaftsabgabe*): "Não se destina à obtenção de meios para as necessidades gerais do Estado (*allgemeinen Staatsbedarf*) mas exclusivamente ao financiamento de fundos de estabilização e à função de transferência de fundos para regular o mercado de vinho"; BVerfGE 55, 274: "Os tributos especiais (*Sonderabgaben*) não podem ser cobrados para a formação de receita destinadas às necessidades gerais financeiras de uma comunidade pública e o seu produto não pode ser empregado para financiar incumbências gerais do Estado".

mercado de determinados produtos. Por isso mesmo a arrecadação dos *Sonderabgaben* destina-se a fundos especiais (*Sonderfonds*), à margem do orçamento do Estado.[31]

7.1.3   Contribuições sociais

Algumas contribuições sociais são destinadas à seguridade social, o que torna desimportante o órgão público que as recolha, tendo em vista que só a destinação à cobertura das despesas de previdência social, assistência social e assistência médica tem relevância, como já disse o Supremo Tribunal Federal.[32]

Já as contribuições sociais anômalas ou exóticas, que na realidade são impostos com destinação especial (PIS/PASEP, COFINS, CSLL, CPMF), embora vinculadas a sua finalidade constitucional, dispensam a referibilidade a órgão ou a repartição pública. O problema da destinação constitucional tornou-se muito controvertido com a criação das contribuições sociais incidentes sobre o faturamento e o lucro, cujo produto arrecadado seria destinado às ações de saúde e ao financiamento da seguridade. As empresas brasileiras em grande número se rebelaram contra a nova ordem constitucional e procuraram resolver o conflito perante o Judiciário. Alegavam principalmente que a falta de referibilidade entre o pagamento das contribuições sociais (FINSOCIAL e contribuição sobre o lucro) e a contraprestação estatal, por um lado, e o recolhimento do tributo à Receita Federal e não ao INSS, de outra parte, conspurcavam a integridade do conceito de contribuição, que passava a se confundir com o de imposto, tornando-a inconstitucional. Não creio que assim fosse: o absurdo consistia em transmudar a natureza do ingresso – de contribuição parafiscal para tributo; mas, em sendo tributo, pouco importa se será recolhido ao Fisco (Receita Federal) ou ao Parafisco (INSS), se ambos têm responsabilidade no campo da seguridade social; menos ainda importa que seja vera contribuição ou que apresente as características de imposto com destinação especial, se foi autorizado pela própria Constituição.

---

[31] Cf. *In*: MAUNZ, Theodor. DÜRIG, HERZOG, SCHOLZ. *Grundgesetz. Kommentar*. München: C. H. Beck, 1980, art. 104 a, Rdnr. 8; TIPKE-KRUSE, Abgabenordnung, Finanzgerichtsordnung. Köln: O. Schmidt, 1998, §3º, Tz. 12; SCHEMMEL, *op. cit.*, p. 13.

[32] Cf. RE 146.733, Ac. do Pleno, de 29.6.92, RTJ 143: 691: "Assim, é da essência do regime jurídico específico da contribuição para a seguridade social a sua destinação constitucional. Não a destinação legal do produto de sua arrecadação, mas a destinação constitucional, vale dizer, o vínculo estabelecido pela própria Constituição entre a Constituição e o sistema de seguridade social, como instrumento de seu financiamento direto pela sociedade, vale dizer, pelos contribuintes".

Importante setor da doutrina brasileira manifestou-se no sentido da inconstitucionalidade. Gilberto de Ulhoa Canto escreveu:

> Além da referibilidade que deve haver entre o sujeito passivo da contribuição para a seguridade social e a própria atividade a cujo custeio o produto da contribuição é destinado, tratando-se de contribuição direta ela tem de ser arrecadada e administrada pelos próprios órgãos aos quais afetos os serviços, traço este tradicional da parafiscalidade, que a Carta em vigor imprimiu às contribuições para a seguridade social. Esse requisito, básico, fundamental, não é atendido pela legislação sobre o FINSOCIAL, ora em vigor.[33]

Mas o Supremo Tribunal Federal concluiu pela constitucionalidade da cobrança. Ao julgar o litígio referente à contribuição social sobre o lucro das pessoas jurídicas (Lei nº 7.689, de 15.12.88), concluiu: "Irrelevância do fato de a receita integrar o orçamento fiscal da União. O que importa é que ela se destina ao financiamento da seguridade social".[34] O Finsocial também foi considerado constitucional,[35] salvo no que concerne ao aumento de alíquotas.

---

[33] *Direito Tributário Aplicado.* Rio de Janeiro: Forense Universitária, 1992, p. 359. No mesmo sentido: MARTINS, Ives Gandra da Silva. *A Constituição Aplicada.* Belém: CEJUP, 1991, p. 20; Questões Constitucionais sobre Cruzados Novos, *FINSOCIAL, Imposto de Renda. Estudos.* São Paulo: Resenha Tributária, 1991, p. 35; DERZI, Misabel Abreu Machado. Contribuição para o FINSOCIAL. *RDT,* 55: 220, 1991: "... A Constituição Federal cassou a capacidade tributária ativa da União (só a tendo o INSS), falecendo à União aptidão para figurar como credora no pólo ativo da relação tributária, para exigir e administrar o tributo".

[34] RE 138.284, Ac. do Pleno, de 1.7.92, RTJ 143: 313, 1992. O Min. Relator Carlos Velloso disse em seu voto: "Daí que a administração direta também tem receita de seguridade social, já que não se pode compreender orçamento apenas de despesas. Por conseguinte, a Constituição não veda (ao revés, admite) a arrecadação de contribuição social para financiamento da seguridade social pela administração direta da União, não se podendo inquinar de inconstitucional a Lei nº 7689/88, pelo fato de a contribuição por ela criada ser arrecadada pela própria União, através da Secretária da Receita Federal (arts. 6º e 7º) nem pela remissão à legislação do imposto de renda para disciplinar a administração, lançamento, consulta, cobrança, penalidades, garantias e procedimento administrativo, no que couber (parágrafo único do art. 7º), visto que não há vedação constitucional para tanto"; ADIN 1417-0, Ac. do Pleno, de 2.8.99, Rel. Min. Octavio Gallotti, DJU 18.4.01: "PIS. Arrecadação pela SRF. Não-comprometimento do Orçamento da Seguridade Social. Não compromete a autonomia do orçamento da seguridade social (CF, art. 165, §5º, III) a atribuição, à Secretaria da Receita Federal, de administração e fiscalização da contribuição em causa".

[35] RE 150.755, Ac. do Pleno, de 18.11.92, RTJ 149/259. O Min. Rel. Sepúlveda Pertence transcreveu alguns trechos do voto do juiz Fábio Bittencourt da Rosa, do TFR da 4ª Região: "No entanto, a tendência social da Constituição Federal de 1988, e a constatação de que boa parte da população brasileira vivia à margem da proteção à saúde, fez com que se optasse por um sistema misto de seguridade e previdência social no Brasil... Então, os descontos sofridos pelos empregados em seus salários financiam tão-somente a previdência social... As contribuições sobre o lucro e sobre o faturamento, que têm suportado os ônus do sistema

7.2 Controle

O contribuinte poderá recorrer ao controle jurisdicional no caso das taxas e das contribuições sociais e econômicas, quando houver desvio de finalidade e desrespeito à destinação constitucional, mas as contribuições sociais exóticas não se sujeitam à referibilidade a órgãos ou repartições.

Informação bibliográfica deste texto, conforme a NBR 6023:2018 da Associação Brasileira de Normas Técnicas (ABNT):

TORRES, Ricardo Lobo. O princípio da eficiência em matéria tributária. *In*: SARAIVA FILHO, Oswaldo Othon de Pontes; SIQUEIRA, Julio Homem de; BEDÊ JÚNIOR, Américo; FABRIZ, Daury César; SIQUEIRA, Junio Graciano Homem de; CUNHA, Ricarlos Almagro Vitoriano (Coord.). *Limitações formais e materiais ao poder de tributar*. Belo Horizonte: Fórum, 2021. p. 23-35. (Coleção Fórum Princípios Constitucionais Tributários – Tomo II). ISBN 978-65-5518-122-7.

---

de saúde e assistência social, administrado por outras entidades que não o INSS, como se viu, não haverão de ser arrecadadas por esta entidade autárquica".

A VEDAÇÃO AO *BIS IN IDEM* E À BITRIBUTAÇÃO NO EXERCÍCIO DAS COMPETÊNCIAS RESIDUAIS (E DAS PRIVATIVAS)

FERNANDO MASAGÃO
RICARDO MARIZ DE OLIVEIRA

O presente artigo pretende examinar se o princípio de vedação ao *bis in idem* foi incorporado ao ordenamento fiscal vigente ou se, ao contrário, trata-se de princípio não absorvido pelo Sistema Tributário Nacional, nos moldes em que passou a viger após o advento da Constituição Federal de 1988.

O questionamento que o presente artigo levanta é pertinente quando se constata não existir no atual Texto Constitucional qualquer menção expressa nem proibindo o *bis in idem*, nem reconhecendo a sua validade em matéria fiscal, ao passo que, no passado, já houve previsão expressa a respeito em três constituições brasileiras.

Com efeito, a evolução histórica de nosso Direito Constitucional dá conta de que as Constituições de 1934, 1937 e 1946 continham regra vedando expressamente o *bis in idem*,[1] enquanto nossa primeira Constituição, de 1824, não estipulava competências privativas, nem trazia

---

[1] Em verdade, as cartas pretéritas traziam regras que vedavam ou autorizavam a bitributação, e não propriamente o *bis in idem*, o que remete à primeira indagação que este artigo irá tratar, qual seja, se "bis in idem" é expressão que denomina gênero de fenômeno de que a bitributação é espécie, ou se são duas figuras distintas.

qualquer limitação ao *bis in idem*, restando, portanto, autorizada a sua ocorrência;[2] já a primeira Carta republicana (1891) estipulava competências privativas à União e aos Estados e continha regra atribuindo competência concorrente para que as duas pessoas políticas criassem outros tributos, autorizando a ocorrência de bitributação desde que ressalvadas as competências privativas.[3]

Mas, a partir da Constituição de 1967, foram suprimidas do Texto Constitucional quaisquer referências ao *bis in idem* (Constituições de 1967, 1969 e 1988), tendo o legislador constituinte silenciado a esse respeito, o que leva o presente exame a perquirir se o referido princípio existe em nossa Constituição atual implicitamente, como corolário da própria lógica informadora do nosso sistema tributário.

Vale lembrar que tal procedimento hermenêutico encontra respaldo no próprio art. 5º da Constituição de 1988, que, em seu parágrafo 2º, admite a existência de outros direitos e garantias que decorram dos regimes e dos princípios por ela adotados, sendo claro que o princípio de vedação ao *bis in idem*, se existir em nosso sistema tributário, veicula, entre as diversas roupagens que o princípio comporta, garantia fundamental dos contribuintes e vera limitação ao poder de tributar, estando, portanto, albergado pelo espectro da mencionada disposição como princípio implícito. Desde já manifestamos nosso entendimento de que ele existe, como passamos a expor.

1 *Bis in idem* x bitributação. Definição do conteúdo do princípio em estudo

Inicialmente, impende destacar a natureza de princípio geral de direito que ostenta o princípio de vedação ao *bis in idem*. É que a vedação ao *bis in idem* deriva de um brocardo jurídico, um axioma se se preferir, porque seu conteúdo axiológico tem aptidão para se revelar verdadeiro em diversos ramos da vida jurídica.[4]

---

[2] A Constituição de 1824 foi depois aditada pela Lei nº 16, de 12.8.1834, que criou as assembleias legislativas provinciais e entre os poderes atribuídos ao órgão passou a constar autorização para a criação de impostos de modo a atender às despesas provinciais.

[3] "Art. 12 – Além das fontes de receita discriminadas nos arts. 7º e 9º, é lícito à União como aos Estados, cumulativamente ou não, criar outras quaisquer, não contravindo, o disposto nos arts. 7º, 9º e 11, nº 1".

[4] Segundo Miguel Reale, os princípios gerais são "verdades fundantes" de um sistema de conhecimento, "como tais admitidas, por serem evidentes ou por terem sido comprovadas, mas também por motivos de ordem prática de caráter operacional, isto é, como pressupostos exigidos pelas necessidades de pesquisa e da práxis". Na ordem jurídica, os princípios

Sua origem encontra matriz no Direito Processual romano e surge como um dos efeitos da contestação da lide (*litis contestatio*), que consumava a ação intentada, proibindo o autor, após a sua ocorrência, de propor outra ação baseada na mesma relação jurídica geradora da primeira lide, direito que restou expresso na formula *"bis de eadem re ne sit actio"*, segundo as lições de José Carlos Moreira Alves.[5]

Com o passar dos séculos, o conteúdo axiológico inerente à máxima (o não exercício de um mesmo direito já exercido) se despregou do âmbito exclusivo do processo e ganhou, paulatinamente, a seara do Direito Penal, espraiando-se, em longa e maturada evolução, a outros ramos do Direito, até se convolar, por isso mesmo, em princípio geral de Direito.[6]

E como princípio geral de Direito que é, a vedação ao *bis in idem* refere-se essencialmente a um aspecto elementar ao próprio ordenamento jurídico como um todo: como se manifesta legitimamente o poder estatal.

Sim, porque há no *bis in idem* ou a repetição da exigência de várias obrigações sobre o mesmo fato ou a repetição da imposição de penalidades. Em todos os casos trata-se do Estado atuando para garantir a efetividade do ordenamento jurídico e o que se discute é se essa atuação se conforma ao que determina esse mesmo ordenamento.

Assim, mesmo como princípio geral de Direito, a vedação ao *bis in idem* encontra espaço no Direito Tributário. Da mesma forma que, se após cumprir uma pena um cidadão fosse novamente preso pelo mesmo crime, haveria *bis in idem* não tolerado, o princípio do *ne bis in*

---

gerais formulam "enunciações normativas, de valor genérico, que condicionam e orientam a compreensão do ordenamento jurídico, quer para a sua aplicação e integração, quer para a elaboração de novas normas", ressaltando que a maioria dos princípios gerais de direito não consta expressamente dos textos legais, mas são eficazes "independentemente do texto legal", encarecendo a sua natureza de "de jus prévio e exterior à lex", o que garante que a sua positivação lhe atribua força cogente sem alterar sua substância, considerações que nos parecem aplicar-se ao caso em exame. *In:* REALE, Miguel. *Lições Preliminares de Direito.* 27. ed. 15. tiragem. São Paulo: Saraiva, 2002. p. 303 a 305.

[5] ALVES, José Carlos Moreira. *Direito Romano.* 18. ed. Rio de Janeiro: Forense, 2018.

[6] Limongi França afirma não ser forçada, nem constituir novidade a equiparação dos brocardos jurídicos aos princípios gerais de Direito, uma vez que ambos veiculam "verdades básicas" sobre o Direito, o que faz apoiado na autoridade dos Estatutos da Universidade de Coimbra, e, entre nós, das lições de Teixeira de Freitas e Orlando Gomes. *In:* FRANÇA, R. Limongi. *Brocardos Jurídicos. As Regras de Justiniano.* 3. ed. São Paulo: Revista dos Tribunais, 1977. p. 16/21. Miguel Reale, igualmente pugnando pela validade dos brocardos jurídicos, mesmo que muitos deles tenham sido abandonados ao longo da experiência jurídica, afirma que o seu emprego criterioso se mostra ainda valioso porque "valem como cristalizações históricas de princípios gerais", trazendo à baila como exemplo de máxima jurídica de valor permanente o princípio do *ubi eadem ratio, ibi idem legis dispositivo. Op. cit.* p. 313.

idem atua também no campo das obrigações, legais ou privadas, para garantir o efeito extintivo de seu cumprimento.

Mas a aplicação do princípio *ne bis in idem* neste caso é exigência derivada do Estado de Direito, e o valor principal visado é a segurança jurídica. Não decorre, portanto, de um princípio com feição eminentemente tributária.

Já no campo específico da tributação, deve-se constatar que a dupla tributação ou dupla incidência, isto é, duas incidências tributárias sobre um mesmo fato e pessoa, está presente tanto no *bis in idem* quanto na bitributação, mas estes não podem ser vistos apenas sob o ponto de vista econômico, pois sua apreciação deve ser feita primordialmente na perspectiva jurídica e de validade constitucional.

Nesse sentido, o primeiro ponto que cumpre esclarecer é delimitar o conceito das figuras a serem estudadas. A doutrina nacional tradicionalmente distingue o *bis in idem* e a bitributação como duas manifestações distintas de um mesmo fenômeno – a dupla ou múltipla tributação incidente sobre uma mesma materialidade econômica.

A traços largos, o primeiro ocorre quando o mesmo contribuinte é onerado, mais de uma vez, sobre uma mesma materialidade, pelo mesmo ente tributante, enquanto a bitributação se dá quando entes tributantes distintos exigem o mesmo tributo, do mesmo contribuinte.[7]

Essa diferenciação que a doutrina faz se baseia em um elemento histórico, eis que decorre de ter o próprio legislador constituinte tratado expressamente, sob o nome de "bitributação", a dupla incidência tributária, sobre um mesmo fato, por dois poderes distintos em âmbito interno (União e Estados-Membros), especificamente quanto a impostos do campo residual, isto é, impostos não reservados exclusivamente a um dos entes políticos, e que a União e os Estados concorrentemente podiam tributar. Isto ocorria nas constituições de 1934, 1937 e 1946.[8]

Com efeito, as constituições brasileiras de 1934, 1937 e 1946 continham dispositivos caracterizando como bitributação a dupla

---

[7] Assumem a distinção preconizada, por exemplo, Aliomar Baleeiro (*Uma Introdução à Ciência das Finanças*. 19. ed. Revista e atualizada por Hugo de Brito Machado Segundo. Rio de Janeiro: Forense, 2015. p. 294/296); Rubens Gomes de Souza (*Compêndio de Legislação Tributária*. Ed. póstuma. São Paulo: Resenha Tributária, 1973. p. 182/184); Geraldo Ataliba (*Sistema Constitucional Tributário Brasileiro*. São Paulo: Revista dos Tribunais, 1968. p. 214); Bernardo Ribeiro de Moraes (*Compêndio de Direito Tributário*. Rio de Janeiro: Forense, 1987. p. 137/138); Roque Antonio Carrazza (*Curso de Direito Constitucional Tributário*. 25. ed. São Paulo: Malheiros, 2009. p. 596); entre outros.

[8] Segundo a lição de Bernardo Ribeiro de Moraes, "o conceito de bitributação é específico do direito tributário brasileiro, – sistema anterior do período 1934-1965". *In:* MORAES, Bernardo Ribeiro de. *Compêndio de Direito Tributário*. Rio de Janeiro: Forense, 1987. p. 138/139.

incidência tributária. O art. 11 da Constituição de 1934 trazia a seguinte redação:

> Art. 11 – É vedada a bitributação, prevalecendo o imposto decretado pela União quando a competência for concorrente. Sem prejuízo do recurso judicial que couber, incumbe ao Senado Federal, ex officio ou mediante provocação de qualquer contribuinte, declarar a existência da bitributação e determinar a qual dos dois tributos cabe a prevalência.

Na Constituição de 1937, a regra recebia um tratamento já um pouco diferente:

> Art. 24 – Os Estados poderão criar outros impostos. É vedada, entretanto, a bitributação, prevalecendo o imposto decretado pela União, quando a competência for concorrente. É da competência do Conselho Federal, por iniciativa própria ou mediante representação do contribuinte, declarar a existência da bitributação, suspendendo a cobrança do tributo estadual.

Já na Constituição de 1946, a proibição à bitributação permaneceu como regra, mas tendo sido suprimida menção expressa a ela, pelas razões que adiante serão explicadas:

> Art. 21 – A União e os Estados poderão decretar outros tributos além dos que lhe são atribuídos por esta Constituição, mas o imposto federal excluirá o estadual idêntico. Os Estados farão a arrecadação de tais impostos e, à medida que ela se efetuar, entregarão vinte por cento do produto à União e quarenta por cento aos Municípios onde se tiver realizado a cobrança.

Nas três constituições referidas, a discriminação de competências tinha uma mesma feição, bastante parecida, em seus aspectos nucleares, com o atual sistema tributário. Assim, tinha-se a estipulação dos tributos comuns e de competências privativas a cada um dos entes políticos, incluindo-se pela primeira vez, a partir da Constituição de 1934, os Municípios.[9] À União e aos Estados-membros era atribuída, ainda, competência concorrente.[10] Daí a necessidade de se regrar expressamente

---

[9]   Segundo o magistério de Geraldo Ataliba, com a Constituição de 1934 inaugura-se característica típica do sistema tributário brasileiro, consistente "(...) na absoluta e inarredável rigidez de seu sistema constitucional tributário". *In:* ATALIBA, Geraldo. *Sistema Constitucional Tributário Brasileiro.* São Paulo: Revista dos Tribunais, 1968. p. 61.

[10] Vide art. 10, VII, da Constituição de 1934, e os artigos 24 e 21, das Constituições de 1937 e 1946, respectivamente.

o que o Texto Constitucional chamava de "bitributação",[11] isto é, a dupla incidência advinda de dois entes políticos distintos: a competência concorrente abria flanco para a sua ocorrência.

Por outro lado, o *bis in idem*, entendido como a múltipla tributação imposta por um mesmo ente político, não era compreendido como um ilícito, nem pelo legislador, nem pelos tribunais, nem pela doutrina majoritária do período, mas como uma decorrência natural da própria competência tributária, de modo que se entendia que a determinação de sua ocorrência, uma vez respeitados os limites constitucionais, passava à esfera da política financeira.

Aliomar Baleeiro, escrevendo à luz da Constituição de 1946, relata que no período de vigência das Constituições de 34, 37 e 46, a redação dos dispositivos, especialmente o art. 11 da Constituição de 1934, suscitou intensa controvérsia, doutrinária e jurisprudencial, exatamente sobre se a proibição da bitributação alcançava apenas os conflitos envolvendo poderes distintos, ou se proibia, igualmente, os "impostos *bis in idem*", polêmica especialmente reavivada nas comissões constituintes preparatórias da Carta de 1946, da qual se sagrou vencedor o entendimento de que a bitributação referida pelo art. 11 da Constituição de 1934 visava apenas aos casos de dupla tributação por dois entes distintos.[12]

Durante as deliberações parlamentares que antecederam a votação do Anteprojeto da Constituição de 1946, se discutiram os problemas que a "má redação" dos dois artigos anteriores suscitava, em especial o art. 11 da Constituição de 1934, a fim de evitá-los na Carta que então se votava.

No anteprojeto à Constituição de 1946, ainda segundo Baleeiro, constava dispositivo com a seguinte redação; "§4º do art. A – É vedada a bitributação, como tal entendida a de governos diferentes sobre a mesma pessoa ou coisa em razão do mesmo fato, prevalecendo o imposto decretado pela União quando a competência for concorrente. Sem prejuízo do recurso judicial, que couber, incumbe ao Senado declarar a existência da bitributação, etc.".[13]

No entanto, já se viu que a definição de bitributação terminou extirpada da redação final do que se tornou o art. 21 da Constituição

---

[11] Embora o art. 21 tenha omitido a palavra bitributação no seu texto, é da bitributação que o dispositivo trata, como se percebe de seu teor, e será visto mais adiante.

[12] BALEEIRO, Aliomar. Verbete *"bis in idem"*. SANTOS, J. M. de Carvalho (Org.). In: *Repertório Enciclopédico do Direito Brasileiro* – Volume VI. Rio de Janeiro: Borsoi. p. 22/30.

[13] Os grifos são destaques em itálico do original.

de 1946. Segundo relata Aliomar Baleeiro, assim se deu porque a Assembleia Constituinte se pautou na "ideia de que 'bitributação' representava um conceito supérfluo ou perigoso pelas confusões geradas com o seu aparecimento na linguagem constitucional", conclusão que se ancorava no entendimento majoritário à época, de que o *bis in idem* era constitucional, restando apenas os casos de bitributação que se resolviam com a determinação de inconstitucionalidade de um deles.[14]

O entendimento a que chegou a Constituinte de 1946 contava com adesão majoritária da doutrina e baseava-se em parecer da lavra do Senador Clodomir Cardoso, o qual fora esposado em várias resoluções do Senado, quando do exercício efetivo da competência para "declarar a existência da bitributação e determinar a qual dos dois tributos cabe a prevalência" que a parte final do art. 11 da Constituição de 1934 lhe atribuía – documento este que, no período transcorrido entre a Constituição de 1934 e a de 1946, ganhou ampla aceitação na jurisprudência, inclusive do Supremo Tribunal Federal e dos Tribunais do Estado.[15]

Esse entendimento de que o *bis in idem* não seria inconstitucional e, portanto, a sua ocorrência era mera decisão de política fiscal tinha lastro na concepção de que, à medida em que uma das pessoas políticas recebia competência constitucional para tributar, o seu exercício, dentro das lindes atribuídas pela Carta, só por esta poderia sofrer limitações, não sendo vedado o *bis in idem*, ainda que social ou economicamente indesejado ou desaconselhável, por ser matéria afeita à técnica e política financeiras, além de poder atuar como instrumento legítimo à extrafiscalidade.[16]

O advento da Constituição de 1967 marca, para Baleeiro, a última etapa de um processo evolutivo de nossa legislação constitucional, no qual se procedeu a uma série de alterações na discriminação de rendas da Carta de 1946, iniciadas pela Emenda Constitucional nº 18, de 1º.12.1965, as quais culminaram na exclusão da bitributação definitivamente do ordenamento brasileiro pela conjugação da atribuição das competências privativas e exclusão das competências concorrentes, inaugurando a competência residual exclusiva da União, modificação estrutural do Sistema Tributário Nacional que permaneceu na Constituição de 1969 e na atual.

---

[14] *Idem. Op. cit.* p. 24/25.

[15] *Idem. Op. cit.* p. 24/25.

[16] *Idem. Ibidem.* p. 294/296. Cf. também *Uma Introdução à Ciência das Finanças.* 19. ed. Revista e atualizada por Hugo de Brito Machado Segundo. Rio de Janeiro: Forense, 2015. p. 294/296.

Assim, a distinção entre bitributação e *bis in idem* ganhou nossa doutrina e jurisprudência baseada no histórico legislativo comentado, o que parece ser um critério legítimo para adotar a distinção estabelecida em nossa tradição.

Portanto, no entendimento em que se ancora a distinção doutrinária, na atual conformação do Sistema Tributário Nacional, herdada da Constituição de 1967, não é possível falar-se em bitributação em âmbito interno, apenas em invasão de competências, caso ocorra; ao passo que a ocorrência de *bis in idem*, por mais que possa parecer injusta ou contraproducente, seria constitucional por representar o regular exercício da competência constitucionalmente estabelecida – o que seria confirmado pelo fato de existirem casos de *bis in idem* expressamente previstos no Texto Constitucional, como, por exemplo, o fato de coexistirem o IRPJ, a CSL, a contribuição ao PIS e a COFINS.

Não pensamos que assim seja, no entanto. Tais casos, embora possam implicar a múltipla tributação econômica de um mesmo fato, não podem ser classificados como *bis in idem* porque as suas materialidades encontram previsão expressa no Texto Constitucional e, portanto, decorrem da ampla liberdade com a qual conta o legislador constituinte originário para moldar a feição financeira do Estado.

Tanto é assim que existem hipóteses na Constituição que poderiam caracterizar igualmente *bis in idem* (ou bitributação), como dão exemplo a coexistência no sistema tributário atual do imposto de importação, de competência da União, e o ICMS-importação, de competência dos Estados. E, no entanto, não faria sentido alegar invasão de competência pelo legislador constituinte originário, que é o que ocorreria, no entanto, caso sua instituição se desse no exercício da competência residual.

Ademais, uma vez findo o trabalho do legislador constituinte, cogitar a constitucionalidade do *bis in idem* não é possível porque, além de ir contra toda a sistemática constitucional prevista para a tributação, tal hipótese esbarraria no princípio da capacidade contributiva (art. 145, parágrafo 1º, da CF/88) e terminaria por autorizar uma tributação com hipótese de incidência fictícia, conforme será demonstrado adiante.

De modo que, a nosso ver, o art. 154, I, para além de estipular regra autorizadora da competência residual pela União, veicula norma geral de vedação à bitributação e ao *bis in idem* no exercício dessa competência residual, já que no exercício das competências comuns e privativas, ambos os fenômenos são impossíveis de ocorrer sem que se dê infração às regras de competência previstas na Constituição.

2 O *bis in idem* na Constituição de 1988

No que toca à discriminação de competências tributárias, a Constituição de 1988 não alterou a estrutura básica posta pelas Constituições de 1967 e 1969. Embora o legislador de 1988 tenha procedido a algumas mudanças no arcabouço legal conformador do Sistema Tributário Nacional, em linhas gerais foi mantido o sistema de rígida atribuição de competências privativas à União, aos Estados, e aos Municípios (artigos 153, 155 e 156), reservando-se, exclusivamente, à União as competências residual (art. 154, I), para instituir empréstimos compulsórios (art. 148), para instituir contribuições sociais, de intervenção no domínio econômico e de interesse das categorias profissionais ou econômicas (art. 149) e a de instituir impostos extraordinários em caso de guerra ou de sua iminência (art. 154, II).

Aos Estados, Distrito Federal e Municípios foi atribuída, ainda, competência para instituir contribuição para o custeio do regime previdenciário de seus servidores (art. 149, parágrafo 1º), além da competência dada aos municípios e ao Distrito Federal para instituir contribuição para o custeio do serviço de iluminação pública (art. 149-A).

Manteve-se, também, a exclusão de qualquer competência concorrente. Em regra, portanto, a bitributação será sempre inconstitucional no atual sistema tributário brasileiro, inconstitucional por invadir o campo residual reservado exclusivamente à União, tanto quanto seria inconstitucional a União querer cobrar imposto sobre a circulação de mercadorias.

O dispositivo que na Carta de 1988 nos parece determinar o norte interpretativo quanto à aplicação do princípio de vedação ao *bis in idem* no sistema tributário brasileiro é o art. 154.

Desse dispositivo extrai-se que a competência residual é exclusiva da União, afastando-se, assim, a possibilidade de qualquer competência concorrente; que a competência residual deve ser exercida mediante lei complementar; e que os impostos residuais não podem ser cumulativos, nem ter fato gerador ou base de cálculo próprios dos impostos já discriminados pela Constituição, com o que se manteve a rigidez das competências privativas.

Em relação aos impostos extraordinários, em razão das próprias circunstâncias extremas autorizadoras de sua instituição, a União não precisa observar as regras de competência, mas em caráter de exceção, devendo ser suprimidos à medida que cessem as circunstâncias autorizadoras de sua criação.

Merecem menção, ainda, o art. 145, o qual estabelece a chamada competência comum para a instituição de impostos, taxas e contribuições de melhoria, além de o seu parágrafo 2º trazer norma vedando expressamente que as taxas tenham base de cálculo própria dos impostos.

Por fim, é fundamental citar o art. 149, que determina competência exclusiva à União para instituir contribuições sociais, de intervenção no domínio econômico e de interesse das categorias profissionais ou econômicas, mas, em especial, o art. 195, no qual os incisos I a IV já instituem as contribuições sociais, determinando diversos de seus elementos, e cujo parágrafo 4º atribui competência residual à União para instituir outras fontes destinadas a garantir a manutenção ou expansão da seguridade social, condicionando, todavia, a hipótese à observância do disposto no inciso I do art. 154.

O exame da sistemática adotada pela Constituição leva à conclusão de que tanto a bitributação como o *bis in idem* são vedados pela Constituição de 1988 no âmbito das competências residuais: a bitributação por ter tido a sua ocorrência impossibilitada pela rígida discriminação de competências privativas, inclusive e especialmente quanto aos impostos residuais, de modo que, ante a sua ocorrência, jamais se estará perante caso de bitributação, mas de invasão de competência; o *bis in idem* como princípio implícito, derivado da proibição constante do art. 154, I, conjugada à consideração de outros princípios tributários constitucionais.

No entanto, esse entendimento conflita com algumas posições já assentadas pelo Supremo, de modo que convém mencionarmos algo de sua jurisprudência antes de passarmos à demonstração dos fundamentos em que se assenta a tese aqui afirmada.

3   A jurisprudência do STF a respeito

A jurisprudência que se consolidou no STF sempre militou uniformemente, embora com vozes discordantes, pela inexistência de um princípio geral de proibição ao *bis in idem*, em matéria tributária.

Não há aqui espaço para descer a uma análise esgotante da jurisprudência do STF sobre o tema, mas a menção a alguns julgados será importante para considerações ulteriores. O Supremo já fixou os seguintes pontos:

- não há uma norma que vede a ocorrência de *bis in idem*, daí os casos expressos no próprio Texto Constitucional;

- que a norma do art. 154, I, não alcança sequer a competência residual prevista para a instituição de contribuições sociais pelo parágrafo 4º do art. 195 da Carta;
- que a remissão expressa ao art. 154, I, constante da parte final do parágrafo 4º, refere-se à necessidade de lei complementar para o exercício da competência, e não que as contribuições sociais criadas não possam ter fato geral ou base de cálculo iguais as dos impostos previstos na Constituição; e
- que o art. 154, I, não constitui regra geral proibitiva de *bis in idem*, extensível a todos os tributos.

Assim, por exemplo, nos julgamentos do RE nº 146.733-9, em 26.6.1992, e do RE nº 146.739, de 26.2.1996, o Pleno do Supremo julgou constitucional a CSL, afastando alegação de *bis in idem* com o imposto de renda, e decidiu que não era caso de aplicação do art. 154, I, porque: (i) tanto a CSL quanto o imposto de renda haviam sido expressamente autorizados pela Constituição, o que é legítimo em face da liberdade característica do poder originário constituinte, (ii) o art. 154, I, limita apenas a criação dos impostos residuais, mas não se aplica à competência residual para instituição de contribuições sociais; e (iii) que sua remissão pelo parágrafo 4º do art. 195 refere-se somente à necessidade de que sua edição se dê por lei complementar.

O mesmo entendimento, quanto à inocorrência de *bis in idem* indevido quando é a própria Constituição a prever a tributação com materialidades e bases de cálculo coincidentes com as de outros tributos, também foi adotado quando do julgamento da ADI nº 1.417, de 2.8.1999, na qual o STF reconheceu a constitucionalidade da contribuição ao PIS, como instituída pelo inciso I do art. 8º da Lei nº 9.715, de 25.11.1998, afastando, entre outras, a alegação de *bis in idem* com a COFINS.

Também foi esta a principal razão para afastar a alegação de *bis in idem* com o imposto de renda no julgamento da ADI nº 3.128, em 25.5.2004, onde se apreciou a constitucionalidade da contribuição previdenciária, criada pelo art. 4º da Emenda Constitucional nº 41, de 19.12.1993, para onerar os proventos dos servidores inativos.

No julgamento do RE nº 228.321-0/RS, de 1.10.1998, o Supremo analisou a constitucionalidade da contribuição social das empresas incidente sobre o total das remunerações ou retribuições pagas aos segurados empresários, trabalhadores autônomos, avulsos e demais pessoas físicas, prevista no art. 1º, I, da Lei Complementar nº 84, de 18.1.1996.

Alegava-se que seu fato gerador caracterizava *bis in idem* porque, no caso dos empresários, as remunerações já seriam tributadas pelo IRRF como rendimentos, e no caso dos segurados autônomos, como receita da prestação de serviços, pelo ISS. A alegação, todavia, não foi acatada, com base na jurisprudência consolidada no sentido de não ser proibido que as contribuições tenham fato gerador ou base de cálculo próprios dos impostos, vedação atinente apenas a estes e às taxas; e que a remissão ao art. 154, I, pelo parágrafo 4º do at. 195, se refere apenas à necessidade de lei complementar.

Mais recentemente, quando do julgamento do RE nº 574706, no qual se discutiu a constitucionalidade da inclusão do ICMS pago nas bases de cálculo do PIS e da COFINS, o Ministro Edson Fachin, analisando as alegações do contribuinte, rechaçou a hipótese de *bis in idem* para o caso, por ser o *bis in idem* conceito que "denota a imposição tributária de dois impostos instituídos pelo *mesmo* ente político com a *mesma e única* materialidade", reafirmando, também, em citação expressa ao julgado do RE 228.321-0/RS, ser "firme a jurisprudência do STF segundo a qual não há óbice constitucional a que coincidam as hipóteses de incidência e as bases de cálculo das contribuições e as dos impostos em geral".

O Ministro Edson Fachin foi voto vencido e a questão foi abordada subsidiariamente, mas presta-se para demonstrar a consolidação no STF do entendimento acerca dos pontos mencionados neste tópico, bem como a atualidade ainda da distinção doutrinária entre bitributação e *bis in idem*.

4   A natureza da norma inserta no art. 154, I, da Constituição de 1988

A nosso ver, o exame do arcabouço constitucional atinente à discriminação constitucional de rendas e à atribuição das competências tributárias permite entender a norma do art. 154, I, como proibitiva do *bis in idem* e da bitributação quando do exercício da competência residual.

Já se viu que, ao estipular competências privativas e extirpar a competência concorrente do ordenamento, o atual sistema tributário impossibilita a ocorrência de bitributação, havendo, quando for o caso, invasão de competência.

Dessa sistemática posta pela Carta de 1988 decorre, também, que tal invasão de competência somente poderá ocorrer quando do exercício, pela União, da competência residual a ela atribuída exclusivamente.

Outrossim, mesmo que a União não exerça seu direito no campo residual, nenhum Estado ou Município pode se arrogar o direito de fazê-lo.

Isto porque, a discriminação de competências privativas para os impostos e o caráter contraprestacional que deve informar os fatos geradores (e, por via de consequência, as bases de cálculo) das taxas e das contribuições de melhoria impedem a sua ocorrência no âmbito da competência comum.

O mesmo para as chamadas contribuições especiais (de intervenção no domínio econômico e no interesse de categorias profissionais), cuja referibilidade à atuação da União para a qual essas contribuições servirão de instrumento, impõe limites claros à configuração de suas hipóteses de incidência.[17]

Assim como para regular a instituição de contribuição para o custeio do serviço de iluminação pública, serão os aspectos referentes à prestação desse serviço específico as únicas hipóteses hábeis a servirem de fato gerador ou base de cálculo no exercício dessa competência pelos Municípios e Distrito Federal.

Por fim, a instituição de empréstimos compulsórios está condicionada à existência de alguma das causas dadas pelos incisos do art. 148, as quais vincularão a aplicação dos recursos deles provenientes (art. 148, parágrafo único). Este fato cria já alguns liames para a sua instituição, podendo, assim, a depender de sua causa, inserir-se o empréstimo compulsório ora no regime jurídico dos impostos, ora no das taxas, ora no das contribuições, devendo sujeitar-se, em cada caso, a eles, de modo que as considerações até aqui tecidas são também aplicáveis a esta espécie tributária *sui generis*.[18]

Quanto aos impostos extraordinários, seu tratamento atual parece confirmar que o art. 154 se presta não só a instituir a competência residual da União, como limitá-la para prevenir a invasão de competências e o *bis in idem* no seu exercício, conforme será visto mais adiante.

Ocorre que, da mesma forma que a União, quando do exercício da competência residual, poderia instituir tributo utilizando-se de materialidades econômicas já usadas para determinar a competência de outro ente estatal, ela igualmente poderia lançar mão de materialidades

---

[17] Ademais, para o caso das contribuições sociais e de intervenção no domínio econômico de que trata o art. 149 da Constituição, suas bases de cálculo já vêm taxativamente dadas pelas alíneas do inciso III de seu parágrafo 2º.

[18] A esse respeito vide SCHOUERI, Luis Eduardo. *Direito Tributário*. 9. ed. São Paulo: Saraiva, 2019. p. 216 a 221.

já previstas para os seus próprios impostos. E são essas duas situações que o art. 154 pretende coibir.

Ao determinar que a União poderá instituir, mediante lei complementar, impostos não previstos no artigo anterior, desde que sejam não cumulativos "e não tenham fato gerador ou base de cálculo próprios dos discriminados nesta Constituição", o emprego dessa fórmula genérica, na parte final do dispositivo, é indicativo de que, para além de estabelecer a competência residual da União e prevenir a ocorrência de invasão de competências, o inciso I do art. 154 também está implicitamente afirmando a proibição ao *bis in idem*.

Observe-se que a menção é ao fato gerador e à base de cálculo dos impostos "discriminados nesta Constituição". Ora, no caso, o vocábulo "discriminar" é claramente empregado com o sentido de especificar, listar, classificar. E os impostos que são discriminados pela Constituição são aqueles previstos nas competências privativas, o que abarca também os impostos da União. Isto é claríssimo, pois, no seu campo de competência privativa, a União pode instituir e aumentar impostos por simples leis ordinárias, e não tem que se preocupar com as barreiras do art. 154, I, as quais, portanto, somente se destinam a impostos não discriminados a favor da União.

Por outro lado, quando o legislador constituinte quis preservar apenas a ocorrência de invasão de competências, ele empregou fórmula menos genérica, especificadora da situação que pretendia regrar. É o que se vê da redação dada ao parágrafo 5º do art. 18 da Constituição de 1969, o qual repetiu, com redação praticamente idêntica, a prescrição constante do parágrafo 6º do art. 18 da Constituição de 1967. Confira-se:

> §5º A União poderá, desde que não tenham base de cálculo e fato gerador idênticos aos dos previstos nesta Constituição instituir outros impostos, além dos mencionados nos artigos 21 e 22 *e que não sejam da competência tributária privativa dos Estados, do Distrito Federal ou dos Municípios*, assim como transferir-lhes o exercício da competência residual em relação a impostos, cuja incidência seja definida em lei federal. (g.n.)

Assim, ao mencionar genericamente a proibição à repetição de fatos geradores e bases de cálculo próprios dos impostos discriminados na Constituição, nos parece que o constituinte se referiu a todos os impostos privativos, e não apenas aos da competência exclusiva dos Estados e dos Municípios, como fez nas Constituições de 1967 e 1969, veiculando, destarte, regra impeditiva não só da invasão de competências, como também do *bis in idem*, no exercício da competência residual.

Ademais, há na própria redação do art. 154 elementos que se prestam a confirmar o entendimento que vimos sustentado, para o que o recurso ao exame histórico da legislação constitucional brasileira novamente será de bom auxílio.

Na Carta de 1967, o parágrafo 6º do art. 19 atribuía à competência residual exclusivamente à União, instituindo a mesma limitação quanto à preservação das competências privativas. Já a atribuição de competência para a União instituir impostos extraordinários para os casos de guerra externa ou sua iminência, fossem "compreendidos, ou não, na sua competência", vinha em dispositivo separado, expresso no art. 23 da Carta de 1967.

Na de 1969 o mesmo. O seu art. 18, ao estabelecer a competência comum, previa, no seu parágrafo 5º, disposição idêntica à do parágrafo 6º do art. 19 da Constituição de 1967, sendo que a competência exclusiva da União para instituir impostos extraordinários, também com redação idêntica à do art. 23 da Constituição de 1967, vinha prevista no seu art. 22.

Mas na Constituição de 1988 a competência para instituição dos impostos extraordinários foi elencada no mesmo dispositivo que prevê a competência residual e as limitações expressas ao seu exercício. Consta do inciso II do art. 154. Tal fato nos parece significativo para demonstrar que apenas nas situações de extrema gravidade, previstas no inciso II, a liberdade do legislador infraconstitucional é ampla.

É que entre todas as normas da Constituição de 1988 que atribuem competência tributária às pessoas políticas, a única hipótese que não vem completamente regulada, e para a qual é atribuída ampla liberdade de atuação ao legislador, é o caso da competência residual referida no inciso II do art. 154. Mas, com relação ao inciso I, para que seu exercício não rompesse a harmonia da discriminação constitucional de rendas, limitou-se materialmente a atuação do legislador, vedando a criação de novos impostos com fato gerador ou base de cálculo próprio dos impostos discriminados pela Carta, além de ser necessária lei complementar.

Portanto, no mesmo dispositivo foi inserida a única hipótese em que o legislador constituinte autorizou à União instituir impostos sem respeito às regras de competência, que são os impostos extraordinários, cuja criação é restrita aos casos de guerra externa ou sua iminência, os quais devem ser gradativamente suprimidos quando cessadas as causas motivadoras de sua criação, a denotar o completo caráter de exceção à regra constitucional geral.

Assim, sua colocação no inciso II do art. 154 confere um caráter sistêmico à norma contida no dispositivo, indicando que as regras de competência devem ser observadas em todos os casos, e o exercício da competência residual, prevista no inciso I, não pode feri-las, salvo na hipótese extraordinária taxativamente expressa em seu inciso II.

Observa-se, também, um recrudescimento do rigor imposto ao exercício da competência residual pelas limitações mencionadas pelo inciso I do art. 154. É que os parágrafos 6º e 5º, dos artigos 18 e 19, das Constituições de 1967 e 1969, respectivamente, autorizavam à União instituir outros impostos "desde que não tenham base de cálculo e fato gerador idênticos aos dos impostos previstos nesta Constituição", ao passo que a redação do art. 154, I, refere-se a "fato gerador ou base de cálculo próprio dos discriminados nesta Constituição".

Se é verdade que a lei não contém palavras inúteis em seu bojo, nos parece que a limitação atual ficou mais rigorosa por substituir a palavra "idêntico", a qual denota uma igualdade absoluta em que os elementos em comparação em nada diferem uns dos outros, pela palavra "próprios", dando a entender que fatos geradores e bases de cálculo, para obstar o exercício da competência residual, não precisam ser "idênticos", bastando que a materialidade usada para fato gerador e base de cálculo do imposto residual sejam próprias[19] a algum dos impostos discriminados pela Constituição, para se ter a invalidade de sua instituição.

Igualmente indicativo de que a redação do inciso I do art. 154 da Constituição de 1988 adotou forma mais rigorosa é a circunstância de não mais apenas se exigir que os impostos residuais não tenham fato gerador nem base de cálculo próprios dos impostos já discriminados pela Carta, mas, também, exigir-se que sejam não cumulativos.

Ora, a não cumulatividade, a despeito da técnica adotada, visa impedir a cobrança cumulada de impostos e, portanto, tem aptidão para ser empregada como técnica de mitigação do *bis in idem*, o que nos parece ter sido a intenção do legislador constituinte ao inserir a vedação exatamente no inciso I do art. 154,[20] inovando em relação à

---

[19] O Dicionário Houaiss traz, entre as definições de "próprio", "aquilo que serve à determinado fim, adequado conveniente apropriado"; e também "característico de um indivíduo, inerente peculiar, típico".

[20] O STF, julgando o Agravo Regimental no RE 275.356/SP, em 20.2.2001, manteve a decisão exarada no julgamento principal, em favor do Estado de São Paulo, a qual negava o direito à correção monetária dos créditos de ICMS, sob o argumento de que, uma vez não tendo a lei previsto a correção, não caberia o Poder Judiciário autorizá-la. O Ministro Marco Aurélio Melo foi voto vencido, mas fez constar declaração de voto sua na qual afirmou que, ao não autorizar a correção monetária dos créditos de ICMS, além de solapar o princípio da não cumulatividade, "na verdade, teremos um *bis in idem* em tributação, um locupletamento indevido por parte do Estado, da Fazenda Pública".

ordem constitucional anterior, a qual, nada obstante já conhecesse e adotasse a técnica da não cumulatividade para o IPI e para o ICMS.[21]

E aqui, mais uma vez, o emprego também genérico do termo não cumulatividade, sem referência a uma técnica específica – como se dá no caso do inciso II do parágrafo 3º do art. 153,[22] assim como com o inciso I do parágrafo 2º do art. 155[23] – parece confirmar a vocação do inciso I do art. 154 para evitar o efeito econômico decorrente de uma nova incidência sobre fato gerador ou base de cálculo já submetidos a uma incidência anterior. De modo que, com a inserção dessa nova limitação, logrou o constituinte originário impedir também o *bis in idem* econômico.[24]

Ademais, uma análise sistemática da distribuição de competências fiscais procedida pela Constituição de 1988 também milita favoravelmente ao entendimento aqui sustentado. Foi visto anteriormente que, em razão das peculiaridades inerentes às demais hipóteses de tributação, a invasão de competência, onde tecnicamente haveria bitributação, só poderia ocorrer no exercício da competência residual. Sobram, portanto, apenas os impostos e as contribuições sociais, cujas naturezas indiretas permitem a adoção de materialidades tributáveis de contornos bem menos nítidos, abrindo espaço para a invasão de competências ou o *bis in idem* disfarçados nessas duas espécies tributárias.[25] Da mesma forma,

---

[21] Art. 21, parágrafo 3º, e art. 23, II, da Constituição de 1969.

[22] Ao determinar que o IPI será não cumulativo, "compensando-se o que for devido em cada operação com o montante cobrado nas anteriores".

[23] Ao determinar que o ICMS será não cumulativo, "compensando-se o que for devido em cada operação relativa à circulação de mercadorias ou prestação de serviços com o montante cobrado nas anteriores pelo mesmo ou outro Estado ou pelo Distrito Federal".

[24] Comungam desse entendimento Ives Gandra Martins e Celso Ribeiro Bastos. *In*: BASTOS, Celso Ribeiro; MARTINS, Ives Gandra da. *Comentários à Constituição do Brasil*. 6º vol. Tomo I (arts. 145 a 156). São Paulo: Saraiva, 1990. p. 333; e também Fabio Brun Goldschmidt. Este último autor, analisando a jurisprudência do STF sobre o tema, aponta que o Ministro Marco Aurélio, quando do julgamento do RE – AgR n. 275.356/SP, em 20.2.2001, entendeu que a falta de correção monetária dos créditos de ICMS ínsitos à não cumulatividade "implicaria a tributação, pelo Estado, de valores já tributados nos elos anteriores da cadeia produtiva, com ofensa ao *non bis in idem*", encarecendo o fato de que o Ministro foi voto vencido no mérito, mas com fundamento na falta de previsão legal para autorizar a correção, e não por rechaçar-se a alegação de *bis in idem*, de modo que se pode extrair desse julgamento que "a não-cumulatividade constitui, per se, regra constitucional pontualmente interditiva de bis in idem". GOLDSCHIMIDT, Fabio Brun. *In: Teoria da Proibição de* bis in idem *no Direito Tributário e Sancionador Tributário*. São Paulo: Noeses, 2014. p. 31.

[25] Como foi com o imposto sobre transações efetuadas por empresas de construção por administração ou empreitada, instituído pelo Estado de São Paulo, no âmbito de sua competência concorrente, conforme vigia na Constituição de 1946, e que foi declarado inconstitucional pelo RE n. 38.538/SP, em 16.6.1961, por ter sido constatada ocorrência, não de *bis in idem* com a tributação da renda, como alegava o contribuinte, mas por invasão da

a materialidade das taxas também se prestou, ao longo da vida jurídica brasileira, a igualmente ocultar tentativas de invasão de competências e *bis in idem*.[26] Não por acaso, portanto, que o exercício das competências atribuídas a essas três espécies de tributos recebeu limitações expressas:

- pelo parágrafo 2º do art. 145 que é inequívoco ao determinar que "as taxas não poderão ter base de cálculo própria de impostos";
- o mesmo em relação aos impostos, pelo inciso I do art. 154; e
- assim, também, em relação à competência residual para a criação de novas contribuições sociais, na qual a remissão expressa ao art. 154, I, seria inócua se não fosse para determinar a observância ao seu conteúdo integral, uma vez que a locução "poderá instituir outras fontes destinadas a garantir a manutenção ou expansão da seguridade social", inserida após o elenco taxativo das contribuições postas no *caput* do próprio art. 195, seria suficiente para delimitar a regra de competência e estremar a hipótese dos casos previstos pelos incisos do *caput*.[27]

Ademais, ainda sobre a aplicação das restrições previstas para a competência residual na instituição de contribuições sociais, no lugar de uma remissão direta e sem ressalvas ao art. 154, I, quadraria melhor que a suposta remissão apenas à necessidade de lei complementar fosse expressamente referida pelo parágrafo 4º do art. 195, como entende o Supremo.[28]

Até porque não faria sentido estatuir um rígido sistema de competências privativas, excluir a possibilidade de competências

---

competência privativa da União prevista nos incisos III (produção, comércio, distribuição e consumo) e VI (negócios de sua economia, atos e instrumentos regulados por lei federal) do art. 10 da Carta de 1946.

[26] Assim, por exemplo, se deu no julgamento do RE nº 77.131-AM, em 18.9.1974, no qual declarou-se a inconstitucionalidade de taxa instituída pelo Estado do Amazonas por disfarçar o que o Tribunal entendeu ser adicional de ICM, caso em que as exigências somadas ultrapassavam a alíquota máxima fixada pelo Senado nos termos do parágrafo 5º do art. 23 da Constituição de 1969.

[27] Comunga desse entendimento o Professor Luis Eduardo Schoueri. *In: Direito Tributário*. 9. ed. São Paulo: Saraiva, 2019. p. 287.

[28] Schoueri também entende que a remissão ao art. 154, I, pelo parágrafo 4º do art.; 195 refere-se a todas as limitações por ele postas, sob pena de esvaziar-se o próprio Texto Constitucional. *Op. cit.* p. 286. Sacha Calmon Navarro Coelho também esposa o mesmo entendimento. *In: Curso de Direito Tributário Brasileiro*. 9. ed. Rio de Janeiro: Forense, 2008. p. 351.

concorrentes e estipular regras expressas com limitações ainda mais rigorosas ao exercício da competência residual, se à União fosse dado o poder de ignorar todo esse arcabouço normativo quando da criação de outras contribuições sociais. Assim, como também não há, no Texto Constitucional, qualquer critério que possa justificar esse tratamento diferenciado às contribuições sociais.

Ao contrário, a notória atração que exerce sobre a União a desnecessidade de dividir com as demais pessoas políticas as receitas auferidas com as contribuições, em pouco tempo, causaria distorções na própria feição fiscal do Estado brasileiro, se fosse permitido a ela não observar as regras de competência postas pelo Texto Constitucional, com evidentes prejuízos à autonomia dos demais entes federados.

E, também, parece não fazer sentido que apenas para a criação de outras contribuições sociais a referência expressa, direta e sem ressalvas ao art. 154, I, seja limitada à parte do dispositivo que exige a edição de lei complementar,[29] quando se constata que, nas Constituições de 1967 e 1969, a União já era competente para instituir contribuições sociais sem que, no entanto, algum dispositivo dessas Cartas fizesse qualquer remissão à vedação dos parágrafos 6º e 5º, dos artigos 19 e 18, respectivamente, como ocorre hoje com o parágrafo 4º do art. 195.

Deve-se ponderar também que se o *bis in idem* fosse autorizado no exercício de qualquer competência (exclusiva ou residual), tal previsão acarretaria ofensa ao princípio da capacidade contributiva.

Realmente, quando a lei toma um fato que efetivamente agrega renda ao patrimônio do contribuinte, por exemplo, e o integra à base de cálculo do imposto de renda devido por esse contribuinte, a competência constitucional da União Federal está sendo adequadamente exercida quanto a este aspecto.

Ao contrário, quando ela toma o mesmo fato e o integra mais de uma vez na base de cálculo do fato gerador de um mesmo imposto, a competência constitucional está extravasada, eis que a incidência primitiva e originária sobre aquela renda esgotou a competência tributária, de tal modo que a incidência *bis in idem* está destituída de competência constitucional.

---

[29] Até porque, como nos casos de competência residual não haveria qualquer materialidade tipificada na Constituição para delimitar a atuação do legislador, o teor da matéria iria atrair a norma do art. 146, seja porque envolverá norma que pode implicar conflito de competências, seja porque envolverá assunto regrado por limitação ao poder de tributar (art. 154), seja porque precisará determinar toda a matéria tributável, impondo também à instituição das contribuições a regra que a alínea "a" do inciso III do art. 146 reserva aos impostos.

E uma vez tendo extravasado o limite da competência constitucional, a segunda incidência é fictícia, pois se dá sobre fato (segunda renda) que não existe, porque a renda que houve já foi objeto de tributação. Assim, a segunda incidência não atinge a capacidade contributiva do contribuinte, a qual se esgotou com a primeira,[30] e esta inconstitucionalidade pode conduzir a uma outra violação da Constituição Federal, pois, se houver mais de uma incidência, a multiplicação de incidências poderá transformar a tributação em tributação com efeito confiscatório (art. 150, IV, da CF/88).

Assim, ainda que se entenda a previsão do inciso I do art. 154 como veiculadora de vedação expressa à invasão de competências (o que seria ocioso em face da própria estruturação do atual sistema tributário nacional), ao vedá-la, o art. 154, I, carrega em seu bojo, de todo modo, um valor e uma restrição à dupla tributação de modo geral, a qual, por subjazer implicitamente ao dispositivo, não está restrita à bitributação propriamente dita.

De modo que, para além de fixar a competência residual da União, a sistemática constitucional empresta ao dispositivo natureza, tanto de garantia fundamental do contribuinte, hipótese para a qual o art. 154, I, assume feição principiológica, como, também, de norma limitadora do exercício da competência residual, abarcando, assim, igualmente o poder conferido pelo parágrafo 4º do art. 195, com o que exerce, também, função de resguardo da discriminação constitucional de rendas pela preservação da distribuição de competências, caracterizando vera limitação ao poder de tributar no âmbito da competência residual.

Tal entendimento é confirmado pelo próprio histórico evolutivo da matéria, o qual revela que, por um lado, o legislador constituinte veio progressivamente fechando as portas à bitributação até extirpá-la por completo do ordenamento, no sentido de aprimorar as técnicas legais de preservação da discriminação de rendas e competências tributárias, conforme o desenho legal do sistema, o que é de fundamental importância para garantir a autonomia (mesmo que relativa) das pessoas políticas no federalismo.

Por outro lado, ante a materialidade ínsita à conformação jurídica das taxas, impostos e contribuições, e o histórico de abusos no exercício das competências fiscais, o constituinte de 1988 entendeu por bem formular vedações materiais expressas ao exercício dessas competências,

---

[30] Lembre-se também de que, segundo o art. 156, I, do CTN, o pagamento do tributo extingue a obrigação tributária.

de modo a não só emprestar segurança jurídica ao sistema, e preservar as fontes tributáveis de uma arrecadação predatória, como também manter a própria feição da discriminação constitucional de rendas como instituída na Constituição de 1988.

Em conclusão, bitributação não pode existir no regime constitucional vigente, pois, tecnicamente, a palavra refere-se à dupla competência para a instituição de impostos não discriminados expressamente (impostos residuais), conforme era autorizado, em Constituições anteriores à de 1967, à União e aos Estados, quando a bitributação era referida expressamente e proibida, no sentido de manter apenas a continuidade do exercício da competência pela União e excluir a do Estado. Atualmente, sendo o campo residual reservado exclusivamente à União, não há que se falar em bitributação, de modo que, caso algum outro ente político pretenda instituir imposto não discriminado expressamente, a ocorrência será caracterizada como inconstitucionalidade por invasão da competência privativa da União, tanto quanto poderia ocorrer com qualquer outro imposto de competência exclusiva da União, dos Estados, do Distrito Federal e dos Municípios.

Por outro lado, a dupla incidência de tributo cobrado pelo mesmo ente público sobre um mesmo fato econômico e sobre um mesmo contribuinte, caracteriza *bis in idem*,[31] que não tem proibição legal expressa no ordenamento jurídico, mas é fenômeno que está impedido implicitamente pela aplicação de vários princípios constitucionais e de normas do CTN, além de também estar implícito no art. 154 da atual Carta Constitucional.

Informação bibliográfica deste texto, conforme a NBR 6023:2018 da Associação Brasileira de Normas Técnicas (ABNT):

MASAGÃO, Fernando; OLIVEIRA, Ricardo Mariz de. A vedação ao *bis in idem* e à bitributação no exercício das competências residuais (e das privativas). *In*: SARAIVA FILHO, Oswaldo Othon de Pontes; SIQUEIRA, Julio Homem de; BEDÊ JÚNIOR, Américo; FABRIZ, Daury César; SIQUEIRA, Junio Graciano Homem de; CUNHA, Ricarlos Almagro Vitoriano (Coord.). *Limitações formais e materiais ao poder de tributar*. Belo Horizonte: Fórum, 2021. p. 37-57. (Coleção Fórum Princípios Constitucionais Tributários – Tomo II). ISBN 978-65-5518-122-7.

---

[31] Que, repita-se, não se confunde com a dupla incidência econômica sobre um mesmo fato econômico, quando prevista na Constituição Federal.

O PRINCÍPIO DA PROIBIÇÃO DA BITRIBUTAÇÃO (*NON BIS IN IDEM*) – JURISPRUDÊNCIA E DOUTRINA. ENUNCIADOS

JOSÉ AUGUSTO DELGADO

1 Introdução

A jurisprudência e a doutrina a respeito do princípio da vedação à tributação têm evoluído, neste século XXI, no sentido de reforçar a sua obediência pelo poder tributante por representar um dos pilares básicos para o aperfeiçoamento do Estado Democrático de Direito que contém implicitamente o postulado da imposição de menor carga fiscal ao contribuinte em respeito ao seu direito de viver dignamente e de ser valorizado como cidadão.

O exame da evolução do entendimento do Colendo Supremo Tribunal Federal a respeito do destacado projeta o que anteriormente está anunciado e conduz o intérprete a ordená-lo em forma dos enunciados a seguir enumerados.

2 Enunciados da jurisprudência do Supremo Tribunal Federal sobre o princípio da proibição da tributação

Enunciado nº 01 – De início, registre-se que o STF, até o momento da pesquisa ora apresentada, adotou, sobre o princípio em questão, como tendo repercussão geral, os dois temas seguintes:

a) Tema nº 948 – RE nº 883542 RG – A Contribuição Sindical Rural, instituída pelo Decreto-Lei nº 1.661/1971, não configura hipótese de bitributação. Tal tributo foi recepcionado pela ordem constitucional vigente.

Observação: A discussão examinou se havia ou não bitributação no caso em apreço. Argumentou-se que o fato gerador e a base de cálculo da Contribuição Sindical Rural, instituída pelo DL nº 1.666, de 1971, assemelhava-se aos adotados para o Imposto Território Rural. O STF afastou a bitributação com base, em síntese, nos seguintes fundamentos:

> A uma, porque tem-se, no caso, uma contribuição. Quando do julgamento dos RREE 177.137-RS e 165.939-RS, foi sustentada a tese no sentido de que, tratando-se de contribuição, a Constituição não proíbe a coincidência de sua base de cálculo com a do imposto, o que é vedado relativamente às taxas. Destacou-se dos votos proferidos nos citados RREE 177.137-RS e 165.939-RS: (…) A duas, porque, quando o §4º, do art. 195, da CF, manda obedecer à regra da competência residual da União, art. 154, I, não estabelece que as contribuições não devam ter fato gerador ou base de cálculo de impostos. As contribuições, criadas na forma do §4º do art. 195 da CF, não devem ter, isto sim, fato gerador e base de cálculo próprios das contribuições já existentes. É que deve ser observado o sistema. E o sistema é este: tratando-se de contribuição, a Constituição não proíbe a coincidência da sua base de cálculo com a base de cálculo do imposto, o que é vedado, expressamente, relativamente às taxas (CF, art. 145, §2º). É que deve ser observado o sistema. E o sistema é este: tratando-se de contribuição, a base de cálculo da Contribuição Sindical Rural é a mesma utilizada para o Imposto Territorial Rural, qual seja, a área e o valor do imóvel rural. Quanto ao tema, tem prevalecido, nesta Corte, o entendimento segundo o qual não há vedação constitucional para instituição de contribuição com matriz de incidência que preceitue fato gerador ou base de cálculo iguais ao de imposto, porquanto a norma que exclui essa identidade dirige-se somente às taxas. Destacamos, a propósito, o seguinte trecho do voto proferido pelo Ministro Carlos Velloso no julgamento do RE 228.321, Tribunal Pleno, DJ 30.5.2003. (Trecho do voto proferido pelo Ministro Carlos Velloso no julgamento do RE nº 228.321, Tribunal Pleno, DJ, 30.5.2003, citado pelo Min. Gilmar Mendes, Relator).

b) Tema nº 723 - RE nº 761263 – SANTA CATARINA: 723 – Validade da contribuição a ser recolhida pelo produtor rural pessoa física que desempenha suas atividades em regime de economia familiar, sem empregados permanentes, sobre a receita bruta proveniente da comercialização de sua produção. A repercussão geral da matéria foi adotada por ter sido firmado o entendimento de que "constitucionalidade da contribuição a ser recolhida pelo segurado especial, prevista no art. 25 da Lei 8.212/1991, desde a sua redação originária, diante da ausência de identidade de sua base de cálculo (receita bruta) com a prevista no art. 195, §8º, da Constituição Federal (resultado da comercialização)".

Observação: O Recurso Especial antes identificado está em pauta para julgamento definitivo do mérito, haja vista que o aresto anterior reconheceu, apenas, ser matéria de natureza constitucional e projetar repercussão geral.

Enunciado nº 02 – O STF, no ARE nº 971500, reconhece que a Contribuição Sindical Rural tem natureza tributária e foi incorporada pela CF/88. Idem de que o inciso I do art. 154 da CF/88 não é aplicável à referida contribuição.

Enunciado nº 03 – No ARE 658.572/RS, o STF firmou convicção no sentido de que inexiste bitributação na exigência de vedação legal de os CONTRIBUINTES OPTANTES PELO SISTEMA INTEGRADO DE PAGAMENTO DE IMPOSTOS E CONTRIBUIÇÕES DAS MICROEM-PRESAS E EMPRESAS DE PEQUENO PORTE – SIMPLES aproveitarem ou transferirem créditos, conforme disposto na Lei Estadual do RG nº 12.410/2002. O fundamento central do mencionado acórdão é o de que "... contribuintes optantes pelo modelo simplificado de tributação denominado Sistema Integrado de Pagamento de Impostos e Contri-buições das Microempresas e Empresas de Pequeno Porte – SIMPLES, o qual garantiu a redução da carga tributária bruta, não podem aproveitar créditos fiscais relativos ao ICMS e ao IPI".

Enunciado nº 04 – RE nº 947732 ED/SP – SÃO PAULO – Em tal Recurso Extraordinário o STF renovou o entendimento no sentido de que a contribuição sindical rural, de natureza tributária, instituída pelo Decreto-Lei nº 1.166/1971, foi recepcionada pela ordem constitucional vigente, sendo exigível de todos os integrantes das categorias profis-sionais ou econômicas, independente de filiação à entidade sindical. Certo é que não "se aplica às contribuições sociais a segunda parte do inciso I do artigo 154 da Constituição Federal", pelo que "não há que se falar, portanto, em bitributação vedada, face à identidade entre as bases de cálculo e os fatos geradores da contribuição sindical rural e do imposto territorial rural – ITR". A doutrina entende que a referida contribuição tem natureza parafiscal ou especial, sendo um terceiro gênero.

Enunciado nº 05 – RE nº 723651/PR – PARANÁ – O STF, pelo julgado citado, entende que "incide, na importação de bens para uso próprio, o Imposto sobre Produtos Industrializados, sendo neutro o fato de tratar-se de consumidor final". O assunto foi considerado como tendo Repercussão Geral – Tema 643. Tese: Incide o imposto de produtos industrializados na importação de veículo automotor por pessoa natural, ainda que não desempenhe atividade empresarial e o faça para uso próprio.

Enunciado nº 06 – Ao julgar a ADI nº 4.172/DF, a Suprema Corte entendeu que "... considerando que o ICMS diferido já fora suportado pelo substituto, na medida em que destacado na operação de aquisição do álcool e do biodiesel, tendo sido recolhido mediante repasse pela refinaria, a determinação de novo recolhimento de valor correspondente, dessa feita, a outro Estado, implica bitributação não autorizada pela Carta Magna".

A repercussão do assentado pela referida ADI para o Sistema Tributário Nacional aplicado ao ICMS sugere que se transcreva o inteiro teor da ementa do acórdão respectivo:

ADI 4171 / DF – DISTRITO FEDERAL
AÇÃO DIRETA DE INCONSTITUCIONALIDADE
Relator(a): Min. ELLEN GRACIE
Relator(a) p/ Acórdão: Min. RICARDO LEWANDOWSKI
Julgamento: 20/05/2015 Órgão Julgador: Tribunal Pleno
Publicação. ACÓRDÃO ELETRÔNICO. DJe-164 DIVULG 20-08-2015 PUBLIC 21-08-2015. Parte(s); REQTE.(S): CONFEDERAÇÃO NACIONAL DO COMÉRCIO. ADV.(A/S): CARLOS ROBERTO SIQUEIRA CASTRO E OUTRO(A/S). INTDO.(A/S) : CONSELHO NACIONAL DE POLÍTICA FAZENDÁRIA – CONFAZ
Ementa: AÇÃO DIRETA DE INCONSTITUCIONALIDADE. LEGITIMI-DADE ATIVA AD CAUSAM DA CONFEDERAÇÃO NACIONAL DO COMÉRCIO – CNC. CABIMENTO DO CONTROLE ABSTRATO AÇÃO PARA O QUESTIONAMENTO DA CONSTITUCIONALIDADE DE CONVÊNIO FIRMADO PELOS ESTADOS MEMBROS. INCIDÊNCIA DO ICMS NA OPERAÇÃO DE COMBUSTÍVEIS. PARÁGRAFOS 10 E 11 DA CLÁUSULA VIGÉSIMA DO CONVÊNIO ICMS 110/2007, COM REDAÇÃO DADA PELO CONVÊNIO 101/2008 E, MEDIANTE ADITAMENTO, TAMBÉM COM A REDAÇÃO DADA PELO CON-VÊNIO 136/2008. ESTORNO, NA FORMA DE RECOLHIMENTO, DO VALOR CORRESPONDENTE AO ICMS DIFERIDO. NATUREZA MERAMENTE CONTÁBIL DO CRÉDITO DO ICMS. O DIFERIMENTO DO LANÇAMENTO DO ICMS NÃO GERA DIREITO A CRÉDITO. ESTABELECIMENTO DE NOVA OBRIGAÇÃO TRIBUTÁRIA POR MEIO DE CONVÊNIO. VIOLAÇÃO DO DISPOSTO NOS ARTS. 145, §1º; 150, INCISO I; E 155, §2º, INCISO I E §5º, DA CONSTITUIÇÃO FEDERAL. AÇÃO DIRETA JULGADA PROCEDENTE. I – A legitimidade

da Confederação Nacional do Comércio – CNC para propor ação direta de constitucionalidade questionando dispositivos do interesse de setores do comércio já foi reconhecida por este Tribunal na ADI 1.332/RJ, de relatoria do Min. Sydney Sanches. II – Cabe a ação direta de inconstitucionalidade para questionar convênios, em matéria tributária, firmado pelos Estados membros, por constituírem atos normativos de caráter estrutural, requeridos pelo próprio texto Constitucional (art. 155, §5º). Precedente da Corte. III – O Convênio 110/2007, com a redação dos Convênios 101/2008 e 136/2008, atribuiu às refinarias de petróleo (que efetuam a venda de gasolina A às distribuidoras) a responsabilidade tributária pelo recolhimento do ICMS incidente sobre as operações comerciais interestaduais com o álcool etílico anidro combustível (AEAC) e biodiesel (B100), realizadas entre as usinas e destilarias, de um lado, e as distribuidoras de combustíveis, de outro (§5º da Cláusula Vigésima Primeira). IV – Os §§10 e 11 da Cláusula Vigésima Primeira do Convênio ICMS 110/2007, preveem o estorno do crédito, condizente com a saída de mercadoria sem incidência do ICMS, na forma de recolhimento do valor correspondente ao ICMS diferido, e não mediante anulação escritural. É dizer, em vez de ser determinado o estorno de um crédito, determina-se a realização de um recolhimento. V – A distribuidora não se credita do ICMS diferido que onerou a operação de entrada, já que não há pagamento direto por ela. Isso porque a operação posterior de venda dos combustíveis gasolina tipo C e óleo diesel B5 aos postos em operação interestadual será imune e a distribuidora simplesmente informa à refinaria para o repasse. VI – As matérias passíveis de tratamento via convênio são aquelas especificadas no §4º do art. 155 da Constituição Federal. Portanto, não poderia o Convênio, a título de estorno, determinar novo recolhimento, inovando na ordem jurídica, transmudando a medida escritural – anulação de um crédito – em obrigação de pagar. VII – Além disso, considerando que o ICMS diferido já fora suportado pelo substituto, na medida em que destacado na operação de aquisição do álcool e do biodiesel, tendo sido recolhido mediante repasse pela refinaria, a determinação de novo recolhimento de valor correspondente, dessa feita, a outro Estado, implica bitributação não autorizada pela Carta Magna. VIII – Inexistência de violação à destinação constitucional do ICMS sobre operações com combustíveis derivados de petróleo (art. 155, §4º, I), na medida em que o montante recolhido a título de estorno diz respeito ao ICMS diferido, incidente sobre o álcool (AEAC) e o biodiesel (B100), e que não compromete o repasse do valor do ICMS presumido sobre a operação final com combustível derivado de petróleo ao Estado de destino. IX – Necessidade, em homenagem à segurança jurídica, da modulação dos efeitos temporais da decisão que declara a inconstitucionalidade dos atos normativos atacados, para que produza efeitos a partir de seis meses contados da publicação do acórdão. X – Ação direta de inconstitucionalidade cujo pedido se julga procedente.

Decisão: Após o voto da Senhora Ministra Ellen Gracie (Relatora), julgando procedente a ação direta, com eficácia diferida por 6 meses após a publicação do acórdão, e os votos dos Senhores Ministros Luiz Fux e Cármen Lúcia, julgando-a improcedente, pediu vista dos autos o Senhor Ministro Ricardo Lewandowski. Impedido o Senhor Ministro Dias Toffoli. Ausente o Senhor Ministro Joaquim Barbosa, licenciado. Falou pela requerente o Dr. Carlos Roberto Siqueira Campos. Presidência do Senhor Ministro Cezar Peluso. Plenário, 03.08.2011. Decisão: O Tribunal, por maioria e nos termos do voto da Ministra Ellen Gracie (Relatora), julgou procedente o pedido formulado na ação direta para declarar a inconstitucionalidade dos §§10 e 11 da Cláusula Vigésima Primeira do Convênio ICMS 110, de 28 de setembro de 2007, com a redação conferida pelo Convênio ICMS 136, de 5 de dezembro de 2008, vencidos os Ministros Luiz Fux e Cármen Lúcia, que julgavam improcedente o pedido. Quanto à modulação dos efeitos da declaração de inconstitucionalidade, após os votos dos Ministros Ricardo Lewandowski (Presidente), Roberto Barroso, Teori Zavascki, Luiz Fux, Gilmar Mendes e Celso de Mello, acompanhando o voto da Ministra Ellen Gracie (Relatora), para modular os efeitos da declaração da decisão de inconstitucionalidade, com eficácia diferida por 6 (seis) meses após a publicação do acórdão, e o voto do Ministro Marco Aurélio, que não modulava os efeitos da decisão, o julgamento foi suspenso para colher o voto da Ministra Cármen Lúcia, ausente ocasionalmente. O Ministro Marco Aurélio entendeu não ser cabível o adiamento da conclusão da modulação para aguardar voto de ministro ausente. Impedido o Ministro Dias Toffoli. Não votou a Ministra Rosa Weber, no mérito e na modulação, por suceder à Ministra Ellen Gracie. Plenário, 05.03.2015. Decisão: O Tribunal, por maioria e nos termos do voto da Ministra Ellen Gracie (Relatora), modulou os efeitos da declaração de inconstitucionalidade com eficácia diferida por 6 (seis) meses após a publicação do acórdão, vencido o Ministro Marco Aurélio, que não modulava. Não votou a Ministra Rosa Weber por suceder à Ministra Ellen Gracie (Relatora). Impedido o Ministro Dias Toffoli. Redigirá o acórdão o Ministro Ricardo Lewandowski (Presidente). Plenário, 20.05.2015.

Enunciado nº 07 – RE nº 641359 AgR/DF – DISTRITO FEDERAL. No citado Recurso Extraordinário o STF manifestou entendimento de que, existindo prova de que o substituído tinha recolhido o ICMS próprio a que estava obrigado, tornaria a cobrança do substituto na espécie uma evidente hipótese de bitributação.

Enunciado nº 08 – Ao julgar a ADI nº 4.628/DF – DISTRITO FEDERAL, o STF proclamou, ao tratar do sistema aplicado ao ICMS, que "a alíquota interna, quando o destinatário não for contribuinte do ICMS, é devida à unidade federada de origem, e não à destinatária, máxime porque regime tributário diverso enseja odiosa hipótese de bitributação, em que os signatários do protocolo invadem competência própria daquelas unidades federadas (de origem da mercadoria ou bem) que constitucionalmente têm o direito de constar como sujeitos ativos da relação tributária quando da venda de bens ou serviços a consumidor final não contribuinte localizado em outra unidade da Federação".

Enunciado nº 09 – No AgR no RE SC, em que ENTIDADES FECHADAS DE PREVIDÊNCIA PRIVADA formularam pedido de não incidência do IRPJ E CSLL, alegando, entre outros fundamentos, presença de bitributação, o STF decidiu que: "BITRIBUTAÇÃO. PRINCÍPIOS DA ISONOMIA E DA PROGRESSIVIDADE. 1. O patrimônio das entidades fechadas de previdência privada compõe-se de valores provenientes das contribuições de seus participantes, de dotações da própria entidade e de aporte do patrocinador, enfim, mesmo que não possuam fins lucrativos, é cabível a incidência do imposto de renda e da contribuição sobre o lucro, pois na sua atividade captam e administram os recursos destinados ao pagamento de benefícios de seus associados. Também não gozam da imunidade prevista no art. 150, VI, "c" da CRFB, já que não se confundem com as entidades de assistência social, destinadas a auxiliar pessoas carentes, independentemente de estarem ou não no mercado de trabalho e da contribuição correspondente. 2. Quanto à bitributação, não há demonstração clara sobre quais valores estaria ocorrendo a dupla incidência do mesmo tributo. A incidência do imposto de renda, quando da concessão dos benefícios, se dá na fonte e não há vedação para a sua incidência no momento em que há a acumulação de reservas e provisões destinadas ao pagamento de benefícios futuros, ou seja, um fato gerador é a acumulação, outro é a distribuição".

Enunciado nº 10 – O STF, ao "julgar a ADI nº 1.497-MC e a ADI nº 2.031, rejeitou as alegações de inconstitucionalidade da cobrança da CPMF, afastando a apontada ofensa aos princípios da isonomia, da legalidade e da vedação ao confisco e à bitributação (AI 737622 – Ag)".

Enunciado nº 11 – No RE nº 602089 AgR/MG – MINAS GERAIS, o Supremo Tribunal Federal assentou que: "É condição constitucional para a cobrança de taxa pelo exercício de poder de polícia a competência do ente tributante para exercer a fiscalização da atividade específica do contribuinte (art. 145, II, da Constituição). Por não serem mutuamente exclusivas, as atividades de fiscalização ambiental exercidas pela União e pelo Estado não se sobrepõem e, portanto, não ocorre bitributação. Ao não trazer à discussão o texto da lei estadual que institui um dos tributos, as razões recursais impedem que se examine a acumulação da carga tributária e, com isso, prejudica o exame de eventual efeito confiscatório da múltipla cobrança".

Enunciado nº 12 – O AI nº 633467 AgR/SP – SÃO PAULO, ao ser julgado pelo STF, recebeu decisão no sentido de que se encontra Sumulada, sob o nº 688, a obrigatoriedade do pagamento da contribuição previdenciária sobre o 13º salário, não ocorrendo bitributação.

Enunciado nº 13 – O STF entendeu na ADI nº 4.565 MC/PI – PIAUÍ, que a Lei nº 6.041/2010, do Estado do Piauí, mereceu ser considerada inconstitucional, entre outros motivos, por seu conteúdo provocar "... uma bitributação ao permitir a tributação na origem e no destino" do ICMS. "Com isso, ela atenta contra o artigo 155, §2º, inciso VII, "b", porquanto a operação será exatamente tributada na origem e no Estado do Piauí – o destino da operação".

Enunciado nº 14 – O STF, no RE nº 429306/PR – PARANÁ, afastou a pretensão de contribuinte no sentido de que não incide Imposto de Importação e de IPI sobre operação de importação de sistema de tomografia computadorizada, amparada por contrato de arrendamento mercantil (*leasing*), por ser um serviço sujeito ao pagamento do ISS, com base nos seguintes fundamentos: "... Por se tratar de tributos diferentes, com hipóteses de incidência específicas (prestação de serviços e importação, entendida como a entrada de bem em território nacional – art. 19 do CTN), a incidência concomitante do II e do ISS não implica bitributação ou de violação de pretensa exclusividade e preferência de cobrança do ISS. Violação do princípio da isonomia (art. 150, II, da Constituição), na medida em que o art. 17 da Lei nº 6.099/1974 proíbe a adoção do regime de admissão temporária para as operações amparadas por arrendamento mercantil. Improcedência. A exclusão do arrendamento mercantil do campo de aplicação do regime de admissão temporária atende aos valores e objetivos já antevistos no projeto de lei do arrendamento mercantil, para evitar que o *leasing* se torne opção por excelência devido às virtudes tributárias e não em razão da função social e do escopo empresarial que a avença tem. Contrariedade à regra da legalidade (art. 150, I, da Constituição), porque a alíquota do imposto de importação foi definida por decreto, e não por lei em sentido estrito. O art. 153, §1º, da Constituição estabelece expressamente que o Poder Executivo pode definir as alíquotas do II e do IPI, observados os limites estabelecidos em lei. Vilipêndio do dever fundamental de prestação de serviços de saúde (art. 196 da Constituição), pois o bem tributado é equipamento médico (sistema de tomografia computadorizada). Impossibilidade. Não há imunidade à tributação de operações ou bens relacionados à saúde. Leitura do princípio da seletividade".

Enunciado nº 15 – O STF, no julgamento do RE nº 287712/MG – MINAS GERAIS, firmou convicção no sentido de que:

> Taxa de Fiscalização e Funcionamento: Base de Cálculo. IPTU. Município de Governador Valadares. – O Plenário desta Corte, ao julgar o RE 220.316, que versava a mesma questão em face da mesma lei municipal, entendeu que essa taxa não ofendia o disposto no artigo 145, §2º, da Carta Magna, porque "exação fiscal cobrada como contrapartida ao exercício do poder de polícia, sendo calculada em razão da área fiscalizada, dado adequadamente utilizado como critério de aferição da intensidade e da extensão do serviço prestado, não podendo ser confundido com qualquer dos fatores que entram na composição da base de cálculo do IPTU, razão pela qual não se pode ter por ofensivo ao dispositivo constitucional em referência, que veda a bitributação". Dessa orientação não divergiu o acórdão recorrido. Recurso extraordinário não conhecido.

Enunciado nº 16 – O STF, no RE nº 200788/MG, firmou o precedente jurisprudencial no sentido de que o "Decreto-Lei nº 1.940/82 e as alterações havidas anteriormente à promulgação da Constituição Federal de 1988 continuaram em vigor até a edição da Lei Complementar nº 70/91". Idem de que é insubsistente a alegação de existência de bitributação por ter o FINSOCIAL a mesma base de cálculo da Contribuição para o PIS, tendo em vista que a "vedação constitucional prevista no art. 154, I, da Carta Federal somente diz respeito aos impostos e não às contribuições para a seguridade social".

Enunciado nº 17 – O STF, ao julgar o RE nº 178144/AL, afastou a arguição de haver bitributação na criação da contribuição devido ao Instituto do Açúcar e do Álcool, desenvolvendo o argumento da Contribuição para o Instituto do Açúcar e do Álcool e seu respectivo adicional, conforme previstos nos Decretos-Leis nºs 308/67 e 1.712/79, podendo a fixação de alíquotas ser feita pelo Conselho Monetário Nacional, observados os limites e as condições previstos na legislação pertinente, por ser legítima a delegação de atribuições em face da Emenda Constitucional nº 01/69 e do Código Tributário Nacional. Entendeu, ainda, que a arrecadação da referida contribuição deve ser recolhida ao Tesouro Nacional e não ao Fundo Exportação e que não houve transmudação da contribuição em imposto ao alterar a destinação dos recursos. Fixou, também, a tese de que a natureza jurídica específica do tributo é determinada pelo fato gerador da respectiva obrigação, bem como de que inexiste coincidência entre os fatos geradores das contribuições e respectivos adicionais do IAA e do ICMS.

Enunciado nº 18 – O RE nº 97122/PR, julgado pelo STF, proclamou que não são incompatíveis as contribuições sociais do IAA (Lei nº 4.870) e as contribuições do FUNRURAL (Lei nº 4.214), sendo-lhes inaplicável a arguição de bitributação.

Enunciado nº 19 – O STF decidiu no RE nº 100948/SP que, "havendo isenção de ICM na operação inicial, o crédito do mencionado imposto é assegurado, segundo a jurisprudência do STF, em razão do princípio da não cumulatividade". Entre os fundamentos desenvolvidos no corpo do acórdão há aceitação do desenvolvido pelo Procurador da República, em seu parecer, no sentido assim exposto: "Negar o crédito implicará sempre o risco da tributação em cascata. Se o imposto é recolhido sem crédito no Estado de destino e o Estado de origem vem a exigi-lo posteriormente sobre a primeira saída – como é o caso, em que a incidência do ICM sobre a cal virgem repelida pelos Tribunais Estaduais, foi proclamada pelo Pretório Excelso, ocorrerá a bitributação. E não poderá o vendedor reclamar a diferença do comprador".

Enunciado nº 20 – O STF, ao examinar o RE nº 94939/RJ, firmou entendimento de que "a incidência do ISS exclui a do ICM, ainda que haja a necessária incorporação de materiais à prestação do serviço", aplicando o art. 8º e §1º do DL nº 834/69, que de modo expresso afastava a bitributação. O fato examinado cuidava de impressos gráficos que eram colocados em circulação por encomendantes usuários finais ou para compradores incertos em pública oferta. Argumentou, ainda, o acórdão que "nos impressos, porque o papel e a tinta são apenas a base física indispensável a ocasionar a manifestação do bem incorpóreo que apresentam, mas como o objeto da aquisição por terceiros está exclusivamente nesse bem incorpóreo, a obra gráfica, por eles apresentada, que é criada por serviço (ISS), não dá lugar à operação negocial de bem corpóreo (ICM), prevalecendo a obra imaterial constante da figuração de símbolos e linhas do impresso (ISS)".

Enunciado nº 21 – No AI nº 84586, em sede de Ag/RJ, o STF firmou a convicção jurisprudencial no sentido de que, em se tratando de "CONTRATO MÚTUO ENTRE FIRMA BRASILEIRA E BANCO JAPONÊS, EM QUE O ENCARGO TRIBUTÁRIO FICOU A CARGO, EXCLUSIVAMENTE DA PRIMEIRA", não se aplica "CONVENÇÃO QUE VEDA A BITRIBUTAÇÃO".

Enunciado nº 22 – O RE 86343/PB, julgado pelo STF com base no DL nº 406/68, entendeu que a incidência do ISS sobre a receita bruta não importava em negativa de vigência do art. 9º do mencionado diploma legal, tornando-se, portanto, improcedente a alegação de ofensa ao princípio que veda a bitributação.

Enunciado nº 23 – É permitida a bitributação quando ocorre em um Estado nação, podendo ser simultaneamente cobrado em outro, a se exemplificar com o Imposto de Renda (IR).

3 Três pronunciamentos da doutrina sobre o princípio da proibição da tributação

Após fazer referência a vinte e três posições jurisprudenciais mais recentes do STF sobre a aplicação do princípio constitucional que veda a bitributação, em forma de enunciados, passamos a adotar o mesmo sistema de apresentação deste trabalho para registrar três pronunciamentos doutrinários relevantes sobre o tema. Saliente-se que tem sido intensa a preocupação da doutrina para fortalecer o princípio da vedação da bitributação procurando examiná-lo por diversos ângulos. Seguem, em forma de enunciados, três destacados pronunciamentos doutrinários sobre o tema:

Enunciado nº 01 – Considera-se que há uma diferença entre bitributação e *"bis in idem*. "Um dos temas mais complexos no direito tributário é a questão da bitributação. Muitas vezes em nosso trabalho percebemos as pessoas reclamando e criticando diversas situações que consideram levianamente como caso de ser tributado duas vezes. Ocorre que nesse caso é necessário cautela. Há diversas variáveis que tornam esse discurso inválido. Para entender isso, primeiramente é preciso conceituá-lo. Bitributação ocorre quando dois entes da federação, por meio de suas pessoas jurídicas de direito público, tributam o mesmo contribuinte sobre o mesmo fato gerador. Por exemplo, isso ocorre quando dois municípios pretendem cobrar ISS sobre um mesmo serviço prestado. A ilegitimidade nesse caso se dá pela inconstitucionalidade, em razão da violação de normas constitucionais sobre competência tributária. Entretanto, como existem exceções em tudo o que rodeia nosso sistema tributário e nossa administração pública, há duas situações das quais a bitributação é permitida. Primeiro, na iminência ou no caso de guerra externa, poderá ser exigido imposto extraordinário, compreendido ou não em sua competência, conforme previsto no art. 154, II, da Constituição Federal de 1988: Art. 154. A União poderá instituir:... II – na iminência ou no caso de guerra externa, impostos extraordinários, compreendidos ou não em sua competência tributária, os quais serão suprimidos, gradativamente, cessadas as causas de sua criação. Outro caso de possibilidade da tributação está mais ligado ao âmbito internacional. Ocorre nos casos em que um tributo é recolhido em um Estado, mas poderá também ser cobrado noutro. Por exemplo, o contribuinte recebe rendimento de um trabalho realizado em um país, poderá ser cobrada sua renda em ambos os países, claro que dependendo das regulações internas e externas, respeitando a soberania em cada nação. Uma coisa é importante informar ao leitor. Bitributação é diferente de outro fenômeno – que também pode gerar certa dúvida ao contribuinte: o *bis in idem*, ou duas vezes sobre a mesma coisa. Esse fenômeno ocorre quando a pessoa jurídica de direito público tributa mais de uma vez o mesmo fato jurídico. Por exemplo, o fato de uma empresa auferir lucro dá margem à exigência de Imposto sobre a Renda, como também da Contribuição Social sobre o Lucro Líquido (CSLL), ambos os tributos de competência da União Federal. Vale ressaltar que o *bis in idem* é permitido pelo sistema constitucional desde que expressamente autorizado pela Carta Constitucional. Ou seja, a competência tributária precisa ser exercida dentro dos parâmetros constitucionalmente estabelecidos, respeitando ainda os princípios e as imunidades. O Sistema Tributário Nacional previsto na Constituição Federal de 1988 (Título VI, art. 145 e seguintes) autoriza a União, os Estados, o Distrito Federal e os Municípios a instituir impostos, taxas e contribuições e, sempre que possível, os impostos terão caráter pessoal e serão graduados segundo a capacidade econômica do contribuinte, facultado à administração tributária, especialmente para conferir efetividade a esses objetivos, identificar, respeitados os direitos individuais e nos termos da lei, o patrimônio, os rendimentos e as atividades econômicas do contribuinte. Como já observado, a competência tributária é matéria eminentemente constitucional, taxativa e exaustivamente prevista, de sorte que haverá conflito de competência na medida em que um ente político arvorar-se de competência alheia. Nesse sentido, reiterando a assertiva de que todas as competências tributárias são previstas na Constituição Federal, conclui-se que a pessoa política não pode usurpar competência tributária alheia, nem aquiescer que sua própria competência tributária venha a ser utilizada por outra pessoa política. Sempre que houver bitributação, ocorrerá violação ao dispositivo constitucional, e que pode ser coibido imediatamente por uma medida judicial".[1] (*In*: A Diferença entre Bitributação e *bis in idem*, artigo

---

[1] *In*: A diferença entre bitributação e *bis in idem*, artigo de José Carlos Braga Monteiro, inserido na internet em 07.102014, acesso em: 10 maio 2019: http://www.portaltributario.com.br/artigos/diferenca-entre-bitributacao-e-bis-in-idem.htm.

de José Carlos Braga Monteiro, inserido na internet em 07.10.2014, acesso em: 10 maio 2019: http://www.portaltributario.com.br/artigos/diferenca-entre-bitributacao-e-bis-in-idem.htm).

Enunciado nº 02 – Doutrinadores estão a defender ser inconstitucional a incidência de Imposto de Renda sobre o recebimento de pensão alimentícia. Confira-se trecho de artigo publicado via internet: "Sendo o fato gerador do imposto de renda o aumento no patrimônio do contribuinte, nada justifica a tributação da pensão alimentícia, cuja renda já foi devidamente tributada quando ingressou no acervo do devedor dos alimentos, sob pena destes recursos estarem sendo duplamente tributados (alimentante e alimentando). Essa realidade, por si só, evidencia um enriquecimento ilícito por parte da União, além de afrontar o princípio da vedação à bitributação. A importância de tal temática pelas razões até aqui expostas, construídas pelos mais renomados especialistas do Direito das Famílias levou o Instituto Brasileiro de Direito de Família – IBDFAM a ajuizar no Supremo Tribunal Federal ação de inconstitucionalidade (ADI nº 5.422) com o objetivo de suspender cautelarmente a cobrança do Imposto de Renda sobre pensão alimentícia e no mérito ver declarada a inconstitucionalidade do artigo 3º, §1º, da Lei nº 7.713/1988 c/c artigos 5º e 54 do Decreto nº 3.000/1999 visando a desoneração definitiva dos valores recebidos a título de pensão alimentícia".[2] A ADI nº 5.422 foi protocolada no STF na data de 25.11.2015. A Procuradoria-Geral da República ofereceu parecer pelo não conhecimento da referida ação, sob o fundamento de que: "Não se deve conhecer ação direta de inconstitucionalidade que não impugne a integralidade do complexo normativo pertinente a seu objeto. Precedentes. Não cabe ação direta contra ato de natureza regulamentar, que encontra fundamento em texto infraconstitucional. Hipótese em que possível ofensa à Constituição da República se daria de maneira reflexa ou indireta". Aguarda, atualmente, julgamento pelo Plenário do Supremo Tribunal Federal,

Enunciado nº 03 – A jurisprudência do STJ evoluiu para definir pela não incidência do IPI na saída do estabelecimento importador de produto industrializado de procedência estrangeira, que não tenha sido objeto de qualquer das formas de industrialização, e consequente ilegalidade na cobrança. Este tema foi bem apresentado em

---

[2] *In*: A inconstitucionalidade do Imposto de Renda sobre pensão alimentícia. Artigo de Rodrigo Azevedo, advogado, publicado no site: https://rodrigoazevedoadv.jusbrasil.com.br/artigos/365000828/a-inconstitucionalidade-da-incidencia-de-imposto-de-renda-sobre-o-recebimento-de-pensao-alimenticia, acesso em: 10 maio 2019.

trabalho da autoria de Jessica Bertolucci Pigato, publicado via internet e acessado em 10.05.2019, no site: https://jessicapigato.jusbrasil.com. br/artigos/167891665/imposto-sobre-produtos-industrializados,[3] com destaque para o trecho seguinte: "A questão que inicialmente se pretende responder é: a aquisição de produtos de procedência estrangeira que serão submetidos à comercialização no território nacional gera a cobrança do IPI na saída do produto ainda que não submetido a novo processo de industrialização. O tema foi enfrentado com vagar pelo Superior Tribunal de Justiça que defrontou grande controvérsia entre suas turmas a respeito da questão, eis que para alguns Ministros o IPI não recai sobre a atividade de industrialização, de elaboração do produto, mas sobre o resultado do processo produtivo, ou seja, a operação jurídica que envolve a prática de um ato negocial do qual resulte a circulação econômica da mercadoria. Assim, quando da saída do produto do estabelecimento comercial há um fato gerador distinto àquele do desembaraço aduaneiro. Enquanto que, para outros, somente se legitima a dupla incidência do IPI quando, entre o desembaraço aduaneiro e a saída do estabelecimento do importador, o produto tiver sido objeto de uma das formas de industrialização. A divergência foi instaurada pela 2ª Turma do STJ com julgado do ministro Mauro Campbell Marques noticiado pelo Informativo de Jurisprudência nº 535, citados os precedentes REsp nº 1.386.686-SC, REsp nº 1.385.952-SC, e REsp nº 1.429.656-PR. Com o intuito de pôr termo à discussão – e reconhecendo aos contribuintes o direito que lhes vinha sendo negado pela Receita Federal –, o Superior Tribunal de Justiça pacificou o seu entendimento quando do julgamento pela 1ª Seção, dos seguintes processos: EREsp nº 1398.721, EREsp nº 1.400.759/RS, EREsp nº 1411749, EREsp nº 1384179, EREsp nº 1393102, em acórdãos publicados no dia 18.12.2014. A posição foi pela não incidência do IPI na saída do estabelecimento importador de produto industrializado de procedência estrangeira, que não tenha sido objeto de qualquer das formas de industrialização e consequente ilegalidade na cobrança".

4 Conclusão

O objetivo a ser alcançado com o presente artigo foi o de apresentar um panorama resumido da configuração do princípio da proibição da

---

[3] Disponível em: https://jessicapigato.jusbrasil.com.br/artigos/167891665/imposto-sobre-produtos-industrializados.

bitributação em nosso sistema constitucional, a fim de facilitar o seu exame por parte dos agentes jurídicos e contribuir para a sua devida aplicação de modo que sejam alcançados os propósitos do legislador. Há de se reconhecer que, sobre o tema, quanto mais a jurisprudência e a doutrina tratarem dos seus diversos aspectos, mais segurança impõe a sua aplicação às situações concretas julgadas pelo Poder Judiciário, que, hoje, encontra-se vinculado a fazer valer os precedentes firmados por suas decisões.

Informação bibliográfica deste texto, conforme a NBR 6023:2018 da Associação Brasileira de Normas Técnicas (ABNT):

DELGADO, José Augusto. O princípio da proibição da bitributação (*non bis in idem*) – jurisprudência e doutrina. Enunciados. *In*: SARAIVA FILHO, Oswaldo Othon de Pontes; SIQUEIRA, Julio Homem de; BEDÊ JÚNIOR, Américo; FABRIZ, Daury César; SIQUEIRA, Junio Graciano Homem de; CUNHA, Ricarlos Almagro Vitoriano (Coord.). *Limitações formais e materiais ao poder de tributar*. Belo Horizonte: Fórum, 2021. p. 59-73. (Coleção Fórum Princípios Constitucionais Tributários – Tomo II). ISBN 978-65-5518-122-7.

PRINCÍPIO DA VEDAÇÃO ÀS ISENÇÕES HETERÔNOMAS

KIYOSHI HARADA

1 Introdução

Com o advento da nova ordem constitucional representada pela Constituição de 1988, foi inserida em seu art. 151, inciso III, a vedação da União em "instituir isenções de tributos da competência dos Estados, do Distrito Federal ou dos Municípios".

Desde então a opinião dos juristas ficaram e continuam divididas.

Uns se posicionaram contra a chamada isenção heterônoma; outros se posicionaram pela sua possibilidade desde que decorrente de tratados ou convenções internacionais. No VI Colóquio Internacional de Direito Tributário realizado em Buenos Aires, Ives Gandra da Silva Martins, João Bosco Coelho Pasin e outros se posicionaram contra a possibilidade de isenções heterônomas por meio de tratados ou convenções internacionais,[1] enquanto que eu e Marcelo Borghi Moreira da Silva, dentre outros, posicionamo-nos pela tese contrária, isto é, pela possibilidade de prever isenções heterônomas por via de tratados firmados validamente pelo Brasil.[2] Outros juristas de renome nacional dividem as opiniões n'um ou n'outro sentido.

---

[1] *Anais do VI Colóquio Internacional de Direito Tributário.* Buenos Aires: La Ley, 2004, p. 100 e p. 117.

[2] *Anais do VI Colóquio Internacional de Direito Tributário.* Buenos Aires: La Ley, 2004, p. 146 e p. 196.

No final da década de oitenta, quando no exercício da função de consultor jurídico da Prefeitura de São Paulo, tivemos que enfrentar essa questão em razão de divergências jurídicas em torno da determinação da Senhora Prefeita da Capital no sentido de lançar o IPTU sobre prédios de propriedade de potências estrangeiras, ou seja, sobre edificações pertencentes aos consulados de diversos países.

O parecer jurídico que exaramos foi no sentido de respeitar a Convenção de Viena, subscrita validamente pelo Brasil. Esse parecer foi endossado pela então Procuradora-Geral do Município e depois de aprovado pelo Secretário de Negócios Jurídicos da Prefeitura foi, finalmente, acolhido pela Srª. Prefeita, após oitiva de sua Assessoria Jurídica. Assim, essa polêmica questão, que poderia provocar incidentes diplomáticos, foi definitivamente encerrada pela então Prefeita Luiza Erundina.

2 Tratados e convenções internacionais

Para a perfeita elucidação da intricada questão, objeto desse artigo, impõe-se, antes de mais nada, examinar, ainda que em rápidas pinceladas, não só o fundamento dos tratados como também a matéria pertinente à hierarquia desses tratados e convenções internacionais que até hoje continua sendo um tema sem posicionamento definitivo da doutrina e da jurisprudência.

2.1 Fundamento dos tratados

Prescreve a Constituição de 1988 em seu art. 4º:

> Art. 4º. A República Federativa do Brasil rege-se nas suas relações internacionais pelos seguintes princípios:
> ...
> IX – cooperação entre os povos para o progresso da humanidade.
> ...
> Parágrafo único. A República Federativa do Brasil buscará a integração econômica, política, social e cultural dos povos da América Latina, visando à formação de uma comunidade latino-americana de nações.

Dessa forma, salvo o melhor juízo, a discussão acerca dos conflitos de normas convencionais com as normas internas só pode ocorrer em termos de subordinação ou supremacia em relação aos preceitos da

Constituição Federal, nunca em relação aos dispositivos da legislação interna. Este posicionamento encontra apoio na lição de Oscar Tenório:

> Pela natureza do sistema constitucional brasileiro, o tratado perde sua força quando colide com Constituição Federal. Todavia, modernas correntes doutrinárias sustentam a *supremacia dos textos convencionais*. Numa colisão entre o texto da Constituição e o tratado, dá-se preferência a este. As regras convencionais anteriores a uma Constituição continuam em vigor ainda que o Poder Constituinte tenha adotado princípios incompatíveis com os tratados em vigor. E vão além, afirmando que tratados celebrados posteriormente à Constituição são válidos, ainda que suas regras colidam com o texto constitucional. São os adeptos da supremacia do direito internacional que defendem esses princípios. Campo de pura doutrina, em contraste com o direito positivo interno. Tratados inconstitucionais no Brasil, sendo a inconstitucionalidade decretada pelo Judiciário, não obrigam. E o Estado contratante estrangeiro não encontrará, na órbita jurídica brasileira, meios coativos para o cumprimento de direito convencional inconstitucional. A matéria cai no âmbito da responsabilidade internacional, sujeita às medidas e aos remédios que o direito das gentes possui.[3]

2.2 Hierarquia dos tratados

Tentaremos, em breves palavras, demonstrar a posição hierárquica das normas convencionais a partir da função harmonizadora do tratado que ninguém contesta. Os tratados são firmados exatamente porque as legislações internas das partes contratantes são diferentes. Por isso, não faria sentido uma parte contratante invocar sua legislação interna para descumprir o tratado firmado validamente.

Dúvida não pode existir de que os tratados situam-se acima da legislação interna à medida que eles resultam de princípios fundamentais que dão embasamento à constituição do Estado Democrático de Direito, como aqueles expressos no art. 4º, inciso IX e parágrafo único, da Carta Magna retrotranscrito.

Acerca da hierarquia dos tratados existem quatro correntes doutrinárias que examinaremos resumidamente:

(a) a da supremacia dos tratados e convenções internacionais em relação aos textos constitucionais;

---

[3] *Lei da introdução ao Código Civil Brasileiro*. Rio de Janeiro: Borsoi, 1955, p. 86.

(b) a da equivalência das normas convencionais e das normas constitucionais;

(c) a da equiparação das normas convencionais às normas da lei ordinária geral;

(d) a da que confere ao tratado o caráter supralegal.

A primeira corrente que dá primazia ao Direito Internacional, conquanto sedutora numa conjuntura mundial, onde há crescente valorização das ordens jurídicas supranacionais, jamais encontraria guarida no STF, que como guardião da Constituição cabe-lhe a função de declarar a inconstitucionalidade ou constitucionalidade das normas convencionais (art. 102, III, "b" da CF).

A segunda corrente, que advoga a tese da equivalência das normas de tratados internacionais às normas da Constituição, é perfeitamente sustentável à luz do que dispõe o §2º[4] do art. 5º da CF. Quando houver conflito entre normas convencionais e normas da Constituição, não se faz necessária a solução do conflito pela declaração de validade da norma constitucional e invalidade do preceito convencional. Será sempre possível optar pela aplicação da norma (constitucional ou convencional) que mais favorecer o destinatário da norma. Dessa forma, a competência atribuída ao STF para julgar, em grau de recurso extraordinário, as causas decididas em única ou última instância, quando a decisão recorrida declarar a inconstitucionalidade de tratado (art. 102, II, "b", da CF), por si só, não prejudica essa segunda corrente doutrinária. O art. 102, III, "b" da CF, que atribui ao STF o poder de declarar a inconstitucionalidade de tratado, segundo Flávia Piovesan, teria levado a doutrina brasileira a sustentar a tese de que os tratados internacionais se situam no mesmo patamar das leis federais. São suas as palavras:

> [...] à luz desse dispositivo, uma tendência de doutrina brasileira passou a acolher a concepção de que os tratados internacionais e as leis federais apresentam a mesma hierarquia jurídica, sendo, portanto aplicável o princípio 'lei posterior revoga lei anterior que seja com ela incompatível'.[5]

A terceira corrente, que equipara as normas do tratado às de uma lei ordinária geral, nega a função harmonizadora dos tratados.

---

[4] §2º. Os direitos e garantias expressos nesta Constituição não excluem outros decorrentes do regime e dos princípios por ela adotados, ou dos tratados internacionais em que a República Federativa do Brasil seja parte.

[5] *Direitos humanos e o Direito Constitucional Internacional*. 4. ed. São Paulo: Max Limonad, 2000, p. 81.

É, a nosso ver, a única que não pode ser aplicada por implicar total desconsideração da crescente valorização, no mundo contemporâneo, das normas de Direito Internacional, principalmente no campo dos direitos humanos, onde os Estados modernos vêm incorporando nas suas Constituições as novas conquistas da humanidade nesse campo. Outrossim, dezenas de tratados bilaterais para evitar a dupla tributação poderiam ser alterados unilateralmente por legislação interna de uma das partes contratantes. Contudo, essa tese é a que vinha prevalecendo por longo tempo perante o STF até o advento da Emenda Constitucional nº 45/04.

Por derradeiro, temos a quarta tese, que pode ser ancorada no art. 98[6] do Código Tributário Nacional, que proclama a natureza supralegal dos tratados e convenções internacionais. O citado art. 98 espelha com clareza a noção de que as normas convencionais pairam acima da legislação interna, fato reconhecido pelo STF como mais adiante veremos. O tratado assume a característica de uma lei especial. É a posição que veio a ser adotada, também, por ocasião do julgamento do RE nº 466.341, no qual ficou reconhecido o caráter supralegal do Pacto de San José da Costa Rica, conforme comentado mais adiante.

3 Posição da jurisprudência do STF

O STF ficou preso, por muito tempo, à tese da equivalência de normas convencionais às normas da legislação ordinária geral, como antes salientado.

Assim, vinha tolerando a aplicação do Decreto-Lei nº 911/69, que cuida da prisão do depositário infiel, prevalecendo sobre o Pacto de São José da Costa Rica, tido como equivalente a uma norma de lei ordinária geral, fazendo incidir as normas do citado Decreto-Lei nº 911/69 pela aplicação do princípio da especialidade.

Pode-se citar, nesse sentido, dentre outros, os acórdãos proferidos no HC nº 72.131, Rel. Min. Marco Aurélio, *DJ* de 1.8.2003; no HC nº 81.319, Rel. Min. Celso de Mello; no RE nº 206.482, Rel. Min. Maurício Correa; nos RREE nºs 200.385 e 344.458, ambos de relatoria do Min. Moreira Alves; e na ADI nº 1.480, Rel. Min. Celso de Mello.

---

[6] Art. 98. Os tratados e as convenções internacionais revogam ou modificam a legislação tributária interna, e serão observados pela que lhes sobrevenha.

Entretanto, após o advento da Emenda n° 45/04, que acrescentou o §3°[7] ao art. 5° da CF, o STF passou a adotar essa tese da natureza supralegal das normas convencionais esclarecendo, desde logo, que a expressão "supralegal" adotada pela Corte Suprema significa lei de natureza especial.

Ressalte-se que esse §3° do art. 5° da CF foi introduzido pelo legislador constituinte derivado como forma de contornar a jurisprudência do STF, que se negava a equiparar as normas de tratados firmados pelo Brasil a preceitos constitucionais, sob o fundamento de que um ato aprovado por um simples decreto legislativo não pode merecer tratamento de norma constitucional. O certo é que quis o legislador constituinte originário que o tratado fosse aprovado por decreto legislativo do Congresso Nacional. E nada havia acima da soberania da Assembleia Nacional Constituinte determinando que a aprovação do tratado ocorresse de outra forma. Portanto, a forma de aprovação do tratado reveste-se de natureza constitucional. Daí a ressalva de que os direitos e garantias expressos na Constituição não excluem outros que decorram do regime e dos princípios por ela adotados, "ou dos tratados internacionais em que a República Federativa do Brasil seja parte" (§2° do art. 5° da CF). Esse §2° permite que direitos fundamentais decorrentes de tratados ganhem o qualificativo constitucional. Daí o ensinamento de Antonio Augusto Cançado Trindade,[8] que equipara as normas convencionais aos textos constitucionais conferindo-lhe o mesmo *status* hierárquico. Não discrepa desse entendimento Maria Garcia, que, interpretando o §2°, do art. 5° da CF, sustenta que "conforme decorre da sua dicção fica expresso que direitos e garantias decorrentes de tratados integram o elenco estabelecido na Constituição".[9]

Por isso, no nosso entender a Emenda n° 45/04 ao introduzir o §3° limitou o alcance e conteúdo da garantia fundamental espelhada no §2° introduzido pelo legislador constituinte original, que oferece a grande vantagem de ampliar o bloco de constitucionalidade.

A posição atual do STF é no sentido de que as normas de tratados internacionais têm natureza meramente supralegal. Só teriam a mesma hierarquia de emenda constitucional se elas forem aprovadas, em

---

[7] §3° Os tratados e convenções internacionais sobre direitos humanos que forem aprovados, em cada Casa do Congresso Nacional, em dois turnos, por três quintos dos votos dos respectivos membros, serão equivalentes às emendas constitucionais.

[8] *Tratado de Direito Internacional dos direitos humanos.* Porto Alegre: Sérgio Antônio Fabris Editor, 2003, p. 408.

[9] A constituição e os tratados. *In: Revista do Direito Constitucional e Internacional,* n. 37, p. 42.

dois turnos, por três quintos dos votos dos membros de cada uma das Casas Legislativas. Na realidade, o art. 49, I, da Constituição atribui ao Congresso Nacional a competência exclusiva para *resolver* definitivamente sobre tratados.[10] Há de convir que o verbo "resolver" é absolutamente incompatível com o ato de legislar. O ato de resolver definitivamente sobre o tratado não cabe no processo legislativo prescrito no §3º, acrescido ao art. 5º pela EC nº 45/04. Parece claro que, ao aprovar o tratado por meio de decreto legislativo, o Congresso Nacional não legisla em caráter de norma geral abstrata, limitando-se a editar normas individuais de natureza concreta. O ato de resolver, de permitir, de aprovar, de rejeitar, de sustar, de aceitar, de deliberar etc. não comporta processo legislativo preconizado no §3º sob exame. Nesse sentido a lição de Manoel Gonçalves Ferreira Filho.[11] Contudo, é o que ficou decidido no RE nº 466.343 à luz do §3º, do art. 5º da CF e do Pacto de San José da Costa Rica, cuja ementa transcrita:

> EMENTA: PRISÃO CIVIL. Depósito. Depositário Infiel. Alienação fiduciária. Decretação da medida coercitiva. Inadmissibilidade absoluta. Insubsistência da previsão constitucional e das normas subalternas. Interpretação do art. 5º, inc. LXVII e §§1º, 2º e 3º, da CF, à luz do art. 7º, §7, da Convenção Americana de Direitos Humanos (Pacto de San José da Costa Rica). Recurso improvido. Julgamento conjunto do RE nº 349.703 e dos HCs nº 87.585 e nº 92.566. É ilícita a prisão civil de depositário infiel, qualquer que seja a modalidade do depósito (RE nº 466.341, Rel. Min. Cezar Peluso, *Dje* de 5.6.2009).

No julgamento desse recurso extraordinário ficou bem caracterizada a natureza supralegal do Pacto de San José da Costa Rica, cujo art. 7º, da cláusula sétima, proíbe a prisão por dívida civil, com as mesmas ressalvas contidas no inciso LXVII, do art. 5º de nossa Constituição. Apenas o Ministro Celso de Mello conferiu à norma internacional o qualificativo de preceito constitucional. A palavra supralegal empregada no V. Acórdão tem o sentido de lei especial.

---

[10] I – resolver definitivamente sobre tratados, acordos ou atos internacionais que acarretem encargos ou compromissos gravosos ao patrimônio nacional.

[11] *Curso de Direito Constitucional*. 30. ed. São Paulo: Saraiva, 2003, p. 214.

3.1 Posição da jurisprudência do STF em matéria tributária

Na seara do Direito Tributário a Corte Suprema respeitou, desde o início, o teor do art. 98 do CTN, que assim prescreve:

> Art. 98. Os tratados e as convenções internacionais revogam ou modificam a legislação tributária interna, e serão observados pela que lhes sobrevenha.

Nesse sentido podem ser lembrados os acórdãos proferidos no RE nº 114.063/SP, Rel. Min. Aldir Passarinho, *DJ* de 31.05.1991; RE nº 229.096-8, Rel. Min. Ilmar Galvão, *DJ* de 11.4.2008 e na ADIN nº 1600-8-DF. Para melhor compreensão da matéria, transcrevemos duas das ementas:

> Ementa. Direito tributário. Recepção pela Constituição da República de 1988 do acordo geral de tarifas e comércio. Isenção de tributo estadual prevista em tratado internacional firmado pela República Federativa do Brasil. Artigo 151, inciso iii, da Constituição da República. Artigo 98 do Código Tributário Nacional. não caracterização de isenção heterônoma. Recurso extraordinário conhecido e provido. 1. A isenção de tributos estaduais prevista no acordo geral de tarifas e comércio para as mercadorias importadas dos países signatários quando o similar nacional tiver o mesmo benefício foi recepcionada pela Constituição da República de 1988. 2. O artigo 98 do Código Tributário Nacional "possui caráter nacional, com eficácia para a União, os Estados e os Municípios" (voto do eminente ministro Ilmar Galvão). 3. No direito internacional apenas a República Federativa do Brasil tem competência para firmar tratados (art. 52, §2º, da Constituição da República), dela não dispondo a União, os Estados-membros ou os Municípios. O presidente da República não subscreve tratados como chefe de governo, mas como chefe de Estado, o que descaracteriza a existência de uma isenção heterônoma, vedada pelo art. 151, inc. iii, da Constituição. 4. Recurso extraordinário conhecido e provido (RE nº 229096, Rel. Min. Ilmar Galvão, rel. p/ acórdão: Min. Cármen Lúcia, *DJE* de 11.4.2008).
> Ementa. Constitucional. Tributário. Lei complementar 87/96. ICMS e sua instituição. Arts. 150, ii; 155, §2º, vii 'a', e inciso viii, CF. Conceitos de passageiro e de destinatário do serviço. Fato gerador. Ocorrência. Alíquotas para operações interestaduais e para as operações internas. Inaplicabilidade da fórmula constitucional de partição da receita do ICMS entre os estados. Omissão quanto a elementos necessários à instituição do ICMS sobre navegação aérea. Operações de tráfego aéreo internacional. Transporte aéreo internacional de cargas. Tributação

das empresas nacionais. Quanto às empresas estrangeiras, valem os acordos internacionais – reciprocidade. Viagens nacional ou internacional – diferença de tratamento. Ausência de normas de solução de conflitos de competência entre as unidades federadas. Âmbito de aplicação do art. 151, CF é o das relações das entidades federadas entre si. Não tem por objeto a união quando esta se apresenta na ordem externa. Não incidência sobre a prestação de serviços de transporte aéreo, de passageiros – intermunicipal, interestadual e internacional. Inconstitucionalidade da exigência do ICMS na prestação de serviços de transporte aéreo internacional de cargas pelas empresas aéreas nacionais, enquanto persistirem os convênios de isenção de empresas estrangeiras. Ação julgada, parcialmente procedente (ADI nº 1600, Rel. Min. Sydney Sanches, Rel. p/ Acórdão: Min. Nelson Jobim, *DJ* de 20.06.2003).

4 Isenção heterônoma. Conceito e origem

Antes de adentrar no exame específico do tema deste artigo – isenção heterônoma decorrente de tratados e convenções internacionais –, impõe-se o prévio exame do conceito de isenção heterônoma e de sua origem.

4.1 Conceito de isenção heterônoma

O art. 175 do CTN situa a isenção como exclusão do crédito tributário juntamente com a anistia (inciso I e II). Daí por que Ruy Barbosa Nogueira afirma que "isenção é a dispensa do tributo devido feita por expressa disposição de lei".[12] Esse ensinamento doutrinário é encapado pelo STF, como se verifica do RE nº 113.711/SP, Rel. Min. Moreira Alves, *DJ* de 9.1.1987.

Todavia, a doutrina moderna considera a isenção como uma hipótese de não incidência legalmente qualificada, pelo que ocorre a exclusão do fato gerador da obrigação tributária pela simples razão de que não é possível pressupor a prévia incidência da norma jurídica de tributação para, ao depois, incidir a norma jurídica de isenção.

Parece-nos, todavia, que não foi nesse sentido a definição dada pelo Prof. Ruy Barbosa Nogueira, que deve ser entendida no plano legislativo em que o legislador aventou a hipótese de não tributação de determinados bens (isenção objetiva) ou de determinadas pessoas (isenção subjetiva).

---

[12] *Curso de Direito Tributário.* São Paulo: Saraiva, 1989, p. 171.

A isenção que atua no plano da execução da lei é o corolário do poder de tributação. Assim, se há três entidades políticas tributantes (União, Estado, Distrito Federal e Municípios), significa que a cada uma dessas entidades políticas cabe isentar os tributos de sua competência e não a de outros entes políticos. É a chamada isenção tributária autonômica.

Em outras palavras, a definição da entidade política competente para isentar decorre da rígida discriminação constitucional de impostos (artigos 153, 155 e 156 da CF).

Isenção heterônoma significa o poder de uma só entidade política, no caso, a União, decretar a isenção de impostos de competência privativa dos demais entes da Federação, isto é, isenção tributária instituída por uma entidade política diferente da titular da competência impositiva.

Verifica-se, pois, que ela é absolutamente incompatível com o princípio discriminador de rendas tributárias, que, por sua vez, deriva do princípio federativo. Em um Estado Federal como o nosso pressupõe-se que o poder de tributação se subdivida por espaços regionais e locais, a fim de manter a autonomia financeira dos Estados e Municípios e, por conseguinte, a autonomia político-administrativa dos entes regionais e locais.

4.2 Origem da isenção heterônoma

A primeira isenção heterônoma de que se tem notícia é aquela outorgada pelo Decreto-Lei Federal nº 2.281, de 5.6.1940, com fundamento no parágrafo único[13] do art. 34 da Constituição centralista de 1937. Depois, ela foi prevista expressamente no §2º do art. 20 da Constituição centralista de 1967, promulgada durante o regime militar, nos seguintes termos:

> §2º. A União, mediante Lei Complementar, atendendo a relevante interesse poderá conceder isenção de impostos Federais, Estaduais e Municipais.

A toda evidência a inclusão de impostos federais deve ter resultado de cochilo do legislador constituinte, já que a União, tendo poderes para decretar seus impostos privativos por lei ordinária, evidentemente, detém poderes pra decretar a isenção desses impostos

---

[13] Parágrafo único. Os serviços públicos concedidos não gozam de isenção tributária, salvo a que lhes for outorgada, no interesse comum, por lei especial.

por instrumentos legislativos de igual espécie. No regime da Emenda Constitucional nº 1/69, esse defeito redacional foi abolido ao dispor do art. 19, §2º, com a seguinte redação:

> §2º A União, mediante lei complementar e atendendo a relevante interesse social ou econômico nacional, poderá conceder isenções de impostos estaduais e municipais.

Do exposto, verifica-se que o art. 2º, §2º, da Constituição de 67, e o art. 19, §2º, da Emenda nº 1/69 estabeleciam uma exceção ao princípio constitucional de que cabe a cada entidade política tributante o poder de instituir a isenção de seus impostos.

Promulgada a Constituição cidadã de 1988, após o fim do regime autoritário ou de anomalia jurídica, bastava tão só deixar de reproduzir aquelas normas excepcionais geradas durante o regime militar para que tudo voltasse ao normal, isto é, só pode isentar quem tem o poder de tributar. É o que resulta do princípio discriminador de impostos que tem fundamento no princípio federativo protegido em nível da cláusula pétrea.

5 Exame do art. 151, III, da Constituição

A Constituição de 1988 prescreveu vedação expressa à isenção heterônoma em seu art. 151, inciso III, nos seguintes termos:

> Art. 151. É vedado à União:
> ...
> III – instituir isenções de tributos da competência dos Estados, do Distrito Federal ou dos Municípios.

Como dito no tópico anterior, bastava o silêncio da Constituição a respeito da isenção heterônoma para devolver o regime de normalidade no exercício da competência tributária que abarca o poder de criar tributos e o de isentar os tributos legalmente instituídos.

Consoante escrevemos em nossa obra, essa vedação do inciso III só pode ter o sentido de derrogação daquelas isenções heterônomas outorgadas pela União no período de anomalia jurídica, por incompatível ao princípio da isonomia das entidades políticas, componentes do Estado Federal Brasileiro. Manifestamos o entendimento de que, também, não subsistem as isenções de impostos estaduais e municipais concedidas pelo Decreto-Lei Federal de nº 2.281, de 5.6.1940, a favor das empresas de energia elétrica. A citada isenção foi outorgada durante a ditadura Vargas com fulcro no parágrafo único do art. 32 da Constituição de 1937 e subsistiu no regime da Constituição liberal de 1946, com base no princípio implícito da União de estatuir isenções especiais no interesse nacional conforme doutrina e jurisprudência de então.[14] Esse tipo de isenção havia sido recepcionada pela Constituição de 1967 e pela Emenda nº 1/69, tendo sido revogada pela Constituição Cidadã de 1988.

6 Isenções decorrentes de tratados e convenções internacionais

As chamadas isenções heterônomas que não mais subsistem no sistema constitucional vigente nada têm a ver com aquelas decorrentes de tratados e convenções internacionais que continuam em vigor até que elas sejam revogadas, segundo as regras que regem o direito das gentes.

Normalmente, tratados e convenções internacionais em matéria tributária são firmados objetivando concessões recíprocas no campo alfandegário. Às vezes, esses tratados e convenções são celebrados visando tratamento especial aos interesses das representações diplomáticas. Cita-se como exemplo a Convenção de Viena sobre relações consulares, subscrita pelo Brasil, em 24.4.1963, aprovada pelo Decreto Legislativo nº 6/67 e promulgada pelo Decreto nº 61.078, de 26.6.1967. Essa convenção dispõe em seu art. 32:

> Art. 32. Os locais consulares e a residência do chefe da repartição consular de carreira de que for proprietário o Estado que envia ou pessoa que atue em seu nome, estarão isentos de quaisquer impostos e taxas, nacionais, regionais e municipais, e excetuadas as taxas cobradas em pagamento de serviços específicos prestados.

Diante desse texto convencional surgiram entre nós duas correntes, como assinalado na parte introdutória.

A primeira corrente no sentido de que o art. 151, III, da Constituição mantém intocável a isenção decorrente da Convenção de Viena, porque a vedação constitucional está voltada para o legislador ordinário da União, significando que o Presidente da República, enquanto chefe do Poder Executivo da União, pessoa jurídica de direito público interno, não poderá sancionar lei isentiva de impostos estaduais ou municipais,

---

[14] Conf. nosso *Direito Financeiro e Tributário*. 28. ed. São Paulo: Atlas, 2018, p. 441.

mas, não tem o condão de vedar o Presidente da República, enquanto Chefe de Estado, pessoa jurídica de direito público internacional, de celebrar tratados e convenções internacionais com potências estrangeiras, prevendo a isenção de impostos regionais e locais, observada a reciprocidade. Nesse sentido é a jurisprudência do STF: RE nº 229.096-RS, Rel. Min. Ilmar Galvão, *DJ* de 11.4.2008 e ADI nº 1.600-8, Rel. Min. Sydney Sanches, Relator para Acórdão Min. Nelson Jobim, *DJ* de 20.6.2003.

De fato, compete à União representar o Estado Federal Brasileiro em suas relações com os Estados estrangeiros, na forma do art. 21, inciso I, da CF. E a União, por sua vez, é representada pelo Presidente da República na condição de Chefe de Estado (art. 84, inciso VIII, da CF) e não como Chefe do Poder Executivo da União. No sistema presidencialista, o Presidente da República acumula as funções de Chefe de Estado e de Chefe de Governo, fato que pode provocar confusões.

Outrossim, como assinalamos, os tratados em matéria tributária envolvem concessões recíprocas entre as potências signatárias. Existe nesses tratados, além do aspecto jurídico, o fator político-moral, que deriva da palavra e da honra empenhadas pelos Estados subscritores, que impede de descumprir as normas convencionais sob o pretexto de superveniência de nova ordem constitucional em sentido contrário[15] Quando isso acontecer, o conflito deve ser superado pela aplicação das regras de Direito Internacional. O tratado vigora até que seja extinto por uma das seguintes hipóteses:

a) execução integral;
b) expiração do prazo previsto;
c) verificação de uma condição resolutória;
d) acordo mútuo;
e) denúncia (renúncia unilateral);
f) impossibilidade de execução.

Todavia, na hipótese de celebração de um tratado afrontando a ordem constitucional vigente, ele pode ser declarado inconstitucional pelo STF, pois há presunção de que os Estados signatários estavam cientes das restrições constitucionais existentes, correndo o risco de sua invalidação pelo Judiciário do Estado, cuja Carta Magna foi afrontada.

A outra corrente defende a posição oposta, ou seja, a tese da impossibilidade jurídica de a União firmar tratados e convenções internacionais para dispensar pagamento de tributos estaduais e

---

[15] Conf. nosso *Sistema Tributário na Constituição de 1988*. 3. ed. Curitiba: Juruá, 2007, p. 224/225.

municipais, tendo em vista a expressa vedação do art. 151, inciso III, que, como vimos, só tem aplicação no plano do direito interno proclamando aquilo que resulta do princípio discriminador de impostos e do princípio da paridade jurídica dos entes políticos componentes da Federação Brasileira.

7   Conclusão

As chamadas isenções heterônomas, outorgadas pela União na vigência da Constituição de 1937 pelo Decreto-Lei Federal nº 2.281, de 5.6.1940, mantidas durante o regime da Constituição de 1946, bem como todas as isenções de impostos estaduais e municipais outorgadas durante o regime militar instaurado em 1964 foram derrogadas pelo art. 151, III, da Constituição de 1988.

A vedação do art. 151, III, da CF não tem aplicação em relação às isenções decorrentes de tratados ou convenções internacionais firmadas validamente pelo Estado Federal Brasileiro, que não se confunde com a União, pessoa jurídica de direito público interno. Isenções convencionais nada têm a ver com isenções heterônomas banidas pela Constituição de 1988.

Referências

FERREIRA FILHO, Manoel Gonçalves. *Curso de Direito Constitucional*. 30. ed. São Paulo: Saraiva, 2003.

HARADA, Kiyoshi. *Direito financeiro e tributário*. 28. ed. São Paulo: Atlas, 2019.

HARADA, Kiyoshi. *Sistema tributário na constituição de 1988*. Tributação progressiva. 3. ed. Curitiba: Juruá, 2007.

MARTINS, Ives Gandra da Silva; PASIN, João Bosco Coelho; HARADA, Kiyoshi; SILVA, Marcelo Borghi Moreira da. *In: Anais do VI colóquio internacional de direito tributário*. Buenos Aires: La Ley, 2004.

PIOVESAN, Flávia. *Direitos humanos e o Direito Constitucional Internacional*. 4. ed. São Paulo: Max Limonad, 2000.

TENÓRIO, Oscar. *Lei de introdução ao Código Civil brasileiro*. Rio de Janeiro: Borsoi, 1955.

TRINDADE, Antonio Augusto Cançado. *Tratado de direito internacional dos direitos humanos*. Porto Alegre: Sérgio Antônio Fabris Editor, 2003.

Informação bibliográfica deste texto, conforme a NBR 6023:2018 da Associação Brasileira de Normas Técnicas (ABNT):

HARADA, Kiyoshi. Princípio da vedação às isenções heterônomas. *In*: SARAIVA FILHO, Oswaldo Othon de Pontes; SIQUEIRA, Julio Homem de; BEDÊ JÚNIOR, Américo; FABRIZ, Daury César; SIQUEIRA, Junio Graciano Homem de; CUNHA, Ricarlos Almagro Vitoriano (Coord.). *Limitações formais e materiais ao poder de tributar*. Belo Horizonte: Fórum, 2021. p. 75-89. (Coleção Fórum Princípios Constitucionais Tributários – Tomo II). ISBN 978-65-5518-122-7.

A LEGALIDADE E O IMPOSTO SOBRE GRANDES FORTUNAS: UMA BREVE ANÁLISE ACERCA DAS AÇÕES DIRETAS DE INCONSTITUCIONALIDADE POR OMISSÃO NºS 26 E 31 E DO MANDADO DE INJUNÇÃO Nº 4.733

LUÍS CARLOS MARTINS ALVES JR.

> *"O imposto sobre grandes fortunas é apenas uma anedota socialista. Rende pouco, é de administração custosa e afugenta capitais."*
> Roberto Campos

1 Introdução

O presente texto visa analisar a Ação Direta de Inconstitucionalidade por Omissão nº 31 (ADO 31),[1] proposta para que fosse reconhecida a mora legislativa em instituir o Imposto sobre Grandes Fortunas (IGF) e que, enquanto não adviesse a reclamada lei, fosse autorizada judicialmente a cobrança desse imposto. Com efeito, está disposto no art. 150, inciso VII, Constituição Federal, que compete

---

[1] BRASIL. Supremo Tribunal Federal. Plenário. *Ação Direta de Inconstitucionalidade por Omissão nº 31*. Relator ministro Alexandre de Moraes. Julgamento em 9.4.2018. Acórdão publicado em 16.4.2018. Acesso: www.stf.jus.br.

à União instituir imposto sobre grandes fortunas, nos termos de lei complementar,[2] e até o presente momento esse tributo não foi legalmente instituído.

A finalidade precípua deste texto consiste em verificar se os preceitos constitucionais que exigem lei para obrigar ou para proibir determinadas condutas e para instituir, aumentar ou cobrar impostos, enunciados nos incisos II e I, dos respectivos artigos 5º e 150[3], são obstáculos normativos suficientes para evitar esse tipo de aventura normativa: postular ao Judiciário que autorize a cobrança de imposto ainda que inexista lei válida, lícita e legítima, instituidora e reguladora desse gravame.

Esse justo receio decorreu de recentes votos de ministros do Supremo Tribunal Federal nos autos da Ação Direta de Inconstitucionalidade por Omissão nº 26 (ADO nº 26)[4] e do Mandado de Injunção nº 4.733 (MI nº 4.733),[5] que reconheceram a omissão normativa do Congresso Nacional em não tipificar como crime a conduta homofóbica e, diante dessa omissão normativa, reconheceram a homofobia como crime de racismo. Tenha-se que os citados julgamentos estão suspensos.

Em nossa avaliação, um bom texto jurídico, seja de caráter acadêmico (teses, dissertações, artigos etc.) ou de caráter processual (decisões, votos, petições, memoriais, pareceres etc.), deve ser convincente, coerente, consistente, correto e conciso. Ou seja, com essas cinco características o texto jurídico (acadêmico ou processual) merece ser levado a sério. Daí que, se acaso o texto (ou o argumento jurídico) não possua essas características, entendemos ser um texto (ou argumento) falho e inadequado para influenciar (persuadir), se for acadêmico, ou para vincular (obrigar), se for uma decisão, ou convencer (também persuadir) os seus destinatários.

---

[2] BRASIL. Congresso Nacional. Constituição da República Federativa do Brasil, 1988. *Art. 153. Compete à União instituir impostos sobre: ... VII – grandes fortunas, nos termos de lei complementar.*

[3] BRASIL. Congresso Nacional. Constituição da República Federativa do Brasil, 1988. *Art. 5º. Todos são iguais perante a lei, sem distinção de qualquer natureza, garantindo-se aos brasileiros e aos estrangeiros residentes no País a inviolabilidade do direito à vida, à liberdade, à igualdade, à segurança e à propriedade, nos termos seguintes: ... II – ninguém será obrigado a fazer ou a deixar de fazer alguma coisa senão em virtude da lei; ... Art. 150. Sem prejuízo de outras garantias asseguradas ao contribuinte, é vedado à União, aos Estados, ao Distrito Federal e aos Municípios: I – exigir ou aumentar tributo sem lei que o estabeleça.*

[4] BRASIL. Supremo Tribunal Federal. Plenário. *Ação Direta de Inconstitucionalidade por Omissão nº 26.* Relator ministro Celso de Mello. Julgamento iniciado em 20.2.2019, ainda não finalizado. Acesso em: www.stf.jus.br.

[5] BRASIL. Supremo Tribunal Federal. Plenário. *Mandado de Injunção nº 4.733.* Relator ministro Edson Fachin. Julgamento iniciado em 21.2.2019, ainda não finalizado. Acesso em: www. stf.jus.br.

Para que este texto jurídico alcance o seu desiderato (persuadir o leitor), analisaremos algumas proposições legislativas[6] que tramitam no Congresso Nacional que visam instituir o mencionado IGF, mas que, conforme aludimos, ainda não obtiveram consenso político majoritário suficiente para sua aprovação e cobrança. E leremos as manifestações processuais contidas nos autos da ADO nº 31, ADO nº 26 e do MI nº 4.733, que já adiantamos pode revelar mais do que uma postura ativista do STF, mas verdadeiro "absolutismo judicial", aqui entendido como ausência de limites normativos para o Tribunal, que em vez de Supremo será Absoluto.

2   A ADO nº 31, a ADO nº 26 e o MI nº 4.733

O plenário do STF, nos autos da ADO nº 31, confirmou decisão monocrática do relator, ministro Alexandre de Moraes, no sentido de não conhecer da ação por ilegitimidade ativa do requerente, no caso o governador do Estado do Maranhão. Da ementa do acórdão extrai-se a síntese do entendimento placitado pelo Tribunal:

> 1. Alegação de omissão legislativa na implementação de imposto de competência da União – Imposto sobre Grandes Fortunas (IGF). Ausência de previsão constitucional de repartição de receitas desse tributo com os demais entes federados.
> 2. A jurisprudência desta CORTE é pacífica no sentido de que a legitimidade para a propositura das ações de controle concentrado de constitucionalidade, em face de ato normativo oriundo de ente federativo diverso, por governadores de Estado, exige a demonstração de pertinência temática, ou seja, a repercussão do ato, considerados os interesses do Estado. Precedentes. Ausência de pertinência temática.
> 3. Ilegitimidade ativa do Governador do Estado do Maranhão para propor Ação Direta de Inconstitucionalidade por Omissão com o objetivo de instituir imposto de competência da União.

À luz desses argumentos contidos no citado acórdão, o Tribunal somente não apreciou o mérito da controvérsia porque o requerente não tinha legitimidade ativa. Se o requerente fosse um possuidor de legitimidade ativa universal (como por exemplo o presidente da

---

[6]   *São proposições legislativas as matérias eventualmente apreciadas pelo Congresso Nacional, pela Câmara dos Deputados e pelo Senado Federal, como as propostas de emenda constitucional, projetos de lei, de resoluções, de decretos legislativos etc., segundo o disposto nos respectivos regimentos internos do Poder Legislativo.*

República, o procurador-geral da República, o Conselho Federal da Ordem dos Advogados do Brasil ou partido político com representação no Congresso Nacional), a Corte conheceria da ADO e muito provavelmente reconheceria a omissão normativa inconstitucional do Congresso Nacional em não instituir o reivindicado IGF, haja vista o disposto no art. 153, inciso VII, CF. A dúvida que nos assalta seria se a Corte acolheria o pedido para que fosse autorizada a cobrança desse imposto, à míngua de lei complementar instituidora e regulamentadora desse tributo.

Com efeito, em sua petição inicial,[7] o governador do Estado do Maranhão formulou três pedidos:

a) reconhecer a omissão inconstitucional do Congresso Nacional em instituir o Imposto sobre Grandes Fortunas, de que trata o art. 153, VII, da Constituição;

b) fixar o prazo de 180 (cento e oitenta) dias ao Congresso Nacional para encaminhar à sanção a(s) o(s) projeto(s) de lei(s) regulamentando e instituindo o Imposto sobre Grandes Fortunas de que trata o art. 153, VII, da Constituição;

c) desde logo apontar quais regras vigerão já no presente exercício financeiro, a permitir a cobrança do tributo no próximo exercício financeiro, no caso do Congresso Nacional permanecer inerte e manter-se em estado de inconstitucionalidade por omissão.

Cuide-se que a pretensão deduzida no item "a" é complexa. Com efeito, a Constituição autoriza a instituição do IGF, mas não obriga nem determina, tampouco assinala prazo, como sucedeu, por exemplo, com a instituição do Código de Defesa do Consumidor (art. 48, ADCT/CF). Assim, para decretar a omissão inconstitucional, dever-se-ia reconhecer a obrigação de legislar, em vez da faculdade de legislar. Mas eventual interpretação que entenda existir o dever de legislar do Congresso Nacional para instituir o IGF não seria de todo absurda ou equivocada.

Já a pretensão do item "b" viola a "cláusula pétrea" da separação dos Poderes (arts. 2º e 60, §4º, III),[8] visto que não há como obrigar o

---

[7] BRASIL. Supremo Tribunal Federal. Plenário. *Ação Direta de Inconstitucionalidade por Omissão nº 31. Petição Inicial do Governador do Estado do Maranhão.* Acesso em: www.stf.jus.br.

[8] BRASIL. Congresso Nacional. Constituição da República Federativa do Brasil, 1988. *Art. 2º. São Poderes da União, independentes e harmônicos entre si, o Legislativo, o Executivo e o Judiciário. Art. 60, §4º, inciso III – Não será objeto de deliberação a proposta de emenda tendente a abolir a separação dos Poderes.*

Congresso a legislar, seja porque os parlamentares não podem ser constrangidos a votar favoravelmente (ou contrariamente) a uma determinada proposição, porquanto invioláveis, no plano civil ou penal, por suas palavras, opiniões e votos (art. 53, CF).[9] Ademais, o sistema é bicameral, com duas Casas Legislativas, Câmara dos Deputados e Senado Federal (art. 44, CF),[10] de sorte que, ainda que uma determinada Casa Legislativa viesse a aprovar alguma proposição legislativa, a outra Casa poderia rejeitá-la e arquivá-la (art. 65, CF).[11] E ainda que o Congresso aprovasse um projeto de lei, a Constituição autoriza o Presidente da República a vetá-lo, por interesse público ou por inconstitucionalidade (art. 66, *caput* e §§1º e 2º).[12] Ou seja, assinalar prazo para o Congresso Nacional legislar não tem força normativa e vinculante alguma, posto inexistir constrangimento jurídico ou político possível, salvo as pressões do eleitorado ou de grupos de interesses organizados.

Resta, por fim, a pretensão "c", que reivindica ao Poder Judiciário que usurpe atividade legislativa privativa do Poder Legislativo no sentido de inovar positivamente o ordenamento jurídico[13] em tema que se tornou um dogma inegociável para o constitucionalismo ocidental, sobretudo em períodos de constitucionalismo democrático com normalidade institucional. Desde a longínqua experiência da velha Albion[14] que não se instituem tributos ou se tipificam crimes ou penas

---

[9] BRASIL. Congresso Nacional. Constituição da República Federativa do Brasil, 1988. *Art. 53. Os Deputados e Senadores são invioláveis, civil e penalmente, por quaisquer de suas opiniões, palavras e votos.*

[10] BRASIL. Congresso Nacional. Constituição da República Federativa do Brasil, 1988. *Art. 44. O Poder Legislativo é exercido pelo Congresso Nacional, que se compõe da Câmara dos Deputados e do Senado Federal.*

[11] BRASIL. Congresso Nacional. Constituição da República Federativa do Brasil, 1988. *Art. 65. O projeto de lei aprovado por uma Casa será revisto pela outra, em um só turno de discussão e votação, e enviado à sanção ou promulgação, se a Casa revisora o aprovar, ou arquivado, se o rejeitar.*

[12] BRASIL. Congresso Nacional. Constituição da República Federativa do Brasil, 1988. *Art. 66. A Casa na qual tenha sido concluída a votação enviará o projeto de lei ao Presidente da República, que, aquiescendo, o sancionará. § 1º Se o Presidente da República considerar o projeto, no todo ou em parte, inconstitucional ou contrário ao interesse público, vetá-lo-á total ou parcialmente, no prazo de quinze dias úteis, contados da data do recebimento, e comunicará, dentro de quarenta e oito horas, ao Presidente do Senado Federal os motivos do veto. § 2º O veto parcial somente abrangerá texto integral de artigo, de parágrafo, de inciso ou de alínea.*

[13] Há iterativa jurisprudência do STF no sentido de que não cabe ao Poder Judiciário a tarefa de agir como legislador positivo, ou seja, de inovar o ordenamento jurídico Legislador positivo, à guisa de exemplo e a título ilustrativo: RE nº 918.815, AI nº 801.087, ARE nº 1.171.168, ARE nº 905.685.... Acesso em: www.stf.jus.br.

[14] Albion é o termo que designava a Grã-Bretanha, que no dia 15 de junho de 1215 teve aprovada a *Magna Charta Libertatum*, que foi um pacto entre o monarca e os seus súditos, no qual se estabeleceram os direitos e obrigações, a fim de evitar o uso abusivo e arbitrário do poder político sobre as pessoas, mormente nos campos tributário e penal.

sem o prévio consentimento do Parlamento. No Brasil, em todas as Constituições esse dogma foi consagrado, inclusive na atual de 1988.

Nos autos dessa ADO nº 31, o Governador do Estado do Maranhão defendeu que esse obstáculo normativo fosse superado em favor da máxima efetividade constitucional, que estaria sendo inviabilizada pela omissão legislativa e pelas prementes carências financeiras do Poder Público. Já o Senado Federal[15], a Advocacia-Geral da União[16] e a Procuradoria-Geral da República[17] se manifestaram em sentido diametralmente oposto ao requestado pelo requerente e defenderam a impossibilidade de os pleitos virem a ser acolhidos, dentre outros motivos por violação ao princípio da separação dos Poderes e da estrita legalidade tributária.

Pois bem, na ADO nº 31 a decisão da Suprema Corte foi no sentido de não conhecer a ação por ilegitimidade ativa do requerente, mas não avançou no mérito para espancar de pronto quaisquer dúvidas relativas a essa aventura processual. A rigor, de há muito a expressão "impossibilidade jurídica do pedido" foi praticamente abolida das decisões judiciais e votos de magistrados de tribunais, como fundamento normativo mais do que suficiente para indeferir pretensões que não tenham nenhum amparo no ordenamento jurídico, como sucede com aquelas que postulam a instituição judicial de tributos ou de crimes, usurpando competência normativa exclusiva do Parlamento, este composto por legítimos, porque eleitos, representantes do povo.

O alerta a essa perigosa possibilidade foi acionado por ocasião dos votos emitidos nos autos da ADO nº 26 e do MI nº 4.733 pelos ministros Celso de Mello,[18] Edson Fachin,[19] Alexandre de Moraes[20] e Luís

---

[15] BRASIL. Supremo Tribunal Federal. Plenário. *Ação Direta de Inconstitucionalidade por Omissão nº 31. Manifestação do Senado Federal.* Acesso em: www.stf.jus.br.

[16] BRASIL. Supremo Tribunal Federal. Plenário. *Ação Direta de Inconstitucionalidade por Omissão nº 31. Manifestação da Advocacia-Geral da União.* Acesso em: www.stf.jus.br.

[17] BRASIL. Supremo Tribunal Federal. Plenário. *Ação Direta de Inconstitucionalidade por Omissão nº 31. Manifestação da Procuradoria-Geral da República.* Acesso em: www.stf.jus.br.

[18] BRASIL. Supremo Tribunal Federal. Plenário. *Ação Direta de Inconstitucionalidade por Omissão nº 31. Mandado de Injunção nº 4.733.* Julgamento em 14, 20 e 21 de fevereiro de 2019. Processo não finalizado. Voto ministro Celso de Mello. Disponível no canal TV Justiça, na plataforma Youtube: www.youtube.com.br.

[19] BRASIL. Supremo Tribunal Federal. Plenário. *Ação Direta de Inconstitucionalidade por Omissão nº 31. Mandado de Injunção n. 4.733.* Julgamento em 14, 20 e 21 de fevereiro de 2019. Processo não finalizado. Voto ministro Edson Fachin. Disponível no canal TV Justiça, na plataforma Youtube: www.youtube.com.br.

[20] BRASIL. Supremo Tribunal Federal. Plenário. *Ação Direta de Inconstitucionalidade por Omissão nº 31. Mandado de Injunção n. 4.733.* Julgamento em 14, 20 e 21 de fevereiro de 2019. Processo

Roberto Barroso.[21] Para esses quatro ilustrados ministros da Suprema Corte a conduta preconceituosa da homofobia deve ser compreendida como um tipo de racismo, de sorte que a Lei nº 7.716/1989 incida nas circunstâncias prática de homofobia.

Com efeito, em seu substancioso voto, o ministro Celso de Mello principia com uma defesa de suas históricas posições em sede de direitos fundamentais e da função contramajoritária do STF na proteção de minorias:

> Sei que, em razão de meu voto e de minha conhecida posição em defesa dos direitos das minorias (que compõem os denominados "grupos vulneráveis"), serei inevitavelmente incluído no "Index" mantido pelos cultores da intolerância cujas mentes sombrias – que rejeitam o pensamento crítico, que repudiam o direito ao dissenso, que ignoram o sentido democrático da alteridade e do pluralismo de ideias, que se apresentam como corifeus e epígonos de sectárias doutrinas fundamentalistas – desconhecem a importância do convívio harmonioso e respeitoso entre visões de mundo antagônicas!!!! Muito mais importante, no entanto, do que atitudes preconceituosas e discriminatórias, tão lesivas quão atentatórias aos direitos e liberdades fundamentais de qualquer pessoa, independentemente de suas convicções, orientação sexual e percepção em torno de sua identidade de gênero, é a função contramajoritária do Supremo Tribunal Federal, a quem incumbe fazer prevalecer, sempre, no exercício irrenunciável da jurisdição constitucional, a autoridade e a supremacia da Constituição e das leis da República.

A conclusão dispositiva do voto do eminente magistrado está vazada nos seguintes termos:

> (a) reconhecer o estado de mora inconstitucional do Congresso Nacional na implementação da prestação legislativa destinada a cumprir o mandado de incriminação a que se referem os incisos XLI e XLII do art. 5º da Constituição, para efeito de proteção penal aos integrantes do grupo LGBT;
> (b) declarar, em consequência, a existência de omissão normativa inconstitucional do Poder Legislativo da União;

---

não finalizado. Voto ministro Alexandre de Moraes. Disponível no canal TV Justiça, na plataforma Youtube: www.youtube.com.br.

[21] BRASIL. Supremo Tribunal Federal. Plenário. *Ação Direta de Inconstitucionalidade por Omissão nº 31. Mandado de Injunção n. 4.733.* Julgamento em 14, 20 e 21 de fevereiro de 2019. Processo não finalizado. Voto ministro Roberto Barroso. Disponível no canal TV Justiça, na plataforma Youtube: www.youtube.com.br.

(c) cientificar o Congresso Nacional, para os fins e efeitos a que se refere o art. 103, § 2º, da Constituição c/c o art. 12-H, "caput", da Lei nº 9.868/99; (d) dar interpretação conforme à Constituição, em face dos mandados constitucionais de incriminação inscritos nos incisos XLI e XLII do art. 5º da Carta Política, para enquadrar a homofobia e a transfobia, qualquer que seja a forma de sua manifestação, nos diversos tipos penais definidos na Lei nº 7.716/89, até que sobrevenha legislação autônoma, editada pelo Congresso Nacional, seja por considerar-se, nos termos deste voto, que as práticas homotransfóbicas qualificam-se como espécies do gênero racismo, na dimensão de racismo social consagrada pelo Supremo Tribunal Federal no julgamento plenário do HC 82.424/RS (caso Ellwanger), na medida em que tais condutas importam em atos de segregação que inferiorizam membros integrantes do grupo LGBT, em razão de sua orientação sexual ou de sua identidade de gênero, seja, ainda, porque tais comportamentos de homotransfobia ajustam-se ao conceito de atos de discriminação e de ofensa a direitos e liberdades fundamentais daqueles que compõem o grupo vulnerável em questão; e (e) declarar que os efeitos da interpretação conforme a que se refere a alínea "d" somente se aplicarão a partir da data em que se concluir o presente julgamento.

A conclusão do voto do ministro é contraditória. Ou há omissão normativa ou a homofobia e a transfobia sempre estiveram alcançadas pela Lei nº 7.716/1989, de sorte que a manipulação dos efeitos normativos da decisão também não se sustenta. E, segundo a própria Constituição, os incisos XLI e XLII, art. 5º, são autoexplicativos, posto determinam que a "lei punirá qualquer discriminação atentatória dos direitos e liberdades fundamentais" e "a prática do racismo constitui crime inafiançável e imprescritível, sujeito à pena de reclusão, nos termos da lei". Logo, ou a homofobia estaria incluída no inciso XLI ou no XLII. Se estiver no XLI, ainda não há lei criminalizando a homofobia. Se estiver no XLII então não há omissão e não cabe a manipulação temporal dos efeitos da decisão.

No MI nº 4.733, o relator ministro Edson Fachin votou pela concessão do *writ* e assinalou:

> Por todas essas razões, julgo procedente o presente mandado de injunção, para (i) reconhecer a mora inconstitucional do Congresso Nacional e; (ii) aplicar com efeitos prospectivos, até que o Congresso Nacional venha a legislar a respeito, a Lei 7.716/89 a fim de estender a tipificação prevista para os crimes resultantes de discriminação ou preconceito de raça, cor, etnia, religião ou procedência nacional à discriminação por orientação sexual ou identidade de gênero.

As críticas formuladas ao dispositivo do voto do ministro Celso de Mello se aplicam ao dispositivo do voto do ministro Edson Fachin. Os outros dois ministros aludidos (Alexandre de Moraes e Luís Roberto Barroso) votaram na mesma trilha dos já citados e as críticas aos seus votos também são mantidas.

Na ADO nº 26, a longa petição inicial[22] do Partido Popular Socialista postulou-se, além do reconhecimento da mora legislativa e/ou da aplicação da legislação do racismo para a homofobia, o requerente deduziu:

> d.3) requer-se, ainda, seja fixada a responsabilidade civil do Estado Brasileiro, inclusive dos parlamentares responsáveis pela inércia inconstitucional do Estado como devedores solidários por serem eles os efetivamente responsáveis por tal inércia, ante a responsabilidade objetiva do Estado (art. 37, §6º, da CF/88) em indenizar as vítimas de todas as formas de homofobia e transfobia, especialmente (mas não exclusivamente) de ofensas (individuais e coletivas), agressões, ameaças e discriminações motivadas pela orientação sexual e/ou identidade de gênero, real ou suposta, da vítima (e dos herdeiros, em caso de homicídios), pois considerando que a omissão inconstitucional do Congresso Nacional tem gerado uma nefasta sensação a homofóbicos e transfóbicos em geral de que eles teriam um pseudo "direito" de ofender, agredir, ameaçar e discriminar pessoas LGBT unicamente por sua orientação sexual e/ou identidade de gênero, tem-se que o Estado Brasileiro encontra-se conivente com a homofobia e a transfobia que nefastamente assolam a sociedade, pois configurada omissão ["conduta omissiva"] do Estado relativamente a ato que deveria elaborar (legislação criminal tipificadora da homofobia e da transfobia como crimes), donde configurado também o nexo causal entre a omissão do Estado na criminalização específica de tais condutas e as ofensas, agressões e/ou discriminações sofridas por tais pessoas em razão de sua orientação sexual e/ou de sua identidade de gênero. Requer-se seja fixada a responsabilidade civil do Estado Brasileiro desde que caracterizada a sua mora inconstitucional em criminalizar a homofobia e a transfobia, inclusive a fatos pretéritos a tal mora inconstitucional ou, subsidiariamente, ao menos dali em diante ou, subsidiariamente, ao menos após fixado o prazo fixado pela Corte ao Congresso Nacional efetivar tal criminalização, e que se reconheça que tal responsabilidade persistirá até que a legislação criminalizadora aqui referida entre em vigor.

---

[22] BRASIL. Supremo Tribunal Federal. Plenário. *Ação Direta de Inconstitucionalidade por Omissão nº 26. Petição Inicial do Partido Popular Socialista.* Acesso em: www.stf.jus.br.

Esse absurdo pleito, até agora, foi repelido nos votos já prolatados no STF.

No MI nº 4.733, a primeira manifestação do então relator, ministro Ricardo Lewandowski,[23] assinalou com precisão, no ponto que interessa:

> 11. Ademais, caso o Supremo Tribunal Federal admita este mandado de injunção e profira uma decisão aditiva, como pretende a impetrante, haverá grave lesão à Constituição Federal, tendo em vista que a edição de normas penais está sujeita ao princípio da reserva legal, e lei, em sentido estrito, é somente a norma produzida pelo Congresso Nacional, sendo competência privativa da União legislar sobre Direito Penal (art. 22, inciso I, da Constituição Federal).

Ao final, a decisão do ministro Ricardo Lewandowski indeferiu a impetração. Conquanto fosse precária, essa decisão deveria ter sido definitiva.

Com efeito, os preceitos normativos penais e tributários devem ser claros, objetivos e devem ser regulados por lei específica, de modo que não pode haver dúvidas acerca do que deve ser tributo ou não tributo, e sobretudo e principalmente qual conduta deve ser objetivamente compreendida como crime ou não crime. Os tipos penais e tributários devem ser inequívocos, não podem depender da interpretação ou de uma hermenêutica evolutiva (*sic*). A pessoa comum, não versada nas letras jurídicas, deve ler uma lei e compreender se a sua conduta é criminosa ou não, ou se sobre os seus bens ou serviços devem ou não incidir tributos.

A rigor, não são novas as indevidas interpretações ou soluções jurídico-normativas cometidas pelo STF.

Com efeito, a Súmula 659 (é legítima a cobrança da COFINS, do PIS, do FINSOCIAL sobre operações relativas a energia elétrica, serviços de telecomunicações, derivados de petróleo, combustíveis e minerais do País) nasceu de decisões (RREE nºs 238.110, 259.541, 225.140, 224.957, 233.807, 230.337, 227.832 e 205.355)[24] que interpretaram o termo "tributo" como "imposto", visto que na redação originária do §3º, art. 155, CF, constava o seguinte enunciado: "À exceção dos impostos de que tratam o inciso I, 'b', do 'caput' deste artigo e os arts. 153, I e II, e

---

[23] BRASIL. Supremo Tribunal Federal. Plenário. *Mandado de Injunção nº 4.733*. Decisão do ministro Ricardo Lewandowski. Diário de Justiça Eletrônico de 25.10.2013. Acesso em: www.stf.jus.br.

[24] BRASIL. Supremo Tribunal Federal. Plenário. Súmula nº 659. Diário de Justiça de 9.10.2003. Acesso em: www.stf.jus.br.

156, III, *nenhum outro tributo* incidirá sobre operações relativas a energia elétrica, combustíveis líquidos e gasosos, lubrificantes e minerais do País". A Corte fez uma interpretação reducionista.

Em outra ocasião, o Tribunal, nos autos dos RREE nºs 220.906 e 225.011,[25] estendeu à ECT – Empresa Brasileira de Correios e Telégrafos o regime jurídico de precatórios que, nos termos do art. 100, CF,[26] consiste em uma excepcionalidade privativa das pessoas jurídicas de direito público interno (União, Estados, Distrito Federal, Municípios, e respectivas autarquias e fundações públicas). Ademais, a decisão da Corte contornou o disposto nos §§ 1º e 2º, art. 173, CF.[27] Nada obstante a literalidade dos preceitos, o Tribunal evocou o Decreto-Lei nº 509, de 1969, e reconheceu a sua recepção com a Constituição de 1988.

Durante o julgamento desses feitos, o ministro Nelson Jobim informou a existência de precatórios "informais", o ministro Ilmar Galvão indagou se a Corte estava agora a julgar com base no "direito natural", pois não encontrava no ordenamento jurídico fundamento normativo válido, e o ministro Moreira Alves assinalou que o fundamento seria a própria interpretação do STF. Sem embargo da indiscutível respeitabilidade que se deve devotar ao Tribunal, só o Absoluto se funda em si mesmo, ou o "barão de Münchausen",[28] que junto com o seu cavalo caiu em um lago, estava afundando, não havia quem lhe ajudasse nem algo em que se agarrar, teve genial ideia de apertar as pernas no cavalo, agarrar-se ao seu cabelo e se puxar pelos cabelos, sem nenhum ponto de apoio externo, e com isso se salvou.

E, apenas para demonstrar que nem sempre o Tribunal julga com base na leitura fiel e milimétrica do texto da Constituição, tenha-se a edição da Súmula Vinculante nº 25 (SV 25),[29] com o seguinte teor: "é

---

[25] BRASIL. Supremo Tribunal Federal. Plenário. *Recursos Extraordinários nºs 220.906 e 225.011.* Julgamento em 16.10.2000. Acesso em: www.stf.jus.br.

[26] BRASIL. Congresso Nacional. Constituição da República Federativa do Brasil, 1988. *Art. 100. À exceção dos créditos de natureza alimentícia, os pagamentos devidos pela Fazenda Federal, Estadual ou Municipal, em virtude de sentença judiciária, far-se-ão exclusivamente na ordem cronológica de apresentação dos precatórios e à conta dos créditos respectivos, proibida a designação de casos ou de pessoas nas dotações orçamentárias e nos créditos adicionais abertos para este fim (redação original).*

[27] BRASIL. Congresso Nacional. Constituição da República Federativa do Brasil, 1988. *Art. 173, §1º A empresa pública, a sociedade de economia mista e outras entidades que explorem atividade econômica sujeitam-se ao regime jurídico próprio das empresas privadas, inclusive quanto às obrigações trabalhistas e tributárias. §2º As empresas públicas e as sociedades de economia mista não poderão gozar de privilégios fiscais não extensivos às do setor privado.*

[28] RASPE, Rudolf Erich. *As aventuras do barão de Münchausen.* Tradução de Ana Goldberg. São Paulo: Iluminuras, 2013.

[29] BRASIL. Supremo Tribunal Federal. Plenário. Súmula Vinculante nº 25. Acesso em: www. stf.jus.br.

ilícita a prisão civil de depositário infiel, qualquer que seja a modalidade do depósito". Essa SV nº 25 foi um drible à Constituição, visto que está disposto no art. 5º, inciso LXVII, que "não haverá prisão civil por dívida, salvo a do responsável pelo inadimplemento voluntário e inescusável de obrigação alimentícia e a do depositário infiel". O Tribunal, para driblar a Constituição, decidiu que a legislação infraconstitucional estava em desconformidade com tratados internacionais de direitos humanos e, por essa razão, a legislação, conquanto estivesse em conformidade com a Constituição, deveria ser invalidada por desconformidade com as normas internacionais. O Tribunal neutralizou preceito constitucional originário. E, segundo a própria Constituição, a missão precípua da Corte é a sua guarda, a sua proteção. Assim, todas as vezes que o STF decide questões buscando soluções normativas fora do esquadro constitucional ou contra a literalidade do texto normativo, ele contribui para a erosão da normatividade constitucional e da própria legitimidade social.

3   As proposições legislativas e o IGF

O IGF tem como fundamento normativo o disposto no art. 153, inciso VII, que autoriza a União, por meio de lei complementar, a instituir imposto sobre grandes fortunas. Uma rápida busca nos sites da Câmara dos Deputados (www.camara.leg.br) e do Senado Federal (www.senado.gov.br), lançando como termo de pesquisa "imposto" e "grandes fortunas", revela uma imensa quantidade de proposições que visam instituir a cobrança desse imposto. Cronologicamente, as proposições sempre recordadas como pioneiras são o Projeto de Lei do Senado nº 162/1989, de autoria do então senador Fernando Henrique Cardoso, e o Projeto de Lei Complementar nº 108/1989, de autoria do então deputado Juarez Marques Batista.

Nessas proposições legislativas estão disciplinadas, em essência, os contribuintes, as bases de cálculo e as alíquotas, bem como o modo de lançamento desse imposto. E, com efeito, as partes mais sensíveis dizem respeito ao significado econômico-normativo do termo "grandes fortunas" e se somente as pessoas físicas ou naturais seriam os contribuintes, ou se as pessoas jurídicas também seriam contribuintes. Nas proposições, há uma variação de significados e de valores do que seria uma "grande fortuna". Há proposição que dispõe ser grande fortuna o conjunto patrimonial a partir de R$ 1 milhão ou somente a partir de R$ 20 milhões.

Se analisarmos a Constituição, a quantidade de dinheiro disposta para que o cidadão e a sua família tenham um mínimo de condições de sobrevivência deve ser o salário mínimo. Tendo o salário-mínimo como referência, entendo que um patrimônio superior a mil salários mínimos já pode ser entendido como fortuna, mas seria grande? Creio que não. Por grande fortuna entendo um patrimônio individual acima de dez mil salários mínimos, que em valores de hoje roçaria R$ 10 milhões. Quanto às pessoas jurídicas, como a Constituição não distingue, entendo que seja contribuinte do IGF a pessoa jurídica com valor patrimonial em redor dos R$ 100 milhões.

O tema "taxação das grandes fortunas" tem acendrado debate, como se vê de rápida busca em sítios na internet. Há manifestações favoráveis e contrárias. Considerando o disposto na Constituição, essa questão resta superada, salvo se o constituinte derivado, via emenda constitucional, revogar esse inciso VII do art. 153. Mas, enquanto não advier essa mudança na Constituição, há uma omissão normativa do Congresso. Tenha-se, a propósito, a Proposta de Emenda à Constituição nº 45/2007 (PEC nº 45/2007), de autoria do então deputado Luiz Carlos Hauly, que extingue o IGF.

Esse IGF deveria ser extinto? Entendo que sim. Esse imposto, segundo dados confiáveis, não tem caráter fiscal e arrecadatório. A rigor tem um caráter "punitivo" sobre o sucesso econômico ou patrimonial de pessoas físicas ou jurídicas, conquanto nenhum tributo possa ou deva ter caráter sancionatório. Mas, enquanto subsistir esse mandamento constitucional, deveria o Parlamento regulamentá-lo, por meio de lei complementar.

4   Conclusões

O Congresso Nacional não incide em omissão inconstitucional, visto que não há expressa determinação para legislar sobre o IGF. Ainda que houvesse essa determinação, o Congresso não pode ser constrangido a legislar e os parlamentares não podem ser responsabilizados pelo legítimo exercício de suas atividades políticas.

O STF, na ADO nº 26 e no MI nº 4.733, se reconhecer a omissão inconstitucional e se acolher as postulações, estará violando a literalidade e o espírito do texto constitucional, uma vez que somente lei lícita e legítima, oriunda do Parlamento, pode criar tipos penais e tributários.

As proposições legislativas que cuidam do tema IGF demonstram que não há omissão política do Congresso Nacional, mas, tendo em vista a complexidade da questão, não se construiu, até o presente, consenso político suficiente para uma definitiva solução, seja para instituir o tributo, seja para revogar o preceito constitucional autorizador dessa exação fiscal.

O STF, que segundo a Constituição tem como função precípua a sua guarda, não está autorizado a descumpri-la nem a contorná-la, a pretexto de concretizá-la. Nessa perspectiva, toda e qualquer criação de preceito normativo geral e abstrato, com força vinculante e obrigatória, mormente em matéria penal e tributária, deve ser oriunda de um devido processo político-legislativo. O STF é um dos guardiões da Constituição, não o único.[30] Guardar ou proteger a Constituição é missão precípua de todos os poderes e instituições e interessa a todas as pessoas que queiram viver em uma sociedade decente e civilizada.

Informação bibliográfica deste texto, conforme a NBR 6023:2018 da Associação Brasileira de Normas Técnicas (ABNT):

ALVES JR., Luís Carlos Martins. A legalidade e o imposto sobre grandes fortunas: uma breve análise acerca das Ações Diretas de Inconstitucionalidade por Omissão nºs 26 e 31 e do Mandado de Injunção nº 4.733. *In*: SARAIVA FILHO, Oswaldo Othon de Pontes; SIQUEIRA, Julio Homem de; BEDÊ JÚNIOR, Américo; FABRIZ, Daury César; SIQUEIRA, Junio Graciano Homem de; CUNHA, Ricarlos Almagro Vitoriano (Coord.). *Limitações formais e materiais ao poder de tributar*. Belo Horizonte: Fórum, 2021. p. 91-104. (Coleção Fórum Princípios Constitucionais Tributários – Tomo II). ISBN 978-65-5518-122-7.

---

[30] BRASIL. Congresso Nacional. Constituição da República Federativa do Brasil, 1988. *Art. 23. É competência comum da União, dos Estados, do Distrito Federal e dos Municípios: I – zelar pela guarda da Constituição, das leis e das instituições democráticas e conservar o patrimônio público.*

PRINCÍPIO DA VEDAÇÃO À BITRIBUTAÇÃO (NON BIS IN IDEM): NOVAS FRONTEIRAS

JOÃO SÉRGIO RIBEIRO
ANDREIA BARBOSA

Introdução

O fenómeno da bitributação ocorre frequentemente quando, no âmbito de uma qualquer operação, um determinado sujeito passivo é tributado duplamente, contrariando a máxima *non bis in idem*. Tradicionalmente, a bitributação, pelos efeitos indesejáveis que dela decorrem, é combatida quer a nível interno, de modo unilateral, quer no domínio de tratados fiscais, sugestivamente designados, precisamente, como tratados para eliminar a dupla tributação.

A necessidade de vedar a bitributação foi de tal modo assumida como prioridade, pelos efeitos nefastos que dela decorrem, que se erigiu num verdadeiro princípio de Direito Tributário.

No nível dos tratados fiscais internacionais o princípio efetiva-se essencialmente no contexto da tributação da renda e a propósito das situações em que a bitributação é jurídica.

Não obstante o maior relevo que é dado à bitributação jurídica, também a bitributação económica tem sido combatida, quer no domínio interno, quer, com especial intensidade, no domínio do Direito Fiscal da União Europeia, onde, no contexto da tributação dos dividendos, existe uma diretiva que tem precisamente em vista a sua vedação.

Na primeira parte deste capítulo, faremos uma revisão da questão da bitributação jurídica e da económica, com especial enfoque na bitributação da renda, dando nota dos métodos disponíveis para a sua vedação.

Na segunda parte, cuidaremos das novas fronteiras do princípio, que, segundo nos parece, tem um potencial pouco explorado no domínio da tributação indireta, onde, frequentemente, num aparente contexto de diferenciação do recorte dos tributos, ocorrem situações de flagrante bitributação. Isto é, a mesma base ou até o mesmo sujeito acabam, em termos de substância (até pela repercussão legal que decorre da dinâmica dos próprios tributos), por ser duplamente tributados em condições muito semelhantes àquelas que consideramos no âmbito da dupla tributação jurídica e económica. Reportar-nos-emos, nesse contexto, à ausência, a nível interno, de normas de combate à bitributação, como as que consideramos a propósito da tradicional dupla tributação jurídica e económica, e à necessidade de recorrer ao princípio da vedação da bitributação, como aliás já foi feito no plano da União Europeia, para limitar esta forma mais sutil, mas não menos perniciosa, de bitributação no domínio da tributação indireta.

1   A bitributação jurídica e económica da renda

A bitributação no domínio da tributação do rendimento pode ser de dois tipos: jurídica e económica. Tanto uma como outra constituem um obstáculo, na medida em que implicam que a mesma base de imposto e, eventualmente, o mesmo sujeito sejam tributados duas ou mais vezes, com notórias desvantagens para as atividades dos sujeitos passivos envolvidos. Os problemas decorrentes da bitributação são tradicionalmente combatidos no domínio da tributação do rendimento, por serem aí mais visíveis e por, consequentemente, muitas vezes as disposições legais que disciplinam os vários impostos cuidarem elas mesmas de obviar esse fenómeno.

Tanto na bitributação económica como na jurídica, uma determinada situação concreta da vida, por quadrar com circunstâncias hipoteticamente previstas na norma tributária, de pelo menos dois sistemas, origina a bitributação. Isto é, a mesma situação fáctica leva a que surjam pelo menos dois factos geradores. A correspondência entre os vários elementos que constituem o facto gerador é maior na bitributação jurídica do que na económica.

Ocorre dupla tributação económica nos dois, ou mais, ordenamentos jurídicos que tributam uma determinada situação quando surgem factos geradores que coincidem relativamente com alguns dos seus elementos; excetuando-se o elemento subjetivo, dado que o sujeito passivo é distinto e, eventualmente, o elemento de conexão espacial entre cada um dos ordenamentos e a situação fáctica. Na dupla tributação jurídica a coincidência entre os elementos que constituem os distintos factos geradores nos dois ou mais ordenamentos é quase total, distinguindo-se, possivelmente, a conexão, embora até aí possa haver correspondência se estivermos, por exemplo, perante uma situação de dupla residência ou dupla fonte.

De uma forma muito simples pode sustentar-se que existe uma dupla tributação jurídica quando o mesmo sujeito passivo é tributado no âmbito de impostos comparáveis, pelo mesmo elemento material ou situação de facto, em períodos idênticos. Esta forma de dupla tributação jurídica distingue-se da dupla tributação económica, onde somente é tributado o mesmo elemento ou situação de facto.

A bitributação jurídica, apesar de poder ocorrer no plano interno, especialmente quando estamos em presença de sistemas jurídicos onde a soberania fiscal está repartida por vários níveis de poder, com destaque para as federações, ocorre sobretudo no plano internacional, sendo nesse contexto que os mecanismos para combatê-la são essencialmente pensados. Destacamos a esse nível as convenções para eliminar a dupla tributação, em especial a convenção modelo da OCDE (CMOCDE), que, nas versões de 1963 e de 1977, fazia uma referência expressa à eliminação da bitributação, que de facto, num momento inicial, era o objetivo principal dessa convenção e dos tratados que com base nela eram celebrados. Paulatinamente foram sendo reconhecidos outros objetivos a esses tratados fiscais, pelo que, desde 1977, a referência ao combate à bitributação não figura na designação da CMOCDE. A circunstância de a referência à eliminação da bitributação não figurar na designação oficial da convenção não põe em causa o facto de esse ser um dos objetivos principais. O que se passa é que esse objetivo tem de ser agora harmonizado com outros, designadamente a não promoção da dupla não tributação. As evoluções mais recentes a nível do plano de ação BEPS, concretamente da segunda parte da ação 6, que naturalmente se refletiu também na ação 15, vieram, de certo modo, tornar mais preciso o alcance do princípio da vedação da bitributação, afastando do âmbito do princípio aquelas situações em que o combate à bitributação se traduza numa situação de dupla não tributação. Já anteriormente, em diferentes versões da CMOCDE, era feita referência à necessidade de combater a evasão fiscal, contudo, com a versão de 2017 da CMOCDE e o *instrumento multilateral*,[1] vem-se assumir que o objetivo das convenções é igualmente não gerar a dupla não tributação. Ora, isso ajuda a delimitar o princípio da vedação da bitributação, na medida em que este não pode implicar a dupla não tributação, deixando de ter validade sempre que da sua aplicação resulte a dupla não tributação.

A bitributação económica, por seu lado, não obstante surgir tanto no plano interno como no internacional, fica normalmente fora do âmbito de aplicação das convenções[2] para eliminar a dupla tributação, sendo sobretudo abordada ao nível do direito interno.

2 Métodos para eliminar a bitributação jurídica

Existem vários métodos para eliminar a bitributação jurídica, podendo ser consagrados de modo unilateral, a nível da legislação interna, ou no âmbito de tratados fiscais. Os métodos mais frequentes são os da imputação ou crédito de imposto e o da isenção. O que se justifica, provavelmente, por serem métodos que permitem eliminar totalmente a dupla tributação. Menos frequentemente é adotado o método da dedução, que permite apenas eliminar parcialmente a dupla tributação. Por norma, a aplicação dos vários métodos fica a cargo do Estado da residência.

2.1 Método da isenção

De acordo com este método, o sujeito passivo é apenas tributado no Estado da residência pelos rendimentos de fonte nacional. Podemos, todavia, distinguir duas variantes deste método: a isenção integral e a isenção com progressividade. No primeiro caso, o rendimento não é tomado em consideração, seja para que efeito for.[3] No segundo caso, apesar de o rendimento não ser tributado, é tomado em consideração

---

[1] Este importante instrumento foi adotado em novembro de 2016 e disponibilizado para assinatura em 7 de junho de 2017, tendo sido assinado por 76 Estados. Este instrumento está pensado para ser aplicado juntamente com as convenções existentes, atualizando-as. Traduz-se numa grande vantagem, se comparado com a alternativa, dificilmente exequível, de renegociar bilateralmente cada uma das mais de 3.000 convenções existentes, o que levaria anos e pecaria pela falta de homogeneidade.

[2] Cfr. Blazej Kuzniacki, *The Need to Avoid Economic Double Taxation Triggered by CFC Rules under Tax Treaties, and the Way to Achieve It*, INTERTAX, Vol. 43, Issue 12, Kluwer. 2015, p. 759, e Michael Lang, *The Application of the OECD Model Tax Convention on Partnerships; A critical Analysis of the Report Prepared by the OECD Committee on Fiscal Affairs*, Kluwer, 2000 p. 29.

[3] Não cumprindo, neste caso, com a neutralidade relativamente à exportação de capital.

juntamente com o rendimento de produção interna para efeito de determinar a taxa progressiva aplicável ao rendimento de fonte interna que será, devido à aplicação deste método, mais elevada. Este tipo de isenção visa a evitar discriminar os sujeitos passivos que tenham unicamente rendimentos de fonte interna.

Este método, nas suas duas variantes, é o mais eficiente em termos administrativos[4] e o mais favorável para países em desenvolvimento, sendo, por isso, adotado por Estados com posições mais altruístas.

Importa salientar que, num contexto onde a dupla não tributação serve de limite ao princípio da dupla tributação, prevê-se, cada vez mais, no âmbito de tratados fiscais, através das designadas *switch-over clauses*, que, sempre que a aplicação do método da isenção implicar uma dupla não tributação, o método da isenção deve ser substituído pelo do crédito de imposto.[5]

2.2 Método da imputação ou do crédito de imposto

O método da imputação permite ao Estado da residência tributar o rendimento de base mundial antes de eliminar a dupla tributação, acautelando assim a neutralidade relativamente à exportação de capital ou investimento.

Tal como no método anterior também no método da imputação existem duas variantes principais: a da imputação integral e a da imputação ordinária.

Na imputação integral, o Estado da residência deduz o montante total do imposto efetivamente pago no país da fonte, isto é, concede ao sujeito passivo duplamente tributado um crédito integral.

Na imputação ordinária, é fixado um limite máximo para a dedução que corresponde à fração do imposto no Estado da residência referente aos rendimentos provenientes do país da fonte.[6] Esta modalidade tem como justificação o facto de não ser racional que o Estado da residência conceda um crédito superior ao imposto que o rendimento de fonte estrangeira aí gera. O Estado da residência consegue, deste modo, ao conceder um crédito ordinário, eliminar a

---

[4] Cfr. Kevin Holmes, *International Tax Policy and Double Tax Treaties*, 2. ed. IBFD, 2014, p. 27.

[5] O artigo 23º-A, nº 4 da CMOCDE, adicionado em 2000, tem um efeito semelhante às aludidas *switch-over clauses*.

[6] Este limite máximo pode ser aplicado em função: dos rendimentos obtidos no estrangeiro de forma integrada (*overall limitation*); do rendimento obtido num só país (*per-country limitation*); ou de uma categoria de rendimento (*per-item limitation*). Cfr. Michael Lang, *Introduction to the Law of Double Taxation Conventions*. 2. ed. Linde / IBFD, 2013, p. 140-141.

dupla tributação sem abdicar de receita. Importa denotar que o limite do crédito ordinário é apenas relevante quando a taxa do Estado da residência é inferior à do Estado da fonte. Pois, quando aquela é igual ou maior do que a do Estado da fonte, não há diferenças entre o método da imputação integral e o da imputação ordinária. Nas variantes descritas é tomado como base o imposto efetivamente pago no estrangeiro. Em alguns tratados são ainda consideradas outras modalidades do método do crédito, que, contrariamente às descritas anteriormente, tomam por base um imposto que não foi efetivamente pago. Referimo-nos ao método do crédito presumido e ao do crédito fictício.[7]

O do crédito presumido (*matching credit*) consiste na atribuição de um crédito mais elevado do que resultaria da aplicação da taxa normal do país da fonte. Numa situação em que a taxa normal fosse de 20% permite-se, por exemplo, uma dedução à taxa de 30%.

O do crédito fictício (*tax sparing*) consiste na atribuição de um crédito equivalente ao imposto que teria sido pago no país da fonte se não fossem aplicados benefícios aplicados com vista a captar investimento estrangeiro, designadamente a isenção. Através deste método visa-se evitar que o Estado da residência através da tributação anule os benefícios atribuídos à custa do sacrifício a nível de receitas feito pelo Estado da fonte.

2.3 Dedução

O método da dedução é menos popular do que os métodos avançados anteriormente, na medida em que não permite a total eliminação da dupla tributação. Talvez por esse motivo a CMOCDE apenas preveja o método da isenção e do crédito de imposto como métodos possíveis para eliminar a dupla tributação.

Este método teve alguma expressão quando as taxas de imposto sobre o rendimento eram mais modestas, tendo hoje caído em desuso. Há, porém, alguns países que ainda o aplicam.[8]

Este método permite aos residentes deduzir ao rendimento tributável no Estado da residência o montante de imposto pago no Estado da fonte. Na prática os impostos pagos no estrangeiro são

---

[7]   Cfr. Alberto Xavier, *Direito Tributário Internacional*. 2. ed. Coimbra: Almedina, 2009, p. 752; Michael Lang, *Introduction to the Law of Double Taxation Conventions*. 2. ed. Linde / IBFD, 2013, p. 139.

[8]   Cfr. Brian J. Arnold e Michael J. McIntyre, *International Tax Primer*. 2. ed. Kluwer, 2002, p. 32.

tratados como despesas dedutíveis por serem necessárias para gerar impostos no estrangeiro.

3 Métodos para eliminar a dupla tributação económica

A dupla tributação económica tem na sua base o facto de a separação legal entre o acionista e a sociedade por ele detida ser uma ficção legal que em rigor não corresponde à substância económica da situação.[9] Como já referimos, a base da tributação é exatamente a mesma, isto é, tributa-se a mesma renda nas mãos de sujeitos passivos diferentes: sociedade e acionista.

Podemos identificar, de um modo geral, quatro métodos possíveis para eliminar este tipo de tributação: a isenção a nível da sociedade;[10] a isenção a nível do acionista;[11] a integração total dos rendimentos da sociedade e do acionista e, por fim, a imputação integral dos lucros da sociedade aos acionistas.

A isenção a nível da sociedade tem como desvantagem o facto de encorajar a não distribuição de dividendos.

O método da isenção a nível do acionista, por seu lado, implica que a tributação seja feita, nessas situações, à taxa aplicável às sociedades, o que pode criar algumas desigualdades ao nível da tributação de sujeitos passivos que tenham rendimentos semelhantes, mas não estejam ambos numa situação de dupla tributação económica.

O método da integração total dos rendimentos da sociedade e do acionista levanta problemas administrativos, pois, em situações de dispersão do capital e de ações transacionadas com frequência, pode não ser possível identificar os acionistas.

Por fim, o método da imputação integral dos lucros da sociedade aos acionistas, apesar de permitir a tributação ao nível da sociedade e do acionista como o método da integração total, tem a vantagem de ser administrativamente mais simples do que o anterior. A imputação é complementada pelo fato de o acionista receber um crédito pela parte do imposto pago pela sociedade que corresponde à percentagem da sua participação. Este método é aplicado na Austrália e na Nova Zelândia.[12]

---

[9] Cfr. Kevin Holmes, *International Tax Policy and Double Tax Treaties*, op. cit., p. 39.

[10] Este método é aplicado na Letónia. Cfr. Kevin Holmes, *International Tax Policy and Double Tax Treaties*, op. cit., p. 40.

[11] Este método é aplicado na Grécia. Cfr. Kevin Holmes, *International Tax Policy and Double Tax Treaties*, op. cit., p. 40.

[12] Cfr. Kevin Holmes, *International Tax Policy and Double Tax Treaties*, op. cit., p. 40.

Destacamos ainda no nível da eliminação da dupla tributação económica o método que decorre da diretiva sociedades-mães/afiliadas,[13] que, devido à transposição obrigatória das diretivas por parte de todos os Estados-Membros da União Europeia, é aplicado por todos eles. De um modo muito simples pode dizer-se que sempre que haja uma participação de 10% no capital de uma sociedade de um Estado-Membro no capital de outra sociedade de outro Estado-Membro e há uma distribuição de lucros, preenchidas as condições estabelecidas na diretiva aludida, verificar-se-á a isenção de retenção na fonte no Estado da afiliada, assim como a obrigação, por parte do Estado da sociedade-mãe, de eliminar a dupla tributação económica através do método da isenção ou do crédito de imposto. Permite-se, portanto, aliviar a tributação na esfera da sociedade-mãe (acionista), fazendo-o não só no momento em que os lucros são distribuídos, a propósito da retenção na fonte (no Estado da fonte), mas também no Estado da residência da sociedade-mãe (acionista), no momento em que o imposto sobre sociedades incide sobre os lucros por ela recebidos.[14]

4   A bitributação no domínio da tributação indireta

A problemática da bitributação e consequente colisão com a máxima *non bis in idem* também se fazem sentir no domínio da tributação indireta, em especial, no contexto do imposto sobre o valor acrescentado (IVA).[15]

É certo que a dupla tributação em sede de IVA nem sempre foi encarada, sequer, como um efetivo problema.[16] Porém, a verdade é que começa a assumir uma importância crescente,[17] desde logo por força da intensificação do comércio internacional de bens e de serviços, e pela própria disseminação do IVA a nível mundial. Com efeito, os operadores

---

[13] Diretiva 2003/123/CEE do Conselho, de 22 de Dezembro de 2003, alterada pela diretiva 2014/86/EU do Conselho, de 8 de Julho de 2014 e a diretiva (UE) 2015/121 do Conselho, de 27 de Janeiro de 2015.

[14] Para mais desenvolvimentos, ver João Sérgio Ribeiro, *Direito Fiscal da União Europeia: Tributação Direta*. Coimbra: Almedina, 2018, p. 145 e ss.

[15] A sigla *IVA*, nos presentes escritos, deve ser entendida como se reconduzindo não só ao imposto sobre o valor acrescentado de génese europeia, mas também a todas as outras variantes deste modelo de imposto, englobando o *Value Added Tax* e o *Goods and Services Tax* (este último conhecendo uma mecânica e funcionamento idênticos ao IVA/VAT).

[16] Neste sentido e a título de exemplo, *vide* OECD, *Note by the Swiss Delegation on Double Taxation with Respect to Indirect Taxes*, TFD/FC/174, 1964, p. 1.

[17] Cf. Eriksen & Hulsebos, *Electronic Commerce and VAT – An Odyssey towards 2001*, VAT Monitor, 2000, p. 137.

económicos que atuam em escala global têm recorrentemente que lidar com duas ou mais ordens jurídicas distintas, com regras e princípios de tributação sobre o consumo também diversos.

4.1 Especificidades concetuais – a bitributação em sede de IVA

Nos presentes escritos parte-se da recondução da dupla tributação/ bitributação em sede de IVA às situações em que dois Estados exigem o pagamento de IVA relativamente a uma mesma operação, que se encontre em conexão com mais de um ordenamento. Por seu turno, também a dupla não tributação/bitributação, que se reconduz às situações em que nenhum Estado exige o pagamento de IVA em relação a uma mesma operação, que se encontre em conexão com mais de um sistema jurídico,[18] serve aqui de limite ao princípio da vedação da bitributação.

Estabelecendo um paralelismo com os casos de dupla tributação no domínio da tributação direta já identificados, cumpre então começar por esclarecer que a tributação do consumo, contrariamente à tributação do rendimento que pode ser feita de acordo com uma base mundial, não incide sobre a totalidade dos atos de consumo, excluindo aqueles que têm lugar fora do território do Estado em questão. Tal como no domínio da tributação da renda, no qual dois ou mais Estados podem ter pretensões tributárias porque se consideram Estados da fonte, também no domínio do IVA, dada a relevância do critério de conexão consumo, é possível que vários Estados sujeitem a tributação uma determinada operação porque consideram que o consumo ocorreu na sua própria jurisdição, ao abrigo da lógica *consumo versus consumo.*

Além do mais, as definições de dupla tributação, assentes na distinção entre dupla tributação jurídica e dupla tributação económica, não servirão para efeitos de IVA. A dupla tributação jurídica, enquanto imposição de tributos comparáveis em dois ou mais Estados em relação ao mesmo sujeito passivo, a propósito do mesmo facto tributário e pelo mesmo período de tributação, pode revelar-se limitadora. O IVA incide sobre transmissões de bens e sobre prestações de serviços, ou seja, é o fornecimento de um bem ou de um serviço que serve de objeto à tributação. Consequentemente, é esse mesmo fornecimento que não deve ser alvo de tributação mais de uma vez e não o sujeito passivo. Por seu turno, a dupla tributação económica é entendida como a tributação

---

[18] Cf. Ben Terra, *The Place of Supply in European VAT*, Kluwer Law International, 1998, p. 1.

que incide sobre o mesmo rendimento, auferido por dois sujeitos passivos diferentes. Esta definição poderá ou não ser útil para efeitos de IVA, consoante o nível de adaptabilidade que se reconheça a este imposto. Assim, se, por exemplo, um determinado bem é transacionado num circuito económico para ser adquirido pelo consumidor final, o bem é tributável na esfera de várias pessoas diferentes, ainda que cada transação seja tributada apenas uma vez e o IVA seja recuperável em todo o circuito. Este tipo de tributação múltipla, naturalmente, é o resultado da própria técnica em que assenta a cobrança do IVA e, por este motivo, não levanta problemas de dupla tributação. Assim, partindo da noção apresentada a propósito da tributação da renda, mas adaptando-a à realidade do IVA, a dupla tributação económica terá lugar quando ocorra a cobrança do IVA em relação ao fornecimento de bens ou serviços, na esfera de pessoas diferentes.

Face ao exposto, e numa aproximação mais detalhada, a dupla tributação em sede de IVA corresponderá aos casos em que pelo menos dois Estados diferentes cobram IVA em relação ao mesmo fornecimento de bens ou de serviços, independentemente de em causa estar o mesmo sujeito passivo ou sujeitos passivos.[19]

4.2 Motivações e consequências da bitributação em sede de IVA

No domínio da tributação do consumo, e perante os problemas suscitados pela conexão dos factos sobre os quais incide a tributação com mais de um sistema jurídico, surge a questão relativa aos termos em que devem ser disciplinadas as transações internacionais. É neste contexto que emergem os mais importantes princípios no *design* do IVA – o princípio da tributação na origem e o princípio da tributação no destino. A opção por um ou por outro tem um impacto relevante no afastamento da dupla tributação e da dupla não tributação. Sendo o IVA um imposto sobre o consumo final, que assume a despesa concretizada na aquisição de bens e de serviços como uma manifestação de capacidade contributiva, então o

---

[19] A conceção apresentada afasta-se, assim, da dupla tributação em sede de IVA reportada ao efeito "cascata" associado ao IVA. É certo que o IVA, ao incidir sobre as múltiplas fases do circuito económico (enquanto imposto plurifásico), e não sendo recuperável, a base tributável existente no final do mesmo – perante o consumidor final – inclui imposto sobre imposto. Porém, o aludido efeito "cascata" não surge por força da sobreposição de jurisdições, motivo pelo qual não nos debruçaremos aqui sobre isso. Por outro lado, não são também os casos de atuação ilegal, em abuso dos mecanismos legais inerentes ao funcionamento do IVA, que aqui se consideram como suscetíveis de conduzir à ocorrência, em particular, de situações de dupla não tributação.

imposto deveria, em teoria, ser exigido apenas no local onde o consumo final do bem ou do serviço efetivamente tem lugar, à luz do princípio da tributação no destino. Uma tributação assim concretizada vai, aliás, ao encontro das regras da Organização Mundial do Comércio (OMC), pelo que, por via das vantagens que lhe estão associadas – essencialmente reportadas à neutralidade –, surge como a trave-mestra que norteia a tributação do consumo no contexto internacional. Justifica, por isso, os ajustamentos fiscais nas fronteiras,[20] através dos quais se garante a não tributação dos bens e serviços a exportar e se assegura a tributação dos produtos importados em consonância com a que incide sobre bens similares nacionais. A aplicação prática dos princípios da tributação na origem e o princípio da tributação no destino levanta, todavia, dificuldades atinentes à definição das competências tributárias, por referência a elementos de conexão, pelo que facilmente se constatam fenómenos de dupla tributação. Além disso, conduzindo a soluções concretas diferentes, a articulação principiológica entre os Estados – que adotam um ou outro princípio – é de difícil concretização, desde logo porque distintos também são os conceitos jurídicos adotados e que lhes estão subjacentes.[21]

Neste sentido, as diferenças inerentes às várias tradições jurídico-tributárias e as diferentes políticas fiscais levam a que os operadores económicos se deparem com dois cenários possíveis: a pretensão de tributação de uma mesma operação, advinda de dois ou mais Estados, numa situação de dupla tributação, ou a ausência de pretensão de tributar, numa situação de dupla não tributação (ainda que de ocorrência mais rara, face aos propósitos associados à tributação, mas ainda assim possível). Em ambos os casos assiste-se a uma sobreposição de competências, motivada pela ausência de coordenação na aplicação dos princípios. A pluralidade de Estados envolvidos potencia uma grande variedade de interpretações dos regimes jurídico-tributários

---

[20] Contemplados nas regras da OMC, em concreto no artigo III do GATT, consagrador do princípio do tratamento nacional.

[21] Em concreto, os conceitos basilares de "transmissão de bens" e de "prestação de serviços" não assumem transversalmente o mesmo significado para efeitos de IVA. Como exemplo elucidativo, *vide* o acórdão do Tribunal de Justiça da União Europeia (TJUE), de 22 de dezembro de 2010, em especial o considerando 29, proferido no âmbito do processo C-277/09, nos termos do qual se reconheceu que a questão em causa se colocou pelo facto de as autoridades britânicas terem classificado como prestação de serviços as operações de locação financeiras realizadas posteriormente à compra dos automóveis, pelo que consideraram que essas operações foram efetuadas no lugar onde o prestador estabeleceu a sede da sua atividade (na Alemanha). Todavia, as autoridades fiscais alemãs não procederam à cobrança do respetivo IVA, uma vez que entenderam que as ditas operações deviam ser tratadas como entregas de bens e, por isso, tributadas no local onde o bem é consumido, ou seja, e no caso concreto, no Reino Unido.

aplicáveis, agravada pela inexistência de instrumentos harmonizadores ou uniformizadores a nível internacional, semelhantes aos que se encontram no contexto europeu (em especial, diretivas e regulamentos). Assim, a ausência de uma única localização das operações, motivada pela aplicação de diferentes e desarmonizados regimes jurídico-tributários envolvidos para efeitos de tributação, gera, então, a dupla tributação.

Neste seguimento, os casos de dupla tributação ou de dupla não tributação surgirão, no domínio do IVA: (i) pelo uso de diferentes regras de determinação do local de tributação (ainda que o princípio do destino seja internacionalmente adotado, na prática, os Estados assumem diferentes perceções sobre o local de consumo e, mesmo que concordem quanto a esse local, estabelecem regras distintas de tributação, por razões de eficiência, de simplicidade, de praticabilidade ou outras); (ii) pela terminologia ou conceitos jurídicos adotados, de duvidosa delimitação (em causa estão, desde logo, conceitos basilares à matéria em que nos movemos – "transmissão de bens" e "prestação de serviços"); e/ou (iii) pela interpretação jurídica empregada, necessariamente afetada pelo caráter dúbio dos conceitos. Assiste-se ao surgimento de várias qualificações jurídico-tributárias de uma mesma operação por parte das autoridades tributárias – que são as primeiras entidades a ter contacto com as operações concretizadas – e, consequentemente, levam a cabo, em relação a normas idênticas na sua previsão e estatuição, interpretações diferentes, dando azo a casos de dupla tributação e de dupla não tributação. Ora, se ao preço dos bens e dos serviços acresce o valor do imposto sobre o consumo, então o funcionamento harmonioso do comércio pressupõe que os bens e os serviços que servem de seu objeto não sejam duplamente tributados nem que, não obstante o seu consumo, não conheçam qualquer tributação. Porém, perante este cenário de bitributação, a carga tributária associada às operações aumenta, a qual poderá ser refletida nos preços finais praticados pelos operadores económicos. Surgem, assim, distorções de concorrência e incerteza e desconfiança na esfera dos operadores económicos. A dupla tributação e a não dupla tributação contribuem, assim, para um desfasamento competitivo entre produtos e/ou serviços nacionais e os produtos e/ou serviços importados.

5   Métodos para eliminar a bitributação em sede de IVA

Em prol da harmonização dos regimes jurídico-tributários e como forma de atenuação ou afastamento dos casos de dupla tributação ou de dupla não tributação, surgiram as *International VAT/GST guidelines*, desenvolvidas pela OCDE, enquanto linhas orientadoras para os Estados, e ainda que sob a forma de meras diretrizes sem caráter vinculativo. Trata-se de um ensejo pelo menos tendencialmente concretizado, por via da coordenação e aproximação resultante das orientações entre os vários sistemas jurídicos que implementaram o IVA. Porém, sem prejuízo do importante papel que as *guidelines* assumem neste objetivo, os problemas de dupla tributação ou de dupla não tributação podem não conhecer definitiva solução, desde logo porque a adesão é meramente facultativa. Como outras possibilidades de afastamento ou de atenuação dos cenários de dupla tributação – numa lógica preventiva e capaz de ir ao encontro do ideal de neutralidade –, doutrinalmente, são já apontadas várias vias. A título de exemplo, é sugerida a introdução no Acordo da OMC – enquanto instrumento propulsor de um comércio equitativo e livre – de uma disposição pensada especialmente para evitar casos de dupla tributação ou de ausência de tributação, a qual seria de inserção mais pertinente no âmbito dos acordos anexos GATT e GATS, que se aplicam genericamente ao IVA, no sentido de proibir a discriminação entre bens ou serviços importados e bens ou serviços nacionais. Já num cenário que pressupõe um elevado nível de consenso, é apontada também a celebração de um acordo multilateral sobre o IVA, tendente à harmonização das legislações dos Estados contratantes.[22] Outra hipótese, talvez de mais simples concretização, assentará na harmonização do significado a atribuir ao princípio da tributação no destino e ao local de consumo e a conceitos tidos como basilares para efeitos de IVA (em especial, transmissão de bens e prestação de serviços). Em relação às soluções apontadas é patente o respetivo caráter não unilateral, o que exige, forçosamente, uma coordenação internacional, que implicará, pelo menos, um efetivo consenso quanto aos termos de tributação das operações de comércio internacional e regras interpretativas comuns, transversais, tendo em vista evitar resultados aplicativos distintos.

6 A bitributação – novas fronteiras (?)

As situações de dupla tributação ou de dupla não tributação a que nos temos vindo a reportar têm na sua génese dificuldades de harmonização normativa e de interpretação, verificadas no seio de

---

[22] Neste sentido, *vide* Thomas Ecker, *A VAT/GST Model Convention*, IBDF, Doctural Series, 2013.

um mesmo tributo. Cumpre, porém, dar conta de outra realidade, verificada também no domínio do comércio internacional (em concreto, nas importações), cuja qualificação ou não como dupla tributação é, no mínimo, dúbia. Referimo-nos, em concreto, à sobreposição do IVA a outros impostos, mais especificamente, aos impostos especiais sobre o consumo (IEC).

A este propósito, resulta do artigo 78º, alínea "a", da Diretiva nº 2006/112/CE do Conselho, de 28 de novembro de 2006, relativa ao sistema comum do IVA, que o valor tributável para efeitos de IVA inclui os impostos, direitos aduaneiros, taxas e demais encargos, com exceção do próprio IVA. Constata-se, por isso, que no caso de uma importação de bens, o valor tributável para efeitos de IVA já incluirá o valor de outros impostos associados àquela mesma operação, como é o caso, em Portugal, do imposto sobre o álcool, as bebidas alcoólicas e as bebidas adicionadas de açúcar ou outros edulcorantes; do imposto sobre os produtos petrolíferos e energéticos; e do imposto sobre o tabaco, cujo facto gerador, para além dos demais previstos pelo legislador, corresponde, precisamente, à importação. Nestes casos, verifica-se que, por força de uma mesma operação, concretizada por um mesmo sujeito, é devido, para além do IVA, o IEC aplicável. O montante deste último integra o valor tributável do primeiro, numa situação que poderá ser qualificada como de sobreposição de impostos, em correspondência ao conceito de dupla tributação económica. Porém, esta correspondência conta com uma nuance, face à definição já apresentada: a cobrança dos impostos não está a ser exigida por mais do que um Estado, mas sim por um único, apesar de a operação – por ser uma importação – estar territorialmente conectada com várias jurisdições. O caráter dúbio em relação à respetiva qualificação enquanto bitributação prender-se-á com a possível ausência de identidade das imposições tributárias. De facto, o legislador (europeu e nacional) trata o IVA e os IEC como sendo impostos distintos, merecendo regimes jurídico-tributários diferentes. Porém, os pontos de contacto não serão de ignorar: para além de o facto gerador poder ser comum, em ambos os casos estamos perante uma tributação justificada pela capacidade contributiva (presumida, é certo), manifestada através de um mesmo ato de consumo. Ou seja, em ambos os casos, estamos perante impostos sobre o consumo, que são justificados por uma finalidade fiscal de arrecadação de receita para os cofres do Estado. Mesmo que no caso dos IEC a finalidade extrafiscal de correção de comportamentos – que o IVA não conhece na mesma proporção (apenas vislumbrável ao nível das diferentes taxas aplicáveis e das situações de isenção previstas) se possa sobrepor àquela, não se deixa de estar na presença de impostos sobre o consumo. A identidade dos impostos parece-nos, assim, defensável, o que, a par da exigibilidade simultânea de ambos, em relação a uma mesma operação de importação e em relação ao mesmo sujeito importador, poderá justificar que se qualifique este cenário como de dupla tributação económica.

A questão que agora se levanta é, no entanto, outra. Admitindo-se que se está na presença de bitributação, cumpre questionar se a bitributação não estará, nestes casos, justificada pela relevante finalidade extrafiscal associada à cobrança dos, por vezes assim sugestivamente chamados, *impostos do pecado*. Independentemente de se saber se o efeito modelador de comportamentos tem conhecido sucesso, e independentemente de se saber se cabe ao não aos Estados, através dos impostos, influenciar os consumidores, a justificação para a tributação (adicional) nesta sede reconduz-se aos custos sociais induzidos pelo consumo de determinados bens e pelo carácter não essencial da sua utilização. Neste sentido, somos levados a considerar que sim, que a bitributação, existindo, se encontra justificada pela relevante motivação que lhe está subjacente, a qual não parece ser identificável nos casos de dupla tributação ou de dupla não tributação que ocuparam o início do presente apartado. Admitindo-se uma posição distinta – no sentido em que a dupla tributação, mesmo nestes casos, deve ser evitada –, e perante a ausência, a nível interno, de normas que a combatam –, restará o recurso ao princípio *geral* da vedação da bitributação, o que poderá ditar, em termos práticos, a não tributação por via de uma das imposições tributárias aplicáveis.[23]

---

[23] Como expressão prática da pertinência desta segunda possibilidade, surge a discussão em torno da inclusão do valor do imposto sobre os veículos (ISV) suportado no valor tributável do IVA devido pelas transmissões internas, aquisições intracomunitárias ou importações de veículos automóveis. Esta questão assumiu uma maior relevância quando a Comissão Europeia, no seguimento do acórdão do TJUE, de 01.06.2006, processo C-98/05, iniciou um processo por infração contra Portugal e contra outros Estados Membros, no que respeitava à inclusão do anterior imposto automóvel (IA) no valor tributável para efeitos de IVA. Porém, a partir de 01.07.2007, em Portugal, o IA foi substituído pelo ISV, tendo a Comissão enviado, em 2009, uma notificação de incumprimento complementar às autoridades portuguesas, na qual tinha em conta as disposições do Código do ISV. A Lei nº 3-B/2010 incluiu, então, uma autorização legislativa relativa ao regime do IVA sobre o ISV, no sentido de ser excluído do valor tributável para efeitos de IVA o ISV. Contudo, na sequência do acórdão do TJUE, de 20.05.2010, processo C-228/09, a Comissão alterou a sua posição, no sentido da admissibilidade da inclusão do valor do ISV no valor tributável do IVA, por a cada imposto estarem associados factos geradores distintos e por serem pagos por entidades distintas. No mesmo sentido, surgiu o acórdão C-106/10, de 28 de julho de 2011, no qual entendeu o TJUE que a inclusão do ISV no valor tributável do IVA em aquisição intracomunitária de veículos automóveis não ofende o direito da União. Trata-se de uma posição discutível, mas que surge, precisamente, no contexto das dificuldades em solucionar casos de (possível) dupla tributação.

Conclusão

No domínio da tributação direta, não obstante algumas limitações, com destaque para a dupla tributação económica, há ainda assim um tendencial cumprimento do princípio da vedação da dupla tributação.

No domínio da tributação indireta, porém, verifica-se que não existe, ainda, uma solução transversalmente adotada para atenuar ou aniquilar os casos de bitributação, devendo-se essencialmente à doutrina a construção de soluções de *iure constituendo*. Tudo isto com a agravante de estarmos num contexto em que ainda não é possível, sequer, detetar a existência de um consenso internacional, expresso, uniforme e consistente em relação a esta matéria, e que muito menos se encontre imbuído por um caráter de obrigatoriedade. Parece ser transversal, contudo, pelo menos no contexto da União Europeia, a ideia de que a bitributação tem a si associados efeitos nefastos, que devem ser evitados. A transversalidade não existe, porém, no nível das soluções para o problema. A situação surge como especialmente gravosa se, para além dos casos classicamente identificáveis como de bitributação no domínio da tributação indireta, considerarmos outros, reportados à incidência de mais do que um tributo em relação ao mesmo ato de consumo. Nesses casos, todavia, não é líquida a preponderância do efeito negativo de uma eventual bitributação porque esta poderá ser considerada como estando justificada à luz das finalidades extrafiscais destes tributos que se sobrepõem.

Informação bibliográfica deste texto, conforme a NBR 6023:2018 da Associação Brasileira de Normas Técnicas (ABNT):

RIBEIRO, João Sérgio; BARBOSA, Andreia. Princípio da vedação à bitributação (*non bis in idem*): novas fronteiras. *In*: SARAIVA FILHO, Oswaldo Othon de Pontes; SIQUEIRA, Julio Homem de; BEDÊ JÚNIOR, Américo; FABRIZ, Daury César; SIQUEIRA, Junio Graciano Homem de; CUNHA, Ricarlos Almagro Vitoriano (Coord.). *Limitações formais e materiais ao poder de tributar*. Belo Horizonte: Fórum, 2021. p. 105-120. (Coleção Fórum Princípios Constitucionais Tributários – Tomo II). ISBN 978-65-5518-122-7.

SEGUNDA PARTE

LIMITAÇÕES MATERIAIS AO PODER DE TRIBUTAR

REFORMA DO CUSTEIO DA PREVIDÊNCIA DO RPPS NA BERLINDA: EXAME DA COMPATIBILIDADE DA ADOÇÃO DE ALÍQUOTAS PROGRESSIVAS E DA PREVISÃO DE CONTRIBUIÇÃO EXTRAORDINÁRIA (ARTS. 1º E 11 DA EC Nº 103/2019) COM OS PRINCÍPIOS CONSTITUCIONAIS DA VEDAÇÃO DE CONFISCO, DA IGUALDADE E DO DEVIDO PROCESSO LEGAL

OSWALDO OTHON DE PONTES SARAIVA FILHO

1   Introdução

O objeto deste artigo é a análise acerca da constitucionalidade dos artigos 1º e 11, da Emenda Constitucional nº 103, de 12 de novembro de 2019, que deram nova redação ao §1º do artigo 149 da Constituição Federal e inseriram os §§1º-A e 1º-B, estabelecendo a previsão de progressividade de alíquotas e contribuição extraordinária, incidentes sobre servidores ativos, inativos e pensionistas para o Regime Próprio de Previdência Social (RPPS), tendo em vista a cláusula dura do inciso IV do §4º do artigo 60 da Constituição da República, promulgada em 5.10.1988, relativa aos direitos e garantias individuais e ao princípio da vedação de utilização de tributos com efeito de confisco.

Aqui estão as novas normas constitucionais supracitadas com as redações promovidas pela Emenda Constitucional nº 103/2019:

Art. 1º. A Constituição Federal passa a vigorar com as seguintes alterações:
[...]
Art. 149. [...]
§1º A União, os Estados, o Distrito Federal e os Municípios instituirão, por meio de lei, contribuições para custeio de regime próprio de previdência social, cobradas dos servidores ativos, dos aposentados e dos pensionistas, que poderão ter alíquotas progressivas de acordo com o valor da base de contribuição ou dos proventos de aposentadoria e de pensões.
§1º-A. Quando houver déficit atuarial, a contribuição ordinária dos aposentados e pensionistas poderá incidir sobre o valor dos proventos de aposentadoria e de pensões que supere o salário-mínimo.
§1º-B. Demonstrada a insuficiência da medida prevista no §1º-A para equacionar o déficit atuarial, é facultada a instituição de contribuição extraordinária, no âmbito da União, dos servidores públicos ativos, dos aposentados e dos pensionistas.
§1º-C A contribuição extraordinária de que trata o §1º-B deverá ser instituída simultaneamente com outras medidas para equacionamento do déficit e vigorará por período determinado, contado da data de sua instituição.
Art. 11. Até que entre em vigor lei que altere a alíquota da contribuição previdenciária de que tratam os arts. 4º, 5º e 6º da Lei nº 10.887, de 18 de junho de 2004, esta será de 14 (quatorze por cento).
§1º A alíquota prevista no *caput* será reduzida ou majorada, considerado o valor da base de contribuição ou do benefício recebido, de acordo com os seguintes parâmetros:
I – até 1 (um) salário-mínimo, redução de seis inteiros e cinco décimos pontos percentuais;
II – acima de 1 (um) salário-mínimo até R$ 2.000,00 (dois mil reais), redução de cinco pontos percentuais;
III – de R$ 2.000,01 (dois mil reais e um centavo) até R$ 3.000,00 (três mil reais), redução de dois pontos percentuais;
IV – de R$ 3.000,01 (três mil reais e um centavo) até R$ 5.839,45 (cinco mil, oitocentos e trinta e nove reais e quarenta e cinco centavos), sem redução ou acréscimo;
V – de R$ 5.839,46 (cinco mil, oitocentos e trinta e nove reais e quarenta e seis centavos) até R$ 10.000,00 (dez mil reais), acréscimo de meio ponto percentual;
VI – de R$ 10.000,01 (dez mil reais e um centavo) até R$ 20.000,00 (vinte mil reais), acréscimo de dois inteiros e cinco décimos pontos percentuais;

VII – de R$ 20.000,01 (vinte mil reais e um centavo) até R$ 39.000,00 (trinta e nove mil reais), acréscimo de cinco pontos percentuais; e
VIII – acima de R$ 39.000,00 (trinta e nove mil reais), acréscimo de oito pontos percentuais.

§2º A alíquota, reduzida ou majorada nos termos do disposto no §1º, será aplicada de forma progressiva sobre a base de contribuição do servidor ativo, incidindo cada alíquota sobre a faixa de valores compreendida nos respectivos limites.

§3º Os valores previstos no §1º serão reajustados, a partir da data de entrada em vigor desta Emenda Constitucional, na mesma data e com o mesmo índice em que se der o reajuste dos benefícios do Regime Geral de Previdência Social, ressalvados aqueles vinculados ao salário-mínimo, aos quais se aplica a legislação específica.

§4º A alíquota de contribuição de que trata o *caput*, com a redução ou a majoração decorrentes do disposto no §1º, será devida pelos aposentados e pensionistas de quaisquer dos Poderes da União, incluídas suas entidades autárquicas e suas fundações, e incidirá sobre o valor da parcela dos proventos de aposentadoria e de pensões que supere o limite máximo estabelecido para os benefícios do Regime Geral de Previdência Social, hipótese em que será considerada a totalidade do valor do benefício para fins de definição das alíquotas aplicáveis.

Assim, serão enfrentados os seguintes pontos controversos relativos às novas previsões, por emenda constitucional, de progressividade de alíquotas e de contribuição extraordinária para o regime próprio de previdência social da União:

1º) O cabimento ou não de alegação de ferimento de cláusula pétrea, pela fixação de alíquotas progressivas e pela previsão de contribuição extraordinária para o RPPS, tendo em vista a existência de direito individual protegido por cláusula pétrea.

2º) A compatibilidade com a Constituição Federal da carência de referibilidade direta entre a incidência de maior alíquota, pelo uso dos instrumentos da progressividade e da contribuição extraordinária, e o corresponde aumento da contrapartida de vantagens, serviços ou benefícios previdenciários.

3º) Tendo em vista que os aposentados e pensionistas do regime geral de previdência social são imunes de contribuições para a seguridade social (CF, art. 195, II, *in fine*), a harmonia ou não com o princípio da isonomia concernente a incidência de contribuição previdenciária sobre os servidores públicos da União inativos e pensionistas sobre base de cálculo inferior ao teto de benefícios para o RGPS.

4º) E, por fim, a que ponto poderia ser haver ou não, na espécie, desrespeito ao princípio da vedação de utilização de tributo com efeito confiscatório.

2 Considerações propedêuticas

Os princípios da progressividade e da equidade do custeio dos regimes previdenciários estão intimamente ligados ao princípio da capacidade contributiva, uma vez que aqueles proporcionam uma ainda melhor graduação e maior vivência deste, não podendo, entretanto, ser esquecido que a carga tributária de determinado ente da Federação ou o patamar de determinado tributo ou multa tributária não poderão jamais chegar a ser tão escorchantes que possam ser tidos como confiscatórios.

Por outro lado, tendo em vista que os aposentados e pensionistas do regime geral de previdência social são imunes de contribuições para a seguridade social a partir da Emenda Constitucional nº 20/1998 (CF, art. 195, II, *in fine*), mostra-se questionável a incidência de contribuição previdenciária sobre os servidores públicos da União inativos e pensionistas sobre base de cálculo inferior ao teto de benefícios para o RGPS, possibilidade prevista pelo novel preceptivo do §1º-A, incluído pela EC nº 103, de 12.11.2019, diante de lesão à imunidade tributária e ao princípio da vedação de tratamento fiscal discriminatório entre contribuintes, ambos, por representarem direitos e garantias individuais, protegidos por cláusulas pétreas (CF, art. 60, §4º, inciso IV).

Neste trabalho acadêmico, será examinada a aplicação de alíquotas progressivas dos tributos, inclusive a progressividade prevista explicitamente pela Lei Maior para o imposto sobre propriedade predial e territorial urbana (IPTU – CF, art. 156, §1º, inciso I; art. 182, §4º, inciso II), o imposto sobre propriedade predial e territorial rural (ITR – CF, art. 153, §4º, inciso I), o imposto sobre renda e proventos de qualquer natureza (IR – CF, art. 153, §2º, inciso I) e para as contribuições previdenciárias dos trabalhadores e dos servidores públicos ativos, inativos e pensionistas (CP, art. 195, *caput*, inciso II; art. 149, §§1º, 1º-A, §º-B e 1º-C, com redações dadas ou inseridas pela Emenda Constitucional nº 103/2019[1] [55] [56]).

---

[1] A EC nº 103, de 12.11.2019, reformulou o sistema previdenciário de custeio e de benefícios de aposentadoria e pensões em relação aos servidores ativos, inativos e aos pensionistas, aproximando-o, ainda mais, das regras do regime geral da previdência social. Para os servidores públicos estaduais, distritais e municipais, a reforma poderá ser levada a cabo por emenda às respectivas constituições e leis orgânicas, embora já tramita, no Congresso Nacional, o Projeto de Reforma Constitucional nº 133/2019, que permite aos Estados, ao Distrito Federal e aos Municípios adotarem, em seus regimes próprios de previdência

Mais especificamente, será examinada a constitucionalidade da fixação de alíquotas progressivas para as contribuições previdenciárias do servidor público federal civil ativo, inativo e pensionista e da previsão de contribuição extraordinária sobre esses contribuintes diante do surgimento de normas de emenda constitucional expressa nesse sentido (arts. 1º e 11 da EC nº 103/2019).

3 Exame da constitucionalidade da EC nº 3/2019 concernente às previsões de alíquotas progressivas para contribuições previdenciárias do setor público e de contribuição extraordinária

Inicialmente, mencione-se que a nova redação do inciso II do "caput" do artigo 195 da Constituição Federal (com as redações dadas pela EC nº 20, de 15.12.1998 e EC nº 103/2019)[4] apresenta a possibilidade de fixação de alíquotas progressivas para as contribuições previdenciárias dos trabalhadores, com o escopo de promover a equidade na forma de

---

social, as mesmas regras aplicáveis ao regime previdenciário próprio da União Federal. De modo que, atualmente, nem todas as normas da EC nº 103/2019 alcançam os servidores públicos estaduais, distritais e municipais, uma vez que parte dessas normas tem aplicação imediata a todos os entes da Federação, enquanto que outras são aplicáveis apenas ao regime próprio de previdência social da União, existindo, ainda, normas aplicáveis apenas ao regime próprio de previdência social dos Estados, do Distrito Federal e dos Municípios, tendo sucedido essa até questionável falta de uniformidade de normas para todos os entes federativos, diante da carência de consenso por ocasião da tramitação da PEC da reforma previdenciária nº 287-A.

[2] Vale destacar que o §12 do art. 201 da CF, modificado pela EC nº 103, de 12.11.2019, prevê que *lei instituirá sistema especial de inclusão previdenciária, com alíquotas diferenciadas, para atender aos trabalhadores de baixa renda, inclusive os que se encontram em situação de informalidade, e àqueles sem renda própria que se dediquem exclusivamente ao trabalho doméstico no âmbito de sua residência, desde que pertencentes a famílias de baixa renda.*

[3] A EC nº 103/2019 vedou a instituição de novos regimes próprios de previdência social (CF, §22 do art. 40), cabendo a futura lei complementar federal estabelecer normas gerais de organização, funcionalmente e de responsabilidade de sua gestão. Enquanto isso não suceder, permanecerá vigente e deverá ser aplicada a Lei nº 9.717, de 27.11.1998, que dispõe sobre regras gerais para a organização e o funcionamento dos regimes próprios de previdência social dos servidores públicos da União, dos Estados, do Distrito Federal e dos Municípios, dos militares dos Estados e do Distrito Federal e dá outras providências.

[4] CF. Art. 195, *caput*, II: A seguridade social será financiada por toda a sociedade, de forma direta e indireta, nos termos da lei, mediante recursos provenientes dos orçamentos da União, dos Estados, do Distrito Federal e dos Municípios, e das seguintes contribuições sociais: (EC nº 20/1998) [...] II – do trabalhador e dos demais segurados da previdência social, podendo ser adotadas *alíquotas progressivas* de acordo com o valor do salário de contribuição, não incidindo contribuição sobre aposentadoria e pensão concedidas pelo Regime Geral de Previdência Social (EC nº 103, de 2019).

participação no custeio (CF, art. 194, *caput*, parágrafo único, inciso V)[5] e o equilíbrio financeiro e atuarial das contas do regime previdenciário geral (CF, art. 201, *caput*).[6]

Essa nova previsão expressa de utilização de alíquotas progressivas para o custeio da previdência social dos trabalhadores do setor privado se estende para o custeio por parte dos servidores públicos ativos, inativos e pensionistas do regime da previdência social próprio do setor público, diante de preceptivo do §1º do artigo 149 da Constituição (redação dada pelo art. 1º da EC nº 103/2019), que passa a apresentar o seguinte teor: *A União, os Estados, o Distrito Federal e os Municípios instituirão, por meio de lei, contribuições para custeio de regime próprio de previdência social, cobradas dos servidores ativos, dos aposentados e dos pensionistas, que poderão ter alíquotas progressivas de acordo com o valor da base de contribuição ou dos proventos de aposentadoria e de pensões.*

Essas novas normas do inciso II do *caput* do artigo 195 e do §1º do artigo 149 da Constituição da República vieram também contemplar, proporcionando ainda maior aplicação, os princípios da igualdade e da capacidade contributiva, além, como já mencionado, de proporcionar a equidade na forma de participação no custeio e o equilíbrio financeiro e atuarial dos regimes de previdência social, isto é, com a compatibilização equilibrada entre receitas e despesas (art. 1º da Lei nº 9.717/1998).[7] [8]

Na senda do *caput* do artigo 201 da Constituição da República, que reza que *a previdência social será organizada sob a forma do Regime Geral de Previdência Social, de caráter contributivo e de filiação obrigatória, observados critérios que preservem o equilíbrio financeiro e atuarial*, na forma da lei – redação dada pela Emenda Constitucional nº 103, de 12 de novembro de 2019 –, a mesma emenda deu a seguinte redação ao *caput* do art. 40 da CF: *O regime próprio de previdência social dos servidores titulares de cargos efetivos terá caráter contributivo e solidário, mediante contribuição do*

---

5   CF. Art. 194, *caput*, parágrafo único, inc. V: *A seguridade social compreende um conjunto integrado de ações de iniciativa dos Poderes Públicos e da sociedade, destinadas a assegurar os direitos relativos à saúde, à previdência e à assistência social. Parágrafo único. Compete ao Poder Público, nos termos da lei, organizar a seguridade social, com base nos seguintes objetivos:* […] *II – equidade na forma de participação no custeio;*

6   CF. Art. 201, *caput*: *A previdência social será organizada sob a forma do Regime Geral de Previdência Social, de caráter contributivo e de filiação obrigatória, observados critérios que preservem o equilíbrio financeiro e atuarial* […] (EC nº 103).

7   O equilíbrio financeiro e atuarial mostra-se como exigência constitucional essencial para qualquer regime de previdência social privado ou público.

8   Cf. SARAIVA FILHO, Oswaldo Othon de Pontes. Exame de constitucionalidade da fixação de alíquotas progressivas da contribuição previdenciária do servidor público federal. *In: Revista Fórum de Direito Tributário*, Belo Horizonte, n. 91, p. 53-72, jan./fev. 2018.

respectivo ente federativo, de servidores ativos, de aposentados e de pensionistas, observados critérios que preservem o equilíbrio financeiro e atuarial.

Portanto, tanto o regime geral de previdência social oficial quanto o regime próprio ou do setor público de previdência social têm caráter contributivo e solidário, devendo cada um desses regimes ser financiado por contribuições patronais do respectivo ente federativo ou de empresas e por contribuições dos trabalhadores em atividade do setor privado ou de servidores ativos, de aposentados e pensionistas do setor público, contribuições estas que devem observar critérios que preservem o equilíbrio financeiro e atuarial.

Cabe, aqui, trazer à colação a lição do mestre Carlos Maximiliano no sentido de que "não pode o Direito isolar-se do ambiente em que vigora, deixar de atender às outras manifestações da vida social e econômica [...] As mudanças econômicas e sociais constituem o fundo e a razão de ser de toda a evolução jurídica; e o Direito é feito para traduzir em disposições positivas e imperativas toda a evolução social".[9]

Insta, ainda, mencionar, que, antes da Emenda Constitucional nº 103/2019, com supedâneo sucessivo das Emendas Constitucionais nº 20/1998 e nº 47/2005, já era possível, pelo menos, o estabelecimento, por lei, do critério de alíquotas diferenciadas de contribuições patronais para a seguridade social, em razão da atividade econômica, da utilização intensiva de mão de obra, do porte da empresa ou da condição estrutural do mercado de trabalho, isso em nome do princípio da isonomia tributária, explicado sob o aspecto fiscal, pelo princípio da capacidade contributiva (CF, arts. 150, II, e 145, §1º).[10]

No mesmo diapasão, o §9º, do artigo 195, da Lei Maior, com a redação dada pela Emenda Constitucional nº 103, de 2019, reza que as contribuições sociais sobre as empresas, previstas no inciso I do *caput* do artigo 195, da Lei Suprema, poderão ter alíquotas, não proporcionais, mais diferenciadas em razão da atividade econômica, da utilização intensiva de mão de obra, do porte da empresa ou da condição estrutural do mercado de trabalho, sendo também autorizada a adoção de bases de cálculo diferenciadas apenas no caso das alíneas "b" e "c" do inciso I do *caput* do mesmo artigo.

---

[9] MAXIMILIANO, Carlos. *Hermenêutica e aplicação do direito*. 11. ed. Rio de Janeiro: Forense, 1991, p. 157 e 159.

[10] SARAIVA FILHO, Oswaldo Othon de Pontes. A constitucionalidade das diferenciações de alíquotas da CSLL: art. 1º da Lei nº 13.169/2015. *In: Revista Fórum de Direito Tributário*, Belo Horizonte, n. 91, p. 63-68, maio/jun. 2016.

Repise-se que o início do §9º, do artigo 195, da Lei Maior, deixa claro que apenas se refere às contribuições para a seguridade social, a serem custeadas pelo empregador ou empresa ou pela entidade a ela equiparada (CF, art. 195, *caput*, inciso I, com redação dada pela EC nº 20/1998), portanto dirige-se, apenas e tão somente, às contribuições patronais.

Portanto, o §9º do artigo 195 da Lei Suprema não cogita de contribuições previdenciárias do trabalhador ou de servidor público ou pensionista do setor público, posto que estas estão disciplinadas, pela Lei Maior, no seu artigo 195, *caput*, inciso II, e no artigo 40, *caput*, e nos §§1º ao 1º-C, do artigo 149, no entanto mostra uma senda no sentido da possibilidade da existência de alíquotas diferentes em relação às contribuições para a seguridade social.

Por isso, mostra-se equivocado o raciocínio no sentido de que a Carta Política, antes da EC nº 103/2019, não permitiria alíquotas progressivas para as contribuições previdenciárias dos trabalhadores ou servidores públicos ativos, inativos e pensionistas, sob a alegação de que a hipótese de maior ou menor remuneração recebida pelas pessoas naturais não está contemplada na norma do §9º, do artigo 195, da Constituição.

Ademais, o texto constitucional do inciso V, do parágrafo único, do artigo 194, dispõe que compete ao Poder Público, nos termos de lei ordinária, organizar a seguridade social, com base em um dos objetivos, a equidade na forma de participação no custeio, colocando a adoção do princípio da capacidade contributiva como um dos meios de se promover a justiça no financiamento da seguridade social, marcada esta pela solidariedade.[11]

Entretanto, para a edição de alíquotas progressivas em relação às contribuições previdenciárias dos regimes de previdência social, deverá ser demonstrado o desequilíbrio financeiro das contas do sistema previdenciário do setor privado ou do setor público, devendo o ente público gestor desses regimes apresentar cálculo atuarial (CF, art. 201; art. 40) como condição para a edição de lei que estabeleça essa progressividade de alíquotas.

Ressalte-se que, no passado, já fora questionada a necessidade de que lei formal ordinária e específica explicitasse nela mesma os já

---

[11] A solidariedade no financiamento da previdência social dos servidores públicos foi constitucionalmente preservada pela EC nº 103/2019, na linha do que já estabelecia a EC nº 41//2003.

referidos propósitos, situação afastada pela jurisprudência do Supremo Tribunal Federal.[12] [13]

Aliás, a Emenda Constitucional nº 103/2019 incluiu o §12 no artigo 40 da Lei Suprema, atribuindo competência à lei complementar para estabelecer, em relação aos regimes previdenciários já existentes, normas gerais de organização, de funcionamento e de responsabilidade em sua gestão, dispondo, entre outros aspectos, definição de equilíbrio financeiro e atuarial (inc. IV); mecanismos de equacionamento do *déficit* actuarial (inc. VI); e parâmetros para apuração da base de cálculo e definição de alíquota de contribuições ordinárias e extraordinárias (inc. X).

Além de solidária, as contribuições para o custeio da previdência dos setores privado e público necessitam de equidade no custeio e do equilíbrio financeiro e atuarial, sendo tudo isso exigências dos vigentes preceptivos constitucionais do inciso V do artigo 194; do *caput* do artigo 201; do *caput* do artigo 40; e do §1º do artigo 149.

Portanto, não está mais exato o entendimento de que o aumento de contribuição só poderia ocorrer se houvesse acréscimo correspondente de vantagens, serviços ou benefícios previdenciários, sob a alegação da existência do caráter retributivo individual entre o custeio e o benefício pessoal recebido, tendo em mente que, em verdade, nenhum trabalhador ou servidor público custeia a sua própria aposentadoria, mas ajuda a custear a aposentadoria do grupo do qual faz parte, e o mesmo grupo auxilia a custear ou a manter cada aposentadoria ou pensão.

Assim, quanto ao propalado caráter retributivo individual das contribuições previdenciárias dos setores privado e público, cumpre

---

[12] (…) *a alegação de que os critérios de cálculo de alíquota de contribuição previdenciária relativos ao equilíbrio financeiro e atuarial deveriam ser necessariamente estabelecidos por lei em sentido formal foi rechaçada pelo Plenário do STF no julgamento da ADIMC 2.034, rel. Min. Sydney Sanches* (…) [RE 517.288 AgR, trecho do voto da rela. Ministra Cármen Lúcia, j. 22.2.2011, STF, 1ª Turma, *DJe* de 18.3.2011].

[13] Embora o art. 153, §1º, da Constituição Federal, tenha autorizado ao Poder Executivo alterar as alíquotas de alguns impostos regulatórios da economia, nas condições e limites estabelecidos em lei, não precisa o ato normativo editado pelo Poder Executivo, que altere as alíquotas, apresentar, em seu próprio corpo, as condições que fundamentaram as alterações. Consta da Ementa do Acórdão do STF-Pleno, decorrente do julgamento do RE nº 225.602 (*RTJ* 178-1, p. 1.306) o seguinte: *A motivação do decreto que alterou as alíquotas encontra-se no procedimento administrativo de sua formação, mesmo porque os motivos do decreto não vêm nele próprio.* Em outra ocasião, o STF-1ª Turma, no julgamento do RE 225.655 (*DJ* 28.4.2000, p. 98) assentou, como consta da Ementa do respectivo Acórdão o seguinte: *Limites e condições da alteração das alíquotas do Imposto de Importação estabelecidas por meio de lei ordinária, como exigido pelo referido dispositivo constitucional, no caso, pelo art. 3º da Lei nº 3.244/57. Inteiro descabimento da exigência de motivação do ato pelo qual o Poder Executivo exerce a faculdade em apreço, por óbvio o objetivo de ajustar as alíquotas do imposto aos objetivos da política cambial e do comércio exterior* (art. 21 do CTN). Recurso conhecido e provido.

ponderar que a referibilidade dessas contribuições para a previdência social, como sucede com outras contribuições especiais, deve ser examinada com bastante relatividade.

A propósito, em trecho do seu voto na ADIMC nº 2.010/DF (*DJ* 12.4.1999), o ministro Sepúlveda Pertence registrou que, apesar de contributiva, rigorosamente, não se trata de um verdadeiro sistema de capitalização.

Anteriormente, sua excelência, por ocasião do seu voto na ADIMC nº 1.441/DF (*DJ* 18.10.1996), já havia ressaltado que as contribuições previdenciárias de ativos e inativos não estão correlacionadas a benefícios próprios de uns e de outros, mas à solvabilidade de todo o sistema previdenciário do setor público, *ipsis litteris*:

> Assim como não aceito considerações puramente atuariais na discussão dos direitos previdenciários, também não as aceito para fundamentar o argumento básico contra a contribuição dos inativos, ou seja, a de que já cumpriram o quanto lhes competia para obter o benefício da aposentadoria.
> Contribuição social é um tributo fundado na solidariedade social de todos para financiar uma atividade estatal complexa e universal, como é o da Seguridade.

Também na ADIMC nº 2.010/DF, o ministro Nelson Jobim, com base ainda na Emenda Constitucional nº 20/98, explicando o preceptivo constitucional do *caput* do artigo 40, então vigente, explicação também aplicável à nova redação do *caput* do artigo 40 da Lei Maior, em face das Emendas Constitucionais nº 41/2003 e nº 103/2019, enfatizou que "o regime previdenciário do servidor público *é contributivo e do tipo repartição simples e não do tipo capitalização*". "Daí", prossegue sua excelência, "não posso referendar passagens lidas de alguns doutrinadores, no sentido de que estaria o servidor ativo, ao ser descontada a contribuição social, adquirindo o direito à aposentadoria. Não. Isso seria legítimo se o sistema fosse de capitalização. Trata-se de um sistema de repartição simples, portanto, não é o que se passa; são gerações que financiam gerações futuras e estas financiam gerações passadas. Este é o sistema que se estabelece". E conclui Sua Excelência: "O sistema é claro, é um sistema de repartição simples, qual seja, as contribuições dos atuais servidores financiam as aposentadorias e pensões dos inativos. Esse é o ponto, ou seja, esse é o sistema que se estabeleceu. É o sistema de solidariedade social entre uma geração e outra".

É fato que, no passado, o Pleno do Supremo Tribunal Federal, por ocasião do julgamento da ADI nº 2.010 MC/DF, relator ministro Celso de Mello (*DJ* 12.4.2002), do julgamento do AgRg no RE nº 346.197/DF, relator ministro Dias Toffoli (*DJe* 12.11.2012) e do julgamento do RE nº 414.915 AgR/PR, relatora ministra Ellen Gracie (*DJ* 20.4.2006), decidiu pela inconstitucionalidade da Lei nº 9.783/1999, nomeadamente dos seus artigos 1º e 2º, em face do art. 40, *caput* e §12, c/c o art. 195, II, da Constituição Federal, nas redações dadas pela Emenda Constitucional nº 20/1998, assentando a não incidência de contribuição previdenciária sobre servidores inativos e pensionistas da União Federal e a inviabilidade de alíquotas progressivas dessas contribuições diante de ferimento ao princípio que veda a tributação confiscatória e de descaracterização da função constitucional inerente à contribuição previdenciária.

Alguns Estados, mesmo diante do julgado do Supremo Tribunal Federal na ADIMC nº 2.010/DF, teimaram em exigir a contribuição de seus inativos e pensionistas, tendo a nossa Corte Constitucional, por ensejo do julgamento da ADIMC nº 2.196/RJ,[14] repelido tal pretensão, firmando o entendimento no sentido de que, a partir da Emenda Constitucional nº 20/1998, todos os entes federados não podiam cobrar contribuição previdenciária dos inativos e pensionistas.

Entendeu-se, nessas assentadas, com base em textos constitucionais então vigentes, que o regime de previdência de caráter contributivo, a que se referia o artigo 40, *caput* e §12, combinado com o artigo 195, inciso II, todos da Constituição, nas redações da EC nº 20/1998, tinha sido instituído, unicamente, em relação "Aos servidores titulares de cargos efetivos...", inexistindo, naquela época, qualquer possibilidade jurídico-constitucional de se atribuir a inativos e pensionistas do setor público a condição de contribuintes da exação prevista na Lei nº 9.783/1999.

Essa específica realidade foi alterada a partir da Emenda Constitucional nº 41, de 19.12.2003, que passou a dar a seguinte redação ao "caput" do artigo 40 da Lei Suprema: *Aos servidores titulares de cargos efetivos da União, dos Estados, do Distrito Federal e dos Municípios, incluídas suas autarquias e fundações, é assegurado regime de previdência de caráter contributivo e solidário, mediante contribuição do respectivo ente público, dos servidores ativos e inativos e pensionistas, observados critérios que preservem o equilíbrio financeiro e atuarial...*

---

[14] STF-Pleno. ADI nº 2.196 MC/RJ, rel. min. Moreira Alves, in *DJ* 18.8.2000, p. 80.

E tal alteração foi ratificada pela Emenda Constitucional nº 103, de 12.11.2019, que assim dispõe: O regime próprio de previdência social dos servidores titulares de cargos efetivos terá caráter contributivo e solidário, mediante contribuição do respectivo ente federativo, de servidores ativos, de aposentados e de pensionistas, observados critérios que preservem o equilíbrio financeiro e atuarial.

Ademais, concebeu o STF, nas oportunidades retromencionadas, que a alíquota progressiva de contribuição previdenciária, além de não implicar concessão adicional de vantagens, benefícios ou serviços, rompeu, em consequência, a necessária vinculação causal que deve existir entre contribuições e benefícios, constituindo expressiva evidência de que se buscou, unicamente, com a arrecadação desse *plus*, o aumento da receita da União, em ordem a viabilizar o pagamento de encargos (despesa de pessoal), cuja satisfação deve resultar, ordinariamente, da arrecadação de impostos.

Considerou, ainda, a Corte Constitucional pátria, nesses julgados retromencionados, que a progressividade tributária dependia de expressa autorização constitucional, que à época não existia, e que havia a configuração de tributação confiscatória, vedada pela Constituição da República.

Quanto ao obstáculo exposto, a Emenda Constitucional nº 103/2019 tentou suplantar, com o estabelecimento das novas redações conferidas ao §12 do artigo 40 (Além do disposto neste artigo, serão observados, em regime próprio de previdência social, no que couber, os requisitos e critérios fixados para o regime Geral da Previdência Social) e ao inciso II do *caput* do artigo 195 (A seguridade social será financiada [...] e das seguintes contribuições sociais: [...] II – do trabalhador e dos demais segurados da previdência social, *podendo ser adotadas alíquotas progressivas* de acordo com o valor do salário de contribuição, não incidindo contribuição sobre aposentadoria e pensão concedidas pelo Regime geral de Previdência Social), ambos da Constituição da República.

A mesma Emenda Constitucional nº 103/2019 alterou a redação do §1º do artigo 149 da Lei Suprema, que passou a ter o seguinte teor: A União, os Estados, o Distrito Federal e os Municípios instituirão, por meio de lei, contribuições para custeio de regime próprio de previdência social, cobradas dos servidores ativos, dos aposentados e dos pensionistas, que *poderão ter alíquotas progressivas* de acordo com o valor da base de contribuição ou dos proventos de aposentadoria e de pensões.

Essas alíquotas deverão ser estabelecidas por leis federais, estaduais, distritais e municipais.

Com o intuito de promoção imediata de alíquotas progressivas da contribuição para o RPPS da União,[15] os incisos I a VII do §1º do artigo 11, combinados com o inciso I do artigo 36, todos da Emenda Constitucional nº 103/2019, estabeleceram disposição transitória, fixando alíquotas progressivas, com incidência a partir de 1º de março de 2020, considerando o valor da base de contribuição (servidores ativos) ou do benefício (aposentados e pensionistas), na seguinte forma: faixa remuneratória até 1 salário mínimo (R$ 1.045,00), alíquota de 7,5%; acima de 1 salário mínimo, ou seja, de R$ 1.045,01 até R$ 2.089,60, alíquota de 9,0%; de R$ 2.089,01 até R$ 3.134,40, alíquota de 12%; de R$ 3.134.01 até R$ 6.101,06, alíquota de 14%; de R$ 6.101,07 até R$ 10.448,00, alíquota de 14,5%; de R$ 10.448,01 até R$ 20.896,00, alíquota de 16,5%; de R$ 20.896,01 até R$ 40.747,20, alíquota de 19%; acima de R$ 40.747,20 alíquota de 22%[16] (os valores das faixas remuneratórias deverão ser reajustados na mesma data e pelos mesmos índices do reajuste do RGPS).

Estados, Distrito Federal e Municípios deverão, caso adote a faculdade do estabelecimento de alíquotas progressivas, definir essas alíquotas por lei local, mas deverão adequar-se às alíquotas fixadas pelo artigo 11 da Emenda Constitucional nº 103, de 12 de novembro de 2019.

As teses de que nem o constituinte derivado nem o legislador infraconstitucional poderiam se valer da progressividade de alíquotas de contribuições previdenciárias de trabalhadores e servidores públicos, mesmo passando a existir expressa norma constitucional decorrente de emenda, por suposta violação de direito individual amparado por cláusula pétrea (CF, art. 60, §4º, inciso IV), e que as alíquotas progressivas para os trabalhadores e servidores públicos ativos e para os aposentados e pensionistas do setor público seriam inconstitucionais, em face do caráter contributivo individual das contribuições previdenciárias do setor público federal e diante da falta de retribuição a mais pelo fato do correspondente acréscimo da alíquota da contribuição, representando a utilização de tributo com efeito de confisco, vão de encontro às últimas manifestações, quanto ao mérito sobre esses assuntos, do Supremo

---

[15] Estados, Distrito Federal e Municípios deverão estabelecer as alíquotas por lei local, mas devem adequar-se, a partir de 1º.3.2020, às alíquotas fixadas no art. 11 da EC nº 103/2019, uma vez que, como regra, não podem estabelecer alíquotas inferiores (EC nº 103/2019, art. 36, II).

[16] Fonte: previdencia.gov.br.

Tribunal Federal, por seu Tribunal Pleno, decorrente dos julgamentos das ADIs nº 3.105/DF[17] e nº 3.128/DF,[18] quando, mesmo sem qualquer acréscimo de vantagem em seus proventos de aposentadoria e pensão, a Emenda Constitucional nº 41/2003 passou a prever que os aposentados

---

[17] STF-Pleno. ADI nº 3.105/DF, rel. para o Acórdão o min. Cézar Peluso, in DJ 18.2.2005.

[18] Transcrevam-se trechos da Ementa do Acórdão do Pleno do STF do julgamento da ADI nº 3.105-8/DF, rel. para o Acórdão o min. César Peluso: "EMENTA: 1. Inconstitucionalidade. Seguridade social. Servidor público. Vencimentos. Proventos de aposentadoria e pensões. Sujeição à incidência de contribuição previdenciária. Ofensa a direito adquirido no ato de aposentadoria. Não ocorrência. Contribuição social. Exigência patrimonial de natureza tributária. Inexistência de norma de imunidade tributária absoluta. Emenda Constitucional nº 41/2003 (art. 4º, caput). Regra não retroativa. Incidência sobre fatos geradores ocorridos depois do início de sua vigência. Precedentes da Corte. Inteligência dos arts. 5º, XXXVI, 146, III, 149, 150, I e III, 194, 195, caput, II e §6º, da CF, e art. 4º, caput, da EC nº 41/2003. No ordenamento jurídico vigente, não há norma, expressa nem sistemática, que atribua à condição jurídico-subjetiva da aposentadoria de servidor público o efeito de lhe gerar direito subjetivo como poder de subtrair ad aeternum a percepção dos respectivos proventos e pensões à incidência de lei tributária que, anterior ou ulterior, os submeta à incidência de contribuição previdenciária. Noutras palavras, não há, em nosso ordenamento, nenhuma norma jurídica válida que, como efeito específico do fato jurídico da aposentadoria, lhe imunize os proventos e as pensões, de modo absoluto, à tributação de ordem constitucional, qualquer que seja a modalidade do tributo eleito, donde não haver, a respeito, direito adquirido com o aposentamento. 2. Inconstitucionalidade. Ação direta. Seguridade social. Servidor público. Vencimentos. Proventos de aposentadoria e pensões. Sujeição à incidência de contribuição previdenciária, por força de Emenda Constitucional. Ofensa a outros direitos e garantias individuais. Não ocorrência. Contribuição social. Exigência patrimonial de natureza tributária. Inexistência de norma de imunidade tributária absoluta. Regra não retroativa. Instrumento de atuação do Estado na área da previdência social. Obediência aos princípios da solidariedade e do equilíbrio financeiro e atuarial, bem como aos objetivos constitucionais de universalidade, equidade na forma de participação no custeio e diversidade da base de financiamento. Ação julgada improcedente em relação ao art. 4º, caput, da EC nº 41/2003. Votos vencidos. Aplicação dos arts. 149, caput, 150, I e III, 194, 195, caput, II e §6º, e 201, caput, da CF. Não é inconstitucional o art. 4º, caput, da Emenda Constitucional nº 41, de 19 de dezembro de 2003, que instituiu contribuição previdenciária sobre os proventos de aposentadoria e as pensões dos servidores públicos da União, dos Estados, do Distrito Federal e dos Municípios, incluídas suas autarquias e fundações. 3. Inconstitucionalidade. Ação direta. Emenda Constitucional (EC nº 41/2003, art. 4º, § único, I e II). Servidor público. Vencimentos. Proventos de aposentadoria e pensões. Sujeição à incidência de contribuição previdenciária. Bases de cálculo diferenciadas. Arbitrariedade. Tratamento discriminatório entre servidores e pensionistas da União, de um lado, e servidores e pensionistas dos Estados, do Distrito Federal e dos Municípios, de outro. Ofensa ao princípio constitucional da isonomia tributária, que é particularização do princípio fundamental da igualdade. Ação julgada procedente para declarar inconstitucionais as expressões "cinquenta por cento do" e "sessenta por cento do", constante do art. 4º, §único, I e II da EC nº 41/2003. Aplicação dos arts. 145, §1º, e 150, II, cc. art. 5º, caput e §1º, e 60, §4º, IV, da CF, com restabelecimento do caráter geral da regra do art. 40, §18. São inconstitucionais as expressões "cinquenta por cento do" e "sessenta por cento do", constantes do §único, incisos I e II, do art. 4º da Emenda Constitucional nº 41, de 19 de dezembro de 2003, e tal pronúncia restabelece o caráter geral da regra do art. 40, §18, da Constituição da República, com a redação dada por essa mesma Emenda" (In: Revista Fórum de Direito Tributário, Belo Horizonte, n. 14, p. 105-222, mar./abr. 2005).

e pensionistas contribuíssem para o grupo do regime previdenciário do setor público.

Enfatize-se que a nossa Excelsa Corte Constitucional, na ADI nº 3.105/DF e na ADI nº 3.128/DF, assentou a constitucionalidade da instituição de contribuição previdenciária sobre os proventos de aposentadoria e pensões dos servidores públicos da União, dos Estados, do Distrito Federal e dos Municípios, incluídas suas autarquias e fundações, sob o fundamento de que foram observados, pela Emenda Constitucional nº 41, de 19.12.2003, que deu nova redação ao artigo 40, *caput*, da Constituição da República, os princípios da solidariedade e do equilíbrio financeiro e atuarial, bem como os objetivos constitucionais de universalidade, equidade na forma de participação no custeio e diversidade da base de financiamento, bem como que não há que se falar em direito adquirido à mantença de norma jurídica de tributação, com aplicação dos artigos 5º, XXXVI, 149, *caput*, 150, I e III, 194, 195, *caput*, II, e 201, *caput*, da Lei Suprema, e o artigo 144 do Código Tributário Nacional.[19]

De modo que restou assentado que só era inconstitucional a cobrança de contribuição previdenciária dos inativos e pensionistas do RPPS entre a vigência da EC nº 20/1998, que inovou, em relação ao texto da Constituição original de 1988, e passou a só permitir a incidência de contribuição previdenciária dos servidores ativos, e antes do início da EC nº 41/3003, que passou a tolerar, desta vez expressamente, a incidência de contribuição previdenciária também dos aposentados e pensionistas do setor público.[20]

Exatamente no sentido supramencionado é a Ementa do Acórdão da 2ª Turma do Supremo Tribunal Federal decorrente do julgamento do AI nº 430.971 AgR/PR, *in verbis*:

> CONSTITUCIONAL. PREVIDENCIÁRIO. SERVIDOR PÚBLICO. INCI-DÊNCIA DE CONTRIBUIÇÃO SOBRE PROVENTOS E PENSÕES. LEI 12.398/98 DO ESTADO DO PARANÁ. EMENDA CONSTITUCIONAL Nº 20/98. 1. A Emenda Constitucional nº 20/98 estabeleceu um novo regime de previdência de caráter contributivo, definindo-se como contribuintes unicamente os "servidores titulares de cargos efetivos".

---

[19]   Entendimento mantido pelo Pleno do STF por ocasião dos julgamentos da ADI nº 3.133/DF, da ADI nº 3.184/DF e da ADI nº 3.143/DF, relatora ministra Cármen Lúcia, *DJe* 18.9.2020.

[20]   Assim, a contribuição de inativos e pensionistas do RPPS era, implicitamente, constitucional antes da EC nº 20/98; passou a ser inconstitucional na vigência da EC nº 20/1998, e voltou a ser constitucional a partir de expressa disposição da EC nº 41/2003, situação preservada com a EC nº 103/2019.

Assim, alterou-se a orientação deste Supremo Tribunal sobre a matéria, tendo o seu Plenário, no julgamento da ADIMC 2.010, rel. Min. Celso de Mello, assentado que a contribuição para o custeio da previdência social dos servidores públicos não deve incidir sobre os proventos ou pensões dos aposentados e pensionistas. 2. Importante ressaltar que essa orientação aplica-se até o advento da Emenda Constitucional nº 41/03, cujo art. 4º, *caput* – considerado constitucional por esta Suprema Corte no julgamento das ADIs 3105 e 3128 – permitiu a cobrança de contribuição previdenciária dos servidores inativos e pensionistas. 3. Agravo regimental improvido.[21]

A única inconstitucionalidade encontrada pelo Supremo Tribunal Federal na Emenda Constitucional nº 41/2003 diz respeito ao seu artigo 4º, parágrafo único, incisos I e II,[22] diante da instituição de tratamento discriminatório entre servidores e pensionistas federais, de um lado, e servidores e inativos estaduais, distritais e municipais, de outro, com ofensa ao princípio constitucional da isonomia tributária (CF, art. 150, II), permanecendo a regra geral do §18 do artigo 40 da mesma emenda constitucional, que traz o seguinte teor: *incidirá contribuição sobre os proventos de aposentadorias e pensões concedidas pelo regime de que trata este artigo que superem o limite máximo estabelecido para os benefícios do regime geral de previdência social de que trata o art. 201, com percentual igual ao estabelecido para os servidores titulares de cargos efetivos.*

Essa compreensão demonstra, também, a constitucionalidade dos preceptivos constitucionais do inciso II do *caput* do art. 195 e do *caput* do artigo 40, com as redações dadas pela Emenda Constitucional nº 103/2019.

De fato, é da essência das contribuições especiais, inclusas as contribuições para a seguridade social, o alcance das finalidades constitucionais, devendo a destinação do produto da arrecadação ser

---

[21] STF-2ª T. AI 430.971 AgR/PR, relatora ministra Ellen Gracie, *DJ* 18.2.2005, p. 32.

[22] EC nº 41/2003. *Art. 4º.* Os servidores inativos e os pensionistas da União, dos Estados, do Distrito Federal e dos Municípios, incluídas suas autarquias e fundações, em gozo de benefícios na data de publicação desta Emenda, bem como os alcançados pelo disposto no seu art. 3º, contribuirão para o custeio do regime de que trata o art. 40 da Constituição Federal com percentual igual ao estabelecido para os servidores titulares de cargos efetivos. Parágrafo único. A contribuição previdenciária a que se refere o *caput* incidirá apenas sobre a parcela dos proventos e das pensões que supere: I – cinquenta por cento do limite máximo estabelecido para os benefícios do regime geral de previdência social de que trata o art. 201 da Constituição Federal, para os servidores inativos e os pensionistas dos Estados, do Distrito Federal e dos Municípios; II – sessenta por cento do limite máximo estabelecido para os benefícios do regime geral de previdência social de que trata o art. 201 da Constituição Federal, para os servidores inativos e os pensionistas da União.

específica. Por outro lado, diferencia a espécie tributária contribuição especial de outros tributos, por beneficiar diretamente o grupo, do qual a pessoa do contribuinte faz parte, e indiretamente a pessoa do próprio contribuinte, por fazer parte do grupo.[23]

Já o imposto, tributo não vinculado à atividade estatal, visa custear despesas gerais no interesse geral da sociedade e as taxas visam custear ou o exercício em relação ao contribuinte do poder de polícia ou o serviço público compulsório, específico e divisível, prestado efetivamente à pessoa do contribuinte ou posto à sua disposição.

Destarte, a referibilidade das contribuições especiais, dentre elas, as contribuições previdenciárias do inciso II do *caput* do art. 195 e do *caput* do artigo 40, da Constituição da República, em relação aos contribuintes não precisa ser direta, bastando que seja indireta.

Nesse sentido é a jurisprudência do Supremo Tribunal Federal, como demonstra, a título ilustrativo, a Ementa do Acórdão decorrente do julgamento do RE nº 595.670 AgR/RS, de relatoria do ministro Roberto Barroso (*DJe* 118, de 20.6.2014), a seguir transcrita, no que tange à contribuição para o Sebrae, quanto mais é assim em relação às contribuições para a seguridade social, posto que o art. 195, *caput*, da Constituição Federal, de 5.10.1988, reza que a seguridade social será financiada por toda a sociedade de forma direta e indireta, nos termos da lei, e por contribuições para a seguridade social, bem como em relação às contribuições do artigo 195, *caput*, inciso II, do artigo 201 e do artigo 40 da mesma Carta, que impõem a solidariedade e o equilíbrio financeiro e atuarial do sistema previdenciário do setor público, *in verbis*:

EMENTA: AGRAVO REGIMENTAL EM RECURSO EXTRAORDINÁRIO. CONTRIBUIÇÃO PARA O SEBRAE. CARÁTER AUTÔNOMO E DE INTERVENÇÃO NO DOMÍNIO ECONÔMICO. SUJEIÇÃO PASSIVA QUE DEVE ALCANÇAR COOPERATIVAS QUE ATUEM NO SETOR. No julgamento do Recurso Extraordinário 635.682, Rel. Min. Gilmar Mendes, o Plenário desta Corte reconheceu a constitucionalidade da contribuição para o Sebrae. Ao apreciar o RE 396.226/RS, Rel. Min. Carlos Velloso, o Tribunal assentou que a contribuição para o Sebrae é autônoma e possui caráter de intervenção no domínio econômico. Assim, a sujeição passiva deve ser atribuída aos agentes que atuem no segmento econômico alcançado pela intervenção estatal. Não há na hipótese referibilidade estrita que restrinja o alcance da exação ao

---

[23] SARAIVA FILHO, Oswaldo Othon de Pontes. Contribuições corporativas: exame da Lei nº 12.514/2011. *In: Revista Fórum de Direito Tributário*, Belo Horizonte, n. 56, p. 16, mar./abr. 2012.

âmbito de atuação do Sebrae. A natureza da contribuição impõe que se reconheça a efetiva atuação no segmento econômico objeto da intervenção estatal em detrimento do intuito lucrativo, sobretudo pela existência de capacidade contributiva. Agravo regimental a que se nega provimento.

Traga-se, também, à colação a Ementa do Acórdão de nossa Corte Constitucional, decorrente do julgamento do RE nº 635.682/RJ, relator o ministro Gilmar Mendes (*DJe*-98 publicada em 24.5.2013):

> Recurso extraordinário. 2. Tributário. 3. Contribuição para o SEBRAE. Desnecessidade de lei complementar. 4. Contribuição para o SEBRAE. Tributo destinado a viabilizar a promoção do desenvolvimento das micro e pequenas empresas. Natureza jurídica: contribuição de intervenção no domínio econômico. 5. Desnecessidade de instituição por lei complementar. Inexistência de vício formal na instituição da contribuição para o SEBRAE mediante lei ordinária. 6. Intervenção no domínio econômico. É válida a cobrança do tributo independentemente de contraprestação direta em favor do contribuinte. 7. Recurso extraordinário não provido. 8. Acórdão recorrido mantido quanto aos honorários fixados.

Por isso, embora possa existir entendimento em sentido contrário, é razoável a concepção no sentido de que não há qualquer inconstitucionalidade na Emenda Constitucional nº 103/2019, quando passou a explicitar a possibilidade de estabelecimento de alíquotas progressivas para as contribuições previdenciárias dos trabalhadores e para servidores públicos ativos e mesmo inativos e pensionistas do regime previdenciário próprio do setor público, em relação a estes sobre a parcela da base de contribuição que supere o limite máximo estabelecido para os benefícios do Regime Geral da Previdência Social do setor privado.

Além de obediência ao caráter contributivo e solidário das contribuições previdenciárias dos trabalhadores e dos servidores ativos e inativos e dos pensionistas, com a observação dos critérios que preservem o equilíbrio financeiro e atuarial (CF, arts. 201, *caput*, e 40, *caput*), a Emenda Constitucional nº 103/2019, neste ponto de previsão de progressividade de alíquotas de contribuições previdenciárias, observou e favoreceu o cumprimento de outros princípios constitucionais tributários, como o da igualdade (art. 150, II), o da capacidade contributiva (art. 145, §1º) e o da equidade na forma de participação no custeio, objetivo traçado pela Constituição para a seguridade social (art. 194, parágrafo único, inciso V), cabendo avivar que o §12 do artigo 40, do Estatuto Político, dispõe que, além de normas específicas, o regime de previdência dos servidores públicos observará, subsidiariamente, os requisitos e critérios fixados para o regime geral de previdência social.

De modo que, de uma forma geral, parece bem razoável a exegese no sentido de inexistência de ferimento, pelo menos em tese, de cláusula pétrea do artigo 60, §4º, inciso IV da Constituição Federal, no que tange à mera previsão de alíquotas progressivas para as contribuições previdenciárias, posto que essa medida propicia o cumprimento de outras normas constitucionais, como as referentes aos princípios da solidariedade, da igualdade, da capacidade contributiva, da equidade na participação do custeio da seguridade social e de equilíbrio financeiro e atuarial do RGPS e do RPPS.

A norma da Constituição do inciso V do parágrafo único do artigo 194, a qual dispõe que compete ao Poder Público, nos termos de lei ordinária federal, organizar a seguridade social, tendo como uma das bases a equidade na forma de participação no custeio, e a norma constitucional do *caput* do artigo 40 adotam os princípios da isonomia e da capacidade contributiva como meios de se promover a justiça no financiamento da seguridade social, marcada esta pela solidariedade.

Segundo o eminente tributarista e desembargador do Tribunal Regional Federal da 4ª Região Leandro Paulsen:

> A equidade na forma de participação no custeio, como desdobramento do princípio da igualdade, exige atenção às peculiaridades de cada categoria de contribuintes de modo que sejam chamados a participar do custeio da seguridade social conforme sua capacidade contributiva e outras circunstâncias específicas.[24]

E, de fato, como a seguridade social, além das contribuições, deverá ser financiada por toda a sociedade (CF, art. 195, *caput*), reforça-se a noção de solidariedade como referibilidade ampla das contribuições para a seguridade social.

A respeito da solidariedade como referibilidade ampla das contribuições de seguridade social, traga-se, mais essa vez, à colação o magistério de Paulsen:

> Relativamente às contribuições de seguridade social, o texto constitucional estabelece uma atenuação à referibilidade característica das contribuições. De fato, o art. 195 da Constituição, ao trazer normas

---

[24] PAULSEN, Leandro. *Direito tributário*: Constituição e Código Tributário à luz da doutrina e da jurisprudência. 18. ed. São Paulo: Saraiva, 2017, p. 479.

específicas aplicáveis às contribuições de seguridade social, destaca a obrigação de todos em face da dimensão, relevância e prioridade da ação do Poder Público quanto à saúde, à assistência e à previdência. [...] Com isso, podem as pessoas físicas e jurídicas ser chamadas ao custeio independentemente de terem ou não relação direta com os segurados ou de serem ou não destinatárias de benefícios.[25]

Destarte, por ser relativa, podendo ser indireta, essa referibilidade em relação ao sujeito passivo das contribuições para a seguridade social, como se assentou, quando dos julgamentos da constitucionalidade da incidência de contribuição previdenciária do setor público para os seus aposentados e pensionistas (ADI nº 3.105/DF e ADI nº 3.128/DF), o que afasta qualquer alegação de inconstitucionalidade, nada obsta, na Constituição da República, que suceda um aumento de alíquota de contribuição previdenciária, sem o correspondente aumento do benefício, desde que isto tenha sucedido para a obtenção ou manutenção do equilíbrio financeiro e atuarial do sistema, uma vez que o §5º, do artigo 195, da Lei Maior, se restringe a vedar a criação, majoração ou extensão de benefício ou serviço da seguridade social sem a correspondente fonte de custeio total, inexistindo, outrossim, qualquer arranhão à norma constitucional do artigo 167, inciso XI.

Os argumentos, aparentemente lógico, no sentido de que os aposentados e pensionistas – estes em face das contribuições já pagas pelo servidor falecido – já contribuíram para merecer o benefício e que a incidência da contribuição sobre os proventos e pensões não lhes trará direito a outros serviços, vantagens ou benefícios não podem ser acatados, diante dos princípios constitucionais da solidariedade, da equidade do custeio e do exigido equilíbrio financeiro e atuarial, expressamente adotados pela Lei Maior, artigo 195, *caput* e inciso II; artigo 194, *caput* e inciso V; artigo 201, *caput*; art. 40, *caput* e §12, com redações dadas desde a Emenda Constitucional nº 41/2003 e pela Emenda Constitucional nº 103/2019.

Portanto, desde a Ementa Constitucional nº 41, de 19/12/2003, com a corroboração da Emenda Constitucional nº 103, de 12/11/2019, não há proibição constitucional de utilização de alíquotas progressivas para as contribuições previdenciárias dos trabalhadores e dos servidores públicos ativos, inativos e pensionistas, bem como existe expressa permissão para a incidência de contribuições previdenciárias sobre os inativos e pensionistas do RPPS com proventos acima do teto de benefícios dos segurados do RGPS, embora, por força da imunidade do artigo 195, II, *in fine*, da Constituição Federal, os aposentados e pensionistas do RGPS não podem sofrer a incidência de contribuições previdenciárias de seus proventos.

---

[25] PAULSEN, Leandro. *Idem*, p. 481 e 482.

Pondere-se que o estabelecimento de alíquota proporcional (a mesma alíquota, variando a base de cálculo) já cumpre os princípios constitucionais da igualdade e da capacidade contributiva.

Todavia, cabe enfatizar que a utilização de alíquotas progressivas (aumenta-se a alíquota de conformidade com o aumento da base de cálculo) representa ainda maior vivência aos princípios constitucionais da isonomia tributária e da capacidade contributiva.

O princípio da vedação de tratamento fiscal discriminatório entre contribuintes (CF/1988, art. 150, II) é consequência, no âmbito constitucional tributário, do princípio da isonomia jurídica do art. 5º, *caput*, da Lei Maior, no sentido de que *todos são iguais perante a lei*, sem distinção arbitrária de qualquer natureza.

Veda, o artigo 150, II, da Constituição Federal que a União, os Estados, o Distrito Federal e os Municípios instituam tratamento desigual entre contribuintes que se encontrem em situação equivalente, proibida qualquer distinção em razão de ocupação profissional ou função por eles exercida, independentemente da denominação jurídica dos rendimentos, títulos ou direitos.

Estimula o artigo 150, II, da Constituição da República que o Fisco deve tratar igualmente os iguais e desigualmente os desiguais, por motivo de capacidade contributiva ou por motivo extrafiscal.

Assim, o princípio da proibição de discriminação arbitrária entre contribuintes determina que a norma infraconstitucional deverá tratar igualmente pessoas que estejam nas mesmas condições e que, em face dessas condições, não seria justificável ou razoável tratá-las desigualmente. Da mesma forma, a norma infraconstitucional deverá tratar desigualmente pessoas que estejam em situações diferentes e que, em face de particularidades relevantes de ordem econômica ou social, ou em respeito a valores que a Constituição ampara, mereçam não ser tratadas igualmente.

O princípio da igualdade tributária não se identifica exclusivamente com o princípio da capacidade contributiva, de modo que o exame da constitucionalidade de preceptivo legal, quanto à observância ou não do princípio da igualdade tributária, pode se dar em face de dois fundamentos: os motivos fiscais, onde aí importa a capacidade econômica do sujeito passivo de pagar tributos, e os motivos extrafiscais, onde aí, a capacidade econômica do contribuinte pode até ser desconsiderada, desde que seja garantida a não incidência da regra de tributação em relação a uma faixa mínima de renda indispensável para a vida humana digna ou capaz de viabilizar a atividade econômica, razoavelmente gerida, pois o que importa é o alcance de outros valores constitucionais ou o alcance de relevantes objetivos socioeconômicos.

Neste ponto, vale realçar o magistério de Marco Aurélio Greco no sentido da aplicabilidade em relação às contribuições especiais ou parafiscais do princípio da capacidade contributiva e, por consequência, do princípio da progressividade da tributação, embora a Constituição Federal de 1988, no seu artigo 149 e no artigo 145, §1º, não tenha imposto ou feito referência expressa a essa possibilidade, diante do princípio solidarístico, que emana da participação a um determinado grupo social, econômico ou profissional ao qual está relacionada a finalidade constitucionalmente qualificada.[26]

Por outro lado, se a Constituição da República discriminou a contribuição para a seguridade social sobre o lucro líquido, e sendo o lucro elemento indicativo da capacidade contributiva, parece evidente que tenha permitido, outrossim, implicitamente, que a lei infraconstitucional levasse, também, em consideração a maior ou menor capacidade econômica dos sujeitos passivos das demais contribuições para seguridade social, que ostentem como fato gerador quantitativo ou base de cálculo uma situação denotadora de capacidade contributiva, como a maior ou menor remuneração ou proventos, recebidos por servidor ativo, inativo ou pensionista, com supedâneo nos princípios constitucionais da igualdade no tratamento fiscal (art. 150, II), da capacidade contributiva (art. 145,§1º) da razoabilidade e proporcionalidade (CF, 5º, LIV).

Portanto, a fixação de alíquotas progressivas para as contribuições previdenciárias dos trabalhadores e servidores ativos, inativos e pensionistas, incidindo, conforme o §18 do artigo 40, da Carta Política de 1988 (com redação dada pela EC nº 41/2003), em relação a estes dois últimos, apenas os que recebem maiores vencimentos, proventos ou pensões, ou seja, sobre valores que excedam o teto máximo estabelecido para os beneficiários do regime geral de previdência social (RGPS) de que trata o artigo 201 da mesma Constituição, observa tanto o princípio da solidariedade das contribuições para a seguridade social como o princípio da igualdade fiscal, em razão da capacidade contributiva, diante da necessidade de se manter o equilíbrio financeiro e atuarial no sistema previdenciário do setor público federal – levando em consideração, também, a equidade na forma de participação no custeio

---

[26] GRECO, Marco Aurélio. *Contribuições*: uma figura "sui generis". São Paulo: Dialética, 2000, p. 195.

–, único modo de se atender às aspirações de todos os servidores ativos, inativos e pensionistas, ou seja, a preservação do sistema, com a manutenção dos benefícios a todo o grupo.

Por outro lado, a Constituição Federal pode até tolerar algumas desigualdades de alíquotas e de bases de cálculo, especificamente, entre o regime previdenciário do setor público e o regime geral de previdência social do setor privado, sendo que, na realidade, até hoje, esses sistemas apresentam algumas diferenças, que repercutem nos respectivos custeios e nos gastos públicos.

Portanto, estando os contribuintes em situações díspares, podem ser submetidos a tratamento fiscal diferenciado, para o atingimento do equilíbrio financeiro e atuarial, sendo justificável a existência de tributação por contribuição previdenciária apenas para os servidores inativos e pensionistas do setor público, cujos proventos ultrapassem o teto de custeio e de benefício do regime geral de previdência, ou seja, apenas em relação aos beneficiados com o recebimento de mais elevados proventos ou pensões, sem que haja, na espécie, qualquer arranhão ao princípio da vedação de tratamento fiscal desigual entre contribuintes que estejam na mesma situação.

O importante é que até o teto dos benefícios dos segurados do RGPS seja, também, reconhecido aos aposentados e pensionistas do RPPS, uma vez que a imunidade de contribuições previdenciárias, tendo em vista que a imunidade é direito constitucional absoluto, protegido pelo núcleo intocável da Constituição Brasileira, não sendo admissível que emenda constitucional venha tender a abolir esse direito à imunidade.

Outrossim, a alegação de inconstitucionalidade concernente à tributação eventualmente mais gravosa dos servidores ativos, inativos e pensionistas do setor público em comparação com os trabalhadores do setor privado é sem dúvida correta em relação ao imposto de renda e proventos de qualquer natureza, tributo não vinculado à atividade estatal, de modo que não seria constitucional tributar mais pesadamente os vencimentos ou proventos dos servidores públicos, em relação aos salários ou proventos dos trabalhadores do setor privado (CF, art. 150, II).

A seu turno, o artigo 145, §1º, da Carta Magna, norma dirigida aos impostos, mas que comporta ser estendida a todos os tributos, dispõe que, sempre que possível, os impostos terão caráter pessoal, ou seja, levarão em consideração, na sua fixação, a situação pessoal do contribuinte e serão sempre graduados segundo a capacidade econômica do contribuinte, facultado à Administração tributária, especialmente para conferir efetividade a esses objetivos, identificar, respeitados os direitos individuais e nos termos da lei, o patrimônio, os rendimentos e as atividades econômicas dos contribuintes.

Portanto, a Constituição deseja que a carga tributária deva ser graduada de acordo com as possibilidades econômicas de cada contribuinte ou de categoria de contribuintes para pagar tributo.

Quanto à observância do princípio da capacidade contributiva, deve-se destacar que este deve ser considerado obedecido quando a Administração tributária, acolhendo a faculdade prevista no art. 145, §1º, segunda parte, do Estatuto Político, e nos termos da lei, investiga o patrimônio, os rendimentos e as atividades econômicas dos contribuintes e determina a real capacidade contributiva destes, sendo lícito, também, ao Fisco, através de fatos signo-presuntivos de renda, patrimônio e atividade econômica, presumir a idoneidade econômica da pessoa ou da categoria econômica de contribuir para os gastos públicos, acima do mínimo indispensável à compatibilidade com uma vida humana digna ou com a mantença da atividade econômica.

Como visto, o princípio da capacidade contributiva é informador, quanto ao aspecto fiscal, do princípio da vedação de tratamento tributário discriminatório (CF, art. 150, II), portanto, salvo melhor juízo, nenhuma inconstitucionalidade existe em se tributar com alíquotas progressivas as contribuições previdenciárias dos setores público e privado.

De modo que não há inconstitucionalidade em se fazer incidir contribuição previdenciária sobre os proventos de aposentadorias e pensões do setor público, desde que a incidência da tributação ultrapasse o limite máximo estabelecido para os custeios e os benefícios do RGPS.

Cumpre mencionar que, inicialmente, por ocasião do julgamento de lei municipal que havia estabelecido alíquota progressiva do IPTU por razão fiscal, ou seja, o valor venal dos imóveis, o Supremo Tribunal Federal considerou inconstitucional sob o argumento de que a Constituição Federal só havia autorizado a progressividade de alíquotas do IPTU por motivo extrafiscal, a progressividade sanção no tempo, em virtude do descumprimento da função social do imóvel urbano.

Considerou-se também que, sendo o IPTU um imposto real, incidia sobre a coisa e não sobre a pessoa do proprietário, não sendo pois um imposto pessoal, não seria possível a utilização, no caso, do princípio da capacidade contributiva,[27] culminando com a edição da Súmula nº 668: "É inconstitucional a lei municipal que tenha estabelecido, antes

---

[27] STF-Pleno. RE nº 153.771/MG, rel. min. Carlos Velloso, in *RTJ* Vol. 162-2, p. 726.

da EC nº 29/00, alíquotas progressivas para o IPTU, salvo se destinada a assegurar a função social da propriedade urbana".

Cabe mencionar que, em relação ao imposto sobre transmissão de bens imóveis por ato oneroso entre pessoas vivas (ITBI), o Supremo Tribunal Federal considerou que a Constituição Federal não autoriza, expressamente, como faz, nomeadamente com alguns impostos (IR, ITR, e com o IPTU, este em especial após EC nº 29/2000), a instituição de alíquotas progressivas para o imposto de transmissão de bens imóveis por ato oneroso entre pessoas vivas (ITBI), considerando que a utilização de alíquota proporcional sobre o valor venal já atende ao princípio da capacidade contributiva.[28]

Depois da Emenda Constitucional nº 29/2000, a nossa Corte Constitucional admitiu a utilização da alíquota progressiva do IPTU, também, por razão fiscal, o valor venal dos imóveis urbanos, afastando a alegação de ferimento de cláusula pétrea relativa à tendência de extinção de direito dos contribuintes, pois passou a considerar que a progressividade das alíquotas do IPTU por motivo fiscal representa o maior cumprimento ao estabelecido pelos princípios da igualdade e da capacidade contributiva.

Decidiu, em síntese, o STF que os novos preceptivos do artigo 156, §1º, incisos I e II, da Constituição Federal, inclusos pela Emenda Constitucional nº 29/2000, não vieram a implicar o afastamento do que se pode ter por núcleo intangível da Constituição, mas simplesmente explicitar e reforçar o real significado ao disposto anteriormente sobre a graduação de tributos, em busca da igualdade e justiça fiscal, tendo em vista, portanto, os princípios da igualdade no tratamento fiscal, da capacidade contributiva e da progressividade, todos eles já versados no texto primitivo da Carta Magna.[29]

Destarte, a mesma alegação de inconstitucionalidade não cabe ser dirigida à progressividade de alíquotas das contribuições previdenciárias dos trabalhadores do setor privado, servidores ativos, inativos e para os pensionistas do setor público, posto que a Emenda Constitucional nº 103/2019, que deu nova redação ao inciso II do artigo 195 e ao §12 do artigo 40 da Lei Suprema, autoriza, expressamente, essa progressividade,

---

[28] STF-Pleno, RE nº 234.105-3/SP, rel. Min. Carlos Velloso, *DJ* 31.3.2000; STF-T2, AO 456.768 AgR/MG, rel. Min. Joaquim Barbosa, *DJe* 190, pub. em 8.10.2010.

[29] STF-Pleno, ADI nº 2.732/DF, rel. min. Dias Toffoli, *DJe* 249, pub. em 11.12.2015; STF-Pleno, RE nº 423.768, rel. min. Marco Aurélio, *DJe* 86, pub. em 10.5.2011; STF/T2, RE 595.080 AgR, rel. min. Joaquim Barbosa, *DJe* 185, pub. em 1º.10.2010; STF-T1, RE 427.488 AgR/RJ, rel. min. Sepúlveda Pertence, *DJ* 19.5.2005.

seguindo a senda já estabelecida pela Constituição da República de solidariedade e equidade do custeio, dos princípios da igualdade e da capacidade contributiva.

Aliás, no que tange ao imposto sobre transmissão *causa mortis* e doação de quaisquer bens e direitos (ITCD), o Supremo Tribunal Federal, mesmo sem disposição expressa e específica da Constituição que autorizasse, em nome do princípio constitucional da igualdade material, explicado do ponto de vista fiscal pelo princípio do mesmo naipe da capacidade contributiva, e diante da faculdade constitucional dada ao Senado Federal para, por meio de resolução, estabelecer a alíquota máxima desse imposto, entendeu constitucional a utilização de alíquotas progressivas.[30]

No ensejo do julgamento do Recurso Extraordinário nº 562.045, que considerou constitucional lei estadual que estabeleceu alíquotas progressivas para o imposto sobre herança e doação de quaisquer bens e direitos, o pranteado ministro Teori Zavascki votou:

> A questão está em saber se o sistema de progressividade no Imposto de Transmissão *Causa Mortis* é compatível ou não com a Constituição. Apesar da controvérsia interessante firmada sobre o tema, parece-me que essa progressividade não só não é incompatível como atende, de alguma forma, o princípio da capacidade contributiva que, como bem demonstraram os votos, especialmente do ministro Ayres Britto e da ministra Ellen Gracie, não é também incompatível com os chamados impostos reais. O princípio da capacidade contributiva deve ser aplicado a todos os impostos.

Portanto, em geral, não há de se cogitar, no caso da progressividade de contribuições previdenciárias, de descumprimento de propalada referibilidade direta entre o custeio de cada contribuinte e o benefício individual dele advindo, já que, diante da natureza jurídica dessas contribuições para a seguridade social marcada pela solidariedade e equidade do custeio, de modo que ninguém custeia a própria aposentadoria, mas sim cada um custeia as aposentadorias do grupo do qual faz parte, e o grupo contribui para a aposentadoria de cada um, nem há como alegar desrespeito à cláusula pétrea referente a hipotéticos direitos individuais, diante dos retromencionados precedentes da Corte Constitucional Brasileira.

---

[30] STF-Pleno, RE nº 562.045/RS, relatora para o Acórdão a ministra Cármen Lúcia, *DJe* 233, pub. em 27.11.2013; STF-T2, RE nº 700.360 AgR/RS, relator Ministro Celso de Mello, *DJe* 22, pub. em 12.11.2012.

Ademais, em várias decisões sobre progressividade relacionadas com o imposto sobre propriedade de veículos automotores – IPVA, o Supremo Tribunal Federal passou a admitir que "todos os tributos submetem-se ao princípio da capacidade contributiva, ao menos em relação a um de seus três aspectos (objetivo, subjetivo e proporcional), independentemente de classificação extraída de critérios puramente econômicos".[31]

A propósito, sob o aspecto fiscal, a capacidade contributiva é critério que promove a isonomia e a justiça fiscal e que se apresenta de variadas formas, a exemplo da fixação de alíquotas diferenciadas reveladoras de progressividade em consonância com o aumento da base de cálculo.

No que concerne aos outros tributos, como taxas, por exemplo, a Corte Constitucional brasileira tem admitido como constitucional a aplicação de tributação progressiva.[32]

Transcreva-se, nesse diapasão, a Ementa do Acórdão do Supremo Tribunal Federal, decorrente do julgamento do AgR no AI nº 170.271, *DJe* 1.12.1995, relator o senhor Ministro Ilmar Galvão.

> EMENTA: TRIBUTÁRIO. TAXA JUDICIÁRIA. LEI PAULISTA Nº 4.952/85, QUE ESTIPULOU, PARA O RESPECTIVO CÁLCULO, O PERCENTUAL DE 1% (UM POR CENTO) ATÉ O VALOR DE 1.500 SALARIOS MINIMOS, MAIS 0,5% (MEIO POR CENTO) SOBRE O QUE EXCEDER, CONSIDERADO, PARA BASE DE CÁLCULO, O VALOR DA CONDENAÇÃO, DEVIDAMENTE CORRIGIDO. ALEGADA AFRONTA AOS PRINCÍPIOS CONSTITUCIONAIS DO LIVRE ACESSO AO PODER JUDICIARIO E DA LEGALIDADE. Irresignação improcedente. No primeiro caso, por tratar-se de tributo instituído com observância do princípio da progressividade, considerado o valor econômico da causa; e, em segundo lugar, face a desnecessidade de lei autorizadora da correção monetária da base de cálculo dos tributos, proclamada no art. 97, §2º, do Código Tributário Nacional. Agravo regimental improvido.

Em relação às outras contribuições especiais (CF, art. 149), a nossa Corte Constitucional, no ensejo do julgamento do Recurso Extraordinário nº 573.675/SC, julgou constitucional e harmônico com o princípio da capacidade contributiva a progressividade da alíquota da contribuição para o custeio de serviço de iluminação pública – COSIP, que resulta do

---

[31] A título ilustrativo, cf. STF-T2, RE 406.955 AgR/MG, rel. Min. Joaquim Barbosa, *RDDT*, n. 196, 2012.

[32] STF-Pleno, ADI nº 453, rel. Min. Gilmar Mendes, *RT*, v. 96, n. 861, 2007; *RDDT*, 140, 2007.

rateio do custo da iluminação pública entre os consumidores, levando-se em consideração o consumo particular de energia elétrica (residência, comércio, indústria, etc.).[33]

Nessa ocasião, o relator, o senhor ministro Ricardo Lewandowski, defendeu que o princípio da capacidade contributiva, embora aplicável preferencialmente aos impostos, não estava a eles limitado, de modo que não haveria um impedimento de utilização de critérios de mensuração de riqueza – como a adoção de alíquotas progressivas – em outras espécies tributárias. Confira-se:

> No mais, a despeito de o art. 145 §1º, da Constituição Federal, que alude à capacidade contributiva, fazer referência apenas aos impostos, não há negar que ele consubstancia uma limitação ao poder de imposição fiscal que informa todo o sistema tributário.

Da mesma forma, a nossa Corte Constitucional, em outro julgado, entendeu constitucional a progressividade da tributação no que tange às contribuições corporativas, também discriminadas na Constituição Federal, no *caput* do seu artigo 149, julgamento ocorrido na ADI nº 4.697, relator o senhor ministro **Edson Fachin** (*in* D*Je*-063, publicado em 30.3.2017).

Não há razão, pois, para se considerar inconstitucional a faculdade de adoção de progressividade das alíquotas relativas às contribuições previdenciárias dos setores privado e público, já que não há impedimento constitucional, e mesmo os artigos 40, "caput"; 150, II; 145, §1º, 194, parágrafo único, V, e 195, II, todos da Constituição da República acolhem e recomendam essa medida.

Aliás, embora de certo modo vacilante a jurisprudência do Excelso Pretório,[34] há um precedente do Supremo Tribunal Federal, por seu Tribunal Pleno, do julgamento da ADI nº 790/DF, realizado em 26 de fevereiro de 1993, rel. o senhor Ministro Marco Aurélio (*RTJ*, vol. 147-3, p. 921), quando ficou decidido que a instituição de alíquotas diferenciadas ou progressivas, para efeito de cobrança da contribuição previdenciária devida pelos servidores públicos em atividade, não hostilizava o texto constitucional.

Traga-se à colação trecho da respectiva ementa do acórdão:

---

[33] STF – Pleno. RE nº 573.675/SC, rel. min. Ricardo Lewandowski, in D*Je* nº 94, publicado em 22.5.2009.

[34] Cf. STF-Pleno, ADIMC nº 2.010-2/DF, rel. min. Celso de Mello, *DJ* 12.4.2002.

CONTRIBUIÇÃO SOCIAL – SERVIDORES PUBLICOS. A norma do artigo 231, PAR.1º da Lei n. 8.112/90 não conflita com a Constituição Federal no que dispõe que "a contribuição do servidor, diferenciada em função da remuneração mensal, bem como dos órgãos e entidades, será fixada em lei.

No mesmo diapasão, transcrevam-se as seguintes ementas de acórdãos do Supremo Tribunal Federal:

STF-T1, RE 353.027 AgR/RS, rel. Min. Eros Grau
EMENTA: AGRAVO REGIMENTAL EM RECURSO EXTRAORDI-NÁRIO. CONTRIBUIÇÃO PREVIDENCIÁRIA. MP 560/94. CONS-TITUCIONALIDADE. 1. Progressividade da alíquota da contribuição previdenciária. Medida Provisória 560/94. Afronta à Constituição do Brasil. Inexistência. 2. MP 560/94. Vigência. Termo Inicial. Esta Corte, ao declarar a inconstitucionalidade apenas do artigo 1º do Texto Normativo, reconheceu a validade de sua disciplina e esclareceu que a vigência de suas disposições dar-se-ia após transcorrido o prazo nonagesimal previsto no artigo 195, §6º, da Constituição do Brasil. Agravo regimental não provido (*DJ* 28.10.2005).
STF-T2, RE 467.929 AgR/RS, rel. Min. Gilmar Mendes
EMENTA: Agravo regimental em recurso extraordinário. 2. Servidor Público. Contribuição social. Art. 2º da Lei 8.688/93. Alíquotas progres-sivas. Constitucionalidade. Precedente. 3. Agravo regimental a que se nega provimento (*DJe* 222, pub. in 21.11.2008).

Impende aduzir que, na doutrina, Frederico Amado critica a posição pretérita do Supremo Tribunal Federal decorrente do julgamento da ADIMC nº 2.010, no sentido de que caberiam alíquotas progressivas somente naquelas hipóteses específicas e exaustivamente previstas na Constituição Federal, razão da decretação da inconstitucionalidade, no dia 12 de abril de 2002, da progressividade de alíquotas da contribuição dos servidores públicos federais, estabelecida pela Lei nº 9.783/1999, *ipsis litteris*:

Particularmente, não há como concordar com o STF. Isso porque no próprio RGPS a contribuição do segurado empregado, doméstico e avulso possui alíquotas progressivas (8, 9 ou 11%), a teor do artigo 20, da Lei 8.212/91, disposição legal que nunca foi pronunciada inconstitucional pela Suprema Corte.
Isso porque elevar a alíquota de contribuição do servidor que ganha mais decorre do Princípio da Capacidade Contributiva e da Isonomia

Tributária, não se vislumbrando, *a priori*, o uso do tributo com efeito confiscatório, salvo se forem instituídas alíquotas excessivas.[35]

Não se pode, pois, deixar de aplaudir o acerto de decisões de nossa Augusta Corte Constitucional, supramencionadas, que ampliam o alcance da progressividade tributária e que acabam por reconhecer no §1º, do artigo 145, da Lei Maior, o fundamento de validade para que todos os tributos do ordenamento possam ser progressivos, sem necessidade de autorização constitucional específica para tanto.

Contudo, a utilização da progressividade de contribuições previdenciárias, da mesma forma que em relação aos tributos em geral, deve ser razoável e proporcional (CF, art. 5º, LIV), jamais podendo ser toleradas alíquotas progressivas exacerbadas, que cheguem ao ponto de ferir o princípio da vedação de utilização de tributo com fins de confisco (CF, art. 150, IV) em conjunto com o princípio de devido processo legal material (CF, art. 5º, LIV).

A Emenda Constitucional nº 103/2019 inseriu, ainda, novos parágrafos (§1-A; §1º-B; §1º-C)[36] ao artigo 149 da Constituição Federal, que, advirta-se, se aplicados, por norma constitucional provisória ou por futura lei infraconstitucional, com excesso ou de forma desarrazoada, poderão causar lesão ao direito dos servidores públicos, aposentados e pensionistas do RPPS da União de serem tributados com observância do princípio da vedação de utilização de tributo com efeito de confisco, direito e garantia individual protegido, pela Lei Maior, por cláusula pétrea (CF, art. 150, IV, c/c art. 60, §4º, inc. IV).

O princípio da proibição de confisco do artigo 150, inciso IV, da Constituição Federal, de 1988, significa que a carga de tributo não pode ser tão pesada a ponto de ser sentida como uma penalidade, como o uso da tributação com finalidade de desapropriação.

Por este princípio, o padrão de tributação não pode ser insuportável, ou, em outras palavras, não pode haver *desarrazoabilidade* ou desproporcionalidade na tributação.

---

[35] AMADO, Frederico. *Curso de Direito e Processo Previdenciário*. 6. ed. ampl. e atual. Salvador: Juspodivm, 2015, p. 1.084.

[36] CF. *Art. 149.* [...] *§1º-A. Quando houver déficit atuarial, a contribuição ordinária dos aposentados e pensionistas poderá incidir sobre o valor dos proventos de aposentadoria e de pensões que supere o salário-mínimo. §1º-B. Demonstrada a insuficiência da medida prevista no §1º-A para equacionar o déficit atuarial, é facultada a instituição de contribuição extraordinária, no âmbito da União, dos servidores públicos ativos, dos aposentados e dos pensionistas. §1º-C. A contribuição extraordinária de que trata o §1º-B deverá ser instituída simultaneamente com outras medidas para equacionamento do déficit e vigorará por período determinado, contado da data de sua instituição* (Incluído pela Emenda Constitucional nº 103, de 2019).

O Supremo Tribunal Federal, por ocasião do julgamento de pedidos de medidas liminares nas ADIs nºs 2.010 e 2.016, relator ministro Celso de Mello (*DJ* 12.4.2002), considerou confiscatória, tendo em vista a existência da alíquota de 27,5% do Imposto sobre a Renda de pessoas físicas, a alíquota de 25% da Contribuição da Previdência Social do Servidor Público Civil da União, que havia sido prevista pelo artigo 2º da Lei nº 9.783, de 28 de janeiro de 1999.

Para efeito de se examinar se um tributo ou penalidade tributária foram utilizados com efeito de confisco ou não, a análise deve ser feita em função da totalidade dos tributos de cada ente tributante ou em função de cada tributo ou sanção negativa isoladamente considerados.

O artigo 1º da Emenda Constitucional nº 103/2019 deu nova redação ao §1º do artigo 149 da Constituição Federal, de modo que passa a facultar a adoção de alíquotas progressivas de contribuições para custeio de regime próprio de previdência social da União, dos Estados, do Distrito Federal e dos Municípios, cobradas dos respectivos servidores ativos, dos aposentados e dos pensionistas, de acordo com o valor da base de contribuição – total da remuneração – ou dos proventos de aposentadorias e de pensões.

As alíquotas mais elevadas, de acordo com a faixa remuneratória, de 19% e 22% da contribuição previdenciária do setor público federal, estabelecidas provisoriamente pelo artigo 11 da Emenda Constitucional nº 103/2019, somando-se com a atual alíquota de 27,5% do imposto sobre renda e proventos de qualquer natureza, chegam bem próximo do que o Supremo Tribunal Federal, por ocasião dos julgamentos das ADIs nºs 2.010 e 2.016, já considerou inconstitucional (alíquota de 25% de CP para RPPS mais 27,5% do IRPF).

De modo que milita razoável controvérsia acerca da inconstitucionalidade, também, dessas novas alíquotas provisórias, diante de provável desrespeito ao princípio, amparado por cláusula pétrea (CF, art. 60, §4º, IV), de utilização de tributo com efeito de confisco (CF, art. 150, IV), posto que o resultado da operação em relação a alíquotas máximas de contribuição previdenciária e do imposto de renda e proventos (19% + 27,5% = 46,5%; ou 22% + 27,5% = 49,5%), tributos estes incidentes na fonte, chega ao patamar bem próximo do nível da carga tributária da União incidente na fonte (25% + 27,5% = 52,5%), declarado inconstitucional por ferimento ao princípio do não confisco em precedentes do próprio STF.

Ademais, essa possibilidade de inconstitucionalidade – diante da vedação de confisco, princípio este protegido por cláusula pétrea – é agravada diante do dispositivo do artigo 1º da Emenda Constitucional nº 103/2019, que incluiu novos parágrafos ao mesmo artigo 149 da Constituição, que, simplesmente, transfere, exclusivamente, para os ombros dos servidores inativos e pensionistas do RPPS a responsabilidade de resolver déficit atuarial, uma vez que o novo §1º-A do artigo 149 prevê, em caso de desequilíbrio das contas, contribuição ordinária dos aposentados e pensionistas incidente sobre o valor dos proventos de aposentadorias e de pensões que supere o salário mínimo.

Há, ainda, nesse preceptivo do §1º-A, da Constituição da República, outra inconstitucionalidade, desta feita em relação ao tratamento desigual desarrazoado entre os segurados do RGPS, que têm imunidade do total dos proventos recebidos, com os aposentados e proventos do RPPS, para gerar o equilíbrio atuarial, que poderão sofrer a incidência de contribuição previdenciária sobre seus proventos até mesmo com base de cálculo menor do que o teto do benefício do RGPS.

Ora, os aposentados e pensionistas do setor privado, desde a edição da Emenda Constitucional nº 20/1998 e até mesmo com a edição da Emenda Constitucional nº 103/2019, sempre foram imunes em relação às contribuições previdenciárias nos termos do inciso II do artigo 195 da Constituição Federal, e o artigo §12 do artigo 40, também desde a EC nº 20, com a manutenção pela EC nº 103, determina que o regime próprio de previdência social, no que couber, observe os requisitos e critérios fixados para o regime geral de previdência social.

A seu turno, os trabalhadores em atividade do setor privado, inclusos os trabalhadores avulsos e os domésticos, pagam a contribuição previdenciária por alíquotas progressivas tendo como base a faixa de remuneração: taxa de desconto de até R$ 1.045,00 (salário mínimo) alíquota de 7,5%; taxa de desconto entre R$ 1.045,01 e R$ 2.089,60 alíquota de 9%; taxa de desconto entre R$ 2.089,61 e R$ 3.134,40 alíquota de 12%; taxa de desconto entre R$ 3.134,41 e R$ 6.101,06 alíquota de 14% (Lei nº 8.212/1991, art. 20).

A Emenda Constitucional nº 41/2003 deu nova redação ao *caput* do artigo 40 da Constituição da República. Foi autorizada, por essa EC, a incidência de contribuições previdenciárias sobre os aposentados e pensionistas do RRPS, com percentual igual ao estabelecido para os servidores titulares de cargos efetivos.

Já a Emenda Constitucional nº 41/2003 incluiu o §18 ao artigo 40 da Constituição Federal, dispondo que *incidirá contribuição sobre os proventos de aposentadorias e pensões concedidas pelo regime de que trata este artigo que superem o limite máximo estabelecido para os benefícios do regime geral de previdência social de que trata o art. 201, com percentual igual ao estabelecido para os servidores titulares de cargos efetivos.*

Essa norma foi mantida pelo §4º do artigo 11 da Emenda Constitucional nº 103/2019 com a seguinte redação: "A alíquota de contribuição de que trata o *caput*, com a redução ou a majoração decorrentes do disposto no §1º, será devida pelos aposentados e pensionistas de quaisquer dos Poderes da União, incluídas suas entidades autárquicas e suas fundações, e incidirá sobre o valor da parcela dos proventos de aposentadoria e de pensões que supere o limite máximo estabelecido para os benefícios do Regime Geral de Previdência Social, hipótese em que será considerada a totalidade do valor do benefício para fins de definição das alíquotas aplicáveis".

Foi, unicamente, a existência de dispositivo com este jaez que salvou de inconstitucionalidade a nova incidência de contribuição de aposentados e pensionistas para o RPPS, pois manteve a imunidade tributária, direito do contribuinte protegido por cláusula pétrea (CF, art. 5º, §4º, IV), uma vez que preservou a imunidade também para os aposentados e pensionistas do setor público até antes que o patamar dos proventos supere o limite máximo estabelecido para os benefícios do RGPS, mantendo-se assim o tratamento isonômico entre aposentados e pensionistas dos setores público e privado.

Contudo, tal critério foi afastado, com evidente lesão aos direitos absolutos de imunidade tributária, do princípio da isonomia e dos princípios da razoabilidade e da proporcionalidade, todos direitos amparados pelo núcleo intangível da Constituição de 5.10.1988 (art. 60, §4º, IV), pelo §1º-A do artigo 149, incluso pela EC nº 103/2019, que abandona o piso a partir do qual os aposentados e pensionistas do RPPS poderiam voltar a contribuir para esse regime, tendo em vista que, segundo a malsinada regra, em caso de déficit atuarial, a contribuição ordinária dos aposentados e pensionistas poderá incidir não mais sobre os proventos que ultrapassarem a faixa imune, mas sobre o valor dos proventos de aposentadoria e de pensões que supere o mísero salário mínimo.

A jurisprudência no sentido de que as imunidades tributárias são direitos individuais absolutos protegidos por cláusula pétrea tem sido assentada pelo Supremo Tribunal Federal, cabendo avivar, apenas a título exemplificativo, a ementa do acórdão decorrente do julgamento da Ação Direta de Inconstitucionalidade nº 939/DF, *in verbis*:

> EMENTA: – Direito Constitucional e Tributário. Ação Direta de Inconstitucionalidade de Emenda Constitucional e de Lei Complementar. I.P.M.F. Imposto Provisório sobre a Movimentação ou a Transmissão de Valores e de Créditos e Direitos de Natureza Financeira – I.P.M.F. *Artigos 5º, par.*

2º, 60, par. 4.º, incisos I e IV, 150, incisos III, "b", e VI, "a", "b", "c" e "d", da Constituição Federal. 1. Uma Emenda Constitucional, emanada, portanto, de Constituinte derivada, incidindo em violação a Constituição originaria, pode ser declarada inconstitucional, pelo Supremo Tribunal Federal, cuja função precípua e de guarda da Constituição (art. 102, I, "a", da C.F.). 2. A Emenda Constitucional n. 3, de 17.03.1993, que, no art. 2º, autorizou a União a instituir o I.P.M.F., incidiu em vício de inconstitucionalidade, ao dispor, no paragrafo 2º desse dispositivo, que, quanto a tal tributo, não se aplica "o art. 150, III, "b" e VI", da Constituição, porque, desse modo, violou os seguintes princípios e normas imutáveis (somente eles, não outros): 1. – o princípio da anterioridade, que e garantia individual do contribuinte (art. 5., par. 2., art. 60, par. 4., inciso IV e art. 150, III, "b" da Constituição); 2. *– o princípio da imunidade tributária recíproca* (que veda a União, aos Estados, ao Distrito Federal e aos Municípios a instituição de impostos sobre o patrimônio, rendas ou serviços uns dos outros) e que e garantia da Federação (art. 60, par. 4º, inciso I, e art. 150, VI, "a", da C.F.); 3. *– a norma que, estabelecendo outras imunidades impede a criação de impostos (art. 150, III) sobre: "b"): templos de qualquer culto; "c"): patrimônio, renda ou serviços dos partidos políticos, inclusive suas fundações, das entidades sindicais dos trabalhadores, das instituições de educação e de assistência social, sem fins lucrativos, atendidos os requisitos da lei; e "d"): livros, jornais, periódicos e o papel destinado a sua impressão;* 3. Em consequência, é inconstitucional, também, a Lei Complementar n. 77, de 13.07.1993, sem redução de textos, nos pontos em que determinou a incidência do tributo no mesmo ano (art. 28) e deixou de reconhecer as imunidades previstas no art. 150, VI, "a", "b", "c" e "d" da C.F. (arts. 3., 4. e 8. do mesmo diploma, L.C. n. 77/93). 4. Ação Direta de Inconstitucionalidade julgada procedente, em parte, para tais fins, por maioria, nos termos do voto do Relator, mantida, com relação a todos os contribuintes, em caráter definitivo, a medida cautelar, que suspendera a cobrança do tributo no ano de 1993[37] [38] (os destaques não constam no original).

Mas a irracionalidade não para por aqui, já que, não satisfeito, o Constituinte derivado aprovou a norma da EC nº 103/2019, que introduziu o §1º-B ao artigo 149 da Lei das Leis, dispondo que, na previsível hipótese da gestão do RPPS manter-se com a mesma ineficiência e com

---

[37] STF-Pleno. ADI nº 939, rel. min. Sydney Sanches, *RTJ* vol. 151-3, p. 755.

[38] STF-Pleno. RE nº 636.941, rel. min. Luiz Fux, in *DJe* 4.4.2014. Trecho da Ementa: "9. A isenção prevista na Constituição Federal (art. 195, §7º) tem o conteúdo de regra de supressão de competência tributária, encerrando verdadeira *imunidade*. As *imunidades* têm o teor de *cláusulas pétreas*, expressões de direitos fundamentais, na forma do art. 60, §4º, da CF/88, tornando controversa a possibilidade de sua regulamentação através do poder constituinte derivado e/ou ainda mais, pelo legislador ordinário".

os mesmos desvios de sempre, bastaria os gestores demonstrarem a insuficiência da medida – de duvidosa constitucionalidade – tomada no §1º-A, para que seja facultada a instituição de contribuição extraordinária, no âmbito da União, dos servidores públicos ativos, dos aposentados e dos pensionistas.

Colime-me que existe, no dispositivo do §1º-B do artigo 149, em comento, tratamento diferenciado, sendo possível a alegação de ferimento ao princípio da vedação de tratamento fiscal discriminatório entre contribuintes (CF, art. 150, II, c/c o art. 60, §4º, IV), posto que se dá um tratamento mais gravoso, ou seja, a possibilidade de incidência de contribuição extraordinária para regime previdenciário tão somente sobre os servidores ativos, inativos e pensionistas da União, tolerando tratamento discriminatório, já que não prevê a mesma possibilidade para os segurados do PGPS nem para os servidores ativos, aposentados e pensionistas do RPPS dos Estados, do Distrito Federal e dos Municípios.

Não se pode olvidar que a Corte Constitucional Brasileira, por ocasião dos julgamentos da ADI nº 3.105/DF, da ADI nº 3.128/DF, da ADI nº 3.143/DF e da ADI nº 3.184/DF, considerou inconstitucional, nomeadamente por ofensa ao princípio constitucional da isonomia tributária – tratamento arbitrário e discriminatório entre servidores e pensionistas da União, de um lado, e servidores e pensionistas dos Estados, do Distrito Federal e dos Municípios, de outro –, as expressões *cinquenta por cento do* e *sessenta por cento do*, constantes do artigo 4º, parágrafo único, incisos I e II, da Emenda Constitucional nº 41/2003,[39] com a aplicação dos artigos145, §1º, e 150, II, do artigo 5º, *caput* e §1º, e do artigo 60, §4º, IV, todas da Carta Política.

Nessas assentadas, o Supremo Tribunal Federal decidiu que era inconstitucional a fixação de bases de cálculo diferenciadas de contribuições previdenciárias de aposentados e pensionistas do setor público, incidentes sobre os proventos que ultrapassassem a faixa de

---

[39] EC nº 41/2003. "Art. 4º Os servidores inativos e os pensionistas da União, dos Estados, do Distrito Federal e dos Municípios, incluídas suas autarquias e fundações, em gozo de benefícios na data de publicação desta Emenda, bem como os alcançados pelo disposto no seu art. 3º, contribuirão para o custeio do regime de que trata o art. 40 da Constituição Federal com percentual igual ao estabelecido para os servidores titulares de cargos efetivos. Parágrafo único. A contribuição previdenciária a que se refere o *caput* incidirá apenas sobre a parcela dos proventos e das pensões que supere: I – cinquenta por cento do limite máximo estabelecido para os benefícios do regime geral de previdência social de que trata o art. 201 da Constituição Federal, para os servidores inativos e os pensionistas dos Estados, do Distrito Federal e dos Municípios; II – sessenta por cento do limite máximo estabelecido para os benefícios do regime geral de previdência social de que trata o art. 201 da Constituição Federal, para os servidores inativos e os pensionistas da União".

imunidade dos proventos de aposentadorias e pensões – pois até aí tais proventos dos inativos e pensionistas do RPPS estavam também imunes, juntamente com os proventos dos segurados inativos e pensionistas do RGPS –, configurando, assim, tratamento discriminatório entre aposentados e pensionistas da União em relação aos aposentados e pensionistas dos demais entes federados.

Destarte, aplicação isolada ou, com mais razão ainda, conjunta das medidas retrocomentadas pode muito bem conduzir a uma carga tributária confiscatória, levando em consideração a alíquota de 27,5% do IRPF, com a desobservância do artigo 150, IV, e do artigo 60, §4º, IV, da Lei Maior.

Aliás, há contribuições demais para assegurar o mesmo direito à aposentadoria digna, pois, além da existência de contribuição ordinária de natureza tributária para o RPPS, de contribuição complementar de natureza voluntária (CF, art. 40, §§14 ao 16), existe, ainda, a previsão de contribuição extraordinária de natureza compulsória.

Por sua vez, a EC nº 103/2019 inclui o §1º-C ao artigo 149 da Constituição, dispondo que a *contribuição extraordinária de que trata o §1º-B* do mesmo artigo, também de duvidosa constitucionalidade, *deverá* ser instituída simultaneamente com outras medidas[40] para o equacionamento do déficit e vigorará por período determinado, contando na data de sua instituição.

Não pode deixar de reconhecer que a falta de equilíbrio financeiro e atuarial dos regimes próprios e do regime geral mais se deve às más gestões desses fundos – ineficiências da fiscalização de créditos de custeio e de fraudes quanto aos benefícios, insucessos nas cobranças de créditos previdenciários, reiteradas remissões, anistias e longos parcelamentos de dívidas com favorecimentos para os contumazes devedores, constantes desvinculações ou desvios de recursos das contribuições para a seguridade social, etc.

Nesse diapasão, é o comentário de Kiyoshi Harada:

> O §1º-A, acrescido pela EC nº 103/2019, possibilita a instituição de contribuição ordinária sobre os proventos de aposentadoria e de pensão que superem o salário mínimo, sempre que houver déficit actuarial, Os §§1º-B e 1º-C, no caso de perdurar o déficit atuarial, apesar das providências

---

[40] O que preocupa mais é que não foi explicitado que outras medidas poderiam ser essas, para o equacionamento do déficit do RPPS da União. O que estaria na cabeça do Constituinte derivado ao colocar essa norma no Texto Constitucional? Ressalte-se que todos os direitos humanos fundamentais estão protegidos pelo núcleo intocável da Constituição Cidadã de 1988 (CF, art. 60, §4º, IV).

previstas no §1º-A, facultam a instituição de contribuição extraordinária dos servidores públicos ativos, aposentados e pensionistas. Com tamanha arbitrariedade legislativa, o governante não terá que se preocupar em manter a saúde financeira do setor previdenciário, permitindo a geração de déficit atuarial a ser coberto por contribuição extraordinária. Trata-se de constitucionalizar o regime da irresponsabilidade na gestão fiscal.[41]

Marisa Ferreira dos Santos reconhece:

A proposta de Reforma da Previdência de 2019 foi baseada na existência de "privilégios" para os servidores públicos, que teriam ocasionado a quebra do Sistema previdenciário.
Os alegados "privilégios" nada mais eram que garantias constitucionais dadas aos servidores públicos e que, na sua grande maioria, deixaram de existir a partir da EC nº 41/2003, que, entre outras alterações relevantes, extinguiu as aposentadorias integrais e a paridade, e criou o regime de previdência complementar.
A ineficiência da gestão dos regimes próprios e do regime geral mais se deve à má gestão desses fundos, tendo em vista que tanto os servidores públicos quanto segurados do RGPS sempre pagaram contribuições elevadas à previdência social[42] [Sendo de avivar, alias, que os servidores ativos sofrem incidência sobre o total de seus vencimento].

Outro ponto que cabe, outrossim, ser realçado, como repisado nos julgamentos da ADI nº 3.105/DF e da ADI nº 3.128/DF, diz respeito ao fato de que ninguém tem direito adquirido à não incidência de nova norma jurídica de tributação.

A norma de tributação não deve retroagir para alcançar fatos geradores do tributo ocorridos antes do início da vigência da lei, que o tenha instituído ou aumentado (art. 5º, XXXVI; art. 150, III, "a", ambos da CF/1988); mas a mesma norma de tributação pode ter repercussão em relação a fatos posteriores ao aperfeiçoamento do fato ou ato ou do contrato, ou mesmo da coisa julgada.

Em consonância com a determinação do artigo 146, *caput*, inciso III, alínea "b", da Constituição Federal, o Código Tributário Nacional, no *caput* do seu artigo 144, estabelece que o lançamento do tributo, quanto ao aspecto material ou substancial, ou seja, no que tange aos aspectos objetivos, subjetivos e quantitativos (identificação do sujeito

---

[41] HARADA, Kiyoshi. *Direito financeiro e tributário*. 29. ed. São Paulo: Atlas, 2020, p. 362 e 363.

[42] SANTOS, Marisa Ferreira dos. *Direito previdenciário esquematizado*. 10. ed. São Paulo: Saraiva, 2020, p. 935-936 (versão digital).

passivo, definição do fato gerador, estipulação da base de cálculo, fixação de alíquota, etc.), reporta-se à data da ocorrência do fato gerador da obrigação tributária e rege-se pela legislação então vigente, ainda que posteriormente modificada ou revogada.

Portanto, desde o início da vigência da Lei nº 5.172, de 25 de outubro de 1966, todos os contribuintes são cientes de que a legislação tributária que deve ser aplicada, quanto aos aspectos materiais ou substanciais, é aquela vigente no momento da ocorrência do fato gerador do tributo.

Não há, pois, por esse ângulo, ferimento a direito adquirido. Ninguém tem direito adquirido à mantença das regras de tributação exatamente como estavam postas em certo momento no passado.

Os entes da Federação recebem da Constituição o poder de tributar para que assim possam cumprir suas atividades em prol da realização do bem comum.

Não tem o administrado ou contribuinte o direito de obstar a que incida sobre seus bens, rendimentos, vencimentos, proventos ou negócios nova regra jurídica de tributação no que concerne aos fatos geradores tributários sucedidos após o início da vigência da lei tributária que houver instituído ou aumentado tributo, ainda que esses bens tenham sido adquiridos ou os contratos tenham sido celebrados ou ato de concessão de aposentadoria tenha sido publicado antes desse início de vigência da lei que instituiu ou aumentou o tributo.

Se alguém, por exemplo, foi aposentado, quando vigorava a alíquota do imposto sobre renda e proventos de qualquer natureza de 25%, logicamente, que esse servidor inativo não tem direito de só ser tributado, em relação a esse imposto, com a alíquota vigorante no momento da realização do ato jurídico perfeito de sua aposentadoria. Claro que, se mesmo após a concessão do benefício da inatividade, a alíquota do imposto sobre os proventos poderia passar, como de fato passou, para 27,5%, obviamente, que essa majoração de alíquota pode incidir sobre os proventos da aposentadoria em relação à obtenção, por parte do servidor inativo, da disponibilidade dos proventos, após o início da vigência do novo dispositivo legal que trouxe esse aumento de tributo.

Em relação aos aposentados e pensionistas, esclareça-se que não mais tendo vigência a norma constitucional exonerativa, em face de emenda constitucional que revogou a imunidade (EC nº 41/2003), que, por sua vez, havia sido criada, também, por anterior emenda constitucional (EC nº 20/1998), de modo que nada mais obsta que passe a incidir norma de aumento de alíquotas de contribuição previdenciária do setor público, também, em relação aos proventos de aposentadoria e pensões, isto em relação aos fatos geradores do tributo que venham a ocorrer a partir do início de vigência da nova regra de tributação.

Avive-se que a nossa Corte Constitucional, por ocasião dos julgamentos da ADI nº 3.105/DF e da ADI nº 3.128/DF, relator para os acórdãos o ministro Cézar Peluso, ao examinar a Emenda Constitucional nº 41/2003, considerou constitucional a incidência de contribuição previdenciária do setor público sobre proventos de aposentadorias e pensões, todavia, somente em relação aos valores dos proventos superiores ao teto de benefícios dos segurados do RGPS (*DJ* 18.2.2005).

No que tange à garantia da irredutibilidade dos vencimentos e proventos, cumpre ressaltar, com supedâneo na reafirmação proferida pelo Supremo Tribunal Federal por ensejo dos julgamentos da ADI nº 3.105/DF e da ADI nº 3.128/DF, ocorridos no dia 18 de agosto de 2004, que tal garantia não é oponível à instituição ou ao aumento de tributo ou da contribuição previdenciária do setor público.

Destarte, as majorações de contribuições previdenciárias sobre trabalhadores do setor privado ou sobre os servidores públicos ativos, ou sobre os inativos ou sobre os pensionistas do setor público federal, como de qualquer outro tributo, são constitucionalmente possíveis, desde que a tributação do gravame específico e a total carga tributária do respectivo ente tributante permaneçam dentro dos padrões da razoabilidade e o nível de tributação mantenha-se dentro do aceitável e proporcional, sem causar prejuízo à mantença da vida humana digna (CF/88, art. 150, IV).

Aliás, antiga jurisprudência de nossa Corte Constitucional sempre foi no sentido de que não assiste ao contribuinte o direito de opor, ao Poder Público, pretensão que vise a obstar a instituição ou o aumento dos tributos, sob a alegação de suposta agressão à garantia de irredutibilidade de salários, vencimentos ou proventos.

Assim, quanto a essa questão da irredutibilidade, de há muito, desde quando essa garantia existia apenas para os magistrados, que a nossa Augusta Corte Constitucional firmou o entendimento de que ela é relativa, de modo que a incidência de tributo pode se dar sem ofensa alguma a ela.[43]

A regra da irredutibilidade da primeira parte do inciso XV do artigo 37 da atual Constituição Federal sofre derrogações, instituídas pela

---

[43] STF-Pleno, RE nº 70.009/RS, rel. Min. Barros Monteiro, *RTJ*, vol. 83-1/1977 e STF-T2, AI 95.521 AgR/RS, rel. Min. Décio Miranda, *RTJ*, vol. 109-1, 1984.

segunda parte do supracitado preceptivo constitucional (com a redação dada pela EC nº 19, de 04.06.1988), que são aplicáveis tanto a servidores ativos como a inativos e a pensionistas, e que prevê, relativamente aos vencimentos e proventos, a incidência de tributos e, portanto, de contribuições para o custeio da previdência social do setor público.

4 Conclusão

Diante de todo o exposto, resta concluir:

a) O princípio da progressividade pode ser aplicado em relação aos outros tributos em geral, inclusos, obviamente, os impostos e contribuições previdenciárias, autorizados expressamente pela Constituição Federal.

b) Houve uma evolução de interpretação constitucional, de modo que o STF, para dar maior vigência ainda aos princípios da igualdade e da capacidade contributiva, passou a autorizar alíquotas progressivas para tributos, ainda que sem explícita disposição constitucional, vale dizer, sobre o imposto sobre doação e herança (ITCD), sobre algumas taxas e algumas contribuições especiais ou parafiscais, de modo que se pode concluir que, hodiernamente, a nossa Corte Constitucional tolera o uso da tributação progressiva para todo e qualquer tributo, ainda que não haja permissão para tanto explícita da Constituição Federal.

c) Em relação ao regime previdenciário oficial, como decidiu mais recentemente o Supremo Tribunal Federal nas Ações Diretas de Inconstitucionalidade nºs 3.105/DF, 3.128/DF, 3.133/DF, 3.184/DF e 3.143/DF, quando considerou constitucional a incidência dessa contribuição em relação aos aposentados e pensionistas do setor público, cumpre inferir que os regimes previdenciários dos trabalhadores do setor privado e dos servidores públicos ativos, inativos e pensionistas são contributivos, mas do tipo "repartição simples" e não do tipo "capitalização": são gerações que financiam reciprocamente gerações.

d) Sendo assim, e tendo em vista que as contribuições previdenciárias dos setores privado e público devem obediência aos critérios de solidariedade, equidade no custeio, equilíbrio econômico e atuarial, e que a referibilidade dos sujeitos passivos deve ser vista com relatividade, tendo em vista que nenhum trabalhador ou servidor público custeou ou custeia a sua própria aposentadoria, mas sim colaborou ou colabora para o grupo do seu regime previdenciário, ou seja, contribuiu para as aposentadorias e pensões do grupo do qual cada trabalhador ou servidor fez ou faz parte, demonstrada está a constitucionalidade da existência de alíquotas progressivas, também, em relação a essas contribuições previdenciárias, ainda mais porque tal medida contribui para a maior vivência dos princípios da igualdade, da capacidade contributiva e da equidade na forma de participação do custeio, favorecendo para o exigido critério de equilíbrio financeiro e atuarial, visto que a alíquota maior somente incidirá sobre os maiores patamares de remunerações, não sendo aceitáveis, na espécie, exageros.

e) Ainda que a Constituição preveja o equilíbrio financeiro e atuarial dos regimes previdenciários oficiais próprio ou público e geral ou privado, em caso de abuso ou excesso desarrazoado na utilização dessa progressividade de alíquotas ou da instituição de contribuições extraordinárias, o guardião maior de nossa Constituição, o Supremo Tribunal Federal, certamente, tendo em vista o direito humano de sobrevivência digna (CF, art. 1º, III, c/c art. 5º, LIV) e o princípio da vedação de utilização de tributo com fins de confisco, irá coibir essa eventual exacerbação, tendo em vista não ser razoável nem justo colocar, exclusivamente, nos ombros das pessoas dos contribuintes a responsabilidade ou o ônus pela má gestão histórica desses sistemas.

f) Assim, pode ser cogitada a eventual inconstitucionalidade apenas se o patamar mais elevado de alíquotas progressivas por si só for considerado confiscatório ou se somadas as incidências de uma ou duas dessas alíquotas mais elevadas de contribuição previdenciária com o teto da alíquota progressiva do imposto sobre e renda e proventos de qualquer natureza se atinja um total de carga tributária confiscatória do ente tributante, conforme já decidiu o Guardião de nossa Constituição (ADIs nºs 2.010 e 2.016).

g) Ademais, com a nova redação do §1º do artigo 149 da Constituição, e com os acréscimos dos §§1º-A e §-B no mesmo artigo 149, inclusive, com as possibilidades de criação de contribuição extraordinária e de incidência de tributação com contribuição previdenciária sobre aposentados e pensionistas com proventos acima apenas de um salário mínimo, quando os segurados do regime geral da previdência social são imunes em relação até mesmo ao teto de benefícios, o que representa lesão ao princípio da isonomia (CF, art. 150, II), parece razoável interpretar que o Constituinte derivado largou de mão do compromisso de o Poder Público gerir com competência e eficiência o regime próprio de previdência social, deixando, com ferimento aos princípios da razoabilidade e da proporcionalidade (CF, art. 5º, LIV), todos os ônus de eventual desequilíbrio financeiro e atuarial para os ombros dos servidores públicos ativos, aposentados e pensionistas, o que é injusto e constitucionalmente inaceitável.

h) Repise-se que a exigência de equilíbrio financeiro e atuarial dos regimes previdenciários e o princípio da equidade do custeio dos regimes previdenciários podem justificar a adoção das medidas tomada pela EC nº 103/2019, estando intimamente ligados aos princípios da capacidade contributiva. Uma vez que aqueles proporcionam uma ainda melhor graduação e maior vivência deste, não pode, todavia, a carga tributária de determinado ente da Federação ou o patamar de determinado tributo ou multa fiscal serem tão escorchantes, que possam ser tidos como confiscatória, já que há aqui direito e garantia constitucional amparados por cláusula pétrea (CF, art. 60, §4º, IV).

i) Parece que a solução encontrada para a previdência social do setor público, ainda que tenham sido respeitados os direitos adquiridos referentes aos benefícios de aposentadorias e pensões, é que possa a União receber de volta, a título de contribuições previdenciárias ordinárias e extraordinárias com alíquotas progressivas dessas contribuições e com alíquota progressiva máxima do imposto sobre renda e proventos de qualquer natureza, praticamente, tudo ou quase tudo do que fora pago a título de vencimentos ou proventos, o que, sem dúvida alguma, representa um tratamento fiscal confiscatório com ferimento do núcleo intangível da Lei Maior. A teleologia da reforma seria o ente da Federação poder receber de volta com a mão direita tudo ou quase tudo pago com a mão esquerda, do que o princípio do devido processo legal material não se compadece.

j) Ademais, fere o princípio razoabilidade e da proporcionalidade (CF, art. 5º, LIV) constitucionalizar a irresponsabilidade dos entes da Federação e dos gestores do RPPS em relação à mantença do equilíbrio financeiro e atuarial do regime da previdência do setor público, já que a Emenda Constitucional nº 103/2019, com os acrescentados §§1º-A e 1º-B ao artigo 149 da Lei Maior, transfere esse ônus para os ombros dos servidores públicos e pensionistas, esquivando o Poder Público de quaisquer encargos em decorrência da costumeira má gestão desse regime.

l) A concepção de que o aumento de contribuição só poderia ocorrer se houvesse acréscimo correspondente de vantagens, serviços ou benefícios previdenciários, sob a alegação da existência do caráter retributivo individual entre o custeio e a contrapartida pessoal recebida, já foi rechaçada pela jurisprudência do Supremo Tribunal Federal (ADIs nºs 3.105/DF, 3.128/DF, 3.133/DF, 3.184/DF e 3.143/DF), tendo em mente que, em verdade, nenhum trabalhador ou servidor público custeia a sua própria aposentadoria, mas ajuda a custear a aposentadoria do grupo do qual faz parte, e o mesmo grupo auxilia a custear ou a manter cada aposentadoria ou pensão.

m) Há várias decisões da Corte Constitucional Brasileira reconhecendo que a imunidade tributária é um direito fundamental absoluto, amparado por cláusula pétrea (STF-Pleno. ADI nº 939; RE nº 636.941, etc.), portanto, os benefícios de aposentadorias e pensões do RGPS são imunes de contribuições previdenciárias. A Emenda Constitucional nº 41/2003 autorizou a incidência da contribuição previdenciária sobre os aposentados e pensionistas do RPPS, mas incidindo sobre os valores de proventos que excedessem o teto de benefícios dos segurados do regime previdenciário do setor privado. Abaixo desse teto, os servidores inativos e pensionistas do setor público estavam também imunes de contribuição previdenciária. Assim, s. m. j., a incidência de contribuição previdenciária sobre aposentados e pensionistas do setor público acima apenas do valor do salário mínimo fere a aludida imunidade tributária e o princípio da vedação de tratamento fiscal discriminatório entre contribuintes, ambos os direitos amparados pelo núcleo intocável da Carta Política (CF, art. 60, §4º, IV).

n) Infere-se que as normas provisoriamente postas e a previsão de contribuição extraordinária para o RPPS podem conduzir ao desrespeito do princípio da vedação de utilização de tributo com efeito de confiscos, tendo em mente que o Supremo Tribunal Federal considerou inconstitucional em assentadas pretéritas, decorrentes dos julgamentos das ADIs n°s 2.010 e 2.016 (Contribuição Previdenciária 25% + Imposto de Renda sobre Pessoas Físicas 27,5% = 52,5%), de modo que, em relação às faixas mais elevadas de bases de cálculo da contribuição previdenciária incidente sobre servidores ativos, inativos e pensionistas da União, onde a alíquota chega ao patamar de 19% e de 22% de contribuição previdenciária do setor público federal e pensionistas, somando-se, ainda, a incidência de 27,5%, que é a atual alíquota máxima do IRPF, é razoável conceber que essas provisórias alíquotas máximas também possam ser tidas como inconstitucionais, por suposta lesão ao direito do contribuinte de não sofrer carga tributária confiscatória do mesmo ente tributante, direito este protegido por cláusula pétrea. Esta visão de provável inconstitucionalidade se reforça em relação à possibilidade de incidir, além de contribuições ordinárias, também contribuições extraordinárias nessas faixas de alíquotas mais elevadas.

Referências

AMADO, Frederico. *Curso de Direito e Processo Previdenciário*. 6. ed. ampl. e atual. Salvador: Juspodivm, 2015.

HARADA, Kiyoshi. *Direito financeiro e tributário*. 29. ed. São Paulo: Atlas, 2020.

GRECO, Marco Aurélio. *Contribuições*: uma figura "sui generis". São Paulo: Dialética, 2000.

MAXIMILIANO, Carlos. *Hermenêutica e aplicação do direito*. 11. ed. Rio de Janeiro: Forense, 1991.

PAULSEN, Leandro. *Direito tributário*: Constituição e Código Tributário à luz da doutrina e da jurisprudência. 18. ed. São Paulo: Saraiva, 2017.

SANTOS, Marisa Ferreira dos. *Direito previdenciário esquematizado*. 10. ed. São Paulo: Saraiva, 2020 (versão digital).

SARAIVA FILHO, Oswaldo Othon de Pontes. Exame de constitucionalidade da fixação de alíquotas progressivas da contribuição previdenciária do servidor público federal. *In: Revista Fórum de Direito Tributário*, Belo Horizonte, n. 91, p. 53-72, jan./fev. 2018.

SARAIVA FILHO, Oswaldo Othon de Pontes. Contribuições corporativas: exame da Lei nº 12.514/2011. *In: Revista Fórum de Direito Tributário*, Belo Horizonte, n. 56, p. 9-31, mar./abr. 2012.

SARAIVA FILHO, Oswaldo Othon de Pontes. A constitucionalidade das diferenciações de alíquotas da CSLL: art. 1º da Lei nº 13.169/2015. *In: Revista Fórum de Direito Tributário*, Belo Horizonte, n. 81, p. 59-72, maio/jun. 2016.

Informação bibliográfica deste texto, conforme a NBR 6023:2018 da Associação Brasileira de Normas Técnicas (ABNT):

SARAIVA FILHO, Oswaldo Othon de Pontes. Reforma do custeio da previdência do RPPS na berlinda: exame da compatibilidade da adoção de alíquotas progressivas e da previsão de contribuição extraordinária (arts. 1º e 11 da EC nº 103/2019) com os princípios constitucionais da vedação de confisco, da igualdade e do devido processo legal. *In:* SARAIVA FILHO, Oswaldo Othon de Pontes; SIQUEIRA, Julio Homem de; BEDÊ JÚNIOR, Américo; FABRIZ, Daury César; SIQUEIRA, Junio Graciano Homem de; CUNHA, Ricarlos Almagro Vitoriano (Coord.). *Limitações formais e materiais ao poder de tributar*. Belo Horizonte: Fórum, 2021. p. 123-167. (Coleção Fórum Princípios Constitucionais Tributários – Tomo II). ISBN 978-65-5518-122-7.

A EQUIDADE NA FORMA DE PARTICIPAÇÃO DO CUSTEIO DA SAÚDE, PREVIDÊNCIA E DA ASSISTÊNCIA SOCIAL

GUSTAVO MIGUEZ DE MELLO
LUIZ CARLOS SIMÕES
ISABEL FERNANDA AUGUSTO TEIXEIRA

I   Introdução

1. Em razão das condições estabelecidas para a elaboração do presente trabalho, propomo-nos a adentrar o tema equidade, discorrendo sobre sua natureza e efeitos, convencidos de que se trata de critério de grande valia na forma de custeio da saúde, previdência e assistência social.

1.1. Inicialmente, de maneira muito breve e objetiva, apontaremos as dificuldades, os problemas e as possibilidades para o encaminhamento da reforma de nossa previdência. Trata-se de tema da maior importância para toda a nação e, altamente complexo, em razão de seus sensíveis e delicados componentes jurídico, econômico, político e social.

1.1.2. Em seguida, situaremos a equidade no arcabouço jurídico brasileiro; discorreremos sobre sua importância como critério de custeio da saúde, previdência e assistencial social; e ultimaremos com nossas conclusões.

II Breves considerações sobre a saúde, a previdência e a assistência social

2. Parece-nos induvidoso que o tema – os regimes de aposentadoria em todo o mundo – tem despertado enorme interesse e preocupação. E não é para menos, afinal, estamos lidando com o relevantíssimo atributo do ser humano, a vida, a qual deve ser desfrutada por todos com dignidade, liberdade e justiça, como, aliás, albergado em nossa Carta Política, ao proclamar dentre os seus valores supremos o exercício dos direitos sociais e individuais, a liberdade, a segurança, a justiça; os pilares de uma sociedade fraterna, pluralista e sem preconceitos.

Não desfruta de melhor sorte a saúde, tendo em vista o tratamento atribuído pelos órgãos públicos estarem em greve crise, como é público e notório.

2.1. A mídia especializada tem divulgado que não há um único regime de aposentadoria. Ao contrário, tem sido comum a adoção de um regime misto, ou seja, a combinação do público com um sistema de capitalização, aliado a algumas particularidades que variam de país para país. A tônica, no entanto, tem sido a de que em todos, senão quase todos os países, os regimes previdenciários são deficitários, demandando do Estado a constituição de fundos para aportar os recursos necessários para eliminar as distorções existentes. Aqueles que apresentam um déficit pequeno, a exigir menor intervenção estatal na cobertura dessas insuficiências, podem considerar-se bem-sucedidos.

2.1.1. A massa dos recursos financeiros movimentada pelos regimes de previdência social no mundo é absolutamente gigantesca; algo em torno de 40 bilhões de dólares, em 2017, segundo a Organização para a Cooperação e Desenvolvimento Econômico (OCDE).[1] Daí se poder inferir que aposentadorias futuras dependerão do desempenho dos mercados financeiros, com todas as suas incertezas, volatilidades e inseguranças, notadamente crises econômicas, cujos efeitos perversos são de certa maneira previsíveis, porém dificilmente quantificáveis antecipadamente devido à imprevisibilidade de seus componentes.

2.1.2. Apenas para ficarmos com o impacto da crise financeira de 2008, os maiores fundos de pensão na área da OCDE perderam em média 25% de seus ativos. Na América do Norte, os efeitos foram ainda mais adversos, inclusive para os fundos com aplicações em títulos da dívida pública. Para aqueles com maior poupança e idade mais avançada, a

---

[1] *Revista Época*, de 15.4.2019, p. 35.

solução foi continuar trabalhando ou aumentar o valor das contribuições para compensar as perdas. Por isso mesmo, a idade mínima nos regimes de capitalização não é garantia de aposentadoria, pois dependerá do patrimônio acumulado, que pode não ser suficiente para compensar o consumo na inatividade, na velhice, desses participantes. Em outras palavras, a renda de aposentadoria nos regimes de capitalização estará fortemente influenciada pela flutuação dos mercados financeiros, pela rentabilidade das carteiras dos fundos em que os recursos foram aplicados, pelos seus custos administrativos, e muito menos dependente de suas contribuições contratuais.

2.1.3. No Brasil, o déficit de nossa previdência tem sido uma constante ao longo de décadas. Nos últimos anos, ele tem sido expressivo e definitivamente preocupante, pois beira o caos. Sem embargo, como os economistas gostam de dizer, oferece uma janela excepcional de oportunidade para que a reforma da previdência seja aprovada, interrompendo esse longo círculo vicioso por um virtuoso, com a eliminação dos déficits e mudança do perfil dos benefícios e seus financiamentos. Governo e especialistas na matéria, embora nunca coincidentes quanto ao montante da economia a ser obtida, têm divulgado algo em torno de setecentos bilhões a um pouco mais de um trilhão de reais para os próximos 10 anos.

2.1.4. Em linhas gerais, o projeto de reforma da previdência apresentado pelo Governo busca a eliminação do crescente e crônico déficit. Para tanto, acredita que seus esforços têm que ser focados na eliminação dos privilégios, das iniquidades e das desigualdades existentes, cujas soluções passam por uma nova abordagem no tocante à idade mínima de contribuição, ao tempo de contribuição e às alíquotas; e, pela primeira vez, há uma sinalização para a adoção do regime de capitalização, já utilizado parcial ou totalmente alhures, de modo a combater eficazmente o nosso problema fiscal. O Governo tem externado sua confiança na redução do problema fiscal com a introdução do regime de capitalização parcial ou completo, combinado com a implantação de políticas de crescimento econômico.

2.1.5. Uma reforma da previdência abrangente e que a equidade desempenhe um papel relevante é induvidoso e urgente para eliminar o sistêmico ajuste fiscal. Revela-se, ademais, numa oportunidade de fazer com que o crescimento econômico fique mais inclusivo, por meio de benefícios mais focalizados. O sistema previdenciário no Brasil custa muito aos cofres públicos, quase 12% do PIB, o que é alto, considerando a população jovem do país. As despesas previdenciárias têm sido as grandes responsáveis pelo declínio do saldo primário.[2] Todos os benefícios previdenciários estão sujeitos ao piso do salário mínimo, resultando em altas taxas de reposição, em particular para trabalhadores de baixa renda. Sem a reforma, os gastos previdenciários tendem mais do que duplicar, fazendo com que o sistema fique claramente insustentável. Além disso, os subsídios implícitos altamente regressivos do sistema previdenciário, com 82% dos fundos gastos com os 60% mais ricos, aumentariam ainda mais.[3]

2.1.6. O Projeto de Reforma Previdenciária que está sendo submetido ao Congresso e, se passar sem emendas significativas, aumentará a sustentabilidade previdenciária, imprescindível, porém, ainda, insuficiente. Será, ainda, inevitável no futuro desvincular a aposentadoria/pensão mínima do salário mínimo. Deve-se alinhar ainda mais as provisões mais generosas de aposentadoria/pensão do servidor público com a dos trabalhadores da iniciativa privada, propiciando outra forma de poupança.

2.1.7. Há a ideia de considerar a proporcionalidade ao período mínimo de contribuição de 25 anos para quem tem menos anos de contribuição, por exemplo, a fim de evitar que os trabalhadores pouco qualificados tenham dificuldades para migrar do emprego informal para o formal, pois, como é sabido, os anos de emprego informal não dão direito a aposentadoria.

2.1.8. Há a alegação dos servidores públicos de que o aumento da alíquota de contribuição poderá configurar confisco. Ora, se o aumento da alíquota for dentro dos limites constitucionais, não há que se falar em confisco, e sim em equidade na contribuição. Dados levantados pelo BNDES indicam que um milhão de servidores resulta num déficit de setenta bilhões de reais, o que é deveras um déficit absurdamente elevado. Portanto, estamos falando de R$70.000,00 de déficit por servidor aposentado. A necessidade de alteração no custeamento da previdência dos servidores públicos mostra-se evidente. É preciso ter o tratamento adequado para garantir nível de reposição que seja compatível com a sobrevivência das pessoas na velhice.

2.1.9. Oportuno não olvidar que a Proposta de Emenda à Constituição (PEC) nº 6/19 pretende alterar o sistema de Previdência Social para os trabalhadores do setor privado e para os servidores públicos

---

[2] Relatórios econômicos OCDE – Brasil – 2018.
[3] Indicadores de Desenvolvimento Mundial – Banco Mundial – 2017.

de todos os Poderes (Executivo, Legislativo e Judiciário) e de todos os entes federados (União, Estados-membros e Municípios).

A nosso ver, o atual sistema de repartição de custeamento previdenciário – em que os ativos pagam os benefícios dos inativos – é uma fonte geradora de privilégios e de injustas desigualdades, em que os mais ricos são favorecidos em detrimento dos mais pobres.

III Equidade no arcabouço jurídico pátrio

3. Inicialmente, pela sua ainda atualidade e aplicação, permiti-mo-nos recuar no tempo para expor um breve pensamento de Aristóteles (384 a.C. – 322 a.C.) sobre a equidade. Eis o que ele disse: "O que faz surgir o problema é que o equitativo é justo, porém não o legalmente justo, e sim uma correção da justiça legal". A razão disto é que toda lei é universal, mas a respeito de certas coisas não é possível fazer uma afirmação universal que seja correta. Nos casos, pois, em que é necessário falar de modo universal, mas não é possível fazê-lo corretamente, a lei considera o caso mais usual, se bem que não ignore a possibilidade de erro. E nem por isso tal modo de proceder deixa de ser correto, pois o erro não está na lei, nem no legislador, mas na natureza da própria coisa, já que os assuntos práticos são dessa espécie por natureza.

Portanto, quando a lei se expressa universalmente e surge um caso que não é abrangido pela declaração universal, é justo, uma vez que o legislador falhou e errou por excesso de simplicidade, corrigir a omissão – ou, em outras palavras, dizer o que o próprio legislador teria dito se estivesse presente, e que teria incluído na lei se tivesse conhecimento do caso.

Por isso o equitativo é justo, superior a uma espécie de justiça – não justiça absoluta, mas ao erro proveniente do caráter absoluto da disposição legal. E essa é a natureza do equitativo: "uma correção da lei quando ela é deficiente em razão da sua universalidade".[4]

3.1. A equidade está inserida em nosso arcabouço jurídico e assume posição de destaque, sobretudo ao fazer parte dos objetivos que o Poder Público utiliza para organizar a seguridade social com vistas a assegurar os direitos relativos à saúde, à previdência e à assistência social, como consta do inciso V, do parágrafo único, do artigo 194 da Constituição Federal: "equidade na forma da participação no custeio".

---

[4] ARISTÓTELES, volume II, Os Pensadores, Nova Cultural, Ética a Nicômaco, livro V, capítulo 10, p. 120.

Ela consta de diversos diplomas legais, designadamente do Código de Defesa do Consumidor (arts. 7º e 51, V); na divisão de águas comuns (CA 73, parágrafo único); na indenização do dano praticado por incapaz (Código Civil, art. 928, parágrafo único); na indenização em transporte de pessoas (Código Civil, art. 738, parágrafo único); na indenização dos atos contra honra (Código Civil, art. 953, parágrafo único); na indenização por ofensa à liberdade pessoal (Código Civil, art. 954); na redução da indenização por ato ilícito (Código Civil, art. 944, parágrafo único),[5] do Código de Processo Civil, (parágrafo único do artigo 140 e parágrafo único do artigo 723); na Lei de Arbitragem (caput do artigo 2º); e na Lei do Juizado Especial (artigo 25).[6]

Em matéria tributária, antes mesmo da publicação da CF de 1988, a equidade já era referida no caput do artigo 108 e seus parágrafos do Código Tributário Nacional (CTN), no tocante à ordem de aplicação da legislação tributária, ao introduzir a ressalva constante do seu §2º: "o emprego da equidade não poderá resultar na dispensa do pagamento de tributo devido".

3.1.1. Já se vê que, pelo menos com relação à saúde, à previdência e à assistência social, o parágrafo 2º do artigo 108 do CTN teve a sua disciplina alterada. Sem a equidade, tributo algum será legitimado, exceptuados apenas os casos previstos pelo Constituinte Originário pelas razões que aduziremos adiante.

3.1.2. A tributação na Constituição Federal é regida, entre outros, pelos seguintes princípios e subprincípios: respeito à capacidade econômica do contribuinte (parágrafo 1º do art. 145); defesa da isonomia, proibição de tratamento desigual entre contribuintes que se encontrem em situação equivalente (arts. 5º, caput, e 150, II); equidade na forma de participação no custeio da saúde, da previdência e da assistência social (art. 194, parágrafo único, IV);[7] e proporcionalidade e razoabilidade (art. 1º caput e art. 5º LIV).

3.1.3. O Plenário do Supremo Tribunal Federal refere-se expressamente à "densificação constitucional do principio da igualdade que, no Direito Tributário, é consubstanciado nos subprincípios da capacidade

---

[5] Ver NEGRÃO, Theotônio *et al. Código Civil e Legislação Civil em Vigor*. 37. ed. São Paulo: Saraiva, 2019, p. 2053.

[6] Ver NEGRÃO, Theotônio *et al. Código de Processo Civil e Legislação Processual em Vigor*. 50. ed. São Paulo: Saraiva, 2019, p. 2061.

[7] Marcus Orione Gonçalves Correia diz: "Já a equidade na participação do custeio e sua fonte de diversidade nos parecem se situar muito mais nas perspectivas das regras do que dos princípios". *Comentários à Constituição do Brasil*. 2. ed. atual. São Paulo: Saraiva, Almedina, série IDP, 2013, p. 1905.

contributiva (...) e da equidade no custeio da seguridade social" (RE nº 598.572/SP, Relator Ministro Edson Fachin, Ementa).

3.1.4. A equidade consagrada na Carta Política decorreria até mesmo diretamente da aplicação do princípio da isonomia. Sendo assim, não há dúvida de que se trata de direito individual e cláusula pétrea. Nos termos do parágrafo 4º e seu inciso IV do artigo 60 da Constituição Federal não podem ser revogadas as cláusulas pétreas.

3.1.5. O Constituinte Originário estabeleceu exceções ao princípio da equidade no financiamento da previdência. Vejamos:

> A seguridade social será financiada por toda a sociedade, de forma direta e indireta, nos termos da lei, mediante recursos provenientes dos orçamentos da União, dos Estados, do Distrito Federal e dos Municípios, e das seguintes contribuições sociais: I – dos empregadores, incidente sobre a folha de salários, o *faturamento* e o lucro; II – dos trabalhadores; III – sobre a *receita* de concursos de prognósticos.

Com efeito, o vocábulo receita – no texto original da Lei Maior – só se referia a concursos de prognósticos, o que refoge aos fins do presente estudo.

3.1.6. Importa, outrossim, notar que o parágrafo 2º do artigo 149 da CF foi acrescentado pela Emenda Constitucional nº 33, de 11.12.2011. O artigo 195, I, "b" deve a sua redação à Emenda Constitucional nº 20, de 15.12.1998, enquanto o seu parágrafo 13 foi acrescentado pela Emenda Constitucional nº 42, de 19.12.2003.

IV A equidade como instrumento de custeio da saúde, da previdência e da assistência social

4. Feitas as considerações anteriores no que tange à inserção da equidade no ordenamento jurídico, passamos a analisar a sua participação como critério de custeio da saúde, da previdência e da assistência social.

4.1. Preliminarmente, importa notar que o próprio Supremo Tribunal admite a declaração de inconstitucionalidade de normas constitucionais. Vai além ao reconhecer que tal declaração não tem fundamentos exclusivos no artigo 5º da Carta Política, alcançando também direitos individuais como o da anterioridade tributária (vide ADI 939-7/DF).

4.1.1. Sobre a matéria, o Ministro Alexandre de Moraes, após fazer várias considerações sobre a jurisprudência do Supremo Tribunal

Federal, considerou como cláusula pétrea e, consequentemente imodificável, a garantia constitucional assegurada ao cidadão no art. 150, III, "b", da CF, entendendo que, ao visar subtraí-la de sua esfera protetiva, estaria a Emenda Constitucional nº 3, de 1993, deparando-se com um obstáculo intransponível, contido no art. 60, parágrafo 4º, IV, da CF (STF – Pleno – ADI nº 939-7/DF – Rel. Min. Sydney Sanches – Medida Cautelar – RTJ 150/68-69).[8]

4.1.2. Um dos mais reconhecidos e abrangentes estudos de política fiscal é o Report of the Royal Commission on Taxation do Canadá, obra de grande fôlego elaborada por cinco membros, dentre os mais eminentes tributaristas, juristas, economistas e contadores daquele país.

Os citados autores chegaram à seguinte conclusão:

> Em nosso julgamento os tributos devem ser alocados entre as unidades tributárias na proporção de suas capacidades contributivas. Nós acreditamos que isso seria alcançado quando os tributos fossem alocados na proporção do poder econômico discricionário das unidades tributárias. Esta afirmação só tem sentido se o termo 'poder econômico discricionário' é definido. Para este propósito, achamos útil pensar no poder econômico discricionário como o produto do poder econômico total e a fração deste poder econômico total disponível para uso discricionário da unidade. Por 'unidades tributárias' nós significamos as famílias e os solteiros sem dependentes. Por 'poder econômico total' nós significamos o poder de uma unidade tributária de adquirir bens e serviços para uso pessoal, quer o poder seja exercido ou não. Por 'fração do poder econômico total disponível para uso discricionário' nós significamos a proporção do poder econômico total da unidade (tributária) que não deve ser exercida para a manutenção dos membros da unidade. Manutenção não é sinônimo de subsistência física básica. Pelo contrário, ela denota uma provisão para os serviços necessários para manutenção de um nível de vida apropriado para família ou para os solteiros sem dependentes (...).[9]

4.1.3. Assim, a tributação da receita infringe a equidade no financiamento da seguridade social, o que seria suficiente para revelar sua inconstitucionalidade, ainda que se pudesse entender que a equidade não decorre da isonomia.

---

[8] MORAES, Alexandre de. *Constituição do Brasil Interpretada e Legislação Constitucional.* 4. ed. São Paulo: Atlas, 2004, p. 1112 e 1113.

[9] *Queen's Printer do Canadá...* Este texto foi reproduzido por Frank E. A. Sander e David Westfall em *Readings in Federal Taxation,* The Foundation Press, Mineola, 1970, p. 221. Esta obra é uma "antologia" de textos tributários.

4.1.4. Como é cediço, o conceito de receita é mais amplo do que o de faturamento. Aliomar Baleeiro, ao examinar o assunto, observou a propósito de receitas e ingressos públicos o seguinte: "(...) Receita pública é a entrada que, integrando-se no patrimônio público sem quaisquer reservas, condições ou correspondência no passivo, vem acrescentar o seu vulto, como elemento novo e positivo".[10] O entendimento de Baleeiro aplica-se *mutatis mutandis* às receitas privadas.

4.1.5. O conceito de receita de Geraldo Ataliba não é menos abrangente que o de Baleeiro.[11] Igualmente abrangente é o antigo conceito de receita emitido pelo IBRACON – Instituto Brasileiro de Contadores.[12]

4.1.6. Do ponto de vista jurídico, consideramos como conceito de receita o ingresso incondicional, em caráter definitivo, de bens e direitos e reduções de obrigações num determinado período de tempo, de acordo com o direito aplicável, e que acresce ao patrimônio.[13]

4.1.7. Oportunas as considerações de J. J. Gomes Canotilho ao destacar a relevância do princípio de interpretação da Constituição, da sua máxima eficácia, que o designa de diversas maneiras:

> (...) princípio da máxima efetividade
> (...) também designado *por princípio da eficiência ou princípio da interpretação efetiva...*[14] (o registro em itálico consta do original)
> Afirma, ainda:
> Este princípio (...) pode ser formulado da seguinte maneira: a uma norma constitucional deve ser atribuído o sentido que maior eficácia lhe dê. É um princípio operativo em relação a todas e quaisquer normas constitucionais (...).[15]

4.1.8. Outrossim, notar que o Supremo Tribunal Federal não identificou o conceito de receita ao de faturamento. Ao revés, asseverou que a expressão receita bruta, para atender as balizas e o figurino constitucional, teria que se enquadrar no conceito de faturamento constante do Decreto-Lei nº 2.397/87, no que tange à legislação anterior

---

[10] 11 *Uma Introdução às Ciências das Finanças*. 13 ed. revista e atualizada por Flavio Bauer Noveli. Rio de Janeiro/São Paulo: Forense, 1981, p. 116.

[11] ISS e base imponível. *In: Estudos e pareceres de direito tributário*. São Paulo: Revista dos Tribunais, 1978, p. 81-85 e 91, passim.

[12] IBRACON. *Princípio Contábeis*: Normas e Procedimentos de Auditoria. São Paulo: Atlas, 1988, p.122.

[13] Tributação sobre Receita, série Pesquisas Tributárias nº 5, coordenação de Ives Gandra da Silva Martins. Porto Alegre: LexMagister, 2017, p. 183.

[14] *Direito Constitucional*. 5. ed. ref. e aum. Coimbra: Almedina, 1991, p. 233.

[15] Obra citada na nota imediatamente anterior, p. 233.

às pertinentes emendas constitucionais. Esse entendimento pressupôs um conceito constitucional de faturamento como sendo aquele constante do DL nº 2.397/87, qual seja, a receita bruta proveniente da venda de mercadorias, da prestação de serviços, ou da combinação de ambas.

4.1.9. Ademais, importa ressaltar que o STF, confirmando as lições da doutrina, não qualifica as regras atributivas de competências tributárias como normas abertas. Ao contrário, tem, reiteradamente, dito que a Constituição estabelece balizas, figurinos e limites semânticos, cuja observância e cumprimento pelo legislador infraconstitucional são inquestionáveis, nas palavras do professor e jurista Humberto Ávila.[16]

E, por isso mesmo, a tributação do faturamento contraria os princípios e subprincípios constitucionais enunciados, embora prevaleça à luz do entendimento de que o legislador constitucional originário pode criar exceções aos referidos princípios que constituem cláusulas pétreas. Mas o legislador constitucional derivado não tem este poder.

4.1.10. Pela sua ainda atualidade e eficácia, transcrevemos observação de Amílcar de Araújo Falcão a propósito da interpretação moderna no Direito Tributário: *"a peculiaridade, no caso do direito tributário, está apenas em que certas considerações de ordem política e econômico-financeira devem ser feitas para alcançar – alcançar, não alterar ou corrigir – a determinação da lei*, do mesmo modo como se lança mão de noções de medicina legal ou de ciência atuarial e contábil, muitas vezes, para penetrar o sentido, respectivamente, da lei penal ou da legislação sobre seguros" (nosso grifo).[17]

Assim sendo, as considerações econômicas e de política fiscal são necessárias para colher o sentido de normas constitucionais sobre capacidade econômica, equidade no financiamento da previdência, razoabilidade e proporcionalidade e, jamais, para corrigir a Constituição, o que ocorreria com a chamada interpretação econômica, a qual não foi recepcionada pelo nosso ordenamento jurídico.

4.1.11. Um notável estudo dos impostos incidentes sobre a receita é o de autoria de Carl S. Shoup, Professor de Economia da *Columbia University* e Diretor da *Comission to Study the Fiscal System of Venezuela*, do Professor de Direito Oliver S. Oldman, da *Harvard Law School*, então *director of the International Tax Program*, do Professor Donald Sir Mac Dougall, da *Oxford University*, do Professor Stanley S. Surrey, *da Harvard*

---

[16] Parecer não publicado.

[17] *Introdução ao Direito Tributário* – parte geral. Rio de Janeiro: Edições Financeiras 1959, p. 89, última edição em vida do autor. Na edição póstuma de 1976 da Editora Rio, o texto citado não sofreu alterações (ver p. 76 da referida edição).

Law School, do Professor de Economia John F. Due, da Universidade de Illinois e, de Lyle C. Fitch, todos integrantes da referida comissão que concluiu, em síntese bastante apertada da nossa parte, o seguinte: (a) imposto cobrado sobre receita bruta mesmo com alíquotas pequenas, e de forma cumulativa, tem o inconveniente de aumentar a alíquota nominal do imposto; (b) é discriminatório para aquelas empresas que não têm os seus negócios de forma integrada; e (c) tem ademais a capacidade de discriminar aquelas empresas com baixas margens de lucro em comparação com as suas receitas brutas.[18]

4.1.12. Na mesma linha de argumentação observa Alcides Jorge Costa ao criticar os efeitos perversos do imposto de vendas multifásico cumulativo em cascata, por não constituir uma carga uniforme para todos os consumidores, além do acréscimo do seu ônus quanto mais longo for o ciclo de produção e comercialização do produto.[19] Aduz o citado autor: "Como a essencialidade do produto não guarda relação alguma com a extensão do seu ciclo, a que fica sujeito até ao consumidor, pode acontecer – e acontecia muitas vezes – que o produto essencial seja o mais onerado. Por exemplo: joia tem um ciclo de produção mais curto do que certos artigos de alimentação, como a carne. Um imposto multifásico cumulativo torna impraticável uma desoneração completa dos produtos exportados. Por outro lado um produto importado e vendido diretamente ao consumidor fica em posição altamente vantajosa na concorrência com produtos fabricados no país".[20]

4.1.13. Os atrás citados pronunciamentos doutrinários não deixam dúvidas de que os tributos sobre o faturamento e a receita são inaceitáveis à luz de alguns princípios constitucionais, sobretudo os da razoabilidade e da proporcionalidade. Entretanto, a tributação do faturamento é admissível, com ressalva, que examinaremos, por ter sido autorizada pelo Constituinte Originário.

4.1.14. Embora não constitua objeto do presente estudo analisar se o legislador constitucional originário tem o poder de emitir normas jurídicas contrárias à razão, vamos admitir, para argumentar, que este poder exista. Mesmo assim é inegável que o legislador constitucional derivado não dispõe de tal poder. A razoabilidade integra o devido processo legal substantivo e é cláusula pétrea. Logo, não se pode ampliar a base de cálculo de tributo que torne o gravame ainda mais incompatível

---

[18] The Fiscal System of Venezuela, A Report, The Johns Hopkins Press, Baltimore, 1959, p.299 e 300. O imposto de 0,5% no original é registrado como ponto 5.

[19] *ICM na Constituição e na Lei Complementar*. 1. ed. São Paulo: Resenha Tributária, 1978, p. 8.

[20] Obra e página citadas na nota imediatamente anterior.

com os referidos princípios constitucionais. É justamente por isso que os tributos chamados de indiretos nos Estados Unidos da América, no Canadá e no Mercado Comum Europeu, são não cumulativos; e calculados, nos dois primeiros casos, tendo por base apenas o preço de venda ao consumidor – *Retail Sales Tax* – ou, sobre o valor acrescido, como ocorre na Europa: o *Value-Added Tax*.

4.1.15. Não foi só a Constituição de 1988 que atribuiu especial relevância à justiça fiscal ou equidade. Também o fizeram: a Royal Commission Taxation, Rui Barbosa, a Constituição brasileira de 1946, Joseph Pechman, Fuentes Quintana e J. M. Sidou.[21]

4.1.16. Indubitavelmente, um tributo que contraria a equidade e que excede a capacidade contributiva dos contribuintes é, definitivamente, incompatível com os princípios constitucionais da igualdade, proporcionalidade e razoabilidade.

4.1.17. Outra não poderia ser a conclusão de que os tributos sobre a receita são incompatíveis com a razoabilidade, a proporcionalidade e a equidade no financiamento da seguridade social, à luz das considerações expendidas.

4.1.18. Sem embargo de todo o exposto, é fato o entendimento do Plenário do Supremo Tribunal Federal ao reconhecer expressamente que a Emenda Constitucional nº 20, de 15.12.1998, teve por fim ampliar a competência tributária mediante a autorização para tributação da receita. Assim, ao julgar o RE nº 346.084, declarou a inconstitucionalidade do art. 3º, parágrafo 1º, da Lei nº 9.718, de 27.11.1998, por tratar-se de utilização antecipada de uma competência mais abrangente, do que a vigente antes da promulgação da emenda que autorizava, como vimos, indevidamente, a tributação da receita. Diz o Excelso Pretório: "É inconstitucional o §1º do artigo 3º da Lei nº 9.718/98, no que ampliou o conceito de receita bruta para envolver a totalidade das receitas auferidas por pessoas jurídicas, independentemente da atividade por elas desenvolvidas e da classificação contábil adotada". O referido Tribunal considerava constitucional uma tributação que equivalia à de faturamento incidente sobre a: "venda de mercadorias, de serviços ou de mercadorias e serviços".

Em nosso modesto entender, cabe ao Supremo Tribunal Federal esclarecer que a própria Emenda Constitucional nº 20/1998 é inconstitucional ao admitir a tributação da receita.

---

[21] Ver MELLO, Gustavo Miguez de. Uma Visão Interdisciplinar dos Problemas Jurídicos, Econômicos, Sociais, Políticos e Administrativos Relacionados com uma Reforma Tributária, Mapa Fiscal, Notícias Econômicas, Suplemento Especial do 1º Congresso Brasileiro de Direito Financeiro, p. 20.

4.1.19. Analisemos o conceito de equidade e a exceção a ele feita pelo legislador constitucional originário e ainda a fixação da competência tributária na espécie, levando em consideração a interpretação sistemática da CF.

À luz da citada lição de Aristóteles, a equidade é ainda mais exigente do que a justiça. A lei ordinária tem ao menos de tratar igualmente os iguais e desigualmente os desiguais na medida em que se desiguala, como ensinava Rui Barbosa. Deve levar em consideração a capacidade econômica do contribuinte. O tributo deve ser proporcional não à receita, mas à referida capacidade econômica.

4.1.20. Vimos que a CF consagra diversos princípios relativos à isonomia e a aplicação desta à disciplina constitucional da tributação. Com efeito, inadmissível é a utilização da receita como base para a tributação, a não ser no caso de concursos de prognósticos. A indagação que estaria a exigir uma resposta diz respeito à legitimidade da tributação do faturamento, independentemente de qualquer alíquota. Ora, à luz dos princípios constitucionais invocados e a atribuição a eles da máxima efetividade na lição de J. J. Canotilho, inclinamos a concluir que a tributação sobre faturamento tem limitações constitucionais.

Aliás, trata-se de questão que não deixou de ser percebida pelas mais altas autoridades governamentais do País, tendo sido expressamente admitido por elas. O mesmo fizera o então Presidente da República, José Sarney, ao resolver "vetar, parcialmente, por considerá-lo inconstitucional e contrário ao interesse público, um projeto de lei de conversão, cujos efeitos seriam tremendamente onerosos para os contribuintes e negativos da perspectiva econômica como um todo".[22]

4.1.21. A interpretação sistemática dos artigos 195, I, e 194, V, ambos da CF, foi lembrada oportunamente pelo Ministro Luís Roberto Barroso:

> Em terceiro lugar, penso que é preciso interpretar o art. 195, I, que prevê a contribuição patronal sobre a folha de salários, de forma conjugada com o artigo 194, V, ambos da Constituição, com o objetivo de compatibilizar a tributação das bases econômicas que se abrem ao financiamento da Seguridade Social com o princípio da equidade na forma de participação do custeio (Voto no RE nº 598.572/SP).

---

[22] Mensagem de veto total nº 699, de 24.10.1989 do Presidente da República ao Presidente do Senado Federal de dispositivo de Lei nº 7.756, 24.10.1989.

4.1.22. Sendo assim, entendemos que um tributo sobre a receita seria manifestamente inconstitucional; e sobre o faturamento seria constitucional, pois autorizado pelo constituinte originário, desde que moderado nos termos descritos.

4.1.23. Outra questão que se insere no contexto deste estudo é se a equidade é fonte formal do Direito. Eis o entendimento da doutrina sobre fonte formal:

> Fonte Formal – Trata-se de um dos significados que pode assumir a expressão fonte do direito. A ciência jurídica tradicional consagrou a divisão das fontes do direito em materiais e formais, sendo estas constituídas pelos elementos que, no ordenamento jurídico, servem de fundamento para dizer-se qual é o direito vigente; tais elementos, ou formas de expressão do direito positivo, são em geral reunidos em cinco grupos, quais sejam, a lei, o costume, a jurisprudência, a doutrina e os princípios gerais do direito.[23]

4.1.24. Com fulcro no artigo 194, parágrafo único, inciso V, da CF, não resta dúvida de que a equidade, em matéria de contribuição social de saúde, previdência e assistência social, constitui fonte de direito de excepcional relevância.

4.1.25. Mais uma vez temos que ouvir o Ministro Luís Roberto Barroso ao tratar da equidade no financiamento da seguridade social no contexto da justiça intergeracional:

> Além disso, a questão previdenciária representa típica matéria de justiça intergeracional, uma vez que benefícios excessivos concedidos no presente comprometem as gerações futuras. A equidade entre as gerações justifica maior cautela no exame da gestão dos recursos da previdência, potencializada pelo déficit democrático da defesa dos interesses dessas gerações. Tal preocupação não equivale à prevalência do futuro sobre o presente, mas sim a uma conduta compatível com os pressupostos da justiça intergeracional previdenciária, notadamente a necessidade de formação de poupança (Voto no ACO 3134 TP/DF).

4.1.26. Não podemos deixar de externar a nossa discordância sobre o julgamento pelo Supremo Tribunal da constitucionalidade do adicional de 2,5% do artigo 22 parágrafo 1º da Lei nº 87.812/91.

A questão está decidida pela fixação da tese jurídica ao tema 204 da sistemática de repercussão geral de decisão da Suprema Corte.

---

[23] Luiz Fernando Coelho, Enciclopédia Saraiva do Direito, Edição Saraiva, 1979, volume 38, p. 40, verbete Fonte Formal – ver formas de expressão de direito.

A tese adotada pelo Tribunal: "É constitucional a previsão legal de diferenciação de alíquotas em relação às contribuições previdenciárias incidentes sobre a folha de salários de instituições financeiras ou de entidades a elas legalmente equiparáveis, após a edição da EC 20/98" (Plenário, RE 598.572/SP, Relator Edson Fachin, Ementa).

Não podemos deixar de observar que, em nosso modesto entendimento e pelas razões, a igualdade e a equidade no financiamento da seguridade social não foram atendidas pela lei que criou o citado adicional, apenas para algumas empresas. À luz do que foi exposto, o lucro mediria mais adequadamente a capacidade econômica das empresas.

Bancos ou seguradoras, por exemplo, que são tributados pelo adicional de 2,5%, podem ter grandes prejuízos, enquanto empresas industriais e comerciais podem ter lucros consideráveis e não pagam tal adicional.

Acresce que o referido adicional incide sobre uma despesa e a despesa reduz, em vez de aumentar a capacidade econômica de quem a suporta. É verdade que Nicholas Kaldor entende que a despesa pode ser um índice de capacidade econômica. Ele foi discutido na América do Norte durante a Segunda Guerra Mundial e foi defendido pela minoria do British Royal Commission em 1955. Nenhuma dessas recomendações foi aceita.[24] Ora, o imposto sobre a despesa jamais foi proposto para incidir sobre despesas operacionais nas empresas, mas sim sobre despesas que o contribuinte pessoa física não teria necessidade de realizar (por exemplo, despesas de turismo) e que segundo os seus proponentes revelariam capacidade econômica. No caso, o tributo incide sobre despesas obrigatórias, necessárias à produção do lucro e à manutenção da fonte produtora.

É verdade que a tese de repercussão geral adotada pela Corte Suprema reconhece o seguinte por fundamento: "É constitucional a previsão legal de diferenciação de alíquotas em relação às contribuições previdenciárias incidentes sobre a folha de salários de instituições financeiras ou de entidades a elas legalmente equiparáveis, após a edição da Emenda Constitucional nº 20/98" (Ementa e Decisão).

Entretanto, como a isonomia é, inquestionavelmente, cláusula pétrea, a Emenda Constitucional nº 20/98 não poderia alterá-la em razão de todos os argumentos aqui expendidos.

---

[24] Ver Pechman, Federal Tax Policy, The Brookings, 1966, p.157 e reproduzido em Readings in Federal Taxation, obra editada por Frank E. A. Sander e David Westfall, Foundation Press, Mineola, New York, 1970, p. 259.

V Conclusão

5. Em razão de nossas considerações, não temos dúvida em asseverar e destacar a importância e a eficácia da utilização da equidade como critério de custeio da saúde, da previdência e da assistência social. Contudo, é imprescindível para que equidade seja eficiente, que, conjuntamente, sejam observados e colocados em prática os citados princípios constitucionais, sob pena de permanecermos com poucas chances de sairmos do ciclo vicioso e desfrutarmos dos efeitos do ciclo virtuoso.

5.1. A propensão para poupar aumenta com a renda, como é pacífico em Economia. Os contribuintes de renda baixa consomem uma parcela maior daquela, do que os de renda elevada. Assim, quem recebe um salário mínimo e tenha cinco dependentes tende a consumir integralmente a renda. Os tributos sobre a receita e o faturamento gravam a parte consumida da renda. E podem gravar parcela superior da renda se o contribuinte se endividar para consumir. Logo são regressivos e contrários à isonomia e à equidade, além de afrontarem os princípios da razoabilidade e da proporcionalidade.

5.2. A tributação da receita é inconstitucional pelas razões anteriormente mencionadas, sobretudo por ferir cláusulas pétreas; enquanto a tributação do faturamento é constitucional, desde que com a estrita observância de alíquotas moderadas, em decorrência da equidade, como se infere da interpretação sistemática da Constituição.

5.3. Por oportuno, reiteramos o conceito de equidade de Aristóteles, convencidos de que ainda é atual não apenas filosófica como juridicamente.

Informação bibliográfica deste texto, conforme a NBR 6023:2018 da Associação Brasileira de Normas Técnicas (ABNT):

MELLO, Gustavo Miguez de; SIMÕES, Luiz Carlos; TEIXEIRA, Isabel Fernanda Augusto. A equidade na forma de participação do custeio da saúde, previdência e da assistência social. *In*: SARAIVA FILHO, Oswaldo Othon de Pontes; SIQUEIRA, Julio Homem de; BEDÊ JÚNIOR, Américo; FABRIZ, Daury César; SIQUEIRA, Junio Graciano Homem de; CUNHA, Ricarlos Almagro Vitoriano (Coord.). *Limitações formais e materiais ao poder de tributar*. Belo Horizonte: Fórum, 2021. p. 169-184. (Coleção Fórum Princípios Constitucionais Tributários – Tomo II). ISBN 978-65-5518-122-7.

AS RESTRIÇÕES À CONCESSÃO DE REMISSÃO OU ANISTIA

MARCUS ABRAHAM

1 Introdução

A remissão e a anistia configuram duas formas clássicas de renúncia de receitas tributárias, isto é, benefícios fiscais em que um determinado recurso cujo ingresso era esperado nos cofres públicos deixa de ser arrecadado por força de alguma espécie de renúncia fiscal. Daí a importância de que sejam estabelecidos restrições e controles claros para sua concessão, pois se trata, afinal, de situação em que o Estado está a abrir mão de recursos públicos.

O presente artigo tratará do tema das restrições postas pela Constituição, pelo Código Tributário Nacional (CTN) e pela Lei de Responsabilidade Fiscal (LRF – Lei Complementar nº 101/2000) para a concessão de remissão ou anistia, bem como de outros benefícios fiscais.

O texto, em primeiro lugar, definirá os conceitos de remissão e anistia com base no CTN, bem como as condições e limitações nele presentes para a sua concessão. Após essa etapa, serão verificadas as restrições presentes na Constituição, tanto na seara do Direito Tributário como do Direito Financeiro, que atualmente abarcam não apenas a remissão e a anistia, mas também outros tipos de benefícios fiscais. Por fim, serão analisadas as regras específicas de responsabilidade fiscal na concessão de benefícios fiscais pela LRF.

2 Remissão e anistia e suas limitações no Código Tributário Nacional[1]

2.1 A remissão

A *remissão* é uma modalidade de extinção do crédito tributário (art. 156, IV, CTN) que consiste em perdão (total ou parcial) da dívida tributária, desde que autorizada em lei do ente tributante, por meio de despacho fundamentado da autoridade administrativa, nas hipóteses fáticas previstas no art. 172, CTN.

O despacho da autoridade que concede cada remissão concreta deve-se ater à autorização dada pela lei específica, e sua fundamentação consistirá em demonstrar que a situação fática se enquadra nas hipóteses de remissão previstas na lei. Contudo, como salienta Hugo de Brito Machado, "pode, também, embora não o diga o CTN, ser concedida diretamente pela lei".[2]

Uma advertência deve ser feita: o instituto da "remissão" traduz *perdão de dívida* sem necessidade de pagamento, não sendo confundido com a "remição", que é o *resgate da dívida* pelo pagamento da obrigação.

Consideremos os pressupostos fáticos presentes nos cinco incisos do art. 172 do CTN que autorizam a concessão de remissão.

Inciso I) "situação econômica do sujeito passivo": a lei específica do ente tributante autorizará o perdão por hipossuficiência do sujeito passivo, isto é, sua diminuta capacidade de pagar o tributo, definindo os critérios para que o sujeito passivo seja reputado hipossuficiente.

Inciso II) "erro ou ignorância escusáveis do sujeito passivo, quanto a matéria de fato": a ignorância e o erro consistem, respectivamente, no desconhecimento e no falso conhecimento da realidade. Se recaírem sobre matéria de fato (*e. g.*, reputa-se bijuteria uma joia de ouro) e forem escusáveis (desculpáveis, conforme as características pessoais do sujeito passivo e seu grau de cultura e especialização), é possível remitir a dívida. O desconhecimento (ignorância) ou falso conhecimento (erro) acerca da existência ou interpretação da legislação tributária não autorizam a remissão.

Inciso III) "diminuta importância do crédito tributário": a lei que concede a remissão, buscando racionalizar a arrecadação dos créditos

---

[1] Esta seção, com alguns acréscimos consideráveis, foi adaptada de ABRAHAM, Marcus. *Curso de direito tributário brasileiro*. Rio de Janeiro: Forense, 2018. p. 258 e 274.

[2] MACHADO, Hugo de Brito. *Curso de direito tributário*. 31. ed. São Paulo: Malheiros, 2010. p. 228.

tributários quando os custos de cobrança são maiores que a dívida, determinará qual importância é reputada diminuta para concessão da remissão.

Inciso IV) "considerações de equidade, em relação às características pessoais ou materiais do caso": a lei específica, baseada em critérios de equidade, determinará situações pessoais ou materiais peculiares que autorizam a remissão. Não há contradição com o art. 108, §2º, CTN, o qual veda à autoridade administrativa (mas não ao legislador) o emprego da equidade para dispensar o pagamento de tributo. A autoridade não dispensa o pagamento; meramente verifica se o contribuinte enquadra-se nas hipóteses legais.

Inciso V) "condições peculiares a determinada região do território da entidade tributante": lei específica concede remissão como forma de mitigar desigualdades regionais ou de liberar do pagamento os sujeitos passivos de região que enfrente situações graves como calamidade pública ou crise econômica.

Estatui o parágrafo único do art. 172 do CTN que a remissão concedida por despacho (mediante autorização legal) não gera direito adquirido ao beneficiário, aplicando-se, quando cabível, o disposto no art. 155, CTN, ou seja, poderá ser revogada de ofício ao apurar-se que o beneficiário não satisfazia ou deixou de satisfazer as condições ou não cumprira ou deixou de cumprir os requisitos para a concessão do favor, cobrando-se o crédito acrescido de juros de mora: I – com imposição da penalidade cabível, nos casos de dolo ou simulação do beneficiado, ou de terceiro em benefício daquele; II – sem imposição de penalidade, nos demais casos.

Apenas para fornecer um exemplo, na esfera federal, a Lei nº 11.941/2009 concede remissão, no art. 14, dos débitos com a Fazenda Nacional, inclusive aqueles com exigibilidade suspensa que, em 31.12.2007, estejam vencidos há 5 anos ou mais e cujo valor total consolidado, nessa mesma data, seja igual ou inferior a dez mil reais.

2.2 A anistia

A *anistia* (prevista nos arts. 180 a 182, CTN) constitui uma modalidade de exclusão do crédito tributário (art. 175, II, CTN) e exclui as *infrações cometidas* pelo sujeito passivo tributário. Configura o perdão do ilícito cometido e respectiva multa ainda não aplicada, desobrigando o sujeito passivo do pagamento de penalidades.

Cabe ressaltar que a anistia abrange exclusivamente as infrações cometidas anteriormente à vigência da lei que a concede (art. 180, *caput,*

CTN), não se aplicando aos atos qualificados em lei como crimes ou contravenções e aos que, mesmo sem essa qualificação, sejam praticados com dolo, fraude ou simulação pelo sujeito passivo ou por terceiro em benefício daquele (art. 180, I, CTN), e nem às infrações resultantes de conluio entre duas ou mais pessoas naturais ou jurídicas (art. 180, II, CTN).

Outrossim, a anistia pode ser concedida em caráter geral (art. 181, I, CTN) ou limitadamente: a) às infrações da legislação relativa a determinado tributo; b) às infrações punidas com penalidades pecuniárias até determinado montante, conjugadas ou não com penalidades de outra natureza; c) a determinada região do território da entidade tributante, em função de condições a ela peculiares; d) sob condição do pagamento de tributo no prazo fixado pela lei que a conceder, ou cuja fixação seja atribuída pela mesma lei à autoridade administrativa (art. 181, II, CTN).

Quando não for concedida em caráter geral, a anistia é efetivada, em cada caso, por despacho da autoridade administrativa, em requerimento com o qual o interessado faça prova do preenchimento das condições e do cumprimento dos requisitos previstos em lei para sua concessão (art. 182, *caput*, CTN). Nessa situação, o despacho não gera direito adquirido, aplicando-se, quando cabível, o disposto no art. 155, CTN, ou seja, poderá ser revogada de ofício ao apurar-se que o beneficiário não satisfazia ou deixou de satisfazer as condições ou não cumprira ou deixou de cumprir os requisitos para a concessão do favor, cobrando-se o crédito acrescido de juros de mora: I – com imposição da penalidade cabível, nos casos de dolo ou simulação do beneficiado, ou de terceiro em benefício daquele; II – sem imposição de penalidade, nos demais casos.

Sua distinção para a remissão residiria no fato de que o perdão que recai exclusivamente sobre as infrações cometidas (e o respectivo valor das multas) configuraria anistia, enquanto na remissão o perdão recairia sobre todo o valor do crédito tributário, aí incluído não apenas o valor da obrigação tributária principal, mas também o valor de eventuais multas aplicadas por infração da legislação tributária.

Mas se a remissão também pode incidir sobre o valor de multas, qual a razão de ser da anistia ter existência autônoma? A diferença se encontra no *momento de incidência do perdão*. A remissão incide sobre o valor do crédito tributário (incluído aí o valor de eventual multa) *já constituído* previamente por lançamento, perdoando-o e extinguindo-o (afinal, a remissão é hipótese de *extinção do crédito tributário*). Já a anistia é forma de *exclusão do crédito tributário* que recai apenas sobre as infrações ainda não constituídas pelo lançamento (perdoando o ilícito e excluindo a aplicação de multa). *Excluir o crédito tributário* pela anistia seria sinônimo de impedir que o crédito tributário referente à multa fosse constituído pelo lançamento, atuando em momento anterior à sua constituição.[3]

3 As restrições constitucionais à concessão de remissão e anistia

O texto originário da Constituição de 1988 estabelecia, em seu art. 150, §6º, que "qualquer anistia ou remissão, que envolva matéria tributária ou previdenciária, só poderá ser concedida através de lei específica, federal, estadual ou municipal". Com o advento da Emenda Constitucional nº 3/1993, a previsão foi estendida também para outras formas de benefícios fiscais:

> Art. 150, §6º. Qualquer subsídio ou isenção, redução de base de cálculo, concessão de crédito presumido, anistia ou remissão, relativos a impostos, taxas ou contribuições, só poderá ser concedido mediante lei específica, federal, estadual ou municipal, que regule exclusivamente as matérias acima enumeradas ou o correspondente tributo ou contribuição, sem prejuízo do disposto no art. 155, §2º, XII, g. (Redação dada pela Emenda Constitucional nº 3, de 1993).

Trata-se da consagração, em sede constitucional, do *princípio da legalidade estrita* na concessão de benefícios fiscais. O objetivo dessa norma é limitar o poder do administrador público de distribuir tais benefícios – em regra bastante custosos aos cofres públicos – sem que conte com a aprovação dos representantes do povo reunidos em Parlamento.

Veja-se que existe aqui um certo paralelismo com a ideia do *nullum tributum sine lege* (não há tributo sem lei), ou seja, o tradicional

---

[3] "A remissão abrange assim o tributo como a sanção pecuniária já aplicada. Distingue-se da anistia porque esta implica no perdão relativamente à infração cometida e ainda não descoberta, isto é, ainda não punida com a sanção pecuniária. A remissão da multa aproxima-se da figura do *indulto*, que, no Direito Penal, é o perdão da pena já imposta". TORRES, Ricardo Lobo. *Curso de direito financeiro e tributário.* 18. ed. Rio de Janeiro: Renovar, 2011. p. 301. No mesmo sentido: ALEXANDRE, Ricardo. *Direito tributário.* 11. ed. Salvador: Juspodivm, 2017. p. 531-532. Em sentido contrário, afirmando que tanto a remissão como a anistia podem atuar antes ou depois do lançamento, AMARO, Luciano. *Direito tributário brasileiro.* 12. ed. São Paulo: Saraiva, 2006. p. 456-457. Contudo, ao assumir essa posição, Luciano Amaro acaba por não deixar clara a diferença e autonomia de ambos os institutos, atribuindo ao CTN a pecha de ser inconsistente neste ponto e de embaralhar os conceitos.

princípio da legalidade tributária encontrado expressamente no inciso I do artigo 150 da Constituição Federal de 1988, vedando a criação ou o aumento de tributo sem lei que o estabeleça. Sua razão de ser está na autotributação – ou seja, os próprios contribuintes determinam o *quantum* de tributos que pretendem pagar, por intermédio de seus representantes nas casas legislativas.

Queralt, Serrano y Blanco afirmam que:

> [...] com o advento do Estado Constitucional, o princípio da reserva de lei cumpre basicamente uma dupla finalidade: a. garantir o respeito ao denominado princípio da autoimposição, de forma que os cidadãos não paguem mais tributos que aqueles com os quais tenham aquiescido seus legítimos representantes; b. cumpre uma finalidade claramente garantista do direito à propriedade.[4]

Proíbe-se, assim, a criação ou modificação de tributo por portarias, resoluções, decretos etc., exceto as próprias exceções ao princípio, previstas na Constituição Federal, de natureza extrafiscal ou regulatória. Tal regra já se encontrava consagrada pelo art. XII da Magna Carta inglesa de 1215, ao estabelecer que:

> Nenhum tributo de *"scutage"* ou *"aid"* será instituído em nosso reino senão pelo conselho comum de nosso reino, exceto para o resgate de nossa pessoa, para investir nosso filho mais velho como cavaleiro e para casar uma única vez nossa filha mais velha, e mesmo assim por meio de auxílio [tributo] que seja razoável. Da mesma forma se procederá quanto aos auxílios [tributos] da cidade de Londres.[5]

Albert Hensel[6] aduz que, em toda coletividade ordenada como Estado de Direito, o princípio financeiro segundo o qual a imposição tributária deve se relacionar com condições de fato ou acontecimentos da vida eleitos pelo legislador vem integrado com o seguinte princípio de direto fundamental: "toda imposição tributária pode ser efetuada somente com base em uma lei". Segue afirmando que a essência de tal

---

[4] QUERALT, Juan Martín; SERRANO, Carmelo Lozano; BLANCO, Francisco Poveda. *Derecho tributario*. 18. ed. Valencia: Thomson Reuters Aranzadi, 2013. p. 68. Tradução livre.

[5] "No scutage nor aid shall be imposed on our kingdom, unless by common counsel of our kingdom, except for ransoming our person, for making our eldest son a knight, and for once marrying our eldest daughter; and for these there shall not be levied more than a reasonable aid. In like manner it shall be done concerning aids from the city of London".

[6] HENSEL, Albert. *Derecho tributario*. Traducción de Leandro Stok y Francisco M.B. Cejas. Rosario: Nova Tesis, 2004. p. 117.

princípio jurídico pode ser resumida da seguinte forma: "o legislador deve julgar quais fatos da vida são passíveis de imposição tributária e expressar sua vontade impositiva através da criação de normas".

Da mesma forma, a concessão de benefícios fiscais que implicam renúncia de receitas públicas significa que o Estado está a abrir mão de recursos públicos. Na realidade, o efeito financeiro de uma renúncia de receita e de um gasto é o mesmo, já que aquele determinado recurso financeiro cujo ingresso era esperado nos cofres públicos deixa de ser arrecadado por força de alguma espécie de renúncia fiscal.

As renúncias de receitas concedidas a título de incentivos fiscais se operacionalizam, em regra, através de anistias, remissões, subsídios, créditos fiscais, isenções, redução de alíquotas ou base de cálculo. Os efeitos concretos dessas renúncias fiscais são: a) redução na arrecadação potencial; b) aumento da disponibilidade econômica e financeira do contribuinte; c) exceção à regra jurídica impositiva geral.[7]

Justamente em razão disso, passando agora à esfera do Direito Financeiro, vemos que o art. 165, §6º, da Constituição determina que "o projeto de lei orçamentária será acompanhado de demonstrativo regionalizado do efeito, sobre as receitas e despesas, decorrente de isenções, anistias, remissões, subsídios e benefícios de natureza financeira, tributária e creditícia". Nas palavras de Ricardo Lobo Torres,[8] o *princípio da clareza orçamentária* demanda que o impacto da concessão de benefícios fiscais deva estar claramente enunciado na lei orçamentária, para que a sociedade possa ter a real dimensão daquilo que se gasta ou se deixa de arrecadar.

O efeito potencial esperado pelo Estado – favorecimento a determinados setores, atividades ou regiões – é o incentivo à adoção de uma determinada prática ou conduta do beneficiário do incentivo, que ofereça e gere um ganho à comunidade diretamente relacionada ou à sociedade em geral. Já o efeito concreto, sob o ponto de vista da Fazenda Pública, é a redução na arrecadação e, para o particular beneficiado, é o aumento da disponibilidade econômica e financeira.

O que se questiona, porém, é se esses incentivos fiscais são mais ou menos eficientes em relação aos subsídios ou transferências financeiras diretas, ponderando se o custo dos incentivos fiscais concedidos gera

---

[7] ABRAHAM, Marcus. *Governança fiscal e sustentabilidade financeira*: os reflexos do Pacto Orçamental Europeu em Portugal como exemplos para o Brasil. Belo Horizonte: Fórum, 2019. p. 155-156.

[8] TORRES, Ricardo Lobo. *Tratado de direito constitucional financeiro e tributário*. O Orçamento na Constituição. Vol. V. 3. ed. Rio de Janeiro: Renovar, 2008. p. 318-321.

como contrapartida os resultados esperados (custo/benefício), e se esses resultados são equivalentes ou superiores aos da aplicação direta dos subsídios ou transferências financeiras. Noutras palavras: deixar de arrecadar determinados tributos em certas circunstâncias gera um resultado superior do que aplicá-los diretamente?

Ocorre que, em um país com as características do Brasil – de dimensões continentais e repleto de diferenças regionais econômicas, sociais e culturais –, estruturado como federação, outra inquietude se revela preocupante nessa temática: a guerra fiscal entre os entes federativos, disputa que ocorre na busca da atração de investimentos, empreendimentos e recursos privados para o seu respectivo território, a partir da concessão de incentivos fiscais, com o objetivo de gerar mais renda, empregos, crescimento econômico e desenvolvimento local.

Os críticos alertam que, como não há comprovação quantitativa de que os resultados dos investimentos realizados são superiores ao valor das renúncias concedidas, haveria dúvidas se a aplicação direta dos recursos abdicados geraria maior benefício para aquela sociedade em vez da concessão direta dos estímulos.

Ademais, a eficácia econômica desta conta financeira deve levar em consideração que o maior desenvolvimento de determinada localidade favorecida pelos incentivos fiscais gerará, naturalmente, um aumento populacional e maior demanda por serviços públicos, especialmente os de saúde, segurança, transporte e saneamento, acarretando, por decorrência, um maior gasto da máquina estatal.

Sob a ótica do equilíbrio federativo, outro questionamento surge, na medida em que os entes federativos mais desenvolvidos detêm maior capacidade para oferecer benefícios e suportar por mais tempo as renúncias fiscais, atraindo para si número superior de investimentos, prejudicando ainda mais os entes menos desenvolvidos.

E, sob a perspectiva nacional e a partir de uma visão global da federação, não haveria um ganho efetivo, mas apenas o deslocamento dos investimentos de um local para outro. Além disso, a multiplicação e a banalização da prática acarretam a perda da eficácia do estímulo, com a inexorável redução global da arrecadação.

No lado empresarial as críticas também surgem. Uma delas é relativa à questão do desequilíbrio concorrencial, decorrente da desvantagem competitiva imposta às empresas não agraciadas pelos benefícios fiscais. Questiona-se também a eficiência alocativa dos fatores de produção, uma vez que o empreendimento se estabelecerá em localidade escolhida unicamente por força dos benefícios fiscais e não pelas suas características próprias, deixando de considerar fatores como o distanciamento do seu mercado consumidor e de fornecedores, custos de transporte e logística, a deficiência de qualificação da mão de obra e de infraestrutura etc.

No viés ideológico, o debate ganha colorido e com reflexos políticos, ao se ponderar que o direcionamento dos recursos públicos oferecidos ao setor privado cria uma imagem de Estado interventor e diretivo, se comparado à ideia de Estado liberal, no caso de este, ao invés de vincular a aplicação de recursos, simplesmente transferir para o setor privado a decisão de alocação de recursos originários das renúncias fiscais nas áreas que indicar como prioritárias.

Por isso, a expressão usual atribuída em inglês a esses benefícios é *"tax expenditure"*, a qual pode ser traduzida como *"gasto tributário"*. Se o seu efeito é deixar de recolher tributos, é natural que, como outro lado da moeda do princípio da legalidade, também haja necessidade de lei para aprová-lo, ou seja, que o Poder Legislativo confira sua expressa autorização.

Busca-se ornar da maior garantia de chancela do Legislativo tanto a proteção da higidez das contas públicas – evitando que a concessão de subsídios desmedidos e a renúncia irresponsável de receitas públicas afetem o equilíbrio econômico dos entes federados – como a proteção da livre concorrência – evitando que determinados setores sejam indevidamente beneficiados por mero ato do Poder Executivo.[9]

Além disso, o princípio da legalidade previsto no art. 150, §6º, assume um caráter ainda mais estrito e rigoroso: tais benefícios somente podem ser concedidos por "lei específica", entendendo-se como tal "aquela que regule exclusivamente as matérias acima enumeradas [benefícios fiscais] ou o correspondente tributo ou contribuição". Não é possível simplesmente *"pegar carona"* em leis que versem sobre outros temas, sob pena de invalidade da concessão do próprio benefício. Segundo Misabel Derzi,

> Em relação a subsídios ou benefícios fiscais em geral, que sejam causas de redução ou extinção do crédito tributário – isenção, redução de base

---

[9] "O objetivo do presente dispositivo é claramente impedir o uso indiscriminado e casuístico de isenções e benefícios fiscais. *Trata-se de um limite formal ao poder de isentar.* O constituinte entendeu que não apenas o poder de tributar pode ter o poder de destruir atividades econômicas, mas também o poder de isentar e, por isso, necessita de limites claros, como proteção do sistema de direitos fundamentais. O mal uso e o uso abusivo do poder de isentar distorce o mercado, a concorrência e cria uma rede de clientelismos e artificialismos que somente afetam a eficiência econômica em geral e a justiça fiscal em particular" (CALIENDO, Paulo. Comentário ao art. 150, §6º da Constituição. *In*: CANOTILHO, J. J. Gomes *et al.* (Org.). *Comentários à Constituição do Brasil.* São Paulo: Saraiva/Almedina, 2013. Edição eletrônica.

de cálculo, concessão de crédito presumido, anistia ou remissão –, [a Constituição] impõe a edição de lei própria e exclusiva, da pessoa política competente. Ou a lei concessiva do favor disciplina o correspondente tributo a ser reduzido, ou trata exclusivamente do subsídio ou da causa extintiva ou excludente. Exige-se, portanto, não apenas que a lei discipline a matéria mediante conceitos determinados e específicos, mas ainda que formalmente verse somente sobre a questão tributária diretamente envolvida. Especificidade e exclusividade da lei tributária é o que ordena o art. 150, §6º, da CF/88 [...].[10]

Por sua vez, a Emenda Constitucional nº 20/1998 incluiu o §11 no art. 195 da Constituição, criando uma regra específica de proibição de remissão ou anistia de certas contribuições sociais de seguridade social: "Art. 195. §11. É vedada a concessão de remissão ou anistia das contribuições sociais de que tratam os incisos I, "a", e II deste artigo, para débitos em montante superior ao fixado em lei complementar".

A contribuição social de seguridade social prevista no art. 195, inc. I, "a", é aquela do empregador, da empresa e da entidade a ela equiparada na forma da lei, incidentes sobre a folha de salários e demais rendimentos do trabalho pagos ou creditados, a qualquer título, à pessoa física que lhe preste serviço, mesmo sem vínculo empregatício. Por outro lado, a contribuição social de seguridade social prevista no art. 195, inc. II, é aquela do trabalhador e dos demais segurados da previdência social.

A finalidade da norma é clara: evitar que se agrave o déficit da Previdência Social por meio da concessão indiscriminada de remissões e anistias de contribuições de seguridade social. E a limitação constitucional aqui posta pelo poder constituinte derivado é ainda mais rigorosa: nem mesmo o Poder Legislativo poderá conceder tais remissões e anistias para débitos em montante superior ao fixado em lei complementar (obviamente, se desejar fazê-lo, terá de alterar o limite previsto na referida lei complementar).

Infelizmente, essa previsão constitucional continua até hoje inócua, estando o Congresso Nacional em mora legislativa, uma vez que, passados 21 anos da inclusão do §11 ao art. 195, a lei complementar

---

[10] DERZI, Misabel Abreu Machado. Crédito tributário e lançamento. *In*: LEITE, Geilson Salomão (Coord.). *Extinção do crédito tributário*: homenagem ao Professor José Souto Maior Borges. Belo Horizonte: Fórum, 2013. p. 99-100.

requerida pela Constituição ainda não foi editada, estando ainda em tramitação alguns projetos de lei complementar nesse sentido.[11]

4 As restrições à concessão de remissão e anistia na Lei de Responsabilidade Fiscal[12]

O artigo 14 da Lei de Responsabilidade Fiscal (Lei Complementar nº 101/2000) assim estabelece:

> Art. 14. A concessão ou ampliação de incentivo ou benefício de natureza tributária da qual decorra renúncia de receita deverá estar acompanhada de estimativa do impacto orçamentário-financeiro no exercício em que deva iniciar sua vigência e nos dois seguintes, atender ao disposto na lei de diretrizes orçamentárias e a pelo menos uma das seguintes condições:
> I – demonstração pelo proponente de que a renúncia foi considerada na estimativa de receita da lei orçamentária, na forma do art. 12, e de que não afetará as metas de resultados fiscais previstas no anexo próprio da lei de diretrizes orçamentárias;
> II – estar acompanhada de medidas de compensação, no período mencionado no *caput*, por meio do aumento de receita, proveniente da elevação de alíquotas, ampliação da base de cálculo, majoração ou criação de tributo ou contribuição.
> §1º A renúncia compreende anistia, remissão, subsídio, crédito presumido, concessão de isenção em caráter não geral, alteração de alíquota ou modificação de base de cálculo que implique redução discriminada de tributos ou contribuições, e outros benefícios que correspondam a tratamento diferenciado.
> §2º Se o ato de concessão ou ampliação do incentivo ou benefício de que trata o *caput* deste artigo decorrer da condição contida no inciso II, o benefício só entrará em vigor quando implementadas as medidas referidas no mencionado inciso.
> §3º O disposto neste artigo não se aplica:
> I – às alterações das alíquotas dos impostos previstos nos incisos I, II, IV e V do art. 153 da Constituição, na forma do seu §1º;

---

[11] Os últimos projetos de lei complementar para regulamentação dessa previsão constitucional apresentados na Câmara dos Deputados foram o PLP nº 474/2018 e o PLP nº 532/2018. A relação de todos os projetos de lei versando sobre o tema na Câmara dos Deputados está disponível em: https://www.camara.leg.br/internet/infdoc/novoconteudo/html/leginfra/ArtCF2186.htm. Acesso em: 11 abr. 2019.

[12] Esta seção foi adaptada, com alguns acréscimos, de ABRAHAM, Marcus. *Lei de Responsabilidade Fiscal Comentada*. 2. ed. Rio de Janeiro: Forense, 2017. p. 147-150.

II – ao cancelamento de débito cujo montante seja inferior ao dos respectivos custos de cobrança.

A fixação de limites e condições para renúncias de receitas e geração de despesas é mais um dos mecanismos instituídos pela LRF para manter o equilíbrio fiscal, retirando do administrador público a liberdade plena e irrestrita que possuía para gastar ilimitadamente ou para conceder incentivos fiscais sem qualquer controle. Se antes bastava a previsão de crédito orçamentário para a realização de uma determinada despesa, a partir da LRF impõem-se limites, prazos e condições para tanto.

As limitações e condições aos gastos e desonerações fiscais se justificam porque, por muito tempo, a irresponsabilidade do administrador público, aliada às suas pretensões eleitoreiras de cunho populista e ao descaso em relação às gestões subsequentes, ensejava práticas extremamente danosas às contas públicas. Não era incomum, sobretudo em finais de mandatos, os gestores deixarem os chamados "testamentos políticos", oferecendo graciosos aumentos ao funcionalismo, comprometendo a gestão dos seus sucessores.[13] Igualmente, as concessões de incentivos ou renúncias fiscais muitas vezes eram feitas desprovidas de necessidade ou interesse público, com nítido atendimento a interesses particulares.

Assim, como sempre pautada pelos ideais de transparência e de controle fiscal, a LRF sabiamente atribui às renúncias de receitas igual importância à que dá às despesas públicas, vislumbrando o mesmo efeito matemático entre a renúncia de receita e um gasto, uma vez que o montante financeiro cujo ingresso era considerado no orçamento, por força da renúncia fiscal, acaba por desfalcar as disponibilidades daquele ente.

Entre as modalidades de renúncias de receitas previstas no art. 14, §1º, LRF, figuram em primeiro lugar as tradicionais remissão e anistia, mas devemos recordar que, por força de mandamento constitucional analisado (art. 150, §6º, CF/88), a mesma sistemática foi estendida a outras espécies de incentivos ou benefício de natureza tributária da qual decorra renúncia de receita.

Por isso, a lista prevista no referido §1º é apenas exemplificativa, e não taxativa, havendo uma cláusula final para abarcar qualquer outro benefício que corresponda a tratamento diferenciado: "A renúncia

---

[13] FIGUEIREDO, Carlos Mauricio; NÓBREGA, Marcos. *Responsabilidade fiscal*: Aspectos polêmicos. Belo Horizonte: Fórum, 2006. p. 68.

compreende anistia, remissão, subsídio, crédito presumido, concessão de isenção em caráter não geral, alteração de alíquota ou modificação de base de cálculo que implique redução discriminada de tributos ou contribuições, *e outros benefícios que correspondam a tratamento diferenciado*" (grifo nosso).

Não obstante o efeito esperado do incentivo seja a adoção de uma determinada prática ou conduta do beneficiário do incentivo que gere, por consequência, um ganho à comunidade local, sempre se questionou se estes incentivos fiscais são realmente eficientes na busca do fomento e do desenvolvimento de determinadas atividades, regiões ou de setores econômicos ou sociais, a partir de uma ponderação entre os custos financeiros desses incentivos fiscais e os resultados efetivamente materializados, em contrapartida da aplicação direta dos subsídios ou transferências financeiras, além, é claro, dos nefastos efeitos da competição horizontal entre os entes da Federação, fenômeno comumente conhecido por "guerra fiscal".

Diante desses problemas, e pela dificuldade de quantificação orçamentária e de dimensionamento dos resultados em detrimento da redução arrecadatória decorrente dos incentivos fiscais, a LRF, em seu art. 14, *caput* e incisos, para conferir maior racionalidade, controle e transparência, determinou que a concessão ou ampliação de incentivo ou benefício de natureza tributária da qual decorra renúncia de receita deverá estar acompanhada de estimativa do impacto orçamentário-financeiro no exercício em que deva iniciar sua vigência e nos dois seguintes, atender ao disposto na lei de diretrizes orçamentárias, bem como observar pelo menos uma das seguintes condições: I) demonstração de que a renúncia foi considerada na estimativa de receita da lei orçamentária, e que não afetará as metas de resultados; II) estar acompanhada de medidas de compensação, por meio do aumento de receita, proveniente da elevação de alíquotas, ampliação da base de cálculo, majoração ou criação de tributo ou contribuição (neste último caso, o benefício só entrará em vigor quando implementadas as medidas referidas neste inciso II, nos termos do art. 14, §2º).

Entretanto, segundo o art. 14, §3º, a regra não se aplica às alterações das alíquotas dos impostos previstos nos incisos I, II, IV e V do art. 153 da Constituição Federal de 1988 (II, IE, IPI e IOF), exatamente por se tratar de impostos extrafiscais, fazendo parte da própria mecânica a alternância e variabilidade da carga fiscal na sua incidência, não caracterizando a eventual redução de alíquota uma renúncia fiscal. Igualmente, a ressalva é feita quanto ao cancelamento de débito cujo montante seja inferior ao dos respectivos custos de cobrança, por força do princípio da eficiência. Para exemplificar, a este respeito, o TCU já eximiu a ANATEL de cobrar valores vencidos e não pagos de taxa de fiscalização de funcionamento cujos custos de cobrança seriam superiores aos valores a serem arrecadados.[14]

Registre-se que essas exigências, aliás, acompanham e detalham a previsão do art. 165, §6º, da Constituição, já anteriormente comentado, o qual impõe que o projeto de lei orçamentária seja acompanhado de demonstrativo regionalizado do efeito, sobre as receitas e despesas, decorrente de isenções, anistias, remissões, subsídios e benefícios de natureza financeira, tributária e creditícia.

5 Conclusões

Ao chegarmos ao final deste artigo, convém agora recapitular os principais temas nele tratados.

Em primeiro lugar, foram definidos os conceitos de remissão e anistia a partir dos contornos dados a esses institutos pelo CTN, bem como delimitadas suas diferenças e condições para sua concessão. Posteriormente, verificamos como se deu o tratamento da questão no âmbito constitucional, que evoluiu de restrições apenas quanto às hipóteses clássicas de remissão e anistia para qualquer tipo de benefício fiscal, vinculando-os ao princípio da legalidade estrita (art. 150, §6º, CF/88) e permitindo que os representantes do povo reunidos em Parlamento decidam sobre tais concessões.

Também vimos a necessidade de que o projeto de lei orçamentária seja acompanhado de demonstrativo regionalizado do efeito, sobre as receitas e despesas, dos benefícios fiscais concedidos (art. 165, §6º, CF/88) e a proibição constitucional específica ao próprio Poder Legislativo (art. 195, §11, CF/88) de conceder remissões e anistias quanto a débitos de certas contribuições de seguridade social em montante superior ao fixado em lei complementar (a qual ainda não foi editada), como forma de evitar que se agrave o déficit da Previdência Social.

Por fim, analisamos os requisitos exigidos pelo art. 14 da Lei de Responsabilidade Fiscal para a realização de renúncia de receita pública (conceito no qual também se inserem as remissões e anistias) como forma de manter o equilíbrio fiscal, retirando do administrador público

---

[14] TCU. Acórdão 2.294/2009 (AC-2294-40/09-P). Rel.: Min. AUGUSTO SHERMAN CAVALCANTI. Plenário. Sessão: 30.09.2009. *DOU* 02.10.2009.

a liberdade plena e irrestrita que possuía para gastar ilimitadamente ou para conceder incentivos fiscais sem qualquer controle.

Informação bibliográfica deste texto, conforme a NBR 6023:2018 da Associação Brasileira de Normas Técnicas (ABNT):

ABRAHAM, Marcus. As restrições à concessão de remissão ou anistia. *In*: SARAIVA FILHO, Oswaldo Othon de Pontes; SIQUEIRA, Julio Homem de; BEDÊ JÚNIOR, Américo; FABRIZ, Daury César; SIQUEIRA, Junio Graciano Homem de; CUNHA, Ricarlos Almagro Vitoriano (Coord.). *Limitações formais e materiais ao poder de tributar*. Belo Horizonte: Fórum, 2021. p. 185-199. (Coleção Fórum Princípios Constitucionais Tributários – Tomo II). ISBN 978-65-5518-122-7.

A SEGURANÇA JURÍDICA E A PROTEÇÃO DA CONFIANÇA

MISABEL ABREU MACHADO DERZI

Introdução

O Estado de Direito não é apenas o Estado das leis, como lembra Mattern, pois administrar conforme a lei é antes administrar conforme o Direito, razão pela qual a proteção da confiança e a boa-fé são componentes indivisíveis da legalidade, do Estado de Direito e da Justiça. Em obra profunda sobre o tema, explica Roland Kreibich que alguns juristas alemães utilizam a expressão boa-fé como sinônima de proteção da confiança; outros, como Krieger, Thiel, etc., consideram a proteção da confiança um resultado ou consequência legal da boa-fé; há aqueles ainda, como Mattern, que sobrepõem o princípio da proteção da confiança, para eles mais abrangente, como um "Tatbestand-mãe", ao princípio da boa-fé. Em geral, a expressão boa-fé é utilizada frequentemente para designar as situações individuais, os casos concretos que envolvem a proteção da confiança.[1]

Pondera Kreibich que, no plano abstrato e geral, existem aplicações inerentes ao princípio da proteção da confiança, que não têm relação direta com a boa-fé, a saber: (a) a irretroatividade das leis; (b) a obrigatoriedade do cumprimento de promessas e de prestação de informações; (c) a proteção contra a quebra ou modificação de regras administrativas; (d) a proteção contra a modificação retroativa da jurisprudência; e (e) a garantia da execução de planos governamentais.

---

[1] Cf. KREIBICH, Roland. Der Grundsatz von Treu und Glauben im Steuerrecht. Band 12. C.F. Muller Verlag, Heildelberg, 1992, p. 188.

E acrescenta que, em geral, prevalece a concepção, aliás dominante nos tribunais superiores daquele País, de que o princípio da proteção da confiança deve ser considerado um princípio mãe, deduzido do Estado de Direito, através da segurança.[2]

Assim, em toda hipótese de boa-fé existe confiança a ser protegida. Isso significa que uma das partes, por meio de seu comportamento objetivo, criou confiança em outra, que, em decorrência da firme crença na duração dessa situação desencadeada pela confiança criada, foi levada a agir ou manifestar-se externamente, fundada em suas legítimas expectativas, que não podem ser frustradas. Mas Kreibich aponta como divergência existente entre o princípio da proteção da confiança e o da boa-fé o fato de o primeiro, por ser mais abrangente, aplicar-se às situações gerais, abstratas e àquelas concretas; já o segundo, o princípio da boa-fé somente alcança uma situação jurídica individual e concreta, ou seja, alcança não as leis e os regulamentos normativos, mas apenas os atos administrativos individuais e as decisões judiciais. E traça o seguinte quadro explicativo, como resultado da comparação entre o princípio da proteção da confiança e o da boa-fé:[3]

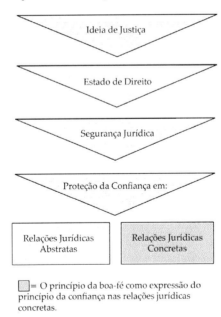

☐ = O princípio da boa-fé como expressão do princípio da confiança nas relações jurídicas concretas.

---

[2] Cf. Der Grundsatz von Treu und Glauben im Steuerrecht, *op. cit.*, p. 24-25.
[3] Cf. *op. cit.* p. 59.

Em conclusão, Kreibich define o princípio da boa-fé como um princípio jurídico em geral (universal), válido para todas as áreas jurídicas, e sem restrições no Direito Tributário, sendo direito não escrito, que exige um comportamento leal e confiável de todos os envolvidos em uma relação jurídica concreta, e que, sendo ainda expressão da ideia da proteção da confiança no Direito Constitucional, através da segurança jurídica, decorre do Estado de Direito e da ideia de justiça (que lhe determina o sentido).[4]

Devemos fazer algumas ressalvas ao modelo de Kreibich, a fim de adaptá-lo à ordem jurídica nacional. Em nossa opinião o jurista está corretíssimo quando alerta para o fato de que o princípio da proteção da confiança tem núcleo comum com o da boa-fé objetiva, e tal núcleo somente se alcança nas relações jurídicas concretas. Já o princípio da proteção da confiança é mais amplo, abarcando ainda situações em abstrato.

Apesar das situações de superposição, entendemos que o princípio da proteção da confiança não se esgota com o da boa-fé objetiva, e a recíproca é também verdadeira. Existe um espaço de atuação da boa-fé objetiva, como fonte de deveres da Administração tributária, que a proteção da confiança não alcança. Assim, preferimos entender que ambos, proteção da confiança e boa-fé, sendo princípios constitucionais deduzidos da segurança jurídica, como valor e como princípio, se integram em muitas circunstâncias, como ocorre com a maioria dos princípios, mas não se anulam um no outro.

Os princípios da proteção da confiança e da boa-fé objetiva, ao lado da proporcionalidade, que inspiravam a doutrina e a jurisprudência germânicas, passaram a influenciar, decisivamente, as decisões da Corte de Justiça Europeia no Direito Tributário, de onde se projetaram para todo o direito europeu contemporâneo. Silvia Calmes (V. *Du principe de protection legitime em droits allemand, communautaire et français*. Paris: Dalloz, 2001), em obra de doutoramento na França, dá notícia profunda dessas transformações e, especialmente, das reservas com que vê as transposições desses princípios dos Direitos alemão e comunitário à ordem jurídica francesa. Vendo, nessa influência, um fator de risco para as tradições jurídicas francesas, ou a possibilidade de petrificação geral do Direito, em razão do fortalecimento da segurança e do Estado de Direito, a autora, não obstante, acaba reconhecendo a necessidade de implementação de mudanças na ordem jurídica de seu país, em pelo menos três aspectos: a) na necessidade de se estabelecer uma obrigação

---

[4] Cf. *op. cit.* p. 198.

geral de respeito aos termos fixados, aos prazos legais (nas isenções, p. ex.) quer pelo legislador, quer pelo administrador. Essa obrigação não precisa derivar do princípio da proteção da confiança, mas pode derivar do velho *"pacta sunt servanda"*; do direito adquirido ou da teoria da propriedade. Havendo desrespeito ao termo fixado, caberia uma indenização, hoje inexistente naquela ordem jurídica; b) na necessidade de se criar a obrigação geral de não retroatividade no Direito Tributário relativamente aos três poderes, ao Legislativo, ao Executivo e ao Poder Judiciário. Como se sabe, as Constituições europeias não consagram a irretroatividade para o Direito em geral, mas expressamente apenas para o Direito Penal ou Sancionatório. Ora, não apenas o legislador deve estar proibido de retroagir, mas também a jurisprudência não pode atingir situações já constituídas no passado. As reviravoltas jurisprudenciais têm para o cidadão os mesmos efeitos que as modificações legislativas retroativas; c) finalmente, as mudanças do legislador, quando necessárias, devem se alimentar do princípio da proporcionalidade (que também é francês), instalando-se uma obrigação geral de adoção de medidas transitórias, aplicáveis às situações em que, embora não se possa falar em direito adquirido, em decorrência do não preenchimento de todos os requisitos legais, as expectativas são fortemente criadas, pelo decurso do tempo transcorrido (como pode ocorrer nas alterações realizadas no estatuto do funcionário público ou da previdência social).[5]

Os textos invocados dão ideia da complexidade do tema e antecipam a miscigenação entre os princípios da proteção da confiança, da boa-fé e da irretroatividade. Tudo isso decorre da função de garantia subsidiária, atribuída ao princípio de proteção da confiança, pois onde a ordem jurídica é frágil em direitos fundamentais, quer ligados à segurança, à igualdade, à propriedade, à dignidade humana, ao pleno desenvolvimento da personalidade, em toda parte manifesta-se a proteção da confiança. As conclusões de Kreibich, com as quais afinal concordamos, não são simples.

1 A proteção da confiança como princípio constitucional e suas relações com a irretroatividade e outros direitos fundamentais

Antes de tratar do tema segundo a dogmática nacional, enfoquemos brevemente o tratamento em geral conferido na Alemanha e na Suíça.

---

[5] Cf. *op. cit.* p. 550-562.

1.1 Segundo a dogmática alemã e suíça

O princípio da proteção da confiança, em textos isolados, já era invocada na Alemanha, na época da Constituição de Weimar, mas foi, após as grandes guerras, que demonstrou a sua força, desenvolvendo-se, a partir de então, trabalhos dogmáticos muito profundos. As teorias germânicas tiveram reflexos em outros países, em especial na Suíça, onde o princípio da boa-fé obscurecia o entendimento relativo à proteção da confiança. Após os trabalhos sistemáticos de Günter, Kisker e Günter Pütner, na década de 1970 e, posteriormente, os de Volkmar Götz o tema entrou definitivamente no Direito Público e nas fundamentações da Corte Constitucional alemã.[6]

Invocando R. M. Rilke, em seu trabalho, com a expressiva consideração de que "quem confia é forte", Herrmann-Josef Blanke faz um interessante relato das posições jurisprudenciais e dogmáticas do princípio da proteção da confiança e, em especial, da renovação de sua importância, a partir da reunificação do País.[7] Se foi relegado a segundo plano no ensino jurídico em certo período, desfruta hoje de *status* incontestável, depois de ter sido "inserido", pela dogmática e pela jurisprudência, por mais de cinquenta anos, na Lei Fundamental. Ganhou projeção e importância renovada na reunificação, pois obrigou a República Federal alemã a considerar as posições jurídicas das pessoas, já consolidadas anteriormente, para respeitá-las por força do Estado de Direito. Esse fato explica assim a proliferação de teses e de dissertações nas academias, que vêm à luz com tal fartura; o fenômeno já foi chamado de "incontrolável", como lembra Weber-Dürler.

Na Suíça, por volta de 1950, o Tribunal Federal já dá início à proteção do cidadão, àquele que confia em informações falsas, fornecidas por órgãos públicos, baseando-se na boa-fé (*Treue und Glauben*). Em 1968, o mesmo Tribunal fundamentará o princípio da boa-fé diretamente na Constituição. Pouco depois, na década de setenta, o mesmo Tribunal baseará a sua decisão, para proteger o cidadão, que acreditou em informação oficial equivocada, na proteção da confiança, sem invocar a boa-fé. Segundo Weber-Dürler, a proteção da confiança ganhará, também na Suíça, depois de 1970, autonomia, pois passará a contribuir para a solução de casos, que haviam sido excluídos do âmbito de aplicação

---

[6] Cf. WEBER-DÜRLER, Beatrice. Vertrauensschutz im öffentlichen Recht. Helbing & Lichtenhahn. 1983, Basel – Zürich, p. 6.

[7] Cf. BLANKE, Herrmann-Josef. Vertrauensschutz im deutschen und europäischen Verwaltungsrecht. Jus Publicum, vol. 57, Tübingen, Editora Mohr Siebeck, 2000.

da boa-fé objetiva. Isso não significa que a proteção da confiança tenha surgido apenas após 1970, ela já se manifestara muito antes. O que se dá é que a dogmática e a jurisprudência não tinham feito a ligação entre os vários casos isolados, sistematizando os problemas e solucionando-os por meio do princípio da proteção da confiança, para uma resposta uniforme. Com o "aparecimento do verbete proteção da confiança ocorreu não só uma superação terminológica, mas ficou patenteado o caminho para reconhecer e superar toda a problemática".[8]

Aplica-se a todos os ramos do Direito e tem manifestado a sua eficiência no Direito Administrativo (notavelmente no setor de construções e edificações); no Direito Ambiental e de Energia Nuclear (dosando e atenuando o papel cada vez mais restritivo desse ramo jurídico); no Direito Social e no Direito Tributário. Confiança passou a ser a palavra "conceito-chave" para a fundamentação de um pedido de compensação estatal.[9]

1.2 Delimitação geral do objeto da proteção da confiança aplicável ao Direito Público no Brasil

Indicamos, neste tópico, uma delimitação diferencial do tema no Direito Público. A proteção da confiança coincide, em vários pontos, com aquela proveniente do Direito Privado, mas tem características especiais. O fato indutor da confiança é criado pelo Estado ou por órgãos públicos estatais. Essa a peculiaridade mais relevante, da qual resultarão outras, como da obrigatoriedade dos atos administrativos e da vinculatividade resultante dos atos estatais em geral. À vista da violação da confiança ou da ameaça de fazê-lo, o cidadão volta-se contra o próprio Estado, para exigir a proteção da confiança nele depositada. Teremos aqui a presença dos seguintes pressupostos:

(a) fato comissivo ou omissivo do Estado, realizado no passado, que desencadeará a confiança do cidadão, ou estará apto a fazê-lo;

(b) configuração da confiança percebida e justificada. Alguns juristas preferem se referir à relevância da base da confiança, pois o princípio deve ter uma materialidade consistente – não se limitando a um conteúdo vazio – conteúdo que preenche com o rol dos direitos e garantias individuais da Constituição (sem prejuízo de a própria

---

[8] Cf. WEBER-DÜRLER, Beatrice. Vertrauensschutz im öffentlichen Recht. Helbing & Lichtenhahn., *op. cit.*, p. 7.

[9] Cf. MAURER, HStR III, §60, nr. lateral 5, *apud* JOSEF-BLANKE, Herrmann. Vertrauensschutz im deutschen und europäischen Verwaltungsrecht, p. 2-3.

proteção da confiança configurar um direito em si). Essa visão para a grande maioria se aplica, indiscriminadamente, a todas as áreas e ramos do Direito, em especial nas questões de retroação dos atos legislativos, executivos ou judiciais. Segundo alguns, entretanto, haverá áreas, dentro de um mesmo campo do Direito, por exemplo, dentro do Direito Tributário, em que o princípio da proteção da confiança aflorará de modo mais ou menos forte.

Dentro dessa perspectiva, de graduações da intensidade do princípio, se encontra Kyrill-A. Schwarz. O autor defende um diferente peso na avaliação da proteção da confiança dentro de um mesmo ramo jurídico, por exemplo, dentro do Direito Tributário. Baseando-se na velha distinção entre tributos fiscais (que se prestariam a distribuir os encargos públicos, cobrindo a demanda financeira da coletividade) e extrafiscais (que servem às normas de direção e de intervenção econômica), ressalta que as últimas são mais apropriadas para suscitar os fatos jurídicos da confiança. As primeiras, meramente fiscais, conquanto formem uma "moldura para o comportamento individual, entretanto não motivam uma expectativa de persistência elevada junto ao destinatário da norma". Já as normas de direção e intervenção mostram-se de outra forma: "elas perdem seu sentido, se seus destinatários agirem confiantes na aparência de direito do benefício prometido, sem ainda tê-lo recebido. Exatamente a oferta de uma vantagem tributária, que repouse no interesse geral, estabelece, junto aos cidadãos que aceitam a oferta e se deixam instrumentalizar para fomento do interesse geral, uma relação de confiança, que recai sob a proteção da ordem jurídica. Para essa relação vale o axioma *pacta sunt servanda*".[10]

Nesse ponto, tem razão o jurista, mesmo à luz do Direito brasileiro, pois as normas tributárias, não incentivatórias, não criam expectativas especiais de continuidade da legislação, não mais do que em outros ramos especializados do Direito, até no Direito Penal. A qualquer momento, o legislador poderá incluir fatos, até então considerados não jurígenos no campo de incidência das normas, ou aumentar as alíquotas e bases de cálculo dos tributos já existentes. Inexiste, para o futuro, um direito à persistência das leis tributárias, no ponto em que se encontram. Sabe-se que, sem discutirmos o mérito da criação de um imposto sobre o patrimônio líquido, por não ser esse um tema relevante neste trabalho, nenhum contribuinte poderá pretender a

---

[10] Cf. SCHWARZ, Kyrill-A. Vertrausenschutz als Verfassugsprinzip. Eine Analyse des nationalen Rechts, des Gemeinschaftsrechts und der Beziehungen zwischen beiden Rechtskreisen. Baden-Baden. Nomos Verlagsgesellschaft, 2002, p. 298-299.

continuidade da omissão do legislador infraconstitucional, relativamente à instituição do imposto sobre as grandes fortunas. O que ele poderá exigir, como direito individual, e fundamental, será a observância da não retroação da lei que criar o novo tributo. Somente nesse ponto começam as diferenças relevantes entre o modelo da ordem positiva suíça ou germânica e a ordem constitucional brasileira. Entendemos que a Constituição da República, ao consagrar, de forma tão clara, o princípio da irretroatividade em relação a fatos jurídicos, acontecidos antes da vigência da lei, cristaliza em garantias "imóveis" a não retroação da lei tributária. Esse fenômeno, da busca do princípio da proteção da confiança, para suprir um déficit da ordem positiva, não é necessário, entre nós, no que tange à irretroatividade, modelada de forma tradicional. Ou seja, a garantia da irretroatividade é direito fundamental relativo à preservação do passado, apenas isso. Deixe-se o passado, como fato passado, um "agora" que não mais se dá.

Enfim, em relação aos fatos pretéritos, inteiramente ocorridos no passado, aplica-se a irretroatividade sem necessidade de se recorrer à proteção da confiança ou da boa-fé, no Brasil. Perguntas como: houve fato indutor da confiança? Houve confirmação da confiança e investimento na confiança? São desnecessárias. A morte do *de cujus* é fato jurídico, que independe da vontade da pessoa beneficiada pela herança, ou de sua boa-fé, mas o princípio da irretroatividade garante que o imposto poderá ser pago de acordo com a lei vigente, no momento da abertura da sucessão. Portanto, também o princípio da irretroatividade não coincide inteiramente com o da proteção da confiança.

O princípio da proteção da confiança envolve o passado (ato gerador estatal da confiança), mas se projeta para o futuro. Nele, estão envolvidos passado, presente e futuro. Quando as promessas públicas são traídas, a questão que se põe, de forma consistente, é: o que deverá atenuar as frustrações relativas àquilo que se teria alcançado se não tivesse havido a intervenção do Estado, abortando a promessa, o incentivo, o benefício. Isso não significa que, em vários pontos, mesmo em relação à irretroatividade, não aflore, como veremos, mesmo no Brasil, a proteção da confiança, como princípio ético-jurídico, como direito e garantia fundamental, impondo-se a responsabilidade do Estado pela confiança gerada. É o que ocorre, intensamente, nos casos de justiça prospectiva, em que a irretroatividade, compreendida em sua forma clássica – por não se apresentar o direito adquirido ou o ato jurídico perfeito – falha como garantia expressa. É o que ocorre em relação às expectativas de direito, não ainda direitos adquiridos, fortalecidas pelo decurso do tempo, os chamados "direitos expectados", a que nos referiremos no momento oportuno, que são voltados, tanto para o passado como para o futuro, falando-se, muitas vezes entre nós, de direitos da transição;

(c) confirmação da confiança, que incorpore o futuro, por meio de decisões, ações e comportamentos decorrentes, ou seja, disposições e investimento da confiança por parte do cidadão, embora esse aspecto seja muito relativizado, sendo dispensado em certas circunstâncias;

(d) avaliação do interesse público predominante, em relação à mudança do comportamento do Estado, que o cidadão caracteriza como violação da confiança;

(e) consequências positivas para manutenção da confiança (assegurando-se ao prejudicado o ato indutor da confiança) ou negativas (autorização imediata da modificação, com compensação dos prejuízos sofridos pelo cidadão), tudo a depender da avaliação do interesse público predominante.

As considerações de Kyrill-A. Schwarz são adequadas nesse momento. Existe um reforço especial da confiança nas leis tributárias incentivatórias, de direção e intervenção econômicas, que direcionam as ações do contribuinte para certos empreendimentos e investimentos, sob a promessa de benefícios tributários. Em especial quando tais benefícios se concretizarem em certo prazo no futuro. O cancelamento de tais leis, de forma surpreendente, faz aflorar o princípio da confiança em toda a sua pujança, já que se pode oscilar entre as consequências positivas e negativas da responsabilidade. Ou o Estado respeita o prazo concedido, originariamente, ao benefício, ou revoga-o, mediante proteção negativa, resolvendo-se a matéria em indenização por perdas e danos. Entre nós, é verdade, a lei proíbe mesmo a revogação de isenções, tal a segurança jurídica atendida, se foi concedida sob condição onerosa e a prazo certo (conforme art. 178 do Código Tributário Nacional). Mas a mesma questão se coloca, diferentemente, em face de isenções condicionadas onerosamente, mas não sujeitas a termo, em que o legislador, embora cancelando o benefício e podendo fazê-lo, o faz em prazo tão curto que não é possível ao investidor, crente e confiado, recuperar o investimento feito. Ou ainda, volta a discussão, com ênfase na hipótese de isenções e benefícios concedidos irregularmente (campo fértil da guerra fiscal entre Estados e Municípios), em que os decretos implementadores do benefício, internos, estaduais, por sua generalidade, guardam aparência de legitimidade.

Muitos juristas alertam ainda para o fato de que o princípio, que veda *venire contra factum proprium*, não pode ser equiparado ao princípio da proteção da confiança, pois, na argumentação, ele nem sequer se refere à situação do cidadão. Já o princípio da proteção da confiança envolve situações – o comportamento do Estado e o do cidadão, que confiou – contrapostas. Na proibição dos atos contraditórios, a "visão estaria exclusivamente voltada para o Estado", o que não dá notícia da abrangência e das complexidades do princípio da proteção da confiança.[11]

Mas, tanto na Alemanha como na Suíça, o princípio da proteção da confiança rompe com uma característica, considerada natural no Direito Privado, ramo em que ele se aplica, indiferentemente, a qualquer das partes. No seio do Direito Público, não obstante, o princípio da proteção da confiança configura um direito individual fundamental, extraído da Constituição, que somente defende a confiança das pessoas privadas, em face das ações ou omissões dos órgãos estatais. É o que veremos a seguir, como introdução ao tema, facilitando, dessa forma, o desenvolvimento do raciocínio.

2 De plano: o princípio da proteção da confiança somente protege o cidadão/contribuinte ou o privado, contra o Estado

O princípio da proteção da confiança, no Direito Público, não importa a ordem jurídica em referência, deve ser unilateralmente compreendido, sempre em favor do cidadão, do contribuinte, do jurisdicionado e contra o Estado – e isso decorre simplesmente do fato de que o ato indutor da confiança é sempre estatal (ato normativo legal; administrativo ou judicial), que, em posição de imperatividade dominante, cria a base da confiança. Todo aquele que tem o domínio da situação e praticou o ato não tem confiança a proteger.

A dogmática e a jurisprudência alemãs e suíças utilizam o princípio da proteção da confiança como princípio e como direito fundamental individual, que somente o privado reivindica em contraposição à Administração Pública, ao Poder Legislativo e Poder Judiciário, quando os poderes do Estado criam o fato gerador da confiança. Nas palavras de Weber-Dürler:

> A Administração irá gerar confiança em virtude da multiplicidade da atividade administrativa de modos muito distintos, por exemplo, através de informações ou promessas, através de atos administrativos, através de contratos jurídico-administrativos e através do ato de tolerar uma

---

[11] As considerações foram extraídas e adaptadas da obra de Beatrice Weber-Dürler, Vertrauensschutz im öffentlichen Recht. Helbing & Lichtenhahn., *op. cit.*, p. 8-9.

situação; além disso, regulamentações, a praxe administrativa até então, o trabalho de publicidade da Administração, bem como a existência de determinadas instituições públicas poderão ter como consequência confiança e disposições condicionadas à confiança do cidadão. Na Justiça, a proteção da confiança se torna atual, sobretudo, frente a alterações jurisprudenciais, apesar de também ocorrerem outros fatos constitutivos de uma realidade que fundamentam confiança, como despachos dos tribunais, informações sobre recursos jurídicos ou informações de pessoas do tribunal. Por fim, inclusive o legislador vai ser fundamento para a confiança do cidadão, pois a tarefa da legislação é justamente garantir previsibilidade e possibilidade de avaliação.[12]

Assim sendo, somente se tem admitido a plena aplicação do princípio da proteção da confiança para favorecer uma pessoa jurídica de Direito público contra uma outra pessoa igual ou contra o Estado, em se tratando de reduções de subvenções, de transferências, desde que se caracterize a ruptura da confiança. A questão de saber se a proteção da confiança das pessoas de Direito Público, umas contra as outras, se desdobra nas mesmas soluções ou dilemas e com igual intensidade como se dá no privado, ainda está por se explicar. Segundo Weber-Dürler, isso ainda não ficou claro.[13] Enfim, sempre se exclui das teses e dissertações, ou das considerações dogmáticas (também a jurisprudência não se pronunciou sobre o assunto, a não ser em duas decisões isoladas, na Suíça, em caráter de *obiter dictum* aleatório), a proteção da confiança em favor do Estado, nas situações em que está envolvido com o administrado ou o cidadão/contribuinte. Isso parece tão evidente que seria proteger o Estado, em relação a seus próprios atos, mesmo se ilícitos.

Arrolamos a seguir os argumentos em favor da consideração do princípio da proteção da confiança de modo unilateral, exclusivamente a favor do cidadão/contribuinte e contra o Estado, resumidamente:

(I) é notável a relação de dependência do cidadão em relação ao Estado, em seus atos de intervenção e de regulação, de modo que o ente estatal tem mais recursos, e muito mais abrangentes, para se prevenir de uma decepção. Basta considerar que ele pode inventar tributos novos ou majorar os já existentes. Recentemente, para enfrentar a perda da contribuição social sobre a movimentação financeira, a CPMF, a União elevou a alíquota de vários impostos, inclusive do imposto

---

[12] Cf. Vertrauensschutz im öffentlichen Recht. Helbing & Lichtenhahn., *op. cit.*, p. 10.
[13] Cf. *op. cit.* p. 10.

sobre operações financeiras, IOF. Em período curto de tempo já tinha reposto todas as "perdas" sentidas. No passado recente fez o mesmo para enfrentar condenações judiciais de elevado valor. Na verdade, como ensinou Niklas Luhmann, todo aquele que tem posição soberana em relação aos acontecimentos/eventos não tem confiança a proteger;

(II) se a proteção fosse considerada em favor do Estado, poderia ficar vulnerado o Estado de Direito, já que, apoiado na sua confiança, o Estado não poderia alcançar uma posição jurídica melhor em face do cidadão do que, de qualquer modo, já resulta da lei;

(III) os atos, ações e omissões do cidadão em face do Estado, abusivos ou fraudulentos, delituosos e de má-fé, todos já são previstos e sancionados nos termos da lei, mas é significativo, como explica Weber-Dürler, "que, nesse contexto, sempre se fala do abuso de direito do cidadão, e não da proteção da confiança do Estado".[14]

3   O que é digno de proteção?

Em relação às especificidades que o Direito Público contém – unilateralidade da aplicação do princípio da proteção da confiança ao cidadão (e não ao Estado) e sopesamento do interesse público –, questiona-se a aplicabilidade dos requisitos gerais do princípio da proteção da confiança, prevalecendo o entendimento de que os institutos jurídicos do Direito Civil são adequados "no que couber", ou seja, se inexistir incompatibilidade, passando então a segundo plano. Além disso, a hierarquia das normas, vigorante no Direito Administrativo, é outro marco diferencial importante. Mas uma coisa é certa: as bases constitucionais do princípio da proteção da confiança (e, igualmente na Suíça, da boa-fé) estão definitivamente plantadas.

Critica-se, entretanto, o caráter "difuso" do princípio da proteção da confiança, assim como ainda da boa-fé. Os esforços, para afastar-lhes a relativa indeterminação, trouxeram-lhes terminologia diferenciada: a confiança, diz-se, agora, "legítima" ou "justificada"; a boa-fé será sempre boa-fé "objetiva". Mas no Direito Público a proteção da confiança ganha alta relevância em duas situações diferentes:

(I) nas situações juridicamente falhas, errôneas e, por isso, ilícitas ou ilegais, praticadas pelo Estado, indutoras de confiança, que, para o futuro, não podem ser mantidas, ou o são precariamente, mas que, em todo caso, suscitam a proteção da confiança do cidadão e da sua boa-fé;

---

[14] Cf. *op. cit.* p.12.

(II) nas situações legalmente corretas, que já delimitaram a esfera jurídica do cidadão, no momento em que a intervenção da Administração Pública altera o quadro, revogando benefícios antes concedidos ou criando encargos de toda natureza, retroativos, o que fere as expectativas anteriormente geradas, nas quais o cidadão tinha investido.

Com isso, devemos especificar o que é digno de proteção em seu conteúdo, a saber:

(a) a continuidade da ordem jurídica, especialmente em face do legislador, é descrita na jurisprudência e na literatura às vezes com sinônimos imprecisos, sendo destacados termos que têm parentesco quanto ao sentido, como "inviolabilidade" (*Unverbrüchlichkeit*) do ordenamento legal, "confiabilidade", previsibilidade" (*Berechenbarkeit*), "diagnóstico precoce" (*Vorhersehbarkeit*) e "segurança de orientação" (*Orientierungssicherheit*). Ela é ainda associada ao princípio da segurança jurídica, como já realçamos, fruto do Estado de Direito. Para a cadeia de raciocínios, a confiabilidade do ordenamento jurídico e a previsibilidade das intervenções do Estado conduzem à proteção da confiança na continuidade da lei ou da norma;[15]

(b) a proteção da continuidade, do ponto de vista material, vincula-se em sequência, especificamente, à proteção da propriedade e do patrimônio pelo Direito Constitucional, conforme o art. 14 da Lei Fundamental alemã. Também a Corte Administrativa Federal definiu a garantia, oferecida pelo Direito Constitucional, no que concerne ao exercício da propriedade, como "ponto mais importante da proteção da continuidade". Para essa força mantenedora de *status* por meio da proteção da continuidade, o modo de dizer "propriedade cria confiança" reivindica validade também no sentido contrário: "confiança cria propriedade";[16]

(c) a fidelidade ao sistema e à justiça, ideia que tem parentesco com o princípio da proteção da confiança, também pode ser desenvolvida para fundamentá-lo, por seu efeito garantidor da igualdade, em especial no direito ao planejamento. Nessa área ele já foi condensado como princípio de justiça objetiva e de fidelidade aos princípios, no seio de determinada estrutura de ordem existente, como uma regra de "sequência correta", para compreensão do direito de igualdade. Isto

---

[15] Cf. JELLINEK, Allgemeine Staatslehre, p. 369 f.; KLEIN/BARBEY, Bundesverfassungsgericht, p. 65 ff., DEGENHART, Systemgerechtigkeit, p. 72; PIEROTH, Rückwirkung, p. 120; Cf. BVerfGE 24, 75 (98); Pfaff/Hoffmann, Excurse, p. 140, 142; PIEROTH, Rückwirkung, p. 121 *apud* HERRMANN JOSEF-BLANKE. Vertrauensschutz im deutschen und europäischen Verwaltungsrecht, *op. cit.* p. 36.

[16] Cf. BVerwGE 50, 49 (57), com outras comprovações, *apud* JOSEF-BLANKE, Herrmann. Vertrauensschutz im deutschen und europäischen Verwaltungsrecht, *op. cit.* p. 37.

também é confirmado pelo desdobramento do raciocínio da justiça do sistema (*Systemgerrechtigkeit*) no direito de planejamento, onde ele foi aplicado, formando o princípio da justiça objetiva e da fidelidade aos princípios;[17]

(d) *a proteção da disposição concreta ou do investimento* é considerada "circunstância decisiva" para a atuação da proteção da confiança. Desta forma, a proteção da confiança foi definida como "instituto jurídico com o objetivo da proteção à disposição" ou investimento. Este tópico foi, confessadamente, deduzido do Tatbestand da confiança, trabalhado pelo Direito Civil, sendo frequentemente invocada a autoridade de Canaris na matéria. O investimento da confiança pode ser definido como o componente subjetivo do "valor da segurança jurídica". O critério da necessidade da disposição (como decisões tomadas, ações ou omissões ou ainda investimentos de qualquer natureza) permite apoiar a confiança em elementos materiais externos, ou seja, em elementos circunstanciais subjetivos mais concretos, concedendo àquele que confia condições de reivindicar a conservação de uma posição jurídica favorável por ter exercido a confiança.[18] Nesse sentido abrangente, tanto a dogmática alemã como a suíça realçam que, no Direito Público, a proteção da disposição e do investimento, em sentido amplo, quer dizer então a liberdade de poder tomar decisões, se autodeterminar e dar forma ao futuro, tendo, como base, leis, normas administrativas e decisões judiciais estáveis.[19] Utilizam-se assim, da

(d.1) *prática da confiança como indicador*, que deve evidenciar uma relação causal entre a confiança e a decisão tomada pelo cidadão, em face dos atos e omissões do Estado; a confiança gerada abstratamente não é, pois, idêntica à proteção da confiança efetiva, que se confunde, essa sim, com a proteção do investimento, ou seja, com a prática ou exercício da confiança. Na área dos benefícios e incentivos (inclusive fiscais), em regra, exige-se que o cidadão tenha manifestado a sua confiança e realizado o benefício. Esse raciocínio, que foi, originalmente, desenvolvido no direito da construção civil, foi adotado pelo legislador alemão, especialmente no §49, alínea 2, frase 1, nº 4 do VwVfG, que submete a possibilidade da revogação de atos administrativos legais

---

[17] Cf. STERN, Staatsrecht I, §20, IV, 4 g e (p. 837). Com relação ao conceito, JELLINEK, Gesetz, p. 138, 321, 349, que no entanto não se refere ao princípio da fidelidade ao sistema; FORSTHOFF, *in*: Planejamento III, p. 35. GRABITZ, Freiheit, p. 255 f., fundamenta esse conceito no "princípio da liberdade" aceito por ele.

[18] Cf. BVerfGE 3, 4 (12); 43, 291 (391); 51, 356 (362 f.); 62, 117 (163 f.); 75, 246 (280): Vertrauensinvestition; BVerwGE 68, 159 (164).

[19] Cf. BEATRICE WEBER-DÜRLER. Vertrauensschutz, *op. cit.*, p. 20.

favorecedores, entre outros requisitos, à exigência de que o favorecido não tenha feito ainda uso do benefício.

A crítica em relação à prática da confiança como requisito essencial se fez sentir, porque não se pode reduzir a proteção da confiança à proteção dos investimentos feitos pelo cidadão que confiou, em especial no Direito Público. Na dogmática, tal posição radical foi afastada. Como já vimos, mesmo no Direito Privado, Canaris aponta várias hipóteses em que basta a simples omissão daquele que confia, ou nem isso, para que possa ser desencadeada a responsabilidade pela confiança gerada. No Direito Público, em que estão em jogo os princípios e garantias fundamentais, não apenas o direito de propriedade e de patrimônio, mas ainda o livre desenvolvimento da personalidade e a dignidade humana, a rejeição à redução da confiança à proteção do investimento foi rejeitada com mais razão. Alegou-se que a existência de uma disposição ou investimento, na verdade, facilita encontrar o direito correto (*Rechtsfindung*), mas não seria uma exigência obrigatória da proteção da confiança.

Assim, a disposição não é um elemento essencial, mas um indicador da existência de confiança, digna de proteção;[20]

(d.2) proteção da confiança sem prática da confiança?, indaga a dogmática, para finalmente admitir casos em que faltando, efetivamente, uma manifestação de confiança, ainda assim conceder que não será totalmente impossível a proteção jurídica da proteção da confiança em face de atos administrativos, antes favoráveis à posição do cidadão, exigindo-se no entanto uma justificativa especial. O argumento mais importante desenvolvido na área do Direito Público para a dispensa, em vários casos, do investimento da confiança por parte do cidadão, reside no caráter obrigatório e vinculativo do ato administrativo. Com relação à aprovação por parte das autoridades competentes, F. Ossenbühl explicou por que razão as autoridades competentes desistiram da necessidade de disposições ou do investimento da pessoa privada que confia no Direito Público. É que as "promessas de aprovação", cujo conteúdo se orienta em um ato administrativo legal admissível, carregam dentro de si o caráter da obrigatoriedade.[21]

---

[20] Cf. H. JOSEF-BLANKE. Vertrauensschutz im deutschen und europäischen Verwaltungsrecht, *op. cit.* p. 39-40.

[21] Cf. OSSENBÜHL, DÖV 1972, 28; de forma semelhante SCHÜLER, VerwArch 39 (1934), p. 27; MAURER, HStR, III, §60 Rn. 87; *apud* JOSEF-BLANKE. Vertrauensschutz im deutschen und europäischen Verwaltungsrecht, *op. cit.* p. 39-40.

No entanto, em todos os casos em que a lei exigir, expressamente, o investimento da confiança, esse requisito não poderá ser dispensado. Essa análise, diz Josef-Blanke, que se fundamenta de forma determinante sobre o já existente *ipso iure* efeito vinculativo da promessa, encontra a sua confirmação legal no teor e no "telos" do §38 do VwVfG. A questão sobre se existe uma disposição digna de proteção é feita, por isso, somente no caso de um cancelamento ou de uma revogação de uma promessa, assim como – dependendo das circunstâncias – no caso de rescisão de um contrato. Então, o §38, alínea 2, do VwVfG exige expressamente uma disposição ou investimento do cidadão, indicando os §§48 e 49 do VwVfG. Por força de lei, o simples "programar-se emocionalmente" para a continuidade não basta para isso.

Enfim, se existe uma diferença de tempo entre a ação objetiva (daquele que confia) e a realização do objetivo das ações, alguns juristas germânicos e suíços exigem a necessidade de proteção da disposição, que já foi executada (não ainda por executar).

4   O tempo e a irretroatividade dos atos do Poder Executivo e do Poder Judiciário, da proteção da confiança e a boa-fé objetiva[22]

Não conhecemos Constituição que consagre o princípio da irretroatividade em relação aos atos de todos os poderes: às leis, aos decretos regulamentares e demais atos do Poder Executivo e às modificações de decisões judiciais. Isso tem um sentido e está na raiz do princípio da separação dos poderes.

Para refletirmos sobre a posição dos poderes dentro do sistema jurídico, é necessário partirmos da premissa de que estamos em um Estado de Direito e que, em decorrência, todos os poderes, por mais criativa que seja a função do legislador, ponto de fusão entre o político e o jurídico, encontram-se sob a regência do Direito e que a diferenciação da localização de cada um deles – se no centro ou na periferia do sistema – não esconde o fato de que ainda estamos falando de sistema. O tempo das leis, já o dissemos, é diferente do tempo da sentença. O princípio da irretroatividade das leis é considerado "natural", ínsito, algo que lhes é próprio. Como aprendemos com Niklas Luhmann, em

---

[22]   As considerações que se seguem, enfocam, preferencialmente, a Administração tributária, apenas parte do Direito Administrativo, em razão das afinidades próximas com o Direito Tributário.

especial na teoria da constituição, *como aquisição evolutiva*, o legislador trabalha na periferia do sistema, onde está mais perto dos demais sistemas, de modo poroso em relação ao ambiente, no presente, voltado prevalentemente para o futuro. Ele pesa, sim, o passado relativamente (a tradição, a moral vigente e os costumes, sobretudo a Constituição que limita o seu domínio), mas as normas que põe pesam, especialmente, o futuro, porque querem transformar a realidade e, assim, o legislador considera as consequências de toda natureza (políticas, econômicas, éticas e sociais) até o fim. Ele é o primeiro filtro do sistema, por meio do qual as melhores soluções, na formação das expectativas normativas para a solução de conflitos, são introjetadas para dentro do sistema. Essa é uma das razões, pelo menos a mais evidente e importante, pela qual a paisagem externa ao sistema, vista de seu interior, muda sempre. Porque o interior também muda. Esse o furo, o "buraco" principal do real, por meio do qual o sistema pode ser consistente, porque não é completo, porque não é autorreferencial, de modo não renovável, porque ele contém mecanismos de ultrapassagem, que garantem a comunicação. O legislador está comprometido com o futuro, daí que enuncia, linguisticamente, para ser geral, universal e evolutivo, normas de conduta, como expectativas normativas, valendo-se de conceitos abstratos, mais ou menos determinados, mais ou menos tipificados e de princípios mais ou menos abertos e cláusulas gerais sempre abertas. Pouca compreensão, para abrangência e generalidade máximas. Tais questões são o suporte do princípio da separação de poderes. As expectativas normativas, criadas pelo legislador, são o futuro (embora o futuro seja também passado, mas não apenas), razão pela qual o princípio da irretroatividade é "natural" às leis. Tão lógico e necessário, que a juristas do porte de Savigny ou Affolter, pareceu desnecessário positivá-lo, expressamente, em texto constitucional ou legal.

Fenômeno diferente se passa com os demais poderes, chamados conjuntamente por Hans Kelsen, de executivos, ou seja, o Poder Executivo propriamente dito e o Poder Judiciário. No Estado de Direito, ao primeiro, ensinou Seabra Fagundes,[23] cabe executar a lei de ofício, ao segundo, mediante provocação. Não podem se localizar na linha fronteiriça do sistema jurídico, não podem ambos trabalhar porosamente, em relação ao ambiente, não podem filtrar primária e primeiramente os fatos puros, econômicos, políticos e sociais, como se

---

[23] Cf. *O Controle dos Atos Administrativos do Poder Judiciário*. 6. ed. São Paulo: Saraiva, 1984, p. 10-13.

dão no ambiente. Leem o ambiente externo pelos olhos do legislador e, pois, de modo impermeável. Se assim não for, serão dispensáveis as tarefas do legislador. Essa a primeira diferenciação fundamental, que nos dita o princípio da separação de poderes. Do ponto de vista do tempo, tanto o Poder Executivo quanto o Poder Judiciário estão voltados para o passado, para o *input* do sistema, para o que pôs o legislador, atuando em estrita vinculação à lei, à Constituição, ao Direito. E o futuro? O futuro é olhado, sem dúvida, na forma de passado-futuro, ou seja, dentro daquilo que já filtrou o legislador. Do ponto de vista dos conceitos, em que se expressam as normas gerais (regulamentos) ou individuais (atos administrativos individuais ou sentenças), a determinação, a concreção serão necessariamente maiores do que aquelas constantes das leis. Os regulamentos serão dotados de maior compreensão, mas ainda conservarão a generalidade e a abstração normativas, próprias da generalidade, Os atos individuais terão, no entanto, compreensão máxima, porém nenhuma generalidade, mínima extensão. O princípio da irretroatividade, a rigor, não lhes diz respeito. Essa a razão mais profunda, que explica a ausência de consagração expressa do princípio em relação ao Poder Executivo e ao Poder Judiciário. Espera-se que tais Poderes Executivos, ambos, cumpram sua função constitucional, a de respeitar as leis, a de cumpri-las estritamente. E como as leis não retroagem, porque isso não é de sua natureza das leis, não podem os Poderes Executivos, inclusive o Judiciário, retroagir.

Nesse tema, estão envolvidos os seguintes princípios constitucionais, inerentes às repúblicas democráticas: o da separação de poderes, indelegabilidade de funções (arts. 1º; 2º e 84, IV, da Constituição) e da legalidade (art. 5º, II; art. 37; art. 150, I, também da Constituição da República de 1988), como esteio fundamental da democracia brasileira. O decreto regulamentar, no sistema jurídico pátrio, tanto à luz das Constituições anteriores como sob o pálio da Constituição de 1988, restringe-se a possibilitar a execução da lei, sua *fiel* execução:

> Art. 84. Compete privativamente ao Presidente da República:
> (...)
> IV- sancionar, promulgar e fazer publicar as leis, bem como expedir decretos e regulamentos para sua fiel execução.

O que se abala quando se permite ao Poder Executivo mudar a própria lei é, evidentemente, a República, são as instituições públicas fundamentais e estruturadoras da ordem jurídica nacional. Ao decreto regulamentar cabe tão somente viabilizar a aplicação da lei, realizando-a, cumprindo-a, efetivando-a, tudo voltado para garantir a observância fiel de seus comandos. Pode-se dizer mesmo que o princípio da legalidade administrativa em geral e tributária é o único que encontra consagração constitucional expressa em todas as ordens jurídicas de cultura ocidental, em todos os continentes. A doutrina estrangeira não dissente, tampouco a jurisprudência das mais importantes cortes constitucionais, como noticiam, nos EUA, Murphy, Fleming e Harris[24] e, na Alemanha, Richter e Schuppert.[25] O mesmo fenômeno se repete entre nós, quer na dogmática, quer na jurisprudência. Afirmamos que, em nosso País, não se encontra autor em dissonância com esses princípios, a saber: *(a)* o de que o decreto regulamentar não cria direitos, obrigações, deveres, restrições de direitos que a própria lei não previu; *(b)* nem compete ao regulamento indicar as condições às aquisições ou restrições de direitos; *(c)* e, finalmente, como o regulamento, em nosso sistema jurídico, deve guardar uma relação de absoluta compatibilidade com a lei, é-lhe defeso prever tributos ou impor novos encargos ao contribuinte, não determinados na própria lei, que possam vir a repercutir na liberdade ou patrimônio das pessoas.[26]

O tempo que o Poder Executivo contempla é, portanto, mesmo quando produz normas regulamentares, viabilizando a execução das leis, é o tempo passado, o *input* do sistema, no sentido tão somente de buscar as leis que fundam seus atos normativos. Não poderá pretender atingir o passado, anulando direitos, restringindo-os ou criando deveres que a lei não instituiu. O que a lei não pode fazer, muito menos poderão os regulamentos de execução. O olhar do passado é posto no sentido de que a lei é prévia, necessariamente prévia aos regulamentos. O tempo da lei está num "agora" que já se deu em relação ao "agora" em que se dá o regulamento. Até mesmo o futuro será aquele já filtrado pela lei. Trata-se de passado-futuro. Não mais do que isso.

Fenômeno idêntico se passa com os atos individuais, proferidos pelo Poder Executivo, que são atos de aplicação aos casos concretos. Mais ou

---

[24] Cf. American Constitutional Interpretation. New York, E. Press, Inc., 1986.

[25] Cf. Casebook Verfassungsrecht. München, V.C.H. Beck, 1987.

[26] Cf. PONTES DE MIRANDA, *Comentários à Constituição de 1967, com a Emenda nº 1 de 1969*. 2. ed. São Paulo: RT, p. 316-317; ATALIBA, Geraldo. *Instituições de Direito Público e República*. São Paulo: Gráfica Ed., 1984; MELLO, Celso Antônio Bandeira de. *Curso de Direito Administrativo*. 7. ed. São Paulo: Malheiros, 1995, p. 182-202; MEIRELLES, Hely Lopes. *Direito Administrativo Brasileiro*. 17. ed. São Paulo: Malheiros, 1992; CARRAZZA, Roque Antonio. *O Regulamento no Direito Tributário Brasileiro*. São Paulo: Revista dos Tribunais, 1981, p. 103; CANOTILHO, Gomes. *Direito Constitucional*. 6. ed. Coimbra: Almedina; CARVALHO, Paulo de Barros. *Curso de Direito Tributário*. 4. ed. São Paulo: Saraiva, 1991, p. 98 e todos os demais.

menos discricionários, mais ou menos vinculados, todos eles se vinculam à lei e ao espaço de liberdade (legítimo), que ela autorizou. Oswaldo Aranha Bandeira de Mello assim conceitua o ato administrativo individual:

> (...) manifestação de vontade do Estado, enquanto Poder Público, individual, concreto, pessoal, na consecução de seu fim, de criação de utilidade pública, de modo direito e imediato, para produzir efeitos de direito.[27]

O lançamento não é ato administrativo discricionário, pois não é realizado com base em uma lei, que autoriza, de forma mais ou menos ampla, o exercício da livre manifestação de vontade do agente que o praticará. A lei tributária não atribui ao Poder Executivo uma esfera de atuação criadora mais ampla, não confere, entre muitas alternativas possíveis, validade a qualquer atuação razoável ou, a rigor, mais razoável, escolhida pela administração tributária, em face das circunstâncias. O legislador nem sequer oferece tal opção. Ao contrário, ele procura exaurir, na modelagem legal dos tributos, previamente, o conteúdo de vontade do ato de execução – o lançamento – predeterminando os conceitos de que se utiliza, nos diversos aspectos da norma. A lei tributária atribui ao agente administrativo um poder vinculado, o mais vinculado possível, no exercício do qual serão praticados atos plenamente vinculados, conforme art. 3º do CTN.

A segunda questão se coloca do ponto de vista dos erros da Administração. Os atos administrativos são, uma vez inquinados de vícios, isto é, sendo errôneos, falseados ou ilegais, porque distantes das leis que os legitimam, anuláveis por provocação judicial ou alteráveis de ofício. Ressurgem, então, fortes, nessas ocasiões, os princípios da proteção da confiança e da boa-fé (sempre invocados em favor do administrado, do cidadão-contribuinte, que confiara na aparência da legitimidade dos atos administrativos).

5 As deformações do princípio da proteção da confiança no Direito Tributário nacional

Nas várias hipóteses de reviravoltas jurisprudenciais, em que, depois de consolidar certo entendimento, a Corte Suprema faz alterações, provocando prejuízos àqueles contribuintes que tinham pautado o seu

---

[27] Cf. MELLO, Oswaldo Aranha Bandeira de. *Princípios Gerais de Direito Administrativo*. Vol. 1, Rio de Janeiro: Forense, p. 413.

comportamento de acordo com o entendimento superado, em regra não tem existido a modulação de efeitos, protetora da segurança e da confiança.

Em contrapartida, comum e quase banalizada tornou-se a modulação de efeitos se a decisão da Corte configura um entendimento relevante com potencial consequência financeira no caixa do tesouro nacional, ainda que antes dela não tivesse ocorrido pronunciamento anterior consolidado; ou nas hipóteses em que, em favor do contribuinte, se opera realmente um *overruling* de regra judicial anterior.

Enumeremos três, entre outras hipóteses relevantes: *(a)* no julgamento dos REs nºs 559.882-9 e 560.626/1-RS pelo pleno do STF, em 11.6.2008, foi declarada a inconstitucionalidade dos arts. 45 e 46 da Lei nº 8.212/91 e do art. 5º do Dec.-Lei nº 1.569/77, que alargavam para dez anos o prazo decadencial e prescricional para a cobrança das contribuições sociais em violação ao art. 146 da Constituição, que exige para isso lei complementar; ocorreu o que os norte-americanos denominam de *first impression,* ou seja, decisão em que não havia precedente anterior em sentido contrário. Não obstante, ao argumento da segurança jurídica a Corte atribuiu à decisão efeitos *ad futuram,* impedindo que os contribuintes que já tivessem recolhido os valores inconstitucionalmente cobrados pudessem pleitear-lhes a repetição; *(b)* no RE nº 566.621 RS em que o STF, em sua composição plena, em 2011, reconheceu o caráter retroativo da Lei Complementar nº 118/2005 (autoproclamada meramente interpretativa), que implicou inovação normativa, atribuiu-lhe efeitos *ad futuram,* coibindo-lhe a retroação, como seria de se esperar, mas determinou que o novo prazo de 5 anos valeria para as ações ajuizadas após o decurso da *vacatio legis* de 120 dias; *(c)* o STF, em decisão plenária de 10.10.2016, no RE nº 593.849-MG, sendo relator o Min. Edson Fachin, declarou a inconstitucionalidade dos arts. 22, §10, da Lei nº 5.753/75 e 21 do Dec. nº 43080, ambos do Estado de Minas Gerais, para fixar a tese jurídica ao tema da Repercussão Geral nº 201 de que "é devida a restituição da diferença do ICMS pago a mais no regime de substituição tributária para a frente se a base de cálculo efetiva da operação for inferior à presumida". Ao modificar a jurisprudência anterior, que se consolidara em favor das fazendas estaduais, na ADIN 1851-4 Alagoas em 2001, no entanto, a Corte também atribuiu efeitos *ad futuram* à nova decisão, bloqueando as pretensões dos contribuintes à repetição do indébito, exceção feita àqueles que já tivessem ajuizado seus pedidos.

Convém registrar que, em 2015, ao reconhecer a inconstitucionalidade de benefícios tributários no ICMS sem prévia anuência do Confaz, concedidos pelo Estado do Paraná, por meio de lei, sendo relator o Min. Roberto Barroso, houve proteção da confiança e da boa-fé, nos seguintes termos: "A modulação dos efeitos temporais da decisão que declara a inconstitucionalidade decorre da ponderação entre a disposição tida por violada e os princípios da boa-fé e da segurança jurídica, uma vez que a norma vigorou por oito anos sem que fosse suspensa pelo STF. A supremacia da Constituição é um pressuposto do sistema de controle de constitucionalidade, sendo insuscetível de ponderação por impossibilidade lógica... Modulação para que a decisão produza efeitos a contar da data da sessão de julgamento". ADI nº 4.481 Paraná, julg. em 11.03.2015. Parece que a demora judicial na tomada da decisão tem relação com o reconhecimento da proteção da confiança...

Pouco tempo depois, em julgamento de 18.12.2014, em Embargos de Declaração de ADI nº 3.794, sendo relator o Min. Roberto Barroso, em que novamente se declaram inconstitucionais benefícios instituídos sem prévio convênio interestadual, foi rejeitada a modulação dos efeitos temporais da decisão, ao argumento de que "... no presente caso consistiria, em essência, incentivo à guerra fiscal, mostrando-se, assim, indevida".

Pode-se dizer que a aplicação do princípio da proteção da confiança ao contribuinte, seu destinatário natural, é muito mais difícil do que o socorro que a Corte Suprema tem concedido à União ou aos Estados nas hipóteses de decisões a eles desfavoráveis, seja em *first impression*, seja em reviravoltas jurisprudenciais. Mesmo em relação ao crédito-prêmio do IPI, benefício continuamente reconhecido pelos tribunais superiores durante décadas, não se concedeu, em prol dos contribuintes prejudicados, modulação temporal dos efeitos da decisão que ao final configurou o *overruling* do entendimento anteriormente consolidado e que era o fato indutor da confiança. Tal fenômeno levou o Poder Legislativo a suprir a falta de proteção e de segurança do contribuinte. Primeiramente foi editada a MP nº 470, de 13 de outubro de 2009, que, em seu art. 3º, parcelou os débitos relativos aos créditos do IPI em doze prestações com redução de cem por cento das multas e juros, posteriormente as vantagens previstas foram concedidas na Lei nº 12.249, de 11 de junho de 2010.

Com isso, constatamos que a segurança jurídica, a proteção da confiança e a boa-fé objetiva ficam deformadas, entre nós, se forem aplicadas da forma difusa como vem ocorrendo e, sobretudo, para amparar o próprio ente estatal, que, por meio de ato legislativo ou judicial, induz a confiança legítima do contribuinte, para depois trair a confiança gerada e punir o comportamento daquele que se pautou, por aquelas normas, depois rompidas.

Do fundo ético do sistema jurídico, levantam-se os princípios da proteção da confiança e da boa-fé como garantias das escolhas e dos planejamentos eleitos pelos cidadãos, cumpridores das leis e leais ao Direito (que agem de boa-fé).

6 Sobre os princípios, sua aplicação e relações

Com toda razão, explica Roland Kreibich que a expressão boa-fé é utilizada frequentemente para designar as situações individuais, os casos concretos que envolvem a proteção da confiança. Mas o campo de aplicação, então, do princípio da proteção da confiança é mais amplo, abrangendo situações abstratas, que não têm relação direta com a boa-fé, a saber, a irretroatividade das leis; a obrigatoriedade do cumprimento de promessas e de prestação de informações; a proteção contra a modificação retroativa da jurisprudência, etc. E acrescenta que, em geral, prevalece a concepção, aliás dominante nos tribunais superiores daquele País, de que o princípio da proteção da confiança deve ser considerado um princípio mãe, deduzido do Estado de Direito, através da segurança.[28] Mas devemos fazer algumas ressalvas ao modelo proposto por Kreibich, à luz do Direito positivo brasileiro. Em nossa opinião, o jurista alemão está corretíssimo quando alerta para o fato de que o princípio da proteção da confiança tem núcleo comum com o da boa-fé objetiva, e tal núcleo somente se alcança nas relações jurídicas concretas.

Já o princípio da proteção da confiança é mais amplo, abarcando ainda situações em abstrato. Assim, apesar das situações de superposição, entendemos que o princípio da proteção da confiança não cobre inteiramente o princípio da boa-fé objetiva, e a recíproca é também verdadeira. Existe um espaço de atuação da boa-fé objetiva, como fonte de deveres da Administração tributária e dos contribuintes, que a proteção da confiança não alcança, pelo menos plenamente.

Ambos são, entretanto, princípios de fundo ético, que atuam com função corretiva, para restabelecer a equidade e equilíbrio entre as partes. A peculiaridade está, entretanto, no fato de que os deveres acessórios ou laterais dos contribuintes resultam de lei expressa. Nesse caso, a boa-fé objetiva serve de inspiração ao legislador, ela é fundamento

---

[28] Cf. KREIBICH, Roland. Der Grundsatz von Treu und Glauben im Steuerrecht. Band 12. Heildelberg, 1922, Muller Verlag, p. 188.

da lei e pode, em grande parte, ser atendida por meio do princípio da legalidade e da interpretação das leis.

Assim, preferimos entender que ambos, proteção da confiança e boa-fé, sendo princípios constitucionais deduzidos da segurança jurídica, como valor e como princípio, se integram em muitas circunstâncias, como ocorre com a maioria dos princípios, mas nenhum dos dois cobre inteiramente o campo de atuação do outro.

Ora, o mesmo ocorre com o princípio da irretroatividade, pelo menos na ordem jurídica nacional. À vista da consagração constitucional do princípio da irretroatividade em relação aos fatos jurídicos tributários (art. 150, III, "a"), o campo de superposição do princípio da irretroatividade com o da proteção da confiança é muito menor do que aquele existente no Direito alemão. A invocação da confiança, em grande parte, se faz desnecessária, ela se apresenta antes como fundamento da norma constitucional da irretroatividade.

Assim, considerando a realidade do Direito positivo vigente no Brasil, preferimos trabalhar com outro gráfico, mais representativo de nosso pensamento. Confira-se:

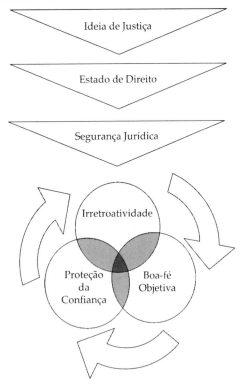

Como se vê, entendemos que os princípios da irretroatividade, da proteção da confiança e da boa-fé objetiva devem ser colocados no mesmo plano, em constante interação. As setas em círculo demonstram a circularidade das relações recíprocas e a constante alteração da posição dos princípios entre si. Há interação, campo de superposição e limitações recíprocas. Todos estão cobertos pelo princípio da segurança jurídica.[29]

Informação bibliográfica deste texto, conforme a NBR 6023:2018 da Associação Brasileira de Normas Técnicas (ABNT):

DERZI, Misabel Abreu Machado. A segurança jurídica e a proteção da confiança. *In:* SARAIVA FILHO, Oswaldo Othon de Pontes; SIQUEIRA, Julio Homem de; BEDÊ JÚNIOR, Américo; FABRIZ, Daury César; SIQUEIRA, Junio Graciano Homem de; CUNHA, Ricarlos Almagro Vitoriano (Coord.). *Limitações formais e materiais ao poder de tributar.* Belo Horizonte: Fórum, 2021. p. 201-225. (Coleção Fórum Princípios Constitucionais Tributários – Tomo II). ISBN 978-65-5518-122-7.

---

[29] V. CARVALHO, Paulo de Barros. O princípio da segurança jurídica no campo tributário. *Revista de Direito Tributário*, v. 94, p. 21-30, 2006; CARVALHO, Paulo de Barros. Tributo e Segurança Jurídica. *In:* LEITE, George Salomão (Org.). *Dos Princípios Constitucionais –* Considerações em torno das normas principiológicas da Constituição. São Paulo: Malheiros Editores, 2003). E, por sobre a segurança, vê-se o Estado de Direito, que responde, por sua vez, à Justiça. Isso significa que, dentro do conceito de Justiça como igualdade, ainda se incluem, necessariamente, sem nenhuma oposição, a segurança, a liberdade, os princípios da proteção da confiança, da boa-fé e da irretroatividade (sobre justiça ver SALGADO, Joaquim Carlos. *A ideia de justiça em Kant*; seu fundamento na liberdade e na igualdade. 2. ed. Belo Horizonte: UFMG, 1996; A ideia de Justiça no Mundo Contemporâneo: Fundamentação e Aplicação do Direito como o Maximum Ético. Belo Horizonte: Del Rey, 2006. Já, para o desenvolvimento do princípio da igualdade, em sua especificidade, veja-se ÁVILA, Humberto. *Igualdade Tributária.* Estrutura, elementos, dimensões, natureza normativa e eficácia. São Paulo: USP, 2006, 237 ps. Ver, também, MÔNICA SETE LOPES. A equidade e os poderes do juiz. Belo Horizonte, Del Rey. 1993, 270 ps. Ver, sobretudo, JOSÉ SOUTO MAIOR BORGES. Direitos humanos e tributação. Revista Tributária e de Finanças Públicas, São Paulo, v.9, n.40, p. 188-224, set./out. 2001. e Hermenêutica histórica em Direito Tributário. Revista Tributária e de Finanças Públicas, São Paulo, v.15, n.75, p. 145-163, jul./ago. 2007.

AS IMUNIDADES GENÉRICAS

SACHA CALMON NAVARRO COÊLHO

A imunidade intergovernamental recíproca

Vamos repassar a lição sobre o significado da imunidade como instituto de Direito Tributário. No dizer de Souto Maior Borges:

> Ao proceder à repartição do poder impositivo, pelo mecanismo da competência tributária, a Constituição Federal coloca fora do campo tributável reservado à União, Estados-membros, Distrito Federal e Municípios, certos bens, pessoas e serviços, obstando assim – com limitar o âmbito de incidência da tributação – o exercício das atividades legislativas do ente tributante.[1]

Cabe à Carta Magna estabelecer a competência tributária das pessoas políticas, definindo-lhe o alcance e o limite. Nos países que adotam constituições rígidas, como o Brasil, a imunidade, limitação constitucional ao poder de tributar, delimita o campo tributável posto à disposição do ente tributante. A imunidade é congênita à Constituição, sua sede é inelutavelmente constitucional.

Costuma-se dizer que a imunidade é um *prius* em relação ao exercício da competência tributária, e a isenção, um *posterius*.

Ao tracejar o espaço fático sobre o qual pode o legislador infraconstitucional atuar, o constituinte previamente o delimita,

---

[1] BORGES, José Souto Maior. *Isenções Tributárias*. 1. ed. São Paulo: Sugestões Literárias, 1969, p. 206.

separando as áreas de incidência e as que lhe são vedadas. O espaço fático posto à disposição do legislador infraconstitucional resulta das determinações genéricas dos fatos jurígenos (áreas de incidência). As áreas vedadas à tributação decorrem de proibições constitucionais expressas (imunidades) ou de implícitas exclusões (toda porção fática que não se contiver nos lindes da descrição legislativa do fato gerador é intributável à falta de previsão legal).

As imunidades alcançam as situações que normalmente – não fosse a previsão expressa de intributabilidade – estariam conceitualmente incluídas no desenho do fato jurígeno tributário. Por isso mesmo são vistas e confundidas as imunidades com um dos seus efeitos: o de limitar o poder de tributar.

O legislador constituinte autorizou ao Município criar o ITBI, proibindo, no entanto, sua incidência sobre a transmissão desses bens ao patrimônio de pessoa jurídica em realização de capital (colação de bens imóveis ao capital de sociedade). Nesse mesmo passo, deu à União competência para instituir o ITR e, aos Estados, a faculdade de criar impostos sobre operações relativas à circulação de mercadorias. Proibiu à União, todavia, tributar com o ITR as glebas rurais de área mínima e vedou aos Estados fazer incidir o ICMS sobre produtos remetidos ao exterior. Os prédios urbanos estão sujeitos ao IPTU, de competência municipal, mas dita exação sobre o patrimônio não pode incidir sobre os "templos de qualquer culto", em virtude de imunidade expressa.

Nos exemplos figurados, constata-se que o constituinte, ao mesmo tempo em que concedeu poder e competência às pessoas políticas para a instituição de imposto sobre a transmissão de bens imóveis, sobre a propriedade predial urbana, sobre a propriedade territorial rural e sobre operações relativas à circulação de mercadorias, vedou o exercício dessas mesmas competências sobre certas transmissões imobiliárias, sobre determinado tipo de propriedade rural, sobre certas operações de circulação de mercadorias e sobre a propriedade predial de algumas pessoas jurídicas, expressamente nominadas.

Inquestionavelmente, não fossem as imunidades – restrições à competência impositiva –, tais situações seriam perfeitamente tributáveis.

Dispõe a Constituição de 1988:

> Art. 150. Sem prejuízo de outras garantias asseguradas ao contribuinte, é vedado à União, aos Estados, ao Distrito Federal e aos Municípios:
> (...)
> VI – instituir impostos sobre:
> a) patrimônio, renda ou serviços, uns dos outros; (...).

Por primeiro, anote-se que esta imunidade não tem atuação sobre tributos como um todo, mas apenas sobre impostos, uma espécie do gênero.

Do exposto, conclui-se que a regra constitucional da imunidade intergovernamental recíproca tem campo de atuação delimitado:

A) não atua sobre taxas e contribuições de melhoria, que, aliás, só incidem sobre imóveis particulares;

B) não atua sobre as chamadas contribuições parafiscais, especiais ou sociais, salvo se – adotada a Teoria Tripartida das espécies tributárias – as referidas cobranças assumirem juridicamente a feição de impostos.

Por outro lado, o Estado, enquanto tal, não sendo empregador (regime estatutário), não se obriga pelas contribuições imputadas aos empregadores.

Todavia, não se trata de imunizar apenas a incidência do imposto de renda, dos impostos sobre o patrimônio e dos impostos sobre serviços, como durante muito tempo pensou o STF e também nós.[2] Trata-se de vedar a incidência de *quaisquer impostos* sobre a renda, o patrimônio e os serviços das pessoas políticas, como sempre quis Baleeiro.[3] O inesquecível mestre entendia que tais *nomina juris* possuem significados amplos, abrangentes, expansivos, e que a intergovernamental se aplicava a todo e qualquer imposto do sistema tributário.[4]

A jurisprudência da Suprema Corte brasileira atualmente prestigia o entendimento de Baleeiro no que tange à extensão intergovernamental recíproca a impostos outros que não os incidentes sobre os fatos renda, patrimônio e serviços, conforme a sistemática do CTN. Tanto é assim que, em inumeráveis oportunidades, o STF pontificou não ser devido

---

[2] CALMON, Sacha. *Comentários à Constituição de 1988*: Sistema Tributário, p. 342 e ss.

[3] No tocante ao IPTU, *v.g.*, a imunidade perdura ainda que o bem imóvel pertencente à entidade política esteja ocupado por empresa delegatária de serviço público, consoante restou decidido pelo STF no RE nº 253.394/SP, Rel. Ministro Ilmar Galvão, *DJ* 11.04.2003.

[4] Para Baleeiro, duas ideias-força deveriam prevalecer na análise da espécie. Por primeiro, deve-se observar, caso a caso, quem está pagando realmente o imposto, quer como contribuinte *de jure*, quer como contribuinte *de fato*. Se for pessoa jurídica de Direito Público interno, deve-se conceder a imunidade. Governo não paga a governo. Em segundo lugar, deve-se ter sempre em mente a evolução histórica dos institutos, mormente a que ocorreu nos EUA, sob a inspiração e o controle dos *justices* da Suprema Corte norte-americana, construtores da doutrina judicial sobre a imunidade intergovernamental recíproca. E lá, segundo ele, esta evolução deu-se ao influxo da acomodação entre os interesses do Poder Central e dos Estados federados, sob a égide do interesse público, que a tudo e a todos sobrelevou na preservação da ideia federalista – BALEEIRO, Aliomar. *Limitações Constitucionais...*, cit.

IOF sobre as operações de crédito, câmbio e seguro ou relativas a valores mobiliários praticadas pelos Estados-Membros, Municípios e Distrito Federal.[5]

Uma observação deve ser feita, contudo, no tocante aos "impostos indiretos" (terminologia da Ciência das Finanças), isto é, aqueles que admitem o fenômeno da repercussão tributária, tais como o IPI e o ICMS. Afinal, nestas exações, com espeque em uma análise econômica do direito, costuma-se distinguir duas espécies de contribuintes, o "de direito" (sujeito que, nos termos da lei, despontando no polo passivo da relação jurídico-tributária, é o responsável pelo pagamento do tributo) e o "de fato" (indivíduo que efetivamente suporta o ônus econômico da cobrança.

Exemplificando: a Empresa "Alfa" comercia determinado produto para "José", consumidor final, ocorrendo com isso o fato gerador do ICMS. Ora, nos termos da lei de regência do imposto estadual, quem figura na relação jurídica com o Fisco, nesse caso, é a Empresa "Alfa", vale dizer, é ela a obrigada a recolher o tributo às burras estatais. Sucede que a Companhia calculara previamente o montante que deveria pagar a título de ICMS e embutiu esse valor no preço da mercadoria adquirida por "José", de modo que, ao fim e ao cabo, foi este quem suportou a carga tributária.

O que ocorreria, porém, se o consumidor final fosse, ao invés de "José", uma pessoa política? Seria de se admitir que ela suportasse o impacto econômico da cobrança, mesmo gozando de imunidade? Nos termos do atual posicionamento do STF, sim. Para a Corte, "a imunidade prevista no artigo 150, inciso VI, alínea "a", do Diploma Maior, a impedir a instituição de impostos sobre patrimônio, renda ou serviços de pessoas jurídicas de direito público – União, Estados, Distrito Federal e Municípios – está umbilicalmente ligada ao contribuinte de direito não alcançando o contribuinte de fato".[6]

Outrossim, não se pode deixar de gizar a Súmula nº 591 do Pretório Excelso, que, consonando com o entender exposto, estatui: "a imunidade ou a isenção tributária do comprador não se estende ao produtor, contribuinte do imposto sobre produtos industrializados".

---

[5]   Dentre outros, AgR-ACO nº 502/SP, Rel. Ministro Gilmar Mendes, *DJe* 13.05.2016.

[6]   STF, AgR-RE nº 600.480/RS, Rel. Ministro Marco Aurélio, *DJe* 16.08.2013. Ver, ainda, AgR-RE nº 864.471/BA, Rel. Ministra Rosa Weber, *DJe* 22.02.2017, em cujo âmbito se decidiu, reiterando a jurisprudência da Alta Corte, que a imunidade recíproca não engloba o ICMS sobre os serviços de energia elétrica prestados ao Município, porquanto este não é contribuinte *de direito* do imposto estadual.

Em assim sendo, devemos retificar uma ilustração feita em antigas edições da presente obra: se a Acesita (atual *Aperam South America*), em Minas Gerais, vende aço inoxidável para fábricas de armas do Exército, Marinha ou Aeronáutica, deve fazê-lo, *sim*, com ICMS.

Nada obstante, continuamos dizendo que a tese de Baleeiro sobre o contribuinte de fato, quando este é pessoa jurídica de Direito Público territorial ou não territorial, seduz-nos. O ilustre jurista inclui no âmbito protetor da imunidade recíproca os impostos indiretos, admitindo a repercussão tributária sobre pessoa de Direito Público para atrair a aplicação da regra imunitória.

Quando o Estado é contribuinte de fato, torna-se indubitável que uma pessoa política está pagando à outra. Sucede que elas não têm *capacidade contributiva*, haja vista serem os seus recursos destinados à prestação dos variados serviços públicos, como segurança, saúde e educação; tais pessoas são dotadas de competência para tributar, não, porém umas às outras. Ora, disso sabendo, e com a memória de que a Constituição manda que se tribute levando em conta a aptidão contributiva das pessoas, exclusive das políticas, não seria o caso de considerar a teoria da repercussão para atender plenamente ao princípio constitucional da imunidade intergovernamental recíproca?

Deve a União pagar o ICMS da energia que consome como usuária final? Pela ótica de Aliomar (e também pela nossa), não. Por ser a União contribuinte de fato, o seu patrimônio estaria sendo sugado pelo Estado, parcialmente, pelo recolhimento do ICMS, porquanto se transfere ao usuário, junto com a fatura, o valor do imposto

A questão de dizer que são as concessionárias as contribuintes *de jure*, e, portanto, excluídas da imunidade, é verdadeira, mas não deixa de trair certa suspicácia. Bastaria a lei dizer que elas seriam "retentoras" e *contribuintes os usuários* para que se apropositasse a imunidade intergovernamental em favor das pessoas políticas. É de perguntar, todavia, se uma simples opção de técnica pode ou deve superpor-se a um princípio tão vetusto como é o da imunidade intergovernamental recíproca, de larga tradição jurídica, fundado em plano axiológico e, por isso mesmo, visto – inclusive pelo STF – como cláusula pétrea (art. 60, §4º).

Este modo de ver a imunidade intergovernamental recíproca que estamos propugnando – a mais larga possível – é o mais acorde com a realidade. O *telos* do princípio imunitório é, precisamente, não permitir que a coisa pública venha a ser molestada pela tributação: o patrimônio (uma *universitas rerum*), as rendas, os serviços públicos. Tomemos novamente a jurisprudência do STF no sentido de abranger o IOF pela imunidade recíproca: ora, esse imposto não tem, por fato gerador, *patrimônio, renda* ou *serviços*; incide sobre operações de crédito, câmbio, seguros e títulos mobiliários. A Corte protegeu, isto sim, o *patrimônio da pessoa política imune.*

De mais a mais, a questão entranha-se no intrico federativo. As pessoas políticas que convivem na Federação estão voltadas, todas elas, ao bem comum. Não é admissível que venham a se tributar mutuamente, estendendo-se a imunidade até as instrumentalidades dos Poderes Públicos. Aliás, foi por aí que a cogitação da imunidade teve início nos EUA. Entre nós, a coisa é diferente, *habemus suprema lex*. O *habitat* da imunidade é a Constituição.

Voltemos, enfim, ao art. 150 da Constituição. Seu §2º estende a imunidade recíproca às autarquias e às fundações instituídas e mantidas pelo Poder Público, inobstante uma diferença deva ser observada com relação à imunidade garantidora dos entes políticos: com efeito, enquanto para estes a norma exoneratória vale independentemente de qualquer circunstância, para as entidades referidas o comando imunizante apenas produzirá efeitos quanto ao patrimônio, à renda e aos serviços que estiverem "vinculados a suas finalidades essenciais ou às delas decorrentes".

Nesse sentido, caso em determinado imóvel urbano pertencente à União seja construído um *resort*, ainda que tal empreendimento em nada favoreça a consecução do interesse público, ainda assim não será devido qualquer recolhimento a título de IPTU. O mesmo não se pode dizer na hipótese de o imóvel ser de propriedade do Ibama, porquanto, inexistindo qualquer vínculo entre um *resort* e as finalidades dessa autarquia federal (exercício do poder de polícia ambiental e execução de ações das políticas nacionais de meio ambiente), pagar o imposto predial se imporia.

De se ressaltar, por oportuno, que conceito de autarquia para fins imunitórios é fornecido pelo Decreto-Lei nº 200, de 1967, diploma o qual, para efeitos da organização da Administração Pública, reparte-a e a define em direta e indireta, termos correspondentes, numa terminologia estranha ao Direito, aos vocábulos "administração centralizada e descentralizada". O Decreto-Lei nº 200 diz que a Administração Indireta compreende as autarquias, as sociedades de economia mista e as empresas públicas, ditado que serve perfeitamente à aplicação da Carta.

Para mais, o STF inclui, nos contornos do §2º do art. 150 da CF, como beneficiárias da imunidade recíproca, ao lado das autarquias e das fundações, as empresas públicas e as sociedades de economia mista. Não todas, é verdade, mas somente aquelas prestadoras de serviços públicos de cunho essencial e exclusivo, porque, nesse caso, aproximam-se de maneira bastante evidente das entidades encontradas na literalidade constitucional. Isso, contudo, desde que sejam observados os seguintes requisitos definidos pela Corte (ou "estágios", na dicção pretoriana), a saber:[7]

A) a propriedade, a renda e os serviços imunes são somente aqueles empregados pela estatal na "satisfação dos objetivos institucionais imanentes do ente federado";

B) as atividades desenvolvidas pelas estatais destinadas sobretudo ao acréscimo patrimonial do Estado ou de particulares não estão protegidas pela norma imunizante;

C) inadmitir-se-á a desoneração se esta, como efeito colateral relevante, macular os princípios da livre concorrência e do exercício de atividade profissional ou econômica lícita.

Cumpre destacar que o terceiro requisito exposto consona perfeitamente tanto com o art. 173, §2º, da CF[8] quanto com o §3º do já mencionado art. 150, sendo este o seu texto:

§3º – As vedações do inciso VI, "a", e do parágrafo anterior não se aplicam ao patrimônio, à renda e aos serviços, relacionados com exploração de atividades econômicas regidas pelas normas aplicáveis a empreendimentos privados, ou em que haja contraprestação ou pagamento de preços ou tarifas pelo usuário, nem exonera o promitente comprador da obrigação de pagar imposto relativamente ao bem imóvel.

No ensejo do dispositivo, façamos um adendo. Primeiro para dizer que sua parte final incorporou um antigo posicionamento do STF, pré-1988, constante da Súmula nº 583; atente-se senão para o que dispõe o verbete, com palavras bastante semelhantes às de nossa Lei Fundamental e com clareza que dispensa maiores comentários: "promitente comprador de imóvel residencial transcrito em nome de autarquia é contribuinte do imposto predial territorial urbano". Segundamente, para rememorar que o STF estatuiu, com repercussão geral (Tema nº 224), sobre a responsabilidade tributária por sucessão (englobando, destarte, a hipótese do dispositivo constitucional supratranscrito, de compra e venda de imóveis públicos), nos seguintes termos: "a imunidade

---

[7] STF, RE nº 253.472/SP, Rel. Ministro Marco Aurélio, *DJe* 01.02.2011.

[8] Art. 173. (...) §2º As empresas públicas e as sociedades de economia mista não poderão gozar de privilégios fiscais não extensivos às do setor privado.

tributária recíproca não exonera o sucessor das obrigações tributárias relativas aos fatos jurídicos tributários ocorridos antes da sucessão".[9]

À guisa de conclusão, embora correndo o risco de parecermos enfadonhos, não podemos deixar de trazer à baila alguns outros importantes entendimentos da Excelsa Corte na temática. Principiemos, portanto, pelo tratamento deferido à Empresa Brasileira de Correios e Telégrafos – ECT.

Há algum tempo o STF vem reconhecendo o benefício da imunidade recíproca à ECT, empresa pública a quem compete, dentre outros, executar e controlar, em regime de monopólio, os serviços postais em todo o território nacional. Em 15.10.2014, por exemplo, no julgamento do RE nº 773.992/BA,[10] cujo tema de repercussão geral foi autuado sob o número 644, a Corte assentou que "a imunidade tributária recíproca reconhecida à Empresa Brasileira de Correios e Telégrafos – ECT alcança o IPTU incidente sobre imóveis de sua propriedade e por ela utilizados, não se podendo estabelecer, *a priori*, nenhuma distinção entre os imóveis afetados ao serviço postal e aqueles afetados à atividade econômica".

A *ratio decidendi*: milita em favor da entidade uma presunção de que seus imóveis estão afetados ao serviço público. É por essa razão que, a princípio, todos eles estão salvaguardados pela imunidade; apenas na hipótese de a Administração Tributária municipal lograr êxito em demonstrar o contrário, se admitirá a cobrança do IPTU.

Menos de um mês depois, no RE nº 627.051/PE,[11] também com repercussão geral (Tema nº 402), pacificou-se a jurisprudência no sentido de que "não incide o ICMS sobre o serviço de transporte de encomendas realizado pela Empresa Brasileira de Correios e Telégrafos – ECT, tendo em vista a imunidade recíproca prevista no art. 150, VI, 'a', da Constituição Federal".

Ora, tendo em vista que o serviço de transporte de encomendas está aberto à iniciativa privada, seria possível vislumbrar uma situação de concorrência desleal entre a ECT e as demais empresas do setor, pois, gozando do benefício tributário, seus custos serão fatalmente menores. O STF, contudo, sob a justificativa de a atividade em comento constituir "*conditio sine qua non* para a viabilidade de um serviço postal contínuo, universal e de preços módicos", mormente pois a estatal tem o dever de servir a todos os lugares do Brasil, não importa se grandes

---

[9] STF, RE nº 599.176/PR, Rel. Ministro Joaquim Barbosa, *DJe* 30.10.2014.

[10] STF, RE nº 773.992/BA, Rel. Ministro Dias Toffoli, *DJe* 19.02.2015.

[11] STF, RE nº 627.051/PE, Rel. Ministro Dias Toffoli, *DJe* 11.02.2015.

ou pequenos, ricos ou subdesenvolvidos e, com isso, muitas vezes sofre reveses financeiros, aplicou a norma exoneratória.

Finalmente, no RE n° 601.392/PR,[12] o STF estendeu a imunidade em tela para todas as atividades desempenhadas pela estatal, em notável alargamento de sua concepção. Restou consignado, destarte, que "os serviços prestados pela Empresa Brasileira de Correios e Telégrafos – ECT, inclusive aqueles em que a empresa não age em regime de monopólio, estão abrangidos pela imunidade tributária recíproca (CF, art. 150, VI, a e §§2º e 3º)". O trânsito em julgado desse importante precedente, cuja repercussão geral foi declarada (Tema n° 235), porém, ainda não ocorreu, haja vista a oposição de embargos declaratórios pelo Município de Curitiba.

E no que tange à Infraero, outra empresa pública de todos nós conhecida? A atividade-fim da Infraero é a de executar serviço público de administração de aeroportos sob sua jurisdição, conforme encargo que a lei autorizadora de sua criação lhe outorgou. Para executar essa atividade-fim – serviço público de administração de aeroportos –, a Infraero realiza uma série enorme de atividades e contratos que objetivam o bom andamento do aeroporto. São tais atividades as atividades-meios. A subconcessão de utilização de áreas aeroportuárias é uma das atividades-meios.

A questão juridicamente relevante é que a exploração, direta ou mediante autorização, concessão ou permissão, da navegação aérea, aeroespacial e da infraestrutura aeroportuária foi definida, pela Constituição Federal, como serviço público de competência da União (artigo 21, XII, "c"). Tanto assim é que com base justamente nessa circunstância foi que o STF, no AgR-RE n° 363.412/BA,[13] resguardou a Infraero da cobrança de impostos promovida pelos entes políticos em geral, proclamando fazer ela jus à imunidade inserta no art. 150, VI, "a", da Lei Maior.[14]

É de observar, portanto, que, se uma empresa pública ou sociedade de economia mista presta um serviço público, atua como órgão da Administração indireta, e não desenvolve atividades econômicas próprias das empresas privadas.

Não obstante, também a representante da nobre classe dos causídicos, a Ordem dos Advogados do Brasil – OAB, é beneficiária

---

[12] STF, RE n° 601.392/PR, Rel. Ministro Joaquim Barbosa, *DJe* 05.06.2013.

[13] STF, AgR-RE n° 363.412/BA, Rel. Ministro Celso de Mello, *DJe* 19.09.2008.

[14] Tempos depois, tal jurisprudência foi ratificada pela Suprema Corte – mas agora com repercussão geral – no ARE n° 638.315/BA, Rel. Ministro Cezar Peluso, *DJe* 31.08.2011.

da imunidade recíproca no tocante ao patrimônio às rendas e aos serviços que se relacionem com suas finalidades essenciais (art. 44 da Lei nº 8.906/94). E a razão para tanto é simples, conforme aclarou-nos a Suprema Corte: "(...) a OAB desempenha atividade própria de Estado (defesa da Constituição, da ordem jurídica do Estado democrático de direito, dos direitos humanos, da justiça social, bem como a seleção e controle disciplinar dos advogados)".[15]

Perceba-se que a imunidade reconhecida à OAB mantém íntima ligação com a salvaguarda de atividades estatais. Via de consequência, conquanto a Caixa de Assistência dos Advogados integre a estrutura da Ordem, ela não está a salvo do pagamento de impostos, porquanto se destina a prover benefícios assistenciais aos seus associados e nisso não revela qualquer instrumentalidade estatal.[16]

Façamos, enfim, uma última colocação, após a qual damos por concluído este panorama – não exaustivo – sobre a imunidade recíproca. O STF decidiu que as pessoas prestadoras de serviços de registros públicos, cartorários e notariais não são infensas à tributação; afinal, ainda que tais serviços se revistam de caráter público, eles são executados com nítido intuito lucrativo, revelando a existência de capacidade contributiva e atraindo a aplicação do art. 150, §3º, da CF.[17]

A imunidade dos templos de qualquer culto, dos partidos, dos sindicatos e das instituições de assistência social e de educação

A Constituição juridiciza determinados valores éticos, garante-os e protege-os. Conquanto o regime econômico capitalista, pela sua própria dinâmica, utilize o homem como meio para a obtenção da riqueza, pelo que já se disse que subordina o "ser" ao "ter" (quem tem "é"), as Constituições brasileiras, harmônicas com a boa tradição humanista, têm feito profissão de fé em alguns valores que não descendem do modo capitalista de produção, mas da concepção democrática de vida e governo. Do constitucionalista e cientista político baiano, Prof. Nelson Sampaio,[18] a frase lapidar: "A ideia nuclear da concepção democrática é o pressuposto ético que condena a utilização de qualquer indivíduo

---

[15] STF, AgR-RE nº 259.976/RS, Rel. Ministro Joaquim Barbosa, *DJe* 30.04.2010.

[16] STF, RE nº 233.843/MG, Rel. Ministro Joaquim Barbosa, *DJe* 18.12.2009.

[17] STF, ADI nº 3.089/DF, Rel. Ministro Carlos Ayres Britto, *DJe* 01.08.2008.

[18] SAMPAIO, Nelson. *As Ideias Forças da Democracia*, Bahia, 1941, p. 187.

humano como simples instrumento ou meio para os fins de outros indivíduos ou grupos".

Daí resulta a imunidade dos templos de qualquer culto (liberdade de crença e igualdade entre as crenças), dos partidos políticos (veículos da vontade nacional), do jornal, periódico, livro, assim como do papel destinado à sua impressão (veículo de ideias), das instituições de educação e assistência social (veículos de cultura, benemerência, solidariedade e filantropia) e a dos sindicatos.

Reza o art. 150, VI, "b" e "c":

> Art. 150. Sem prejuízo de outras garantias asseguradas ao contribuinte, é vedado à União, aos Estados, ao Distrito Federal e aos Municípios:
> (...)
> VI – instituir impostos sobre:
> (...)
> b) templos de qualquer culto;
> c) patrimônio, renda ou serviços dos partidos políticos, inclusive suas fundações, das entidades sindicais dos trabalhadores, das instituições de educação e de assistência social, sem fins lucrativos, atendidos os requisitos da lei;
> (...).

A imunidade das instituições de educação e assistência social as protege da incidência dos impostos sobre as suas rendas, patrimônio e serviços, caso sejam as instituições contribuintes *de jure* (com coerência, o STF também aqui se manifesta no sentido de que a imunidade não beneficia o ente que seja tão só contribuinte *de fato* da exação).[19] A imunidade em tela visa a preservar o patrimônio, os serviços e as rendas das instituições de educação e assistenciais porque os seus fins são elevados, nobres e, de uma certa maneira, emparelham com as finalidades e deveres do próprio Estado: proteção e assistência social, promoção da cultura e incremento da educação *lato sensu*.

A regra imunitória constante do art. 150, VI, "c", da CF é, todavia, *not self-enforcing* ou *not self-executing*, como dizem os saxões, ou,

---

[19] Esse entendimento é pacífico já de longa data, senão veja-se a Súmula nº 591 do STF, de 1976: "a imunidade ou a isenção tributária do comprador não se estende ao produtor, contribuinte do imposto sobre produtos industrializados". Outrossim, o Tribunal reafirmou sua jurisprudência na apreciação do RE nº 608.872/MG, Rel. Ministro Dias Toffoli, cuja repercussão geral foi reconhecida (Tema nº 342), estabelecendo: "a imunidade tributária subjetiva aplica-se a seus beneficiários na posição de contribuinte de direito, mas não na de simples contribuinte de fato, sendo irrelevante para a verificação da existência do beneplácito constitucional a repercussão econômica do tributo envolvido".

ainda, não bastante em si, como diria Pontes de Miranda. Vale dizer, o dispositivo não é autoaplicável e carece de acréscimo normativo, pois a Constituição condiciona o gozo da imunidade a que sejam observados os requisitos da lei. Ora, qual lei?

Evidentemente, a lei complementar da Constituição. Toda imunidade é uma limitação do poder de tributar, e as limitações ao poder de tributar no sistema da Constituição vigente são reguladas por lei complementar. Assim era também na Carta anterior.

Sem razão, induvidosamente, Aliomar Baleeiro, com dizer que a lei na espécie é a ordinária, ao referir-se à CF de 67, cuja redação era quase igual à de hoje.

Não era nem poderia ser lei ordinária. *A uma*, porque o próprio STF recentemente pacificou a discussão, e o fez com repercussão geral (Tema nº 32), ao consignar que "os requisitos para o gozo de imunidade hão de estar previstos em lei complementar". Não obstante, já outrora a Corte pronunciava-se no sentido de que "(...) o que a Constituição remete à lei ordinária, no tocante à imunidade tributária considerada, é a fixação de normas sobre a constituição e o funcionamento da entidade educacional ou assistencial imune; não, o que diga respeito aos lindes da imunidade, que, quando susceptíveis de disciplina infraconstitucional, ficou reservado à lei complementar".[20]

A duas, pois a imunidade, restrição ao poder de tributar da União, dos Estados e dos Municípios, ficaria à mercê da vontade dos próprios destinatários da restrição se lhes fosse dado regulá-la pela lei ordinária. Seria transferir ao legislador ordinário das ordens parciais poder permanente de emenda à Constituição. Sim, porque na medida em que por lei ordinária pudessem variar as condições para a fruição da imunidade, poderiam até mesmo frustrá-la. Assistiríamos ao absurdo de ver um valor posto numa Constituição rígida, para garantir certas categorias de pessoas contra a tributação, vir a ser manipulado, justamente, por aqueles a quem se proíbe o poder de tributá-las.

A três, porque seria admitir duas fórmulas constitucionais para operar uma só matéria, a regulação das limitações ao poder de tributar. Haveria antinomia entre o art. 146, II, que prevê lei complementar para o trato da espécie, e o art. 150, VI, "c", prevendo apenas lei ordinária para a regulação de uma limitação específica ao poder de tributar. Sabido que o Direito não tolera disposições antitéticas sob pena de ilogismo deôntico, cabe ao intérprete harmonizar o conflito (se real) pela

---

[20] STF, MC-ADI nº 1.802/DF, Rel. Ministro Sepúlveda Pertence, *DJ* 13.02.2004.

supressão de uma das disposições e, se aparente, pela integração dos dispositivos à luz do conjunto normativo. *In casu*, o conflito é meramente aparente ou, noutro giro, não existe. Há tão somente uma insuficiência literal no texto do art. 150, VI. O constituinte deveria ter acrescentado ao substantivo "lei" o adjetivo "complementar", para maior claridade. A omissão, todavia, não é, de forma alguma, comprometedora, em face do axioma hermenêutico de que, salvo exceção expressa, o "menos" se integra no "mais". Vale dizer, toda regulação de limitação ao poder de tributar deve ser feita por lei complementar.

Poder-se-ia, ainda, objetar, em defesa de Baleeiro, que a lei ordinária a que este se referiu é a federal e não outra.

Nem assim poderíamos salvá-lo do deslize. É que o legislador da União não pode regular limitação ao poder de tributar dos Estados e Municípios, tanto quanto ela, ordens parciais. Só o constituinte pode pôr a limitação, e só o legislador complementar da Constituição pode regulá-la por meio de lei complementar, que não é lei federal, mas nacional, de observância obrigatória pelas três ordens de governo, União, Estados e Municípios.

A lei complementar pedida pela Constituição é, na espécie, o CTN (lei complementar *ratione materiae*, embora não seja pelo aspecto formal, visto que, ao tempo de sua edição, ainda não existia, sob este aspecto, lei complementar no Direito brasileiro). Hoje, porém, a Lei nº 5.172, de 25 de outubro de 1966, só pode ser revogada por outra lei complementar, o que a legitima como tal e atesta a sua recepção pelo ordenamento constitucional que se lhe seguiu, confirmando-lhe a validade.

O Digesto Tributário, no Capítulo II, Seção I, art. 9º, IV, "b" e "c", repete o texto imunitório da Constituição. Lado outro, no art. 14 estabelece as condições a serem atendidas pelos partidos políticos, entidades sindicais dos trabalhadores e instituições de educação e de assistência social para que se beneficiem da desoneração; dada sua relevância, leia-se o dispositivo:

> Art. 14. O disposto na alínea 'c' do inciso IV do artigo 9º é subordinado à observância dos seguintes requisitos pelas entidades nele referidas:
> I – não distribuírem qualquer parcela de seu patrimônio ou de suas rendas, a qualquer título;
> II – aplicarem integralmente, no País, os seus recursos na manutenção dos seus objetivos institucionais;
> III – manterem escrituração de suas receitas e despesas em livros revestidos de formalidades capazes de assegurar sua exatidão.

§1º Na falta de cumprimento do disposto neste artigo, ou no §1º do art. 9º, a autoridade competente pode suspender a aplicação do benefício. §2º Os serviços a que se refere a alínea 'c' do inciso IV do artigo 9º são exclusivamente, os diretamente relacionados com os objetivos institucionais das entidades de que trata este artigo, previstos nos respectivos estatutos ou atos constitutivos.

Portanto, quatro são os requisitos previstos pelo legislador complementar e somente quatro: a) escrituração regular; b) não distribuição de lucros (algo que, decerto, não pode ser interpretado como uma vedação ao superávit financeiro); c) proibição de remetê-los ao exterior, devendo ser aplicados na manutenção dos objetivos institucionais; e d) cumprimento de obrigações acessórias.

Por fora, a doutrina exige mais dois: a) que o estatuto da instituição preveja, em caso de extinção, a reversão do patrimônio a fim público; e b) que a instituição não possa, mais à frente, transformar-se em empresa mercantil.

Ainda, não nos esqueçamos de que a CF, em seu art. 150, §4º, registra aplicar a imunidade em tela apenas no tocante ao patrimônio, à renda e aos serviços relacionados com as *finalidades essenciais* das entidades alhures mencionadas.

Pois bem. Desde que os partidos e instituições de educação e assistência social a tudo isso observem, terão direito subjetivo à imunidade, oponível ao poder tributário que estiver em causa, dependendo do imposto a ser considerado.

As pessoas políticas não podem instituir outros requisitos além dos previstos na lei complementar da Constituição, que a todos obriga. Tampouco depende o gozo da imunidade de requerimento ou petição. O imune, enquadrando-se na previsão constitucional, observados os requisitos, tem, desde logo, direito. Não pagará imposto, desnecessária autorização, licença ou alvará do ente político cujo exercício da competência está vedado (a imunidade se abre para dois lados: à pessoa jurídica de Direito Público, titular da competência impositiva, proíbe o exercício da tributação; ao imune assegura-lhe o direito de não ser tributado).

Aceitável que o imune comunique ao ente tributante a sua condição e requeira o respectivo título. O ato é facultativo.

Será impertinente, dessarte, toda legislação ordinária ou regulamentar de qualquer das pessoas políticas que acrescente mais antepostos aos requisitos da lei complementar tributária (CTN) concernente à imunidade. Pode o Fisco, esta é uma outra questão, investigar e fiscalizar a pessoa imune, suas atividades, no escopo de verificar se os pressupostos imunitórios estão sendo rigorosamente observados. Não se tratará, aí, dos pressupostos, mas do respectivo cumprimento, e sem os quais não haverá imunidade.

O que a lei complementar assegura ao ente tributante, faltando o cumprimento dos requisitos do art. 14, I, II, III, e art. 9º, §1º, é o poder de suspender o benefício (não o reconhecendo). Tal só poderá ser feito, no entanto, por meio do processo regular, assegurando-se ampla defesa ao imune. E, frise-se, desde que o imune passe a cumprir os requisitos – supondo-se que não os tenha efetivamente cumprido –, reingressa no direito subjetivo à imunidade. À autoridade administrativa é vedado cassar a imunidade. Pode tão somente suspender-lhe a fruição, fundamentadamente até e enquanto não observados os requisitos legais.

O ente imune está obrigado, como um contribuinte qualquer, a cumprir os deveres acessórios impostos pela Administração, como, por exemplo, o de reter na fonte tributos devidos por terceiros, manter livros, *ex vi* do CTN. Entretanto, não estará obrigado a cumprir, ainda que acessórios, deveres secundários não existentes para a generalidade dos contribuintes, salvo se destinados especificamente a demonstrar ou comprovar sua condição de imune. Irrelevantes, a seu turno, as chamadas declarações de "utilidade pública" para fins imunitórios. Uma coisa não tem a ver com a outra.

A imunidade dos templos

Cumpre agora precisar o significado constitucional das palavras templo, partido e instituição, já que o teor dessas *nomina juris* articula o preceito imunitório.

Templo, do latim *templum*, é o lugar destinado ao culto. Em Roma era lugar aberto, descoberto e elevado, consagrado pelos áugures, sacerdotes da adivinhação, a perscrutar a vontade dos deuses nessa tentativa de todas as religiões de religar o homem e sua finitude ao absoluto, a Deus. Hoje, os templos de todas as religiões são, comumente, edifícios. Nada impede, porém, como lembrado por Baleeiro, que o templo ande sobre barcos, caminhões e vagonetes, ou seja, em terreno não edificado. Onde quer que se oficie um culto, aí é o templo.

No Brasil, o Estado é laico. Não tem religião oficial. A todas respeita e protege, não indo contra as instituições religiosas com o poder de polícia ou o poder de tributar, salvo para evitar abusos: sacrifícios humanos ou fanatismo demente e visionário. E quando tributa é para evitar que sob a capa da fé se pratiquem atos de comércio ou se exercite *animus lucrandi* sem finalidade benemérita.

O templo, dada a isonomia de todas as religiões, não é só a catedral católica, mas a sinagoga, a casa espírita kardecista, o terreiro de candomblé ou de umbanda, a igreja protestante, shintoísta ou budista e a mesquita maometana. Pouco importa tenha a seita poucos adeptos. Desde que uns na sociedade possuam fé comum e se reúnam em lugar dedicado exclusivamente ao culto da sua predileção, este lugar há de ser um templo e gozará de imunidade tributária.

Contudo, atente-se. Os terreiros da religião afro-brasileira funcionam, muitas vezes, agregados à casa do "pai de santo"; comumente é um barracão nos fundos do terreno. Consoante sempre gizamos, a imunidade colhe apenas o barracão. E a casa do padre? Esta também não goza de imunidade. Não é templo, é moradia (embora de um sacerdote, que nem por isso deixa de ser um cidadão, com os direitos e deveres comuns à cidadania). O escopo é imunizar o templo e não o babalorixá, o padre, o rabino, o ministro protestante em seus haveres. Não seria o caso, por exemplo, de o Município de Diamantina, em Minas Gerais, reconhecer a imunidade às fazendas e casas do antigo bispo daquela arquidiocese, D. Sigaud, homem sabidamente rico.

Em nosso sentir, imune é o templo, não a ordem religiosa. Esta pode gozar de isenções quanto a seus bens, rendas, serviços, indústrias e atividades, se pias, caritativas, filantrópicas. Tal, porém, constitui ordem diversa de indagação, matéria estranha ao tema imunitório. Dependerá, aí, a isenção do prudente alvedrio do legislador federal, estadual e municipal, conforme seja o tributo. No mesmo sentido, Pontes de Miranda.

No que diz respeito ao IPTU, não podem os Municípios tributar os prédios ou terrenos onde se exerce o culto (os templos). Podem, a nosso ver, tributar com o predial ou o territorial os terrenos paroquiais, da mitra, das ordens religiosas, das seitas e religiões que se voltem a fins econômicos: prédios alugados, terrenos arrendados para estacionamento, conventos e seminários, lotes vagos, etc. Agora, se o patrimônio imóvel de qualquer religião estiver afetado, ainda que lucrativamente, a fins educacionais ou assistenciais, e desde que estejam sendo devidamente cumpridos os antepostos da lei complementar tributária, há pouco versados, então a questão passa a quadrar-se nos lindes da imunidade das instituições de educação e assistência, obstando aos Municípios o exercício da competência tributária impositiva relativamente ao predial e territorial urbano. Mas aí já não se trata da imunidade dos templos de qualquer culto (que, aliás, devem ser de pessoas jurídicas de Direito Civil, como tais registradas no ofício próprio).

Embora ainda convencidos do acerto de nossa posição, somos obrigados a registrar a prevalência de outro entendimento. Com efeito, tem-se adotado uma interpretação ampliativa à expressão "templos de qualquer culto" – consagrada na CF para definir a imunidade em comento – com vistas a abranger não apenas o local onde ocorrem as celebrações e rituais de determinado credo, mas a própria entidade religiosa. Destarte, contrariamente ao que acreditamos, seriam imunes todo o patrimônio, todas as rendas e todos os serviços dessas organizações, desde que, por óbvio, relacionadas as suas *finalidades essenciais* (art. 150, §4º).[21]

Nessa toada, vale observar, por exemplo, que o STF já assinalou a desnecessidade de pagamento de IPTU sobre *cemitérios* que consubstanciem extensões de entidades de cunho religioso[22] e também sobre os imóveis pertencentes à entidade religiosa, mesmo se alugados.[23] Regina Helena Costa brinda-nos, ainda, com outra ilustração: "a renda considerada imune é aquela que decorre da prática do culto religioso, compreendendo as doações dos fiéis (incluindo as espórtulas e os dízimos) bem como as consequentes aplicações financeiras, pois estas visam à preservação do patrimônio da entidade".[24]

Nada obstante, inclusive os juristas que defendem uma interpretação extensiva à imunidade em exame estão cientes da existência de limites para tanto. Foi por isso que o STF, *e.g.*, não confirmou o benefício às lojas maçônicas, reconhecendo, ali, não se professar qualquer religião.[25]

A imunidade dos partidos

Os partidos políticos a que se refere a Constituição são aqueles formados e existentes *secundum legem* e não os que existem *contra legem*, como, *v.g.*, o partido nazista brasileiro, se existisse de fato. São regulados por lei própria (lei orgânica dos partidos políticos, Lei nº 9.096/1995).

---

[21] De acordo com o STF, "(...) não cabe à entidade religiosa demonstrar que utiliza o bem de acordo com suas finalidades institucionais. Ao contrário, compete à Administração tributária demonstrar a eventual tredestinação do bem gravado pela imunidade". AgR-ARE nº 800.395/ES, Rel. Ministro Luís Roberto Barroso, *DJe* 14.11.2014.

[22] STF, RE nº 578.562/BA, Rel. Ministro Eros Graus, *DJe* 12.09.2008.

[23] STF, RE nº 325.822/SP, Rel. Ministro Ilmar Galvão, *DJ* 14.05.2004. Nesse julgado, consignou a Corte como razão de decidir que "o §4º do dispositivo constitucional [art. 150] serve de vetor interpretativo das alíneas 'b' e 'c' do inciso VI do art. 150 da Constituição Federal".

[24] COSTA, Regina Helena. *Curso de direito tributário*. 7. ed. São Paulo: Saraiva, 2017, p.113.

[25] STF, RE nº 562.351/RS, Rel. Ministro Ricardo Lewandowski, *DJe* 14.12.2012.

Ora, a democracia postula a existência de partidos sem os quais é impossível a sua mecânica. Os partidos são *non-profit*, não projetam "signos presuntivos de capacidade contributiva", como diria Becker. Desempenham o papel mais relevante da cena política, congregando as correntes de opinião, representando as minorias e as maiorias, a situação e a oposição. Nos países parlamentaristas, são os sustentáculos do poder político, seus intérpretes mais abalizados. Os partidos políticos, assim como as instituições de educação e assistência social, são pessoas jurídicas de Direito Privado; diferentemente destas, porém, são instituições típicas estritamente políticas e destinam-se "a assegurar, no interesse do regime democrático, a autenticidade do sistema representativo", conforme afiança Baleeiro.

Os partidos políticos e suas fundações não devem ter suas rendas, patrimônio e serviços tributados à mercê de impostos incidentes sobre tais realidades jurígenas. Estão previstos na própria Constituição; são, portanto, entes constitucionais, instituições nacionais (art. 17 da Carta). Seus imóveis estão imunes no que disser respeito ao imposto predial e territorial dos municípios: tudo quanto for prédio ou terreno pertencente a partido político está imune, ainda que o imóvel esteja afetado a um fim lucrativo qualquer, permitido em lei às agremiações. É que as receitas auferidas, não podendo ser distribuídas *ex vi legis*, só podem mesmo reverter em favor dos fins partidários. Importante, ademais, a autossustentação dos partidos para que não dependam nem do poder político nem do poder econômico nas suas ocupações eleitorais.

A imunidade só se sustentará, todavia, se respeitadas as balizas legais postas:

A) pela lei de regência dos partidos;
B) pelas normas do próprio estatuto partidário;
C) pelos pressupostos do Código Tributário Nacional.

As administrações fiscais podem, para fins tributários, fiscalizar as instituições de educação e de assistência social e também os partidos.

Considerações sobre imunidade das instituições partidárias, religiosas, sindicais, educacionais e assistenciais

Entre as pessoas imunes, os templos e partidos políticos não oferecem o flanco a muitas investidas; são instituições permanentes, seculares. Trata-se de religião e política. Seus veículos são aceitos, generalizadamente, como entes imunes. Tirante uma ou outra escaramuça relativa aos bens dominiais das igrejas, mormente se universais, ou certas incertezas quanto aos limites da atividade dos partidos na cena econômica, paralelamente à ação política que lhes é própria, a cogitação imunitória em relação a tais entes é juridicamente tranquila e de apoucada contestação.

O mesmo já não se dá com o *nomen juris* instituição, quando ligado ao *munus* educacional ou assistencial. É que a interpretação das palavras templo e partido é fácil e não embaraça a fiel intelecção do relato constitucional. Já no plano da imunidade dos entes privados dedicados à educação e assistência social, as administrações fiscais procuram minimizar o alcance e a abrangência do dispositivo imunitório, operando uma interpretação restritiva do vocábulo. Então, não bastariam aqueles pressupostos do Código Tributário Nacional e da doutrina:

A) cumprimento de obrigações acessórias;
B) escrita regular;
C) não remessa de lucros para o exterior;
D) não distribuição de receitas, implicando sua reaplicação no *munus* educacional e assistencial; e
E) rigidez estatutária e reversão patrimonial a fins não comerciais.

Além desses pressupostos, o ente dedicado à educação ou assistência social terá de ser uma instituição, mas o conceito de instituição que presumem certo e aceitável é estreito em demasia, não se coadunando com o querer do constituinte que o projetou no espaço normativo, com largueza de ideias, sem amarras ou restrições. Por isso mesmo é mister dedicar um pouco mais de cuidado e tempo à análise da palavra, tida como verdadeira chave de abóbada da imunidade *in examen* pelos corifeus da interpretação restritiva e seus inúmeros epígonos.

O intento mais profundo da corrente restritivista fê-lo o eminente jurista Leopoldo Braga em trabalho erudito e longo publicado na *Revista da Procuradoria-Geral do Estado da Guanabara.*[26] O autor, na época, ocupava o elevado cargo de Procurador-Geral de Justiça. Diz que Instituição é entidade.

Ao longo de sua investigação, porém, cada vez mais se acendra no espírito do leitor o fracasso do intento. Acumulam-se as dúvidas, as restrições, as incongruências que o autor, com mestria, procura

---

[26] BRAGA, Leopoldo. *In: Revista da Procuradoria-Geral do Estado da Guanabara*, 2:1.133,1969.

harmonizar, compor e integrar. Eis que de inopino se aclara o espírito. A palavra instituição é mesmo polissêmica, vaga, oca e imprecisa, nela cabendo miríades de acepções. Chega-se, pois, a uma conclusão inversa à de Leopoldo Braga: a palavra é equívoca dentro e fora do Direito.

O ideal é precisamente a proliferação de associações, fundações, pessoas civis que se ocupem institucionalmente dos papéis assistencial, cultural e educacional, ainda que no âmbito de uma só empresa, como ocorreu com a Fundação Ruben Berta, da VARIG, cuja imunidade, antes contestada, foi reconhecida pelo STF, em 1971, em histórica decisão. Muitas outras empresas possuem organismos institucionalmente voltados para a educação e o *munus* assistencial (lazer, colônias de férias, auxílios diversos, empréstimos de emergência, centros de treinamentos, bolsas de estudo, complementação de aposentadoria, cultura, cooperativas de consumo, etc.). Merecem a imunidade.[27] Quando deixaremos de lado o vezo de que aos governos cabem todas as responsabilidades e todas as soluções? Quando deixaremos de amaldiçoar o lucro e viver na pobreza?

Ao contrário, a vida democrática exige, supõe, respeita e até deseja o pluralismo e a liberdade. É preciso que, em escala micro, os cidadãos se reúnam e discutam seus problemas, procurando fórmulas capazes e viáveis de resolvê-los, enriquecendo a convivência e acrescentando à sociedade novas instituições. O governo deve fazer o mínimo, não dificultando os movimentos espontâneos da comunidade, evitando tanto a legislação complexa quanto as burocracias inúteis ou as tributações sem sentido. A imunidade, pois, vem a calhar. E, por isso, o conceito de instituição dos restritivistas deve ser posto de lado, sem a menor deferência. É bizantino, árido, insensível aos reclamos das sociedades modernas, complexas e pluralistas. Está em descompasso com o vir a ser histórico, cujo dinamismo procuram dificultar em nome de miúdos interesses fiscais.

A palavra instituição não tem a ver com tipos específicos de entes jurídicos à luz de considerações estritamente formais. É preciso saber distinguir quando a distinção é fundamental e não distinguir quando tal

---

[27] Chancelou nosso entender o STF ao apreciar o RE nº 236.174/SP, Rel. Ministro Menezes Direito, *DJe* 24.10.2008. Na hipótese, a Fundação Ruben Berta, entidade dedicada a prestar assistência social aos seus próprios funcionários bem como aos da extinta VARIG, pleiteava o reconhecimento da imunidade quanto ao IPTU relativamente a um imóvel que possuía destinado a práticas esportivas e à recreação de seus assistidos. Eis, então, que o Elevado Tribunal estatuiu: "a utilização do imóvel para atividade de lazer e recreação não configura desvio de finalidade com relação aos objetivos da Fundação caracterizada como entidade de assistência social", concedendo-lhe, assim, o benefício.

se apresente desnecessário. Instituição é palavra destituída de conceito jurídico-fiscal. Inútil procurá-la aqui ou alhures, no Direito de outros povos. É um *functor*. O que a caracteriza é exatamente a função e os fins que exerce e busca, secundária a forma jurídica de sua organização, que tanto pode ser fundação, associação, etc. O destaque deve ser para a função, os fins.

Repita-se: no campo jurídico, a palavra é utilizada como *functor* e não como "conceito"; apelidamos "instituições" série bem dilargada de fatos e ideias, o que realça o teor polissêmico do termo. O Exército é uma instituição. Caio Mário escreveu sobre instituições de Direito Civil. Diz-se que a família é uma instituição jurídica, e que as fundações são instituições beneméritas. A Fundação Calouste Gulbenkian, em Portugal, é considerada uma instituição cultural, mundialmente reconhecida. O Parlamento e o Poder judiciário são instituições incorporadas ao Direito brasileiro, assim como o Poder Executivo e os partidos políticos. O poder familiar é uma instituição de Direito Civil, assim como o cheque o é de Direito Empresarial, e a desapropriação, de Direito Administrativo.

A bem da verdade, se quisermos estabelecer as notas típicas do conceito de instituição, é no campo da Sociologia que as encontraremos. Não, porém, sem nos depararmos com as variações decorrentes de escolas e correntes de pensamento, pois, desde que a expressão foi empregada pela primeira vez por Comte, Spencer e Hobhouse, muita tinta já foi gasta e diversas teorias se sucederam.[28] Por conseguinte, eis então o que propomos: no campo do Direito Tributário, em tema imunitório, as instituições são organizações políticas ou religiosas, de educação ou assistência social, *por subsunção a critérios sociológicos, tomados da teoria das organizações sociais.*

Seja como for, no plano especificamente jurídico da imunidade das instituições de educação e assistência social, o critério da "generalidade" da prestação educacional ou assistencial, sugerido pelo Prof. Gomes Aranha, não encontra eco na Suprema Corte como nota do compósito "instituição". A Corte atua pragmaticamente. Vê os fins, as funções do ente assistencial ou educacional, ainda que restrito o seu raio de atuação. E, convenhamos, com grande senso de realidade e justiça.

Tampouco a "gratuidade" da prestação se nos afigura fundamental enquanto nota do compósito "instituição", como reconhece o mencionado professor. O próprio Código Tributário Nacional prevê

---

[28] Informações sobre as diversas correntes sociológicas que versam sobre a temática em questão podem ser encontradas com considerável desenvolvimento no verbete "instituições" da *Enciclopédia Britânica.*

o lucro, tanto que veda sua distribuição ou sua remessa para fora do país. O *animus lucrandi* é explicitamente admitido na lei complementar tributária *mater*. No campo das instituições de educação, especificamente, é absolutamente natural que cobrem pelos serviços que prestam. O que o CTN veda é tão somente a apropriação particular do lucro. Este há de ser reinvestido no *munus* educacional: melhor remuneração para professores, melhores condições ambientais, laboratórios, bibliotecas, centros de pesquisa, cursos de aperfeiçoamento para docentes, incrementos metodológicos etc. A disposição do *codex* é salutar. Quanto mais se faça pela educação, melhor.

Essa "gratuidade" pela qual tantos lutam é maléfica e contraproducente. Se as instituições particulares atuassem gratuitamente, a fundo perdido, logo se estiolariam em quantidade e qualidade. A filantropia é cara, e a caridade, pouca. A ideia de permitir o lucro e de obrigar sua reinversão no *munus* educacional ou assistencial enquanto condição para o privilégio da imunidade é o verdadeiro motor do instituto, tornando-o útil e eficaz.

A ampliação do campo de abrangência da atuação das instituições, a seu turno, tem sido a grande, a inestimável, contribuição do STF à operacionalidade da imunidade das instituições. Com o decidir assim, a Suprema Corte tem propiciado o surgimento de centenas de instituições a servir microcomunidades, em verdadeiro somatório de esforços visando a fim público inquestionável: a melhoria incessante dos níveis de educação, cultura e proteção assistencial do sofrido povo brasileiro. E, assim, o que para Leopoldo Braga não passaria de "uma outorga constitucional inédita e excepcional", sem correspondência noutras latitudes onde habitam sociedades "mais cultas", passa a ser uma solução jurídica genuinamente brasileira para problemas que inexistem "noutras latitudes", pelo menos com a intensidade e a dramaticidade com que se dão entre nós.

É de observar que, em consonância com esse escopo ampliativo, o STF reconheceu a imunidade em quadra aos centros de ensino de línguas estrangeiras;[29] afirmou que o fato de uma entidade beneficente possuir uma livraria em imóvel de sua propriedade não afasta o benefício tributário quando os valores auferidos são aplicados na consecução de suas finalidades essenciais;[30] ratificou a desoneração no caso da instituição que explora seu terreno como estacionamento, se satisfeito

---

[29] STF, segundo AgR-RMS nº 24.283/DF, Rel. Ministro Joaquim Barbosa, *DJe* 08.10.2010.

[30] STF, RE nº 345.830/MG, Rel. Ministra Ellen Gracie, *DJ* 08.11.2002.

o mesmo requisito anterior;[31] e, ainda, manteve a aplicação do preceito imunizante na hipótese de os imóveis da entidade estar sendo utilizados como escritório e residência de seus membros.[32]

Nessa linha de ideias, importante ressaltar ainda a existência da Súmula nº 724 do STF, que trata da incidência de IPTU sobre imóveis pertencentes às entidades, porém alugados a terceiros. De maneira harmônica com a sua jurisprudência – cujo espírito foi possível perceber por meio dos precedentes já mencionados – o Tribunal pontificou a prevalência da imunidade em dita hipótese "desde que o valor dos aluguéis seja aplicado nas *atividades essenciais de tais entidades*". Não bastasse, tempos após a aprovação do verbete, esse entendimento foi externado também na Súmula Vinculante nº 52, embora com ligeira diferença redacional: "ainda quando alugado a terceiros, permanece imune ao IPTU o imóvel pertencente a qualquer das entidades referidas pelo art. 150, VI, "c", da Constituição Federal, desde que o valor dos aluguéis seja aplicado nas *atividades para as quais tais entidades foram constituídas*".

De qualquer maneira, as instituições ora versadas encontram-se protegidas do ímpeto arrecadatório dos Fiscos por uma importante posição pretoriana relativamente à possibilidade de desconsideração do benefício pelas administrações tributárias. Com efeito, no RE nº 385.091/DF,[33] ao decidir que um imóvel pertencente ao Serviço Social da Indústria – SESI não deveria perder a imunidade quanto ao IPTU pela mera circunstância de estar vago,[34] o STF assentou: "adquirido o status de imune, as *presunções* sobre o enquadramento originalmente conferido devem militar a favor do contribuinte, de modo que *o afastamento da imunidade só pode ocorrer mediante a constituição de prova em contrário produzida pela administração tributária*". Concordamos: a demonstração do não atendimento, pelas instituições, de suas finalidades essenciais deve ser, de fato, ônus da Fazenda.

Enfim, a nosso sentir, também as Entidades Fechadas de Previdência Complementar – EFPC deveriam gozar da imunidade de impostos prevista no art. 150, VI, "c", da CF. Contudo, assim não entendeu o STF,

---

[31] STF, RE nº 144.900/SP, Rel. Ministro Ilmar Galvão, *DJ* 26.09.1997.

[32] STF, RE nº 221.395/SP, Rel. Ministro Marco Aurélio, *DJ* 12.05.2000.

[33] STF, RE nº 385.091/DF, Rel. Ministro Dias Toffoli, *DJe* 18.10.2013.

[34] Essa leitura foi, inclusive, confirmada com repercussão geral (Tema nº 693) no julgamento do RE nº 767.332/MG, Rel. Ministro Gilmar Mendes, *DJe* 22.11.2013, restando estabelecido que: "a imunidade tributária prevista no art. 150, VI, c, da CF/88 aplica-se aos bens imóveis, temporariamente ociosos, de propriedade das instituições de educação e de assistência social sem fins lucrativos que atendam aos requisitos legais".

restringindo o conceito de *assistência social* e dizendo não estar inserido neste o caráter *previdenciário*.

Na realidade, é preciso estabelecer uma distinção quanto ao tema. As EFPC, consoante o próprio nome permite antever, são entidades cuja filiação é restrita, de forma que atendem apenas determinadas pessoas ou categorias. Exemplificando: somente podem participar da Caixa de Previdência dos Funcionários do Banco do Brasil – PREVI, um dos maiores Fundos de Pensão da América Latina, os funcionários daquele Banco e da própria instituição; de idêntica maneira, apenas podem aderir ao POSTALIS – Instituto de Seguridade Social dos Correios e Telégrafos os empregados da estatal de serviço postal.

Inobstante, as EFPC podem ser segregadas segundo duas espécies: as que arrecadam recursos tanto do patrocinador quanto dos beneficiários e as que recebem valores exclusivamente do patrocinador. A distinção se justifica, eis que estas últimas, dada a sua nota manifestamente altruística, foram equiparadas a entidades de assistência social pelo STF; deu-se, assim, o passo necessário para que o Tribunal lhes reconhecesse a imunidade constante do art. 150, 150, VI, "c", da CF. Tal entendimento está plasmado, inclusive, na Súmula nº 730, que estatui: "a imunidade tributária conferida a instituições de assistência social sem fins lucrativos pelo art. 150, VI, "c", da Constituição, somente alcança as entidades fechadas de previdência social privada se não houver contribuição dos beneficiários".

Entretanto, sabedora da ausência de capacidade contributiva de todas as EFPC, a União editou normas com anistia de acréscimos legais quanto aos valores vencidos (MP nº 2.222/2001) e, para o futuro, criou um Regime Especial de Tributação, limitando o Imposto de Renda a 12% das contribuições da Patrocinadora para quem aderisse a tal regime.

Agora, pela Lei nº 11.053/2004, finalmente, o Governo Federal reconheceu a necessidade de não tributação das Entidades Fechadas de Previdência Complementar na fase de formação da poupança, não somente por necessidade de incentivar a poupança interna, mas, de igual forma, pela ausência de capacidade contributiva de tais Fundos de Pensão. Quanto à Contribuição Social sobre o Lucro, também não há incidência, por exclusiva ausência de lucro como imperativo legal nas EFPC. PIS e COFINS incidem somente sobre as receitas destinadas às despesas administrativas.

A legislação *supra* também alterou a forma de tributação sobre os participantes, passando para 15% (quinze por cento) sobre os resgates, não importando quantas parcelas, como adiantamento de Imposto de Renda, sujeito ao ajuste anual e, no pagamento dos benefícios, criou a opção para que o participante continue na tabela progressiva ou migre para uma tabela regressiva quanto à alíquota, na medida em que permanece na entidade. A ideia agora é reconhecer a ausência de capacidade contributiva na formação da poupança e, na fase do pagamento, uma tributação que estimule a continuidade, a permanência. Nossas ressalvas ao novo método ficam concentradas na opção antecipada dos participantes, que devem supor o que ocorrerá no Sistema Tributário daqui a 20 ou 30 anos...

A imunidade dos livros, jornais, periódicos e do papel destinado à sua impressão

A imunidade é *objetiva*. Vale dizer, o livro, o jornal, o periódico e o papel de impressão são imunes a impostos. Importados não pagam impostos de importação, o ICMS e o IPI. Exportados não pagam nenhum imposto. No país, estão livres do IPI e do ICMS que gravam o produto industrializado e a circulação de mercadorias e serviços. Mas os lucros das editoras e empresas jornalísticas parecem sujeitos ao imposto de renda.

Na *RDT* nº 1, p. 79 (Ed. Revista dos Tribunais), registrada ficou a bonomia de Baleeiro ao precisar as origens da imunidade do papel:

> As técnicas de poder pessoal empregadas por Vargas, algumas delas originais. Por exemplo, o papel usado como meio de coação à imprensa. Curioso, na Inglaterra, até 1862, vigorou um imposto com o nome *tax on the knowledge*, imposto sobre o conhecimento, sobre a informação, e que pesava sobre os jornais. Existia também na Áustria, na Turquia e em outros países. Pesava sobre a quantidade de papel que eles empregavam. Só foi extinto, se não me engano, pela campanha de um sujeito chamado Thompson, em 1862. De sorte que, por paradoxal e escandaloso que pareça, no Brasil, até essa época, havia mais liberdade de imprensa do que na Inglaterra. Diga-se isso, para glória e honra do regime político que vigorava no Brasil naquele tempo, o regime parlamentarista; e da personalidade de Pedro II. Essas as razões da imunidade do pape.

Autores entendem que o móvel da imunidade é o barateamento do custo e das atividades-meio, como a dos anúncios. Por aí entraria a imunidade. Discordamos. E nada autoriza livrar as receitas dos anúncios do ISS municipal nem os lucros de balanço do IR, imposto geral.[35] A

---

[35] O ISS, porque não grava os objetos imunes, senão a receita bruta de pessoas físicas e jurídicas, incide sobre serviços de qualquer natureza (art. 156, III) sem exceções. O IR incide

imunidade, seu fundamento é político e cultural. Procura-se retirar impostos dos veículos de educação, cultura e saber para livrá-los, de sobre dobro, das influências políticas para que, através do livro, da imprensa, das revistas, possa-se criticar livremente os governos sem interferências fiscais. Por isso mesmo o *insumo básico*, o *papel de impressão*, *está imune*. Não por ser custo, senão porque, através dos impostos de barreira e do contingenciamento, poderia o Fisco embaraçar a liberdade de imprensa.

A imunidade filia-se aos dispositivos constitucionais que asseguram a liberdade de expressão e opinião e partejam o debate das ideias, em prol da cidadania, além de simpatizar com o desenvolvimento da cultura, da educação e da informação.

Curiosamente, essa espécie imunitória, nas Constituições de 1946, 1967 e Emenda nº 1, jamais foi complementada. Não se conhece lei infraconstitucional sobre o tema. Sua crônica é predominantemente jurisprudencial.

Há nela um feitio renascentista. É como se estivesse presa à era de Gutenberg, onde o *livro* – e livro de *papel* – era, por excelência, o veículo das ideias. Hoje, é consabido, a educação e a cultura, o entretenimento e o debate fazem-se por outros meios. Aí estão os arquivos digitais, as videoaulas, o *slide* didático, os programas científicos de toda ordem através de televisão a cabo, os filmes culturais didáticos, os audiovisuais. Achamos que a imunidade deveria abrangê-los, pois "onde há a mesma razão, há a mesma disposição", embora se diga, também, que, diante da enfática insuficiência do texto, não cabe o *minus dixit*, porque onde o constituinte não distingue ou não quis distinguir, não cabe ao intérprete fazer distinções, a não ser em relação aos próprios objetos da imunidade.

A bem da verdade, muito se discute sobre o alcance do benefício inscrito no art. 150, VI, "d", da CF. O STF estabelece, por exemplo, que a imunidade em tela abrange tão só materiais assimiláveis ao papel,[36] abarcando o laminado de polipropileno, um filme empregado na produção de capas de livros para conferir-lhes resistência,[37] mas não

---

porque (a) está informado pelos critérios da generalidade e da universalidade (art. 153, §2º, I) e porque, (b) sendo o imposto pessoal, e sendo a imunidade objetiva, não se admitem distinções subjetivas na espécie. Pois não pagam o imposto sobre a renda os detentores de direitos autorais? De notar que as imunidades anteriores são subjetivas. Esta não; daí o tratamento apartado.

[36] Nesse sentido, observe-se a Súmula nº 657 daquela Corte: "a imunidade prevista no art. 150, VI, "d", da Constituição Federal abrange os filmes e papéis fotográficos necessários à publicação de jornais e periódicos".

[37] STF, RE nº 392.221/SP, Rel. Ministro Carlos Velloso, *DJ* 11.06.2004.

as tintas destinadas à impressão das obras.[38] Outrossim, preconiza a Corte, a imunidade não deve ser estendida aos serviços de composição gráfica necessários à confecção do produto final,[39] tampouco os serviços de distribuição, transporte ou entrega de livros, jornais, periódicos e do papel destinado à sua impressão.[40]

Pois bem. Inobstante a percepção que os indigitados precedentes possam ter gerado, é possível constatar que o STF, paulatinamente, tem expandido a abrangência do preceito imunitório. Vejamos alguns exemplos para demonstrar nosso ponto.

Consoante se anteviu, há muito o Tribunal perfilha a concepção segundo a qual as operações envolvendo máquinas e aparelhos destinados à produção dos livros, jornais e periódicos, nada obstante esses bens sejam essenciais ao fabrico das obras, não estão salvaguardadas pelo preceito imunitório. Entretanto, eis que, no ano de 2011, a Primeira Turma do STF, apreciando o RE nº 202.149/RS,[41] afirmou: "a imunidade tributária relativa a livros, jornais e periódicos é ampla, total, apanhando produto, maquinário e insumos. A referência, no preceito, a papel é exemplificativa e não exaustiva". De fato, aviados embargos de divergência, eles resultaram na reforma do acórdão para adotar aquela interpretação mais restritiva do dispositivo constitucional, porém a discussão não está encerrada, haja vista a interposição de agravo regimental.

O segundo caso cuida-se do RE nº 595.676/RJ,[42] recentemente apreciado com repercussão geral (Tema nº 259). Sua importância resulta da circunstância de o Plenário do STF, atento aos novos ventos que sopram em nossa sociedade, ter superado a literalidade do dispositivo constitucional que consagra o benefício em tela para estatuir: "a imunidade da alínea d do inciso VI do artigo 150 da Constituição Federal alcança componentes eletrônicos destinados, exclusivamente, a integrar unidade didática com fascículos".

Nesse mesmo sentido, também digno de nota é o RE nº 330.817/RJ,[43] julgado em conjunto com o extraordinário supracitado. Com efeito, ao apelo, cuja repercussão geral também fora reconhecida (Tema nº 593), o Pleno do Tribunal deu a seguinte resposta: "a imunidade tributária

---

[38] STF, AgR-RE nº 346.771/RJ, Rel. Ministro Nelson Jobim, *DJ* 19.12.2002.

[39] STF, RE nº 230.782/SP, Rel. Ministro Ilmar Galvão, *DJ* 10.11.2000.

[40] STF, AgR-RE nº 530.121/PR, Rel. Ministro Ricardo Lewandowski, *DJe* 29.03.2011.

[41] STF, RE nº 202.149/RS, Rel. Ministro Menezes Direito, *DJe* 11.10.2011.

[42] STF, RE nº 595.676/RJ, Rel. Ministro Marco Aurélio, julgado em 08.03.2017.

[43] STF, RE nº 330.817/RJ, Rel. Ministro Dias Toffoli, julgado em 08.03.2017.

constante do art. 150, VI, d, da CF/88 aplica-se ao livro eletrônico (e-book), inclusive aos suportes exclusivamente utilizados para fixá-lo". Perceba-se, portanto, que, tanto aqui como alhures a Corte não se ateve ao valor denotativo da expressão "papel".

A evolução na jurisprudência é louvável. Quando da promulgação da Carta de 1988, a utilização de livros e outros arquivos digitais era uma realidade praticamente inexistente; destarte, como exigir dos constituintes que pudessem prevê-la? Não poderíamos; basta refletir sobre onde o Brasil e o Mundo estavam há algumas décadas e onde se encontram agora para nos vermos diante de uma conjuntura totalmente nova. Expansão da internet, dos computadores pessoais, dos *smartphones* e dos *tablets*; o *Kindle*; intensificação do comércio de produtos digitais, que chegam aos clientes não mais pelos correios, e sim por simples cliques em botões de *download*; o alvorecer da preocupação ambiental e com o a sustentabilidade...

Todos esses fatores confluíram para a mutação constitucional que observamos. E mutação que, como não poderia deixar de ser, está concorde com o fim último do benefício imunitório em comento: prestigiar a liberdade de expressão e o desenvolvimento da cultura, da educação e da informação. A interpretação teleológica da Lei Fundamental se impõe – e se impôs.

Embora a doutrina dos hermeneutas insista que a *mens legis* e a *mens legislatoris* não têm importância na interpretação das leis, porque a lei não tem "espírito", só os homens o têm, nem por isso deixa de ser verdade que a lei é "espírito objetivado". Ela nasce *ex nihilo*? Por isso mesmo ocorre também com a lei o fenômeno da sucessão de espíritos na *duração* do "ser". Com a lei, propriamente, não. Com a *norma* (conteúdo prescritivo) que ela contém. Umas leis são revogadas formalmente, outras sofrem transmigrações substanciais. Nelas passa a habitar outro espírito, o do intérprete, por exemplo, não mais o do legislador anódino. A norma (o espírito da lei) ganha novo semblante. Pois não é fato corriqueiro que a lei pode ter *vários sentidos, várias possibilidades de aplicação?*

Quem promove tais mutações na inteligibilidade da norma? A lei como *objeto* continua escrita tal qual. A "compreensão" do que ali se contém é que muda, pela força do "espírito" que a anima e que lhe foi transfundido ao longo do devir histórico, pelas práxis do Direito, enquanto fenômeno regular da vida em sociedade.

Nada obstante, ainda enveredam a doutrina e a jurisprudência para distinguir em livros, jornais e periódicos os que merecem e os que não merecem a benesse constitucional, o que pode ensejar a reinstauração, à *outrance*, de um certo tipo de censura, vedada expressamente pela Constituição no capítulo dos direitos e das garantias individuais e coletivas. Ora, nunca é demais reler o que dispõe a Superlei em seu art. 5º, inciso IX; assim, transcrevemo-lo: "é livre a expressão da atividade intelectual, artística, científica e de comunicação, *independentemente de censura ou licença*".

Devem os juízes agir com cautela para não se tornarem censores. Com espeque no suporte axiológico da imunidade, tem-se propagado que livros eróticos (e o clássico *Kama Sutra* o é), as revistas de nus, os livros tidos por perniciosos não gozam da imunidade, nem os simplesmente informativos ou propagandísticos. Os que veiculam "maus costumes" ou "ideologias exóticas" também estariam fora da outorga imunitória. Estamos no campo predileto do subjetivismo doutrinário e jurisprudencial.

Pois bem, com isto se *infantiliza* a cidadania e se delega aos juízes o papel de censores. Não em relação à edição e circulação dos objetos imunes, mas quanto à sua classificação moral a fim de reconhecer-lhes a imunidade. Ora, o constituinte não fez ressalvas no texto de concessão quanto ao valor artístico ou didático, à relevância das informações divulgadas ou à qualidade cultural de uma publicação. Não quis fazê-las e poderia ter excluído as publicações que ferissem, *v.g.*, os "bons costumes", expressão, de resto, dúbia.

Informação bibliográfica deste texto, conforme a NBR 6023:2018 da Associação Brasileira de Normas Técnicas (ABNT):

COÊLHO, Sacha Calmon Navarro. As imunidades genéricas. *In*: SARAIVA FILHO, Oswaldo Othon de Pontes; SIQUEIRA, Julio Homem de; BEDÊ JÚNIOR, Américo; FABRIZ, Daury César; SIQUEIRA, Junio Graciano Homem de; CUNHA, Ricarlos Almagro Vitoriano (Coord.). *Limitações formais e materiais ao poder de tributar*. Belo Horizonte: Fórum, 2021. p. 227-255. (Coleção Fórum Princípios Constitucionais Tributários – Tomo II). ISBN 978-65-5518-122-7.

O PRINCÍPIO DA RENDA LÍQUIDA

RAMON TOMAZELA SANTOS

1 Introdução

O objetivo do presente estudo consiste em analisar o princípio da renda líquida, que orienta a tributação da renda no Brasil e deflui da estrutura constitutiva do imposto sobre a renda na Constituição Federal de 1988. Para tanto, inicia-se a exposição com uma breve análise dos fundamentos constitucionais do imposto de renda, que servirá de ponto de partida para o exame do princípio da renda líquida e da sua relevância para a definição da base de cálculo do imposto de renda, bem como para a interpretação das leis tributárias que disciplinam o aludido imposto.

Após essa investigação de cunho constitucional, passa-se a estudar o papel do princípio da renda líquida, que estabelece um estado de coisas a ser promovido pelo legislador, mediante a edição de regras que delimitem, com a maior precisão possível, o acréscimo patrimonial efetivamente experimentado pelo contribuinte. Além disso, será examinada a importância do princípio da renda líquida para a interpretação das leis tributárias relativas ao imposto de renda, por meio da análise do caso referente à exigência de registro de boletim de ocorrência para a dedução das perdas não técnicas decorrentes de furto de energia elétrica (artigo 47, parágrafo 3º, da Lei nº 4.506/1964), bem como o exame do caso envolvendo a necessidade de utilização de bem ou direito na produção ou comercialização de bens ou serviços para que seja admitida a dedução das despesas de depreciação, amortização, manutenção, reparo ou conservação para fins de determinação do lucro real e da base de cálculo da CSLL (artigo 13, inciso III, da Lei nº 9.249/1995).

Em suma, este artigo pretende ressaltar a importância do princípio da renda líquida, não apenas como uma norma jurídica de função diretiva, que orienta o legislador na conformação do sistema de tributação da renda, mas também como uma diretriz que contribui para a própria atividade de construção das normas jurídicas.

2 O imposto sobre a renda na Constituição Federal

O artigo 153, inciso III, parágrafo 2º, inciso I, da Constituição Federal de 1988 autoriza a União Federal a instituir o imposto sobre a renda e os proventos de qualquer natureza, que deverá ser informado pelos critérios da generalidade, da universalidade e da progressividade, na forma da lei. Confira-se:

> Art. 153. Compete à União instituir impostos sobre:
> (...)
> III – renda e proventos de qualquer natureza;
> (...)
> §2º – O imposto previsto no inciso III:
> I – será informado pelos critérios da generalidade, da universalidade e da progressividade, na forma da lei;

Como se vê, seguindo a tradição histórica brasileira, a Assembleia Nacional Constituinte responsável pela elaboração e promulgação da Constituição Federal de 1988 optou pela utilização de elencos rígidos e exaustivos na discriminação das competências tributárias atribuídas a cada ente político, conferindo maior segurança jurídica aos contribuintes contra eventuais arbítrios do Poder Público. Assim, o poder constituinte foi meticuloso na configuração do sistema tributário brasileiro, albergando, no próprio texto magno, inúmeras regras e princípios que adestram e conformam o exercício do poder de tributar por parte dos entes federados.

Em breve resumo, o conceito de renda compreende o acréscimo patrimonial instantâneo, ou mensurado ao longo de determinado período, que seja qualificado como produto do capital, do trabalho ou da combinação de ambos. Na dicção do artigo 43 do Código Tributário Nacional (CTN), o imposto de renda tem como fato gerador a aquisição da disponibilidade econômica ou jurídica de renda, assim entendido o produto do capital, do trabalho ou da combinação de ambos, bem como de proventos de qualquer natureza, assim entendidos os acréscimos patrimoniais não compreendidos no inciso anterior.[1]

Já o conceito de *proventos de qualquer natureza* abrange os acréscimos patrimoniais não gerados pelo capital ou pelo trabalho, como os ganhos de capital, os prêmios de loteria, as recompensas, entre outros tipos de acréscimos patrimoniais.[2] Segundo Modesto Carvalhosa, o conceito de proventos de qualquer natureza também alcança os rendimentos que não constituem produto imediato, mas, sim, produto mediato e remoto do trabalho, como os proventos de aposentadorias, as pensões e outros benefícios assistenciais, bem como os acréscimos patrimoniais de origem ilícita ou não identificada.[3] Note-se que os ganhos de capital estão enquadrados no conceito de proventos de qualquer natureza porque decorrem da própria alienação de bens e direitos do patrimônio do contribuinte, o que impede a sua caracterização como um *produto*, assim entendido o fruto gerado pela exploração do capital.[4] Como ensina Brandão Machado, "aqui não existe renda produzida pelo capital, porque o próprio capital é alienado".[5] Assim, o ganho de capital pode decorrer do consumo ou do perecimento de uma fonte de produção, assim como da transmissão da fonte de produção para outro titular.

O princípio da generalidade determina que o imposto de renda deve alcançar todos os contribuintes que auferirem renda e proventos de qualquer natureza, independentemente de sexo, estado civil, raça, origem, ocupação profissional, função exercida, religião, faixa etária, opção sexual, convicção filosófica ou política. Assim, o princípio da generalidade tem a função de impedir privilégios de índole pessoal,

---

[1]   A respeito do conceito de renda, conferir: HOLMES, Kevin. *The concept of income*. A Multidisciplinary analysis. Netherlands: IBFD, 2000; SCHOUERI, Luís Eduardo. O Mito do Lucro Real na Passagem da Disponibilidade Jurídica para a Disponibilidade Econômica. *In*: MOSQUERA, Roberto Quiroga; LOPES, Alexsandro Broedel (Coord.). *Controvérsias Jurídico-Contábeis* (Aproximações e Distanciamentos). São Paulo: Dialética, 2010; LEMKE, Gisele. *Imposto de Renda* – os Conceitos de Renda e de Disponibilidade Econômica e Jurídica. São Paulo: Dialética, 1998; OLIVEIRA, Ricardo Mariz de. *Fundamentos do Imposto de Renda*. São Paulo: Quartier Latin 2008.

[2]   MACHADO, Brandão. Imposto de Renda. Ganhos de Capital. Promessa de Venda de Ações. Decreto-Lei nº 1.510, de 1976. *Direito Tributário Atual*, São Paulo, vol. 11/12, p. 3185, 1992.

[3]   CARVALHOSA, Modesto. Imposto de Renda. Conceituação no Sistema Tributário da Carta Constitucional. *Revista de Direito Público*, São Paulo, n. 1, p. 193-194, 1967.

[4]   Na clássica lição de Henry Tilbery: "(...) é clara a diferença entre a árvore e o fruto e por isso entre o aumento do valor da árvore (maior valia do capital) e o aumento da quantidade de frutos (aumento da renda)". TILBERY, Henry. *A tributação dos ganhos de capital*. São Paulo: Resenha Tributária, 1977, p. 18.

[5]   MACHADO, Brandão. Imposto de Renda. Ganhos de Capital. Promessa de Venda de Ações. Decreto-Lei nº 1.510, de 1976. *Direito Tributário Atual*, São Paulo, vol. 11/12, p. 3187, 1992.

bem como a tributação baseada em critérios de discriminação não autorizados.[6]

O princípio da universalidade apregoa que o imposto de renda deve considerar a totalidade dos fatores que atuam para aumentar e diminuir o patrimônio do contribuinte em determinado período de apuração. Como regra geral, todas as rendas e proventos auferidos pelo contribuinte devem ser computados de forma conjunta e condensada, independentemente de denominação ou fonte, mas o legislador pode impor tratamento tributário diferenciado a determinado tipo de rendimento, desde que com respaldo em outros objetivos extraídos da ordem constitucional.[7]

Vale ressaltar que os princípios da generalidade e da universalidade não impedem que o legislador utilize a tributação como mecanismo para atingir, ao menos em parte, outros objetivos consagrados pela Constituição Federal, seja no próprio sistema constitucional tributário, seja na ordem econômica ou social. Tanto é assim que o tratamento diferenciado existente para dividendos, ganhos de capital, rendimentos de aplicações financeiras e de planos de previdência privada, sem a existência de declaração de inconstitucionalidade pelo Supremo Tribunal Federal até o momento, corrobora que o legislador pode atribuir tratamento tributário distinto a certos rendimentos, com o objetivo de concretizar objetivos de política pública amparados pelo texto constitucional.

Por último, o princípio da progressividade demanda o aumento progressivo do imposto devido pelo contribuinte em relação à materialidade tributável, a fim de que os contribuintes com maior poder econômico contribuam de forma progressivamente superior para as despesas públicas, seja para fins de redistribuição de renda, seja para atenuar os efeitos regressivos dos impostos sobre o consumo.[8]

---

[6] SANTOS, Ramon Tomazela. O princípio da universalidade na tributação da renda: análise acerca da possibilidade de atribuição de tratamento jurídico-tributário distinto a determinados tipos de rendimentos auferidos pelas pessoas físicas. *Revista Direito Tributário Atual*, São Paulo, n. 28, p. 264-294, 2012.

[7] SANTOS, Ramon Tomazela. O princípio da universalidade na tributação da renda: análise acerca da possibilidade de atribuição de tratamento jurídico-tributário distinto a determinados tipos de rendimentos auferidos pelas pessoas físicas. *Revista Direito Tributário Atual*, São Paulo, n. 28, p. 264-294, 2012.

[8] SANTOS, Ramon Tomazela. A Progressividade do Imposto de Renda e os Desafios de Política Fiscal. *Revista Direito Tributário Atual*, São Paulo, n. 33, p. 327-358, 2015; ROLAND, Débora da Silva. *Possibilidade jurídica da progressividade tributária*. São Paulo: MP Editora, 2006, p. 35; POLIZELLI, Victor Borges. Progressividade: Distribuição de Renda e Indução. *Revista Direito Tributário Atual*, São Paulo, n. 21, p. 362-363, 2007.

3   O princípio da renda líquida

O princípio da renda líquida é reconstruído a partir da conjugação de diversas regras e princípios constitucionais, dentre os quais a capacidade contributiva, a proibição de confisco, a proteção do mínimo existencial e a dissociação de outras materialidades constitucionais, como o patrimônio, o capital, o faturamento e o lucro.

Tecnicamente, o princípio renda líquida constitui verdadeira limitação à liberdade do legislador ordinário de fixar as regras de apuração da base de cálculo do imposto de renda, especialmente na criação de hipóteses de indedutibilidade de custos e despesas necessários à obtenção do acréscimo patrimonial pelo contribuinte.[9] É o que ensina Ricardo Lobo Torres, ao ressaltar que "o princípio da renda líquida significa que o tributo federal recai sobre o acréscimo de patrimônio que se corporificar além da reserva do mínimo existencial, garantida a dedutibilidade de custos e despesas necessários à obtenção do dito acréscimo patrimonial. (...) O acréscimo de patrimônio suscetível de imposição é, em princípio, o total das entradas, em determinado período, abatido dos custos e despesas necessários à produção do rendimento".[10]

Brandão Machado, em primoroso estudo a respeito do imposto de renda, aponta que o princípio da renda líquida e o princípio da capacidade contributiva ganharam destaque como princípios fundamentais da tributação da renda nos sistemas jurídicos modernos, juntamente com o princípio da realização da renda, inclusive como mecanismo para a limitação do arbítrio do legislador ordinário.[11] Porém, na visão do autor, o princípio da renda líquida não estaria refletido no artigo 43 do CTN, o que exigiria a edição de uma lei complementar para

---

[9] Segundo Luís Eduardo Schoueri e Guilherme Galdino: "(...) o princípio da renda líquida pode ser visto como verdadeira limitação à liberdade do legislador ordinário de fixar as regras da base de cálculo do imposto de renda, especialmente na criação de hipóteses de indedutibilidade". (SCHOUERI, Luís Eduardo; GALDINO, Guilherme. Dedutibilidade de Despesas com Atividades Ilícitas. *In:* ADAMY, Pedro Augustin; FERREIRA NETO Arthur M. (Coord.). *Tributação do Ilícito.* São Paulo: Malheiros, 2018, p. 151).

[10] TORRES, Ricardo Lobo. *Estudos e Pareceres de Direito Tributário.* Rio de Janeiro: Elsevier, 2014, p. 61-62

[11] Nas palavras de Brandão Machado "(...) a moderna tributarística dispensa grande atenção ao fenômeno da realização da renda para o efeito de sua tributação. (...) Já se fala hoje, corretamente, em princípio da realização, assim como de outros dois, o princípio da renda líquida e o da capacidade contributiva, como princípio fundamental na tributação da renda". (MACHADO, Brandão. Breve Exame Crítico do Art. 43 do CTN. *In:* MARTINS, Ives Gandra da Silva (Coord.). *Imposto de Renda* – Conceitos, Princípios e Comentários. São Paulo: Atlas, 1996, p. 108.

definir adequadamente o fato gerador e a base de cálculo do imposto de renda.[12]

Diversamente, Ricardo Mariz de Oliveira sustenta, com maior razão, que o princípio da renda líquida está implícito no próprio fato gerador do imposto de renda definido no artigo 43 do CTN, tendo em vista que a noção de acréscimo patrimonial, que constitui o substrato econômico do fato gerador do imposto de renda, pressupõe a verificação da existência de novos ingressos no patrimônio do contribuinte, bem como a exclusão dos custos e das despesas necessárias à produção da renda.[13]

Segundo Victor Polizelli, o princípio da renda líquida reflete o ideal de que o imposto de renda deve incidir apenas sobre o acréscimo patrimonial apurado pelo contribuinte, constituindo um mandamento para que sejam considerados, dentro do respectivo período de apuração, os valores despendidos para a produção de novos ingressos e os fluxos patrimoniais negativos. Assim, na visão do autor, o princípio da renda líquida demanda a consideração das medidas de acréscimo e decréscimo do patrimônio do contribuinte, a fim de que o imposto de renda alcance apenas os rendimentos líquidos auferidos em determinado período de apuração.[14]

Feita essa breve introdução, a primeira dúvida que poderia surgir reside no próprio caráter principiológico da renda líquida, pois não seria despropositado afirmar que a exigência de dedução dos custos e despesas necessários à produção da renda deriva da própria materialidade debuxada na Constituição Federal, que constitui o fato gerador do imposto de renda. Sendo esse o caso, a necessidade de tributação de renda líquida apresentaria a característica de regra jurídica, por decorrer da conjugação de dispositivos que disciplinam o exercício das competências tributárias.

A resposta a essa indagação passa pela constatação de que os mesmos enunciados normativos podem dar ensejo à construção de normas jurídicas com estrutura de *regra* ou de *princípio*, como ensina

---

[12] MACHADO, Brandão. Breve Exame Crítico do Art. 43 do CTN. *In*: MARTINS, Ives Gandra da Silva (Coord.). *Imposto de Renda – Conceitos, Princípios e Comentários.* São Paulo: Atlas, 1996, p. 108.

[13] OLIVEIRA, Ricardo Mariz de. Princípios Fundamentais do Imposto de Renda. *In*: SCHOUERI, Luís Eduardo; ZILVETI, Fernando Aurelio (Coord.). *Direito Tributário – Estudos em Homenagem a Brandão Machado.* São Paulo: Dialética, 1998, p. 224.

[14] POLIZELLI, Victor. *O Princípio da Realização da Renda*: Reconhecimento de Receitas e Despesas para fins de IRPJ. Série Doutrina Tributária Vol. VII. São Paulo: Quartier Latin, 2012, p. 154.

Humberto Ávila.[15] Como exemplo, a legalidade tributária consagra, a um só tempo, uma *regra jurídica*, segundo a qual o fato gerador do tributo e os seus elementos devem ser veiculados, com clareza e exaustividade, por meio de lei em sentido formal, bem como um *princípio jurídico*, que concretiza valores do Estado Democrático de Direito e do sistema tributário nacional, como a segurança jurídica, a liberdade privada e a vedação ao uso de analogia.[16]

De modo semelhante, a capacidade contributiva também assume dupla feição, ora como *regra*, ora como *princípio*.[17] De um lado, na qualidade de *regra*, a capacidade contributiva consiste em um mandamento constitucional dirigido ao legislador para que, no exercício da competência tributária, somente eleja como fato gerador evento que revele capacidade contributiva. Em outras palavras, o signo presuntivo de riqueza eleito pelo legislador deve ser apto a revelar a capacidade econômica do sujeito passivo de contribuir com os gastos públicos. De outro lado, na condição de *princípio*, a capacidade contributiva apregoa que, na definição da base de cálculo dos tributos, o legislador deve estabelecer critérios de quantificação que se aproximem, o máximo possível, da individualização do fato jurídico tributável.[18]

O mesmo ocorre com a renda líquida. A exigência de dedução dos custos e despesas necessários à produção da renda assume a feição de *regra*, pois deriva dos preceitos normativos que circunscrevem a competência tributária para a imposição do imposto de renda, cujo fato gerador exige a presença de um acréscimo de riqueza[19] (instantâneo ou mensurado ao longo de determinado período). Foi o que reconheceu o Supremo Tribunal Federal no julgamento do Recurso Extraordinário nº 117.887-6/SP, de 11.02.1993, em voto do Ministro Carlos Velloso no qual se afirmou que "(...) não me parece possível a afirmativa no sentido de que possa existir renda ou provento sem que haja acréscimo patrimonial, acréscimo patrimonial que ocorre mediante o ingresso ou o

---

[15] Nas palavras de Humberto Ávila: "(...) não há correspondência biunívoca entre dispositivo e norma – isto é, onde houver um não terá obrigatoriamente de haver o outro" (ÁVILA, Humberto. *Teoria dos Princípios* – Da Definição à Aplicação dos Princípios Jurídicos. 16. ed. São Paulo: Malheiros, 2015, p. 51).

[16] YAMASHITA, Douglas. *Direito Tributário* – Uma Visão Sistemática. São Paulo: Atlas, 2014, p. 18.

[17] ROCHA, Paulo Victor Vieira da. *Substituição Tributária e Proporcionalidade*: entre capacidade contributiva e praticabilidade. São Paulo: Quartier Latin, 2012, p. 199.

[18] ROCHA, Paulo Victor Vieira da. *Substituição Tributária e Proporcionalidade*: entre capacidade contributiva e praticabilidade. São Paulo: Quartier Latin, 2012, p. 199.

[19] MOSQUERA, Roberto Quiroga. *Renda e proventos de qualquer natureza* – O imposto e o conceito constitucional. São Paulo: Dialética, 1996, p. 96-97.

auferimento de algo, a título oneroso. Não me parece, pois, que poderia o legislador, anteriormente ao CTN, diante do que expressamente dispunha o art. 15, IV, da CF/46, estabelecer, como renda, uma ficção legal". Na mesma linha, é possível mencionar o voto proferido pelo Ministro Cezar Peluso no Recurso Extraordinário nº 256.304/RS, de 20.11.2013, segundo o qual "(...) os sentidos licitamente atribuíveis à expressão 'renda' são limitados, não podendo transpor aquilo que se denomina o 'conteúdo semântico mínimo' (...). O campo semântico da palavra, demarcado também à luz do que assentou a jurisprudência do Tribunal, envolve as notas de ganho e de acréscimo".

Apesar disso, é inegável que a renda líquida também apresenta uma feição principiológica, pois estabelece a obrigatoriedade de adoção de condutas necessárias à promoção gradual de um estado de coisas. Trata-se, assim, de uma norma que apresenta função diretiva e que orienta a instituição e interpretação das regras jurídicas que disciplinam o imposto de renda. Dessa forma, para realizar o princípio da renda líquida, as regras tributárias que disciplinam o imposto de renda devem utilizar, com a maior precisão possível, critérios hábeis à identificação do acréscimo patrimonial efetivamente experimentado pelo contribuinte.

Note-se que o princípio da renda líquida assume inegável importância no sistema tributário brasileiro, sobretudo quando se considera as diversas complexidades envolvidas na conformação do fato gerador do imposto de renda. Como exemplo, o artigo 153, parágrafo 2º, inciso I, da Constituição Federal de 1988 dispõe que o imposto sobre a renda será informado pelo critério da progressividade.[20] Tecnicamente, a progressividade pode ser alcançada mediante (i) a imposição de alíquotas nominais ascendentes em função do aumento da renda do contribuinte; (ii) a imposição de alíquota fixa, em conjunto com uma faixa de isenção; ou (iii) a imposição de limites quantitativos para a dedução de despesas.[21] Isso é assim porque o caráter progressivo do imposto de renda deve ser examinado a partir da relação matemática entre o valor do imposto efetivamente cobrado e a materialidade tributada (i.e.

---

[20] BALEEIRO, Aliomar. *Limitações Constitucionais ao Poder de Tributar*. 7. ed. Atualização de DERZI, Misabel de Abreu Machado. Rio de Janeiro: Forense, 2006, p. 540; TORRES, Ricardo Lobo. *Tratado de direito constitucional financeiro e tributário*: valores e princípios constitucionais tributários. v. 2. Rio de Janeiro: Renovar, 2005, p. 314; POLIZELLI, Victor Borges. Progressividade: Distribuição de Renda e Indução. *Revista Direito Tributário Atual*, São Paulo, n. 21, p. 362, 2007.

[21] SANTOS, Ramon Tomazela. A Progressividade do Imposto de Renda e os Desafios de Política Fiscal. *Revista Direito Tributário Atual*, São Paulo, n. 33, p. 327-358, 2015; SANDFORD, Cedric. *Why Tax Systems Differ* – A Comparative Study of the Political Economy of Taxation. Fersfield: Fiscal Publications, 2000, p. 53.

alíquota efetiva), independentemente da existência de escalonamento nas alíquotas nominais.[22] Porém, ainda que as três técnicas mencionadas sejam hábeis à concretização da progressividade, é de se reconhecer que o princípio da renda líquida privilegia a imposição de alíquotas nominais ascendentes ou de uma alíquota fixa, acompanhada de uma faixa de isenção, tendo em vista que o estabelecimento de limites quantitativos para a dedução de despesas seria contrário ao referido princípio, além de afetar a concretização de direitos fundamentais dos contribuintes.[23]

Outro aspecto que ressalta a importância do princípio da renda líquida, que estabelece um estado ideal de coisas que deve ser promovido pelo legislador, reside na própria definição da base de cálculo do imposto de renda. Como exemplo, ao tratar do imposto de renda da pessoa jurídica, Luís Eduardo Schoueri destaca que o lucro real é um mito, por ser calculado a partir de uma série de convenções contábeis e fiscais, que permitem que se chegue a uma realidade construída, sobre a qual recai o imposto.[24] De modo semelhante, o imposto de renda da pessoa física, desde a edição da Lei nº 7.713/1988, passou a incidir sobre o rendimento bruto, com a supressão da classificação por cédulas e a revogação da maior parte dos abatimentos, das deduções e das reduções previstas na legislação anterior.[25] Com isso, o legislador ordinário afastou-se do regime de tributação do puro acréscimo patrimonial, tal como ocorria sob a égide do antigo Decreto-lei nº 5.844/1943, segundo o qual a base de cálculo do IRPF correspondia aos rendimentos brutos, classificados em cédulas, menos as deduções das despesas necessárias à percepção

---

[22] SELIGMAN, Edwin. *Progressive Taxation in Theory and Practice*. Charleston: BiblioBazaar, 2008, p. 3.

[23] Como aponta Bruno Capelli Fulginiti, há uma vinculação entre as deduções do Imposto de Renda e a proteção de direitos fundamentais dos contribuintes, consubstanciada na proteção da propriedade e da liberdade de exercício de atividade econômica (CAPELLI FULGINITI, Bruno. *Deduções no Imposto de Renda*: Fundamento Normativo e Controle Jurisdicional. São Paulo: Quartier Latin, 2017, p. 115).

[24] Nas palavras de Luís Eduardo Schoueri: "O lucro real (...) é calculado sobre uma série de convenções contábeis e fiscais, que permitem que se chegue a um lucro aproximado, que não será científica e incontestavelmente o lucro efetivamente auferido pelo contribuinte. Fica claro aqui que o lucro real, apesar da denominação que recebeu, nada mais é do que uma realidade construída, artificiosa, sobre a qual recai a tributação". (SCHOUERI, Luís Eduardo. O Mito do Lucro Real na Passagem da Disponibilidade Jurídica para a Disponibilidade Econômica. *In*: MOSQUERA, Roberto Quiroga; LOPES, Alexsandro Broedel (Coord.). *Controvérsias Jurídico-Contábeis* (Aproximações e Distanciamentos). São Paulo: Dialética, 2010, p. 259).

[25] PENHA, José Ribamar Barros. *Imposto de Renda Pessoa Física*: Norma, Doutrina, Jurisprudência e Prática. 2. ed. São Paulo: MP, 2011, p. 87-88.

dos rendimentos e os abatimentos autorizados pela lei, como seguros, juros, dependentes e despesas médicas.[26]

Assim, como o processo de definição do fato gerador do imposto de renda envolve a edição de regras de caráter instrumental e metódico, que visam a conferir exequibilidade às leis tributárias, o princípio da renda líquida passa a exercer um papel fundamental na estruturação do sistema de tributação da renda. Não se trata de uma solução destinada a abrandar o rigor das regras constitucionais de discriminação de competências impositivas, mas de verdadeira impossibilidade decorrente do processo de generalização e abstração envolvido na criação das regras jurídicas. Afinal de contas, não há como efetivamente cobrar e administrar o imposto de renda, seja da pessoa física, seja da pessoa jurídica, sem a utilização de mecanismos e convenções para uniformizar a determinação da base de cálculo a ser tributada pelos contribuintes.

Tanto é assim que até mesmo em Portugal, cuja Constituição da República prevê expressamente, em seu artigo 104, parágrafo 2º, que "a tributação das empresas incide fundamentalmente sobre o seu rendimento real", a noção de renda líquida é compreendida como uma norma jurídica de caráter programático,[27] como "um imperativo para o legislador fiscal no sentido de desenhar a tributação da forma mais completa possível, visando assim o rendimento efetivamente obtido".[28] A propósito do tema, também merece destaque o entendimento manifestado pelo Tribunal Constitucional Federal da Alemanha (*"Bundesverfassungsgericht"*), segundo o qual o princípio da renda líquida exige, como regra geral, que apenas o saldo das receitas e despesas profissionais ou empresariais seja submetido à incidência do imposto de renda. Porém, em circunstâncias excepcionais, o legislador poderia se afastar do princípio da renda líquida, para fins de adoção de regras generalizantes, tipificantes e globalizantes, desde que baseado em justificação adequada e consistente.[29]

---

[26] PENHA, José Ribamar Barros. *Imposto de Renda Pessoa Física*: Norma, Doutrina, Jurisprudência e Prática. 2. ed. São Paulo: MP, 2011, p. 85-86.

[27] TANZI, Vito. Il reddito potenziale come base imponibile in teoria ed in pratica. *Per un'imposta sul reddito normale*. Bolonha: il Mulino, 1990, p. 49.

[28] RIBEIRO, João Sérgio. *Tributação Presuntiva do Rendimento*: Um Contributo para Reequacionar os Métodos Indiretos de Determinação da Matéria Tributável. Coimbra: Almedina, 2014, p. 28-29.

[29] BVerfG v. 4.12.2002, BVerfGE 107, 27 (47). Cf. TIPKE, Klaus; LANG, Joachim. *Direito Tributário (Steuerrecht)*. Volume I. Tradução de Luiz Dória Furquim. Porto Alegre: Sérgio Antonio Fabris Editor, 2008, p. 473.

Ora, seria viável investigar individualmente, para cada equipamento utilizado na atividade empresarial de cada contribuinte, a perda de valor do respectivo bem em razão do uso, do desgaste natural ou da obsolescência, para fins de cálculo dos seus encargos de depreciação? É evidente que não. Daí a necessidade de fixação de uma taxa anual de depreciação para cada tipo de bem, segundo a sua vida útil estimada. Não há dúvida de que depreciação efetivamente experimentada pelo contribuinte pode divergir daquela divulgada pela Administração Tributária, mas a existência de uma convenção de caráter instrumental visa a garantir uniformidade na aplicação da legislação tributária e, ao mesmo tempo, facilitar a sua aplicação prática. Porém, para manter essa regra tributária alinhada ao princípio da renda líquida, outorga-se ao contribuinte o direito de computar a quota de depreciação efetivamente adequada às condições de utilização econômica dos seus bens, desde que faça prova dessa adequação quando adotar taxa diferente.[30] Trata-se, assim, de um mecanismo de salvaguarda, que visa a apurar o acréscimo patrimonial efetivamente experimentado pelo contribuinte, em linha com o conceito de renda e o princípio da renda líquida.

Neste ponto, é importante lembrar que o processo de formulação das regras jurídicas envolve generalizações probabilísticas, que poderão alcançar, em maior ou menor grau, as suas justificações subjacentes.[31] A lei, para impor tratamento uniforme e igualitário a todos os cidadãos, precisa desconsiderar as particularidades de cada indivíduo.[32] Por isso, o processo de generalização envolve a escolha e a supressão de propriedades. Quando as leis preveem tratamento específico e meticuloso para cada situação a ponto de se tornarem complexas, a análise individual de cada caso não garante a igualdade de tratamento, pois as leis não serão aplicadas na prática de modo isonômico, seja em virtude da impossibilidade de análise exaustiva de cada caso concreto, seja em razão do aumento da discricionariedade envolvida na consideração das individualidades, o que poderia levar a arbitrariedades. Daí a ideia de que o particularismo excessivo pode entrar em contradição com o

---

[30] Artigo 124, parágrafo 1º, da Instrução Normativa RFB nº 1.700/2017.

[31] Sobre o tema, vide: SCHAUER, Frederick. *Playing by the Rules* – A Philosophical Examination of Rule-Based Decision-Making in Law and in Life. New York: Oxford University Press, 1991; STRUCHINER, Noel. O aparente paradoxo das regras. *Revista Internacional de Filosofia da Moral*, Florianópolis, vol. 8, n. 3, 2009; STRUCHINER, Noel. O direito como um campo de escolhas: por uma leitura das regras prescritivas como relações. *In*: RODRIGUES, José Rodrigo *et al.* (Org.). *Nas Fronteiras do Formalismo* – A Função Social da Dogmática Jurídica Hoje. São Paulo: Saraiva, 2010

[32] ÁVILA, Humberto. *Teoria da Igualdade Tributária*. 2. ed. São Paulo: Malheiros, 2009, p. 116.

próprio ideal de igualdade, pois a particularidade relativa a um único indivíduo não pode ser considerada juridicamente relevante, uma vez que o direito se caracteriza, justamente, pela sua capacidade de generalização.[33] É justamente por isso que, na definição do imposto de renda a ser cobrado por determinado país, há inúmeras escolhas de política fiscal que precisam ser tomadas pelo legislador, mas que, segundo a concepção defendida neste estudo, deverão ser orientadas pelo princípio da renda líquida, que servirá de contraponto para a investigação de sua validade no sistema tributário brasileiro.

Apenas para fins de ilustração, é possível mencionar, em caráter não exaustivo, algumas escolhas de política fiscal que devem ser feitas pelo legislador na conformação de um sistema de tributação da renda:

(i) tributar a renda das pessoas jurídicas ou adotar um sistema de tributação no nível dos sócios ou acionistas pessoas físicas;

(ii) definir o critério de distinção entre residentes e não residentes, para efeito de tributação da renda;

(iii) optar por um regime de tributação da renda em bases universais ou territoriais;

(iv) instituir, ou não, um regime de tributação consolidada de grupos econômicos, na modalidade de integração completa ou de transferência de atributos fiscais;

(v) utilizar um regime de tributação por cédulas ou um sistema compreensivo de agregação de rendimentos;

(vi) delimitar o grau de abertura do Direito Tributário para a contabilidade (dependência total, autonomia total ou dependência parcial);[34]

(vii) determinar o regime temporal de imputação dos elementos positivos e negativos que formam a base tributável (*v.g.* regime de caixa ou regime de competência);

(viii) estabelecer eventuais limites quantitativos e temporais para o aproveitamento de prejuízos fiscais acumulados;

(ix) conceber mecanismos de integração entre os regimes de tributação das pessoas jurídicas e das pessoas físicas;

(x) estipular o tratamento tributário a ser aplicado nas operações de reorganização societária e na extinção de pessoas jurídicas.

---

[33] ÁVILA, Humberto. *Teoria da Igualdade Tributária*. 2. ed. São Paulo: Malheiros, 2009, p. 117.

[34] Sobre o tema, vide: FONSECA, Fernando Daniel de Moura. *Normas Tributárias e a Convergência das Regras Internacionais*. Rio de Janeiro: Lumen Juris, 2014, p. 50.

Especificamente no que diz respeito à definição da base de cálculo do imposto de renda, o papel desempenhado pelo princípio da renda líquida é ainda mais relevante, na medida em que impõe limites à liberdade do legislador para erigir os gastos que podem ou não ser considerados dedutíveis pelo contribuinte.

A título de ilustração, veja-se o caso do regime de perdas no recebimento de créditos. No Direito Comparado, há diferentes mecanismos que podem ser utilizados para o reconhecimento das perdas no recebimento de crédito, tais como: (i) a dedução das perdas apenas na baixa definitiva do crédito, o que se verifica nos casos em que o contribuinte exauriu todos os instrumentos legais para a cobrança do débito, bem como nos casos de liquidação, falência ou morte do credor; (ii) a dedução das perdas em caráter antecipado, mediante a fixação de condições que levam em consideração o valor envolvido, o prazo de vencimento e as providências adotadas pelo sujeito passivo; e (iii) a dedução das perdas com base em percentuais fixos e predeterminados.

No Brasil, os artigos 60 e 61 da Lei nº 4.506/1964 inicialmente adotaram um regime de dedução das provisões para créditos de liquidação duvidosa com base em percentuais que seriam fixados periodicamente pela Administração Tributária. Até que os percentuais específicos viessem a ser estabelecidos pelo Fisco, a lei prescreveu que o saldo adequado de provisão seria de apenas 3% dos créditos de liquidação duvidosa, excluídos aqueles provenientes de vendas com reserva de domínio ou de operações com garantia real.[35] Posteriormente, o artigo 43 da Lei nº 8.981/1995 alargou o rol de créditos que não poderiam ser considerados na condição para devedores duvidosos e estabeleceu a necessidade de cálculo da relação entre as perdas efetivamente ocorridas nos três últimos anos-calendário e a soma dos créditos de mesma espécie existentes no início dos anos-calendário correspondentes.[36]

Ocorre que esse regime de dedução das provisões para créditos de liquidação duvidosa, baseado em percentuais fixos e predeterminados, não concretizava, na melhor medida possível, o princípio da renda líquida. Diante disso, o artigo 9º da Lei nº 9.430/1996 estabeleceu um novo regime, que permite a dedução das perdas incorridas pelos contribuintes, ainda que em caráter provisório, com base em condições que levam em

---

[35] HIGUCHI, Hiromi. *Imposto de Renda das Empresas* – Interpretação e Prática. 6. ed. São Paulo: Atlas, 1981, p. 129.

[36] CARVALHO, Fábio Junqueira de; MURGEL, Maria Inês. *IRPJ* – Teoria e Prática Jurídica. São Paulo: Dialética, 1999, p. 195-196.

consideração o valor envolvido, o prazo de vencimento e as providências adotadas pelo sujeito passivo. Trata-se, assim, de um regime que reflete de forma mais fidedigna a realidade econômica das empresas, ainda que mediante a adoção de generalizações probabilísticas e tipificantes, que visam facilitar a aplicação prática da legislação tributária. Além disso, mantendo-se alinhado ao princípio da renda líquida, o contribuinte pode optar entre a adoção dos critérios para a dedução antecipada ou a dedução das perdas no momento da sua baixa definitiva.

Daí se dizer que o princípio da renda líquida informa a atividade do legislador na conformação do sistema tributário, bem como na definição dos gastos que serão, ou não, considerados dedutíveis da base de cálculo do imposto de renda.

Além de balizar o legislador no desenho institucional do sistema de tributação da renda, o princípio da renda líquida deve orientar a atividade de interpretação e aplicação das leis tributárias relativas ao imposto de renda. Isso é assim não apenas porque os princípios jurídicos não têm a pretensão de gerar uma solução específica, contribuindo, ao lado de outras razões, para a tomada de decisão,[37] mas também porque qualquer ato de interpretação e aplicação do direito está inserido, em última análise, no contexto da jurisdição constitucional. Afinal, a norma jurídica a ser construída pelo intérprete não leva em consideração apenas os dispositivos legais e os fatos envolvidos no caso concreto, mas o ordenamento jurídico como um todo.

Não por acaso, Lenio Streck ressalta que, na interpretação jurídica, os princípios jurídicos funcionam como uma blindagem contra arbitrariedades, apontando o *modus* operativo que deve ser seguido pelo intérprete para a preservação da coerência e da integridade do Direito.[38] Daí a importância do princípio da renda líquida, não apenas como uma norma jurídica de função diretiva, que orienta o legislador na conformação do sistema de tributação da renda, mas também como um elemento que contribui para a própria atividade de construção das normas jurídicas.

Como exemplo, veja-se o caso da regra inserida no artigo 47, parágrafo 3º, da Lei nº 4.506/1964, segundo a qual os prejuízos por desfalque, apropriação indébita ou furto, cometidos por empregados ou terceiros, somente serão dedutíveis do lucro real quando houver inquérito instaurado nos termos da legislação trabalhista ou quando apresentada

---

[37] ÁVILA, Humberto. *Teoria dos Princípios* – da Definição à Aplicação dos Princípios Jurídicos. 16. ed. São Paulo: Malheiros, 2015, p. 100.

[38] STRECK, Lenio Luiz. *Verdade e Consenso*. 6. ed. São Paulo: Saraiva, 2017, p. 350.

queixa perante a autoridade policial.[39] Claramente, o objetivo de tal dispositivo legal é assegurar a efetividade dos prejuízos supostamente sofridos pelos contribuintes, pois a existência de inquérito contra o empregado ou a apresentação de queixa perante a autoridade policial seria um fato de inibição a comportamentos inadequados, impedindo que contribuintes desonestos inventassem possíveis desfalques apenas para reduzir a base de cálculo do imposto de renda.

Essa regra, que poderia fazer sentido em 1964, não acompanhou o desenvolvimento dos modelos de negócios. Um bom exemplo é a exigência do registro de boletim de ocorrência para a dedução das perdas não técnicas decorrentes de furto de energia elétrica, cujo enorme volume e a dificuldade de identificação da autoria podem tornar inviável a elaboração de um boletim de ocorrência para cada infração. Apesar disso, a 2ª Turma, da 4ª Câmara, da 1ª Seção do Conselho Administrativo de Recursos Fiscais ("CARF"), no julgamento do acórdão nº 1402-002.147, de 05.04.2016, que envolvia a Companhia Energética do Piauí, afastou expressamente o argumento de que é inviável a elaboração de boletim de ocorrência para as perdas não técnicas decorrentes de furto de energia elétrica, como se pode verificar a seguir:

> A alegação da Recorrente de que é inviável a elaboração de Boletim de Ocorrência ou abertura de Inquérito Policial toda vez que for constada uma irregularidade praticada pelo consumidor e que, por isso, instaura processos administrativos para avaliar as perdas não-técnicas relativas a furto ou fraude cometidos pelos usuários dos serviços, não pode ser admitida para afastar a exigência do dispositivo.

A interpretação adotada por tal precedente poderia ter sido iluminada pelo princípio da renda líquida, pois as normas jurídicas devem ser construídas em conformidade com as regras e princípios que lhes dão suporte. Não é razoável que o aplicador da lei interprete a exigência de boletim de ocorrência de forma tão restrita que a torne uma condição inviável ou impossível de ser cumprida. A legislação tributária não estabelece requisitos específicos para a elaboração do boletim de ocorrência, que consiste no documento utilizado para o registro ordenado e minucioso das ocorrências que exigem a intervenção policial. Assim, ainda que em circunstâncias normais o contribuinte tenha que apresentar

---

[39] Veja-se: "§3º. Somente serão dedutíveis como despesas os prejuízos por desfalque, apropriação indébita, furto, por empregados ou terceiros, quando houver inquérito instaurado nos termos da legislação trabalhista ou quando apresentada queixa perante a autoridade policial".

um boletim de ocorrência para cada crime, com descrição detalhada dos fatos, da qualificação dos infratores e do local da ocorrência da infração, não é razoável que esse formalismo exagerado também seja exigido nos casos em que essa providência seja praticamente impossível de ser comprida. Dessa forma, uma interpretação mais alinhada ao princípio da renda líquida seria considerar que a elaboração de um boletim de ocorrência coletivo, englobando o valor total da energia elétrica furtada em cada mês, ainda que sem identificação dos autores, é suficiente para assegurar a dedução das perdas não técnicas, desde que atendidos os requisitos formais exigidos pela autoridade policial para a sua lavratura.

Outro exemplo que pode ser mencionado é o do artigo 13, inciso III, da Lei nº 9.249/1995, segundo o qual as despesas de depreciação, amortização, manutenção, reparo ou conservação de bens móveis ou imóveis não serão dedutíveis do lucro real e da base de cálculo da CSLL, salvo se intrinsecamente relacionados com a produção ou comercialização dos bens e serviços. A expressão "intrinsecamente relacionados com a produção ou comercialização dos bens e serviços", utilizada no artigo 13, inciso III, da Lei nº 9.249/1995, não deve ser interpretada de forma rígida e inflexível, devendo ser compatibilizada com o princípio da renda líquida.

O essencial é que o bem ou direito que gerou as despesas de depreciação, amortização, manutenção, reparo ou conservação seja empregado no exercício da atividade econômica da pessoa jurídica, mas não necessariamente na produção ou comercialização de bens ou serviços. Do contrário, os bens utilizados no escritório administrativo da pessoa jurídica, ou em outros setores que não envolvam a produção ou a comercialização de bens ou serviços, não gerariam custos e despesas dedutíveis para fins fiscais, o que desvirtuaria a base de cálculo do imposto de renda.[40]

Esses exemplos, conquanto singelos, evidenciam a importância do princípio da renda líquida na interpretação das leis tributárias relativas ao imposto de renda.

4   Conclusões

As considerações precedentes permitem chegar às seguintes conclusões:

---

[40]   OLIVEIRA, Ricardo Mariz. *Fundamentos do Imposto de Renda*. São Paulo: Quartier Latin, 2008, p. 413-417.

(i) o princípio da renda líquida é reconstruído a partir da conjugação de diversas regras e princípios constitucionais, dentre os quais a capacidade contributiva, a proibição de confisco, a proteção do mínimo existencial e a dissociação de outras materialidades constitucionais, como o patrimônio, o capital, o faturamento e o lucro;

(ii) a exigência de dedução dos custos e despesas necessários à produção da renda assume a feição de *regra*, pois deriva dos preceitos normativos que circunscrevem a competência tributária para a imposição do imposto de renda, bem como de *princípio*, na medida em que estabelece a obrigatoriedade de adoção de condutas necessárias à promoção gradual de um estado de coisas;

(iii) em sua dimensão principiológica, o princípio da renda líquida exerce uma função diretiva, que orienta o legislador na conformação do sistema de tributação da renda, assim como contribui para a própria atividade de construção das normas jurídica;

(iv) além disso, o princípio da renda líquida impõe limites à liberdade do legislador para erigir os gastos que podem ou não ser considerados dedutíveis pelo contribuinte;

(v) o princípio da renda líquida deve orientar a atividade de interpretação e aplicação das leis tributárias relativas ao imposto de renda, tendo em vista que qualquer ato de interpretação e aplicação do direito está inserido, em última análise, no contexto da jurisdição constitucional, pois a norma jurídica a ser construída pelo intérprete deve levar em consideração o ordenamento jurídico como um todo.

Informação bibliográfica deste texto, conforme a NBR 6023:2018 da Associação Brasileira de Normas Técnicas (ABNT):

SANTOS, Ramon Tomazela. O princípio da renda líquida. *In*: SARAIVA FILHO, Oswaldo Othon de Pontes; SIQUEIRA, Julio Homem de; BEDÊ JÚNIOR, Américo; FABRIZ, Daury César; SIQUEIRA, Junio Graciano Homem de; CUNHA, Ricarlos Almagro Vitoriano (Coord.). *Limitações formais e materiais ao poder de tributar*. Belo Horizonte: Fórum, 2021. p. 257-273. (Coleção Fórum Princípios Constitucionais Tributários – Tomo II). ISBN 978-65-5518-122-7.

A CAPACIDADE CONTRIBUTIVA COMO PRESSUPOSTO DO FENÔMENO DA TRIBUTAÇÃO

RAPHAEL SILVA RODRIGUES

"A eficácia do princípio da capacidade contributiva, como a eficácia de qualquer princípio jurídico, depende do grau de desenvolvimento cultural do povo, que define o grau de disposição das pessoas para defenderem os seus direitos."[1]

Raphael Silva Rodrigues

1 Introdução

A competência tributária não é ilimitada, já que nasce limitada pela própria Constituição, que condiciona seu exercício à observância de outras normas constitucionais, entre as quais as constantes da Seção II do Título IV sob o título "Das Limitações ao Poder de Tributar".

O Estado não pode impor tributos e suas bases de cálculos de qualquer maneira, de modo que existem instrumentos específicos para essa delimitação e um deles é o princípio da capacidade contributiva, que assim como o princípio da igualdade se encontra disposto na Constituição Federal (artigos 5º e 145, §§1º e 2º).

Exatamente na condição de permissivo para se alcançar uma justiça fiscal, tem-se o princípio da capacidade contributiva, que visa

---

[1] MACHADO, Hugo de Brito. *Os princípios jurídicos da tributação na constituição de 1988*, p. 51.

tratar igualmente os iguais e desigualmente os desiguais, para que os contribuintes possam, economicamente, partilhar o ônus tributário na medida de suas desigualdades e de suas necessidades individuais.

É notório que o sistema tributário brasileiro precisa sofrer profunda reforma, que é necessária para o incremento e a sustentabilidade do crescimento econômico do país. Apesar disso, as conhecidas dificuldades políticas e as divergências entre os entes federativos emperram a aprovação da reforma tributária que tramita há anos no Congresso Nacional. Aliado a tal situação, parece que boa parte dos problemas do sistema tributário nacional também está focada na controvérsia voltada para a interpretação e aplicação da capacidade contributiva em face da cobrança do tributo pelo Estado.

Em face dos mais variados problemas do sistema tributário, seu caráter regressivo dificulta o fortalecimento do mercado interno de consumo popular e desestimula, sobremaneira, o investimento, acabando por prejudicar o crescimento econômico e reduzindo também a própria arrecadação tributária.

O presente artigo tem como objetivo analisar a capacidade contributiva como pressuposto do fenômeno da tributação,[2] sem a pretensão de exaurir todos os pontos que contornam o tema ora proposto.

2 Conceito de capacidade contributiva

A origem do princípio da capacidade contributiva remonta à própria criação do tributo; confunde-se com a ideia de justiça fiscal.

Aliomar Baleeiro foi quem primeiro, no Brasil, preocupou-se mais detidamente com a matéria. No seu estudo, Aliomar Baleeiro traz todas as correntes doutrinárias que se formaram nas últimas décadas, quando muito se discutiu sobre a causa do imposto, tendo sido a capacidade contributiva entendida, muitas vezes, como a causa última do imposto.[3]

Originariamente, a capacidade contributiva foi considerada como sinônimo de riqueza ou de patrimônio. A expressão indicava as forças econômicas individuais que habilitavam o pagamento dos tributos. Assim, sustentando-se que o indivíduo deve concorrer aos encargos públicos em razão de sua capacidade, o que se visava na realidade era

---

[2] A tributação é um fenômeno histórico rastreado desde os tempos mais remotos da humanidade e que se ampara na cobrança, pelo Estado, de valores sobre as atitudes e as atividades de seus tutelados.

[3] Em sua clássica obra, *Limitações Constitucionais ao Poder de Tributar*, dedicou dezenas de páginas ao estudo do alcance deste princípio (vide p. 687-780).

o princípio da contribuição estabelecida proporcionalmente às forças econômicas dos particulares.

Como adverte Emilio Giardina, o princípio exprimiu a exigência de uma transformação dos ordenamentos tributários então vigentes na Idade Média até os primeiros séculos da Idade Moderna. Isto porque, atendendo-se ao princípio da capacidade contributiva, cada uma deveria contribuir na medida de suas possibilidades, o que implicava ir contra as franquias e privilégios de classes. Far-se-ia, por conseguinte, abstração das qualidades pessoais e da posição social dos indivíduos, o que tornava o sistema tributário mais justo e mais conforme com o princípio da generalização da tributação ou do dever fiscal.[4]

Durante grande parte do século XX, prevaleceu no Direito Tributário, por influência de Benvenuto Grizziotti e da Escola de Pádua, a noção de que a justiça tributária se resume na prevalência suprema da capacidade contributiva, segundo a qual os contribuintes devem arcar com o ônus tributário de forma a que todos tenham o mesmo sacrifício, um sacrifício igual.

Marciano Seabra de Godoi esclarece que o primeiro equívoco da corrente "glorificadora" da capacidade contributiva era considerar que a capacidade contributiva podia por si só e com exclusividade "dar conta" de implementar, no campo tributário, a igualdade como valor constitucional. No entanto, isso significava uma concepção positivista e reducionista da dimensão axiológica do princípio da igualdade:[5]

> O outro equívoco era não perceber uma peculiaridade histórica e ideológica da capacidade contributiva: este princípio, unido ao de generalidade e universalidade, expressava a rigidez, no âmbito tributário, com que o regime liberal-burguês do século XIX tratava o tema da igualdade *de iure*, ou da igualdade de tratamento jurídico, que se relaciona de perto com a *neutralidade* então exigida em relação à atuação do Estado. Aqui também se evidenciava o equívoco daqueles que interpretam a capacidade contributiva como "tratar desigualmente os desiguais", pois a capacidade contributiva era vista como a melhor forma de garantir igualdade *de iure* e neutralidade, exatamente por que distribuía o sacrifício igualmente entre os indivíduos e não alterava a realidade social. Quando a realidade do Estado social intervencionista, que sempre fez forte o uso da extrafiscalidade (repudiada pelos doutrinadores do apogeu da capacidade contributiva), evidenciou a inconsistência daquela corrente,

---

[4] Le basi teoriche del principio della capacità contributiva, *apud* BECKER, Alfredo Augusto, *Teoria geral do direito tributário*, p. 438.

[5] *Justiça, igualdade e direito tributário*, p. 212.

assistiu-se a um período de crise da capacidade contributiva, que passou a ser considerada mera indicação programática ao legislador, ineficaz na interpretação judicial.[6]

Modernamente, a capacidade contributiva tem um lugar muito importante enquanto subprincípio principal que especifica, em uma ampla gama de situações, o princípio da igualdade tributária, "todavia não deve ser vista como encarnando totalmente em si o próprio princípio da igualdade tributária, pois o critério de capacidade contributiva não tem condições de, no contexto de um Estado Democrático de Direito, fundamentar a totalidade do fenômeno tributário, o qual por sua vez não deve ser visto como algo isolado, mas como algo integrado aos valores que plasmam a justiça constitucional".[7]

Anota Ricardo Lobo Torres: "Nas últimas décadas, reacendeu-se a preocupação com o princípio. As Constituições da Espanha e da Itália fazem remissão expressa à capacidade econômica. As reformas tributárias realizadas recentemente nos Estados Unidos (Governo Reagan), na Inglaterra e na Alemanha denotam a preocupação de ajustar os respectivos sistemas tributários ao princípio da capacidade contributiva".[8]

Acompanhando o pensamento universal, a Constituição Federal de 1988 consagra expressamente o princípio, em seu artigo 145, §1º. Segundo Misabel Derzi, em notas à obra de Aliomar Baleeiro, "já não se pode negar a força vinculante do preceito tanto para o legislador ordinário como para o intérprete e aplicador da norma na Constituição de 1988. [...] É que a capacidade contributiva é princípio que serve de critério ou de instrumento de concretização dos direitos fundamentais individuais, quais sejam, a igualdade e o direito de propriedade ou vedação do confisco".[9]

Capacidade contributiva é a capacidade econômica do contribuinte, como expressa a Constituição Federal Brasileira de 1988, mantendo a tradição da Constituição Federal de 1946. É a capacidade de pagar – *ability to pay* –, como dizem os povos de língua inglesa.

Isto posto, pode-se afirmar que a capacidade contributiva é um subprincípio ao princípio fundamental da igualdade em matéria tributária, consistindo em um critério de valoração deste princípio

---

[6] GODOI, Marciano Seabra de. *Justiça, igualdade e direito tributário*, p. 212.

[7] GODOI, Marciano Seabra de. *Justiça, igualdade e direito tributário*, p. 215.

[8] *Curso de Direito Financeiro e Tributário*, p. 78.

[9] BALEEIRO, Aliomar. *Limitações constitucionais ao poder de tributar*, p. 689.

maior, capaz de realizar também o princípio da justiça. No Direito Tributário, muitas vezes o princípio da isonomia parece confundir-se com o princípio da capacidade contributiva, mas a distinção entre eles é indiscutível.

Por se tratar de uma expressão de alto grau de vaguidade, houve dificuldades em se proceder a uma conceituação da capacidade contributiva.

Daí as críticas veementes de Alfredo Augusto Becker:

> Dizer que as despesas públicas devem ser partilhadas entre os contribuintes conforme as respectivas possibilidades de suportar o peso do tributo é incorrer numa tautologia: as palavras capacidade contributiva sem alguma outra especificação, não constituem um conceito científico. Elas nem oferecem um parâmetro para determinar a prestação do contribuinte e para adequá-la às prestações dos demais; nem dizem se existe e qual seja o limite dos tributos. Essa expressão, por si mesma, é recipiente vazio que pode ser preenchido pelos mais diversos conteúdos; trata-se de locução ambígua que se presta às mais variadas interpretações.[10]

Outro jurista a apontar esta imprecisão foi Emilio Giardina:

> Mas, se se admite a elasticidade da locução e a sua falta de significado preciso e unívoco, deve parecer claro que tais princípios, ideais, declarações constitucionais, figuras dogmáticas, não fogem à censura de vacuidade e indeterminação. Os princípios tributários fundamentais expressos pelas Constituições modernas não seriam, em definitivo, palavras vazias, privadas de qualquer significado concreto, menos que manifestações de boas intenções, seriam formas litúrgicas para pronunciar-se diante do altar do mito da justiça, ao qual é oportuno elevar um pouco de incenso, mas para o qual é suficiente uma verbal oferenda.[11]

A despeito do grau de indeterminação que a expressão possa conter, os estudiosos do Direito Tributário buscaram delinear sua conceituação, a qual, de maneira geral, é uniforme.

Griziotti, precursor no estudo do tema, conceitua capacidade contributiva como "potencialidade que possuem os submetidos à soberania fiscal para contribuir para os gastos públicos". Seria a riqueza disponível depois de satisfeitas as "necessidades elementares

---

[10] *Teoria geral do direito tributário*, p. 439.

[11] Le basi teoriche del principio della capacità contributiva, *apud* COSTA, Regina Helena. *Princípio da Capacidade Contributiva*, p. 21.

da existência", riqueza essa que pode ser absorvida pelo Estado, "sem reduzir o padrão de vida do contribuinte e sem prejudicar as suas atividades econômicas". [12]

Moschetti a vê como a "força econômica do contribuinte".[13] Valdés Costa a considera como "possibilidade econômica que tem o indivíduo de contribuir para os gastos públicos destinados a satisfazer as necessidades coletivas".[14]

Segundo Klaus Tipke,

O princípio da igualdade exige que as necessidades financeiras não sejam cobertas de qualquer forma, mas sim de maneira justa, adequada ao princípio de igualdade. A questão de como repartir o ônus tributário global entre os diversos cidadãos é uma questão de justiça que deve ser resolvida de acordo com critérios adequados. A finalidade da obtenção de receitas não permite uma distribuição arbitrária dos impostos entre os cidadãos. O princípio da capacidade contributiva, que tem raízes profundas numa convicção moral generalizada e a ela corresponde, é adequado à matéria.[15]

E, no comentário de Misabel Derzi:

Para alguns, como Tipke, por exemplo, representa uma regra ética, não dedutível cientificamente, profundamente enraizada e correspondente a uma convicção moral amplamente divulgada. O princípio da capacidade contributiva já estava consolidado na Declaração dos Direitos do Homem e do Cidadão, foi consagrado no art. 134 da Constituição de Weimar e é ainda hoje adotado em muitas Constituições escritas. Ele é também aplicado pelo Tribunal Constitucional (Cf. Steuerrecht, 9, Köln, Otto Schmidt KG, 1983, p. 32). E acrescenta Klaus Tipke que a capacidade contributiva tributária depende da capacidade econômica. Capacidade tributária é a capacidade para poder pagar impostos; ela é, no direito privado, há muito identificada com a capacidade econômica, para poder satisfazer as necessidades e desejos particulares. Com a capacidade econômica – além do mínimo essencial – começa a capacidade tributária.[16]

---

[12] *Apud* OLIVEIRA, José Marcos Domingues. *Direito tributário* – Capacidade contributiva, p. 54.

[13] *El principio de capacidad contributiva*. Trad. Juan M. Calero Gallejo e Rafael Navas Vazquez, p. 238.

[14] *Instituciones del Derecho Tributario*. Buenos Aires: Depalma, 1992, p. 445.

[15] Limites da Integração em Direito Tributário. *In*: NOGUEIRA, Rui Barbosa (Coord.). *Direito Tributário Atual*, v. III, p. 518-519.

[16] Notas a BALEEIRO, Aliomar. *Limitações constitucionais ao poder de tributar*, p. 730.

No Brasil, a doutrina tradicional de Aliomar Baleeiro absorveu essas ideias fundamentais. O referido doutrinador denominou capacidade contributiva do indivíduo a "sua idoneidade econômica para suportar, sem sacrifício do indispensável à vida compatível com a dignidade humana, uma fração qualquer do custo total de serviços públicos".

Rubens Gomes de Souza a definiu como a "soma de riqueza disponível depois de satisfeitas as necessidades elementares de existência, riqueza essa que pode ser absorvida pelo Estado sem reduzir o padrão de vida do contribuinte e sem prejudicar as suas atividades econômicas".[17]

Amílcar de Araújo Falcão chegou a afirmar que o princípio da capacidade contributiva "representa a versão, em matéria tributária, do princípio geral da isonomia".[18]

Regina Helena Costa lembra que Perez de Ayala e Eusebio Gonzalez apresentam tríplice significação da locução *capacidade contributiva*, de modo a espancar as dúvidas em torno da validade científica do conceito. Assim, entendem que a significação dela pode ser dada, indistintamente, nos planos jurídico-positivo, ético-econômico e técnico ou técnico-econômico:

> No plano jurídico-positivo, a capacidade contributiva significa que um sujeito é titular de direitos e obrigações com fundamento na legislação tributária vigente, que é quem vai definir aquela capacidade e seu âmbito. No plano ético-econômico, por sua vez, relaciona-se com a justiça econômica material. Aqui designa-se por capacidade contributiva a aptidão econômica do sujeito para suportar ou ser destinatário de impostos, que depende de dois elementos: o volume de recursos que o sujeito possui para satisfazer o gravame e a necessidade que tem de tais recursos.
>
> Por fim, em nível técnico ou técnico-econômico, tem-se em conta todos os princípios, regras, procedimentos e categorias relativas à operatividade e eficácia arrecadatória dos impostos. Portanto, têm capacidade contributiva, segundo esta concepção, aqueles sujeitos que: a) constituam unidades econômicas de possessão e de emprego de recursos produtivos ou de riqueza; b) sejam facilmente identificáveis e avaliados pela Fazenda pública como suscetíveis de imposição, e c) estejam em situação de solvência presumidamente suficiente para suportar o tributo. Objeto deste estudo é a concepção de capacidade contributiva no plano jurídico-positivo; no entanto, não podemos prescindir de referências,

---

[17] *Compêndio de Legislação Tributária*, p. 83.
[18] *Fato gerador da obrigação tributária*, p. 68.

ainda que breves, ao seu sentido ético-econômico. Como salienta Moschetti, no conceito de capacidade contributiva está implícito um elemento de juízo, uma avaliação, uma estimação sobre a idoneidade para concorrer à despesa pública. Trata-se, na verdade, de uma apreciação fundamental, um juízo de valor sobre a aptidão para contribuir.[19]

A capacidade contributiva pode ser ainda compreendida em dois sentidos. Emilio Giardina distingue capacidade econômica absoluta e relativa. Seria absoluta aquela capacidade levada em conta na descrição hipotética, pela norma jurídica tributária, de fatos que a juízo do legislador seriam demonstrativos de capacidade econômica. A capacidade relativa, por sua vez, seria demonstrada no caso concreto, fruto da consideração da situação individual do contribuinte.[20]

A capacidade contributiva *absoluta, objetiva* ou *estrutural* é o pressuposto da tributação – é a manifestação de riqueza; diz respeito à escolha, pelo legislador, de eventos que demonstrem aptidão para concorrer às despesas públicas.

Na lição de Alberto Xavier:

> Nem todas as situações da vida abstractamente suscetíveis de desencadear efeitos tributários podem, pois, ser designadas pelo legislador como factos tributáveis. Este encontra-se limitado na sua faculdade de seleção pela exigência de que a situação da vida a integrar na previsão da norma seja reveladora de capacidade contributiva, isto é, de capacidade econômica, de riqueza, cuja expressão sob qualquer forma se pretende submeter a tributo.
>
> Pode o legislador escolher livremente as manifestações de riqueza que repute relevantes para efeitos tributários, bem como delimitá-las por uma ou outra forma mas sempre deverá proceder a essa escolha de entre as situações da vida reveladoras de capacidade contributiva e sempre a estas se há de referir na definição dos critérios de medida do tributo.[21]

Becker também entendia que os fatos imponíveis a serem discriminados pelo legislador como hipóteses de incidência dos tributos devem constituir, necessariamente, signos presuntivos de riqueza.[22]

Salienta Regina Helena Costa que:

---

[19] COSTA, Regina Helena. *Princípio da capacidade contributiva*, p. 24-25.

[20] Le basi, teoriche del principio della capacità contributiva. *Apud* OLIVEIRA, José Marcos Domingues. *Direito tributário* – Capacidade contributiva, p.163.

[21] *Manual de Direito Fiscal*. Lisboa, v. I, p. 108.

[22] *Teoria geral do direito tributário*, p. 446.

Dessarte, o legislador deve, tanto quanto possível, receber os conceitos elaborados pela Ciência das Finanças, a fim de assegurar a captação de índices que constituam autênticas manifestações de riqueza. Contudo, lembre-se que nem todo índice de capacidade contributiva deve ser necessariamente gravado, pois a eleição de tais índices é uma decisão essencialmente política.

Classicamente, Sainz de Bujanda ensina que a doutrina distingue índices diretos dessa capacidade, que seriam a posse de bens ou a percepção de rendas, dos índices indiretos, quais sejam, a circulação e o consumo de riquezas. Adverte Moschetti, no entanto, que não há muito interesse nesta distinção, uma vez que esta parte do pressuposto implícito de que o conceito de capacidade contributiva se identifica com aquele de renda ou patrimônio, mesmo que estes sejam apenas manifestações parciais, e ainda imperfeitas de capacidade contributiva.[23]

De outro lado, a *capacidade contributiva relativa, subjetiva ou funcional* dirige-se ao cidadão individualmente considerado. Opera, inicialmente, como critério de graduação e limite dos impostos. Significa a aptidão de contribuir na medida das possibilidades econômicas de determinada pessoa. Verifica-se, nesse plano, a capacidade contributiva *in concreto, o* potencial sujeito passivo para absorver o impacto tributário.

A despeito da uniformidade da doutrina no que tange à definição do princípio da capacidade contributiva, há divergências quanto à sua juridicidade, efetividade e praticidade, como veremos adiante.

2.1 Capacidade econômica e capacidade contributiva

Moschetti, em sua célebre obra sobre o princípio da capacidade contributiva,[24] oferece uma nova perspectiva ao estudo do tema quando distingue os conceitos de *capacidade econômica* e *capacidade contributiva,* sendo a primeira condição necessária, mas não suficiente para a configuração da segunda.

Capacidade econômica seria a potência econômica global do contribuinte manifestada por fatos indicativos de riqueza, tais como renda líquida, patrimônio líquido e consumo (depois de considerada a situação pessoal e familiar do contribuinte). Para Moschetti pode existir capacidade econômica sem que exista capacidade contributiva, pois no conceito de capacidade contributiva há um juízo de valor implícito que decorre dos ideais consagrados na Constituição.

---

[23] *Princípio da capacidade contributiva,* p. 28.

[24] *El principio de capacidad contributiva,* p. 277.

> Capacidad contributiva no es, por tanto, toda manifestación de riqueza, sino sólo aquella potencia económica que debe juzgar-se idónea para concurrir a los gastos públicos, a la luz de las fundamentales exigencias económicas y sociales acogidas en nuestra Constitución. [...]
>
> La diferencia entre nuestra tesis y las otras produce así consecuencias particularmente sensibles cuando se afronta el problema relativo a la utilización del impuesto con fines económicos y sociales.[25]

Desse modo, o juízo de valor contido na concepção de capacidade contributiva se qualifica com o valor da solidariedade social, levando-se à impossibilidade da tributação dos fatos indicativos de capacidade econômica desvinculados das exigências coletivas e distanciados dos valores expressos na Constituição.[26]

A mera manifestação de capacidade econômica do contribuinte, portanto, não importará em tributação se desconforme com os demais valores protegidos pelo ordenamento jurídico.

Ressalta-se que a classificação de Moschetti entre capacidade econômica e capacidade contributiva é muito útil ao desenvolvimento das conclusões do presente trabalho, posto pretendermos demonstrar que o princípio da capacidade contributiva por si só não autoriza a tributação de toda e qualquer capacidade econômica. Certamente haverá que ser atendidos outros princípios vigentes no ordenamento jurídico, cuja preponderância, em alguns casos, justificará tanto a intributabilidade de certas manifestações de capacidade econômica (mínimo vital, rendas intrinsecamente ilícitas, imunidades) quanto a tributabilidade sem efetiva capacidade contributiva (extrafiscalidade).

2.2 Eficácia e alcance do princípio da capacidade contributiva

Contribuiu para a juridicização do princípio da capacidade contributiva o fato de vir ele a ser consignado expressamente em constituições e ou leis gerais tributárias de vários países, como México, Itália e Espanha. No Brasil, chegou a figurar expressamente no artigo 202 da Constituição de 1946, por inspiração de Aliomar Baleeiro.

---

[25] *El principio de capacidad contributiva*, p. 277-278.

[26] Por exemplo, as entidades filantrópicas, a despeito de demonstrarem, muitas vezes, capacidade econômica, são normalmente beneficiados pela imunidade tributária em favor de um princípio de fundo social, político, que transcende o Direito Tributário.

Victor Uckmar, em sua obra *Princípios Comuns de Direito Constitucional Tributário*, reporta uma diversidade de cartas constitucionais que expressamente abarcaram o princípio.[27]

Resta indiscutível, assim, a juridicidade do princípio da capacidade contributiva, cujo alcance e eficácia são objeto de inúmeras controvérsias.

No Brasil, atualmente, encontra-se consagrado no §1º do artigo 145 da Constituição Federal de 1988:

---

[27] Itália (1947): art. 53: "Todos estão obrigados a concorrer para a despesa pública na razão de sua capacidade contributiva. O sistema tributário está estruturado segundo o critério da progressividade".

Venezuela (1947): art. 232: "O regime nacional da receita será organizado e funcionará sobre bases de justiça e igualdade tributária a fim de atuar uma repartição de impostos e contribuições progressiva e proporcional à capacidade econômica do contribuinte, à elevação do nível de vida e o poder de aquisição dos consumidores e à proteção, e não somente o incremento da produção nacional".

Espanha (1945): art.19: "Os espanhóis deverão contribuir para a despesa pública, na medida de sua capacidade econômica".

Espanha (1978, vigente): art. 31.1: "Todos contribuirán al sostenimiento de los gastos públicos de acuerdo con su capacidad económica mediante un sistema tributario justo inspirado en los principios de igualdad y progresividad que, en ningún caso, tendrá alcance confiscatorio".

França (1848): art. 15, 2ª parte: "Cada cidadão contribui para o imposto na proporção de suas faculdades e de sua fortuna".

Grécia (1951): art. 3º: "Os cidadãos gregos contribuem sem distinção para os ônus públicos, em proporção de sua possibilidade".

Equador (1906-1907): art. 182: "Os impostos deverão ser estabelecidos em proporção da capacidade econômica do contribuinte".

Bulgária (1947): art. 94: "Os ônus fiscais são divididos entre todos os cidadãos proporcionalmente à sua possibilidade econômica".

Jordânia (1952): art. 111: "O governo, na imposição das taxas, deve ater-se ao princípio de uma taxação progressiva respeitando a igualdade e a justiça social e não deve ultrapassar a capacidade de pagamento dos taxados e a necessidade do estado do dinheiro".

Suíça: art. 41, c: "As pessoas jurídicas, qualquer que seja a sua forma jurídica, devem ser tributadas segundo a sua capacidade econômica, de acordo com um critério tão uniforme quanto possível".

Chile: art. 20, 2ª parte: "Em nenhum caso a lei poderá estabelecer tributos manifestamente desproporcionados ou injustos".

México: art. 31, IV: "São obrigações dos mexicanos: ... IV – contribuir para os gastos públicos, tanto da Federação, como do Estado e Município que residem, da maneira proporcional e equitativa que disponham as leis".

Alemanha Oriental (1949): art. 29: "... os patrimônios e as rendas serão tributados progressivamente segundo critérios sociais tendo-se em conta particularmente os encargos de família. No momento da taxação deverão ser usados critérios particulares no que concerne aos patrimônios e as rendas criadas pelo trabalho individual". Art. 120: "os impostos sobre o patrimônio e sobre a renda, além dos impostos indiretos, deverão ser proporcionados e progressivos inspirando-se em critérios sociais".

Nos Estados Unidos, dadas as peculiaridades do sistema *common law*, coube à Suprema Corte elaborar a doutrina da limitação ao poder de tributar, a ser exercido, segundo a jurisprudência, de forma compatível com a liberdade de trabalho, de comércio e de indústria, e de propriedade.

§1º - Sempre que possível, os impostos terão caráter pessoal e serão graduados segundo a capacidade econômica do contribuinte, facultado à administração tributária, especialmente para conferir efetividade a esses objetivos, identificar, respeitados os direitos individuais e os termos da lei, o patrimônio, os rendimentos e as atividades econômicas do contribuinte.

Entretanto, durante os últimos anos de sua vigência, não há qualquer notícia de sua aplicação como regra provida de executoriedade.

Becker afirmava ser um *equívoco* a constitucionalização, no Direito Tributário, do princípio da capacidade contributiva. Os princípios gerais do Direito, por sua natural incompatibilidade com o jurídico, quando são equivocadamente preceituados em norma, sofrem uma deformação constritora necessária, mas não negam juridicidade e eficácia jurídica à capacidade contributiva se a Constituição os consagra expressamente.[28]

Misabel Derzi comenta esse entendimento de Becker:

Com razão, Becker fez essas ponderações. A consideração desses princípios: justiça material e capacidade contributiva, fora das limitações e deformações jurídicas, leva ao subjetivismo ideológico sem padrão de objetividade, gerando incerteza e 'impraticabilidade'. A justiça e a igualdade provocam essa indagação: o que é justo, o que é igual e o que deve ser desigual?

A extrema variabilidade das respostas, ao sabor das diversas correntes filosóficas, políticas e sociais, valoradas diferentemente conforme as circunstâncias temporais e espaciais, convencem-nos de que não os *princípios gerais* do direito, justiça, equidade, os direitos individuais, igualdade e capacidade contributiva, a vida e a liberdade, assim como os deveres jurídicos são relativos, condicionados e 'artificiais', graças à conformação própria do ordenamento jurídico.

Aceitamos, como Arthur Kaufmann, a existência e ascendência de tais princípios gerais e valores, por meio, entretanto, de sua revelação ou recepção histórica no Direito, em uma dada ordem jurídica nacional.

Não se pode predicar uma igualdade absoluta ou uma real justiça tributária frente a um específico ordenamento positivo, sob pena de desmenti-lo em suas bases mais fundamentais.[29]

---

[28] Essa linha de pensamento pessimista de Becker deve-se ao fato de que ele escreveu sua teoria nos anos de 1970, período de crise da capacidade contributiva (especialmente na doutrina italiana). De toda maneira, o espírito normativista de Becker impele-o no sentido de atribuir juridicidade à capacidade contributiva, quando juridicizada. No mesmo sentido: Aliomar Baleeiro, Emílio Giardina, A. Berliri, Amílcar de Araújo Falcão, Arnaldo de Valles, Cereti e outros (BECKER, Alfredo Augusto. *Teoria geral do direito tributário*, p. 445).

[29] *Do imposto sobre a propriedade predial e territorial urbana*, p. 53-54.

Aliomar Baleeiro já predicava no sentido de que "a capacidade contributiva vale como princípio constitucional, ou *standard*, também para o juiz: não nos parece que lhe seja lícito quedar indiferente ao apelo de quem estabelece a evidência do *'più iniquo o antieconomico dei tributi'*, em desafio àquele dispositivo tão rico de consequências fecundas quanto à vaga cláusula do *due process of law* do Direito americano".[30]

Geraldo Ataliba é categórico:

> Ora, como deixar de reconhecer caráter jurídico a uma disposição constitucional? Na pior das hipóteses, a disposição constitucional mais abstrata e vaga possui, no mínimo, a eficácia paralisante de todas as normas inferiores, se contrastantes com seu sentido, bem como determinadora de importantíssimas consequências na compreensão do contexto constitucional e de cada disposição que o integra, bem como determina relevantes consequências exegéticas, relativamente a todo o sistema normativo (incluídas as leis ordinárias e normas inferiores).[31]

Juristas de escol, como Giannini, Giuliani Fonrouge, Cocivera, Ingrosso, Biscaretti Di Ruffia, Maximiliano, Gomes de Souza e Pontes de Miranda, veem na regra constitucional que consagrou o princípio da capacidade contributiva uma regra meramente programática, simples diretriz ou conselho ao legislador, aos quais se opõem os que nele vislumbram conteúdo preceptivo, como Griziotti, Giardina, Amílcar Falcão, Aliomar Baleeiro e Alberto Xavier.

No entanto, a programaticidade de uma norma ou de um princípio constitucional não lhe retira a preceptividade, sob pena de se admitir, erroneamente, que haveria dispositivos constitucionais carentes de eficácia.[32]

Nas palavras magistrais de Rui Barbosa, "não há, numa Constituição, cláusulas a que se deva atribuir meramente o valor moral de conselhos, avisos ou lições. Todas têm força imperativa de regras ditadas pela soberania nacional ou popular aos seus órgãos".[33]

Como noticia José Marcos Domigues Oliveira, "a doutrina norte-americana elaborou primeiramente uma insatisfatória classificação

---

[30] *Limitações constitucionais ao poder de tributar*, p.741.

[31] *Lei Complementar na Constituição*, p. 18.

[32] CRISAFULLI dizia que "todas as normas constitucionais são preceptivas", aludindo especialmente à preceptividade obrigatória das normas constitucionais programáticas, (La Costituzione e le sue Disposizioni di Principio, *apud* SILVA, José Afonso da. *Aplicabilidade das normas constitucionais*, p. 85.

[33] *Apud* SILVA, José Afonso da. *Curso de Direito Constitucional Positivo*, p. 65.

de normas constitucionais, dividindo-as em autoaplicáveis (*self-exe-cuting* – desde logo aplicáveis por regularem diretamente as matérias, situações ou comportamentos de que cogitam) e em não autoaplicáveis (*not self-executing* – cuja aplicabilidade dependeria da edição de leis ordinárias)".[34]

José Afonso da Silva demonstrou o equívoco daquela doutrina, que "não corresponde à realidade das coisas e às exigências da ciência jurídica, nem às necessidades práticas de aplicação das constituições, pois sugere a existência, nestas, de normas ineficazes e destituídas de imperatividade".[35] E, ainda: "A orientação doutrinária moderna é no sentido de reconhecer eficácia plena e aplicabilidade imediata à maioria das normas constitucionais, mesmo a grande parte daquelas de caráter socioideológico, as quais até recentemente não passavam de princípios programáticos".[36]

Daí a assertiva de Aliomar Baleeiro, que sempre sustentou ser o princípio da capacidade contributiva uma "diretriz de que não se pode afastar o legislador ordinário".[37]

O referido doutrinador não admitia a discrição ilimitada do Legislativo no manejo do princípio: "... limitações constitucionais ao poder de tributar, através de regras, umas autoexecutáveis, outras apenas programáticas, que devem ser acolhidas pelo legislador ordinário e pelos aplicadores".[38]

Para Aliomar Baleeiro, até mesmo no regime constitucional em que o princípio não é expressamente consagrado, a capacidade contributiva vale como princípio constitucional também para o juiz, pois não lhe parecia lícito o Judiciário quedar indiferente ao apelo de quem estabelece a evidência da iniquidade do tributo.[39]

Contemporaneamente, já sob a égide da Constituição Federal de 1988, Sacha Calmon predica que o princípio da capacidade contributiva é "princípio constitucional de eficácia plena conferente de um direito público subjetivo ao cidadão-contribuinte, oponível ao legislador".[40]

Desse modo, o princípio da capacidade contributiva é progra-mático quando estabelece uma diretriz ao legislador ordinário, no

---

[34] *Direito tributário* – Capacidade contributiva, p. 69.

[35] *Aplicabilidade das normas constitucionais*, p. 65.

[36] *Aplicabilidade das normas constitucionais*, p. 66.

[37] *Limitações constitucionais ao poder de tributar*, p. 308.

[38] *Uma Introdução à Ciência das Finanças*, p. 424.

[39] *Limitações constitucionais ao poder de tributar*, p. 708.

[40] *Comentários à Constituição de 1988* – Sistema tributário, p. 100.

sentido de que o tributo deve corresponder ao grau de riqueza do contribuinte, e será regra de plena eficácia quando explicita a isonomia no Direito Tributário, quando todos contribuirão igualmente na razão de suas riquezas iguais e pagarão tributo desigual quando desiguais forem as suas riquezas.

Com a sua juridicização, o princípio da capacidade contributiva, como regra constitucional, indiscutivelmente, assimilou os atributos da certeza e da praticabilidade, que revelam a sua natureza jurídica e sua eficácia jurídica. Seu alcance, contudo, gerou inúmeras disceptações na doutrina, tornando-se tema tormentoso.

José Marcos Domingues Oliveira elucida:

> O princípio da capacidade contributiva exprime uma finalidade (a justiça fiscal) visada pela Constituição, permeando não só a elaboração mas, também, a aplicação da lei e das normas constitucionais. Por isso pode-se afirmar que, embora com substrato programático, o princípio tem preceptividade, dotado de eficácia jurídica própria de dupla natureza: uma tutela negativa de recusa de validade, ou seja, a de conter e nulificar quaisquer atos do poder público que se desviem do seu rumo finalístico; e uma outra tutela, esta positiva, de exigir do Estado certa conduta, qual seja a de produzir norma jurídica que preencha omissão legislativa que constitua ou enseje violação do princípio – em ambos os casos de molde a restabelecer o império de sua diretriz.
> Não se pretende com isso retirar do Legislador sua esfera autônoma de avaliação na eleição dos fatos geradores e na graduação do tributo. O que se quer é conter a discrição legislativa dentro de limites razoáveis, como se dá na legislação dos demais ramos jurídicos.

Afinal, como disse Recaséns Siches, "a lógica do Direito é a lógica do razoável".[41] E continua:

> O princípio da capacidade contributiva limita a discricionariedade legislativa na instituição e na graduação dos tributos.
> E o asserto se faz tranquilo, porque, com XAVIER, entende-se que o princípio da capacidade contributiva informa o conteúdo material (a Justiça por fim) do Estado de Direito, sendo a lei mero instrumento para a sua realização quando conforme aos demais princípios constitucionais: 'todo critério de tributação não assente no referido princípio é, para o Estado de Direito, injusto e arbitrário; [...] portanto ele funciona como um imperativo constitucional dirigido ao legislador, um limite material ao processo de tipificação'.

---

[41] *Direito tributário* – capacidade contributiva, p. 73.

A magnitude do princípio, essencial à construção dogmática do Direito Tributário, leva-nos a divergir dos autores que tentam abastardá-lo, à consideração de que se trataria de conceito extrajurídico vago e insuscetível de aferição concreta.[42]

Em seguida, José Marcos Domingues Oliveira apresenta o princípio da capacidade contributiva como verdadeira limitação ao poder de tributar, ao lado dos princípios da legalidade, da igualdade, da proporcionalidade e da vedação à confiscatoriedade:

> Do contrário, insista-se, o sistema tributário não se consubstanciaria num todo homogêneo, dogmaticamente integrado, de exações orientadas unitariamente, mas se transformaria em massa heterogênea, coxa. Atenderia quiçá, e na melhor das hipóteses, a compatibilização da carga fiscal com a renda nacional, em grandes números, respeitando talvez a ciência matemática, facilitando a contabilidade dos resultados globais da arrecadação; mas certamente arriscaria desrespeitar a riqueza no plano individual, quando é precisamente de garantias individuais de que se trata, destas que impende proteger particularmente num quadro de hipertrofia do Estado.
>
> Num país federal, especialmente com competências concorrentes, como é o caso dos Estados Unidos, a questão se sofistica, mas, ainda assim, o princípio da capacidade contributiva, que informa a garantia de não-confiscatoriedade, orientará a solução constitucional pelo critério apontado.[43]

Misabel Derzi, em notas à obra de Aliomar Baleeiro, trata com atualidade o tema:[44]

> É que a capacidade contributiva é princípio que serve de critério ou de instrumento à concretização dos direitos fundamentais individuais, quais sejam, a igualdade e o direito de propriedade ou vedação do confisco. Portanto, o princípio da capacidade contributiva não mais pode ser interpretado à luz da concepção de um Estado de Direito ultrapassado e abstencionista. Ao contrário. A Constituição de 1988 tende à concreção, à efetividade e à consagração de princípio autoaplicáveis, obrigatórios não apenas para o legislador, como também para o intérprete e aplicador da lei. Essa mesma evolução ocorreu em outros países. Basta citar o caso da Constituição Italiana, a qual consagra também, desde a década de cinquenta, em seu art. 53, o princípio da capacidade contributiva e a

---

[42] OLIVEIRA, José Marcos Domingues. *Direito tributário* – Capacidade contributiva, p. 75-76.

[43] *Direito tributário* – Capacidade contributiva, p. 79.

[44] Notas a BALEEIRO, Aliomar. *Limitações constitucionais ao poder de tributar*, p. 689-690.

progressividade do sistema. Mas a doutrina dá notícia de que uma primeira interpretação conferiu àquela norma um caráter meramente programático, despindo-a de eficácia imediata. Posteriormente, sem que tivesse havido mudança literal do Texto Fundamental, a Corte Constitucional da Itália passou a aferir a constitucionalidade dos preceitos tributários, por confronto direto com o princípio da capacidade contributiva e, sobretudo, atribuiu-lhe conteúdo concreto, informado pelas reais forças econômicas do contribuinte. (Cf. Francesco Moschetti, *Il Princípio della Capacità Contributiva*, Padova, CEDAM, 1973, p. 21).

E, mais adiante, conclui:

> Por conseguinte, não deve surpreender o fato de a Constituição de 1988, que tende à concreção e efetividade, referir no art. 145, §1º, a capacidade econômica e não a capacidade contributiva. Com isso ela pretendeu afastar as criações jurisprudenciais, administrativas ou legais que, baseadas em presunções, ficções e falseamentos, buscassem atingir fatos que não estivessem assentados em realidades econômicas. Capacidade econômica contributiva, então, somente se pode medir por meio das verdadeiras forças econômicas do contribuinte como quer Moschetti.

É unânime na doutrina, desse modo, que a capacidade contributiva, como princípio aberto, sem contornos rígidos, oferece ao legislador a orientação para o processo de elaboração das leis, mas deixa à discricionariedade deste o preenchimento do conteúdo valorativo.

Nesse sentido temos a obra de Aliomar Baleeiro, que teceu considerações sobre a pessoalidade e capacidade econômica objetiva e subjetiva. Para o jurista, só os impostos pessoais se ajustam adequadamente à aplicação de critérios progressivos medidos pela capacidade contributiva. De outro lado, apreciada apenas do ponto de vista objetivo, a capacidade contributiva induziria o legislador a tributar proporcional ou progressivamente, segundo o valor da coisa ou fato gerador. No entanto, o valor da renda ou do patrimônio do contribuinte, objetivamente, por si só, não seria índice seguro da capacidade contributiva se não intervierem os fatores subjetivos de apreciação (como a idade, saúde, estado civil, encargos de família).[45]

Misabel Derzi salienta:

> Convém lembrar, não obstante, que, ao contrário do que acontece na maior parte dos países ocidentais, a Constituição brasileira já enumera

---

[45] BALEEIRO, Aliomar. *Limitações constitucionais ao poder de tributar*, p. 746-749.

a competência tributária para instituir impostos, elegendo de antemão as possíveis hipóteses de incidência. Não há liberdade alguma para o legislador municipal ou estadual inventar imposto novo, campo no qual a Constituição já esgotou e delimitou, pelo menos genericamente, a capacidade econômica objetiva.

Apenas a União, no exercício de sua competência residual, pode criar imposto novo. Deve-se acrescentar ainda que os mais importantes tributos federais estão previstos na Constituição. Assim, o princípio da capacidade econômica, no sentido objetivo-absoluto, não é apenas norma autoaplicável, mas de conteúdo já amplamente determinado no Texto Magno.

A concreção das normas tributárias se inicia na Constituição, passa pelas leis complementares de normas gerais e se completa na lei ordinária, reguladora da espécie impositiva. Portanto, no caso brasileiro, pouco questionamento poderá surgir sob o aspecto da capacidade econômico-objetiva no sentido absoluto (exceto em caso de imposto federal residual), como mera escolha, pelo legislador ordinário das hipóteses de incidência. Basta considerar que, por isso mesmo, houve necessidade de se usar de emenda à Constituição para facultar à União a instituição de um imposto provisório sobre movimentação financeira (IPMF), cuja adequação ao princípio da capacidade econômica e à igualdade foi seriamente questionada, embora o Supremo Tribunal Federal tivesse tolerado a nova exação.

Entretanto, a capacidade econômica objetiva não se esgota na escolha da hipótese de incidência, já constitucionalmente posta, na quase totalidade dos impostos. É necessária a realização de uma concreção paulatina, que somente se aperfeiçoa com o advento da lei ordinária da pessoa jurídica competente. Ou seja, é necessário que o legislador saiba, nos impostos incidentes sobre a renda, o patrimônio, a propriedade e seus acréscimos por quaisquer formas de transmissão, autorizar a dedução imprescindível das despesas e gastos necessários à aquisição e manutenção da renda, da propriedade e do patrimônio. E será, no quadro comparativo entre a Constituição e as leis inferiores (complementares e ordinárias), que a questão da capacidade econômica objetiva ganhará importância.[46]

E completa: "Tecnicamente, a capacidade econômica somente é adequadamente atendida se o legislador considerar tanto os critérios objetivos como aqueles subjetivos (v. lições de Joachim Lang). A Constituição Federal obriga o intérprete e aplicador do Direito Tributário a esse entendimento".[47]

---

[46] Notas a BALEEIRO, Aliomar. *Limitações constitucionais ao poder de tributar*, p. 691-692.

[47] Notas a BALEEIRO, Aliomar. *Limitações constitucionais ao poder de tributar*, p. 750.

Entretanto, durante os últimos anos de vigência da Constituição Federal brasileira de 1988, não há qualquer notícia, salvo melhor juízo, de aplicação daquela disposição que expressamente faça referência à capacidade contributiva (artigo 145, §1º) como regra provida de executoriedade.

2.3 Medida da capacidade contributiva

A capacidade contributiva é a capacidade de poder contribuir para as despesas públicas segundo certas condições objetivas e subjetivas.

Patrimônio e renda são os verdadeiros elementos objetivos da capacidade contributiva, além de dois outros fatores complementares, que são os gastos e a poupança (formação de capitais), como expressão representativa ou sintomática.[48]

No sistema tributário brasileiro, os principais fatos geradores já definidos na Constituição preenchem, em tese, o conteúdo da capacidade econômico-objetiva, por configurarem fatos-signo presuntivos de riqueza, potencialmente tributáveis.

Como fatores subjetivos da capacidade contributiva, coloca os encargos e a avaliação dos bens do contribuinte. Quanto maior o número de encargos, menor a força contributiva. Daí a fixação de um mínimo não imponível, que compreende, em sentido restrito, não apenas as necessidades para a existência física, mas também, de maneira geral, aquele mínimo de necessidades culturais a que todos devem ter direito.

Essa é a dicção da doutrina de Aliomar Baleeiro:

> O valor do patrimônio ou da renda, objetivamente, por si só não é índice seguro da capacidade contributiva, se não intervierem os fatores subjetivos de apreciação, como a idade, saúde, estado civil, encargos de família. Nessa consideração subjetiva da capacidade econômica, muitos países do mundo culto indagam também a origem das rendas, discriminando-as para imposição diferencial, conforme resultem apenas do emprego, de capitais, do trabalho, ou de ambos.[49]

---

[48] GERLOFF. W. *Tratado de finanzas*. 2. ed. Argentina: El Ateneo, 1956, t.II.

[49] Limitações constitucionais ao poder de tributar, p. 749. Em anotações a essa mesma obra, Misabel Derzi afirma: "Do ponto de vista objetivo, a capacidade econômica somente se inicia após a dedução dos gastos à aquisição, produção, exploração e manutenção da renda e do patrimônio. Tais gastos se referem àqueles necessários às despesas de exploração e aos encargos profissionais (V. nesse sentido, Joachim Lang, "Tributación Familiar" HPE, 94: p. 407-435, 1985, p. 410,- Klaus Typke, Steuerrecht, 9, A. Otto Schmidt KG, 1983, p. 281). Ou seja, pode-se falar em uma capacidade econômica objetiva, que o legislador tem o dever de buscar, como a renda líquida profissional, ou o patrimônio líquido" (p. 692).

A avaliação dos bens do contribuinte também se determina pela quantidade, origem (se provêm do trabalho, herança) e caráter deles (benefício por uma vez ou de repetição regular).

Daí um tratamento impositivo diferente para determinadas quantias e tipos de renda e patrimônio, tendo em vista que a tributação deve ser sempre exercida visando à concretização dos ideais superiores de justiça fiscal, adequando da melhor maneira possível os princípios dos sistemas fiscais às condições político-sociais de cada coletividade em particular.

Para o efetivo atendimento ao princípio da capacidade contributiva, ou seja, uma precisa aferição da capacidade contributiva pelo legislador, é fundamental que se faça uma abordagem sob dois aspectos: do ponto de vista objetivo, obriga o legislador a permitir a dedução de despesas necessárias à produção da renda, à conservação do patrimônio (afetado à exploração) e ao exercício do trabalho; do ponto de vista subjetivo, a capacidade contributiva seria aferida após as referidas deduções, com vistas à manutenção do mínimo existencial.

Misabel Derzi assevera:

> A capacidade econômica subjetiva corresponde a um conceito de renda ou patrimônio líquido pessoal, livremente disponível para o consumo e, assim, também para o pagamento de tributo. Dessa forma, se realizam os princípios constitucionalmente exigidos da PESSOALIDADE do imposto, proibição do confisco e igualdade, conforme dispõem os arts. 145, § 1º, 150, II e IV, da Constituição.
>
> Se doutrinadores estrangeiros (italianos, alemães e outros), à luz do Direito positivo de seu país, observam que a capacidade econômica subjetiva é um dos aspectos mais negligenciados juridicamente, entre nós pode-se afirmar que esbarramos em um vazio jurisprudencial e doutrinário extraordinário. Basta considerar que os estudos sobre a proteção da família por meio de tributos, ao longo da década de oitenta, se multiplicaram em diversos países, advindo daí consequentes alterações legislativas (como na Bélgica, Inglaterra, Espanha, Portugal, etc.), sem que a literatura nacional desse sinal do que ocorria no resto do mundo. Por essa razão e dada a profundidade desses estudos, deslocamos o princípio da proteção à família para o próximo Capítulo. Não é por outro motivo que vários autores se referem a uma capacidade contributiva subjetiva e pessoal, que deve ser considerada pelo legislador, mas cujo controle pode ser feito pelo juiz, em cada caso concreto. (V. José Marcos D. de Oliveira, Capacidade Contributiva – Conteúdo e Eficácia do Princípio, Rio de Janeiro, Renovar, 1988, pp. 91-92). Mas a questão apresenta

dificuldades em sua aplicação judicial, pela complexidade técnica do problema, conforme sempre acentuou Aliomar Baleeiro.[50]

Compulsando a regra constitucional que consagra a capacidade contributiva no sistema tributário brasileiro (artigo 145, §1º, da CF/88), constata-se certa dubiedade na sua redação. Isto porque a cláusula "sempre que possível, os impostos terão caráter pessoal" parece, à primeira vista, uma mera recomendação ou apelo para o legislador ordinário.

No entanto, a doutrina é unânime em afirmar a imperatividade desta norma. Ou seja, apenas quando afigurar-se impossível a consideração do aspecto pessoal na graduação do imposto (devido à sua índole constitucional, por exemplo, impostos indiretos – ICMS, IPI), é que o legislador poderá deixar de fazê-lo.

3 Limitações sistêmicas ao princípio da capacidade contributiva

Modernamente, a capacidade contributiva é tida como subprincípio principal que especifica, em uma ampla gama de situações, o princípio da igualdade tributária, mas não poderá fundamentar a totalidade do fenômeno impositivo, o qual não deve ser visto como algo isolado, mas como algo integrado nos valores que plasmam o ordenamento constitucional.

Assim, toda e qualquer interpretação em Direito Tributário deve levar em consideração, além dos princípios constitucionais que incidem diretamente sobre o campo tributário, os princípios políticos, de garantias, e que estão relacionados, por suas consequências, com o Direito Tributário.[51]

Como já mencionado, capacidade contributiva não é o mesmo que capacidade econômica, significando esta apenas a potência econômica global do contribuinte manifestada por meio de fatos-signo de riqueza. Pode existir capacidade econômica sem capacidade contributiva, mas não o contrário. Isso porque a capacidade contributiva, conceituada como toda capacidade econômica (manifestação de riqueza idônea para concorrer aos gastos públicos), desde que em conformidade com

---

[50] Notas a BALEEIRO, Aliomar. *Limitações constitucionais ao poder de tributar*, p. 693-694.

[51] Desse modo, a pretexto de captar eventual excesso de riqueza ou súbito incremento na capacidade contributiva, o intérprete não pode vislumbrar imposto sem observância à estrita legalidade e à especificidade conceitual, ainda que o aconselhe o sentimento de justiça.

os fundamentos e valores implícitos do sistema jurídico, nem sempre será objeto de tributação em decorrência de outras metas constitucionais, muitas vezes autorizadoras de discriminações lícitas. Nem por isso haverá violação ao princípio da isonomia tributária.

Klaus Tipke, ao analisar a compatibilidade da capacidade contributiva com a tributação extrafiscal, reforça o aspecto muitas vezes secundário do princípio da capacidade contributiva: "No que o Direito Tributário se compõe de normas com objetivo social, dominam outros princípios que não o da capacidade contributiva. Podem ser princípios de política social, econômica, cultural ou de saúde. Objetivos sociais no mais amplo sentido justificam o desvio do princípio da capacidade contributiva".[52]

Desse modo, o próprio ordenamento prevê hipóteses de exclusão do âmbito tributário de várias manifestações de capacidade econômica (imunidades, isenção do mínimo vital) ou até mesmo prevê tributação sem manifestação de capacidade econômica, realizando, assim, outros valores consagrados na Carta Constitucional (extrafiscalidade).

De outra parte, quanto aos bens e rendas de origem ilícita, os quais certamente manifestam capacidade econômica, indaga-se se poderão significar índice de capacidade contributiva para o Direito Tributário.

Esse aspecto será analisado mais detidamente no capítulo a seguir, a partir do ponto de vista *objetivo* e *subjetivo* da capacidade contributiva.

No seu *aspecto objetivo,* a capacidade contributiva, considerada como diretriz ao legislador para eleição dos fatos geradores dos impostos, permite analisar se se admitirá a previsão de fato ilícito na hipótese de incidência tributária.

Já no seu *aspecto subjetivo,* enquanto limitação ao poder de tributar, no sentido de nunca estender o sentido da lei para se alcançar outras manifestações econômicas não especificadas na lei tributária, permitirá analisar se é irrelevante, ou não, ao Direito Tributário a origem ilícita do fato a ser tributado.

4   Considerações finais

Como síntese final dos argumentos desenvolvidos, defende-se a posição de que a expressão disposta no §1º do artigo 145 da Constituição Federal de 1988 – "sempre que possível" – não deve ser entendida como

---

[52]   Princípio da igualdade e ideia de sistema no Direito Tributário. *In: Direito Tributário* – Estudos em Homenagem ao Prof. Ruy Barbosa Nogueira, p. 526.

um ato de liberalidade colocado à disposição do legislador e sim como uma obrigação, sempre que a estrutura do imposto permitir.

O conceito de capacidade contributiva refere-se necessariamente a uma capacidade econômica, cuja expressão, sob qualquer forma, poderá ser submetida à tributação. Isso não significa que ao interpretar uma norma jurídica o intérprete poderá fazer considerações econômicas, pois essa interpretação só pode ser jurídica.

Embora se reconheça que as leis tributárias devam ser interpretadas como as demais leis, procura-se sustentar a tese de que os fatos jurídicos previstos na regra jurídica como elementos integrantes de sua hipótese de incidência devem ser interpretados de acordo com os seus efeitos econômicos, e não segundo sua natureza e efeitos jurídicos.

Em primeiro plano, a consideração sobre a capacidade contributiva encontra-se no campo pré-jurídico (como diretriz para eleição de hipóteses de incidência e graduação de impostos) e, em segundo plano, encontra limitações na sua aplicação quando da interpretação da legislação, pois não poderá estender o sentido da lei para se alcançar outras manifestações econômicas não especificadas na lei tributária.

Sendo assim, pode-se afirmar que a ideia de justiça fiscal não sobrevive sem a segurança jurídica, de modo que, a pretexto de captar eventual excesso de riqueza ou súbito incremento na capacidade contributiva, o legislador não pode instituir imposto sem observância à estrita legalidade, ainda que o aconselhe o sentimento de justiça. A capacidade contributiva há, portanto, que informar a tributação nos estreitos limites da legalidade.

Informação bibliográfica deste texto, conforme a NBR 6023:2018 da Associação Brasileira de Normas Técnicas (ABNT):

RODRIGUES, Raphael Silva. A capacidade contributiva como pressuposto do fenômeno da tributação. *In*: SARAIVA FILHO, Oswaldo Othon de Pontes; SIQUEIRA, Julio Homem de; BEDÊ JÚNIOR, Américo; FABRIZ, Daury César; SIQUEIRA, Junio Graciano Homem de; CUNHA, Ricarlos Almagro Vitoriano (Coord.). *Limitações formais e materiais ao poder de tributar*. Belo Horizonte: Fórum, 2021. p. 275-297. (Coleção Fórum Princípios Constitucionais Tributários – Tomo II). ISBN 978-65-5518-122-7.

INCENTIVOS E BENEFÍCIOS FISCAIS E O PRINCÍPIO DA CAPACIDADE CONTRIBUTIVA

BETINA TREIGER GRUPENMACHER

1 Introdução

Trataremos das formas de desoneração tributária contempladas no sistema constitucional e da sua relação com o princípio da capacidade contributiva. Nosso objetivo não é a investigação conceitual dos benefícios e incentivos fiscais.[1] Interessa-nos, particularmente, sua análise em face do referido princípio.

---

[1] Desde logo se impõe esclarecer que adotaremos de forma indistinta, no presente estudo, as expressões desonerações fiscais e desonerações tributárias. É certo que há quem distinga o Direito Tributário do Direito Fiscal, no entanto, no Brasil, em regra são empregados com o mesmo significado. Segundo define Paulo de Barros Carvalho: "O direito tributário positivo é o ramo didaticamente autônomo do direito, integrado pelo conjunto de proposições jurídico-normativas, que correspondam direta ou indiretamente, à instituição, fiscalização e arrecadação de tributos". CARVALHO, Paulo de Barros. *Curso de Direito Tributário*. São Paulo: Saraiva, 2011, p. 47. A propósito das expressões Direito Fiscal e Direito Tributário, leciona Ricardo Lobo Torres: "O Direito Tributário ou Fiscal é o ramo mais desenvolvido que oferece normas melhor elaboradas, em homenagem à segurança dos direitos individuais. Já está codificado em diversos países. Quanto à denominação, as expressões Direito Tributário e Direito Fiscal podem ser tomadas quase como sinônimas, dependendo principalmente do gosto nacional: No Brasil vulgarizou-se a referência ao Direito Tributário, enquanto os franceses preferem Direito Fiscal (*Droit Fiscal*); há, entretanto, vozes que pretendem atribuir ao Direito Fiscal conteúdo mais extenso a abranger todas as atividades do Fisco, inclusive as pertinentes aos gastos públicos. O Direito Tributário é o conjunto de normas e princípios que regulam a atividade financeira relacionada com a instituição e cobrança de tributos: impostos, taxas, contribuições e empréstimos compulsórios". TORRES, Ricardo Lobo. *Curso de Direito Financeiro e Tributário*. Rio de Janeiro: Renovar, 2008, p. 12-13.

O enfoque constitucional das várias formas de desoneração da carga tributária impõe que elas sejam avaliadas em relação ao princípio da igualdade e o seu consectário, o da capacidade contributiva.

O princípio da capacidade contributiva é relevante não apenas em relação à instituição de tributos, mas também em relação aos mecanismos de redução da carga tributária.

As figuras desonerativas podem ser importantes instrumentos de regulação e adequação da carga tributária, mantendo-a em níveis toleráveis e distantes da tributação confiscatória, pois, ao mesmo tempo em que reduzem as exações a serem suportadas pelo contribuinte, instalam, na dicção de Casalta Nabais, um "Estado Fiscal Suportável", ao permitirem a renovação das riquezas tributáveis.

Comumente, as reduções da carga tributária são privilégios outorgados a poucos. A concessão de benefícios e incentivos fiscais a determinadas categorias de sujeitos passivos opera distorção no sistema, pois, se é certo que todos que têm aptidão econômica para contribuir são tributados, apenas uma parcela destes é favorecida por normas que lhes reduzem a carga tributária a ser suportada.

A cobrança de tributos excessiva, ou seja, além do que seria necessário para a consecução dos propósitos estatais, tem ainda a imediata consequência de atuar em prejuízo da sociedade e do bem-estar social, na medida em que, a longo prazo, pode representar o "esgotamento" das riquezas tributáveis.

A concessão de incentivos e benefícios fiscais, desde que prevista no orçamento e observadas as normas impostas pela Lei de Responsabilidade Fiscal, não é necessariamente maléfica – se fizer parte de uma política tributária sólida e consistente e se observar os limites impostos pelos princípios constitucionais –, pois é capaz de incrementar a competitividade e gerar crescimento econômico.

2   Tributação e solidariedade no estado fiscal

A cobrança de tributos, mormente nos Estados Fiscais, presta-se, fundamentalmente, a financiar as instituições democráticas e a munir o Estado de recursos para fazer frente aos custos públicos, especialmente no que concerne aos serviços e investimentos. No entanto, sendo a tributação também um instrumento de redistribuição de riquezas, tem aptidão para realizar justiça social.

A ideia de solidariedade vinculada à de tributação é fruto da investigação e do estudo de autores italianos a propósito do disposto no artigo 53 de sua Constituição, cuja formulação exprime o dever de observância do princípio da capacidade contributiva na instituição de impostos, para fazer frente aos custos públicos.

A atividade financeira pressupõe uma correlação da distribuição do ônus tributário e dos gastos públicos, para os quais todos devem contribuir.

Todos têm o dever arcar com os custos incorridos na consecução do bem comum. A solidariedade na tributação reflete um sacrifício individual em benefício do interesse geral, que ocorre, fundamentalmente, com a progressividade de alíquotas.

O respeito à capacidade contributiva é uma projeção do princípio da solidariedade.[2]

Como leciona Ricardo Lobo Torres, "com a reaproximação entre a ética e o direito procura-se hoje justificar a capacidade contributiva pelas ideias de solidariedade ou fraternidade".[3]

O princípio da solidariedade é um dos fundamentos da atividade impositiva, que deve reger-se pelos postulados da ética e da justiça.

3   Incentivos fiscais e benefícios fiscais. Espécies

Não há um conceito uniforme relativamente aos benefícios e incentivos ficais. O que é certo é que sempre revelarão uma redução na carga tributária ou mesmo a desoneração integral do dever de pagar tributos.

Desonerar é o mesmo que: "livrar-se do ônus, encargo, obrigação ou incumbência; desobrigar-se, isentar-se, exonerar-se, eximir-se".[4]

Para análise do tema das desonerações tributárias, é de total relevância a consideração de elementos de índole econômica e,

---

[2]   Ensina Pedro Manuel Herrera Molina que: "En la doctrina más moderna, ha renacido el interés hacia el principio de solidaridad como fundamento del ordenamiento financiero. La literatura española lo considera el fundamento del deber de contribuir. En Italia, el profesor Moschetti estima que el deber de 'todos' a 'concurrir a los gastos públicos en relación a su capacidad contributiva' es expresión del genérico deber de solidaridad económica, política y social recogido en el art. 2 de la Constitución. A juicio de este autor, el fundamento de la prestación tributaria está en «el *deber de solidaridad* que vincula al bien común la potencialidad de todo sujeto que forme parte de una comunidad». En Alemania, la capacidad económica se considera directamente como exigencia del principio de solidaridad, o como corolario del Estado social". MOLINA, Pedro Manoel Herrera. *Capacidad Económica y Sistema Fiscal:* Análisis del ordenamiento español a la luz del Derecho alemán, p. 93-94.

[3]   TORRES, Ricardo Lobo. Existe um Princípio Estrutural da Solidariedade? *In:* GRECO, Marco Aurélio; GODÓI, Marciano Seabra (Coord.). *Solidariedade social e tributação.* p. 200.

[4]   *Dicionário Houaiss da língua portuguesa.* Rio de Janeiro: Objetiva, 2001, p. 1007.

consequentemente, o seu enfrentamento à luz da análise econômica do Direito.

A estreita relação que se estabelece entre o Direito Tributário e a Economia se deve ao fato de que nenhum Estado pode operar sem financiamento, o qual ocorre, em sua maior parte, com a arrecadação de tributos. Assim, a tributação, sob a óptica econômica, a par de viabilizar a atividade do Estado, implementada de forma eficiente, deve impactar de forma mínima sobre a sociedade, não obstando o desenvolvimento da atividade produtiva, possibilitando que novas riquezas sejam geradas, com ganhos diretos para o Estado e para o corpo social.

Segundo leciona Pasquale Pistone, a necessidade de criação de formas de desoneração da carga tributária surgiu por ocasião da crise econômica de 1929 e da Segunda Guerra Mundial, eventos estes que impuseram o incremento na tributação incidente sobre a renda das pessoas físicas e jurídicas, para fazer frente aos custos estatais e militares, respectivamente. Naquela oportunidade concluiu-se que era necessário estabelecer formas de isenções ou reduções da carga tributária em favor de algumas categorias de contribuintes, para evitar que a cobrança de tributos pudesse afetar a economia de forma injusta e excessiva.[5]

Incentivos e benefícios fiscais, embora frequentemente empregados de forma sinonímica, não são equivalentes.

Na categoria de incentivos se inserem as desonerações tributárias de qualquer natureza, tais como isenções, créditos presumidos, reduções de base de cálculo e alíquota, que, por visarem estimular determinadas atividades ou indivíduos, usualmente estão atreladas a uma contrapartida. São assim qualificadas aquelas situações em que a autoridade fazendária, com fundamento em lei ou contrato, desonera o sujeito passivo do pagamento do tributo, integral ou parcialmente, desde que cumpra determinadas condições ou realize certos investimentos.

Assim, os incentivos fiscais veiculam desonerações tributárias totais ou parciais, vinculadas ao atendimento de uma contrapartida do sujeito passivo da obrigação tributária.[6]

---

[5] PISTONE, Pasquale. XXIV Jornadas Latinoamericanas de Derecho Tributario: Los principios tributarios ante las nuevas formas de imposición sobre la renta. *Revista de Finanças Públicas e Direito Fiscal*, Lisboa, n. 2, p.75, 2009.

[6] Marcos André Vinhas Catão tem compreensão, em certa medida, distinta daquela que adotamos em relação ao conceito de incentivos fiscais: "Incentivos Fiscais são instrumentos de desoneração tributária, aprovados pelo próprio ente político autorizado à instituição do tributo, através de veículo legislativo específico, com o propósito estimular o surgimento de relações jurídicas de cunho econômico. Trata-se de uma suspensão parcial ou total, mas sempre provisória, do poder que lhe é inerente a fim de conformar determinadas situações diferindo a tributação para um momento em que a captação de riquezas (imposição fiscal)

Quanto aos benefícios fiscais, sua concessão independe de uma contraprestação do beneficiado. São permeados por razões de política fiscal ou têm o propósito de atenção ao princípio da capacidade contributiva, sendo hipóteses de favorecimento extraordinário de alguns contribuintes, com propósitos extrafiscais, preponderantemente.

O que distingue os incentivos dos benefícios fiscais é o fato de a vantagem financeira materializada na desoneração total ou parcial do tributo estar ou não vinculada a uma contrapartida do contribuinte. Enquanto nos incentivos fiscais deve haver uma contrapartida, um investimento a ser empreendido pelo sujeito passivo, nos benefícios o favorecimento consubstanciado na minoração ou desoneração integral do tributo independe de uma contraprestação.

Pedro Herrera Molina distingue as duas categorias de desoneração tributária ao afirmar: "El beneficio fiscal es aquella exención fundada en principios ajenos a la capacidad contributiva: con él se busca otorgar una ventaja económica (...) Incentivos tributarios, son aquellas exenciones configuradas de tal modo que estimulan la realización de determinada conducta".[7]

A identificação de uma desoneração tributária, sobre ser um incentivo ou benefício fiscal, pode ser feita, em uma primeira investigação, a partir das razões descritas na exposição de motivos do respectivo instrumento normativo e, em um segundo momento, a partir da interpretação sistemática das regras nele contidas. Se, da exegese da exposição de motivos e do texto em si verificar-se a intenção do legislador de estimular determinada atividade ou categoria de pessoas, estar-se-á diante de um incentivo fiscal, se, por outro lado, com o mesmo exercício hermenêutico identificar-se o propósito de concessão de vantagem por motivos de política fiscal, estar-se-á diante de benefícios fiscais, que em hipótese alguma poderão ser arbitrários, anti-isonômicos.

4 Capacidade contributiva, justiça fiscal e desonerações tributárias

O conceito de justiça é fundamental para o Direito, mas é dotado, no entanto, de elevado nível de abstração por ser dotado de alta carga valorativa, o que, no mais das vezes, o torna vago e impreciso.

---

possa a ser efetuada de maneira mais efetiva, eficiente e justa". CATÃO, Marcos André Vinhas. *Regime Jurídico dos Incentivos Fiscais*. São Paulo: Renovar, 2004, p.13.

[7] MOLINA, Pedro Herrera. *La Exención Tributaria*. Madrid: Colex, 1990, p. 57.

Aristóteles, em suas investigações filosóficas, vinculou o conceito de justiça ao de ética.[8]

O dever de pagar impostos, assim como o direito de cobrá-los, deve observar à moral e à ética de parte a parte, ou seja, do Estado para com o contribuinte e vice-versa.[9]

A adoção de uma postura ética por parte do sujeito passivo verifica-se, sobretudo, com o adimplemento das obrigações tributárias. O Estado, ao seu turno, atua eticamente quando, ao exercer o poder de imposição tributária, observa fielmente os direitos e garantias do contribuinte.

A política tributária há de ser a política da justiça, aquela que reflete um comportamento revestido de moralidade no exercício do poder de tributar. É a também chamada ética fiscal, pressuposto para que os cidadãos igualmente ajam moralmente pagando os impostos efetivamente devidos.

A vinculação entre o Direito Tributário e os direitos fundamentais é reconhecida pela doutrina contemporânea e se consolida a partir da conscientização de que a tributação existe como forma de realização da justiça social, sendo um importante instrumento para que se alcance uma vida digna para todos.

---

[8] Eduardo C. B. Bittar, na obra *Curso de Filosofia Aristotélica*, afirma a propósito do pensamento do filósofo: "Portanto, a justiça ou injustiça de uma conduta se poderá medir perante um critério social, qual seja, a adequação ou não da conduta do indivíduo aos lindes sociais no qual se insere. A justiça ou injustiça da conduta, concebida a questão enquanto imersa na questão maior da eticidade do ser, é propriamente esta prática humana, este fazer individual que transborda da esfera privada para lançar seus reflexos sobre a esfera pública, sobre o coletivo, A ação, participando da esfera coletiva, em sendo um ato vivenciável por homens, também é um ato sujeito ao juízo de reprovabilidade do coletivo, motivo pelo qual se pode falar em adequação ou não da ação aos objetivos eleitos pelo social. (...) A eticidade da conduta lhe confere esta característica de ser ou não conforme os objetivos sociais, o que faz desta uma virtude ou um vício social. (...) Isto de dá pelo fato de que, se à justiça se opõe um único vício, este vício é a injustiça. Esta pode ocorrer por excesso ou por defeito. Aquele que pratica a injustiça encontra-se em excesso, por ter interferido na esfera alheia, enquanto aquele que sofre a injustiça encontra-se em defeito, visto ter sido o sujeito passivo da relação". BITTAR, Eduardo C. B. *Curso de Filosofia Aristotélica:* Leitura e Interpretação do Pensamento Aristotélico. São Paulo: Manole, 2003, p. 1043.

[9] No que concerne à moral do Estado e bem assim da do contribuinte, escreveu Klaus Tipke: "No debate sobre questões fiscais se fala com freqüência de moralidade tributária. Em particular, o sindicato fiscal alemão e os autores pertencentes à administração tributária costumam queixar-se da deficiente moralidade fiscal de muitos cidadãos. A federação de contribuintes e os assessores fiscais costumam responder que uma moral tributária deficiente é reflexo da deficiente moral fiscal do Estado, pois um fenômeno é conseqüência do outro. (...) Por conseguinte, a ética tributária é a teoria que estuda a moralidade das atuações em matéria tributária desenvolvidas pelos poderes públicos – legislativo, executivo e judiciário – e pelo cidadão contribuinte". TIPKE, Klaus. *Moral Tributaria del Estado y de los Contribuyentes.* Madrid: Marcial Pons, Ediciones Jurídicas y Sociales, S.A., 2002, p. 21.

A liberdade, a solidariedade e a igualdade são os sustentáculos do Estado Democrático de Direito e bem assim do Estado Social de Direito. A justiça fiscal só se realiza com a edição de leis tributárias que distribuam igualmente a carga impositiva, onerando mais pesadamente aqueles que têm mais aptidão para contribuir e desobrigando do pagamento de tributos aqueles que, embora tenham capacidade econômica, não possuam aptidão para arcar com o ônus da tributação, pois toda a sua disponibilidade econômica é absorvida com a sua manutenção e a de sua família.

Para Klaus Tipke a ética é a teoria do comportamento justo e moral. A ética tributária é, por sua vez, a moralidade no exercício da atividade tributária dos Poderes Legislativo, Executivo e Judicial e do comportamento do contribuinte.[10]

De acordo com o citado autor, a moral tributária envolve, ao mesmo tempo, a necessidade de o legislador observar a teoria do Direito Tributário justo e a postura do cidadão que paga tributos decorrentes de leis tributárias justas.

A Constituição brasileira, acompanhando a tendência internacional da positivação dos direitos humanos, assim como ocorreu com várias outras Constituições, como a italiana, a espanhola, a portuguesa, a estadunidense, entre outras, estabeleceu um conjunto de direitos e garantias aos contribuintes, refletidos em princípios norteadores da tributação, tais como o da igualdade e o seu consectário, o da capacidade contributiva, o da legalidade, o da anterioridade, o da irretroatividade, o da vedação de cobrança de tributo com efeito de confisco e o da segurança jurídica, que os agrega e deles é decorrente.

O Estado Democrático está adstrito aos compromissos de liberdade e igualdade materiais, objetivando uma vida digna para todos. Neste contexto, a observância dos referidos princípios impõe que o tributo deixe de ser apenas uma fonte de receita e passe a ser um instrumento de realização de justiça. A igualdade no tratamento tributário deixa de ser apenas formal, passando a ser materialmente um instrumento de redistribuição de riquezas.

Segundo Klaus Tipke, não existe um critério uniforme de justiça para todo o Direito. Cada ramo do Direito deve eleger o seu.[11] No Direito Tributário a justiça revela-se com a observância do princípio da capacidade contributiva.

---

[10] TIPKE, Klaus. *Moral Tributaria del Estado y de los Contribuyentes*, p. 30.
[11] TIPKE, Klaus. *Moral Tributaria del Estado y de los Contribuyentes*, p. 25.

O princípio em questão está estreitamente ligado ao princípio da isonomia tributária, previsto no artigo 150, inciso I, da Constituição Federal, que veda o tratamento desigual entre contribuintes que se encontrem em situação equivalente. A garantia ao tratamento isonômico equivale à negação de qualquer tratamento privilegiado.

Segundo leciona Ricardo Lobo Torres, os privilégios concedidos a determinados grupos e classes sociais odiosos ou não, ou seja, confrontantes com os princípios da igualdade e da razoabilidade ou não, não são recentes em termos históricos. Inicialmente, quando do Estado Patrimonial eram concedidos ao clero e a nobreza, sendo considerados odiosos aqueles privilégios que não os alcançavam, ou, pelo contrário, a eventual tributação a que estivessem sujeitos. Posteriormente, durante o Estado de Polícia, houve uma severa crítica do absolutismo à concessão de privilégios, mas sem eliminá-los. Naquele momento ocorreu um redirecionamento dos benefícios tributários para a burguesia, apenas uma mudança de direção. A perda de alguns privilégios fiscais é compensada com os subsídios e pensões e inúmeras outras concessões, como o fortalecimento da instituição do morgadio. Finalmente, no Estado Fiscal, que surge a partir das grandes revoluções do século XVIII, passam a ser vedados os privilégios odiosos, permitindo-se apenas a concessão de benefícios outorgados com critérios objetivos e transparentes. A Constituição brasileira de 1824 em seu artigo 179, item 16, assim como diversas outras Constituições de países democráticos do mundo, extinguiu os privilégios odiosos e o fez nos seguintes termos: "Ficam abolidos todos os privilégios que não forem essencial e inteiramente ligados aos cargos por utilidade pública".[12]

Embora tal vedação não tenha sido reproduzida em todos os textos constitucionais, posteriores à Constituição de 1824, a proibição de concessão de privilégios odiosos não deixou de existir no ordenamento jurídico brasileiro, já que é um desdobramento necessário do princípio da isonomia.

A fiel observância do princípio da capacidade contributiva tem como principal consequência a realização da justiça fiscal, onerando aqueles que manifestem maior capacidade contributiva e desonerando a renda utilizada para fazer frente às despesas necessárias a uma vida com dignidade.

---

[12] TORRES, Ricardo Lobo. *Os direitos Humanos e a Tributação*: Imunidades e Isonomia, p. 281-285.

Trata-se da intributabilidade do mínimo existencial referida por Francesco Moschetti, que afirmou:

> (...) a capacidade contributiva é dada por aquela parte de potência econômica, da riqueza de um sujeito, que supera o mínimo vital. Com efeito, se capacidade significa aptidão, possibilidade concreta e real, não pode existir capacidade de concorrer para com os gastos públicos quando falte ou se tenha apenas o necessário para as exigências individuais. (tradução nossa).[13]

A capacidade contributiva tem como limite mínimo o mínimo existencial, vinculado à dignidade da pessoa humana, e como limite máximo a vedação da cobrança de tributo com efeito confiscatório.

A observância do princípio da capacidade contributiva se concretiza a partir de leis que instituam impostos respeitando a aptidão para contribuir (*ability to pay*), tributando-se mais pesadamente quem tem maior capacidade contributiva, menos intensamente quem tem menor capacidade contributiva e dispensando do dever de pagar tributos aqueles que não têm condições financeiras para tanto.

O princípio da capacidade contributiva impõe que a tributação alcance apenas a renda disponível, das pessoas naturais e jurídicas, para pagamento de tributos, estando implícita neste princípio a vedação absoluta de tributação incidente sobre a renda necessária à sobrevivência. Trata-se de regra imunitória implícita.

O respeito à dignidade humana impõe, portanto, a intributabilidade da renda mínima para garanti-la. Enquanto a renda não ultrapassar o mínimo existencial, não há capacidade contributiva.

Assim, há um consenso no sentido da intributabilidade das rendas necessárias para subsistência, que difere segundo as despesas e as circunstâncias individuais de cada unidade familiar.

Javier Martín Fernández apresenta critério para obtenção do mínimo existencial, sugerindo que se subtraia da base de cálculo o montante que não representa capacidade econômica, ou seja, aquele absorvido com despesas necessárias à subsistência.[14]

---

[13] "(...) la capacidad contributiva viene dada por aquella parte de la potencia económica, de la riqueza de un sujeto, que supera el mínimo vital. En efecto, si 'capacidad' significa aptitud, posibilidad concreta y real, no puede existir capacidad de concurrir a los gastos públicos cuando falte o se tenga solo necesario para las exigencias individuales". MOSCHETTI, Francesco. *El Principio de Capacidad Contributiva*: Instituto de Estudios Fiscales, 1980, p. 68.

[14] FERNÁNDEZ, J. M. Regulación en España. *In: el mínimo personal y familiar en el impuesto sobre la renta de las personas físicas*: (Análisis de la Ley 40/1998, de 9 de diciembre, a la luz del Derecho comparado). Madrid: Marcial Pons, 2000, p. 23.

Referido autor, no estudo que faz do mínimo existencial, afirma que sua apuração depende de três elementos fundamentais: a) a idade do contribuinte, ascendentes e descendentes sob sua responsabilidade; b) a convivência dos últimos com o primeiro; e c) o nível de renda dos ascendentes e dos descendentes.[15]

Segundo leciona Ricardo Lobo Torres, existem, no que concerne aos direitos fundamentais, direitos constitucionais mínimos: *o mínimo existencial e o mínimo social*. O mínimo existencial possui um *status negativus* e um *status positivus*. O *status negativus* corresponde à vedação ao tratamento que não respeite a esfera de liberdade mínima do cidadão, enquanto o *status positivus* refere-se aos direitos sociais prestacionais. Na dicção do mestre, O "status *negativus* do mínimo existencial se afirma, no campo tributário, através das imunidades fiscais: o poder de imposição do Estado não pode invadir a esfera da liberdade mínima do cidadão representada pelo direito à subsistência. Mas essa imunidade é paradoxal, eis que protege tanto o pobre quanto o rico, dentro dos limites mínimos necessários à garantia da dignidade humana".[16]

Concebe dupla face ao mínimo existencial, uma subjetiva e outra objetiva. Subjetivamente todos têm o direito de buscar a tutela jurisdicional para ver observado o respeito ao mínimo existencial, objetivamente, trata-se de norma de declaração de direitos fundamentais que alcança o amplo campo dos direitos inerentes à cidadania.[17]

Referido autor entende que a jusfundamentalidade dos direitos sociais prestacionais coincide com o mínimo existencial "em seu duplo aspecto de proteção negativa contra a incidência de tributos sobre os direitos sociais mínimos de todas as pessoas e de proteção positiva consubstanciada na entrega de prestações estatais materiais em favor dos pobres".[18]

Leciona que existem direitos sociais máximos obtidos pelo exercício da cidadania reivindicatória e pela prática orçamentária como decorrência do processo democrático.

Qualifica os direitos sociais como direitos prestacionais, pois os identifica com os direitos constitucionais às prestações positivas, que, por serem direitos de crédito, são direitos a subvenções estatais,

---

[15] FERNÁNDEZ, J. M. Regulación en España. *In: El mínimo personal y familiar en el impuesto sobre la renta de las personas físicas*: (Análisis de la Ley 40/1998, de 9 de diciembre, a la luz del Derecho comparado). Madrid: Marcial Pons, 2000, p. 27.

[16] TORRES, Ricardo Lobo. *O Direito Ao Mínimo Existencial*. São Paulo: Renovar, 2009. p. 184.

[17] TORRES, Ricardo Lobo. *O Direito Ao Mínimo Existencial*. São Paulo: Renovar, 2009. p. 38-39.

[18] TORRES, Ricardo Lobo. *O Direito Ao Mínimo Existencial*. São Paulo: Renovar, 2009. p. 41.

devem se sujeitar à reserva do possível e à atividade legislativa que as instituam de forma concreta.[19]

Também Nabais reconhece a necessidade de realização de prestações positivas por parte do Estado, com o objetivo de respeito ao mínimo existencial, nominando as subvenções concedidas aos menos favorecidos economicamente de *imposto negativo*, como se verifica de suas lições:

> O imposto negativo de rendimento. Uma maneira de lutar contra a pobreza pela via fiscal, pela via do imposto, seria, assim, a instituição de um imposto negativo, sobre o rendimento. Em termos algo simples, podemos dizer que o imposto negativo traduz, de alguma forma, a integração da política social na política fiscal. Pois bem, o imposto negativo é o imposto positivo. Por isso tem lugar quando os contribuintes tenham rendimento inferior ao mínimo de existência, caso em que recebem uma prestação pecuária proporcional à diferença negativa entre esse mínimo e o rendimento de que dispões. Pelo que, enquanto contribuintes com um rendimento superior a esse mínimo têm de realizar a correspondente prestação, pagando o imposto positivo os contribuintes com um rendimento inferior recebem a correspondente prestação, isto é, o imposto negativo.[20]
>
> (...)
>
> Assim, o imposto negativo pressupõe três elementos, a saber: a fixação de um rendimento mínimo garantido, uma importância paga pelo Estado aos indivíduos e suas famílias; o rendimento de equilíbrio, em que não se paga imposto positivo nem se recebe imposto negativo, que será uma taxa proporcional e não superior a 50%.[21]

Deixar de gravar o mínimo existencial é decorrência da fiel observância do princípio da capacidade contributiva. Não se pode falar em sistema tributário respeitante ao princípio da capacidade contributiva se houver cobrança de impostos sobre a renda mínima necessária para uma vida digna. A mera observância da proporcionalidade e da progressividade da tributação não é o bastante para determinar que um sistema seja justo, posto que respeitante à capacidade contributiva. Em um sistema tributário justo, que efetivamente observe a

---

[19] TORRES, Ricardo Lobo. *O Direito Ao Mínimo Existencial*. São Paulo: Renovar, 2009. p. 43.

[20] RIBEIRO, J. J. Teixeira. Lições de Finanças Públicas. Coimbra: [s.n.], 1977, p. 408. *Apud*: NABAIS, José Casalta. Política Fiscal, Desenvolvimento Sustentável e Luta contra Pobreza. *In: Ciência e Técnica Fiscal*, Coimbra, n. 419, p.113, jan./jun. 2007.

[21] NABAIS, José Casalta. Política Fiscal, Desenvolvimento Sustentável e Luta contra Pobreza. *In: Ciência e Técnica Fiscal*, Coimbra, n. 419, p.113, jan./jun. 2007.

capacidade contributiva, a incidência de impostos, além de proporcional e progressiva, não alcança a renda mínima para a sobrevivência digna do cidadão e de sua família.

Importante ressaltar que o princípio constitucional da capacidade contributiva e assim também o da isonomia tributária devem ser observados não só em relação ao dever de pagar tributos, mas também na redução da carga tributária.

O sistema tributário isonômico é, portanto, aquele que observa a igualdade dos sujeitos passivos da relação jurídica tributária, tanto no que diz respeito à instituição e aumento de tributos, como no que diz respeito às minorações da carga tributária e que seja ainda neutro, no sentido de que todos estejam sujeitos à mesma carga tributária, ou seja, sintam-na na mesma intensidade.

A igualdade na concessão de benefícios e incentivos fiscais revela um sistema justo e isonômico na distribuição da carga tributária, porque emprega mecanismos redutores da tributação, com o propósito de equilíbrio do ônus tributário a que está sujeita a sociedade.

No que concerne às desonerações instituídas com finalidade extrafiscal, embora possam ser qualificadas como justas sob vários aspectos, observam a capacidade contributiva de forma "atenuada", não no sentido de que não alcançam com mais intensidade aqueles menos favorecidos economicamente e com mais intensidade aqueles mais favorecidos economicamente, mas porque devem alcançar isonomicamente aqueles que se encontrem em situação equivalente.

Nesse ponto de nossas reflexões convém esclarecer que, embora de forma "atenuada", a observância do princípio da capacidade contributiva também é possível na extrafiscalidade.

Considerados, no entanto, os desvios estruturais hoje existentes no sistema tributário brasileiro, a justiça dos incentivos e benefícios fiscais há de ser aferida não apenas no seu sentido estrito, se observante ou não do princípio da capacidade contributiva, mas em seu sentido lato.

Como ponderamos em linhas anteriores, o conceito de justiça é um conceito aberto, adquirindo, de acordo com o paradigma considerado, diferentes significados.

Inspirados na lição dos referidos estudiosos, pensamos haver um conceito lato e um estrito de justiça tributária. Tal é a concepção adotada pelo sistema alemão segundo leciona Cesar García Novoa:

> Frente a una construcción de los principios tributarios como complementos de la Idea de capacidad contributiva, fruto de la evidencia de que la misma resulta insuficiente para explicar el fenómeno tributario

podemos detectar en Alemania la construcción de la justicia tributaria como una directa derivación de la Idea de Estado Social de Derecho. No es necesario hablar de una justicia tributaria como algo específico, sino que la justicia y los principios tributarios son, en el ordenamiento alemán, deducción directa del contenido material de Estado de Derecho, de la Idea de justicia que preside todo el ordenamiento, sin que sea necesario hacerla depender del regido molde de una concepción de la capacidad contributiva fuertemente influida por una formulación individualista del tributo.[22]

A partir de tal concepção, é possível afirmar que as desonerações tributárias atendem ao conceito lato e ao estrito de justiça tributária, posto que, além de observarem de forma "atenuada" o princípio da capacidade contributiva, buscam realizar interesses públicos relevantes e bem assim os princípios da generalidade, da neutralidade e da praticabilidade da tributação.

Para Pasquale Pistone, a capacidade contributiva garante a justa imposição em sentido substancial e, nessa medida, as desonerações podem revelar-se como um instrumento para evitar o estancamento do sistema tributário. Entende que a redução das desonerações tributárias fortalece o sistema posto que o simplifica. E afirma: "En consequencia, con independencia de que sistemas alternativos de imposición puedan resultar más adecuados en el contexto de globalización económica, opinamos que el futuro de los impuestos tradicionales sobre la renta se orientará, seguramente, en dirección de una fuerte simplificación estructural".[23] E conclui: "(...) la exigencia de adecuar el cobro del impuesto a la efectiva aptitud económica de los contribuyentes, no debe transformar al principio de capacidad contributiva como instrumento de equidad vertical y horizontal, en instrumento de inseguridad jurídica e ineficiencia del sistema tributario".[24]

No Brasil, em especial, pensamos que a razão que justifica a concessão de incentivos e benefícios fiscais é, sobretudo, a sustentabilidade do sistema tributário, na medida em que, a se considerar os patamares quase confiscatórios sobre os quais repousa a tributação

---

[22] NOVOA, García. *El Principio de Seguridade em Matéria Tributaria*. Madrid: Marcial Pons, 2000, p. 107.

[23] PISTONE, Pasquale. *XXIV Jornadas Latinoamericanas de Derecho Tributario:* Los principios tributarios ante las nuevas formas de imposición sobre la renta. n. 2. p. 104.

[24] PISTONE, Pasquale. *XXIV Jornadas Latinoamericanas de Derecho Tributario:* Los principios tributarios ante las nuevas formas de imposición sobre la renta. n. 2. p. 104.

brasileira, há concreto risco de esgotamento das riquezas passíveis de tributação.

Pensamos que, embora paliativa, a curto prazo, a concessão de incentivos e benefícios fiscais é uma solução eficiente para a correção da injustiça com que são tratados os contribuintes brasileiros. Tal providência pode, no entanto, ser prejudicial, sobretudo, quando a autoridade fazendária cria privilégios desautorizados pelo sistema.

Considerações finais

O enfoque constitucional das várias formas de desoneração da carga tributária impõe que elas sejam avaliadas em relação ao princípio da igualdade e o seu consectário, o da capacidade contributiva.

O conceito de justiça é fundamental para o Direito, mas é dotado de elevado nível de abstração.

No Direito Tributário a justiça revela-se com a observância do princípio da capacidade contributiva.

A fiel observância do princípio da capacidade contributiva tem como principal consequência a realização da justiça fiscal, onerando aqueles que manifestem maior capacidade contributiva e desonerando a renda utilizada para fazer frente às despesas necessárias a uma vida com dignidade.

O princípio constitucional da capacidade contributiva e o da isonomia tributária devem ser observados não só em relação ao dever de pagar impostos, mas também na redução da carga tributária.

O sistema tributário isonômico é, portanto, aquele que observa a igualdade dos sujeitos passivos da relação jurídico-tributária, tanto no que diz respeito à instituição e aumento de tributos como no que se relaciona às reduções da carga tributária e que seja ainda neutro.

A igualdade na concessão de benefícios e incentivos fiscais revela um sistema justo e isonômico na distribuição da carga tributária.

No que concerne às desonerações instituídas com finalidade extrafiscal, embora possam ser qualificadas como justas sob vários aspectos, observam a capacidade contributiva de forma "atenuada", pois devem alcançar isonomicamente aqueles que se encontrem em situação equivalente.

Embora de forma "atenuada", a observância do princípio da capacidade contributiva também é possível na extrafiscalidade.

Assim, a justiça dos incentivos e benefícios fiscais há de ser aferida não apenas no seu sentido estrito, se respeitante ou não ao princípio da capacidade contributiva, mas em seu sentido lato quanto ao propósito de realização de interesses públicos relevantes e os princípios da generalidade, da neutralidade e da praticabilidade da tributação.

Informação bibliográfica deste texto, conforme a NBR 6023:2018 da Associação Brasileira de Normas Técnicas (ABNT):

GRUPENMACHER, Betina Treiger. Incentivos e benefícios fiscais e o princípio da capacidade contributiva. *In*: SARAIVA FILHO, Oswaldo Othon de Pontes; SIQUEIRA, Julio Homem de; BEDÊ JÚNIOR, Américo; FABRIZ, Daury César; SIQUEIRA, Junio Graciano Homem de; CUNHA, Ricarlos Almagro Vitoriano (Coord.). *Limitações formais e materiais ao poder de tributar*. Belo Horizonte: Fórum, 2021. p. 299-313. (Coleção Fórum Principios Constitucionais Tributários – Tomo II). ISBN 978-65-5518-122-7.

O PRINCÍPIO DA PROIBIÇÃO AOS EFEITOS DE CONFISCO: ANOTAÇÕES INTRODUTÓRIAS

KARINA BORGES DE ALMEIDA
JULIO HOMEM DE SIQUEIRA

Introdução

A regra da vedação aos efeitos de confisco encontra respaldo constitucional no art. 150, IV, da CF/88. E essa proibição tem duas faces. Uma é a de que o gravame não pode ser usado como se tivesse natureza de confisco – essa manifestação decorre diretamente do art. 5º, XLVI, "b", da CF/88. Outra é a de que, mesmo não tendo essa natureza, os tributos não podem produzir efeitos confiscatórios – perspectiva que advém imediatamente do art. 150, IV, da CF/88. O que se analisará aqui, precipuamente, é esta última face, ou seja: a proibição aos efeitos de confisco.

1 Confisco e efeitos de confisco

O confisco, ou confiscação, é um instituto histórico e milenar. O termo deriva do latim e transmite a ideia de um ato de apreensão, permitido por lei, daquilo que é propriedade de alguém ao Estado.[1]

---

[1] DE PLÁCIDO E SILVA, Oscar José. *Vocabulário jurídico*. 27. ed. Rio de Janeiro: Forense, 2006, p. 342.

Constitui-se como uma penalização,[2] em que o Estado apreende, total ou parcialmente, o patrimônio de alguém sem a respectiva indenização,[3] em razão de algum ilícito cometido pela pessoa.

No Direito brasileiro, o confisco tem exatamente a natureza de sanção penal e não pode assumir qualquer outra, como se depreende do art. 5º, XLVI, "b", da CF/88, que autoriza a confiscação, traduzida na pena da perda de bens e valores. Pena esta que, como todas as demais, claramente só pode ser aplicada no caso de alguma conduta ilícita e típica. Assim, no campo penal, tal pena é aplicada, salvo o direito do lesado e o de terceiro de boa-fé, quanto aos instrumentos do crime que consistam em coisas cuja fabricação, alienação, uso, porte ou detenção constitua fato ilícito, ou quanto ao produto do crime ou a qualquer bem ou valor que represente o proveito auferido pelo agente criminoso (art. 91, II, "a" e "b", do CP).[4] A CF/88, em seu art. 243, parágrafo único, traz outra hipótese ao estabelecer que "todo e qualquer bem de valor econômico apreendido em decorrência do tráfico ilícito de entorpecentes e drogas afins e da exploração de trabalho escravo será confiscado e reverterá a fundo especial com destinação específica, na forma da lei". O sistema jurídico brasileiro permite ainda o confisco em outras situações, como, dentre outros, no caso de mercadorias resultantes de contrabando ou descaminho.[5]

Tributos, portanto, não podem ter natureza de confisco. O que, se não fosse verdade, seria um contrassenso, já que o art. 3º do CTN define tributo como "toda prestação pecuniária compulsória, em moeda ou cujo valor nela se possa exprimir, que não constitua sanção de ato ilícito, instituída em lei e cobrada mediante atividade administrativa plenamente vinculada". E, apesar das críticas da doutrina à conceituação elaborada pelo legislador,[6] é essa mesma definição que, genericamente, se extrai do texto constitucional.[7]

---

[2] GOLDSCHMIDT, Fabio Brun. *O princípio do não-confisco no direito tributário*. São Paulo: RT, 2003, p. 46.

[3] BALERA, Wagner. Direitos fundamentais do contribuinte. *In*: MARTINS, Ives Gandra da Silva (Org.). *Direitos fundamentais do contribuinte*. São Paulo: RT, 2000, p. 529.

[4] Para uma especificação quanto ao que é confiscado e ao que é restituído, ver, entre outros: SIQUEIRA, Julio Pinheiro Faro Homem de. Notas sobre a restituição de coisas apreendidas. *Revista Jurídica Consulex*, n. 411, mar. 2014.

[5] DELGADO, José Augusto. Direitos fundamentais do contribuinte. *In*: MARTINS, Ives Gandra da Silva (Org.). *Direitos fundamentais do contribuinte*. São Paulo: RT, 2000, p. 93.

[6] MACHADO, Hugo de Brito. *Curso de direito tributário*. 27. ed. São Paulo: Malheiros, 2006, p. 76.

[7] PAULSEN, Leandro. *Direito tributário*: Constituição e Código Tributário á luz da doutrina e da jurisprudência. 9. ed. Porto Alegre: Livraria do Advogado, 2007, p. 606.

O que se conclui disso é que o confisco e o tributo têm naturezas claramente distintas, ou seja, enquanto aquele é sanção, este não se constitui como tal. No mesmo sentido, Goldschmidt,[8] quando afirma que a tributação se constitui como uma restrição ao direito de propriedade limitada pela regra de vedação à produção de efeitos confiscatórios, de maneira que, violada tal regra, o resultado é uma conduta estatal injusta e antijurídica.

Deste modo, em razão desta clara distinção, a única conclusão que se pode extrair do art. 150, IV, da CF/88, é de que ele veda não o confisco, mas a tributação que possua efeitos confiscatórios. Portanto, é preciso que se apure o sentido da expressão utilizada na CF/88.

A tributação com efeitos confiscatórios se afasta do critério da capacidade econômica, que imprime à atividade tributária, quando respeitado, a razoabilidade. Daí que legislar sobre algo com o intuito de gerar efeitos de confisco é permitir que o Fisco se aproprie ou adjudique para si a propriedade pertencente a alguém sem haver indenização prévia e justa, e sem o cometimento pela pessoa de algum ilícito tipificado no ordenamento jurídico. Ora, essa conclusão já decorre tão só da interpretação do art. 5º, XXII a XXIV, da CF/88, que garantem, como direito fundamental do contribuinte, a propriedade socialmente funcional, que poderá, todavia, ser desapropriada, desde que mediante prévia e justa indenização.[9] Portanto, se assim é, interpretar o art. 150, IV, da CF/88, dentro apenas destes limites, é muito pouco, em nada aumentando a proteção aos contribuintes, então é preciso que se considere que a regra inserta neste dispositivo tem um alcance maior.

Nesta linha, não apenas o tributo ou a carga tributária – que implique a transferência compulsória e ilícita, porque inexistente a conduta tipificada como crime ou uma indenização à transferência obrigatória da propriedade do particular para o Fisco – terá efeitos de confisco; mas também, como anota Malerbi,[10] a transferência compulsória, mesmo que lícita, por meio de tributos, de parte da riqueza do particular para o erário, sem que o Estado reverta uma boa parcela da receita arrecadada em benefício da sociedade, como, por exemplo,

---

[8] GOLDSCHMIDT, Fabio Brun. Obra citada, 2003, p. 32 e 48.

[9] No mesmo sentido, ver, por exemplo: SOUZA, Fátima F. Rodrigues de. Direitos fundamentais do contribuinte. *In*: MARTINS, Ives Gandra da Silva (Org.). *Direitos fundamentais do contribuinte*. São Paulo: RT, 2000, p. 796.

[10] MALERBI, Diva. Direitos fundamentais do contribuinte. *In*: MARTINS, Ives Gandra da Silva (Org.). *Direitos fundamentais do contribuinte*. São Paulo: RT, 2000, p. 156.

na realização de políticas públicas e na prestação de serviços públicos indispensáveis, terá o mesmo efeito.

Essa é uma interessante e possível interpretação da regra inserta no art. 150, IV, da CF/88, o que corrobora o entendimento de que a interpretação limitada do dispositivo que se refira apenas ao aspecto quantitativo da regra-matriz de incidência consiste em limitar os direitos e garantias fundamentais do contribuinte e contribuir para ampliar a possibilidade de que o Estado aplique mal uma parcela do que foi arrecadado. Por isso, há que se considerar com efeitos confiscatórios aquela tributação que, apesar de lícita, gera receita que não tem qualquer destinação – o que é previsto, ademais, anualmente, na lei orçamentária – ou que não é corretamente destinada para o financiamento da sociedade.

A tributação com efeitos confiscatórios se assemelha, então, à sonegação fiscal,[11] de maneira que o que muda, tecnicamente, é o agente que cometeu a ilicitude. No entanto, caso fosse permitido escolher qual das duas hipóteses é a mais grave, certamente a primeira seria eleita. O motivo é simples: apesar de a sonegação afrontar o dever de solidariedade, é bem mais provável (na verdade, é quase certo) que o dinheiro arrecadado pelo Estado não seja (corretamente) vertido em favor da sociedade, do que o dinheiro que resulte do tributo sonegado não seja mais bem aplicado pela pessoa que sonegou. Ora, "basta comparar o custo das obras públicas com aquele das obras privadas para se perceber que a corrupção e a concussão são as armas mais constantes da gestão da coisa pública".[12]

Diante disso, conveniente a observação feita por Ives Gandra Martins de que "raramente na história humana a tributação foi justa, na medida em que o cidadão paga tributo ao Estado para que este lhe preste serviços públicos" adequados e imprescindíveis. A tendência, diz o jurista, é claramente outra: o aumento da carga tributária significa maior receita, o que reflete no orçamento estatal, de maneira que há o aumento das despesas públicas, cuja redução é muito remota, quase irreversível, uma vez que "a propensão dos detentores do poder para gastar aumenta na mesma proporção em que se aumentam os tributos",

---

[11] LOBO, Maria Teresa de Cárcomo. Direitos fundamentais do contribuinte. *In*: MARTINS, Ives Gandra da Silva (Org.). *Direitos fundamentais do contribuinte*. São Paulo: RT, 2000, p. 190.

[12] MARTINS, Ives Gandra da Silva. Direitos fundamentais do contribuinte. *In*: MARTINS, Ives Gandra da Silva (Org.). *Direitos fundamentais do contribuinte*. São Paulo: RT, 2000, p. 46-47.

até porque gastar o dinheiro dos outros é muito mais fácil que gastar o próprio. O que se tem, conclui o autor, é que, historicamente, "quem tem o poder de tributar sempre tributa mal" e, geralmente, sem o devido respeito aos direitos dos contribuintes, havendo, pelo contrário, alto índice de má gestão do dinheiro público e, inclusive, de corrupção daqueles que detêm o poder, o que serve apenas para aumentar os conflitos entre o fisco e o contribuinte.[13]

Por conseguinte, não apenas quando a soma das alíquotas dos vários tributos incidentes sobre a propriedade privada do contribuinte tiver como resultado a confiscação desta, ou a diminuição do mínimo existencial, ou a impossibilidade ou restrição do exercício de alguma atividade, mas também quando houver o pagamento de tributo, mesmo que sem qualquer dos resultados anteriores, porém sem a contraprestação estatal em políticas e serviços públicos voltados para a sociedade, serão sentidos os efeitos confiscatórios na carga tributária suportada.

Cumpre também fazer alusão ao abuso do poder estatal de tributar quando é praticada uma tributação excessivamente baixa. Isso acontece diante de um Estado que não remunera devidamente o capital investido pelas empresas privadas prestadoras de serviços públicos: "o concessionário de serviços públicos que investe vultoso patrimônio e capital na consecução de suas obrigações pode, evidentemente, ter sua propriedade confiscada caso as taxas que remuneram sua atividade não sejam suficientes para cobrir os seus gastos".[14] Assim, também nessa hipótese o Estado (poder público concedente) violará o disposto no art. 150, IV, da CF/88.

Desta forma, fica estabelecido que o alcance da regra contida no art. 150, IV, da CF/88 é muito mais amplo do que se pode abstrair da simples leitura do texto constitucional. Ademais, conclui-se que os entes federados não podem utilizar o tributo por eles instituído e cobrado com efeitos confiscatórios, seja através de tributos excessivamente altos ou baixos, seja com o não reinvestimento do dinheiro arrecadado na sociedade.

---

[13] MARTINS, Ives Gandra da Silva. Obra citada, 2000, p. 45-47.

[14] Cf. GOLDSCHMIDT, Fabio Brun. Obra citada, 2003, p. 55.

2 Multa tributária e a proibição aos efeitos de confisco

Além disso, tanto a doutrina[15] quanto a jurisprudência[16] dilatam o alcance do dispositivo, ampliando a proteção ao contribuinte em relação às multas tributárias. Há quem diga que isso não seria possível porque estender a garantia às multas seria como dizer que a CF/88 garante o exercício da ilicitude,[17] de modo que é possível, sim, que as multas tenham tal efeito, até porque sua finalidade é desestimular condutas que ensejam sua aplicação.[18] Outros defendem que as multas se sujeitam não à regra do não confisco, mas à sua mensuração de acordo com o critério da razoabilidade, que "atende, sem qualquer prejuízo, aos anseios do contribuinte de se ver protegido da introdução de multas exageradas ou desproporcionais", não se podendo forçar o alcance da norma para além daquilo que o constituinte estabeleceu.[19]

Sobre o embate descrito, cumpre trazer as observações elucidativas apresentadas pelo Min. Roberto Barroso, em seu voto, no julgamento do AI 727872 AgR,[20] de que "o intento malicioso e preordenadamente voltado a promover locupletamento indevido não pode receber o mesmo tratamento de um equívoco praticado por um cidadão que cometeu um erro ao operar a complexa legislação tributária". O ministro ainda esclarece em seu voto que "o fato de o princípio do não confisco ter um conteúdo aberto permite que se proceda a uma dosimetria quanto a sua incidência em correlação com as diversas espécies de multa". Como, por exemplo, o desestímulo ao atraso (multas moratórias) e a reprimenda (multas punitivas), de maneira que se deve observar sempre a razoabilidade, uma vez que, como salienta o Ministro, "não é razoável punir em igual medida o desestímulo e a reprimenda".

O fato é que nem o constituinte estabeleceu que as multas tributárias se sujeitassem ao art. 150, IV, da CF/88, já que neste se lê tributo e não obrigação tributária, nem o contribuinte se vê desprotegido de um possível abuso do poder de tributar do Estado, em virtude do

---

[15] Cf. SEGUNDO, Hugo de Brito Machado. *Código Tributário Nacional*: anotações à Constituição, ao Código Tributário Nacional e às Leis Complementares 87/1996 e 116/2003. 6. ed. rev., atual. e ampl. São Paulo: Atlas, 2017, p. 48.

[16] PAULSEN, Leonardo. *Curso de Direito Tributário Completo*. 10. ed. São Paulo: Saraiva Educação, 2019, p. 150.

[17] MACHADO, Hugo de Brito. *Os princípios jurídicos da tributação na Constituição de 1988*. 5. ed. São Paulo: Dialética, 2004, p. 118.

[18] MACHADO, Hugo de Brito. *Obra citada*, 2004, p. 117.

[19] GOLDSCHMIDT, Fabio Brun. *Obra citada*, 2003, p. 155.

[20] STF, AI 727872 AgR, Rel. Min. Roberto Barroso, 1ª Turma, *DJe* 18.05.2015 – excerto do voto.

critério da razoabilidade. Independente disso há que se prestar atenção ao tipo de multa a que se faz referência, pois há clara diferença entre multas sancionatórias, aplicadas em virtude de ter sido praticado um ilícito penal e que podem se constituir em confisco, desde que o sistema jurídico permita, e multas coercitivas, aplicadas em caso de mora e que não podem se constituir como confisco nem sequer ter seus efeitos, uma vez que o sistema legal não permite isso. Portanto, as multas coercitivas devem ser impostas com a observância do critério da razoabilidade.

Neste sentido, uma multa coercitiva deve ser razoavelmente suficiente para impedir que o contribuinte reitere suas condutas que ensejam tal aplicação. Note bem, a finalidade de uma multa coercitiva não a de transferir bens entre o particular e o Estado, nem a de obstar a livre-iniciativa, nem de impedir a prática de atividades lícitas, e sim atuar como um instrumento de prevenção a determinadas condutas. Daí que uma multa coercitiva teria efeitos confiscatórios se ultrapassasse o valor inteiro da obrigação tributária principal, ou seja, se fosse maior que 100% de seu montante, o que implicaria a "transferência do próprio bem, ou de valor equivalente ao bem (o que dá no mesmo), ao Fisco".[21]

Não é outro o entendimento predominante no STF no decorrer dos anos. Assim, pode-se exemplificar que o STF: (i) determinou a suspensão de multa de 300% sobre o valor do bem objeto da operação ou serviço prestado, quando o sujeito passivo não tiver emitido a respectiva nota fiscal;[22] (ii) considerou que a multa moratória de 20% do valor do imposto não é abusiva nem desarrazoada;[23] (iii) firmou que o valor da obrigação principal deve funcionar como um limitador da norma que prevê multa sancionatória, de maneira que há abusividade quando a multa for arbitrada acima de 100%.[24]

Portanto, o Fisco deve observar o mesmo critério da razoabilidade para a imposição de deveres instrumentais ao contribuinte, já que, como entende o STF, não pode se valer deles como meios indiretos de coerção do contribuinte, a fim de que este cumpra suas obrigações fiscais atrasadas.[25] E, se diante dos recentes pronunciamentos da Corte

---

[21] GOLDSCHMIDT, Fabio Brun. *Obra citada*, 2003, p. 158.

[22] STF, ADI-MC 1075, Rel. Min. Celso de Mello, Plenário, *DJ* 24.11.2006.

[23] STF, RE 239964, Rel. Min. Ellen Gracie, 1ª Turma, DJ 09.05.2003; STF, AI 727872 AgR, Rel. Min. Roberto Barroso, 1ª Turma, *DJe* 18.05.2015.

[24] STF, ARE 836828 AgR, Rel. Min. Roberto Barroso, 1ª Turma, *DJe* 10.02.2015.

[25] "O fato irrecusável, nesta matéria, como já evidenciado pala própria jurisprudência desta Suprema Corte, é que o Estado não pode valer-se de meios indiretos de coerção, convertendo-os em instrumentos de acertamento da relação tributária, para, em função deles – e mediante interdição ou grave restrição ao exercício da atividade empresarial,

Suprema, mesmo assim o Fisco burlar os percentuais ali indicados, cabe ao contribuinte recorrer ao Judiciário com o intuito de rever os valores cobrados sob ofensa ao princípio constitucional do não confisco.[26]

3 Efeitos de confisco e efeitos proibitivos

Superadas essas questões, é preciso distinguir efeitos de confisco e efeitos proibitivos. Em que pese aquele instituto já ter sido tratado, resta indicar em que consiste o instituto dos efeitos proibitivos e se ele é permitido pelo sistema constitucional brasileiro.

Rodrigues ensina que dar efeitos proibitivos a um tributo é "uma forma indireta de impedir uma determinada atividade lícita".[27] Quem defende a legitimidade desse efeito, argui que através dele o legislador não proíbe a fabricação ou venda de certo produto, a circulação de certa mercadoria, nem a prestação de um serviço ou o exercício de uma atividade econômica, mas a alíquota do tributo é tão alta que pode inviabilizar ou restringir a aquisição de certos bens ou serviços e, às vezes, até mesmo violar a liberdade de iniciativa ou o livre exercício da profissão, trabalho ou ofício. A justificativa que geralmente se dá à sua legitimidade é de que o Estado deve intervir na sociedade para proteger os direitos fundamentais, a fim de desestimular "certas atividades que, embora lícitas, não se coadunam com o quadro geral das finalidades buscadas e protegidas pela ordem jurídica".[28]

Todavia, permitir tributo com efeitos proibitivos dá no mesmo que autorizar a existência de tributo com efeitos confiscatórios. Isso porque, como já visto alhures, o efeito de confisco penaliza o contribuinte, violando, ilicitamente, seja seu direito fundamental de propriedade, seja sua liberdade de iniciativa, seja sua liberdade de exercício de

---

econômica ou profissional – constranger o contribuinte a adimplir obrigações fiscais eventualmente em atraso". (excerto do voto do Min. Celso de Mello, no RE 413782, Rel. Min. Marco Aurélio, Plenário, *DJ* 03.06.2005).

[26] A jurisprudência desta Corte que proclama a possibilidade de se rever multas excessivas no âmbito do Direito Tributário, à luz da vedação aos efeitos confiscatórios, é antiga. Confiram-se, como exemplo, o RE 57904, Rel. Min. Evandro Lins e Silva; RE 60964 e RE 78291, Rel. Min. Aliomar Baleeiro; RE 91707, Rel. Min. Moreira Alves. Neste último precedente, o relator afirmou expressamente que "o STF tem admitido a redução de multa moratória imposta com base em lei".

[27] RODRIGUES, Marilene Talarico Martins. Direitos fundamentais do contribuinte. *In*: MARTINS, Ives Gandra da Silva (Org.). *Direitos fundamentais do contribuinte*. São Paulo: RT, 2000, p. 330.

[28] PONTES, Helenilson Cunha. Direitos fundamentais do contribuinte. *In*: MARTINS, Ives Gandra da Silva (Org.). *Direitos fundamentais do contribuinte*. São Paulo: RT, 2000, p. 369.

profissão, consequência equivalente àquela proporcionada pelos tributos proibitivos. Assim, deve-se concordar com Goldschmidt,[29] quando diz que é desnecessária a distinção entre tributos proibitivos e tributos confiscatórios.

Não se pode, ademais, confundir tributos proibitivos com tributação extrafiscal. Ora, a extrafiscalidade é instrumento excepcional,[30] que encontra previsão expressa na CF/88 ou que decorre da natureza do tributo, utilizado pelo Estado "para obtenção de finalidades não arrecadatórias, mas estimulantes, indutoras ou coibidoras de comportamentos, tendo em vista outros fins, a realização de outros valores constitucionalmente consagrados",[31] influindo, na conjuntura socioeconômica,[32] para, por exemplo, realizar políticas públicas e promover a redistribuição de riquezas.[33] Sua excepcionalidade decorre do fato de que o contribuinte não pode ter a sua propriedade sujeita à discricionariedade e conveniência da administração pública que se justifica em algum tipo de interesse público.

Ademais, tem-se de considerar que os tributos extrafiscais são apenas algumas das contribuições especiais, como é o caso das contribuições sociais (arts. 149, *caput*, 1ª parte, e §1º, e 195, I a IV e §4º, CF/88) e as contribuições de intervenção no domínio econômico – CIDE (art. 149, *caput*, 2ª parte, e §2º, CF/88) e apenas alguns impostos em relação aos quais a CF/88 expressamente autoriza a extrafiscalidade, seja através do critério da seletividade, seja através do critério da progressividade, seja através de impostos que protejam o mercado interno. Não obstante essa permissão, também os tributos extrafiscais se sujeitam à regra do não confisco (art. 150, IV, CF/88).

4 Efeitos de confisco e capacidade econômica

A regra da proibição aos efeitos de confisco trabalha, portanto, com a ideia de que o poder de tributar não é ilimitado, de maneira que os direitos e as garantias fundamentais do contribuinte devem

---

[29] GOLDSCHMIDT, Fabio Brun. *Obra citada*, 2003, p. 201.

[30] GOLDSCHMIDT, Fabio Brun. *Obra citada*, 2003, p. 189. Sobre extrafiscalidade, ver, também, neste volume o capítulo de: BRANDÃO, Virgínia Junqueira Rugani. A (in)efetividade da isonomia aplicada aos tributos extrafiscais.

[31] ATALIBA, Geraldo. IPTU – progressividade. *Revista de Direito Público*, n. 93, p. 233, 1990.

[32] ARAÚJO, Cláudia de Rezende Machado de. Extrafiscalidade. *Revista de Informação Legislativa*, n. 132, p. 332, 1996.

[33] GOLDSCHMIDT, Fabio Brun. Obra citada, 2003, p. 190.

ser respeitados. Geralmente, costuma-se relacionar a regra inserta no art. 150, IV, da CF/88, com o critério da capacidade econômica (art. 145, §1º, da CF/88),[34] a fim de estabelecer um patamar mínimo para a incidência da carga tributária. Isso não quer dizer que uma dependa do outro, ou vice-versa, e sim que o critério da capacidade econômica tem a ver com a possibilidade, manifestada ou não pelo indivíduo, de contribuir com o financiamento do Estado e da sociedade, limitando-se a extensão dessa cobrança.

Esse patamar mínimo é geralmente confundido com o mínimo existencial, de modo que o que sobra passa a ser visto como disponibilidade econômica. Porém, essa correlação é muito complicada. Primeiro porque estabelecer um mínimo existencial universal é, na prática, tarefa inviável, já que as necessidades humanas básicas variam no tempo e, sobretudo, no espaço. Segundo porque nem sempre o que excede o mínimo constituirá manifestação de capacidade econômica tributável, uma vez que o indivíduo não vive apenas do mínimo sendo necessário, no mais das vezes, que ele arque com os custos que o Estado, se não gerisse mal o dinheiro público, deveria suportar. Diante disso, o Estado, por meio da carga tributária, não pode retirar, parcial ou integralmente, aquilo que é dado ao indivíduo economizar, para que, diante de uma situação excepcional, tenha como atender ao seu mínimo existencial. Isso porque o mínimo existencial não se constitui como uma reserva de sobrevivência, mas com o dinheiro que se refere ao conjunto de gastos do indivíduo durante certo intervalo de tempo, sem que haja sobras que lhe sirvam como poupança para o intervalo seguinte.

O grande problema, contudo, apontado inclusive pelos autores e ainda não resolvido, sequer pela jurisprudência, é estabelecer quando uma carga tributária terá efeitos de confisco. Dificuldade esta que se teme não ser jamais resolvida, uma vez que há muitos interesses em jogo. Aliás, alguns tribunais já tentaram definir qual seria uma alíquota de uma carga

---

[34] Sobre capacidade econômica, ver: SIQUEIRA, Julio Pinheiro Faro Homem de. O critério da capacidade econômica na tributação. *Revista de Derecho de la Pontificia Universidad Católica de Valparaíso*, n. XXXV, 2010. Conferir, também, neste volume, os capítulos de: BLAIRON, Katia. Grandeur et décadence d'un principe: l'imposition à raison des facultés contributives; MACHADO, Álvaro Augusto Lauff; FIGUEIREDO, Marcelo. Estudos sobre a eficácia do princípio da capacidade contributiva; FALCÃO, Maurin Almeida. As notas dissonantes do princípio constitucional da capacidade contributiva; BRAVO CUCCI, Principio de capacidad contributiva. Breves reflexiones desde la perspectiva de la jurisprudencia peruana; MASBERNAT, Patrici; RAMOS-FUENTES, Gloria. Principio de capacidad contributiva. Un acercamiento desde el derecho italiano; MAURO, Michele. Il principio costituzionale italiano di capacità contributiva con particolare riferimento alla tassazione ambientale; GRUPENMACHER, Betina Treiger. Incentivos e benefícios fiscais e o princípio da capacidade contributiva.

tributária confiscatória – a Corte Superior de Justiça argentina chegou a 33% para os impostos imobiliários e sucessórios,[35] enquanto que o percentual alcançado pelo Tribunal Constitucional Federal alemão foi de 50%.[36] No entanto, como bem observa Goldschmidt, não se encontram nestes percentuais parâmetros empíricos para que se comprove a sua rigidez, que beira a arbitrariedade, sendo, pois, necessário encontrar critérios empiricamente justificáveis.[37]

A dificuldade em se estabelecer um limite quantitativo que permita indicar que certa tributação se atingir um determinado valor terá efeitos confiscatórios é patente. Seria ótimo que o Estado pudesse identificar a capacidade econômica de cada contribuinte, a fim de que a incidência da carga tributária não produzisse consequências confiscatórias. Ótimo, entretanto contraproducente, já que a administração pública despenderia muito tempo e dinheiro para tal verificação.[38] A ausência desse parâmetro torna necessário que o contribuinte acione o Fisco, ou possivelmente o Judiciário, a fim de demonstrar que o peso da carga tributária por ele suportada tem efeito confiscatório sobre sua propriedade e/ou sobre suas atividades, o que acaba por inviabilizar os seus direitos fundamentais. Isso não impede que o legislador, quando do exercício de sua competência tributária, conduza-se equilibrada e moderadamente para que a quantificação dos tributos produza justiça tributária.[39]

Se não é possível estabelecer um limite quantitativo exato, há que se definir se é a carga tributária ou apenas um tributo que não pode ter efeitos confiscatórios. Há quem afirme que o fato de o constituinte ter se utilizado do vocábulo tributo no singular, a sua vontade era de se referir "a cada tributo isoladamente, e não a totalidade de tributos existentes no País, de modo que não seria correto, para efeito de se verificar se o tributo seria confiscatório ou não, o exame de toda a carga tributária do País".[40] Outros entendem que "a identificação do efeito

---

[35] GOLDSCHMIDT, Fabio Brun. Obra citada, 2003, p. 56.

[36] YAMASHITA, Douglas. Direitos fundamentais do contribuinte. *In*: MARTINS, Ives Gandra da Silva (Org.). *Direitos fundamentais do contribuinte*. São Paulo: RT, 2000, p. 666.

[37] GOLDSCHMIDT, Fabio Brun. Obra citada, 2003, p. 56-57.

[38] SIQUEIRA, Julio Pinheiro Faro Homem de. Aspectos doutrinários e jurisprudenciais das limitações ao poder de tributar. *Revista Tributária*, n. 89, p. 188-189, 2009.

[39] CARRAZZA, Roque Antonio. *Curso de direito constitucional tributário*. 24. ed. São Paulo: Malheiros, 2008, p. 101.

[40] SARAIVA FILHO, Oswaldo Othon de Pontes. Direitos fundamentais do contribuinte. *In*: MARTINS, Ives Gandra da Silva (Org.). *Direitos fundamentais do contribuinte*. São Paulo: RT, 2000, p. 504.

confiscatório deve ser feita em função da totalidade da carga tributária" a que o contribuinte é submetido pela mesma pessoa política.[41]

O que se entende é que deve ser apurada a carga tributária total, e não a incidência de cada tributo isoladamente ou os tributos exigidos por cada ente político,[42] a fim de apurar se existe ou não efeito confiscatório. A doutrina, no entanto, aponta que isso pode se tornar um problema pelo "fato de vivermos em uma federação, com três esferas de Poder concomitantes e igualmente competentes para instituir e arrecadar tributos".[43] Isso porque nem sempre um único tributo contribui, isoladamente, para que sejam gerados efeitos confiscatórios. Ora, por hipótese, imagine-se que o legislador, auxiliado por critérios empíricos, estabeleça que a carga tributária total não possa ultrapassar 50%. Porém, a carga se encontra atualmente em 49,5%, sendo representada majoritariamente por um tributo com alíquota em 22% e outro em 15%, e o legislador resolve estabelecer um tributo com alíquota em 1%. Seria inconstitucional este último tributo? Ou deveria o legislador reduzir as alíquotas dos demais tributos para adequar a carga total ao limite máximo, proporcionalmente? E se diferentes pessoas políticas forem os responsáveis por cada uma das alíquotas a serem minoradas, deveria haver um dispositivo que as obrigasse a readequar tais alíquotas?

Segundo Goldschmidt, "a tendência mais comum na doutrina é no sentido de declarar inconstitucional o último tributo instituído, que somado aos anteriores, causou o efeito confiscatório".[44] Entretanto, o que se entende é que deva haver uma readequação global e proporcional

---

[41] "A tributação confiscatória é vedada pela Constituição da República. (...) A identificação do efeito confiscatório deve ser feita em função da totalidade da carga tributária, mediante verificação da capacidade de que dispõe o contribuinte – considerado o montante de sua riqueza (renda e capital) – para suportar e sofrer a incidência de todos os tributos que ele deverá pagar, dentro de determinado período, à mesma pessoa política que os houver instituído [...], considerando-se, ainda, a aferição do grau de insuportabilidade econômico-financeira, à observância, pelo legislador, de padrões de razoabilidade destinados a neutralizar excessos de ordem fiscal eventualmente praticados pelo Poder Público. (...)". (ADI-MC 2.010-2-DF, Plenário, votação unânime, Rel. Min. Celso de Mello, julgado em 30.09.1999, DJ 12.04.2002). "Tendo em conta a totalidade da carga tributária suportada pelo contribuinte, o incremento isolado de uma contribuição não seria suficiente para atestar o efeito confiscatório propalado, porquanto, apesar do maior sacrifício da renda do sujeito passivo do tributo, não se impôs óbice irrazoável ao exercício de sua atividade." (ADI 2898, Relator(a): Min. DIAS TOFFOLI, Tribunal Pleno, julgado em 10.10.2018, PROCESSO ELETRÔNICO DJe-257 DIVULG 30.11.2018 PUBLIC 03.12.2018).

[42] Este parece ser o entendimento, também, de: SCAFF, Fernando Facury. Estatuto mínimo do contribuinte. In: MARTINS, Ives Gandra da Silva (Org.). Direitos fundamentais do contribuinte. São Paulo: RT, 2000, p. 477.

[43] GOLDSCHMIDT, Fabio Brun. Obra citada, 2003, p. 281.

[44] GOLDSCHMIDT, Fabio Brun. Obra citada, 2003, p. 282.

das alíquotas, a fim de que toda a carga tributária, independentemente da pessoa política competente para instituir a exação, se adéque ao parâmetro.[45] E isso por um motivo muito simples: o patrimônio (ou a propriedade) do contribuinte é único, não possuindo ele em cada esfera da federação um patrimônio distinto.

Além disso, há que se atentar para a possibilidade de estabelecer limites quantitativos para os impostos incidentes sobre bens, já que, como lembra Ichihara, 30% de IPTU ou de IPVA produziriam efeitos confiscatórios, pois a propriedade particular seria transferida ao Fisco em pouco mais de três anos.[46] Isso decorre do fato, bem observado por Melo, de que a propriedade imobiliária é estática, de modo que, à medida que é cobrado um imposto sobre a propriedade, subtrai-se uma parcela desse patrimônio, sem que se possa renová-lo.[47]

No entanto, permanece a dificuldade em estabelecer um limite quantitativo fixo a toda a carga tributária. Há que se procurar, então, um limite qualitativo. Assim, pode-se indicar pelo menos dois caminhos para se encontrar esse limite:[48] controlar a fixação pelo legislador do critério quantitativo da regra-matriz de incidência, isto é, da base de cálculo tributável e da alíquota incidente; e controlar a observância pelo legislador e pelo Fisco das regras constitucionais e legais de tributação.

A primeira sugestão cuida explicitamente da manifestação de riqueza (capacidade econômica) tributável, devendo-se controlar se o legislador respeita o mínimo necessário à sobrevivência durante um intervalo de tempo e um mínimo de poupança a que o contribuinte possa recorrer em tempo de vacas magras. Mas não só. É necessário, também, verificar se as alíquotas incidentes sobre a base de cálculo são razoáveis, e se é igualmente moderada a aplicação delas ao referido montante.

A segunda sugestão é mais simples, bastando que se observe se o legislador prestou atenção às regras constitucionais referentes a cada espécie tributária, bem como se o Fisco, no momento da cobrança, não expandiu indevidamente algum critério da regra-matriz de incidência.

---

[45] GOLDSCHMIDT, Fabio Brun. Obra citada, 2003, p. 282.

[46] ICHIHARA, Yoshiaki. Direitos fundamentais do contribuinte. *In*: MARTINS, Ives Gandra da Silva (Org.). *Direitos fundamentais do contribuinte*. São Paulo: RT, 2000, p. 493.

[47] MELO, José Eduardo Soares de. Direitos fundamentais do contribuinte. *In*: MARTINS, Ives Gandra da Silva (Org.). *Direitos fundamentais do contribuinte*. São Paulo: RT, 2000, p. 287.

[48] GOLDSCHMIDT, Fabio Brun. Obra citada, 2003, p. 103.

Considerações finais

Previsto de forma expressa no texto constitucional, o princípio do não confisco, que pode ser definido como a proibição de se instituir tributos com efeitos confiscatório, é explorado com mais afinco pela doutrina e jurisprudência devido à sua abrangência de aplicação, não delimitada pelo constituinte nem pelo legislador infraconstitucional.

Apesar de a CF/88 fazer menção apenas ao termo "tributo" quando da impossibilidade de ser instituído com a finalidade confiscatória, a doutrina e a jurisprudência defendem, majoritariamente, que as multas tributárias também estão acobertadas pelos efeitos desse princípio constitucional e, ainda, que a análise da excessividade de tributos deve ser tomada de forma global e não de forma individualizada em cada esfera do Estado.

Informação bibliográfica deste texto, conforme a NBR 6023:2018 da Associação Brasileira de Normas Técnicas (ABNT):

ALMEIDA, Karina Borges de; SIQUEIRA, Julio Homem de. O princípio da proibição aos efeitos de confisco: anotações introdutórias. *In*: SARAIVA FILHO, Oswaldo Othon de Pontes; SIQUEIRA, Julio Homem de; BEDÊ JÚNIOR, Américo; FABRIZ, Daury César; SIQUEIRA, Junio Graciano Homem de; CUNHA, Ricarlos Almagro Vitoriano (Coord.). *Limitações formais e materiais ao poder de tributar*. Belo Horizonte: Fórum, 2021. p. 315-328. (Coleção Fórum Princípios Constitucionais Tributários – Tomo II). ISBN 978-65-5518-122-7.

A IMPOSSIBILIDADE DE APLICAÇÃO DO DIREITO À NÃO AUTOINCRIMINAÇÃO NO PROCEDIMENTO DE FISCALIZAÇÃO TRIBUTÁRIA

AMÉRICO BEDÊ JUNIOR
LARA CARVALHO BREDA

Introdução

A Constituição Federal de 1988, em seu artigo 5º, inciso LXIII, consagrou o princípio da não autoincriminação, ao garantir, entre o rol de direitos e garantias fundamentais, que "o preso será informado de seus direitos, entre os quais o de permanecer calado, sendo-lhe assegurada a assistência da família e de advogado".

Tal princípio, pacificamente reconhecido e comumente aplicado em matéria penal, garante ao acusado e ao réu o direito ao silêncio e, com isso, assegura estes contra eventuais abusos por parte do Estado, bem como permite que não sejam obrigados a adotar um comportamento que agrave a sua própria situação, como a eventual produção de provas autoincriminatórias.

Ocorre que o referido princípio, vez ou outra, tem sido invocado como matéria de defesa em processos administrativos fiscais e judiciais, em virtude do descumprimento, por parte do sujeito passivo da obrigação tributária, do seu dever de colaboração e cooperação durante o procedimento de fiscalização tributária, no fornecimento de informações à autoridade fiscal para a apuração e constituição do crédito tributário.

Isso porque, conforme dispõe o art. 1º, inciso I, da Lei nº 8.137/90, é crime contra a ordem tributária a conduta de "omitir informação, ou prestar declaração falsa às autoridades fazendárias".

Nesse sentido, a temática, que é motivo de profunda controvérsia doutrinária,[1] ganha relevo e vem, recorrentemente, sendo objeto de apreciação pelo Poder Judiciário, colocando em voga o questionamento a respeito de se o direito à não autoincriminação elidiria ou não a

---

[1] Sandra Silva fez excelente revisão de literatura: "Sobre os problemas de compatibilização com o *nemo tenetur* dos deveres de informação e colaboração impostos nestes setores normativos específicos, podem citar-se, sem grande rigor de ordenação, Augusto SILVA DIAS, «O direito à não auto-inculpação no âmbito das contra-ordenações do Código dos Valores Mobiliários», *RC&R* 1 (2010), 237-265 (publicado também in: *Estudos em homenagem ao Prof. Doutor Sérvulo Correia* (coord. Jorge Miranda), IV, Coimbra: Coimbra Editora, 2011,13-38), Ana PASCOAL CURADO, «As averiguações preliminares da CMVM no âmbito da luta contra a criminalidade financeira: natureza jurídica e aplicação do princípio *nemo tenetur*», *RC&R* 9 (2012), 239-274, Ana PROENÇA COELHO, «Entre o dever de colaborar e o direito de não se autoinculpar: o caso da supervisão do ICP-ANACOM», *RC&R* 11/12 (2012), 429-466, Catarina ANASTÁCIO, «O dever de colaboração no âmbito dos processos de contraordenação por infracção às regras da concorrência e o princípio *nemo tenetur se ispumaccusare*», *RC&R* 1 (2010), 199-233, Catarina COUTO FERREIRA, «Confluência na CMVM de poderes de supervisão e de poderes sancionatórios: factor de tensão entre o dever de colaboração e o direito ao silêncio», Investigação Criminal 5 (2013), 207-224, Cláudia VERDIAL Pina, «Crime de manipulação do mercado: elementos típicos e recolha de prova», *Julgar* 17 (2012), 35-65, Diana ALFAFAR, «O dever de colaboração e o *nemo tenetur se ipsumaccusare* no direito sancionatório da concorrência », *RC&R* 11/12 (2012), 319-381, Frederico da COSTA PINTO, «Supervisão do Mercado, Legalidade da Prova e Direito de Defesa em Processo de Contra-Ordenação (parecer)», in: *Supervisão, Direito ao Silêncio e Legalidade da Prova*, Coimbra: Livraria Almedina, 2009, 57-125, Fátima Reis Silva, «O direito à não autoincriminação», *SubJudice* 40 (2007), 59-74, Helena Bolina, «O direito ao silêncio e o estatuto dos supervisionados à luz da aplicação subsidiária do processo penal aos processos de contra-ordenação no mercado dos valores mobiliários», *RCEJ* 14 (2010), 383- 430 (publicado igualmente, com algumas modificações e atualizações, em *RC&R* 11/12 (2012), 383- 427), Helena Gaspar Martinho, «O direito ao silêncio e à não auto-incriminação nos processos sancionatórios do direito comunitário da concorrência», RC&R 1 (2010), 145-174, Jorge de FIGUEIREDO DIAS / Manuel da Costa Andrade, «Poderes de Supervisão, Direito ao Silêncio e Provas Proibidas (parecer)», in: *Supervisão, Direito ao Silêncio e Legalidade da Prova*, Coimbra: Livraria Almedina, 2009, 11-61, Liliana SILVA SÁ, «O dever de cooperação do contribuinte versus o direito à não autoincriminação», *RMP* 107 (2006), 121-163, Manuel da COSTA ANDRADE, «T.C., Acórdão nº 340/2013 (*Nemo tenetur se ipsumaccusare* e direito tributário. Ou a insustentável indolência de um acórdão (nº 340/2013) do Tribunal Constitucional)», *RLJ* 144 (2014), 121-158, Nuno BRANDÃO, «Colaboração com as entidades reguladoras e dignidade penal», *RPCC* 2014, 29-55, Paulo de SOUSA MENDES, «O procedimento sancionatório especial por infracção às regras da concorrência», *in: Direito Sancionatório das Autoridades Reguladoras* (coord. Maria Fernanda Palma / Augusto Silva Dias / Paulo de Sousa Mendes), Coimbra: Coimbra Editora, 2009, 209-224, *Idem*, O dever de colaboração e as garantias de defesa no processo sancionatório especial por práticas restritivas da concorrência», *Julgar* 9 (20 (2009), 11-28 (publicado também *in: Estudos em homenagem ao Prof. Doutor Sérvulo Correia* (coord. Jorge Miranda), IV, Coimbra: Coimbra Editora, 2011, 45-63. Ver: SILVA, Sandra Oliveira e. A liberdade contra a autoincriminação no processo penal: breves considerações em torno do princípio *nemo tenetur se ipsum accusare*. *Revista do Ministério Público do RS*, Porto Alegre, n. 80, p. 114, maio/ ago. 2016.

ilicitude do crime mencionado, ou seja, se seria possível a sua aplicação em matéria tributária, já que o contribuinte não seria obrigado a agir contrariamente à sua própria natureza, contribuindo para a fiscalização tributária, com o fornecimento de informações que o incriminem.

Inclusive, é importante destacar a existência de instrumentos de cunho internacional, como a recente "*Carta de Derechos del Contribuyente para los Países Miembros del Instituto Latino Americano de Derecho Tributario (CDC-ILADT)*",[2] aprovada nas "*XXX Jornadas Latinoamericanas de Derecho Tributario*", em Montevidéu, apontando para a adoção do direito à não autoincriminação, ao prevê-lo expressamente.

Apesar de amplamente reconhecido em muitos países, aponta Paulo Mário Canabarro Trois Neto que:

> O amplo consenso sobre a sua importância, contudo, não impede um dissenso, em amplitude possivelmente muito maior, sobre qual deve ser a sua configuração. Que condutas merecem proteção no âmbito do direito de não se autoincriminar, e que barreiras podem ser admitidas, são questões cujo tratamento tem sido muito variável na legislação processual e na jurisprudência constitucional de diversos países que o asseguram.[3]

E não é diferente a controvérsia acerca da sua aplicação em matéria tributária, divergindo diversos países acerca do assunto, como é o caso da Suprema Corte dos EUA, que em Mathis *vs.* United States (1968) entendeu pela aplicação do *privilege against self-incrimination* nos procedimentos fiscais e o caso da Bélgica, onde, de forma diversa, o contribuinte é obrigado a colaborar com a administração tributária.[4]

Ocorre que esse direito foi historicamente pensado para aplicação no âmbito penal, sendo indubitável a possibilidade de sua utilização, como defesa, em processos judiciais envolvendo crimes contra a ordem tributária.

Contudo, o argumento histórico, somado à interpretação do texto constitucional, bem como a uma análise do dever de colaboração em matéria tributária, inclusive como viabilizador da igualdade e livre

---

[2] Disponível em: http://www.iladt.org/frontend/docs/Carta_Derechos_Contribuyente_ILADT_aprobada_y_Presentacion.pdf. Acesso em: 21 jun. 2019.

[3] TROIS NETO, Paulo Mário Canabarro. *Direito à não autoincriminação e direito ao silêncio*. Porto Alegre: Livraria do Advogado, 2010, p. 85.

[4] FROMMEL, Stefan N. The European Court of Human Rights and the right of the accused to remain silent: can it be invoked by taxpayers? *In*: COUCEIRO, João Cláudio. *A garantia constitucional do direito ao silêncio*. São Paulo: Revista dos Tribunais, 2004, p. 272-273.

concorrência, e do princípio da proporcionalidade, traz a conclusão pela impossibilidade de aplicação do direito à não autoincriminação no procedimento de fiscalização tributária.

Ou seja, a despeito de tais procedimentos fiscais poderem resultar em futuros processos criminais, não poderia o contribuinte invocar e se amparar no referido direito para se recusar a prestar informações à autoridade fazendária, pelos motivos que são expostos a seguir.

1 O argumento histórico do princípio do *nemo tenetur se detegere* e a interpretação do texto constitucional

Não há um consenso acerca da origem histórica do direito à não autoincriminação, sendo que alguns autores defendem que esse direito, no âmbito penal, é quase inato.[5]

Isso porque o direito não poderia ir contra a própria natureza do ser humano e exigir do indivíduo um comportamento que possa prejudicá-lo, contribuindo para condená-lo à privação de sua liberdade ou para a aplicação de uma sanção de natureza e consequências tão graves quanto a sanção penal, razão pela qual, inclusive, a confissão é sempre uma atenuante.

Desde a Antiguidade, como se observa pelo Talmud (coletânea de livros sagrados judeus), que "interpretava a lei no sentido de não se admitir que o acusado fosse levado a depor contra si mesmo", é possível observar uma preocupação com a garantia de certos direitos.[6]

Tendo passado por grandes retrocessos no decorrer da história, se destacando entre eles o período inquisitório,[7] no século XII, marcado pelo emprego de tortura para a obtenção da confissão dos acusados, é relevante destacar que a Inglaterra, com o *common law*, foi o primeiro

---

[5] Em excelente artigo, Diana Zainaghi aponta que: "David Ibn Zimra, um comentador do Código de Maimônides do século XVI e juiz de uma Corte rabínica, ofereceu a mais interessante e plausível explicação para a regra talmúdica contra a auto-incriminação em casos capitais. A razão seria de que a vida de um homem não pertenceria a ele mesmo, mas a Deus, e sua admissão de culpa não tinha efeito legal. Para ele, a pessoa não tinha o direito de se matar, e, então, não tinha o direito de confessar que cometera uma ofensa pela qual se sujeitasse à pena de morte". ZAINAGHI, Diana Helena de Cássia. O direito ao silêncio: evolução histórica: do Talmud aos pactos e declarações internacionais. *Revista de Direito Constitucional e Internacional*, São Paulo, n. 48, jul./set. 2004.

[6] COUCEIRO, João Claudio. *A garantia constitucional do direito ao silêncio*. São Paulo: Revista dos Tribunais, 2004, p. 29-30.

[7] TROIS NETO, Paulo Mário Canabarro. *Direito à não autoincriminação e direito ao silêncio*. Porto Alegre: Livraria do Advogado, 2010, p. 85.

país no qual o direito ao silêncio se consolidou de forma definitiva, a partir de 1679.[8]

Na prática, nota-se que a positivação do referido direito nos ordenamentos jurídicos dos países é relativamente recente.

Nos EUA, a Quinta Emenda da Constituição Norte-Americana (1791) trouxe a seguinte previsão normativa do princípio: «*No person [...] shall be compelled to be a witness against them self*». Já no Brasil, apenas a Constituição de 1988 trouxe regra expressa sobre o direito ao silêncio, no art. 5º, inciso LXIII.

O que se observa é que toda a construção histórica do direito à não autoincriminação foi voltada para o processo penal como uma forma de controlar os abusos do Estado nesse ramo do Direito, que importa, em regra, as sanções mais severas do ordenamento jurídico, já que se orienta pelo princípio da intervenção mínima (*ultima ratio*).

Contudo, como é sabido, a tributação não é uma sanção[9] e isso se extrai do próprio artigo 3º do Código Tributário Nacional – CTN, que dispõe que "Tributo é toda prestação pecuniária compulsória, em moeda ou cujo valor nela se possa exprimir, *que não constitua sanção de ato ilícito*, instituída em lei e cobrada mediante atividade administrativa plenamente vinculada" (*grifo nosso*).

Conforme ensina Hugo de Brito Machado,

> Quando se diz que o tributo não constitui sanção de ato ilícito, isto quer dizer que a lei não pode incluir na hipótese de incidência tributária o elemento ilicitude. Não pode estabelecer como necessária e suficiente à ocorrência da obrigação de pagar tributo uma situação que não seja lícita. Se o faz, não está instituindo um tributo, mas uma penalidade.

---

[8] COUCEIRO, João Claudio. A garantia constitucional do direito ao silêncio. São Paulo: Revista dos Tribunais, 2004, p. 71.

[9] O recorte do objeto evidencia que o foco da análise está centrado no processo penal, domínio privilegiado de aplicação da prerrogativa contra a *autoincriminação*. Não recusamos, todavia, a eficácia irradiante do princípio a outros segmentos do direito sancionatório público – como o dos ilícitos contraordenacionais ou, porventura, disciplinares (cf. art. 32º, nº 10 da CRP). Uma posição de princípio favorável a esta extensão normativa aflora, de resto, em diversos momentos da nossa exposição. E mostra-se em plena consonância com o sentir maioritário da doutrina e da jurisprudência alemãs, que radicam na própria Constituição a proteção do argüido contra o dever de criar, com as suas próprias declarações, os pressupostos de uma condenação penal ou da *aplicação de sanções análogas*. A mesma direção é seguida na jurisprudência do TEDH, que inclui no seu conceito autônomo de acusação criminal não apenas os procedimentos a que os direitos internos atribuam natureza penal, mas todos os que se destinem a investigar infrações materialmente criminais (considerado o caráter geral da norma infringida e o propósito preventivo e preventivo e repressivo da sanção). SILVA, Sandra Oliveira. *O arguido como meio de prova contra si mesmo*. Coimbra: Almedina, 2018, p. 44.

Todavia, um fato gerador de tributo pode ocorrer em circunstâncias ilícitas, mas essas circunstâncias são estranhas à hipótese de incidência do tributo, e por isso mesmo irrelevantes do ponto de vista tributário.[10]

Desse modo, a obrigação tributária surge pela previsão legal de uma hipótese abstrata (fato gerador) e não como uma penalidade imposta pela prática de qualquer ilicitude, razão pela qual é possível estabelecer um importante contraponto sobre o assunto em questão.

É que a lógica histórica do direito ao silêncio é para evitar sanções, e não para evitar o pagamento ou a responsabilização tributária, que, frise-se, não advém como uma sanção à prática de um ilícito, apesar de ser possível que os efeitos de um ilícito sejam objeto de exação tributária, pelo princípio *pecunia non olet*.

Assim, não constituindo o tributo uma sanção, não há que se falar em direito ao silêncio no campo da fiscalização tributária, já que não há sanção a ser evitada no que diz respeito ao pagamento de tributos, até porque, apesar de o processo de fiscalização tributária poder resultar no descobrimento de ilícitos penais, o fato gerador da obrigação tributária não pode ser confundido com a hipótese de incidência dos delitos contra a ordem tributária, razão pela qual é possível observar serem situações que precisam de tratamento adequado a diferenciado.

É importante ainda lembrar que o texto constitucional, em seu artigo 5º, inciso LXIII, fala em preso, deixando clara a previsão do direito ao silêncio apenas e tão somente para a esfera penal.

Cabe destacar, nesse ponto, que é pacífica a interpretação de que, apesar de o texto constitucional utilizar a expressão preso, o alcance deve abarcar qualquer réu e até mesmo qualquer investigado no processo penal. O texto deve ter essa interpretação ampliativa a fim de viabilizar um sistema de garantias processuais penais compatível com a ideia de que o Estado deve ter provas penais suficientes para a condenação, independentemente da participação do acusado.

Topograficamente, o artigo está situado entre as garantias restritas ao processo penal, razão pela qual é importante compreender que a lógica do processo penal é completamente diversa de outros ramos do Direito, sendo a seara natural do princípio do *nemo tenetur se detegere*.[11]

---

[10] MACHADO, Hugo de Brito. *Curso de Direito Tributário*. 25. ed. São Paulo: Malheiros, 2004, p. 71.

[11] Sandra Silva destaca diversos ramos do Direito Administrativo da economia. Sem prejuízo de um mais demorado enquadramento e contextualização do problema – que não podemos levar a cabo nesta investigação –, outra valoração merece o propósito de estender a eficácia deste direito processual fundamental ao processo civil e aos parece pacífico o entendimento

segundo o qual o *nemo tenetur* vale apenas para o processo penal – e, em termos que aqui não curaremos de precisar, para outros ordenamentos processuais sancionatórios como o contraordenacional –, nele esgotando a sua relevância e âmbito de tutela. Contra um eventual efeito de irradiação de longo-alcance depõem, de resto, os fundamentos jurídico-constitucionais do *nenmo tenetur*, que situamos, como adiante se verá, na proteção da integridade (autonomia) pessoal e na presunção de inocência, princípios (sobre o último) profundamente cunhados pela natureza do processo penal (e do particular tipo de antijuridicidade que nele se discute). É neste sentido e com esta conotação que deve compreender-se a afirmação de H. A. Wolff: o princípio *Nemo tenetur* vale apenas no processo penal (e processos análogos); apenas nele ocorre a formulação de um juízo de desvalor ético-social. Não se ignora que a emergência e proliferação de deveres de informação e colaboração em certos domínios do direito (rodoviário, ambiental, tributário e, em geral, nos setores regulados da economia: banca, seguros, valores mobiliários) pode projetar-se sobre o processo penal (ou contraordenacional) em provas produzidas de forma coercitiva pela pessoa a quem desfavorecem, abrindo uma linha de conflito e antinomia com o *nemo tenetur*. Todavia, esse conflito só se atualiza se e a partir do momento em que, no *processo penal*, se questione a valoração dos dados autoincriminatórios. E, nessa medida, a sua superação deve passar menos pela eliminação, *a montante*, dos deveres de cooperação, do que pelo recuo, cuja satisfação se destinaria o aproveitamento (não a obtenção) das informações coativas autoincriminatórias. Em termos simples: a superação das antinomias deve passar, preferencialmente, por uma proibição de valoração independente (radicada na direta violação das normas constitucionais onde o *nemo tenetur* encontra fundamento). Outra solução inviabilizaria a realização das finalidades inerentes à instituição dos aludidos deveres: a prevenção de perigos, a proteção do interesse de terceiros, a igualdade na liquidação de impostos e a justiça na repartição dos rendimentos ou outras (não repressivas) com idêntico relevo constitucional.

A esta luz, não pode interpretar-se como manifestação de ma putativa força irradiante do *nemo tenetur* o preceito do Código de Processo Civil que diz ser inadmissível o depoimento sobre factos criminosos ou torpes, de que a parte seja arguida (art. 454º, nº 2, do CPC). A norma tem sido justificada com a finalidade de não expor o depoente à necessidade de se pronunciar sobre certos factos ilícitos pessoais, cuja realidade se sentirá inclinado a negar. Tratar-se-ia, por um lado, de uma solução orientada por critérios epistemológicos de correção do processo de determinação dos factos, afastando-se *ex ante* do horizonte do tribunal depoimentos marcados pelo conflito e pelo estigma da dúvida. Por outro lado, estar-se-ia perante uma manifestação concreta da idéia de inexigibilidade, assente no postulado jus-filosófico de um direito natural à autoproteção (*naturrecht des Selbstschutzes*), que também justifica certas soluções de direito penal substantivo (*v.g.*, a não punição do autofavorecimento pessoal). De todo o modo, e sem prejuízo da (eventual) raiz filosófica comum, a normação não é imposta pelo *nemo tenetur*: a adequada proteção contra a autoincriminação involuntária basta-se, em nosso juízo, com a proibição de aproveitamento daquelas declarações num subseqüente (e eventual) processo criminal.

Na linha destas considerações sobre o âmbito de incidência do *nemo tenetur*, acrescentaríamos apenas estar em causa uma prerrogativa de que beneficia, no processo penal (ou outros de tipo sancionatório), a pessoa que é alvo de perseguição estadual: o *arguido*. Tendo esta idéia em pano de fundo, poderá causar surpresa que o presente estudo não se inicie com a definição do conceito de arguido, a demarcação dos seus contornos por referência do conceito de arguido, a demarcação dos seus contornos por referência à figura do suspeito (que a lei define no art. 1º, al. "e" do imputado (de origem doutrinal), a determinação do momento da aquisição processual, com o retículo de direitos, restrições e sujeições que são inerentes à sua dupla função, que também importaria caraterizar, de sujeito processual e meio de prova (cf. arts. 60 e 61). SILVA, Sandra Oliveira. *O arguido como meio de prova contra si mesmo*. Coimbra: Almedina, 2018, p. 45.

No campo processual civil, por exemplo, há sanções ao réu pelo exercício do direito ao silêncio, como corre, por exemplo, na investigação de paternidade, conforme o Enunciado da Súmula 310 do STJ, ou mesmo no Código Civil de 2002, em seu artigo 232, que deixa claro que podem ser extraídas consequências do não comparecimento do réu para a realização de uma perícia.

Se o princípio em estudo fosse aplicável no processo civil, não poderiam existir os efeitos da revelia que partem da premissa de que o silêncio do réu pode significar presunção de veracidade da matéria fática arguida.

A despeito dos argumentos apresentados, existe ainda outro ponto central da matéria em questão que nos leva a afirmar a impossibilidade de utilização do direito à não autoincriminação em matéria tributária, que diz respeito ao dever de colaboração em matéria tributária em confronto com os princípios da igualdade e da livre concorrência, conforme será desenvolvido a seguir.

2 O dever de colaboração em matéria tributária como viabilizador da igualdade e livre concorrência no mercado

Há um relativo consenso acadêmico de que existe um dever fundamental de pagar tributos,[12] baseado na ideia da solidariedade social que deve existir para o funcionamento de todo o aparato estatal de efetivação de direitos aos seus cidadãos.

Conforme explica Éderson Garin Porto,

> Percorrendo a trilha para a identificação dos deveres de colaboração, cooperação e proteção, chegou-se ao ponto de examinar uma noção de cidadania fiscal. Esta noção pressupõe a consciência do cidadão do seu dever fundamental de contribuir com o Estado como forma de custear

---

[12] Julio Faro destaca que: *h) Obrigação de contribuir com a manutenção dos gastos públicos de acordo com sua capacidade*. Esse talvez seja um dos mais tratados deveres em sentido amplo. Não há um dispositivo constitucional específico, mas um sistema constitucional tributário inteiro, que se liga fortemente à legislação infraconstitucional. Trata-se de uma obrigação, já que diante do descumprimento da prestação respectiva liga-se a aplicação de uma sanção. Além disso, como têm demonstrado os trabalhos desenvolvidos, a respectiva prestação direciona-se a financiar a maquinaria estatal e a concretizar direitos fundamentais, independente de haver especificação sobre a destinação da verba arrecadada. Essa obrigação pode ser extraída dos arts. 145 a 162, 194, 195 e 201 a 204, da CF 1988 (SIQUEIRA, Julio Pinheiro Faro de. Elementos para uma teoria dos deveres fundamentais: uma perspectiva jurídica. *Revista de direito constitucional e internacional*, São Paulo, vol. 95, p. 16, abr./jun. 2016).

os direitos fundamentais. Por outro lado, é preciso desenvolver uma consciência de elevação do ser humano para o centro do ordenamento jurídico, colocando-o como o fim último da existência do Estado e, sobretudo, como vértice da ordem jurídica.

É preciso mudar o foco do Direito Tributário, retirando o tributo do núcleo de importância e colocando o ser humano nesta posição. Esta posição humanista descoloca o centro da disciplina do tributo para o homem que recolhe o tributo. A proposta ora defendida consiste, portanto, em humanizar a relação tributária, estabelecendo que a arrecadação não é um fim último do Direito Tributário. A finalidade do Direito Tributário é transformar a arrecadação num ato de justiça social, observando-se os limites estabelecidos pela ordem jurídica e, ao mesmo tempo, conscientizando-se o cidadão sobre o dever fundamental que possui.[13]

O que se observa, portanto, é que, a despeito da relação de desconfiança do contribuinte com o Poder Público, sobretudo diante do cenário econômico vivenciado pelo Brasil e pelo fato de ser um dos países com a maior carga tributária do mundo, o pagamento de tributos deveria ser encarado como um exercício de cidadania fiscal, conforme aponta o autor citado, como uma forma de viabilizar recursos para que o Estado cumpra com as obrigações que lhe são impostas.

Ora, a todo direito corresponde um dever e o dever de colaboração em matéria tributária, além de refletir na concretização, por parte do Estado, dos direitos e garantias fundamentais, sobretudo dos direitos sociais – que exigem um esforço do Estado, do ponto de vista financeiro, para honrar com sua contraprestação –, afeta de forma direta a economia.

Isso porque o indivíduo, ao colaborar com a atividade administrativa fiscal, fornecendo os meios necessários para a correta apuração e constituição do crédito tributário, contribui para a eficaz realização dos princípios da igualdade e livre concorrência no mercado, o que se apresenta como mais um fator que evidencia a impossibilidade de utilização do direito à não autoincriminação em matéria tributária.

A fim de melhor entender a relação da igualdade e livre concorrência com o tema em questão, imagine que um sonegador, utilizando-se em sua defesa do direito de não produzir provas contra si mesmo, conseguisse, com esse argumento, dificultar as investigações, a colheita de informações e das provas necessárias para a administração fiscal, deixando de recolher ou recolhendo tributos a menor.

---

[13] PORTO, Éderson Garin. *A colaboração no direito tributário*: por um novo perfil de relação obrigacional tributária. Porto Alegre: Livraria do Advogado, 2016, p. 245-246.

Ora, tal conduta provoca uma situação de concorrência desleal nos agentes que atuam no mercado econômico, que é justamente o que se pretende combater através de tais princípios de ordem constitucional, conforme se extrai dos artigos 170, inciso IV, e 173, §5º, da CF.

É certo que, excepcionalmente, a constituição do crédito tributário pode se dar também utilizando-se da técnica do arbitramento, em conformidade com o art. 148 do Código Tributário Nacional – CTN, aplicável para as situações em que haja omissão ou não mereçam fé as declarações ou esclarecimentos prestados pelo contribuinte.

Nesse caso, "o valor que vai servir como base de cálculo na constituição do crédito tributário vai ser determinado com base numa prudente e razoável suposição da autoridade administrativa".[14]

Contudo, o lançamento arbitrado pela autoridade fiscal corresponde a um "valor razoável fixado com base em pesquisas, estatísticas ou procedimentos semelhantes",[15] não refletindo o valor real e preciso do bem, serviço ou valor envolto no fato gerador da obrigação tributária.

Assim, do mesmo modo que pode ser arbitrado um valor a maior – hipótese na qual o contribuinte poderá impugnar a base de cálculo estimada, permanecendo a exigibilidade do crédito tributário suspensa –, pode ser que a autoridade fiscal arbitre um valor a menor, situação na qual estará o fisco suportando um certo prejuízo em razão da não colaboração do contribuinte com a atividade da fiscalização tributária.

Ademais, a possibilidade de amparar-se no direito à não autoincriminação fere o princípio da igualdade (art. 5º, I, da CF) na medida em que, conforme acertadamente discorre acórdão do Tribunal Regional Federal da 3ª Região, ao aceitar tal tese defensiva,

> estaria o Poder Judiciário chancelando absurda e imoral desigualdade entre o contribuinte honesto e o desonesto, o primeiro com obrigação de declarar ao fisco suas rendas obtidas licitamente para serem tributadas pelo Estado, enquanto o segundo, criminoso, estaria isento dessa obrigação, sob o manto protetor da cláusula constitucional do direito ao silêncio.[16]

Ainda quanto ao dever de colaboração, deve-se destacar que alguns autores diferenciam a possibilidade de aplicação ou não do direito

---

[14] ALEXANDRE, Ricardo. *Direito Tributário*. 12. ed. Salvador: Juspodivm, 2018, p. 463.

[15] ALEXANDRE, Ricardo. *Direito Tributário*. 12. ed. Salvador: Juspodivm, 2018, p. 464.

[16] TRF3 – ACR: 00039113820084036105 SP, Relator: DESEMBARGADOR FEDERAL LUIZ STEFANINI, Data de Julgamento: 03.03.2015, PRIMEIRA TURMA, Data de Publicação: 10.03.2015.

à não autoincriminação quanto ao momento em que a colaboração do contribuinte se dá. Até mesmo no âmbito penal se vislumbra um certo cuidado quanto a esse aspecto temporal.[17]

Há quem faça tal diferença entre o momento da prestação das informações para o lançamento regular dos tributos e o momento depois de solicitadas as informações pela autoridade fiscal na atividade administrativa de fiscalização tributária, a partir de onde seria possível invocar a não produção de provas contra si mesmo.

Nesse segundo sentido, pondera Hugo de Brito Machado, defendendo que:

> [...] no momento em que o fiscal de tributos vai ao estabelecimento do contribuinte, está, ainda que apenas tacitamente, afirmando ser este um infrator da lei. Inadmissível, também, é o argumento segundo o qual os crimes em questão, por suas peculiaridades, exigem tratamento diverso do que é dispensado em relação aos acusados em geral. Inadmissível porque não se pode conceber seja o contribuinte tratado com maior rigor do que o dispensado aos autores de crimes como o tráfico de drogas, o sequestro, o homicídio, o latrocínio e tantos outros, muito mais graves, muito mais danosos para a sociedade. Se os autores de todos esses crimes têm o direito ao silêncio, e o direito até de mentir para não se autoincriminarem, como se pode negar o mesmo direito ao contribuinte que eventualmente tenha praticado um ilícito tributário, hoje definido como crime?[18]

Ocorre que, ao que nos parece, pretende quem se filia a tal posicionamento, igualar a aplicação do direito à não autoincriminação

---

[17] No aspecto temporal, não pode ser mais notória a distinção entre alguém que está algemado e que, cinco minutos antes, não estava. A jurisprudência americana bate muito na tecla de que, quanto mais tempo houver entre a prisão e a acusação formal, maior a chance de eventual confissão ter sido forçada e, destarte, não poder ser admitida em juízo. [...] Em *McNabb v. US*, de 1943, a Suprema Corte anulou a condenação de vários homens que estiveram submetidos a interrogatório de Procuradores da República (*federal prosecutors*) por três dias. Em *Mallory v. US*, de 1957, passaram-se 18 horas entre a prisão e o "arraigment". Considera-se que o "sistema" mudou. Com uma carga acusatória sobre o indivíduo – e sua detenção, de preferência com algemas, é prova e símbolo disso –, acaba o dever cívico de colaboração e se dá início ao que os americanos chamam de "sistema adversário". A zona cinzenta, aqui, costuma ser curta e fácil de ser discernida (LEMOS JÚNIOR, Ivaldo. *Cláusula de Miranda*: e os três fantasmas que se divertem no processo penal brasileiro. 1. ed. Brasília: Gazeta Jurídica, 2015, p. 71).

[18] MACHADO, Hugo de Brito. Crimes contra a ordem tributária – aspectos práticos e aplicação da lei. *Bol. IBCCrim*, São Paulo, n. 83, p. 6, out. 1999. Do mesmo autor: Machado, Hugo de Brito. O direito ao silêncio e o dever de informar. *Repertório IOB de Jurisprudência*, São Paulo, 21, p. 413, 1ª quinzena de nov. 1993.

no âmbito penal, que, historicamente, foi assim pensado, para a matéria tributária.

Todavia, além de não ser essa a opção do legislador, que tipificou o crime do já mencionado artigo 1º, inciso I, da Lei nº 8.137/90, deixando clara a intenção do ordenamento jurídico de não amparar a conduta do contribuinte que não colabora com as investigações na atividade de fiscalização tributária, a aplicação ou não do referido direito deve perpassar por uma análise do princípio da proporcionalidade.

Isso porque os princípios da igualdade e livre concorrência, que estão envoltos na problemática da aplicação ou não do princípio do *nemo tenetur se detegere* em matéria de fiscalização tributária, como visto, também são princípios de ordem constitucional, sendo que até mesmo em matéria penal há situações em que se discute a sua não aplicação, por não se tratar de um princípio absoluto.

Conforme explica Paulo Mário Canabarro Trois Neto,[19] "a justificação constitucional de barreiras do direito de não se autoincriminar deve ser feita no plano dos princípios, pelos critérios de solução das colisões de princípios", razão pela qual passamos a essa análise.

3 O princípio da proporcionalidade como vetor interpretativo na análise dos limites do direito à não autoincriminação

Conforme Karl Larenz, citado por Inocêncio Mártires Coelho, o princípio da proporcionalidade,

> [...] utilizado, de ordinário, para aferir a legitimidade das restrições de direitos – muito embora possa aplicar-se também, para dizer do equilíbrio na concessão de poderes, privilégios ou benefícios –, [...] em essência, consubstancia uma pauta de natureza axiológica que emana diretamente das ideias de justiça, equidade, bom senso, prudência, moderação, justa medida, proibição de excesso, direito justo e valores afins; precede e condiciona a positivação jurídica, inclusive de âmbito constitucional; e, ainda, enquanto princípio geral do direito, serve de regra de interpretação para todo o ordenamento jurídico.[20]

---

[19] TROIS NETO, Paulo Mário Canabarro. *Direito à não autoincriminação e direito ao silêncio*. Porto Alegre: Livraria do Advogado, 2010, p. 136.

[20] LARENZ, Karl; LAMEGO, Jose (Trad.); FREITAS, Ana (rev.). Metodologia da ciência do direito. 2. ed. Lisboa: Fundação Calouste Gulbenkian, 1989, p. 144-145. *In*: COELHO, Inocêncio Mártires. *Interpretação Constitucional*. 3. ed. São Paulo: Saraiva, 2007, p. 109.

O referido princípio perpassa pela análise de três subprincípios, quais sejam: a necessidade (de restrição do direito pela impossibilidade de utilização de outra medida menos gravosa), a adequação (o meio adequado deve alcançar o objetivo visado) e a proporcionalidade em sentido estrito (deve-se analisar se a realização do objetivo se dará com a mínima restrição de outros valores constitucionais).[21]

Discorrendo melhor sobre sua aplicação no que diz respeito à imposição de limitações acerca do direito à não autoincriminação, Trois Neto afirma que:

> A determinação da existência de uma posição jusfundamental definitiva de não colaboração ou não submissão a uma determinada diligência persecutória pode reclamar do aplicador do direito o percurso de três etapas. Na primeira, deve se analisar se a consequência jurídica buscada, no caso, a proibição de se exigir do imputado uma determinada conduta, ativa ou omissiva, no âmbito do procedimento, forma parte do conteúdo do direito *prima facie*. Na segunda, verifica-se se existem barreiras à posição jusfundamental de não colaboração. Se não houver normas que de algum modo a afetem ou a eliminem, reconhece-se a proibição definitiva de exigir do imputado a conduta cogitada. Se houver barreiras, será necessário ultrapassar uma terceira etapa, na qual ocorre a ponderação entre os princípios colidentes. Com base no critério da proporcionalidade, então, deve-se avaliar, por meio do cotejo de razões e contrarrazões, se a aplicação das barreiras está justificada constitucionalmente. Se, no caso concreto, as barreiras não passarem no teste da proporcionalidade, impõe-se a proteção definitiva da posição jusfundamental de não colaboração e, correlatamente, a proibição definitiva de o Estado nela intervir.[22]

Partindo de tais premissas, é possível inferir que atende ao princípio da proporcionalidade o contribuinte não ter o direito à não autoincriminação durante o procedimento de fiscalização tributária, ou seja, não ter o direito de não colaborar com as investigações na fiscalização tributária, tendo em vista que a medida consistente em exigir que assim o faça não é abusiva.

Perpassando por cada um dos elementos que constituem a análise do princípio da proporcionalidade, observa-se que tal medida é necessária, já que a administração e fiscalização tributárias dependem

---

[21] LENZA, Pedro. *Direito constitucional esquematizado*. 22. ed. São Paulo: Saraiva, 2018, p. 179-180.

[22] TROIS NETO, Paulo Mário Canabarro. *Direito à não autoincriminação e direito ao silêncio*. Porto Alegre: Livraria do Advogado, 2010, p. 135-136.

da colaboração dos contribuintes com o fornecimento de informações para que seja possível o perfeito funcionamento do sistema arrecadatório estatal.

Também é a medida adequada, atingindo o objetivo pretendido, que é o de obter tais informações necessárias para a apuração e constituição dos créditos tributários.

E, por fim, pode-se falar que a medida também atende à proporcionalidade em sentido estrito, a não aplicação do referido direito em matéria tributária importa na mínima restrição de outros dois princípios constitucionais de suma importância, que são os princípios da igualdade e livre concorrência, que restariam atingidos frontalmente, caso fosse conferida aplicação absoluta do *nemo tenetur se detegere*.

Corroborando com tal conclusão, Clara Mota pontua com precisão que:

> Por outro lado, importa observar que é estreme de dúvidas que os documentos cuja manutenção e publicidade são obrigadas por lei não estão protegidos por sigilo decorrente do direito à não autoincriminação. Assim ocorre com os registros contábeis da empresa, livros comerciais e fiscais, etc. A organização e disponibilização destes documentos são atitudes essenciais para uma prática corporativa saudável, visto que eles traduzem o desenho elementar da pessoa jurídica. É possível traçar o seguinte paralelo: esses livros e documentos obrigatórios, juntamente com o estatuto ou contrato social, estão para as pessoas jurídicas assim como a identificação civil está para as pessoas físicas. Explica-se. A noção de empresa envolve necessariamente algum grau de função social e de publicização, de sorte que as corporações, cada vez mais, estão inseridas na comunidade de forma transparente, estando sujeitas, em algumas modalidades de negócio, a farta regulação. Uma parcela de privacidade deve ser abdicada para que a coletividade, composta por consumidores, investidores, governo, etc., saiba o que a empresa é e minimamente o que nela ocorre. É razoável exigir, portanto, o dever de escrituração, dentre outros congêneres. E do mesmo modo que o privilégio contra a autoincriminação não garante que o indivíduo deixe de se identificar, não autoriza que a empresa deixe de manter esses dados e de permitir acesso a esses básicos elementos da sua configuração.[23]

Por tais razões, é que não pode o contribuinte se valer do privilégio contra a autoincriminação para tentar tornar ilegítima a atividade da

---

[23] SANTOS, Clara Mota. Aplicabilidade e limites do direito à não autoincriminação no processo administrativo fiscal. *Revista da AGU*, p. 157.

autoridade fiscal, encarregada de tomar as providências necessárias para investigação e apuração dos fatos e acontecimentos em torno do fato gerador da obrigação tributária, com vistas ao seu correto lançamento.

E isso se aplica inclusive para quando o contribuinte é intimado a prestar informações e esclarecimentos, tendo em vista que o procedimento fiscal em questão caracteriza-se por ser inquisitório, não havendo que se falar, sobretudo pelo dever de colaboração, em ofensa ao direito em comento.

Ora, conforme os ensinamentos de Domenico Pulitano, citado por Maria Elizabeth Queijo, valendo-se do Direito italiano, onde o debate em torno da questão se deu com bastante ênfase,

> [...] o *nemo tenetur se detegere* não pode ser invocado quando a razão de ser do dever de declarar, sob sanção penal, é a essência da norma que tutela determinado bem jurídico. Segundo referido autor, não se pode considerar o *nemo tenetur se detegere* uma causa de escusa geral, porque se transformaria em um privilégio injustificável, especialmente considerando-se que, por vezes, são feridos interesses de terceiros. É o que ocorre nos delitos de falsa comunicação social, como, v.g., balanços falsos, que podem lesar o interesse de terceiros. Desse modo, se se reconhecesse que o *nemo tenetur se detegere* levaria à não punibilidade do crime de falso balanço, porque este nada mais seria do que encobrimento de delito anteriormente praticado, os interesses de terceiros seriam afetados e violado o bem jurídico tutelado pela norma.[24]

Assim, conclui a autora, acertadamente, que o referido princípio "não apresenta decorrências no plano do direito penal. Sua esfera de incidência, segundo essa orientação, restringe-se ao processo penal".[25]

Conclusão

Por todo o exposto, é possível sustentar a existência de um ônus legal para o contribuinte, que consiste em suportar a ação fiscalizatória da administração tributária, fornecendo todas as informações e documentos necessários para garantir o seu pleno sucesso e eficácia.

---

[24] PULITANO, Domenico. Nemo tenetur se detegere: quali profili di diritto sostanziale? *Rivista Italiana di Diritto e Procedura Penale*, Milano, p. 1271-1301, out./dez. 1999 *apud* QUEIJO, Maria Elizabeth. *O direito de não produzir prova contra si mesmo*: o princípio *nemo tenetur se detegere* e suas decorrências no processo penal. São Paulo: Saraiva, 2003, p. 417.

[25] QUEIJO, Maria Elizabeth. *O direito de não produzir prova contra si mesmo*: o princípio *nemo tenetur se detegere* e suas decorrências no processo penal. São Paulo: Saraiva, 2003, p. 416.

Ora, o argumento histórico, que indica ter sido o direito à não autoincriminação pensado para ser aplicado no âmbito penal, bem como a interpretação do texto constitucional não amparam sua utilização em matéria tributária.

E, ainda que fosse possível cogitar essa hipótese, por meio de uma análise do dever fundamental de colaboração do contribuinte com a administração tributária, logo se chega à conclusão contrária.

Isso porque, com o auxílio do princípio da proporcionalidade aplicado a tal colisão de direitos, verifica-se que conferir aplicabilidade absoluta ao *nemo tenetur se detegere* no ordenamento jurídico brasileiro, inclusive no que tange ao Direito Tributário, significaria ferir severamente os princípios da igualdade e livre concorrência.

Na medida em que a intenção da tributação é gerar receita para a concretização dos direitos fundamentais, sobretudo os sociais, a não autoincriminação estaria ocasionando algo tão prejudicial para o cidadão quanto a ineficiência do Estado em suas prestações para com ele, que é o funcionamento descontrolado de um mercado pautado na concorrência desigual e desleal, já que a economia de um país interfere diretamente na vida das pessoas.

Desse modo, é importante destacar a necessidade de uma análise cautelosa por parte da doutrina e da jurisprudência do tema ora discutido, que não pode ser considerado sem a consideração das premissas estabelecidas no presente estudo, a fim de garantir sua coerente aplicação.

Informação bibliográfica deste texto, conforme a NBR 6023:2018 da Associação Brasileira de Normas Técnicas (ABNT):

BEDÊ JUNIOR, Américo; BREDA, Lara Carvalho. A impossibilidade de aplicação do direito à não autoincriminação no procedimento de fiscalização tributária. *In*: SARAIVA FILHO, Oswaldo Othon de Pontes; SIQUEIRA, Julio Homem de; BEDÊ JÚNIOR, Américo; FABRIZ, Daury César; SIQUEIRA, Junio Graciano Homem de; CUNHA, Ricarlos Almagro Vitoriano (Coord.). *Limitações formais e materiais ao poder de tributar*. Belo Horizonte: Fórum, 2021. p. 329-344. (Coleção Fórum Princípios Constitucionais Tributários – Tomo II). ISBN 978-65-5518-122-7.

PRINCÍPIO DA LIMITAÇÃO AO TRÁFEGO DE PESSOAS OU BENS

MARILENE TALARICO MARTINS RODRIGUES

A Constituição Federal, como Lei Suprema do País, contém um conjunto de normas e princípios que regem a sociedade, com ordens sólidas de compromisso com a *segurança jurídica e força hierárquica superior* dentro do ordenamento jurídico em relação às demais normas, que limitam o Poder Público e estabelecem os direitos e garantias dos cidadãos.

Tais normas de hierarquia superior têm por objetivo estruturar o Estado, a organização dos entes federativos, de seus órgãos e a definição de suas competências, com o que se torna necessário *harmonizar toda legislação* infraconstitucional, como pressuposto de sua validade.

Assim, no capítulo dedicado *"Das Limitações ao Poder de Tributar"* – Seção II, a Constituição Federal, em seu artigo 150, inciso V, estabelece:

> Art. 150 – Sem prejuízo de outras garantias asseguradas ao contribuinte, é vedado à União, aos Estados, ao Distrito Federal e aos Municípios:
> (...)
> V – estabelecer limitações ao tráfego de pessoas ou bens, por meio de tributos interestaduais ou intermunicipais, ressalvada a cobrança de pedágio pela utilização de vias conservadas pelo Poder Público.

O *princípio veda estabelecer limitações ao tráfego de pessoas ou bens por meio de tributos interestaduais ou intermunicipais.* Ressalvada, no entanto, a *cobrança de pedágio pela utilização de vias conservada pelo Poder Público.*

Assim, entre as garantias asseguradas ao contribuinte a que faz menção o art. 150, V, da Constituição Federal, está a *vedação ao tráfego de pessoas ou bens*, por meio de tributos.

Proíbe, assim, que dentro dos territórios *Estadual, Municipal ou Distrital*, seja *exigido tributo como meio de limitação ao tráfego de pessoas e de bens*, ressalvada a cobrança de *taxa de pedágio de vias conservadas pelo Poder Público*.

Tais desonerações estão fora da *competência tributária*, dos entes Federados (Estados e Municípios) e Distrito Federal, por vedação Constitucional.

É preciso considerar que o tributo *não é apenas um valor em dinheiro a ser entregue ao Fisco, sem outras repercussões*; consiste, em verdade, numa prestação pecuniária cuja exigência é disciplinada pela Constituição e que atinge direta e necessariamente *dois direitos fundamentais do sujeito passivo: o direito de propriedade e o direito de liberdade*, como é o caso do "princípio da limitação ao tráfego de pessoas ou bens", não podendo interferir na liberdade de *ir e vir*, mediante a exigência de tributo.

Em consequência, há inegável interesse público na defesa de direitos individuais de origem homogênea, que têm origem numa mesma obrigação tributária, caso essa obrigação esteja afetando indevidamente *o exercício de direitos fundamentais*. Não se pode, portanto, ter uma visão *estreita do conceito de tributo*. Sua exigência repercute na esfera jurídica de cada pessoa física, de cada pessoa jurídica, atingindo a liberdade e a propriedade de cada um e, por vezes, vulnerando outros direitos.[1]

Por esta razão o princípio da "não limitação ao tráfego de pessoas e bens", contido no art. *150, V, da CF*, segundo o qual é vedado às pessoas políticas *estabelecer limitações ao tráfego de pessoas ou de bens*, por meio de tributos *interestaduais ou intermunicipais, ressalvada a cobrança de pedágio pela utilização de vias conservadas pelo Poder Público*.

José Afonso da Silva, ao comentar o dispositivo constitucional, escreve:

> 9. *PRINCÍPIO DA ILIMITABILIDADE DO TRÁFEGO DE PESSOAS OU BENS*. O princípio veda estabelecer limitações ao tráfego de pessoas ou bens por meio de tributos interestaduais ou intermunicipais. Ressalvada, no entanto, a cobrança de pedágio pela utilização de vias conservadas pelo Poder Público. O princípio é uma regra complementar do direito à livre circulação de pessoas e de bens. O pedágio não tem sido considerado

---

[1] COSTA, Regina Helena. *Curso de Direito Tributário* – Constituição e Código Tributário. 2ª tiragem. São Paulo: Saraiva, 2009. p. 438.

tributo, mas uma forma de preço público. Agora, ao fazer a ressalva dele em relação aos tributos, fica ainda maior dúvida quanto à sua natureza. Enfim, ele está efetivamente no limiar do conceito de "tributo", tudo dependendo de se dar, ou não, razoável opção aos usuários quanto a outra via não sujeita ao pedágio; mas, na medida em que expande a todas as rodovias, sua caracterização tributária se acentua.[2]

A norma prestigia, em última análise, *a liberdade de locomoção no território nacional, contemplada no art. 5º, XV, da CF*, inviabilizando sejam instituídos tributos que possam embaraçar o tráfego de pessoas ou bens entre Estados ou entre Municípios.

A exceção ao princípio posto pela Constituição Federal (art. 150, V) é o pedágio, em razão de sua exigência restringir o tráfego de pessoas e bens, é que o Constituinte houve por bem vedar a sua exigência.

Liberdade de tráfego e pedágio

O art. 150, V, ao dispor ser vedado às pessoas políticas "estabelecer limitações ao tráfego de pessoas ou bens", por meio de tributos interestaduais ou intermunicipais, fez expressa ressalva à cobrança de pedágio pela utilização de vias conservadas pelo Poder Público, em todo o território nacional, em razão de ser o Brasil uma Federação.

O objetivo da ressalva é evidente. A exação, que tem *natureza de taxa*, é instituída para *custeio do serviço de conservação e/ou reparação de vias públicas*, colocadas à disposição do usuário.

Durante algum tempo foi discutido longamente pela doutrina se a natureza jurídica do pedágio caracterizava *taxa* ou *preço público*. Considerando a sua *natureza tributária*, o Supremo Tribunal Federal ao examinar o *RE nº 181.475-6-RS*, tendo como *Relator o Ministro Carlos Velloso*, através de sua 2ª Turma, decidiu, em 04.05.99, com a seguinte ementa, que o *pedágio tem natureza de taxa*:

> *EMENTA – CONSTITUCIONAL TRIBUTÁRIO. PEDÁGIO. Lei 7.712, de 22/12/88.*
> *I – Pedágio: natureza jurídica: taxa: CF, art. 145, II, art. 150, V.*
> *II – Legitimidade constitucional do pedágio instituído pela Lei 7.712, de 1988.*
> III – R.E. não conhecido.

Do voto do Relator merece destaque o seguinte trecho:

---

[2] *Comentário Contextual à Constituição* – Malheiros Editores, 1ª edição, 2ª tiragem, p. 656.

Primeiro que tudo, deixo expresso o meu entendimento no sentido de que o pedágio, objeto da causa é espécie tributária, constitui-se numa taxa. O fato de ter sido o pedágio tratado no Sistema Tributário Nacional exatamente nas limitações ao poder de tributar – CF, art. 150, V – é significativo. Ora, incluído numa ressalva a uma limitação á tributação, se fosse preço, a ressalva não teria sentido. É dizer, se está a Constituição tratando de limitações à tributação, não haveria sentido impor limitação a um preço (tarifa), que tem caráter contratual, assim incluído no regime de direito.

O pedágio tem natureza jurídica de taxa. A lição é velha e de lavra ilustre. Ensina Aliomar Baleeiro:

O proprietário de um veículo força o Poder Público a melhorar pavimentações, instalar sinalizações elétricas, inspecionar periodicamente máquinas e freios, dirigir o tráfego nos pontos de congestionamento e estabelecer permanente polícia da velocidade e da observância das regras de prudência e perícia no trânsito. A taxa fornece à autoridade o meio de o automobilista indenizar o Estado pelo uso de coisa conveniente a seus interesses, mas que ocasiona riscos para o público e maiores despesas para os serviços governamentais.[3]

Sustenta-se, no RE, que o pedágio teria o mesmo fato gerador do IPVA. A hipótese de incidência do IPVA é a propriedade de veículos automotores (CF, art. 155, III) e o sujeito passivo do IPVA é o proprietário do veículo. Registre-se: a propriedade do veículo e não o veículo é que se constitui em hipótese de incidência do IPVA.

Já a hipótese de incidência do pedágio é a conservação da estrada ou rodovia e ocorre quando da utilização de rodovias federais, pontes e obras de arte especiais que as integrem (Lei nº 7.712/88, art. 1º). Contribuinte do pedágio é o usuário de rodovia (Lei nº 7.712/88, art. 2º).

Também a base de cálculo do pedágio não é a mesma do IPVA.

Com efeito.

A base de cálculo do IPVA é o valor do veículo.

Já o pedágio instituído pela Lei nº 7.712, de 1988, não tem base de cálculo, porque é ele um tributo fixo. É dizer, na Lei nº 7.712, de 1988, já está fixado o seu *quantum*. O fato de a lei mandar observar, na fixação do *quantum*, tipo, número de eixos e ano de fabricação do veículo não tem relevância, conforme o magistério de José Souto Maior Borges:

8.11 - O tipo, número de eixos e ano de fabricação do veículo automotor nada têm a ver com base de cálculo. São contudo fatores legais de fixação do quantum devido, a título de rodágio, inteiramente correlacionados com a sua hipótese de incidência tal como a CF a desenha: a utilização

---

[3] *Direito Tributário Brasileiro*. 11. ed. Rio de Janeiro: Forense, 1981, p. 324.

de rodovias conservadas. São fatores idôneos e razoabilíssimos para medir presumidamente (o que é factível e constitucional) a capacidade de utilização mais ou menos intensa da rodovia.

O número de eixos está vinculado à capacidade de carga, peso e lotação do veículo; logo também A possibilidade de maior ou menor depreciação da rodovia. Em que esses fatores são incompatíveis com uma taxa de pedágio? Em absolutamente nada!

Sustenta-se, também, que o pedágio da Lei nº 7.712/88 seria ofensivo ao princípio da igualdade: aquele que utiliza a rodovia apenas uma vez paga o mesmo daquele que a utiliza diariamente.

O que deve ser considerado é que o Poder Público, ao invés de optar pelo custeio mediante impostos, caso em que todos pagariam, quer utilizassem ou não a rodovia, optou pela taxa, que será paga apenas pelos beneficiários do serviço público de conservação da estrada. O fato é que a rodovia está aberta ao uso, durante todo o mês, a todos. Se uns usam mais e outros usam menos, isto não constitui ofensa ao princípio da igualdade, convindo esclarecer que o pagamento do pedágio se faz para todo o mês. É dizer, o selo do pedágio vale para todo o mês.

Registre-se no ponto, a afirmativa posta no voto do eminente Juiz Teori Zavascki, no sentido de que o princípio isonômico "jamais foi sinônimo de igualdade matemática, senão que há de ter, como suporte, uma igualdade de natureza axiológica. Considerar a isonomia apenas à luz da ideia de igualdade matemática implicaria, por exemplo, a impossibilidade de cobrança de taxa de valor idêntico do contribuinte que utiliza o serviço público e do que não utiliza, embora o tenha à disposição. Da mesma forma, no caso concreto, exigir do legislador o estabelecimento de igualdade absoluta entre os usuários da rodovia implicaria, na prática, tornar inócua, por absoluta inviabilidade concreta, autorização constitucional de cobrança de pedágio (Fls. 353/354). Do exposto, não conheço do recurso".

Reportando-me ao voto supratranscrito, não conheço do recurso.

Algumas considerações sobre a espécie tributária "taxas" em nosso ordenamento jurídico são necessárias para melhor compreensão da matéria, em seus aspectos constitucionais e infraconstitucionais a partir do Código Tributário Nacional, que foi recebido pela Constituição Federal de 1988 como lei complementar à Constituição.

O perfil das *taxas* e seu processo de criação têm início na Constituição, que em seu art. 145, II, §2º, estabelece a atribuição para serem instituídas, pelos entes tributantes, nos seguintes termos:

Art. 145 – A União, os Estados, o Distrito Federal e os Municípios poderão instituir os seguintes tributos:

II – taxas, em razão do exercício do poder de polícia ou pela utilização, efetiva ou potencial, de serviços públicos específicos e divisíveis, prestados ao contribuinte ou postos a sua disposição.
§2º – As taxas não poderão ter base de cálculo própria de impostos.
E o art. 146, III, da CF, está assim conformado:
Art. 146 – Cabe à lei complementar:
III – estabelecer normas gerais em matéria de legislação tributária, especialmente sobre:
a) definição de tributos e de suas espécies, bem como, em relação aos impostos discriminados nesta Constituição a dos respectivos fatos geradores, bases de cálculo e contribuintes.
b) obrigação, lançamento, crédito, prescrição e decadência tributários.

A lei complementar a que faz menção a norma constitucional é o Código Tributário Nacional, que tem eficácia de lei complementar e foi assim recepcionado pela Constituição Federal de 1988, por força do art. 34, §5º, do ADCT, em seu art. 77, dispõe:

Art. 77 – As taxas cobradas pela União, pelos Estados, pelo Distrito Federal ou *pelos Municípios*, no âmbito de suas respectivas atribuições, têm como fato gerador o *exercício regular de poder de polícia*, ou a *utilização, efetiva* ou *potencial*, de *serviço público específico e divisível*, prestado ao contribuinte ou posto à sua disposição.
E o art. 79, também do CTN, contém a seguinte dicção:
Art. 79 – Os serviços públicos a que se refere o art.77 consideram-se:
I – utilizados pelo contribuinte:
a) *efetivamente*, quando por ele usufruídos a qualquer título;
b) *potencialmente*, quando sendo de utilização compulsória, sejam postos à sua disposição mediante atividade administrativa em *efetivo funcionamento*;
II – *específicos*, quando possam ser destacados em unidades autônomas de intervenção, de utilidade ou de necessidade públicas;
III – *divisíveis*, quando suscetíveis de utilização, separadamente, por parte de cada um dos seus usuários.

Da leitura das disposições legais anteriores, percebe-se que nas *taxas* há uma relação de *subordinação* e de *imposição*, em relação aos *serviços públicos*, impondo a quem desses serviços necessitar as taxas necessárias à sua objetivação, dentro do regime jurídico, constitucional pertinente.

Taxas pelo exercício do poder de polícia

O art. 78 do CTN, ao conceituar o "poder de polícia", assevera que:

Considera-se *poder de polícia a atividade da administração pública*, que, limitando ou disciplinado direito, interesse ou liberdade, *regula a prática de ato ou abstenção de fato*, em razão do interesse público concernente à segurança, à higiene, à ordem, aos costumes, à disciplina da produção e do mercado, ao exercício de atividades econômicas dependentes de concessão ou autorização do Poder Público, à tranquilidade pública, ou ao respeito à propriedade e aos direitos individuais ou coletivos.

§ único: Considera-se *regular o exercício do Poder de Polícia quando desempenhado pelo órgão competente nos limites da lei aplicável* com observância do processo legal e, tratando-se de atividade que a lei tenha como discricionária sem abuso ou desvio de poder.

O poder de polícia deve, assim, ser exercido, pelo órgão administrativo competente, *nos limites da lei*, considerando-se a causa a que foi instituída. A título exemplificativo, podemos citar:

A causa da *Taxa de Licença* para Localização e Funcionamento é *atividade municipal de vigilância, controle e fiscalização do cumprimento da legislação específica*, ditada pelo exercício do poder de polícia, na salvaguarda do interesse público.

A causa da *Taxa de Combate a Sinistros* é a *atividade municipal de assistência, combate e extinção de incêndios ou de outros sinistros em prédios*.

Ainda por disposições constitucionais, as *taxas não podem ter a mesma base de cálculo dos impostos*, na forma do §2º do art. 145 da CF.

Para o cálculo das *taxas* o Poder Público que as instituir deve levar em conta o *custo efetivo* do *serviço prestado* ou posto à disposição do contribuinte.

É que as *taxas*, por sua própria natureza, representam o *ressarcimento do valor da atuação estatal a elas correspondentes*, somente podem ser medidas a partir dos *custos dessa atuação*.

A eleição de base de cálculo *diversa do valor* (custo) *da atividade estatal* importa criar tributo *ilegítimo e inconstitucional*.

As *taxas* não se confundem com os *impostos*, em razão do vínculo que se estabelece, como tem entendido a melhor doutrina ao classificar os tributos em *vinculados e não vinculados*.

Os tributos *não vinculados* são os *impostos*, que são arrecadados independentemente de uma atuação específica do ente tributante, consoante se lê do art. 16 do CTN, assim conformado:

Art. 16 – Imposto é o tributo cuja obrigação tem por fato gerador uma situação *independente de qualquer atividade estatal específica*, relativa ao contribuinte.

Já os *tributos vinculados* são as *TAXAS* que são arrecadadas em razão do exercício do poder de polícia, ou utilização, efetiva ou potencial de serviço público específico e divisível prestado ao contribuinte ou posto à sua disposição. Nesses casos há uma atuação dos Poderes Públicos *vinculada à sua causa*, por ser de *caráter contraprestacional*. O custo total do serviço gera o custo individual para todos os contribuintes que tenham tal benefício.

Questão polêmica surgiu com a Constituição Federal de 1988, que, ao afirmar que os serviços públicos serão custeados por meio de *tributos, denominados taxa*, também admite, expressamente, a prestação de serviços mediante concessão ou permissão (art. 175 da CF).[4]

Embora tendo a Constituição autorizado o regime de concessão ou permissão para os serviços públicos (art. 175), tendo o pedágio natureza tributária a rigor, não poderia ser transferida a cobrança da taxa para empresas privadas.

Em nota de atualização da obra de Aliomar Baleeiro, Misabel Derzi, sobre "o pedágio e a unidade econômica do Território Nacional na Constituição de 1988", escreve:

> Também a Constituição de 1988 veda a União, aos Estados, ao Distrito Federal e aos Municípios:
> Art. 150...
> (...)
> V – estabelecer limitações ao tráfego de pessoas ou bens por meio de tributos interestaduais ou intermunicipais, ressalvada a cobrança de pedágio pela utilização de vias conservadas pelo Poder Público.

A licença constitucional para cobrança de pedágio encontra limitações de dupla natureza, aquelas específicas, advindas do mesmo art. 150, V; e aquelas genéricas, que decorrem do regime próprio das taxas, disciplinado no art. 145.

Como limitações específicas, a Constituição impõe no art. 150, V, que a hipótese da taxa-pedágio seja:

a) A utilização de via pública, como uso real e efetivo, não meramente potencial;

b) A existência de serviço público de conservação de vias públicas, específico e divisível, efetivamente prestado ao contribuinte.

---

[4] O art. 175 da CF dispõe:
"Incumbe ao Poder Público, na forma da lei, diretamente ou sob regime de concessão ou permissão, sempre através de licitação, a prestação de serviços públicos".

Por sua vez, o art. 145 da Constituição Federal somente admite duas espécies de taxas, aquelas que têm como hipótese ou o serviço público específico e divisível ou o exercício do poder de polícia. Assim está redigido o citado artigo:

> Art. 145. A União, os Estados, o Distrito Federal e os Municípios poderão instituir os seguintes tributos:
> (...)
> II – taxas, em razão do exercício do poder de polícia ou pela utilização, efetiva ou potencial, de serviços públicos específicos e divisíveis, prestados ao contribuinte ou postos a sua disposição.

Como se observa, a Constituição exige que o serviço público, posto como pressuposto fático de taxa, seja, em qualquer circunstância, específico e divisível. A utilização pode ser em potencial, mas a divisibilidade do serviço, mesmo nesse caso, continua sendo requisito inafastável.

Serviço público específico é atividade que congrega meios materiais, pessoal e organização, mantida, regida e controlada pelo estado, para satisfação de uma necessidade pública em regime de Direito Público (Ver Celso A. Bandeira de Mello, *Elementos de Direito Administrativo*. São Paulo: Revista dos Tribunais, 1980). Mas, sendo específico, nem sempre será divisível. A divisibilidade supõe a possibilidade de identificação de cada contribuinte-usuário e a medida de sua utilização efetiva ou potencial.

(...)

Portanto, os serviços absolutamente indivisíveis não podem dar ensejo à cobrança de taxas. Os relativamente indivisíveis que, no momento de sua utilização, possibilitam, separadamente, a individualização e a graduação do uso por cada usuário, podem desencadear a obrigação de pagar a taxa. Não obstante, não poderão dar ensejo à cobrança de taxa independentemente do uso, simplesmente por estarem à disposição dos contribuintes, porque, nesse quadro, inexiste possibilidade de identificação de usuários e sua utilização efetiva o potencial. Finalmente os divisíveis, de uso compulsório, são suscetíveis de gerar obrigação tributária, quer o uso seja efetivo ou potencial, porque os usuários são sempre identificáveis e a atuação estatal, em todo o caso, não perde sua referibilidade ao obrigado.[5]

O pedágio, por força do art. 150, V, tem natureza de taxa de serviço público e conservação.

---

[5] *Direito Tributário Brasileiro*. 11. ed. atualização por Misabel Derzi, 1999, p. 110 e 111.

Roque Antonio Carrazza faz menção à antiga taxa do selo pedágio, instituída para custeio do serviço de conservação de *estradas federais*, ao escrever:

> O pedágio, tal como vinha sendo cobrado nas rodovias federais (através do "selo pedágio", renovável mês a mês), era inconstitucional.
>
> O assunto há via sido disciplinado pela Lei Federal 7.712, de 22.12.88 (regulamentada pelo Decreto 97.532, de 17.2.89, detalhado pela Instrução Normativa Conjunta nº 27, de 23.03.89). Nesta Lei estava estabelecido, em suma, que: a) o contribuinte do pedágio era usuário de rodovia federal, posta sob a jurisdição do Departamento Nacional de Estradas de Rodagem (DNER); b) o gravame era recolhido mês a mês, segundo o disposto em regulamento, e, c) o valor do tributo variaria de acordo com o tipo de veículo automotor e seu ano de fabricação, conforme tabela anualmente ajustada.
>
> É fácil percebermos que a lei em questão afrontava o princípio da indelegabilidade das funções legislativas, já que remetia a fixação do 'quantum debeatur' do pedágio a atos regulamentares. Além disso, a lei exigia que, para se chegar ao montante devido de pedágio, fosse levado em conta não apenas o desgaste rodoviário que o veículo provocava, mas, também, seu valor de mercado. Com isto, a exação assumia as feições (inconstitucionais) de adicional do IPVA (imposto sobre a propriedade de veículos automotores).
>
> Com efeito, o 'quantum' do pedágio não variava apenas de acordo com o custo aproximado do serviço de conservação das rodovias federais, que o veículo, o que, evidentemente, não era índice idôneo para mensurar o desgaste provocado na rodovia.
>
> Melhor dizendo, proprietário de veículos da mesma marca e tipo pagavam, à guisa de 'selo-pedágio', quantias diferentes, dependendo, apenas de seu ano de fabricação (valor maior, para o proprietário do veículo mais moderno). Ora, pelo menos em tese, veículos de mesmas dimensões e pesos, provocam idêntico desgaste na rodovia (aliás, é até sustentável que o veículo mais antigo, estando mais sujeito a avarias que o novo, provoca desgaste maior na rodovia).
>
> Nitidamente, neste caso, a base de cálculo do 'selo-pedágio' levava em conta o valor de veículo, coincidindo, destarte, com a base de cálculo do IPVA. Havia, aí, segundo pensamos, duas inconstitucionalidades: uma, por burla ao art. 145, parágrafo 2º, da CF e, outra, por invasão de competência impositiva residual.
>
> O 'selo-pedágio', tendo a mesma base de cálculo do IPVA, tipificava um adicional deste tributo. Ora, na medida em que a União não está credenciada a instituir este imposto, devemos forçosamente reconhecer que ele era inconstitucional, por invasão de competência.

Notamos, ainda, que o valor mensal pago, a título de 'selo-pedágio', era o mesmo, quer o contribuinte usasse a rodovia federal uma única vez ou centenas de vezes, ao longo do mês. Isto feria, a nosso juízo, o princípio da isonomia, que, na hipótese, exigia que quem usasse mais vezes a rodovia federal, pagasse – justamente por provocar um desgaste maior na rodovia – mais pedágios, do que quem a utilizasse um número menor de vezes. Naturalmente, o proprietário de veículo automotor que, durante o mês, não usasse a rodovia federal, nada devia pagar; uma vez que inexiste utilização em potencial de rodovia (e, se existisse, seria inconstitucional).

Por todos estes motivos, sustentamos que o pedágio devia ser cobrado, sempre que o contribuinte, com seu veículo automotor, utilizasse a via conservada pelo Poder Público. O valor do gravame deveria variar de acordo com o desgaste potencial que o veículo provocasse na rodovia: nunca, com base no valor de mercado do veículo. Exemplificando, quem ingressasse em rodovia com veículo de pequenas dimensões (v.g., um automóvel), devia pagar menos pedágio que quem a percorresse com veículo pesadíssimo (p. ex., um caminhão de grande porte). Era, pois, o desgaste potencial que o veículo provocava na rodovia, que devia determinar a variação do 'quantum' desta exação. Nunca, como acontecia nas rodovias federais, o valor de mercado do veículo (proprietário de veículo moderno pagando mais pedágio do que proprietário de veículo antigo, mesmo sendo ambos da mesma marca, tipo e dimensões).

Em boa hora, portanto, a cobrança do pedágio, nas rodovias federais, voltou a ser feita por meio de postos ou barreiras, instaladas ao longo das mesmas.[6]

Feitas estas considerações, e a *título exemplificativo*, passamos a examinar a *Lei Municipal nº 3.346, de 30.12.2005*, que instituiu a "Taxa de Serviços e Manutenção Turística", também denominada "Selo Turismo" na Cidade de Aparecida – S. Paulo, que foi objeto de Consulta a nosso escritório sobre a legitimidade da exação.[7]

Na oportunidade, tecemos as seguintes considerações:

Os artigos 1º e 2º da referida Lei Municipal nº 3.346/2005 estavam assim dispostos:

Art. 1º – Fica o acesso, a circulação e o estacionamento no Município de Aparecida dos ônibus, micro-ônibus, vans, kombis e veículos especiais,

---

[6] *Curso de Direito Constitucional Tributário*. 13. ed. 1999, Malheiros Editores, p. 369 e 370.

[7] A cidade de Aparecida fica no interior de São Paulo e recebe grande quantidade de pessoas que visitam a Basílica de Nossa Senhora Aparecida, "Padroeira do Brasil", assim como recebe grande volume de visitantes do mundo inteiro, que fazem "turismo religioso", movidos por sua fé.

com finalidade de fretamento turístico ou de quaisquer outros veículos utilizados para o mesmo fim, sujeito a taxa de serviços e manutenção turística, conforme artigo 185 em seu inciso IX da Lei nº 2.986/99, de 21 de dezembro de 1999;

Art. 2º – O trânsito de veículos de fretamento turístico e seu acesso ao Município de Aparecida, somente será permitido se observadas as normas legais, as regulamentares vigentes e as disposições desta lei.

Da violação ao art. 145, II, da CF e artigos 77 e 79 do CTN

Da leitura dos dispositivos transcritos da Lei Municipal nº 3.346/2005, instituidora da "Taxa de Serviço e Manutenção Turística", se constata que o legislador ordinário não se ateve às determinações constitucionais de *especificidade* da taxa, com a precisa *identificação do serviço público* colocado à disposição e a sua *divisão*, eis que estabeleceu a taxa de maneira *genérica* e *indivisível*, desatendendo às condições estabelecidas no art. 145, inciso II, da Constituição Federal para a sua cobrança, que foram reiteradas pelos artigos 77 e 79 do Código Tributário Nacional.

Os valores fixados pela lei municipal para a cobrança da taxa *são feitos de forma aleatória, não guardando qualquer relação com a contraprestação* que justifique a sua exigência. Conforme se constata da Tabela I, anexa à Lei nº 3.346/2005, seguem os valores que serão cobrados:

Ônibus	27 UFM
Micro-ônibus	15 UFM
Vans, kombis e veículos especiais	06 UFM

Simplesmente cobra-se: não é fornecido o critério informador da dimensão da atividade administrativa a ser desempenhada em favor dos contribuintes, exatamente por *ser impossível a avaliação individual e mensurável do serviço de manutenção turística*, em total desrespeito ao *princípio retributivo das taxas*.

Esse caráter retributivo decorre do art. 145, II, da Constituição Federal, eis que o princípio que rege as taxas em nosso sistema constitucional tributário é a *remuneração*. Por esta razão o custo de um serviço não geral *(específico)* "deve ser repartido entre os seus usuários na medida em que cada administrado o utiliza".[8] *Ao contrário, se o serviço*

---

[8] ATALIBA, Geraldo. *Hipótese de Incidência Tributária*. 5. ed. São Paulo: Malheiros, 1998, p.104.

público é geral sem qualquer especificação, a sua remuneração deve ser feita através de impostos e não de taxas.

É importante assinalar que *nem todo serviço público é gerador de taxa,* eis que para ser remunerado mediante taxa, como determinam a Constituição e o Código Tributário Nacional, é preciso que seja *específico* (destacado da unidade autônoma) e divisível (possibilidade de utilização por parte de cada usuário).[9]

Na realidade, não se trata de uma "taxa" a exação que o Município de Aparecida pretendeu cobrar, mas de *figura tributária* diversa, um autêntico "imposto" incidente sobre a circulação de veículos, cuja tributação encontra-se fora da competência impositiva municipal, na forma da rígida atribuição de competências atribuída aos entes tributantes que integram a Federação.

Da violação ao art. 150, inciso V, da CF – que veda a limitação ao tráfego de pessoas e de bens – e ao art. 5º, XV, da CF – que garante o direito de locomoção com seus bens

Entre as garantias asseguradas ao contribuinte a que faz menção o art. 150, V, da CF está a *vedação ao tráfego de pessoas e bens,* nos seguintes termos:

> Art. 150 – sem prejuízo de outras garantias asseguradas ao contribuinte, é vedado à União aos Estados, ao Distrito Federal e aos Municípios:
> V – *estabelecer limitações ao tráfego de pessoas ou bens,* por meio de tributos interestaduais intermunicipais, *ressalvada a cobrança de pedágio* pela utilização de vias conservadas pelo Poder Público.

A Constituição Federal proíbe a limitação ao tráfego de pessoas e de bens, por meio de tributos, *ressalvada a cobrança de vias conservadas pelo Poder Público.*

Proíbe, assim, *que dentro do território municipal* seja exigido tributo *como meio de limitação ao tráfego de pessoas e de bens.*

Da mesma forma o art. 5º, inciso XV, da Constituição Federal, ao estabelecer as garantias fundamentais, assegura *a liberdade de locomoção em todo o território nacional,* com seus bens, nos seguintes termos:

---

[9] CALMON, Eliana. *Código Tributário Nacional Comentado.* FREITAS, Vladimir Passos de (Coord.). São Paulo: Revista dos Tribunais, 1999, p. 375.

Art. 5º – Todos são iguais perante a lei, sem distinção de qualquer natureza, garantindo-se aos brasileiros e aos estrangeiros residentes no País a inviolabilidade do direito à vida, à liberdade à igualdade, à segurança e à propriedade, nos termos seguintes:
XV- é livre a locomoção no território nacional em tempo de paz, podendo *qualquer pessoa nos termos da lei nele entrar permanecer ou dele sair com seus bens.*

A Lei Municipal da Cidade de Aparecida, ao exigir o pagamento de taxa (art. 1º), *restringiu o acesso, a circulação e o estacionamento no Município de Aparecida,* eis que *somente terão acesso* à Cidade de Aparecida os *veículos de fretamento turístico que recolherem a taxa exigida* na forma do art. 3º da Lei Municipal nº 3.346/2005, que dispõe:

Art. 3º O acesso ao Município de Aparecida dos veículos referidos no art. 1º dessa lei, só será permitido mediante registro da empresa junto ao Departamento de Turismo de Aparecida e ao pagamento de Taxa de Serviços e Manutenção Turística, de acordo com os valores estipulados na tabela I, que passa a fazer parte integrante da presente Lei.
§1º Todos os veículos coletivos de turismo que acessarem o Município de Aparecida, para circulação e estacionamento ficarão sujeitos ao pagamento da taxa prevista no "caput" deste artigo qualquer que seja sua destinação.

O prof. Ives Gandra da Silva Martins, ao comentar o inciso V do art. 150 da Constituição Federal, escreveu:

Por fim, o sexto princípio cuida da vedação à limitação ao tráfego de pessoas ou bens, no País, visto que o Brasil é uma Federação e não uma Confederação. A vedação é aos tributos estaduais e municipais capazes de gerar tratamento diferenciado.
A exceção é feita aos pedágios, cuja natureza de taxa fica definitivamente consagrada no atual Texto Constitucional.
À luz do princípio algumas considerações podem ser apresentadas. Uma delas diz respeito às Zonas Francas, que gozam de especial estatuto jurídico, em que, em face dos favores concedidos, a entrada ou a saída de mercadorias obrigam controle especial, algumas vezes dos Estados, que entendem haja uma concorrência à formação de núcleos de desenvolvimento, pelas melhores perspectivas oferecidas aos empreendimentos instalados naquelas áreas de privilégio.
A matéria já foi levantada, até porque o princípio estava hospedado pela Constituição anterior, mas não me parece que os mecanismos de defesa contra fraudes ou soluções criativas representem estabelecimento

de limitação. O respeito aos privilégios não implica a desobrigação de fiscalizar o correto uso dos incentivos, razão pela qual o controle maior para produtos vindos destas áreas ou a elas destinados, a meu ver, continua.[10]

Aires Fernandino Barreto, a propósito, escreve:

É vedado, ainda, estabelecer limitações ao tráfego de pessoas ou bens, por meio de taxas interestaduais ou intermunicipais (art. 150, V). Exemplo é a criação de taxa, por certo Município, para que automóveis nele possam trafegar, a pretexto de ser enorme o afluxo de pessoas e veículos, em certos períodos do ano. Taxa desse jaez é inconstitucional.

Dessa ampla proibição, há ressalva. A segunda parte do inciso V do art. 150 excetua a cobrança de pedágio pela utilização de vias conservadas pelo Poder Público. Essa cláusula final deve ser interpretada em consonância com a parte primeira do preceito constitucional, que versa a proibição de criação de tributo (que limite o tráfego de pessoas ou bens) de natureza intermunicipal ou interestadual. Via de consequência, a ressalva (outorga de competência para a cobrança de pedágio) só ocorre se se tratar, igualmente, de tributo intermunicipal ou interestadual.

Em outras palavras, *não pode o legislador municipal instituir taxa a pretexto de criar pedágio municipal. É dizer, instituir pedágio para a utilização e vias dentro do próprio território do Município. Pode o Município, por sua administração, observado o que dispuser a lei, limitar utilização de vias (criando mão única, calçadões, áreas que os veículos não podem adentrar etc.), mas não pode, em nome dessas limitações administrativas, instituir e cobrar pedágio.*

O outro tema que envolve essa questão da cobrança de pedágio diz respeito à terminologia utilizada pela Constituição. O texto constitucional fala em tributo cobrado pela *"utilização"* de vias conservadas pelo Poder Público, e não pela *"prestação"* de serviços públicos de conservação de vias.

Repare que o vocábulo do qual se vale o texto constitucional é idêntico àquele empregado pela Constituição, ao versar a criação de taxas. *Deveras, o art. 145, II, autoriza a criação de taxas (além daquelas exigíveis em razão do exercício do poder de polícia) pela utilização, efetiva ou potencial, de serviços públicos específicos e divisíveis, prestados ao contribuinte ou postos à sua disposição. Nada obstante, é equivocado concluir que o tributo taxa é devido pela utilização. O tributo é devido pela prestação de serviço público;* todavia, como é óbvio, não pode haver prestação sem utilização (efetiva ou potencial). Se, no caso do pedágio, fala-se em conservadas (conservar é prestar) pelo Poder Público, já se pode ver que se trata de taxa, devida:

---

[10] MARTINS, Ives Gandra da Silva; BASTOS, Celso Ribeiro. *Comentários à Constituição do Brasil*, 6º volume, Tomo I, São Paulo: Saraiva, p. 156-157.

a) pela prestação de um serviço público, específico e divisível, de conservação de vias;

b) apenas pela utilização efetiva desses serviços públicos de conservação. Dito de outra forma, o pedágio só não está descrito no art. 145, II, da Constituição, porque tratá-lo nesse preceito exigiria (a) a qualificação das outras espécies de serviço público e (b) a observação de que no caso de pedágio a exigência só poderia dar-se diante da efetiva prestação do serviço de conservação dessa espécie de vias públicas (intermunicipais ou interestaduais).[11]

Ora, a lei municipal em comento viola de forma flagrante os artigos 150, V, e 5º, inciso XV, da Constituição Federal, que *proíbe a limitação ao tráfego de pessoas e de bens, por meio de tributos, e assegura a livre locomoção em todo o território nacional,* com seus bens, e portanto torna-se inconstitucional.

A inconstitucionalidade da exigência antecipada do pagamento da taxa

A Lei Municipal nº 3.346/2005 exige *o pagamento antecipado* da "Taxa de Serviços e Manutenção Turística", na forma do §2º do seu artigo 3º, que dispõe:

> §2º – A taxa de que trata esta Lei deverá ser paga com *antecedência* a fim de que as empresas recebam um selo com um número de senha que deverá ser afixado no parabrisa do veículo, antes mesmo que o mesmo adentre a cidade sendo que será estabelecida uma única senha por veículo e por período.

Assim, a exigência é feita *antes da efetiva atuação* "concreta" e "específica" da prestação do serviço público diretamente relacionada e "divisível" à pessoa do contribuinte, ofendendo os princípios da *legalidade* e da *tipicidade* da tributação (art. 150, I, CF), que exige a subsunção do fato gerador, da hipótese de incidência tributária à norma, para ser exigido o pagamento de tributos. Não é possível antes da ocorrência "in concreto" do fato imponível a exigência da referida taxa.

O dispositivo legal também nessa parte não observou o art. 145, II, da Constituição Federal, para a exigência da taxa.

---

[11] MARTINS, Ives Gandra da Silva (Coord.). *Comentários ao Código Tributário Nacional.* 3. ed. São Paulo: Saraiva, 2002, p. 586/587.

Da ilegalidade da responsabilidade solidária dos proprietários dos estacionamentos – violação aos arts. 128 e 134 do CTN

Pretendeu a Lei Municipal nº 3.446/2005 atribuir a *responsabilidade tributária por solidariedade* aos *proprietários de estacionamentos* pelo não pagamento das taxas pelos proprietários dos veículos que entrarem na cidade e nos estacionamentos, que não exibirem em seus para-brisas o respectivo selo comprobatório do recolhimento, *estando sujeitos também ao pagamento de multa por veículo estacionado*.

A responsabilidade tributária de terceiro é prevista pelo Código Tributário Nacional, desde que esteja ele *vinculado ao fato gerador*, nos termos do seu art. 128, que dispõe:

> *Art. 128* – Sem prejuízo do disposto neste Capítulo, a lei *pode atribuir de modo expresso a responsabilidade pelo crédito tributário a terceira pessoa, vinculada* ao fato gerador da respectiva obrigação, excluindo a responsabilidade do contribuinte ou atribuindo-a a este em caráter supletivo do cumprimento total ou parcial da referida obrigação.

E o art. 134 do Código Tributário Nacional, quanto à *responsabilidade de terceiros por solidariedade,* em caso de descumprimento da obrigação tributária, estabelece:

> Art. 134 Nos casos de impossibilidade de exigência do cumprimento da obrigação principal pelo contribuinte, *respondem solidariamente* com este nos atos em que intervierem ou pelas omissões de que forem responsáveis:
> I – *os pais,* pelos tributos devidos por seus filhos menores;
> II – *os tutores e curadores,* pelos tributos devidos por seus tutelados ou curatelados;
> III – *os administradores de bens de terceiros,* pelos tributos devidos por estes;
> IV – o *inventariante,* pelos tributos devidos pelo espólio;
> V – *o síndico e o comissário,* pelos tributos devidos pela massa falida ou pelo concordatário;
> VI – *os tabeliães, escrivães e demais serventuários de ofício,* pelos tributos devidos sobre os atos praticados por eles ou perante eles, em razão do seu ofício;
> VII – *os sócios, no caso de liquidação de sociedade de pessoas.*
> *Parágrafo único: O disposto neste artigo só se aplica em matéria de penalidade, às de caráter moratório.*

Ora, a lei municipal pretende atribuir responsabilidade tributária *aos prestadores de serviços de estacionamento*, na forma estabelecida pelo seu art. 5º, §§1º e 2º, sem a necessária *vinculação com o fato gerador da obrigação tributária*, ao determinar:

> Art. 5º – Deverão as pessoas físicas e jurídicas que se dediquem *a atividade prestação de serviço estacionamento de veículos no Município*, ao prestarem serviços aos veículos de turismo previstos no art. 1º desta Lei, exigirem o selo com a respectiva senha.
>
> §1º – O estacionamento prestador de serviços, por seu representante legal, fica corresponsável e responde solidariamente pelos veículos de turismo ali estacionados que não atendam aos dispositivos desta lei".
>
> §2º – Será imposta multa de 150 (cento e cinquenta) UFM por veículo estacionado ao prestador do serviço que não observar o "caput" deste artigo.

A responsabilidade tributária por solidariedade, prevista na lei municipal, é *ilegítima e improcedente*, na medida em que os destinatários dos "serviços de manutenção turística" não são os "prestadores de serviços de estacionamento", não podendo *responder pelo não pagamento de "taxa" cuja contrapartida não lhes beneficia diretamente*, tampouco de maneira *específica* e *divisível*, como exige a Constituição (art. 145, II).

A multa que se pretende imputar aos proprietários de estacionamentos não encontra também amparo na ordem jurídica vigente, à medida que representa *sanção pela prática de ato ilícito cometido por terceiro* – se constitucional fosse a exação –, ou seja, pelo inadimplemento de pagamento de taxa pelos veículos de fretamento turístico, *sendo vedada a transferência de pena, conforme assegura o art. 5º, inciso XLV, da Constituição Federal*, ao arrolar os direitos e garantias fundamentais:

> XLV – *nenhuma pena passará da pessoa do condenado*, podendo a obrigação de reparar o dano e a decretação do perdimento de bens ser, nos termos da lei estendidas aos sucessores e contra eles executadas, até o limite do valor do patrimônio transferido.

Acresce-se, ainda, que *a penalidade a que faz menção o parágrafo único do art. 134 do CTN* é tão somente a de caráter moratório, não, porém, às *multas de natureza punitiva, nos casos de solidariedade*, que, repete-se, não se aplica ao caso dos *proprietários de estacionamentos que não estão vinculados ao fato gerador da obrigação tributária* da "taxa pelos serviços de manutenção turística" da Cidade de Aparecida.

Ora, o que pretende a lei municipal com a imposição dessa multa a que faz menção o §2º do art. 3º da lei municipal é *compelir a iniciativa privada a substituir* o *poder de polícia* que deveria ser exercido pelos agentes públicos da administração municipal, pretendendo responsabilizar os particulares pela ineficácia na fiscalização no cumprimento de suas leis, atribuição que deve ser *suportada pela própria Municipalidade*, o que demonstra que a *atividade administrativa não está em efetivo funcionamento* como determina o art. 79, I, alínea "b", do Código Tributário Nacional, para exigência de taxas, assim disposto:

> Art. 79 – Os serviços públicos a que se refere o art. 77 consideram-se:
> I – utilizados pelo contribuinte:
> b) Potencialmente, quando, sendo de utilização compulsória, sejam *postos à disposição mediante atividade administrativa em efetivo funcionamento*.

Tanto que o art. 8º da Lei Municipal nº 3.346/2005 estabelece que "a receita auferida com as normas decorrentes desta Lei será utilizada para a manutenção e desenvolvimento turístico da Estância Turístico-Religiosa de Aparecida, de acordo com as prioridades pela Administração Municipal", ou seja, *não há* a necessária *referibilidade e divisibilidade próprias das taxas* na forma do art. 145, II, da CF.

Ora, a *taxa como tributo vinculado* cuja hipótese de incidência consiste *numa atuação direta* e *imediatamente referida ao obrigado para que possa ser exigida*. Se pudesse ser exigida de forma genérica pelo serviço público, desapareceria qualquer utilidade na distinção entre *taxa* (tributo vinculado) e *imposto* (tributo não vinculado) a uma atuação estatal.

Da violação ao artigo 170 da CF – impedimento ao livre exercício de atividades econômicas

A Lei Municipal nº 3.346/2005 viola, também, o artigo 170 da CF, que estabelece os princípios gerais da atividade econômica, à medida que *proíbe o tráfego de veículos de fretamento turístico na Cidade de Aparecida*, que recebe milhares de romeiros devotos de Nossa Senhora Aparecida e que se dirigem à Basílica, movidos por sua religiosidade.

Com efeito, o art. 170, incisos IV, V, VIII e parágrafo único, da CF, está assim conformado:

> Art. 170 – A ordem econômica fundada na *valorização do trabalho humano* e na *livre iniciativa tem* por fim assegurar a todos existência digna, conforme os ditames da justiça social, *observados os seguintes princípios*:

IV – livre concorrência;

V – defesa do consumidor;

VIII – busca do pleno emprego

§ único – É assegurado a todos o *livre exercício de qualquer atividade econômica*, independente de autorização de órgãos públicos, salvo nos casos previstos em lei.

Toda ordem econômica na Constituição Federal foi construída visando preservar *os valores sociais do trabalho* que serão alcançados através *da livre-iniciativa, livre concorrência, busca do pleno emprego e do livre exercício de qualquer atividade econômica.*

A Lei Municipal em comento, à medida que procura criar óbices para o livre exercício das atividades econômicas – no caso a prestação de serviços e o comércio local que será diretamente atingido –, *compromete a livre concorrência, o pleno emprego e os benefícios aos consumidores na aquisição de bens e na prestação de serviços*, além de violar o art. 170, IV, V, VIII, parágrafo único, da CF, *atingindo diretamente o comércio local*, que sobrevive em função da Basílica e dos romeiros que visitam a cidade.

Como se constata, a Lei Municipal nº 3.346/2005, que instituiu a "Taxa de Serviços e Manutenção Turística" no *Município de Aparecida*, contém *diversas inconstitucionalidades por violar de forma flagrante dispositivos da Constituição Federal*, além de *ilegalidades por desobediência a dispositivos do Código Tributário Nacional, com eficácia de lei complementar à Constituição* e que estabelece normas gerais de Direito Tributário, a seguir enumeradas:

1º) O que se constata da Lei Municipal nº 3.346/2005 (art. 1º) é a violação ao art. 150 inciso V da Constituição Federal, por *estabelecer limitações ao tráfego de pessoas ou bens por meio de tributos*, proibida pela Constituição Federal, na medida em que ameaça a liberdade de locomoção dos proprietários de "ônibus, micro-ônibus, vans, kombis e veículos especiais, com a finalidade de fretamento turístico" ou de *quaisquer outros veículos utilizados para esse mesmo fim.* O art. 5º, inciso XI, da CF é também violado, pois garante a *liberdade de locomoção em todo o território nacional*, nele podendo entrar, permanecer ou dele sair *com seus bens;*

2º) A taxa instituída desatende às exigências de *divisibilidade e especificidade* do serviço público a ser remunerado por meio de taxa, violando o art. 145, II, da CF e artigos 77, 78, 79 e 80 do CTN;

3º) O pagamento da taxa é exigido *antecipadamente*, antes da *efetiva atuação concreta e específica da prestação de serviço público*, diretamente relacionada *divisível à pessoa do contribuinte*, como determina o art. 145, II, da CF;

4º) É inconstitucional também por atribuir *responsabilidade tributária por solidariedade* a pessoas que não *estão vinculadas ao fato gerador* (arts. 128 e 134 do CTN); além de imposição de *multa aos proprietários de estacionamentos por ato ilícito praticado por terceiros*, em desobediência ao art. 5º, inciso XLV, que estabelece que a pena não passará da pessoa do condenado (infrator);

5º) Viola, outrossim, o art. 170, parágrafo único, da Constituição Federal, à medida em que cria óbices para o livre exercício de atividades econômicas, comprometendo a *livre concorrência, o pleno emprego* e os benefícios aos consumidores na aquisição de bens e na prestação de serviços, além de atingir o comércio local (art. 170, incisos IV, V e VIII, CF).

No caso específico da Consulente, é ela atingida diretamente pela Lei Municipal nº 3.346/2005 em decorrência da *responsabilidade tributária solidária* que lhe é atribuída pelo art. 5º, §2º, da referida lei.

Isto porque sendo proprietária e administradora do estacionamento onde está localizado o Templo, cujo estacionamento pertence também à igreja, que é considerado como sua prorrogação para atendimento dos romeiros, com tamanho aproximado de 330.000 m² (trezentos e trinta mil metros quadrados), com capacidade para acomodar até 2.500 (dois mil e quinhentos) ônibus e 4.000 (quatro mil) carros de passeio, pela lei municipal, torna-se responsável tributária pelo não recolhimento da "taxa de serviços e manutenção turística", por terceiros.

Com efeito a Lei Municipal nº 3.346/05 impõe aos *proprietários de estacionamento do Município* a função de "fiscais da municipalidade", sendo eles responsáveis solidários caso não seja recolhida referida "taxa" pelos proprietários de ônibus, micro-ônibus, vans e outros veículos de fretamento turístico que ingressarem nos pátios de seus estacionamentos, sem o selo e respectiva senha, respondendo, ainda, com o pagamento de multa por veículo que esteja desprovido de selo (art. 5º).

Ora a responsabilidade tributária é permitida pelo art. 128 do CTN a terceira pessoa, desde que esteja *vinculada* ao fato gerador da obrigação tributária, e o art. 134 do CTN menciona o rol das pessoas que *respondem solidariamente* por tributos devidos não constando nesse rol a responsabilidade dos "proprietários de estacionamento".

A responsabilidade tributária por solidariedade, prevista na lei municipal, conforme já mencionado, é inconstitucional e ilegítima, na medida em que os destinatários dos "serviços de manutenção turística" não são "os proprietários de serviços de estacionamento", não podendo responder pelo pagamento de "taxa" cuja contrapartida não lhes beneficia diretamente, tampouco de maneira específica e divisível, como exige a Constituição Federal (art. 145, II).

A multa que se pretende impor aos proprietários de estacionamento, também, não encontra amparo na ordem jurídica vigente, na medida em que representa *sanção pela prática de ato ilícito cometido por terceiro*, pelo inadimplemento de pagamento de taxa pelos veículos de fretamento turístico, sendo proibida a transferência de pena, além do infrator, conforme assegura o art. 5º, inciso XLV, da Constituição Federal.

Acresce-se, ainda, que, nos casos de responsabilidade por solidariedade, a penalidade a que faz menção o parágrafo único do art. 134 do CTN é tão somente a de caráter moratório, não porém as multas de natureza punitiva como pretende a Municipalidade – se constitucional fosse a lei municipal –, o que não é o caso, como restou demonstrado.

Em verdade, o que pretendeu a lei municipal com a imposição de multa é compelir a iniciativa privada a substituir o *poder de polícia* que deveria ser exercido pelos agentes públicos da administração municipal e não pretender responsabilizar os particulares pela ineficácia da fiscalização no cumprimento de suas leis, atribuição que deve ser suportada pela própria Municipalidade.

A Consulente oferece aos visitantes da *Estância Turístico-Religiosa*, segurança no seu estacionamento, mantendo serviços gratuitos de sanitários, água potável, ambulatório médico, refeitório, sala de descanso para motoristas, etc., para melhor conforto dos romeiros, despesas que mantém, sem qualquer ajuda da Municipalidade de Aparecida.

Feitas essas considerações, concluímos que:

1º) A Lei Municipal nº 3.346/2005 do Município de Aparecida é inconstitucional por violar os seguintes artigos da Constituição Federal, art. 150, V; art. 5º, XV e XLV, art. 145, II, art. 170, IV, V, VIII, parágrafo único, além dos artigos 77, 78, 70 e 80 do Código Tributário Nacional;

2º) À Consulente não poderá ser atribuída a responsabilidade tributária por solidariedade por ser ela "administradora do estacionamento" da Basílica de Aparecida e não ter vinculação com o fato gerador da obrigação tributária como exige o art. 128 do CTN, nem responde pela solidariedade do art. 134 do CTN;

3º) A Consulente não poderá responder por multa em razão de ato ilícito praticado por terceiros, no caso de não recolhimento por eles da "Taxa de Manutenção de Serviços Turísticos", na forma do art. 5º, inciso XLV, da CF, que proíbe a transferência de pena além do infrator.

O Poder de Polícia deve ser exercido pelos agentes públicos da administração, não podendo transferir tais atribuições para a iniciativa privada, responsabilizando particulares pela ineficiência da fiscalização, no cumprimento de suas leis.

Nem se alegue o propósito do *Município em obter receitas com a instituição da referida taxa*, que possibilitará maior arrecadação, em face de suas dificuldades financeiras, e de toda ordem, que a cidade vem enfrentando.

O Supremo Tribunal Federal, como bem acentuou em seu voto o *Min. Sepúlveda Pertence*, citado pelo Min. Néri da Silveira em seu voto:[12]

> Nossa preocupação primeira há de ser com a guarda da Constituição. Nenhum fato da vida econômica ou da vida social, no instante em que somos chamados a dizer se um determinado ato normativo ou uma certa lei está de acordo com a Constituição, pode colocar-se com prioridade em relação ao cumprimento da Constituição.

Em outro julgado da Suprema Corte, o Min. Celso de Mello,[13] em seu voto destacou:

> O poder absoluto exercido pelo Estado, sem quaisquer restrições e controles, inviabiliza, numa comunidade estatal correta, a prática efetiva das liberdades e o exercício dos direitos e garantias individuais ou coletivas. É preciso respeitar, de modo incondicional, os parâmetros de atuação delineados no texto constitucional. Uma Constituição escrita não configura mera peça jurídica, nem é simples estrutura de normatividade nem pode caracterizar um irrelevante acidente histórico na vida dos Povos e das Nações. Todos os atos estatais que repugnem à Constituição expõem-se à censura jurídica –dos Tribunais, especialmente – porque são írritos, nulos e desvestidos de qualquer validade. A Constituição não pode submeter-se à vontade dos poderes constituídos nem ao império dos fatos e das circunstâncias. A supremacia de que ela se reveste – enquanto for respeitada – constituirá a garantia mais efetiva de que os direitos e as liberdades não serão jamais ofendidos. Ao STF incumbe a atarefa, magna e eminente, de velar para que essa realidade não seja desfigurada.

A Constituição Federal precisa ser respeitada integralmente pela Administração Pública, para que não haja excesso de poder ou desvio de finalidades. Os limites constitucionais ao poder de tributar integram e autorizam o exercício das competências tributárias, para a exigência

---

[12] ADIN 447-DF-RTJ 145/15, STF.
[13] ADIN 293 (liminar) j.06.06.1990-STF.

de tributos, não podendo a nossa Lei Maior sofrer qualquer violação pelos Poderes Tributantes, a pretexto de necessidades arrecadatórias sob pena de resultar inconstitucional o tributo.

Na ocasião, aconselhamos que o caso fosse levado ao Poder Judiciário, demonstrando a Consulente direito líquido e certo de não sofrer tributação por responsabilidade solidária ou por imposição de multa.

No caso em comento, a questão foi levada ao Poder Judiciário, e a Lei Municipal nº 3.346/2005 foi julgada inconstitucional pelo Colendo Tribunal de Justiça do Estado de São Paulo.[14]

O presente exemplo objetiva demonstrar que, na elaboração de leis, nem sempre a Constituição é observada pelo Poder Legislativo, nesse caso cabe ao Poder Judiciário restabelecer a ordem jurídica violada.

Informação bibliográfica deste texto, conforme a NBR 6023:2018 da Associação Brasileira de Normas Técnicas (ABNT):

RODRIGUES, Marilene Talarico Martins. Princípio da limitação ao tráfego de pessoas ou bens. *In*: SARAIVA FILHO, Oswaldo Othon de Pontes; SIQUEIRA, Julio Homem de; BEDÊ JÚNIOR, Américo; FABRIZ, Daury César; SIQUEIRA, Junio Graciano Homem de; CUNHA, Ricarlos Almagro Vitoriano (Coord.). *Limitações formais e materiais ao poder de tributar*. Belo Horizonte: Fórum, 2021. p. 345-368. (Coleção Fórum Princípios Constitucionais Tributários – Tomo II). ISBN 978-65-5518-122-7.

---

[14] ADI nº 3346/2005 – TJSP.

A PERCEPÇÃO DE RIQUEZA COMO SEGURANÇA JURÍDICA

EDISON CARLOS FERNANDES

Introdução

Tradicionalmente (e de maneira pacífica) a *segurança jurídica* é tida como certeza e garantia de direitos: "É paz", na expressão de Ricardo Lobo Torres; a segurança jurídica significa sobretudo segurança dos direitos fundamentais.[1] Em matéria tributária, a segurança jurídica sempre esteve relacionada a aspectos formais e como uma forma de proteção aos contribuintes. Como ensina Roque Antonio Carrazza, na tributação, tais objetivos são alcançados quando a lei, longe de abandonar o contribuinte aos critérios subjetivos e cambiantes da Fazenda Pública, traça uma *ação-tipo* (abstrata) que descreve o fato que, acontecido no mundo fenomênico, fará nascer o tributo.[2] Dessa forma, a segurança jurídica é, ainda hoje, identificada com a legalidade (muitas vezes, até com a legalidade estrita ou a tipicidade), com os componentes do que Sacha Calmon Navarro Coelho denomina de *princípio da não surpresa* (anualidade, anterioridade, lapsos temporais predefinidos).[3]

---

[1] TORRES, Ricardo Lobo. A segurança jurídica e as limitações constitucionais ao poder de tributar. *In:* FERRAZ, Roberto (Coord.). *Princípios e limites da tributação.* São Paulo: Quartier Latin, 2005, p. 430.

[2] CARRAZZA, Roque Antonio. *Curso de direito constitucional tributário.* 21. ed. São Paulo: Malheiros, 2005, p. 412.

[3] COELHO, Sacha Calmon. *Curso de direito tributário brasileiro.* 7. ed. Rio de Janeiro: Forense, 2004, p. 250.

O desenvolvimento da atividade econômica, nas variadas formas que surgiram ao logo do tempo, colocou a legislação tributária em uma posição anterior, no passado, haja vista que novas estruturas contratuais apareceram, novos negócios passaram a ser firmados e a tipicidade da norma tributária foi questionada. Como seria praticamente impossível que a legislação tributária previsse integralmente todos os fatos jurídicos passíveis de serem incluídos no campo de incidência tributária, a doutrina tributária trilhou um caminho diferente, no sentido de ampliar a abrangência, a interpretação e a aplicação das normas tributárias. Exemplo disso foi a elaboração – inicialmente no estrangeiro e depois no Brasil – do conceito de "propósito negocial".[4] A interpretação e a aplicação da legislação tributária passaram a ser permeadas por institutos econômicos: a formalidade do Direito Tributário – até certo ponto restrita – foi substituída pela consideração econômica dos fatos e dos negócios jurídicos. Nesse sentido, o presente artigo pretende encontrar a segurança jurídica também em um contexto de elementos econômicos, que será denominado de *percepção da riqueza*.

Por se tratar do início da pesquisa sobre esse "novo instituto" jurídico-tributário, o presente artigo não tem a pretensão de esgotar o tema, sequer de delimitá-lo de maneira conclusiva. Ao contrário: a intenção das ideais aqui expostas é introduzir a discussão. Esse tema está intrinsecamente relacionado à aproximação do Direito Tributário com o Direito Contábil e a Contabilidade, especialmente após a introdução no Brasil nos *International Financial Reporting Standards* – IFRS, pela Lei nº 11.638, de 2007, cuja regulamentação tributária em nível federal foi dada pela Lei nº 12.973, de 2014.

1 Identificação constitucional das riquezas a serem tributadas

A Constituição Federal de 1988, seguindo a tradição brasileira, estabeleceu expressa e minuciosamente as riquezas que são passíveis de tributação, especialmente relacionadas à incidência de *impostos*. De maneira a acompanhar a doutrina clássica da tributação, a Constituição do Brasil previu, basicamente, a competência pela instauração de impostos sobre a propriedade, sobre a renda, sobre o consumo e sobre o comércio exterior. A fixação dos "fatos geradores" dos impostos,

---

[4] Conferir SCHOUERI, Luís Eduardo (Coord.). *Planejamento tributário e o "propósito negocial"*. São Paulo: Quartier Latin, 2010.

previstos nos artigos 153 a 155 do Texto Constitucional, atua também, em princípio, como segurança jurídica.

O contribuinte tem conhecimento prévio acerca daquilo que dará causa à cobrança do imposto (tributo não vinculado). A lei tributária e todo o ordenamento infralegal deverão obedecer aos limites dados pela Constituição Federal. Estabeleceu-se a competência tributária de maneira precisa sobre as riquezas sujeitas aos impostos. Assim se fez na atribuição da competência tributária positiva.

Discute-se se as riquezas mencionadas no Texto Constitucional têm a natureza de *tipo* ou *conceito*.[5] Neste último caso, os limites da riqueza referida constitucionalmente seriam precisos, identificando plenamente ao que se trata, isto é, o que deve estar sujeito à tributação. Naquele, ao contrário, a referência à riqueza teria limites fluidos, cabendo à legislação infraconstitucional estabelecer o conceito (delimitação rígida). Embora bastante relevante, este texto não pretende esgotar essa discussão sobre conceito e tipo; o objetivo é chamar a atenção para o fato de que a Constituição Federal efetivamente faz referências expressas às riquezas passíveis de incidência de impostos.

A referência expressa do Texto Constitucional às riquezas, por um lado, cumpre a segurança jurídica no que concerne à formalidade (abordagem tradicional). De maneira diferente do que ocorre em outros países, que se limitam, em âmbito constitucional, a exigir a aprovação do Parlamento para instituição de tributos (*non taxation without representation* ou princípio da legalidade), permitindo que a legislação infraconstitucional defina livremente sobre os *fatos geradores* de tributos, no Brasil, a lei tributária está adstrita aos fatos já elencados pela Constituição Federal – ainda que haja, algumas vezes, a pretensão de atribuir uma "interpretação" mais ampla e abrangente à riqueza estabelecida constitucionalmente.

Garantida a segurança jurídica em matéria tributária no seu viés *formal*, o presente artigo tem o objetivo de discutir a segurança jurídica que pode ser identificada de maneira subjetiva ao contribuinte. A subjetividade reside na percepção pelo contribuinte da riqueza que está sendo tributada. Nesse sentido, não bastaria a Constituição Federal estabelecer a competência tributária sobre uma determinada riqueza (renda, consumo ou propriedade), a legislação ordinária (ou complementar, conforme o caso) ser promulgada no exercício dessa

---

[5] Conferir DERZI, Misabel Abreu Machado. *Direito tributário, direito penal e tipo*. 3. ed. Belo Horizonte: Fórum, 2018.

competência e o fato gerador legalmente previsto ocorrer no mundo concreto: para que houvesse efetivamente a cobrança do tributo, o contribuinte deveria *perceber* essa riqueza.

2 Princípio da realização como a percepção da riqueza

Convém, para seguirmos em direção ao que deve ser entendido por *percepção da riqueza pelo contribuinte*, destacar as etapas do procedimento tributário tradicionalmente necessárias à exigência do tributo, a saber:

(i) Competência constitucional (positiva e negativamente);
(ii) Exercício dessa competência com respeito às suas limitações (entre outras coisas, previsão do fato gerador *in abstracto*);
(iii) Ocorrência do fato gerador no mundo concreto.

A percepção da riqueza pelo contribuinte poderia ser considerada uma quarta etapa ou como o aperfeiçoamento da terceira etapa mencionada. Em outras palavras: para verificar a *efetiva* ocorrência do fato gerador no mundo concreto, seria necessário que o contribuinte *percebesse* que auferiu ou manifestou a riqueza sujeita à tributação.

Com o objetivo de melhorar a sua compreensão, vejam-se dois exemplos baseados em situações reais que podem ilustrar a percepção da riqueza a ser tributada pelo contribuinte:

- Aplicação de recursos financeiros em ações de uma companhia aberta: o aumento da cotação dessas ações em bolsa de valores, conquanto represente acréscimo no *patrimônio* do investidor, esse acréscimo patrimonial não pode ainda ser percebido, porque depende da venda dessas ações para efetivamente se concretizar.
- Doação de imóvel valorizado: a valorização de imóvel, por razões econômicas ou de melhoria da vizinhança, da mesma forma, aumenta o *patrimônio* do seu proprietário, porém, novamente, esse acréscimo não é por ele percebido; por esse motivo, não poderia haver a incidência do ITCMD sobre a mera valorização do imóvel.

A percepção da riqueza pelo contribuinte como elemento necessário à tributação pode ser alcançada pela observância do princípio da realização.

A realização deve ser entendida como a certeza na ocorrência da riqueza, que será submetida à tributação. Num momento inicial, a riqueza pode ser potencial ou estimada. Ela será potencial quando houver elementos externos suficientes para determinar o seu valor, embora para a sua concretização seja necessária uma tomada de decisão – exemplo da riqueza em potencial é a variação da cotação das ações em bolsa de valores. A riqueza será estimada quando for determinada por meio de metodologia de cálculo que apure um provável valor corrente da riqueza – exemplo disso é o valor do imóvel concedido em doação. A potencialidade e a estimativa da riqueza não fornecem a certeza necessária à tributação: não há segurança jurídica na incidência de tributo sobre riqueza potencial ou estimada. Tal certeza será obtida pela realização.

Considerando o que foi até aqui exposto, especialmente os conceitos parciais apresentados, é possível deduzir que a realização implica a confirmação da riqueza, o que se dará por meio da execução de uma "operação de mercado". A potencial riqueza da cotação das ações na bolsa de valores será realizada quando houver a venda efetiva dessas ações no pregão; a estimada riqueza da avaliação do imóvel a ser doado será realizada quando houver a sua alienação. A realização acontece com uma operação de mercado.

Fazer referência a "operação de mercado" implica serem reconhecidos alguns critérios para a realização, quais sejam:

a) A transação deve resultar na transferência do objeto que é fonte da riqueza: em outras palavras, é necessário que a transação resulte em alienação do objeto (ação ou imóvel, nos exemplos mencionados), em sentido bastante amplo: venda, permuta, dação em pagamento etc.

b) A transação deve ser entre partes independentes (não relacionadas): com a finalidade de evitar alguma manipulação por parte do próprio contribuinte, que poderia escolher o momento mais oportuno para configurar a *realização* da riqueza, a transação precisaria ocorrer entre partes que não tenham ligação, particularmente, quanto ao controle na tomada de decisões.

Além dos dois exemplos anteriormente apresentados, um relativo à tributação da renda e outro, à tributação da propriedade, veja-se um exemplo relacionado à tributação do consumo: nas operações de envio de mercadorias em consignação, o respectivo imposto (ICMS) somente deveria incidir quando da venda efetiva, e não de maneira antecipada quando da saída da mercadoria do estabelecimento originário. A entrega de bem em consignação não se caracteriza como uma *transação realizada* – tal como o conceito de *realização* está sendo exposto no presente texto.

Note-se que, por um lado, a realização não se confunde com o reconhecimento da riqueza – por exemplo: avaliação majorada no caso de garantia real em contratos de empréstimo, financiamento ou fornecimento de longo prazo; escrituração do valor justo de instrumentos financeiros nas demonstrações contábeis das empresas. De outro lado, a realização tampouco se confunde com o momento do efetivo pagamento (recebimento de caixa) – por exemplo: as ações podem ser vendidas para serem liquidadas em noventa dias; o pagamento do imóvel avaliado por ocorrer em cinco parcelas anuais. A realização, normalmente, ocorrerá entre um e outro momento.

Conclusões

Foi mencionado no tópico introdutório que a pretensão do presente artigo é colocar o tema em discussão. Entende-se que esse objetivo foi alcançado com as breves palavras ditas.

De maneira conclusiva, propõe-se que para haver tributação seja incluída uma nova etapa no entendimento tradicional, a saber:

- Atribuição da competência tributária na Constituição Federal;
- Exercício dessa competência por meio da legislação ordinária (ou complementar, conforme o caso), no sentido da previsão *in abstracto* do fato gerador;
- Ocorrência do referido fato gerador no mundo concreto;
- Realização da riqueza decorrente do fato gerador.

A realização implica a confirmação da riqueza a ser tributada. Para tal confirmação, exige-se a execução de uma operação de mercado. Por seu turno, a operação de mercado requer a alienação do objeto da riqueza em uma transação entre partes independentes (não relacionadas). Por fim, a consumação dessa transação não pressupõe o efetivo pagamento do preço acordado.

Informação bibliográfica deste texto, conforme a NBR 6023:2018 da Associação Brasileira de Normas Técnicas (ABNT):

FERNANDES, Edison Carlos. A percepção de riqueza como segurança jurídica. *In*: SARAIVA FILHO, Oswaldo Othon de Pontes; SIQUEIRA, Julio Homem de; BEDÊ JÚNIOR, Américo; FABRIZ, Daury César; SIQUEIRA, Junio Graciano Homem de; CUNHA, Ricarlos Almagro Vitoriano (Coord.). *Limitações formais e materiais ao poder de tributar*. Belo Horizonte: Fórum, 2021. p. 369-375. (Coleção Fórum Princípios Constitucionais Tributários – Tomo II). ISBN 978-65-5518-122-7.

O PRINCÍPIO DA SEGURANÇA JURÍDICA EM MATÉRIA TRIBUTÁRIA

PAULO ROBERTO LYRIO PIMENTA

1 Introdução

O presente estudo busca examinar as principais questões relacionadas ao princípio da segurança jurídica (conteúdo, fundamentos constitucionais, natureza) e o modo como se projeta na órbita tributária.

Examinar-se-á, então, a segurança jurídica no âmbito do sistema constitucional tributário e do Código Tributário Nacional. Em seguida, serão estabelecidas as distinções necessárias entre a segurança jurídica e o princípio da proteção da confiança, evitando-se confusões.

Ao final, serão apresentadas as principais conclusões, buscando-se delinear o perfil do princípio em pauta, de forma precisa, para que este possa ser corretamente aplicado.

2 O princípio da segurança jurídica

2.1 Noção inicial

O homem é um ser gregário, por natureza, pois existem algumas necessidades que ele não pode satisfazer individualmente. Isso explica, em parte, a vida em comunidade, como uma maneira de busca pela realização de necessidades, em conjunto, com outros indivíduos. Não por outra razão que um grande compositor brasileiro (Antonio Carlos Jobim, *Wave*) já profetizou que é "impossível ser feliz sozinho".

Ocorre que a vida em comunidade envolve riscos, intercorrências e perigos, os quais muitas vezes não podem ser eliminados por inteiro. Isso faz com que o homem busque se proteger contra este estado de coisas como uma forma de autopreservação. Por esse motivo, o ser humano tem na segurança uma das suas principais aspirações.

Obviamente que o nível desta pretensão varia de sujeito para sujeito, pois enquanto alguns não admitem experimentar riscos, outros até buscam viver de maneira mais perigosa, sem abrir mão, todavia, da segurança. Esta sempre se fará presente, mesmo que em dose mínima.

O tema da segurança é bastante complexo, pois envolve vários tipos de abordagens, a partir de ângulos diferentes. Por isso, é objeto de preocupação de vários ramos do conhecimento humano, como a Filosofia, a Sociologia, a Política, a Psicologia, a Economia, etc.

Quando se fala em segurança "jurídica", entra em consideração o Direito. É este o tipo ou manifestação de segurança que interessa ao Direito. Como qualificá-lo? De que forma pode ser identificada e diferenciada a segurança jurídica de outras manifestações de segurança (ex: segurança como sentimento subjetivo) que não interessam ao Direito?

A primeira noção que se deve ter é a de que a segurança tem relação com determinados atributos que o ordenamento deverá apresentar, ou seja, trata-se de uma segurança do ordenamento, enquanto um sistema de regras e de princípios. Mas a segurança não se resume a isto. É muito mais.

Isso porque a aplicação do ordenamento gera efeitos no plano dos fatos, que também necessitam ser preservados. Vale dizer, as regras jurídicas incidem sobre suportes fáticos, gerando efeitos, à medida que transformam estes suportes em fatos jurídicos. Por sua vez, os fatos jurídicos também produzem efeitos, é a eficácia do fato jurídico, que Pontes de Miranda chamava de eficácia jurídica. Esta também tem que ser preservada, para que a credibilidade, a autoridade do direito não seja posta em questionamento. Entra aqui o Direito como um instrumento de assegurar tais efeitos.

Disso se pode inferir que a segurança "jurídica" manifesta-se de maneiras diversas, estando ligada às ideias de certeza,[1] estabilidade, previsibilidade e calculabilidade. São essas as principais ideias que estão por trás da segurança "jurídica".

---

[1] Ao contrário do que defende determinada corrente doutrinária, pela qual temos admiração e respeito, entendemos que a ideia de certeza do Direito integra o conteúdo da segurança jurídica, não consistindo em um princípio autônomo.

Percebe-se, assim, que o conteúdo da segurança envolve um duplo aspecto, como será adiante examinado.

2.2 Natureza

A segurança jurídica apresenta uma dupla dimensão. Primeiro, é um valor que permeia, que fundamenta algumas regras e princípios jurídicos. Exemplo: a segurança jurídica é o principal fundamento das regras sobre caducidade de direitos. Em tais situações, as regras ou os princípios buscam realizar o valor segurança.

Além disso, a segurança também se manifesta como um princípio constitucional, apresentando, então, a dimensão do peso, da qual nos fala Ronald Dworkin,[2] que caracteriza todos os princípios jurídicos. Por conseguinte, caso venha a colidir com outro princípio, dependendo da situação fática, poderá prevalecer ou ser afastado. Será, assim, objeto de ponderação.[3]

Há quem sustente que a segurança jurídica em matéria tributária seria um "sobreprincípio". Admitir a existência de sobreprincípios no Direito implica admitir também a existência de subprincípios, o que conduz indiscutivelmente à admissão de existência de uma hierarquia formal ou material entre princípios jurídicos, o que não se pode conceber. A hierarquia entre os princípios jurídicos é móvel, ou seja, é determinada, ditada pelo caso concreto, que importará na aplicação ou no afastamento do princípio em detrimento de um outro princípio com o qual colida, posto que serão objeto de ponderação. Defender a existência de um sobreprincípio, devido à importância da segurança jurídica, é uma ideia que não se pode sustentar, sob a perspectiva de uma teoria dos princípios jurídicos.

Determinada corrente doutrinária admite, ainda, que a segurança jurídica possa se referir a uma determinada realidade fática, apresentando, assim, um outro sentido. Parece-nos equivocado este posicionamento, pois em tal caso a situação fática só poderá ser qualificada como insegura ou não em face da existência do ordenamento ou dos efeitos das normas jurídicas. Não escapará, assim, ao enquadramento na concepção de segurança enquanto atributo do ordenamento ou dos efeitos gerados pela aplicação das normas jurídicas (eficácia jurídica). Não se pode sustentar a existência de uma outra dimensão fática da segurança pela simples circunstância desta proteger situações jurídicas.

---

[2] *Levando os direitos a sério*. São Paulo: Martins Fontes, 2002, p. 39.

[3] ALEXY, Robert. *Teoria dos Direitos Fundamentais*. São Paulo: Malheiros, 2008, p. 93-94.

Afirma-se, por fim, que a segurança jurídica pode integrar a própria definição de direito. De fato, alguns poucos autores, que não são muitos, apresentam este entendimento. Trata-se de uma concepção minoritária da doutrina, insuficiente para conferir à segurança uma nova categorização.

2.3 Fundamentos constitucionais

Enquanto princípio constitucional, aplicável em matéria tributária, inclusive, a segurança jurídica encontra fundamento no texto da atual Constituição Federal. O tema é controverso em nossa doutrina e na doutrina estrangeira também.

Inicialmente, a palavra "segurança" aparece no preâmbulo da Constituição Federal, apresentando-se, então, como um valor a ser assegurado pelo Estado Democrático. Não se trata, neste particular, de segurança jurídica, ao nosso sentir.[4] O preâmbulo estabeleceu os valores supremos que deverão nortear o país, e não princípios constitucionais. Se assim fosse, também poderíamos deduzir do preâmbulo a existência do princípio do desenvolvimento pelo simples fato da referência a este também ter sido realizada, o que não nos parece adequado.

Em seguida, o *caput* do art. 5º estabelece que "todos são iguais perante a lei, sem distinção de qualquer natureza, garantindo-se aos brasileiros e aos estrangeiros residentes no País a inviolabilidade do direito à vida, à liberdade, à igualdade, à segurança e à propriedade". Embora muitos defendam que aqui se localiza o fundamento constitucional do princípio em estudo, ousamos discordar deste posicionamento, por entender que este dispositivo emprega a expressão segurança como segurança individual, como incolumidade física, e não segurança jurídica. Isso porque no art. 5º estão catalogados os direitos fundamentais, nos quais se inclui a segurança individual, dentre outros. O fato de vários direitos relativos à segurança individual terem sido também protegidos pelos diversos incisos do art. 5º (ex.: liberdade de manifestação, inviolabilidade do lar, etc.) não significa que o *caput* se refira a uma outra segurança, a jurídica, e sim que os incisos são desdobramentos, confirmações de um direito previsto, em caráter amplo, no *caput* deste dispositivo.

---

[4] Ainda que se tratasse de segurança jurídica, seria difícil encontrar o fundamento deste princípio no preâmbulo da Constituição, posto que a normatividade deste e, por conseguinte, sua eficácia, é problemática na doutrina e na jurisprudência. Logo, admitir que o fundamento da segurança jurídica possa ser aí localizado pode importar no enfraquecimento do princípio em pauta.

Já o art. 103-A da CF, inserido pela Emenda Constitucional nº 45/2004, previu em seu parágrafo único a possibilidade de súmula com efeito vinculante pelo STF diante da presença de controvérsia entre órgãos do Poder Judiciário ou entre estes e a Administração Pública, que acarrete "grave insegurança jurídica". Este é o único enunciado constitucional que utiliza, em caráter expresso, a segurança jurídica. A segurança a que se refere o dispositivo é aquela decorrente da aplicação de normas jurídicas, ou seja, incerteza decorrente do fato de órgãos do Judiciário ou da Administração apresentarem posições divergentes sobre a validade, a interpretação e a eficácia de normas jurídicas. Em tais situações, a previsibilidade e a calculabilidade ficam comprometidas, justificando a edição de uma súmula com efeito vinculante pelo Pretório Excelso. Sendo assim, a ausência de segurança a que se refere o dispositivo em análise representa o fundamento para a edição de um ato normativo, de caráter geral e abstrato pelo Poder Judiciário. E nada mais. Logo, não pode ser erigido como fundamento geral do princípio da segurança jurídica.

De outro lado, o art. 5º, XXXVI, reza que "a lei não prejudicará o direito adquirido, o ato jurídico perfeito e a coisa julgada". Neste caso, tem-se um comando direcionado ao legislador no sentido de que determinadas situações jurídicas devem ser por ele preservadas, ou seja, efeitos de normas jurídicas que incidiram sobre determinados suportes fáticos, importando no surgimento de situações jurídicas, devem ser mantidos. Deve existir, assim, previsibilidade na elaboração de normas gerais, as quais, ao preservarem os efeitos jurídicos de normas elaborados no passado, garantem ao mesmo tempo a segurança por meio do ordenamento e a segurança por meio do Direito.

Do exposto, infere-se que a Constituição Federal de 1988 não consagra, em caráter direto, expresso e amplo, o princípio da segurança jurídica. Os dispositivos que versam sobre a segurança tutelam situações específicas, tendo, portanto, aplicação limitada. Sendo assim, resta-nos examinar se é possível extrair do texto constitucional um fundamento indireto para o princípio em epígrafe.

Ao nosso sentir, o Estado Democrático de Direito, princípio fundamental do nosso sistema constitucional (CF, art. 1º), tem um significado relevante na análise do tema da segurança jurídica.

O Estado de Direito, produto do liberalismo, nasceu como forma de limitação da atuação de todos os poderes públicos e incorporação de direitos civis e liberdades públicas ao ordenamento constitucional.

Com o advento do constitucionalismo social, surgido após a Primeira Grande Guerra Mundial, esse modelo foi alterado, tendo em vista a necessidade de atuação do Estado na ordem econômica e social. Destarte, a simples limitação do poder público restou insuficiente. Não bastava tão somente a submissão de todos os agentes públicos à lei. Era preciso algo mais. Era necessário que o Estado assumisse uma postura ativa, visando à implementação de um conjunto de valores e de prestações. Em outros termos, era indispensável que o Estado atuasse na cena, outrora reservada aos particulares, para garantir o desenvolvimento econômico e o bem-estar social. Aparece, assim, o Estado Social de Direito.[5] A noção de Estado de Direito, nascida com a acepção meramente formal, ganha, desse modo, conteúdo, um componente material.

O Estado Democrático de Direito é, destarte, um princípio fundamental de natureza formal, procedimental e material. Um modelo de organização que não se contenta apenas em estabelecer garantias jurídico-formais e regular o modo de atuação dos poderes públicos, indo mais além, buscando, em verdade, a implementação de um leque diversificado de valores políticos, econômicos, sociais e culturais, plasmados no texto constitucional, dentre os quais se inclui o valor segurança.

Assim sendo, o princípio da segurança jurídica encontra fundamento no mencionado princípio, sendo deste uma concretização, uma aplicação. Não é possível falar na existência de um Estado Democrático de Direito sem que a segurança jurídica seja tutelada. Um Estado em que os Poderes não estão vinculados ao cumprimento da lei e que não busca implementar o valor segurança não pode ser qualificado como um Estado Democrático de Direito. Esse não pode existir sem a segurança jurídica, tanto no aspecto da segurança do direito como a segurança por meio do direito.

No âmbito da doutrina defende-se, ainda, que o princípio da segurança jurídica tem fundamento indireto no princípio da proteção da propriedade, princípio da liberdade de exercício da atividade econômica, princípio da liberdade de profissão e até mesmo princípio da proteção da família. Essa visão configura uma valorização exagerada da segurança jurídica, que a converte em um princípio de importância maior dentro do sistema jurídico, não podendo, em qualquer caso, ser adotada. É um posicionamento completamente equivocado, que importa, em verdade, em importação acrítica de doutrina alienígena.

---

[5] Para uma análise mais aprofundada da transformação do Estado de Direito em Estado Social de Direito, conferir Ernst Forsthoff (*Stato di diritto in transformazione*. Milano: Giuffrè, 1973, p. 31-70).

Em verdade, o princípio da segurança jurídica se relaciona com muitos outros princípios jurídicos, no entanto, este relacionamento não pode significar que apresenta um fundamento indireto em um leque grande de princípios. Se esta ideia fosse aceita, também teria que ser aplicada a outros princípios jurídicos, o que resultaria no desaparecimento dos fundamentos diretos de muitos princípios, enfraquecendo-os. Não se pode negar, por exemplo, que o princípio da inafastabilidade do controle jurisdicional se relaciona com o princípio da separação de poderes, mas daí não se pode inferir que este seja o fundamento daquele, quando, na verdade, já possui um fundamento direto e específico no texto constitucional (CF, art. 5º, XXXV).

2.4 Conteúdo

A segurança jurídica tutela a certeza, a estabilidade, a previsibilidade e a calculabilidade. A certeza do ordenamento significa a inexistência de dúvidas acerca da existência e da vigência da norma jurídica. A estabilidade do ordenamento relaciona-se com a manutenção, no presente, de atos e fatos jurídicos transcorridos no passado. Além disso, busca-se evitar alterações repentinas, de surpresa, nas normas ou no processo de aplicação dos textos normativos. Já a previsibilidade significa que os administrados devem ter condições objetivas de saberem, antecipadamente, quais as normas que incidirão sobre os seus comportamentos, bem como qual o procedimento e os órgãos que poderão aplicar os textos normativos. Por fim, a calculabilidade é a possibilidade de estimar, antecipadamente, os efeitos dos atos jurídicos e das decisões, administrativas e judiciais, que vieram a ser produzidas.

Desse conteúdo, é possível extrair duas dimensões: estática e dinâmica. A primeira relaciona-se com os dados, condições objetivas do ordenamento, no conhecimento sobre o ordenamento, consistindo numa garantia da estabilidade jurídica. Já a dimensão dinâmica refere-se à aplicação dos textos normativos, consistindo na segurança por meio do ordenamento jurídico.

A dimensão estática é denominada de segurança de orientação, qualificada por parte da doutrina alemã de segurança da regra (*Regelsicherheit*), consiste na previsibilidade das regras de conduta, ou seja, na possibilidade de se conhecer quais as normas jurídicas em vigor que incidirão sobre os comportamentos a serem praticados pelos administrados. Logo, relaciona-se com a existência, a vigência dos documentos normativos e a cientificação dos seus destinatários quanto à sua existência.

Essa manifestação da segurança apresenta os seguintes pressupostos: existência da norma jurídica, início da vigência da norma anterior à ocorrência do fato e a publicidade da norma.[6] Com efeito, a segurança da regra exige que as normas tenham sido inseridas no ordenamento jurídico, que passem a incidir antes da ocorrência dos fatos descritos em suas hipóteses e, por fim, que sejam publicadas, a fim de terem aptidão para produzir efeitos. Cumpridos tais pressupostos, poder-se-á afirmar a presença dessa manifestação do princípio em pauta. São tais pressupostos que possibilitarão aos administrados orientarem as suas condutas.

Já a segurança de realização atinge o aspecto dinâmico do fenômeno jurídico, isto é, a aplicação do direito. Assim como as normas gerais devem ser seguras, as normas individuais, produzidas a partir daquelas, também deverão proporcionar segurança. Essa manifestação do princípio exige: 1) que órgão julgador (administrativo ou judicial) detenha competência constitucional: 2) observância do devido processo legal; 3) manutenção nos critérios de decidir, que não devem ser alterados de forma abrupta.

O objeto desta manifestação da segurança atinge, assim, o conjunto dos princípios, critérios ou técnicas de aplicação e de interpretação das normas gerais. O que se veda aqui, também, é o que a doutrina denomina de "proibição de arbitrariedade",[7] expressão que deve ser entendida em dois sentidos: formal e material. O primeiro consiste na subordinação à lei na aplicação do direito, enquanto o segundo refere-se à interpretação das fontes formais do direito. Obviamente que nesse particular não se pode exigir uma segurança absoluta, posto que a interpretação tem essencialmente o caráter subjetivo. O que não se admite é a utilização de técnicas e recursos vedados em alguns setores do direito (ex.: utilização de analogia em área alcançada pelo princípio da tipicidade) e o afastamento do aplicador de decisão por ele produzida anteriormente, mudando-se o critério de interpretação.[8] A segurança

---

[6] Cf. César García Novoa, *op. cit.*, p. 77. O autor elenca, ainda, um quarto pressuposto: a pretensão de definitividade da norma, que diz respeito à impossibilidade de existência de normas temporárias. Como nosso ordenamento admite a existência de normas com vigência provisória, como, por exemplo, aquelas inseridas por medidas provisórias, pensamos que esse quarto requisito não se coaduna com nosso sistema jurídico.

[7] Cf. César García Novoa, *op. cit.*, p. 81.

[8] Cf. César García Novoa, *op. cit.*, p. 83. O autor sustenta, também, que a "proibição de arbitrariedade" impede a utilização de critérios baseados em "relativismo conceitual" (*op. cit.*, p. 83).

da realização, em suma, impõe que o momento da aplicação do direito não escape à previsibilidade e à calculabilidade dos administrados.

Do exposto, evidencia-se que os diferentes modos de manifestação do princípio da segurança jurídica representam formas de assegurar a estabilidade do direito, alcançando atos produzidos tanto pelo Legislativo quanto pelo Executivo e o Judiciário.

3 A segurança jurídica no âmbito do sistema constitucional tributário

No âmbito do sistema constitucional tributário, a Constituição Federal não consagrou, por meio de um dispositivo expresso, o princípio da segurança jurídica. No entanto, algumas limitações constitucionais ao poder de tributar representam concretizações, densificações, aplicações desse princípio, como será adiante examinado.

A Seção I, do Título VI (Da Tributação e do Orçamento), que versa sobre os princípios gerais, não dispôs, expressamente, sobre o princípio da segurança jurídica. O único princípio veiculado nesta parte do texto, em um enunciado constitucional, é o da capacidade contributiva (art. 145, §1º). Todos os demais foram previstos implicitamente, como, por exemplo, o da equivalência das taxas (art. 145, II).

Ao regular o tema da lei complementar tributária, a CF, em seu art. 146, III, previu como uma das funções deste veículo normativo "estabelecer normas gerais em matéria de legislação tributária, especialmente sobre: (*omissis*)...". Admitiu-se, assim, a elaboração de uma lei complementar que veiculasse normas vinculantes para os legisladores dos quatro entes tributantes, como propósito de garantir o valor segurança. A ideia de normas gerais em matéria de legislação tributária é indissociável da de segurança jurídica, como bem o demonstrou Tércio Sampaio Ferraz Júnior,[9] há mais de três décadas.

A segurança se faz presente de forma tão intensa em tais normas, que a Carta dispôs expressamente que estas regras iriam regular a prescrição e a decadência, institutos ligados diretamente ao valor segurança, o que confirma a preocupação do constituinte com a segurança jurídica em matéria tributária.

---

[9] Segurança Jurídica e Normas Gerais Tributárias. *Revista de Direito Tributário*, São Paulo, n. 17/18, p. 54, jun./dez. 1981.

É possível afirmar, por tais motivos, que o princípio da segurança jurídica tributária encontra fundamento, indireto, no art. 146, III, da Constituição Federal.

Como se isso fosse insuficiente, a Seção II, que veicula as "Limitações ao Poder de Tributar", estabeleceu três regras, que alguns denominam impropriamente de "princípios constitucionais tributários",[10] que representam corolários, aplicações, densificações, projeções da segurança jurídica, a saber: legalidade tributária (inciso I), anterioridade e irretroatividade da lei tributária (inciso III). Foram reguladas para realizarem a segurança jurídica, que as fundamenta.

Mais uma vez a segurança jurídica foi objeto de preocupação constitucional.

De igual modo, ao separar as faixas privativas de competência dos entes para instituírem impostos (art. 153, 155 e 156), a Carta objetivou, também, dentre outros fins, evitar a insegurança jurídica, que poderia ocorrer diante da possibilidade de existência de sucessivos conflitos no exercício da competência tributária, caso tais faixas não tivessem sido descritas expressamente. A preocupação com a segurança na elaboração das normas instituidoras tributárias se faz aí presente também, indiscutivelmente.

Evidencia-se, desse modo, que embora não tivesse sido prevista expressamente em nenhum dispositivo que integra o sistema constitucional tributário, a segurança jurídica em matéria tributária implicitamente foi regulada no Título VI da Constituição Federal, dedicado à Tributação.

4 A segurança jurídica no Código Tributário Nacional

O CTN foi elaborado sob a égide da Carta de 1946, que não consagrava expressamente a segurança jurídica em seu texto.

Todavia, a segurança jurídica encontra previsão implícita em vários dispositivos do Código. Inicialmente, no Título III, que regula a Competência Tributária, a segurança fundamenta a regra da indelegabilidade da competência (art. 7º), ao lado do princípio federativo e da autonomia municipal. Em seguida, no Capítulo III, que versa sobre as "Limitações da Competência Tributária", várias regras

---

[10] Afirmamos "impropriamente" porque tais normas têm natureza de regras, por não comportarem ponderação. Quando o legislador constituinte desejou que fossem afastadas a legalidade e anterioridade, o fez expressamente, estabelecendo cláusulas de exceções, o que demonstra que de princípios não se tratam.

constitucionais, que densificam a segurança jurídica, como já examinado, são repetidas, tais como a legalidade (art. 9º, I) e a anterioridade (art. 9º, II). Os demais dispositivos do Livro Primeiro do CTN versam sobre as hipóteses de incidência possíveis dos impostos, das taxas e da contribuição de melhoria, não tendo relação direta com a segurança jurídica. Indiretamente, ao estabelecerem a moldura, os arquétipos dos tributos, os parâmetros a serem observados pelos legisladores dos entes tributantes, consagram a segurança, à medida que visam assegurar a previsibilidade quanto aos fatos, aos comportamentos dos contribuintes que poderão ser tributados. A função segurança das normas gerais se faz aí presente, sem dúvidas.

Já o Livro Segundo do Código em epígrafe, intitulado "Normas Gerais de Direito Tributário", disciplina o direito obrigacional tributário. Ao fazê-lo, previu dois dispositivos diretamente relacionados com a segurança do contribuinte. O primeiro foi o parágrafo único do art. 100, segundo o qual "a observância das normas referidas neste artigo exclui a imposição de penalidades, a cobrança de juros de mora e a atualização do valor monetário da base de cálculo do tributo". A exegese desse enunciado prescritivo demonstra que o contribuinte que realizou uma conduta com base em normas infralegais, não pode ser penalizado, caso estas sejam modificadas. Comportamentos passados deverão ser preservados, portanto. Nesse sentido, opina o insuperável Aliomar Baleeiro:

> Consagrando o que já assentara a jurisprudência do STF, o parágrafo único do art. 100 do CTN estabelece a eficácia prática das normas complementares: o contribuinte que agiu em conformidade com elas não ficará exposto a penalidade, juros moratórios, nem atualização do valor monetário da base de cálculo do tributo, se interpretação diversa vier a ser adotada pelo Fisco.[11]

Uma parte significativa da doutrina entende que foi consagrado o princípio da segurança jurídica nesse dispositivo. Para nós, previu-se um outro princípio, o da proteção da confiança, o qual, embora se assemelhe com o da segurança jurídica, tem autonomia, não podendo ser entendido simplesmente com uma manifestação subjetiva daquele, como será adiante examinado.

Outro enunciado bastante importante sobre o tema em estudo é o do art. 146, que estabelece que "a modificação introduzida, de

---

[11] *Direito Tributário Brasileiro*. 11. ed. Rio de Janeiro: Forense, 1999, p. 649.

ofício ou em consequência de decisão administrativa ou judicial, nos critérios jurídicos adotados pela autoridade administrativa no exercício do lançamento somente pode ser efetivada, em relação a um mesmo sujeito passivo, quanto a fato gerador ocorrido posteriormente à sua introdução". Vedou-se, desse modo, que alguma mudança em critério utilizado para realizar o lançamento, decorrente de alteração de entendimento da Administração Pública ou de provimento administrativo ou jurisdicional, possa alcançar fatos jurídicos ocorridos anteriormente. Consagra-se, assim, em caráter expresso, a segurança por meio do direito, especificamente a segurança de realização, aquela que diz respeito à aplicação do direito, ao aspecto dinâmico do fenômeno jurídico. É indubitável, desse modo, que o Código consagrou neste dispositivo, expressamente, o princípio da segurança jurídica como um princípio de proteção ao contribuinte.[12]

Ainda neste Livro do Código, pode-se identificar outros dispositivos relacionados com a segurança jurídica, como, por exemplo, as regras que versam sobre os prazos de prescrição e de decadência (ex: art. 173, 174), que buscam preservar a estabilidade dos efeitos gerados pela incidência das normas jurídico-tributárias. No mesmo sentido caminham as regras que limitam os poderes de fiscalização (arts. 194 e seguintes), as quais também se preocupam com a segurança por meio do direito, segurança de realização.

Do exposto se pode inferir, portanto, que o princípio da segurança jurídica em matéria tributária foi contemplado expressa e implicitamente pelo texto do CTN.

5 O princípio da proteção da confiança: dimensão subjetiva da segurança jurídica?

5.1 Noção

A confiança é uma situação elementar da vida em sociedade, podendo ser definida, de forma sintética, como a firme convicção que alguém possui em que determinado comportamento será realizado por outrem, com o qual mantém ou manteve algum tipo de relação. A conduta esperada corresponde a uma expectativa causada por quem

---

[12] Ao analisar o art. 146 do CTN, manifesta-se Misabel Derzi no seguinte sentido: "Trata-se de dispositivo relacionado com a previsibilidade e a segurança jurídica, simples aplicação do princípio da irretroatividade do Direito aos atos e decisões da Administração Pública" (Aliomar Baleeiro, *op. cit.*, p. 812, notas de atualização).

é devedor da sua realização. Destarte, a confiança se coloca entre a certeza e a esperança.

A confiança envolve, em todo caso, uma dimensão direcionada ao futuro, de maneira que a manutenção ou a prática de determinado comportamento seja assegurada. Por isso, se posiciona em uma relação de tensão, como lembra Kyrill-A. Schwarz: de um lado, estabilidade e tradição, de outro, flexibilidade e possibilidade de inovação.[13]

O princípio da proteção da confiança (*Vertrauensschutz*) incide naquelas situações em que a confiança não é reconhecida ou é conscientemente violada, o que geralmente ocorre quando o Poder Público deixa de praticar determinado comportamento que deveria prestar, em face de uma conduta pretérita, por ele realizada, que gerou no administrado uma expectativa, a qual restou frustrada.

5.2 Origem

O princípio da proteção da confiança apareceu com o surgimento do Estado Interventor, sendo construído, em termos teóricos, no período posterior à Segunda Guerra Mundial, como uma forma de proteger o indivíduo contra as intervenções estatais capazes de frustrar expectativas geradas por comportamentos pretéritos do próprio Estado.

Contudo, a sua origem mais remota pode ser localizada no ano de 896, no Direito Canônico. Neste período, após a morte do Papa Formoso, o novo Pontífice, Papa Estevão VI, ordenou que o corpo do papa falecido fosse desenterrado para ser submetido a um julgamento. No final deste, o falecido papa foi condenado e excomungado, sendo seu corpo despido e seus dedos decepados. Outra medida contra ele aplicada foi a perda dos efeitos da sua nomeação como papa, em caráter retroativo. Por conseguinte, todos os atos por ele praticados foram desfeitos. Tudo isso levou a uma discussão no âmbito do Direito Canônico quanto à necessidade da proteção da confiança nos atos praticados ou consagrados pelo Papa Formoso.[14]

No século XX o tema aparece, então, em uma decisão do Conselho de Estado francês, em 1922, conhecida como *Arrêt Dame Cachet*. Com base em uma lei que isentava pessoas do pagamento de aluguel e assegurava aos proprietários prejudicados o pagamento de uma compensação, uma cidadã, a senhora Cachet, requereu o pagamento

---

[13] *Vertrauensschutz als Verfassungsprinzip*. Baden-Baden: Nomos, 2001, p. 28.

[14] Cf. Valter Shuenquener de Araújo. *O Princípio da Proteção da Confiança*. Niterói: Impetus, 2009, p. 18-19.

dessa indenização, tendo sido o seu pleito parcialmente deferido na primeira instância. Irresignada, recorreu ao Ministro das Finanças, que indeferiu o recurso e anulou a indenização anteriormente deferida. O caso foi, então, submetido à apreciação do Conselho de Estado, que reconheceu a existência de um prazo decadencial de dois meses para a anulação de um ato viciado, tutelando, assim, em tal situação, uma expectativa de direito.[15]

Foi na Alemanha, no entanto, no período posterior à Segunda Guerra Mundial, que o princípio encontrou amplo campo para se desenvolver. Curiosamente, todavia, a consolidação não resultou de um determinado precedente, e sim de vários julgados. Neste período, o Estado passou a intervir de forma acentuada na ordem econômica e social, realizando uma série de prestações, surgindo, em virtude desta atuação, construções doutrinárias e jurisprudenciais preocupadas em tutelar o cidadão em face do Poder Público. Inicialmente, o princípio é utilizado para proteger o administrado contra as mudanças realizadas pelo Estado no planejamento econômico e para limitar os efeitos retroativos do desfazimento dos atos administrativos ilegais que geraram efeitos para os particulares. Posteriormente, o campo de aplicação é ampliado, para alcançar qualquer forma de atuação estatal suscetível de gerar lesões para os administrados.

Atualmente, o princípio é aplicado pela jurisprudência do Tribunal Constitucional Federal (*Bundesverfassungsgericht*) para resolver diferentes tipos de situações, decorrentes da edição de uma nova norma, como, por exemplo, aumento de tributos, revogação de subvenções, redução de benefícios sociais, redução de situações favoráveis a servidores, restrições ao exercício de atividade empresarial, etc.[16] A Corte aplicou o princípio, inicialmente, para limitar a eficácia retroativa da lei nova e, posteriormente, para resolver os efeitos da revogação dos atos administrativos, bem como em outras situações, nas quais ocorreu uma mudança na atuação do Estado, em relação a um comportamento pretérito, o qual foi capaz de originar uma expectativa legítima no particular.[17]

No âmbito doutrinário, as discussões sobre o princípio tomam corpo nos anos setenta. O direito positivo não ficou imune a essa expansão. Em 1976, a lei alemã de Processo Administrativo Fiscal

---

[15] Cf. Valter Shuenquener, *op. cit.*, p. 21.

[16] Cf. Valter Shuenquener, *op. cit.*, p. 25.

[17] Cf. Valter Shuenquener, *op. cit.*, p. 26.

regulou a tutela da confiança do particular em face da anulação de atos administrativos com efeitos favoráveis para os administrados.[18]

Entre nós, o princípio em pauta tem merecido pouca atenção da doutrina e da jurisprudência, devido a vários fatores, como a previsão pelo texto constitucional do princípio da irretroatividade das leis e a influência do Direito Administrativo francês, onde o princípio não alcançou maior amplitude.[19] Dentre os estudos existentes sobre a matéria, não se pode deixar de mencionar os trabalhos de Valter Shuenquener de Araújo,[20] no âmbito do Direito Administrativo, e, no campo tributário, das referências constantes nos trabalhos de Misabel de Abreu Derzi,[21] Heleno Taveira Torres[22] e Ricardo Lodi.[23]

5.3 Pressupostos para aplicação

Não existe consenso na doutrina germânica quanto aos pressupostos necessários à aplicação do princípio da proteção da confiança. A corrente majoritária, com a qual comungamos, defende a necessidade da existência de três pressupostos: o fundamento (base) da confiança (*Vertrauensgrudlage*), a confiança (*das Vertrauen*) e a confirmação (exercício) da confiança (*Vertrauensbetätigung*).[24]

A existência de um fundamento da confiança significa a realização de um comportamento pelo Estado capaz de gerar uma expectativa no administrado. A atuação estatal, destarte, provoca no indivíduo uma expectativa,[25] podendo revestir a forma de um ato normativo (geral ou individual) ou até mesmo de uma omissão. É essa conduta do Estado que provoca na mente do destinatário da medida uma expectativa de continuidade.

---

[18] Cf. Valter Shuenquener, *op. cit.*, p. 27-28. Convém observar, todavia, que a lei alemã não foi o primeiro diploma normativo a dispor sobre o assunto. Isso porque, na Áustria, a Lei Geral de Processo Administrativo, de 21 de julho de 1925, regulava o desfazimento de atos administrativos pela Administração, estabelecendo um marco temporal (três anos). A lei alemã, no entanto, teve uma repercussão maior, devido ao contexto em que surgiu (Cf. Valter Shuenquener, *op. cit.*, p. 28).

[19] Cf. Valter Shuenquener, *op. cit.*, p. 28.

[20] *O Princípio da Proteção da Confiança.* Niterói: Impetus, 2009.

[21] *Modificações da Jurisprudência no Direito Tributário.* São Paulo: Noeses, 2009.

[22] *Direito Constitucional Tributário e Segurança Jurídica.* São Paulo: RT, 2011.

[23] *A Segurança Jurídica do Contribuinte.* Rio de Janeiro: Lumen Juris, 2008.

[24] Kyrill-A.Schwarz, *Vertrauensschutz als Verfassungsprinzip.* Baden-Baden: Nomos, 2002, p. 295-308; Beatrice Weber-Dürler, *Vertrauensschutz im Öffentlichen Recht.* Basel/Frankfurt: Helbing & Lichtenhahn, 1983, p. 8.

[25] Kyrill-A.Scwarz, *op. cit.*, p. 296.

Disso decorre a necessidade de existência, ainda, da confiança, no plano subjetivo. Vale dizer, o destinatário do comportamento estatal tem que confiar na manutenção da situação subjetiva provocada pelo Estado. Isso exige, em primeiro lugar, que o destinatário tenha conhecimento sobre a medida estatal.[26] Além disso, o destinatário tem que confinar na continuidade do comportamento estatal. Trata-se, assim, de um elemento subjetivo, que pode gerar dificuldades para ser demonstrado no caso concreto.

Por fim, não basta a mera existência na confiança. Faz-se mister, ademais, que o destinatário realize uma conduta em consonância com a medida estatal que provocou a confiança. Em outras palavras, a confirmação da confiança significa a prática de um comportamento privado de acordo com a base da confiança. Trata-se de uma consequência, de um efeito da medida realizada pelo Estado. Como observa Kyrill-A. Schwarz, deve existir um "contexto de causalidade entre o fundamento da confiança e a confirmação da confiança".[27] Em outros termos, a confiança necessita ser posta em funcionamento (*ins Werk gesetzt*).[28]

Há quem defenda, ainda, a necessidade de um outro pressuposto: um comportamento estatal que frustre a confiança, isto é, um segundo comportamento do Estado em sentido contrário àquele que gerou a confiança.[29] Ao nosso ver, a questão diz respeito à violação, ao descumprimento do princípio, e não a um pressuposto para o seu reconhecimento, para a sua existência.

Uma vez preenchidos tais pressupostos, o destinatário do comportamento estatal poderá invocar a aplicação do princípio em estudo para tutelar a expectativa na continuidade dos efeitos gerados pela conduta do Poder Público.

5.4 Autonomia

Parte da doutrina nega a autonomia do princípio em estudo, afirmando que se trata da dimensão subjetiva do princípio da segurança jurídica. Ao nosso ver, a proteção da confiança e a segurança jurídica são princípios diferentes. Embora se relacionem com a ideia de certeza e de estabilidade, a segurança jurídica tem um âmbito de aplicação

---

[26] Kyrill-A.Schwarz, *op. cit.*, p. 302.

[27] *Op. cit.*, p. 307.

[28] Cf. Kyrill-a. Schwarz, *op. cit.*, p. 307.

[29] Nesse sentido, Valter Shuenquener, *op. cit.*, p. 103-104.

mais amplo, sendo, ainda, concretizada por uma série de regras e de princípios.

Já a proteção da confiança atinge uma situação concreta, específica, que reúne os pressupostos necessários à atuação deste princípio. Enquanto a segurança jurídica está relacionada aos ideais de certeza, estabilidade, previsibilidade e de calculabilidade, a tutela da confiança visa assegurar a continuidade na aplicação das normas jurídicas, protegendo o administrado diante de modificações bruscas de comportamentos do Poder Público.

Sendo assim, apresenta autonomia em face da segurança jurídica, não podendo ser qualificado como simples manifestação desta.

5.5 Fundamentos constitucionais

Uma das questões mais controversas na doutrina germânica diz respeito ao fundamento constitucional do princípio da proteção da confiança. Roland Kreibich relata a existência de dois grupos de teorias.[30] O primeiro, o dos civilistas, extrai o princípio da proteção da confiança do princípio da boa-fé objetiva (*Treu und Glauben*). Já no grupo dos constitucionalistas diversos fundamentos têm sido apresentados: a) a cadeia de derivação, princípio do Estado de Direito e princípio da segurança jurídica; b) princípio do Estado Social, c) direitos fundamentais (ex.: direito de propriedade, isonomia, dignidade humana, etc.); d) princípio da proporcionalidade.[31]

Entre nós, parece-nos que a tutela da confiança encontra fundamento no princípio do Estado Democrático do Direito, que exige do Poder Público uma atuação não apenas submetida à lei, mas também orientada a realizar diversos valores, dentre os quais a segurança, da qual decorre a confiança na continuidade dos comportamentos públicos.

5.6 Aplicação no Direito Tributário

É inquestionável a aplicação do princípio da proteção da confiança no Direito Tributário. Com efeito, nesta seara um Estado realiza uma série de comportamentos que geram nos contribuintes expectativas de que sejam mantidos.

---

[30] *Der Grundsatz von Treu und glauben im Steuerrecht*, Heidelberg, Müller, 1992, p. 36-42.

[31] Cf. Roland Kreibich, *op. cit.*, p. 36-37.

O âmbito das normas extrafiscais é terreno fértil para a aplicação do princípio, como observa, com acerto, Misabel de Abreu Derzi.[32] O Poder Público, por meio de normas tributárias, pode interferir na ordem econômica, sem o uso da coação, para incentivar ou desestimular a realização de comportamentos privados. Para alcançar este desiderato, o Estado edita medidas que podem provocar expectativas em seus destinatários. É o que ocorre, por exemplo, quando uma isenção onerosa é concedida ao particular a fim de incentivar o desenvolvimento econômico. Nesta situação, a revogação da isenção não pode ocorrer de maneira aleatória, sob pena de comprometer a tutela da confiança.

Outro setor no qual o princípio pode ser aplicado é quanto ao cumprimento das obrigações acessórias. Para facilitar a fiscalização da arrecadação do tributo, o Estado institui obrigações sem conteúdo pecuniário, exigíveis dos contribuintes e de outros sujeitos que exercem uma atividade de colaboração. As modificações efetuadas na regulação normativa destas obrigações não podem ser modificadas abruptamente, violando as expectativas dos seus destinatários, principalmente o planejamento por eles realizado.

No âmbito da aplicação da lei tributária o princípio também pode ser aplicado de forma segura, como forma de tutela do contribuinte. Assim, por exemplo, as modificações nos critérios de aplicação da lei tributária não podem prejudicar quem a eles se submeteu durante determinado lapso de tempo. Não se pode, destarte, alterar bruscamente a interpretação de determinado texto de lei para atingir comportamentos pretéritos.

Convém observar, de outro lado, que o nosso sistema já prevê o princípio da irretroatividade da lei tributária como uma proteção contra comportamentos que busquem atingir o passado (CF, art. 150, III, "a"). Isso deixa um espaço pequeno para aplicação da proteção da confiança no campo da fiscalidade. Por isso, conclui Misabel de Abreu Derzi que "em relação aos fatos pretéritos, inteiramente ocorridos no passado, aplica-se a irretroatividade sem necessidade de recorrer à proteção da confiança".[33] Contudo, mesmo nesta seara em determinadas situações o princípio em pauta poderá ser aplicado.

---

[32] *Op. cit.,* p. 391.
[33] *Op. cit.,* p. 392.

6 Conclusões

A segurança jurídica apresenta natureza de valor e de princípio jurídico.

A Constituição Federal de 1988 não consagra, em caráter direto e amplo, o princípio da segurança jurídica, o qual, na verdade, decorre do princípio do Estado Democrático de Direito (art. 1º). Não se pode admitir a existência deste sem que a segurança jurídica seja tutelada.

A segurança jurídica tutela a certeza, a estabilidade, a previsibilidade e a calculabilidade, manifestando-se de duas maneiras: segurança de orientação e segurança de realização.

A segurança de orientação consiste na previsibilidade das regras de conduta, relacionando-se com a existência, a vigência dos documentos normativos e a cientificação dos seus destinatários quanto à sua existência.

Já a segurança de realização diz respeito à aplicação do direito, buscando tutelar a previsibilidade e a calculabilidade dos efeitos produzidos pelas normas individuais, decorrentes de decisões administrativas ou jurisdicionais.

Embora não tivesse sido prevista expressamente em nenhum dispositivo que integra o sistema constitucional tributário, a segurança jurídica em matéria tributária foi regulada, em caráter implícito, pelo Título VI da CF, dedicado à tributação.

No âmbito do Código Tributário Nacional, vários dispositivos fundamentam, implícita ou explicitamente, a segurança jurídica, em especial o art. 146.

O princípio da proteção da confiança não consiste em uma dimensão subjetiva da segurança jurídica, possuindo autonomia, pois deve ser aplicado em face de pressupostos específicos, tendo, por outro lado, um âmbito de aplicação mais restrito que o do princípio da segurança jurídica.

Informação bibliográfica deste texto, conforme a NBR 6023:2018 da Associação Brasileira de Normas Técnicas (ABNT):

PIMENTA, Paulo Roberto Lyrio. O princípio da segurança jurídica em matéria tributária. *In*: SARAIVA FILHO, Oswaldo Othon de Pontes; SIQUEIRA, Julio Homem de; BEDÊ JÚNIOR, Américo; FABRIZ, Daury César; SIQUEIRA, Junio Graciano Homem de; CUNHA, Ricarlos Almagro Vitoriano (Coord.). *Limitações formais e materiais ao poder de tributar*. Belo Horizonte: Fórum, 2021. p. 377-395. (Coleção Fórum Princípios Constitucionais Tributários – Tomo II). ISBN 978-65-5518-122-7.

ALGUMAS NOTAS SOBRE O PRINCÍPIO DA NEUTRALIDADE FISCAL NO MODELO DO IMPOSTO SOBRE O VALOR ACRESCENTADO NA UNIÃO EUROPEIA

CLOTILDE CELORICO PALMA

1   Nota introdutória

Abordar de forma genérica o conteúdo e as implicações do princípio da neutralidade no sistema comum do Imposto sobre o Valor Acrescentado (IVA) na União Europeia (UE) implica que inicialmente nos situemos no contexto da sua adopção e modo de funcionamento.

Assim sendo, começaremos a nossa digressão pelas características essenciais deste imposto.

2   Características essenciais do IVA

2.1   Características gerais

Existem cerca de 170 países a nível mundial com um sistema de tributação de tipo Imposto sobre o Valor Acrescentado.

Como nota a OCDE, a expressão imposto sobre o valor acrescentado é utilizada para designar todo o imposto nacional que, independentemente da denominação, possua as características fundamentais de um imposto sobre o valor acrescentado, a saber, seja um imposto sobre o consumo final com uma base larga de incidência, liquidado pelos sujeitos passivos, mas em princípio não suportado por estes, em conformidade com um procedimento de pagamento fraccionado, independentemente do método elegido para a determinação do montante do imposto a pagar (método subtractivo indirecto ou método subtractivo directo).[1]

O IVA é o imposto mais harmonizado da União Europeia. Caracteriza-se fundamentalmente por ser um imposto indirecto de matriz comunitária plurifásico, que atinge tendencialmente todo o acto de consumo (imposto geral sobre o consumo).[2]

Interessa sobretudo salientar que estamos perante um imposto geral sobre o consumo com uma matriz comunitária que pretende respeitar um princípio fundamental: o da neutralidade, princípio intrinsecamente relacionado com o exercício do direito à dedução, coração deste tributo.

A matriz comunitária do imposto resulta do facto de termos, na União Europeia, um sistema comum do IVA que faz parte do "adquirido comunitário" ("*acquis communautaire*") desde 1967 na então Comunidade Económica Europeia (CEE).Todos os Estados que aderem à União Europeia devem, obrigatoriamente, substituir os seus modelos de impostos sobre as transacções pelo modelo comum do IVA, de acordo com o estabelecido nos actos jurídicos do Direito da União.

A obrigatoriedade de adopção de um modelo comum do IVA por cada um dos Estados membros da então Comunidade Económica Europeia foi determinada pela Primeira Directiva IVA,[3] ao passo que as suas características foram definidas a nível comunitário na Segunda Directiva IVA.[4] Só em 1977 é que veio a ser aprovado um segundo modelo comum do IVA, na usualmente denominada Sexta Directiva IVA,[5]

---

[1] Cfr. *Principes directeurs internationaux pour la TVA/TPS*, Paris: Éditions OCDE, 2017, Nota 1, p. 5, disponível em: http://dx.doi.org/10.1787/9789264272958-fr. Sobre as orientações da OCDE em matéria de IVA, veja-se o nosso artigo "Orientações internacionais da OCDE em sede de IVA", publicado no nosso livro *Estudos de IVA IV*, Almedina, Novembro 2018.

[2] Sobre as características fundamentais deste tributo, *vide* Xavier de Basto, *A tributação do consumo e a sua coordenação a nível internacional, Lições sobre a harmonização fiscal na Comunidade Económica Europeia*, CCTF nº 164, Lisboa 1991, p. 39-73 e Clotilde Celorico Palma, *Introdução ao Imposto sobre o Valor Acrescentado*. 6. ed. Almedina, Setembro de 2014, p. 19-34.

[3] Directiva 67/227/CEE, do Conselho, de 11 de Abril de 1967 (JO L 71, de 14.03.1967). Esta Directiva veio determinar a obrigatoriedade de os Estados membros substituírem os seus sistemas de impostos sobre as transacções pelo modelo IVA, delineando as características básicas do imposto.

[4] Directiva 67/228/CEE, do Conselho, de 11 de Abril de 1967, que instituiu o primeiro sistema comum do IVA na Comunidade Económica Europeia (JO L 71, de 14.03.1967).

[5] Directiva 77/388/CEE, do Conselho, de 17 de Maio de 1977, publicada no JO nº L 145, de 13.6.77.

que foi revogada pela Directiva 2006/112/CE, de 28 de Novembro, à qual passamos a chamar Directiva IVA.[6]

A matriz comunitária deste tributo tem efeitos limitativos da actuação dos diversos Estados membros neste domínio.[7] Por este motivo, os Estados membros não são livres de adoptar qualquer medida em sede deste imposto para além daquelas que veem previstas no Direito da União Europeia, dado que têm de actuar dentro dos limites da respectiva legislação, limitando-se assim as pretensões dos contribuintes e a actuação da Administração Fiscal ao permitido pelas regras do Direito da União. Por este motivo, a correcta aplicação deste tributo implica o conhecimento não só da legislação, doutrina e jurisprudência nacionais, como igualmente da legislação, doutrina e jurisprudência da União Europeia.

As características essenciais do IVA foram, desde logo, definidas de forma suficientemente esclarecedora no artigo 2º da Primeira Directiva, a saber, "O princípio do sistema comum de imposto sobre o valor acrescentado consiste em aplicar aos bens e aos serviços um imposto geral sobre o consumo exactamente proporcional ao preço dos bens e dos serviços, qualquer que seja o número de transacções ocorridas no processo de produção e de distribuição anterior à fase de tributação. Em cada transacção, o imposto sobre o valor acrescentado, calculado sobre o preço do bem ou do serviço à taxa aplicável ao referido bem ou serviço, é exigível, com prévia dedução do montante do imposto sobre o valor acrescentado que tenha incidido directamente sobre o custo dos diversos elementos constitutivos do preço. O sistema comum de imposto sobre o valor acrescentado é aplicável até ao estádio do comércio a retalho, inclusive".

No contexto que por ora nos deverá enquadrar, interessa-nos, sobretudo, reter que o IVA é um imposto tendencialmente neutro, que incide sobre todas as fases do processo produtivo, do produtor ao retalhista, através do chamado método subtractivo indirecto, da

---

[6] Publicada no JO nº L 347, de 11 de Dezembro de 2006. Essencialmente, esta Directiva veio reformular o texto da Sexta Directiva (trata-se de uma reformulação basicamente formal, atendendo ao facto de o seu texto se encontrar excessivamente denso, dadas as sucessivas alterações que lhe foram introduzidas desde a sua aprovação). Com a reformulação passou a ter 414 artigos (tinha 53). Note-se, todavia, que foram revogadas várias directivas de IVA, pelo que poderemos passar a designar a "nova" Directiva, abreviadamente, como Directiva IVA (a Directiva base do sistema comum vigente).

[7] Note-se que, nomeadamente, o TJUE, no seu Acórdão de 18 de Janeiro de 2001, Caso *Lindöpark*, Proc. C-150/99, Colect., p. I –00493, nº 42, veio confirmar que a adopção de legislação nacional contrária à Sexta Directiva faz o Estado membro incorrer em responsabilidade civil pelos danos causados a particulares.

liquidação e dedução, das facturas, do crédito de imposto ou sistema dos pagamentos fraccionados. Este método é, como refere Xavier de Bastos, "a trave-mestra do sistema do imposto sobre o valor acrescentado".[8]

O método subtractivo indirecto mais não é do que a técnica da liquidação e dedução do imposto, em cada uma das fases do circuito económico, funcionando da forma descrita quando as transacções se processam entre sujeitos passivos do imposto, dado os consumidores finais (particulares) não terem direito à dedução do imposto suportado. Isto é, um sujeito passivo não isento de IVA deve proceder à liquidação do tributo à taxa que se mostrar devida. Tendo um crédito de imposto do IVA suportado a montante para a realização daquela actividade económica, o sujeito passivo irá entregar ao Estado, dentro do seu período de imposto, a diferença entre o IVA liquidado e o deduzido.

O IVA, ao operar através deste método, vai incidir apenas sobre o valor acrescentado em cada uma das diversas fases da cadeia de produção e comercialização dos bens e serviços, sendo o preço final do bem equivalente à soma dos valores acrescentados.

A técnica do método subtractivo indirecto permite atingir em simultâneo vários objectivos, nomeadamente, tributar apenas o valor acrescentado em cada uma das fases do circuito económico, repartindo o encargo fiscal pelos sujeitos passivos, instituindo um controlo cruzado entre os sujeitos passivos (dado que só se pode deduzir o IVA suportado com base numa factura passada na forma prevista no artigo 36º, nº 5, do CIVA) e assegurando-se a neutralidade do imposto, evitando efeitos cumulativos ou em cascata de IVA sobre IVA.

2.2 As operações tributáveis

O IVA, dadas as suas características de imposto geral sobre o consumo definidas a nível da União Europeia, incide, tendencialmente, sobre todo o acto de consumo.

Ora, as respectivas regras de incidência pressupõem, regra geral, o exercício de uma actividade económica enquanto tal, na qualidade de sujeito passivo.

A Directiva IVA abrange duas categorias de factos susceptíveis de tributação: as "entregas de bens" e as "prestações de serviços".

Estas operações estão sujeitas a IVA quando forem efectuadas no território de um Estado membro por quem exerça de modo independente

---

[8] *A tributação do consumo e a sua coordenação a nível internacional, Lições sobre a harmonização fiscal na Comunidade Económica Europeia*, cit., p. 41.

actividades de produção, de comercialização ou de prestação de serviços e desempenhe profissões liberais ou equiparadas.

Isto é, a incidência do IVA é definida, quanto às transacções internas, pela prática de "operações tributáveis", que são as "entregas de bens" e as "prestações de serviços", por sujeitos passivos agindo como tais. Só a conjunção dos elementos objectivo e subjectivo da incidência qualifica estas operações como tributáveis.

Como operações tributáveis em sede deste imposto encontramos as transmissões de bens, as prestações de serviços, as importações e as operações intracomunitárias. À excepção das prestações de serviços, todas as operações tributáveis se encontram definidas positivamente. De acordo com esta definição constante do nº 1 do artigo 24º da Directiva IVA, será prestação de serviços qualquer operação efectuada a título oneroso que não se qualifique como transmissão de bens, aquisição intracomunitária de bens ou importação.

2.3   Conceito de sujeito passivo

Tendo em conta os referidos atributos da generalidade e neutralidade do imposto, a noção de sujeito passivo, tal como resulta da Directiva IVA, é extremamente lata e heterogénea, abrangendo qualquer pessoa, colectiva ou singular, privada ou pública.

A Directiva IVA trata do conceito de sujeito passivo nos seus artigos 9º (ex. artigo 4º da Sexta Directiva) e seguintes. De acordo com o artigo 9º, nº 1, consagra-se um conceito amplo de "sujeito passivo" – "Entende-se por 'sujeito passivo' qualquer pessoa que exerça, de modo independente e em qualquer lugar, uma actividade económica, seja qual for o fim ou o resultado dessa actividade".

Em conformidade com o disposto na Directiva IVA, a aquisição da qualidade de sujeito passivo relativamente às operações internas depende da concorrência de pelo menos três requisitos, um reportado à actividade desenvolvida, que deverá assumir natureza económica, outro relativo à entidade que, de forma independente, prossegue tal actividade, e outro à irrelevância do respectivo fim ou resultado. A estes requisitos, expressamente previstos na Directiva, junta-se um outro, implicitamente previsto: o do exercício habitual da actividade económica.

Isto é, para que uma pessoa seja qualificada e actue como sujeito passivo é, desde logo, necessário que exerça uma actividade económica no sentido da Directiva.

Ora, como vimos, em conformidade com o aludido preceito, no conceito de "actividade económica" englobamos todas as actividades de produção, de comercialização ou de prestação de serviços, incluindo as actividades que envolvam a exploração de um bem corpóreo ou incorpóreo com o fim de auferir receitas com carácter de permanência.

3   O princípio da neutralidade e o IVA

Como nota Francisco Javier de la Riva García,[9] "el objetivo prioritario de la política fiscal comunitaria podría resumirse con la palabra neutralidad".

Na sua formulação clássica liberal, o princípio da neutralidade era entendido em conformidade com a denominada regra de Edimburgo, "leave them as you find them", a qual postulava uma neutralidade total do imposto, sendo que, para tal, a tributação não deveria alterar a situação relativa anterior dos contribuintes para não causar distorções no mercado.[10]

Actualmente, como nota Pitta e Cunha,[11] "… o imposto é 'neutro' quando opera modificações homotéticas, iguais para todos os elementos de meio económico". Não obstante, é sabido que não existem impostos totalmente neutros, existindo sempre diversas limitações.[12]

A manutenção de um são ambiente concorrencial está na base da adopção do IVA, justificando o princípio da neutralidade, que tem um corolário importante no clássico princípio jurídico da não discriminação.[13] O princípio da neutralidade encontra a sua justificação noutros princípios que regem o imposto sobre o valor acrescentado,

---

[9]   Cfr. Francisco Javier de la Riva García, "*La política fiscal comunitaria y su incidencia para España*", *Documentación Administrativa*, n° 20, 1984, p. 66.

[10]   Neste sentido veja-se Rui Duarte Morais, *Imputação de lucros de sociedades não residentes sujeitas a um regime fiscal privilegiado, Controlled foreign companies, O art. 60° do C.I.R.C.*, Colecção Teses, Porto: Publicações Universidade Católica, 2005, p. 159 e 160.

[11]   Cfr. Pitta e Cunha, "*A tributação do valor acrescentado*", *Vinte Anos de Imposto Sobre o Valor Acrescentado em Portugal*: Jornadas Fiscais em Homenagem ao Professor José Guilherme Xavier de Basto. Coimbra: Almedina, Novembro 2008, p. 113.

[12]   Como conclui António Carlos dos Santos, *Auxílios de Estado e Fiscalidade*, Almedina, Novembro 2003, p.359, a neutralidade é um conceito relativo, mas não absoluto, dado que, no seu ponto de vista, um imposto totalmente neutro não existe, mas é um facto que um imposto pode manifestar-se mais neutro que outro no contexto de uma determinada escolha, e, porventura, menos neutro que um terceiro no contexto diverso de outra escolha.

[13]   Sobre a neutralidade na tributação do consumo e do IVA, veja-se ainda Xavier de Basto, *A tributação do consumo e a sua coordenação internacional, Lições sobre harmonização fiscal na Comunidade Económica Europeia*, cit., p. 29 e ss. e 52 e ss. Sobre a neutralidade económica no IVA e a sua interpretação pelo TJUE, veja-se ainda, entre nós, J. L. Saldanha Sanches e

tais como os princípios da igualdade de tratamento, da proibição de duplas tributações ou da ausência de tributação.

A característica da neutralidade do imposto é alcançada, fundamentalmente, através do correcto funcionamento do mecanismo da liquidação e da dedução.[14]

Neste sentido, a Primeira Directiva IVA, no seu preâmbulo, salientava que "Considerando que a substituição dos sistemas de impostos cumulativos em cascata em vigor na maior parte dos Estados-membros pelo sistema de imposto sobre o valor acrescentado deve conduzir, ainda que as taxas e isenções não sejam harmonizadas ao mesmo tempo, a uma neutralidade concorrencial, no sentido de que, em cada país, mercadorias de um mesmo tipo estejam sujeitas à mesma carga fiscal, independentemente da extensão do circuito de produção e de distribuição, e de que, nas trocas comerciais internacionais, seja conhecido o montante da carga fiscal que incide sobre as mercadorias, a fim de se poder efectuar uma exacta compensação dessa carga fiscal...".

Nos termos do Preâmbulo do Código do Imposto sobre o Valor Acrescentado (CIVA): "... (n)ão oferece hoje dúvida séria que o IVA, envolvendo uma técnica muito mais perfeita que a do IT, assegura uma maior neutralidade na tributação e constitui um sistema com maiores potencialidades na obtenção de receitas".

Em conformidade com Xavier de Basto,[15] pese embora não seja completamente perfeito, o IVA "resiste bem ao teste de neutralidade", uma vez que não estabelece distorções relativamente à organização da produção, ou seja, é neutro face ao grau de integração das indústrias e atendendo à forma de distribuição do valor acrescentado pelas diferentes etapas do processo produtivo.

Como iremos salientar, é reconhecido de forma unânime pela jurisprudência do Tribunal de Justiça da União Europeia (TJUE)

João Taborda da Gama, "Pro rata revisitado: actividade económica, actividade acessória e dedução do IVA na jurisprudência do TJUE", *CTF*, n. 417, p. 101-130, 2006.

[14] Sobre o princípio da neutralidade no IVA veja-se, da autora, *As Entidades Públicas e o Imposto sobre o Valor Acrescentado: uma ruptura no princípio da neutralidade*, Almedina, Dezembro de 2010.

[15] *A tributação do consumo e a sua coordenação internacional, Lições sobre harmonização fiscal na Comunidade Económica Europeia*, cit.. Teresa Lemos, "Algumas observações sobre a eventual introdução de um sistema de Imposto sobre o Valor Acrescentado em Portugal", *CTF*, nº 156, Dezembro 1971, p. 10, refere que quanto mais se restringir a base de incidência do imposto, quanto mais isenções e regimes especiais forem desenvolvidos e quanto mais taxas existirem, mais percetível se torna "a linha que separa" o imposto e a ambicionada eficácia teórica a nível do seu funcionamento. Assim sendo, consequentemente, o tributo irá atingir os seus objetivos de uma forma menos cabal.

que o mecanismo do direito à dedução é um elemento essencial do funcionamento do IVA tal como foi desenhado nas Directivas IVA, assumindo um papel fundamental de garantia da neutralidade do imposto e da igualdade de tratamento fiscal.

De um ponto de vista internacional, este imposto assegura de forma eficaz os ajustamentos fiscais nas fronteiras através da neutralização das diferenças de tributação, uma vez que os bens são tributados à taxa do país em que são consumidos (devido à adopção do princípio de tributação no país de destino[16]), independentemente da taxa aplicada na origem, o que permite garantir a sua neutralidade dado que as restituições à exportação e as compensações na importação são efectuadas de forma simples e rigorosa por ser possível proceder ao apuramento da componente fiscal do valor dos bens (com exatidão) em qualquer fase do circuito económico.

Foi essencialmente a neutralidade do IVA que veio demonstrar a inequívoca superioridade deste tributo relativamente aos demais modelos de impostos sobre as transacções numa altura em que se pretendia instituir na então CEE uma União Aduaneira. Os efeitos de "cascata fiscal" ou de imposto sobre imposto e o de "cascata das margens", que agravam sobremaneira a não neutralidade do imposto, foram precisamente um dos aspectos negativos que se pretendeu combater a nível comunitário com a introdução deste tributo. O IVA, como produto da evolução e aperfeiçoamento dos impostos cumulativos, pretende exactamente, através do método do crédito de imposto, evitar tais efeitos, tendo por objectivo que, em cada transacção, se tribute apenas o valor da transmissão IVA excluído.[17]

Em termos gerais, de acordo com o princípio da neutralidade, a tributação não deverá interferir nas decisões económicas nem na formação dos preços, implicando a extensão do âmbito de aplicação

---

[16] Este materializa-se, em termos genéricos, no facto dos bens serem tributados apenas no país onde ocorre o acto de consumo, não se considerando o país da respectiva origem, sendo inclusive adoptado ou permitido pelas organizações de comércio ou de cooperação económica internacional, nomeadamente pelo GATT, pela EFTA, pela OCDE e, até à data, pela UE. Sobre o tema, veja-se Clotilde Celorico Palma, *O IVA e o mercado interno, reflexões sobre o Regime Transitório*, CCTF, n. 178, 1998 e António Carlos dos Santos, "Integração Europeia e Abolição das Fronteiras Fiscais. Do Princípio do Destino ao Princípio da Origem?", CTF, n. 327, Separata, p. 25 e ss., out./dez. 1993.

[17] Como salienta António Dúran-Sindreu Buxadé, Iva, *Subvenciones y Regla de la Prorrata en Nuestro Derecho Interno: su Adecuación al Derecho Comunitario*, Aranzadi Editorial, 2001, p. 49, "En definitiva, la finalidad del impuesto exige su efectiva neutralidad, lo que se consigue mediante la utilización de dos figuras de suma importancia en el seno del impuesto: la de la 'repercusión' y la del 'derecho a la deducción'".

deste imposto a todas as fases da produção e da distribuição e ao sector das prestações de serviços (carácter de generalidade do tributo).[18]

Tal como nota Xavier de Basto, numa formulação genérica, por neutralidade entende-se a característica de um tributo que se analisa em não alterar os preços relativos das alternativas sobre que recaem as escolhas dos agentes económicos, não originando, assim, "distorções" dos seus comportamentos. Numa outra formulação, igualmente técnica, dir-se-á que imposto neutro será o que, provocando, como qualquer imposto não pode deixar de provocar, efeitos de rendimento, é isento de efeitos de substituição.

Como salienta Teresa Lemos, a neutralidade pode ser encarada sob vários aspectos: neutralidade em relação aos circuitos de produção – a carga fiscal não depende da maior ou menor integração dos circuitos económicos, neutralidade face à incidência do imposto sobre os diferentes produtos e sectores, na medida em que a taxa seja uniforme, neutralidade no que se reporta à escolha dos factores de produção-capital e trabalho, e neutralidade face às preferências dos consumidores – igualdade de tributação dos diferentes produtos.[19]

O princípio da neutralidade encontra-se vertido nas Directivas IVA, sendo sistematicamente invocado pela Comissão para se opor às legislações nacionais tidas por incompatíveis com as regras do Direito da União Europeia, bem como pelas administrações fiscais e pelos contribuintes dos diversos Estados membros, tendo sido, inúmeras vezes, aplicado pelo TJUE.[20]

---

[18] De acordo com Xavier de Basto, *in: A tributação do consumo e a sua coordenação a internacional, Lições sobre harmonização fiscal na Comunidade Económica Europeia*, cit., p. 29.

[19] Cfr. Maria Teresa Graça de Lemos, "Algumas observações sobre a eventual introdução de um sistema de Imposto sobre o Valor Acrescentado em Portugal", cit., p. 10.

[20] Tal como se salienta em Francis Lefebre (auteur Francisco Xavier Sanchéz Galhardo) – *Memento Experto, IVA: Jurisprudencia Comunitaria, Directiva 2006/112/CE, Actualizado a 31 de Deciembre de 2007*, Ediciones Francis Lefebre, 2008, p. 68, "Es habitual la referencia al principio de neutralidad como fundamental en el funcionamiento del IVA, de suerte que la mecánica del impuesto se supone que ha de evitar cualquier situación discriminatoria o de distorsión en el funcionamiento de las empresas.
Bien es cierto que la concepción del IVA va dirigida a evitar las distorsiones que otros impuestos generan por sí mismos. Aspectos tales como su generalidad objetiva, la aplicación al total de fases por las que atraviesan bienes y servicios hasta llegar a los consumidores finales o la inexistencia de diferencias en la carga tributaria por razón del origen de las mercancías apuntan en esta línea; sin embargo, hay otros elementos en los cuales las propias normas de funcionamiento del impuesto pueden generar diferencias, tales como exenciones, supuestos de tributación reducida o cualquiera otros elementos de detalle que han de tenerse en cuenta".
Sobre a aplicação deste princípio pelo TJUE, veja-se igualmente Michel Guichard, "L'esprit des lois communautaires en matière de TVA: du principe de neutralité", *Revue de Droit Fiscal*, n. 36, p. 1205-1212, 2001.

Neste contexto António Carlos dos Santos salienta que "(o) grande desígnio que rege a intervenção europeia na fiscalidade dos EM é o princípio da neutralidade, neutralidade no consumo e na produção como no IVA (…)".[21]

Como nota o mesmo autor, no que tange à implantação do IVA na Comunidade Europeia, num ponto de vista económico, "… the main objective of VAT was the deepening of the economic integration process in the European community (…)" e num ponto de vista técnico, "… the objective was the introduction of neutrality in consumption taxation and in the organisation of the enterprises in comparison with the existente turnover taxes having comulative effects".[22]

É habitual distinguir-se a neutralidade dos impostos de transacções relativamente aos efeitos sobre o consumo e sobre a produção.[23] Existirá neutralidade relativamente ao consumo quando o imposto não influi nas escolhas dos diversos bens ou serviços por parte dos consumidores. Um imposto será neutro, na perspectiva da produção, se não induz os produtores a alterações na forma de organização do seu processo produtivo.

Com efeito, relativamente aos efeitos sobre o consumo e sobre a produção, a neutralidade desdobra-se em:[24]

- Neutralidade-Produção, a qual se verifica se o imposto não incentiva os produtores a introduzirem alterações a nível da estrutura organizacional do seu processo produtivo, sendo certo que estes possuem liberdade de escolher o que produzir e como o fazer (o imposto que é transmitido ao consumidor final é o mesmo qualquer que seja o número de intermediários a montante, não havendo por isso um estímulo à reorganização das empresas por razões meramente fiscais).

---

[21] Cfr. António Carlos dos Santos, "Cidadania Europeia, Contribuinte Europeu. Uma Relação com Futuro?", *in*: HORVATH, E.; CONTI, M.; SCAFF, F. F. *Direito Financeiro, Económico e Tributário. Homenagem a Regis Fernandes de Oliveira*. São Paulo: Quartier Latin, 2014, p.93-94.

[22] Cfr. António Carlos dos Santos, "The European common VAT System: merits, difficulties and perspectives of evolution", *Revista de Finanças Públicas e Direito Fiscal*, n. 3, p. 61, Outono 2008.

[23] A este propósito Xavier de Basto, *A tributação do consumo e a sua coordenação a internacional, Lições sobre harmonização fiscal na Comunidade Económica Europeia*, cit., p. 29-61. O autor demonstra, através de vários exemplos, que o IVA "resiste bem ao teste da neutralidade", embora não seja perfeito, devido, nomeadamente, à existência de isenções incompletas, que não conferem direito à dedução do imposto suportado.

[24] Sobre a análise da neutralidade a nível jurídico, concorrencial, económico (no plano interno) e externo vejam-se Ben Terra e Julie Kajus, *A Guide to the European VAT Directives*, Volume 1, International Bureau of Fiscal Documentation Publications, 2007, p. 306-310.

- Neutralidade-Consumo, a qual se verifica quando o imposto não interfere nas preferências dos consumidores em relação aos diversos bens ou serviços, atendendo a que estes possuem liberdade de escolher o que consumir, sem os afastar da sua inclinação natural.

Conforme nota Xavier de Basto, "(a) neutralidade relativamente ao consumo depende exclusivamente do grau de cobertura objectiva do imposto e da estrutura das taxas, estando fora de questão delinear um imposto de consumo totalmente neutro. Sempre terão de ser concedidas algumas isenções (...) e, provavelmente, existirão diferenciações na taxa aplicável às diferentes transacções de bens e prestações de serviços".[25]

Relativamente à neutralidade no consumidor, a característica da base de incidência larga e tendencialmente uniforme do IVA constitui um aspecto fundamental a esse nível, uma vez que o imposto abrange a generalidade das operações económicas e tributa-as de uma maneira tendencialmente homogénea, não interferindo nas escolhas dos consumidores.

Com efeito, do ponto de vista da neutralidade no produtor, o elemento mais importante do IVA está no mecanismo do crédito de imposto, sendo através deste que os operadores económicos se desoneram do imposto suportado, não sendo incorporado, consequentemente, o valor do IVA nos custos da actividade, o que exclui possíveis efeitos cumulativos e permite que o imposto seja efectivamente suportado pelo consumidor final.

A neutralidade do IVA pode ainda distinguir-se ao nível interno e externo,[26] enquanto associada à protecção da concorrência. A este propósito, Juan Calvo Vergéz[27] refere que: "... el (...) (IVA) constituye una figura tributaria a través de la cual resulta posible someter a gravamen el consumo garantizándose, al mismo tiempo, la consecución de una neutralidad interna y externa".

A neutralidade interna verifica-se quando o imposto não regista qualquer tipo de interferência no tocante à formação de preços, afectação dos recursos produtivos ou à organização do circuito económico. A

---

[25] Cfr. Xavier de Basto, *A tributação do consumo e a sua coordenação a nível internacional, Lições sobre a harmonização fiscal na Comunidade Económica Europeia, op. cit.*, p.29-30.

[26] Sobre o conceito de neutralidade externa por oposição ao de neutralidade interna, veja-se Ben Terra, *Sales Taxation: the case of value added tax in the European community*, Deventer, Boston, Kluwer Law and Taxation Publishers, 1988, p. 15 e ss.

[27] Cfr. Juan Calvo Vergéz, *"El Derecho de Deducción en el IVA"*, LA LEY, Madrid, 1ª edición, junio 2015, p.15.

neutralidade relativamente ao exterior prende-se com a inexistência de influência do imposto quanto à origem dos serviços ou produtos. Nesta perspectiva não se estabelecem entraves à realização do mercado único europeu e assegura-se, inclusive, uma concorrência equilibrada.

É à luz deste princípio basilar que o imposto deverá ser interpretado e aplicado, de forma a assegurar um sistema uniforme que garanta uma sã concorrência no espaço comunitário.

De acordo com o princípio da neutralidade do IVA, pretende-se, nomeadamente, que este tributo não interfira nas opções estratégias dos agentes económicos, atendendo a que o respectivo objectivo último é tributar os actos de consumo e não a actividade económica realizada pelos sujeitos passivos do imposto, que mais não são que uma componente da sua técnica de cobrança. Em consequência, a neutralidade do imposto impõe que a carga fiscal deva ser exclusiva e efectivamente suportada pelos consumidores finais. Assim sendo, o imposto será tanto mais neutral quanto mais abrangente for a concessão do direito à dedução. Consequentemente, se o direito à dedução do imposto é exclusivo dos sujeitos passivos e se uma das condições para a atribuição desta qualidade é o exercício de uma actividade económica, quanto mais abrangente for esta noção, mais amplo será o universo dos sujeitos passivos, logo, mais neutro será o imposto. Assim tem decidido o TJUE na sua vasta jurisprudência.

Destarte, tal facto implica, *ab initio*, que o conceito de actividade económica seja interpretado da forma mais ampla possível, ao passo que as isenções concedidas às actividades económicas e as delimitações negativas de incidência deverão ser interpretadas de forma estrita, tal como o TJUE, uniforme e constantemente, tem vindo a salientar.

A aplicação do presente princípio deverá ser tida em consideração na concepção, aplicação e interpretação do sistema comum do imposto pelos intérpretes e aplicadores das normas, principalmente quando se trata da matéria das regras de incidência objectiva e subjectiva, a localização, as isenções e o exercício do direito à dedução.

Poderemos afirmar que este tem sido o princípio mais invocado pelo Tribunal para fundamentar os seus arestos, aparecendo-nos muitas vezes aliado ao princípio da igualdade de tratamento, da uniformidade e da eliminação das distorções de concorrência.

Assim, o TJUE tem-se preocupado, nomeadamente, quanto à concretização dos objectivos do sistema comum, em garantir a neutralidade da carga fiscal de todas as actividades económicas, sejam quais forem os seus objectivos ou resultados (que, como salienta, se consegue através do mecanismo das deduções que liberta o empresário da carga do IVA que pagou nas suas aquisições),[28] em assegurar aos agentes económicos uma igualdade de tratamento, conseguir uma definição uniforme de determinados elementos do imposto e garantir a segurança jurídica e facilitar as actuações tendentes à sua aplicação.[29]

Como nota a OCDE nas suas orientações de 2016 sobre o IVA,[30] o conceito de neutralidade no IVA tem uma série de aspectos a considerar, fundamentalmente, a ausência de discriminação num ambiente fiscal sem distorções e imparcial, assim como a eliminação de encargos indevidos e de custos administrativos para as empresas.[31] A neutralidade é um dos princípios que permite uma arrecadação justa do montante das receitas fiscais pelos poderes públicos.

As aludidas orientações da OCDE abrangem todos os aspectos da neutralidade no contexto internacional, não cuidando dos aspectos especificamente internos, tais como a influência da estrutura fiscal no comportamento dos consumidores, como, por exemplo, as diferenças das taxas e das isenções.

No contexto deste princípio a OCDE elenca diversas orientações como princípios fundamentais da neutralidade, a saber:

Orientação 2.1 – O encargo do imposto não deverá recair sobre os sujeitos passivos, salvo disposição em contrário prevista na lei.

Orientação 2.2 – Os sujeitos passivos que se encontram em situações similares e que realizam operações idênticas devem ter níveis de tributação semelhantes.

Orientação 2.3 – As regras do IVA devem ser definidas de forma a não se consubstanciarem no principal factor de influência das decisões dos sujeitos passivos.

No contexto da neutralidade nas trocas internacionais são enunciadas as seguintes orientações:

Orientação 2.4 – Os sujeitos passivos não devem ser penalizados nem favorecidos no que respeita ao nível de tributação relativamente às empresas da jurisdição onde o imposto é devido ou liquidado.

Orientação 2.5 – As jurisdições devem poder escolher entre diversos métodos para evitar que os sujeitos passivos estrangeiros suportem um montante de imposto que não seja recuperável.

---

[28] Cfr., nomeadamente, Acórdãos de 14 de Fevereiro de 1985, Caso *Rompelman*, Proc. 268/83, Rec., p. 655, nº 19, de 22 de Junho de 1993, Caso *Sofitam*, Proc. C-333/91, Colect., p. I-3513, nº 10, e de 6 de Abril de 1995, Caso *BPL Group*, Proc.C-4/94, Colect., p. I-983, nº 26.

[29] Neste sentido, veja-se Ramírez Gómez, *in: Jurisprudencia del Tribunal de Justicia de las Comunidades Europeas en Materia de IVA*, Pamplona: Editorial Aranzadi, 1997, p. 232 e ss.

[30] *In: Principes directeurs internationaux pour la TVA/TPS, op. cit.*

[31] *Idem*, p. 26.

Ainda no que se reporta à neutralidade nas trocas internacionais, é enunciada a Orientação 2.6 relativa à administração e disciplina fiscal da tributação – As obrigações administrativas específicas para sujeitos passivos estrangeiros não devem representar um encargo administrativo desproporcional ou injustificado.

No respeitante à aplicação das orientações sobre a neutralidade do IVA no contexto das trocas internacionais, a OCDE nas suas orientações enuncia princípios de boa administração fiscal.

Assim, nomeadamente, as administrações fiscais são instadas a:

1. Aplicar a legislação fiscal de forma equitativa, fiável e transparente.
2. Definir e comunicar aos sujeitos passivos os seus direitos e obrigações, bem como os procedimentos de recurso e os mecanismos de reparação disponíveis.
3. Fornecer sistematicamente informações de qualidade e tratar os pedidos, reclamações e recursos dos sujeitos passivos com diligência e atempadamente.
4. Disponibilizar informações fiáveis e acessíveis sobre os direitos e obrigações fiscais dos sujeitos passivos.
5. Limitar os custos de cumprimento ao nível mínimo necessário para garantir o cumprimento da legislação fiscal.
6. Conceder aos sujeitos passivos a possibilidade de se pronunciarem sobre as alterações das regras e procedimentos administrativos.
7. Utilizar os dados dos sujeitos passivos apenas na medida do autorizado pela lei.
8. Incentivar e manter boas relações com os administrados e a colectividade em geral.

4 Conclusões

Resultam do exposto as seguintes conclusões fundamentais:

1. Existem impostos mais ou menos neutros, estando absolutamente fora de causa existir um imposto completamente neutro, verificando-se sempre tratamentos de excepção por motivos de natureza económica, social ou mesmo técnica.
2. Foi essencialmente devido às suas características de neutralidade que o modelo IVA foi adoptado na então CEE, de forma se poder concretizar o objectivo da União Aduaneira.

3. O princípio da neutralidade encontra a sua justificação noutros princípios que regem o imposto sobre o valor acrescentado, tais como os princípios da igualdade de tratamento, da proibição de duplas tributações ou da ausência de tributação.

4. Em termos gerais, de acordo com o princípio da neutralidade, a tributação não deverá interferir nas decisões económicas nem na formação dos preços, quer a nível interno, quer a nível internacional, implicando a extensão do âmbito de aplicação deste imposto a todas as fases da produção e da distribuição e ao sector das prestações de serviços (carácter de generalidade do tributo).

5. A aplicação do princípio da neutralidade deverá ser tida em consideração nas fases essenciais da vida deste tributo, como as regras de incidência objectiva e subjectiva, a localização, as isenções e o exercício do direito à dedução.

6. A característica da neutralidade do imposto, essencial do sistema comum do IVA, é alcançada, fundamentalmente, através do correcto funcionamento do mecanismo da liquidação e da dedução.

7. Este tem sido o princípio mais invocado pelo Tribunal para fundamentar os seus arestos, aparecendo-nos muitas vezes aliado ao princípio da igualdade de tratamento, da uniformidade e da eliminação das distorções de concorrência.

8. Contudo, a tão almejada neutralidade do IVA na UE está longe de ser adequada, persistindo ainda diversas áreas onde existem falhas de harmonização, como, por exemplo, o exercício do direito à dedução, aspectos estes que se consubstanciam em obstáculos sérios à desejada neutralidade do imposto.

Informação bibliográfica deste texto, conforme a NBR 6023:2018 da Associação Brasileira de Normas Técnicas (ABNT):

PALMA, Clotilde Celorico. Algumas notas sobre o princípio da neutralidade fiscal no modelo do Imposto sobre o Valor Acrescentado na União Europeia. *In*: SARAIVA FILHO, Oswaldo Othon de Pontes; SIQUEIRA, Julio Homem de; BEDÊ JÚNIOR, Américo; FABRIZ, Daury César; SIQUEIRA, Junio Graciano Homem de; CUNHA, Ricarlos Almagro Vitoriano (Coord.). *Limitações formais e materiais ao poder de tributar*. Belo Horizonte: Fórum, 2021. p. 397-411. (Coleção Fórum Princípios Constitucionais Tributários – Tomo II). ISBN 978-65-5518-122-7.

O PRINCÍPIO DA UNIVERSALIDADE – CONSIDERANDOS AO NÍVEL DA TRIBUTAÇÃO DA RENDA NO BRASIL E EM PORTUGAL

PAULA ROSADO PEREIRA

1 Princípio da universalidade – enquadramento geral

O princípio da universalidade, a par dos princípios da generalidade e da progressividade, constitui uma das traves mestras norteadoras da tributação da renda, segundo a Constituição Federal do Brasil.

Ao aludir a estes princípios, a Constituição Federal pretende assegurar que a tributação da renda respeita certos valores e preenche determinadas características. Estas diretrizes, emanadas da Constituição, devem ser seguidas pelo legislador ordinário, no âmbito da criação ou alteração das normas que integram o imposto de renda. No presente texto, dedicaremos a nossa atenção, essencialmente, à tributação da renda das pessoas físicas.

O princípio da universalidade assume uma dupla dimensão:

i) Impõe que todos os tipos de renda ou de provento obtidos pelo contribuinte sejam abrangidos pelo imposto de renda, de modo que a tributação incida sobre o real acréscimo patrimonial por aquele obtido; e

ii) Pressupõe que todos esses rendimentos sejam sujeitos ao mesmo tratamento fiscal, sem distinções em função do tipo de rendimento ou da respetiva fonte.

Note-se que, apesar de o princípio da universalidade se referir essencialmente à definição do elemento objetivo da incidência – a renda que deve ser sujeita a imposto –, ele acaba, de forma mediata, por ter impacto também ao nível do elemento subjetivo da incidência – quem fica sujeito a imposto.

Não obstante, é ao princípio da generalidade que cabe conformar o âmbito subjetivo do imposto de renda, exigindo que todas as pessoas que aufiram rendimento sejam abrangidas por esta forma de tributação, sem distinções nem privilégios. Esta exigência relaciona-se, também, com o princípio da igualdade, visto procurar que pessoas com idêntica situação económica sejam sujeitas a igual incidência fiscal.

Assim, segundo as acepções mais comuns dos princípios versados, enquanto o princípio da universalidade determina que todo o rendimento deve ficar sujeito a imposto, o princípio da generalidade indica que todas as pessoas devem ficar sujeitas a imposto (quando algum dos factos geradores de imposto ocorra na sua esfera jurídica).[1]

Em suma, por força dos princípios da universalidade e da generalidade, o legislador não deve deixar de fora da incidência real ou objetiva do imposto certos tipos de renda, caso estes constituam acréscimos patrimoniais; nem deve deixar de fora da incidência pessoal ou subjetiva do imposto certas pessoas, caso estas evidenciem capacidade contributiva. Os princípios referidos não impedem, todavia, que o imposto de renda comporte a concessão de isenções objetivas ou subjetivas.[2]

No que diz respeito a Portugal, os princípios de inspiração constitucional que assumem maior relevo, ao nível da conformação dos impostos sobre o rendimento, são o princípio da igualdade e o princípio da capacidade contributiva.

O princípio da igualdade tributária determina que o critério de repartição do encargo fiscal entre os contribuintes, tal como os demais aspetos do regime do imposto, seja norteado por considerações de justiça material. Casalta Nabais identifica duas vertentes do princípio

---

[1] Cfr., entre outros, QUEIROZ, Mary Elbe G. *Imposto sobre a Renda e Proventos de Qualquer Natureza*. Barueri: Ed. Manole 2003, p. 36.

[2] A este propósito, cfr. PAULSEN, Leandro. *Curso de Direito Tributário Completo*. 6. ed. Rio Grande do Sul: Livraria do Advogado, 2014, p. 344.

da igualdade, desdobrando-o numa "igualdade horizontal" e numa "igualdade vertical".[3] Nestes termos, deve-se tributar da mesma forma os contribuintes que tenham igual capacidade contributiva (igualdade horizontal); e de forma diversa os que apresentem diferente capacidade contributiva (igualdade vertical).

Verifica-se que, dados o elevado grau de abstração e o carácter geral do princípio da igualdade, este necessita de subprincípios ou corolários que o concretizem. A nível dos impostos, tal concretização assenta no princípio da capacidade contributiva.[4]

Em Portugal, não é comum a referência autónoma a um princípio da universalidade com o sentido que este assume na Constituição e na doutrina brasileiras. Todavia, há referências na doutrina portuguesa que sustentam que o princípio da igualdade tributária envolve, em si mesmo, ideias de *generalidade* ou *universalidade*, ao nível dos destinatários da obrigação fiscal, e de *uniformidade*, ao nível do critério de repartição do encargo tributário.[5] Verifica-se, portanto, alguma diferença no alcance atribuído à *universalidade*, que aparece associada principalmente ao elemento subjetivo do imposto.

2 Decorrências do princípio da universalidade quanto à tributação da renda

No Brasil, conforme foi já referido, o princípio da universalidade aparece associado, fundamentalmente, ao elemento objetivo da incidência do imposto de renda, ou seja, à definição do que se encontra sujeito a imposto, impondo diversas características à tributação em causa.

Em termos abstratos, um legislador fiscal, ao nível da incidência real ou objetiva, tem que optar entre uma base de incidência mais ampla ou menos ampla para a tributação da renda. Contudo, a aludida

---

[3] NABAIS, José Casalta. *O Dever Fundamental de Pagar Impostos* – Contributo para a Compreensão Constitucional do Estado Fiscal Contemporâneo. Coimbra: Almedina, 1998 (4. reimpressão em 2015), p. 443.

[4] Quanto ao tratamento pela doutrina portuguesa dos princípios da igualdade fiscal e da capacidade contributiva *vide*, entre outros, DOURADO, Ana Paula. *Direito Fiscal* – Lições. 3. ed. Coimbra: Almedina, 2018, p. 199 ss.; NABAIS, José Casalta. *O Dever Fundamental de Pagar Impostos* – Contributo para a Compreensão Constitucional do Estado Fiscal Contemporâneo, cit., p. 435-524; NABAIS, José Casalta. *Direito Fiscal*. 10. ed. Coimbra: Almedina, 2017, p. 154-159; PEREIRA, Paula Rosado. *Manual de IRS*. 2. ed. Coimbra: Almedina, 2019, p. 19 ss.; VASQUES, Sérgio. *Manual de Direito Fiscal*. Coimbra: Almedina, 2015 (reimpresso em 2017), p. 289-303.

[5] Cfr. NABAIS, José Casalta. *Direito Fiscal*, cit., p. 154.

escolha do legislador ordinário, ao prever o âmbito objetivo de aplicação do imposto, não é livre, pois deve conformar-se com o princípio da universalidade, previsto na Constituição Federal.

Importa, assim, analisar em pormenor quais são as decorrências do princípio da universalidade ao nível da tributação da renda. Para tanto, procuraremos sistematizar quais as exigências concretas que resultam do princípio da universalidade, quais as características que o imposto de renda deve assumir, para que seja conforme a este princípio e aos valores que ele pretende salvaguardar.

Procurando sistematizar as diversas decorrências do princípio da universalidade ao nível dos contornos do imposto de renda, parece-nos que o princípio em causa impõe à tributação da renda que siga as seguintes linhas:

i) recurso a uma incidência objetiva ampla;

ii) mediante um imposto único sobre o rendimento;

iii) que assegure uma tributação global e unitária, com exclusão de tributações liberatórias ou autónomas;

iv) de forma a limitar a tributação às situações de acréscimo patrimonial global;

v) simultaneamente assegurando uma tributação com carácter pessoal;

vi) operando uma concretização do princípio da igualdade numa vertente objetiva, mas também com reflexos a nível subjetivo.

Após esta primeira enunciação daquelas que nos parecem ser as principais linhas impostas, pelo princípio da universalidade, relativamente à tributação da renda, passamos a analisar em maior detalhe cada um destes aspetos.

2.1 Incidência objetiva ampla

Em conformidade com o princípio da universalidade, o imposto de renda deve recair sobre todas as rendas e proventos obtidos pelo contribuinte no período de tributação em causa, independentemente do seu tipo ou origem.[6]

Decorre, portanto, do princípio da universalidade, a conveniência de o imposto de renda ter uma base de incidência objetiva tão ampla

---

[6] Cfr., entre outros, QUEIROZ, Mary Elbe. *Imposto sobre a Renda e Proventos de Qualquer Natureza*, cit., p. 37.

quanto possível, não deixando de fora rendimentos que correspondam a manifestações de capacidade contributiva idóneas para efeitos de tributação.

A consagração de uma base de incidência ampla na tributação do rendimento permite, em regra, assegurar melhor uma tributação conforme ao princípio da capacidade contributiva e, simultaneamente, efetuar a arrecadação tributária necessárias à prossecução dos fins estaduais, sem concentração do sacrifício fiscal em determinados tipos de rendimentos ou de contribuintes. Isto, todavia, sem prejuízo da consagração das isenções fiscais que se revelem plenamente justificadas, atentos, designadamente, os vários princípios constitucionais em matéria tributária.

2.2 Imposto único sobre o rendimento

A dupla dimensão do princípio da universalidade – nos termos da qual o imposto de renda deve abranger todos os tipos de rendimentos auferidos pelo contribuinte e deve, ainda, sujeitar todos esses rendimentos ao mesmo tratamento fiscal, sem distinções em função do tipo ou da respetiva fonte – implica a opção por um imposto único sobre o rendimento.

Com efeito, um imposto único reúne as condições para uma tributação global e sintética, ou seja, uma tributação que abarque todos os rendimentos obtidos pelo contribuinte e os considere em conjunto, sujeitando-os a um só corpo de regras.

Este último aspeto pressupõe que, para além de único, o imposto seja também unitário, isto é, que tribute todos os rendimentos de forma idêntica e às mesmas taxas. Quando tal não sucede – sendo o imposto único, mas não unitário –, abre-se a porta à tributação distinta de vários tipos de rendimentos, mesmo no seio de um imposto único. Neste caso, o imposto em causa deixa de obedecer a uma das dimensões do princípio da universalidade, dado que não procede a uma tributação idêntica de todos os tipos de rendimento por si abrangidos.

Por outro lado, um imposto único sobre a renda das pessoas físicas revela-se essencial para a existência de uma tributação de acordo com a capacidade contributiva de cada contribuinte e para a aplicação de critérios de justiça material à tributação.[7] Na tributação

---

[7] Paulo Balbé efetua uma abordagem detalhada relativamente à ligação entre justiça tributária e capacidade contributiva. Cfr. BALBÉ, Paulo V. S. *Justiça Tributária e Capacidade Contributiva: Uma Análise sob a Ótica Liberal Igualitária de John Rawls*. Rio de Janeiro: Lumen Juris,

das pessoas físicas, este paradigma de imposto permite alcançar uma maior personalização, um crescimento da eficiência na tributação e uma simplificação do próprio sistema fiscal, em comparação com o modelo cedular.

2.3 Tributação global e unitária

O princípio da universalidade pressupõe que os rendimentos não sejam tributados de forma distinta uns dos outros, nem em virtude do seu tipo, nem da fonte ou atividade do contribuinte que esteve na origem da sua obtenção. Pelo contrário, em conformidade com o aludido princípio, o imposto deve conferir o mesmo tratamento fiscal a todos os tipos de renda ou provento.

Assim, todo o acréscimo patrimonial, ao revelar capacidade contributiva, deve receber o mesmo tratamento em sede do imposto de renda.

Face ao exposto, o pleno respeito pelo princípio da universalidade, ao nível da tributação do rendimento, pressupõe um imposto que confira um tratamento fiscal idêntico aos diversos rendimentos. Tal sucede com um imposto que tribute o rendimento global do contribuinte (tributando-o como uma unidade, e não cada tipo de rendimento isoladamente) e que assegure uma tributação unitária (tributando os diversos tipos de rendimento auferidos pelo contribuinte de acordo com as mesmas regras e aplicando as mesmas taxas, dada a sua consideração global).

A ocorrência de distinções ao nível do tratamento fiscal de diferentes rendimentos – consoante se trate de rendimentos do trabalho ou de rendimentos de capital, ou com base em qualquer outra distinção – inviabiliza uma tributação global e unitária. O mesmo sucede com a tributação isolada de certos ganhos e com a tributação exclusiva na fonte de algumas espécies de rendimentos. Estas situações afastam o imposto do paradigma estabelecido pelo princípio da universalidade (embora possam eventualmente, nalguns casos, justificar-se em virtude da aplicação de outros princípios de cariz constitucional).

Em contrapartida, a tributação global e unitária da renda revela-se especialmente adequada à prossecução de objetivos de justiça fiscal, ao permitir uma tributação distinta dos contribuintes em função da sua capacidade contributiva e não do tipo de rendimentos que auferem.

2018. Ver também COSTA, Regina Helena. *Princípio da Capacidade Contributiva*. 4. ed. São Paulo: Malheiros Editores, 2012.

2.4 Tributação limitada ao acréscimo patrimonial global

A tributação isolada de certos ganhos ou a tributação exclusiva na fonte de algumas espécies de rendimentos podem originar o pagamento de imposto de renda por um contribuinte que não tenha realmente tido um acréscimo patrimonial, em termos globais, no período de tributação em causa. Ora, tal situação afigura-se pouco consentânea com a noção de renda decorrente da Constituição Federal, assente na figura do acréscimo patrimonial.

Em contrapartida, o princípio da universalidade, ao impedir a tributação autónoma ou individualizada das rendas ou proventos auferidos pelos contribuintes, evita que ocorra a tributação de algum ou alguns deles quando, tomando em consideração todos os fatores que aumentam e diminuem o património do contribuinte num determinado período tributário, não se verifique um acréscimo patrimonial, mas sim um decréscimo. Deste modo, no contexto de um imposto que siga o princípio da universalidade em termos rigorosos, a tributação fica limitada às situações de acréscimo patrimonial global, não sendo onerados fiscalmente rendas ou proventos em termos isolados.

2.5 Tributação com carácter pessoal

Conforme foi referido supra, a tributação de um aumento patrimonial isolado revela-se contrária ao princípio da universalidade, visto não tomar em consideração todos os rendimentos (e encargos) do contribuinte no período tributário em causa, para efeitos de sujeição ao mesmo tratamento fiscal.

Simultaneamente, uma tributação isolada de determinados rendimentos origina uma tributação de renda com características de imposto real, visto o imposto cobrado depender apenas do tipo e origem do rendimento em causa, ignorando as condições pessoais do contribuinte e a sua capacidade contributiva vista em termos globais. A existência dos regimes de tributação isolada de rendimentos põe, assim, em causa uma das características essenciais do imposto de renda – a sua pessoalidade. Por outras palavras, a tributação de parcelas isoladas do rendimento do contribuinte "despersonaliza" o imposto de renda.

Deste modo, verifica-se que uma tributação da renda, se for desconforme com o princípio da universalidade, também dificilmente assegurará, em todo o seu âmbito de aplicação, uma tributação com carácter pessoal.

2.6 Concretização do princípio da igualdade

Sendo o princípio da igualdade um princípio com um elevado grau de abstração, torna-se por vezes difícil recorrer a ele para legitimar ou criticar uma determinada escolha que foi efetuada pelo legislador, ao definir os contornos de um certo regime fiscal, face às outras alternativas de conformação jurídica em presença.

Desta forma, o princípio da universalidade pode ser visto como uma concretização do princípio da igualdade numa vertente objetiva (mas com reflexos também a nível subjetivo), com a virtualidade de guiar mais de perto o legislador relativamente aos contornos que devem ser assumidos pela tributação da renda, de modo a concretizar as exigências de igualdade.[8]

O princípio da universalidade, ao concretizar o princípio da igualdade, determina que a tributação da renda assuma contornos capazes de evitar tratamentos desiguais. Nestes termos, dois contribuintes com igual capacidade contributiva devem ser tributados da mesma forma, conforme resulta do princípio da igualdade horizontal, mesmo que essa capacidade contributiva seja evidenciada mediante a obtenção de rendimentos de tipo diferente por um e por outro dos contribuintes.

Note-se, a este propósito, que uma diferença de tratamento fiscal entre dois tipos de rendimento – não obstante existir uma capacidade contributiva idêntica dos contribuintes que auferiram cada um dos rendimentos, de tipo diferente, mas de igual valor quantitativo – constitui uma desigualdade não apenas objetiva, mas também subjetiva.

Com efeito, a desigualdade objetiva (o tratamento distinto dos tipos de rendimento) origina também uma desigualdade subjetiva, entre pessoas que auferem um tipo de rendimento sujeito a uma tributação mais baixa e as que auferem outro tipo de rendimento, sujeito a uma tributação mais elevada. Não obstante a idêntica capacidade contributiva evidenciada em termos quantitativos, no período de tributação em causa, as aludidas pessoas são objeto de tributação distinta, em virtude do tipo de rendimento que auferem.

Ora, esta desigualdade constitui uma discriminação vedada pelo princípio da universalidade, na medida em que este determina a tributação similar dos rendimentos, independentemente da espécie de renda ou provento de que se trate e independentemente da sua fonte ou

---

[8] Em sentido idêntico, cfr. GUTIERREZ, Miguel Delgado. *Imposto de Renda*: Princípios da Generalidade, da Universalidade e da Progressividade. São Paulo: Quartier Latin, 2014.

origem. E isto, com os inevitáveis reflexos do princípio da universalidade também a nível subjetivo, vedando a discriminação dos contribuintes em função do tipo de rendimento auferido.

3 Perspectiva ao nível do IRS português

3.1 Enquadramento

Conforme foi referido supra, não é comum, em Portugal, a referência autónoma a um princípio da universalidade com a formulação e o conteúdo que lhe são atribuídos no Brasil.

Os princípios materiais de inspiração constitucional mais invocados pela doutrina portuguesa, a propósito da conformação dos impostos sobre o rendimento, são o princípio da igualdade e o princípio da capacidade contributiva. Estes conduzem à análise de um conjunto de temáticas e de problemas que, de certa forma, tem bastante em comum com a análise que é efetuada, no Brasil, a propósito do princípio da universalidade. Contudo, conforme veremos, registam-se algumas conclusões distintas ao nível da admissibilidade de certas características da tributação do rendimento, em Portugal.

3.2 IRS – Amplitude da base de incidência

O Imposto sobre o Rendimento das Pessoas Singulares ("IRS") vigente em Portugal foi introduzido pela reforma fiscal de 1988/89.

Este imposto procura, tendencialmente, criar uma base de incidência ampla.[9] Ele visa abarcar a generalidade dos rendimentos auferidos pelas pessoas singulares, culminando na tributação do rendimento global do contribuinte. Excetuam-se apenas alguns rendimentos que, por motivos muito específicos, o legislador fiscal optou por deixar de fora ou por excluir expressamente da incidência do Código do IRS ("CIRS").

Salienta-se que a opção do CIRS pela tributação do "rendimento-acréscimo" – permitindo, assim, tributar não apenas os fluxos regulares de rendimentos, mas também os ganhos fortuitos, com destaque para

---

[9] Quanto aos princípios norteadores do IRS, as características deste imposto e o regime de tributação em vigor em cada uma das suas categorias de rendimentos, *vide* PEREIRA, Paula Rosado. *Manual de IRS*, cit.

as mais-valias[10] – foi um contributo significativo para a amplitude da base de incidência do IRS.[11] A concepção de "rendimento-acréscimo" seguida no CIRS é, todavia, atenuada pelo princípio da realização. Em conformidade com este princípio, apenas são tributáveis os ganhos decorrentes de transações já consumadas ou realizadas, não sendo tributáveis em sede de IRS as mais-valias meramente potenciais ou latentes.

3.3   IRS – Imposto semidual

O IRS assume a natureza de imposto único, de cariz sintético, ou seja, incide sobre o rendimento global da pessoa singular (pessoa física). Há lugar à tributação do rendimento global do sujeito passivo num único imposto, o IRS, não obstante as diversas origens que as várias parcelas do rendimento possam ter.[12]

Todavia, o IRS é um imposto com características semiduais, e não um imposto verdadeiramente unitário, como veremos de seguida.

Uma tributação unitária, em termos substanciais, pressupõe a tributação da generalidade dos rendimentos líquidos do contribuinte de acordo com um mesmo figurino e uma mesma filosofia de imposto,

---

[10] Para Saldanha Sanches, "uma das principais inovações da reforma de 1989 foi ter incluído as mais-valias entre os rendimentos tributáveis, juntamente com os demais rendimentos, num passo que a reforma de 1958/65 não ousara dar". *In*: SANCHES, José Luís Saldanha. Conceito de rendimento do IRS. *Fiscalidade*, n. 7/8, p. 59, 2001. Também quanto ao conceito alargado de rendimento e à inclusão das mais-valias na base de incidência da tributação pessoal, cfr. BASTO, José Guilherme Xavier de. O IRS na Reforma Fiscal de 1988/89. *In*: AAVV – *15 Anos da Reforma Fiscal de 1988/89* – Jornadas de Homenagem ao Professor Doutor Pitta e Cunha. Coimbra: Almedina, 2005, p. 75-76.

[11] Sobre a posição implícita na Constituição da República Portuguesa em prol da adoção do rendimento-acréscimo como o conceito de rendimento pessoal sobre o qual deve incidir a tributação do rendimento das pessoas singulares, cfr. RIBEIRO, J. J. Teixeira. As opções fiscais da Constituição. *Boletim de Ciências Económicas*, XXVIII, p. 93-101, 1985.

[12] Cumpre salientar que, apesar da sua natureza sintética, o IRS português não prescinde de uma base analítica ou cedular na estruturação do seu regime. Assim, o IRS define a sua incidência real ou objetiva com recurso a diversas categorias de rendimentos, organizadas em função da proveniência ou da natureza desses mesmos rendimentos. Tais categorias são as seguintes: rendimentos do trabalho dependente, empresariais e profissionais, de capitais, prediais, incrementos patrimoniais (com destaque para as mais-valias) e pensões. Também ao nível da determinação do rendimento coletável se mantém, no IRS, essa perspectiva analítica, com a consagração de regras distintas ao nível das deduções de carácter objetivo admitidas em cada categoria de rendimento, para apuramento do respetivo rendimento líquido. Todavia, segundo entendemos, a aludida estruturação do IRS por categorias de rendimentos não impediria, em si mesma, que o IRS fosse um imposto unitário, desde que os rendimentos de todas as categorias fossem tributados em termos globais, sendo sujeitos ao mesmo tipo de tributação e às mesmas taxas – o que, conforme veremos mais adiante, não sucede.

não efetuando distinções entre os diferentes tipos de rendimento e sujeitando-os a uma mesma taxa ou tabela de taxas. Atenta esta definição, o IRS português não é, efetivamente, um imposto unitário.

Apesar de o IRS português ser um imposto formalmente único – um único imposto incidente sobre todos os rendimentos do sujeito passivo pessoa singular, um único código contendo as regras de tributação, uma estrutura normativa conducente a um ato de liquidação de imposto –, o IRS não procede a uma tributação de todos os tipos de rendimento do sujeito passivo pessoa singular em termos similares. O CIRS não consagra, portanto, uma tributação unitária.[13]

Note-se que este entendimento, no sentido da inexistência de uma tributação unitária em Portugal, ao nível do rendimento das pessoas singulares, é partilhado pela maior parte da doutrina portuguesa.

Face ao exposto, se cotejarmos o IRS com o princípio da universalidade, tal como este é entendido pela maioria da doutrina brasileira, verificamos que o IRS não preenche algumas das decorrências do aludido princípio – desde logo, a de todos os rendimentos serem tributados em conjunto e da mesma forma, sem distinção em função do tipo ou da respetiva fonte.

Na tributação de sujeitos passivos residentes, coexistem no IRS dois grandes figurinos de tributação, inspirados em filosofias e princípios bastante distintos, e conducentes a resultados práticos completamente diferentes: a tributação por via do englobamento obrigatório, por um lado, e a tributação mediante a aplicação de taxas liberatórias ou de taxas especiais de tributação autónoma, por outro.

Nos termos da tributação por via do *englobamento obrigatório*, os rendimentos líquidos de diversas categorias são adicionados e assim convertidos num rendimento global. As taxas de imposto aplicáveis a este rendimento global líquido são as taxas gerais progressivas, previstas no artigo 68º do CIRS, que atualmente vão dos 14,5% aos 48%.[14] O regime de englobamento se beneficia de elementos de personalização do imposto, como sejam o quociente conjugal (quando aplicável) e as deduções à coleta. Estão sujeitos a este regime, de englobamento obrigatório, os rendimentos do trabalho dependente, rendimentos empresariais e profissionais a título singular, mais-valias imobiliárias e pensões, quando auferidos por sujeitos passivos residentes.

---

[13] Para uma abordagem desta questão em maior detalhe, cfr. PEREIRA, Paula Rosado. *Manual de IRS*, cit., p. 41-53.

[14] Efeito que se agrava quando há lugar à aplicação da taxa adicional de solidariedade prevista no artigo 68º-A do CIRS, com taxas de 2,5% e 5%.

Ao regime do englobamento, contrapõem-se a tributação por *retenção na fonte às taxas liberatórias* do artigo 71º e a tributação mediante a *aplicação das taxas especiais de tributação autónoma* do artigo 72º, ambos do CIRS. A aplicação destes regimes exclui os rendimentos em causa do regime de englobamento, exceto por opção do contribuinte residente. Tanto as taxas liberatórias como as especiais são, para a maioria dos rendimentos obtidos por residentes aos quais são aplicáveis, atualmente de 28%. Dão lugar, portanto, a uma tributação proporcional, frequentemente mais moderada do que aquela que resultaria da aplicação das taxas gerais progressivas do IRS. Trata-se, todavia, de uma tributação com características reais, na qual não estão presentes os elementos personalizantes fundamentais do imposto nem as deduções à coleta. Sem preocupações de exaustividade, e no que diz respeito aos sujeitos passivos residentes, estão sujeitos a taxas liberatórias os rendimentos de capitais e a taxas especiais as mais-valias mobiliárias e os rendimentos prediais.

A versão inicial do CIRS, que entrou em vigor em 1º de janeiro de 1989, padecia já desta desconformidade relativamente a um figurino de tributação unitária. Todavia, a situação de existência, no IRS português, de um grande conjunto de rendimentos subtraídos ao modelo do englobamento obrigatório (pautado pela sujeição do rendimento global líquido a taxas gerais progressivas) agudizou-se mais ainda em resultado das sucessivas alterações que o CIRS sofreu ao longo dos anos. Estas têm vindo a aprofundar a semidualização do IRS e a afastar este imposto, cada vez mais, de um hipotético modelo de tributação unitária.[15]

Atentas às grandes linhas identificadas supra, o IRS português pode, portanto, ser classificado como um sistema de tributação semidual, caracterizado por "acentuadas diferenças no tratamento tributário dos vários tipos de rendimento" e no qual "a maior parte dos rendimentos de capital recebe tratamento preferencial através da aplicação de taxas proporcionais mais baixas do que as taxas progressivas, aproximando-se […] do modelo dual".[16]

---

[15] Veja-se, por exemplo, a saída dos rendimentos prediais, auferidos por sujeitos passivos residentes, do regime de englobamento obrigatório e de taxas progressivas, com a correspondente passagem para a tributação autónoma a uma *taxa especial (atualmente de 28%, embora podendo ser reduzida em certos casos)*. Esta modificação de regime ocorreu por força das alterações introduzidas no CIRS pela Lei nº 66-B/2012, de 31 de dezembro (Lei do Orçamento do Estado para 2013).

[16] *In*: BASTO, José Guilherme Xavier de. *IRS – Incidência Real e Determinação dos Rendimentos Líquidos*. Coimbra: Coimbra Editora, 2007, p. 32-33.

Refira-se que num sistema semidual – uma das tipologias de sistemas de tributação da OCDE – não são aplicadas às diversas categorias de rendimentos as mesmas taxas de tributação. Os rendimentos de capitais e as mais-valias mobiliárias são, habitualmente, sujeitos a um tratamento fiscal preferencial, caracterizado por uma tributação a taxas proporcionais, em geral mais baixas do que as taxas de imposto progressivas aplicáveis aos rendimentos de outra natureza.

3.4 A natureza semidual do IRS e os princípios materiais

A semidualização do IRS suscita questões delicadas de conciliação com o princípio da igualdade e, também, com o princípio da capacidade contributiva que o concretiza.

Fundamentalmente, a semidualização do IRS não assegura uma igualdade horizontal na tributação, dado que contribuintes com idêntica capacidade contributiva (entenda-se, com o mesmo valor de rendimento líquido) podem ser tributados de forma bastante distinta, e sujeitos a níveis de tributação díspares, quando tal capacidade contributiva for revelada mediante a obtenção de diferentes tipos de rendimento. Por exemplo, uma capacidade contributiva revelada através de rendimentos de capitais ou de mais-valias mobiliárias é beneficiada com uma tributação efetiva potencialmente bastante inferior àquela que onera igual capacidade contributiva revelada através de rendimentos do trabalho ou de pensões. Esta situação afigura-se, em si mesma, desconforme com o princípio da igualdade horizontal em matéria de tributação.

O regime de opção pelo englobamento consagrado no CIRS,[17] apesar de permitir trazer algum equilíbrio e coesão ao imposto, é, ainda assim, insuficiente para a resolução de todos os problemas de que o IRS padece face ao princípio da igualdade horizontal entre contribuintes, dada a inexistência de um regime de *"opting out"* para os contribuintes abrangidos pela obrigatoriedade de englobamento existente ao nível dos rendimentos provenientes do trabalho dependente, de atividades

---

[17] Mediante o exercício da opção pelo englobamento dos rendimentos que em princípio estariam sujeitos a taxas liberatórias ou a taxas especiais de tributação, o sujeito passivo vê esses rendimentos tributados às taxas progressivas do artigo 68º do CIRS, assegurando igualmente a aplicação, no contexto do regime do englobamento, das características personalizantes do imposto, como sejam a aplicação do quociente conjugal, no caso de sujeitos passivos casados ou unidos de facto que tenham optado pela tributação conjunta, e das deduções à coleta relativas a encargos de natureza pessoal e familiar.

empresariais e profissionais independentes, das pensões e, ainda, das mais-valias imobiliárias.

Torna-se ainda mais grave a situação, pelo facto de os rendimentos que se encontram sujeitos a taxas liberatórias e a taxas especiais – taxas proporcionais, significativamente inferiores à taxa marginal máxima aplicável aos rendimentos sujeitos a englobamento – serem os rendimentos de capitais, os prediais e as mais-valias mobiliárias, ou seja, rendimentos que são mais frequentes e de valor mais significativo nos contribuintes com uma capacidade contributiva superior. Esta situação permite afirmar que o atual IRS, com o seu sistema semidual, apresenta características de regressividade.

Perante os diversos problemas de compatibilização do sistema semidual do IRS com o princípio da igualdade, sobretudo na sua vertente da igualdade horizontal, bem como com o princípio da capacidade contributiva; e também face às incongruências com o paradigma constitucional de um imposto único e progressivo, que são evidenciadas por diversos aspetos do regime do IRS – como é possível ao IRS subsistir, ainda assim, com o seu modelo semidual?

A persistência do modelo semidual do IRS deve-se, essencialmente, ao facto de que os princípios da igualdade e da capacidade contributiva devem ser conciliados com o princípio da praticabilidade, este último justificando cedências que se revelem necessárias ao nível dos primeiros.[18] Com efeito, o princípio da praticabilidade implica que se assegure ao sistema fiscal alguma competitividade em termos internacionais, especialmente no que diz respeito aos tipos de rendimento mais facilmente deslocalizáveis, ou seja, os rendimentos de capitais e as mais-valias mobiliárias. Desta forma, a globalização e a facilidade de deslocalização dos capitais têm vindo a impor uma tributação dos rendimentos de capitais e das mais-valias mobiliárias a taxas mais baixas e fora do contexto das taxas progressivas de tributação, independentemente da capacidade contributiva do contribuinte titular desses rendimentos. Isto devido ao facto de os capitais se deslocalizarem muito mais facilmente do que os rendimentos do trabalho dependente, e mesmo do que os rendimentos empresariais e profissionais.

Em suma, perante o objetivo de assegurar competitividade ao sistema fiscal, em termos nacionais e internacionais, o regime semidual tem vindo a subsistir, e mesmo a aprofundar-se, no IRS. Este imposto continua, portanto, a incidir mais fortemente sobre os rendimentos

---

[18] Cfr. NABAIS, José Casalta. *Direito Fiscal*, cit., p. 165.

dotados de menor mobilidade, assim perpetuando a injustiça resultante de uma excessiva oneração fiscal do trabalho e das pensões, face a um tratamento fiscal mais moderado de rendimentos ligados ao capital.

4 Conclusões

O princípio da universalidade tem uma dupla dimensão. Ele determina que todos os tipos de renda ou de provento auferidos pelo contribuinte sejam abrangidos pelo imposto de renda e, ainda, que todos esses rendimentos sejam sujeitos ao mesmo tratamento fiscal, sem distinções em função do seu tipo ou da respetiva fonte.

O princípio em causa, presente na Constituição Federal, pretende assegurar que a tributação da renda respeite certos valores e preencha determinadas características, designadamente que assuma uma incidência objetiva ampla, mediante um imposto único sobre o rendimento, que assegure uma tributação global e unitária, com exclusão de tributações liberatórias ou autónomas, de forma a abarcar apenas as situações de acréscimo patrimonial global. A tributação de renda inspirada no princípio da universalidade deve, ainda, assegurar uma tributação com carácter pessoal.

Os valores que o princípio da universalidade pretende salvaguardar, ao nível da tributação da renda, aproximam-no, de certa forma, do princípio da igualdade numa vertente objetiva, mas também com reflexos a nível subjetivo. Um dos objetivos do princípio da universalidade consiste em obviar tanto a discriminações como a privilégios de certos tipos de rendimento e, de forma mediata, dos contribuintes que os auferem.

Em Portugal, não é comum a referência autónoma a um princípio da universalidade com o sentido que este assume na Constituição Federal e na doutrina brasileiras. Nas referências da doutrina portuguesa, em termos gerais, os princípios de base constitucional que assumem maior relevo, ao nível da conformação dos impostos sobre o rendimento, são o princípio da igualdade e o princípio da capacidade contributiva. Estes conduzem à análise de um conjunto de temáticas e de problemas que, de certa forma, tem bastante em comum com a análise que é efetuada, no Brasil, a propósito do princípio da universalidade.

Se analisarmos o IRS português face ao princípio da universalidade, tal como este é entendido pela maioria da doutrina brasileira, verificamos que o IRS não preenche algumas das decorrências do aludido princípio – desde logo, a de todos os rendimentos serem tributados em conjunto e da mesma forma, sem distinção em função do tipo ou da respetiva fonte. Com efeito, o IRS é um imposto com características semiduais – no âmbito do qual há rendimentos sujeitos a um regime de englobamento obrigatório, caracterizado por taxas progressivas, e outros que são tributados de forma autónoma mediante taxas proporcionais (taxas liberatórias de retenção na fonte ou taxas especiais de tributação autónoma).

O sistema semidual do IRS suscita problemas delicados ao nível da sua (in)compatibilidade com o princípio da igualdade, sobretudo na sua vertente da igualdade horizontal, bem como com o princípio da capacidade contributiva.

A persistência do modelo semidual do IRS, não obstante os aludidos problemas, deve-se, essencialmente, ao princípio da praticabilidade e a razões de manutenção da competitividade do regime fiscal português em termos internacionais, especialmente no que diz respeito aos tipos de rendimento mais facilmente deslocalizáveis.

Informação bibliográfica deste texto, conforme a NBR 6023:2018 da Associação Brasileira de Normas Técnicas (ABNT):

PEREIRA, Paula Rosado. O princípio da universalidade – considerandos ao nível da tributação da renda no Brasil e em Portugal. *In*: SARAIVA FILHO, Oswaldo Othon de Pontes; SIQUEIRA, Julio Homem de; BEDÊ JÚNIOR, Américo; FABRIZ, Daury César; SIQUEIRA, Junio Graciano Homem de; CUNHA, Ricarlos Almagro Vitoriano (Coord.). *Limitações formais e materiais ao poder de tributar*. Belo Horizonte: Fórum, 2021. p. 413-428. (Coleção Fórum Princípios Constitucionais Tributários – Tomo II). ISBN 978-65-5518-122-7.

PRINCÍPIO DA NEUTRALIDADE FISCAL TRIBUTÁRIA: A PROGRESSIVIDADE NO DIREITO BRASILEIRO

SILVIA FABER TORRE

Concebida para dar concretude ao princípio da capacidade contributiva, que, a consistir em valor supraconstitucional, não se expressa por si só na Constituição, a progressividade visa realizar tanto quanto possível a secularmente almejada justiça tributária, por isso que expressamente requisitada pela maioria das Cartas democráticas. Não obstante, em que pese interpenetrar as bases do próprio Estado Democrático, apresenta pontos de vista distintos e conflitantes no que concerne aos fundamentos político-filosóficos e ao modo pelo qual será efetivada. Ocupa, nas últimas décadas, posição de destaque entre tributaristas e financistas, aqui e alhures.

A possibilidade de se implementar uma justiça distributiva sob o ponto de vista tributário tornou-se viável a partir da consideração da capacidade contributiva de cada indivíduo,[1] pela qual o dever de pagar tributo se faz segundo as possibilidades econômicas dos contribuintes. Nas palavras de Baleeiro, "a justiça do imposto confunde-se

---

[1] O princípio, segundo o qual cada um deve pagar o imposto de acordo com a sua riqueza, vem expresso no §1º do art. 145 da Constituição Federal e serve de critério para a distribuição equitativa da carga tributária, a qual deve ser repartida entre todos os contribuintes que possuam capacidade econômica, preservando-se uma faixa real de valor destinada à subsistência.

com a adequação deste ao princípio da capacidade contributiva".[2] A exigência do tributo passa a ser feita segundo uma medida diretamente relacionada com a capacidade econômica de cada cidadão, de modo que o sacrifício individual representado pela privação da disponibilidade de seu patrimônio seja igualmente repartido entre todos. Configura verdadeira garantia da relação jurídico-tributária, uma vez que vincula a disposição do legislador, que, ao instituir os impostos, deve cuidar para que sejam de caráter pessoal, sempre que possível, e graduados segundo a capacidade econômica do contribuinte.[3]

A abordagem segundo a capacidade de pagar, contudo, não define objetivamente o modo pelo qual deve ser distribuído o gravame tributário,[4] com o que a ordem jurídica acaba por fornecer técnicas, com caráter de verdadeiros princípios, como forma de proteger a sociedade contra eventuais abusos do Estado. É o caso do subprincípio da progressividade, "ideia" de graduação do montante do imposto conforme a capacidade econômica do contribuinte, como forma de

---

[2] BALEEIRO, Aliomar. *Limitações Constitucionais ao Poder de Tributar*. Rio de Janeiro: Forense, 1977.

[3] Não obstante o entendimento de que o princípio da capacidade contributiva deve ser observado sempre que o Estado instituir um tributo – e não apenas "se possível" –, observa-se que o recurso à capacidade contributiva nem sempre é viável, o que não justifica, entretanto, seu abandono quando possível a aplicação. Ricardo Lobo Torres aponta casos em que o legislador não recorre ao princípio e nem por isso a instituição do imposto perde a sua legitimidade: "o legislador poderá utilizar o imposto para atingir objetivos extrafiscais relacionados com o desenvolvimento econômico, a proteção do meio ambiente, a inibição de consumo de mercadorias nocivas à saúde, etc.". Completa seu raciocínio ressalvando que o que é vedado ao legislador é buscar finalidades extrafiscais que impliquem privilégios odiosos ou que subvertam a capacidade contributiva e seus subprincípios. TORRES, Ricardo Lobo. *Curso de Direito Financeiro e Tributário*. Rio de Janeiro: Processo, 2018, p. 94. Em sentido similar, ULHOA CANTO, Gilberto de. Capacidade Contributiva. *In*: MARTINS, Ives Gandra da Silva (Org.). *Caderno de Pesquisas Tributárias*. São Paulo: Resenha Tributária, 1989, vol. 14, p. 17, para quem o único imposto em que não se observa a capacidade contributiva é o imposto sobre comércio exterior, pois, no que concerne ao imposto de importação e de exportação, "há conveniências de outra índole na sua exploração, servindo como servem a propósitos regulatórios e mesmo de retaliação comercial", pelo que a graduação conforme a capacidade contributiva impede que se alcance a finalidade essencialmente extrafiscal desses impostos.

[4] De fato, quanto ao seu conteúdo, o princípio é impregnado de vagueza e vincula-se a valores também imprecisos, como a justiça e a igualdade, pelo que Victor Uckmar chega a dizer que a expressão por si só não significa nada e não esclarece sobre a racionalidade dos modos de repartição dos tributos gerais. UCKMAR, Victor. *Princípios Comuns de Direito Constitucional Tributário*. São Paulo: Revista dos Tribunais, 1976, p. 68. De feito, devido ao caráter abstrato, aberto e indeterminado, o princípio da capacidade contributiva é marcado por notável flexibilidade, o que torna a delimitação de seu conteúdo e a sua eficácia um problema político-legislativo. A reflexão que tem sido por séculos tônica do princípio é justamente a de saber qual a melhor maneira de se medir a capacidade econômica do contribuinte para se atingir a igualdade e, por conseguinte, a tão almejada justiça tributária.

minimizar a desigualdade ou de se obter uma igualdade relativa, proporcionando aos contribuintes tratamento desigual na medida em que se desigualam, de maneira a distribuir de forma mais justa a carga tributária. Com a variação da alíquota conforme a riqueza do contribuinte, torna-se possível impor contribuição em igual medida de sacrifício.

Conceitualmente, aceitam-na, univocamente, doutrinas brasileira e comparada, como técnica tributária consistente em aumentar a alíquota do imposto na medida em que aumenta a base de cálculo.[5] Os tributos progressivos são aqueles "cuja alíquota cresce à medida que se eleva a quantidade ou valor da coisa tributada, em contraste com a relação constante dos impostos simplesmente proporcionais".[6]

A progressividade, ou princípio da progressividade,[7] como se queira, se vincula estritamente à ideia de justiça distributiva, na qual prevalece a máxima de tratar desigualmente os desiguais, tributando-se mais intensamente aqueles cuja capacidade econômica seja maior. Trata-se de um instrumento constitucional de realização da isonomia – igual tratamento aos que se encontrem em situação de igualdade, e tratamento desigual aos desiguais –, almejando-se, enfim, o ideal de justiça tributária.

A noção, a princípio, é simples. A considerar que não há igualdade econômica no conjunto de um grupo politicamente organizado, para se chegar ao tal ideal de justiça recorre-se à tributação das rendas mais altas em porcentagem maior do que as rendas mais baixas, de forma superior a uma proporção. Isso se torna possível a partir da cobrança de tributos progressivos, ou seja, tributos que se elevem em função do aumento da base imponível. Por isso que representa uma técnica de tributação que tem por finalidade precípua atender aos princípios da isonomia e capacidade contributiva e realizar, por conseguinte, os postulados da justiça fiscal. É, assim, um princípio instrumental que repousa na imposição equitativa sobre a riqueza dos contribuintes.

Mas embora possa parecer elementar e mesmo imprescindível num Estado que se quer democrático e minimamente voltado à igualdade

---

[5] A divergência doutrinária não reside propriamente no conteúdo da progressividade, mas sobre sua fundamentação. Segundo a ótica por que se analisa, sua base pode ser ideológica, sociológica, política, jurídica ou, ainda, representar uma simbiose de correntes políticas prevalecentes no curso da evolução do Direito Tributário.

[6] BALEEIRO, Aliomar. *Limitações Constitucionais... cit.*

[7] Não entraremos na temática sobre ser a progressividade um verdadeiro princípio jurídico ou uma técnica de tributação, quando, então, teria natureza de verdadeira regra.

substancial, a progressividade está longe da unanimidade.[8] Ao tempo em que é festejada por sua vocação para a promoção da justiça distributiva, ela provoca efeitos colaterais nocivos à economia, além de exibir nítida vocação para a arbitrariedade na tributação, o que deve ser combatido com afinco pelos governos democráticos, sobretudo por meio dos valores jurídicos, realizados por princípios, subprincípios e normas.

1 Incidência da tributação progressiva: impostos pessoais e reais

Via de regra, a progressividade é aplicável apenas aos impostos pessoais, dês que só se torna possível verificar a capacidade econômica do contribuinte a partir de critérios subjetivos. Com efeito, os impostos pessoais são aqueles que levam em conta a pessoa do contribuinte, ou seja, que se cobram em função de considerações subjetivas. Nas palavras de Baleeiro, são impostos "regulados por critérios que contemplam a individualidade do contribuinte. As considerações personalíssimas destes são elementos que se integram na formação do fato gerador e determinam a variação para mais, ou menos, fixação do *quantum* a ser reclamado pelo fisco".[9] Em função disso, a própria Constituição Federal, em seu artigo 145, §1º, faculta à administração tributária, respeitados os direitos individuais nos termos da lei, identificar o patrimônio, os rendimentos e as atividades econômicas dos contribuintes.

As considerações subjetivas do devedor, em função das quais é cobrado o tributo, permitem a promoção de um sistema menos injusto, pois determinam o tratamento fiscal dispensado a cada indivíduo. Em razão de critérios personalíssimos, que denotam o índice de capacidade econômica do contribuinte, deve-se estabelecer o aumento ou redução da exação tributária e até mesmo a possibilidade de excluí-la, como nos casos do mínimo existencial, com o que se resguarda a isonomia e, consequentemente, se viabiliza uma tributação mais justa. É o caso do imposto de renda, que deverá obrigatoriamente observar o princípio

---

[8] Cf. Friedrich A. Hayek, que, a partir da exemplificação numérica das receitas obtidas por escalas progressivas acentuadas em comparação com a receita total em vários países, conclui que a progressividade não seria o único método de se obter maiores receitas e acha provável que no "sistema fiscal progressivo, o acréscimo que isso representa para a receita seja menor que a redução da renda real que ele provoca". HAYEK, Friedrich A. *Os Fundamentos da Liberdade*. São Paulo: Visão, 1983, p. 379.

[9] *Op. cit.*, p. 363.

da progressividade, discriminando cada contribuinte de acordo com a riqueza de que é titular.

Em oposição aos impostos pessoais, os denominados reais, que abstraem da pessoa do contribuinte e se instituem em função de considerações objetivas e econômicas. Visam, em suma, exclusivamente a matéria tributável. Aos impostos reais, a princípio, não se aplica a progressividade. É que, ao incidirem sobre coisas, não se mostram aptos a demonstrar a capacidade que tem o contribuinte de concorrer para a realização do fim comum. No entanto, admite-se tal aplicação quando assentada em razões extrafiscais, vale dizer, quando a técnica da progressividade tiver por objetivo estimular ou desestimular certa conduta. Nesse sentido, a Constituição Federal, já em sua redação original, facultava ao poder municipal instituir alíquotas progressivas ao IPTU, de forma a assegurar o cumprimento da função social da propriedade. Após, como veremos, estendeu a possibilidade para a progressividade também fiscal.

O âmbito da aplicação do princípio da progressividade nunca foi matéria pacífica na doutrina brasileira, destacando-se três correntes distintas.[10] Quanto à primeira, entende-se que a CF só admite a progressividade nos casos expressamente previstos, ou seja, no Imposto de Renda (IR), no IPTU e, após a EC nº 42/03, no ITR, não podendo ser estendida a nenhum outro imposto.[11]

Em oposição, a corrente pela qual a progressividade é estendida a todos os impostos do ordenamento jurídico, dês que todos observem a capacidade contributiva inserta no §1º do art. 145 da Magna Carta. Como afirma Geraldo Ataliba, "a progressividade não só é compatível, como requerida por todos os impostos, dado que todos, por natureza,

---

[10] É certo que as divergências acabaram por esmaecer com a edição das Emendas Constitucionais nºs 29 e 42, de 2000 e 2003, respectivamente, que passaram a trazer "exceções" (ou reconhecimento) expressas. Mas quanto a sua essência, permanecem válidas.

[11] Com efeito, o princípio da progressividade, em sua redação original, vinha expressamente referido no ar. 153, §2º, I,para determinar sua aplicação obrigatória no IR e nos artigos 156, I, e 182, §4º, com caráter penal, facultando ao poder público que o aplique como forma de exigir do proprietário do solo urbano não edificado, subutilizado ou não utilizado, que promova seu adequado aproveitamento. Quanto ao ITR, dizia o art. 153, §4º, que ele terá suas alíquotas fixadas de forma a desestimular a manutenção de propriedades improdutivas. Para Ives Gandra, "a progressividade é uma das formas de graduação da capacidade contributiva e no sistema brasileiro apenas é admitida para dois impostos, a saber: o IR e o IPTU, embora muitos entendam também aplicável ao ITR". MARTINS, Ives Gandra da Silva. *Comentários à Constituição do Brasil*. São Paulo: Saraiva, 1990, p. 549. Ressalta, ainda, que tendo o constituinte se referido à progressividade somente no que concerne àqueles dois impostos, o princípio passou a ser de impossível adoção para os demais. O texto constitucional, nesse sentido, tratou de dispor exaustivamente sobre os casos em que a capacidade contributiva se realizaria com a progressividade.

informam-se pela capacidade econômica (art. 145, §1º). Mais que isso: é exigida pelo requintamento categórico e estrito preceito do art. 150, II, da CF, que impõe tratamento desigual de situações desiguais (evidentemente na medida de suas desigualdades – Rui Barbosa)".[12] No entanto, esta interpretação "peca por reduzir o espectro do §1º apenas à progressividade",[13] olvidando-se de que outras formas existem para se medir a capacidade econômica do contribuinte, como a seletividade, que promove um tratamento tributário distinto segundo a essencialidade do produto. Este entendimento leva à presunção de que a progressividade é inerente ao princípio da capacidade contributiva, o que tornaria inócua a sua previsão constitucional. Seria uma demasia o texto constitucional referir-se expressamente à progressividade ao versar sobre IR e IPTU se o seu conceito fosse imanente à capacidade contributiva, bastando a previsão genérica e vinculante desta relativamente ao ordenamento constitucional tributário.

A terceira corrente que se destaca na doutrina brasileira acerca da aplicabilidade da graduação progressiva sustenta que, para além dos casos expressos na CF, todos os impostos incidentes sobre patrimônio, renda ou serviço são informados pela progressividade, excluindo aqueles incidentes sobre produtos ou mercadorias, que devem observar a seletividade.[14] Assim, só estariam livres da taxação progressiva aqueles impostos submetidos a um regime especial pela CF, com o que a progressividade deixa de ser considerada como exceção plenamente justificável, para virar regra, ocupando o lugar de subprincípio da capacidade contributiva.

O Supremo Tribunal Federal trilhou por entendimentos distintos ao longo da vigência da Constituição de 1988. A princípio entendia que somente os impostos pessoais admitiriam a técnica da progressividade, sendo a tributação progressiva nos impostos reais admitida excepcionalmente por expressa disposição da Constituição Federal. O *leading case* veio no caso do IPTU, no julgamento do Recurso Extraordinário nº 153.771-0/MG, em que o Tribunal declarou a inconstitucionalidade da progressividade fiscal no IPTU, diante de seu caráter real.[15]

---

[12] ATALIBA, Geraldo. A Constitucionalidade do IPTU progressivo. *In: Diário Oficial do Município de São Paulo* de 25.11.89, p. 2.

[13] MARTINS, Ives Gandra, Comentários… *cit.*, p. 549.

[14] Por todos LACOMBE, Américo M. Igualdade e Capacidade Contributiva. *In:* Princípios Constitucionais Tributários. Separata da *Revista de Direito Tributário*, 1991, p. 160.

[15] Confira-se item 3 adiante.

Em seguida, a partir do julgamento do RE 562.045-RG/RS,[16] Relatora para o acórdão a Min. Cármen Lúcia, a Corte firmou orientação no sentido de que, nos termos do art. 145, §1º, da CF, todos os impostos, independentemente de seu caráter real ou pessoal, devem guardar relação com a capacidade contributiva do sujeito passivo e, tratando-se de impostos diretos, será legítima a adoção de alíquotas progressivas. Na ocasião, concluiu-se pela validade da progressividade fiscal do Imposto *causa mortis*, cujo texto constitucional não previa, de modo expresso, a adoção da técnica.

Portanto, a classificação doutrinária que distingue entre impostos pessoais e reais, tradicionalmente aceita pelo STF como forma de limitar a taxação progressiva, se tornou absolutamente irrelevante para a Corte a partir de 2013, e a progressividade fiscal passou a ser apta a dar concretude ao mandamento constitucional segundo o qual, ao ver mais recente do Tribunal, todos os impostos devem guardar relação com a capacidade contributiva.[17]

No entanto, o novo entendimento do STF peca por reduzir a capacidade contributiva à progressividade, tornando inócua, inclusive, a previsão constitucional expressa da técnica progressiva. Em homenagem àquele princípio de justiça fiscal, enfim, a Corte acaba por gerar a sua antítese, uma vez que "personaliza" imposto sem aptidão de medir a capacidade do contribuinte, porquanto incidente sobre coisas.

2 Imposto sobre a renda e proventos de qualquer natureza

Previsto na Constituição Federal no art. 153, III, o imposto de renda é o imposto que melhor reflete o princípio da capacidade contributiva,

---

[16] 'RECURSO EXTRAORDINÁRIO. CONSTITUCIONAL. TRIBUTÁRIO. LEI ESTADUAL: PROGRESSIVIDADE DE ALÍQUOTA DE IMPOSTO SOBRE TRANSMISSÃO CAUSA MORTIS E DOAÇÃO DE BENS E DIREITOS. CONSTITUCIONALIDADE. ART. 145, §1º, DA CONSTITUIÇÃO DA REPÚBLICA. PRINCÍPIO DA IGUALDADE MATERIAL TRIBUTÁRIA. OBSERVÂNCIA DA CAPACIDADE CONTRIBUTIVA. RECURSO EXTRAORDINÁRIO PROVIDO' (RE nº 562.045/RS, Tribunal Pleno, Relatora para o acórdão a Ministra Cármen Lúcia, *DJe* de 27.11.13).

[17] Leia-se a seguinte passagem do voto do Ministro Eros Grau proferido no julgamento daquele recurso extraordinário: "(...) todos os impostos podem e devem guardar relação com a capacidade contributiva do sujeito passivo e não ser impossível aferir-se a capacidade contributiva do sujeito passivo do ITCD. Ao contrário, tratando-se de imposto direto, a sua incidência poderá expressar, em diversas circunstâncias, progressividade ou regressividade direta. Todos os impostos – repito – estão sujeitos ao princípio da capacidade contributiva, especialmente os diretos, *independentemente de sua classificação como de caráter real ou pessoal; isso é completamente irrelevante*".

dês que, por ser imposto pessoal, contemple a individualidade do contribuinte, indicando sua riqueza e, consequentemente, sua possibilidade de concorrer aos gastos públicos.[18] É a exação, enfim, que melhor viabiliza a realização de uma política distributiva, posto que incide sobre a aquisição da disponibilidade econômica ou jurídica, concretizada com o crescimento patrimonial de bens, valores e direitos. Em oposição ao imposto sobre o patrimônio, que não considera o aumento de riqueza por incidir sobre o bem já adquirido, o IR apresenta aspecto redistributivista ao requerer como suporte fático um acréscimo patrimonial.[19]

O IR é informado pelos critérios da generalidade,[20] da universalidade[21] e da progressividade, subprincípios da capacidade contributiva que vinculam o legislador ordinário quando da elaboração das leis impositivas.

A progressividade no IR – que é o que aqui nos interessa – determina que, quanto maior for a renda auferida pelo contribuinte, maior será a alíquota a incidir sobre ela, o que, em geral, é aplaudido pela doutrina.[22] Com efeito, no mundo capitalista penetrou a ideia de que um IR justo é aquele estruturado sob alíquotas progressivas como

---

[18] Para José Afonso da Silva, "o Imposto de Renda é o imposto mais importante e mais rentável do sistema tributário nacional; na sua concepção entram toda disponibilidade econômica ou jurídica proveniente do rendimento do capital, do trabalho ou da combinação de ambos, assim como todo acréscimo ao patrimônio das pessoas físicas ou jurídicas; é um imposto que, além de captar receita adequada para os cofres públicos, é capaz, graças a flexibilidade de sua incidência, de promover a expansão econômica e corrigir as desigualdades da distribuição da renda social entre os indivíduos e entre as regiões do país, mas não tem sido assim entre nós, pois sua administração fá-lo incidir mais onerosamente sobre as classes média-baixa e média-alta do que sobre as classes mais elevadas". *Curso de Direito Constitucional Positivo.* São Paulo: Revista dos Tribunais, 1988, p. 602.

[19] Os impostos diretos e pessoais, dentre os quais o imposto de renda, sempre foram preferidos aos indiretos como forma de compensar a tendência destes últimos em gerar uma regressividade no sistema tributário decorrente de sua incidência sobre quaisquer rendas, a impor um ônus proporcionalmente maior àquelas mais baixas.

[20] A generalidade indica que todos os que auferem renda, nos termos da lei, devem pagar o tributo, não sendo lícito eximir alguém em razão de critérios pessoais como nacionalidade, sexo, raça, idade, profissão, etc. Todos os que derem causa à subsunção do fato à hipótese abstrata prevista em lei submeter-se-ão à tributação. Da mesma forma, as isenções também devem ser gerais, compreendendo todos aqueles que se encontram em situação equivalente, em homenagem ao princípio da isonomia (art. 5 e 150, II, CF).

[21] Pelo princípio da universalidade, toda renda ou provento constituirão fato gerador do imposto, afastando-se quaisquer privilégios, salvo os casos excepcionados pela própria CF.

[22] Nesse sentido, Ives Gandra: "Embora a teoria da progressividade, por apresentar feição mais ideológica que prática, esteja em franca decadência no mundo inteiro, houve por bem o constituinte tentar reabilitá-la, tornando-a expressa algumas vezes, embora seja teoria de restrição de direitos e de desestímulo ao trabalho, à poupança e ao investimento. Ora, se não o dissesse, a progressividade poderia ser aplicada a qualquer imposto direto, visto que, em não sendo proibida, permitida seria". *Op. cit.,* p. 283.

forma de medir a capacidade de cada indivíduo, isentando-se o mínimo existencial. O Brasil não ficou de fora da tendência e igualmente adotou alíquotas diferenciadas para diferentes classes de riqueza.

O Sistema Constitucional Brasileiro, impregnado das ideias de progressividade que prevaleciam no exterior e caminhando paralelamente com a ciência política e financeira estrangeiras, optou pelo sistema progressivo de tributação de renda já na Constituição de 1934, inserido no art. 6º, I, "c" da Carta.[23] Posteriormente, a graduação progressiva ingressou nas Constituições de 37, 46, 67 e 69, nos artigos 20, "c"; 15, IV, 22, IV, e 21, IV, respectivamente, e hoje é tratada pelo art. 153, §2º, I.[24] O constituinte, portanto, entendeu inafastável a progressividade no IR e ordenou ao legislador ordinário que adotasse necessariamente duas ou mais classes e escalas quando da aplicação do imposto, pelo que a lei que não tratar o IR como progressivo será inconstitucional.

O êxito do IR depende de diversos fatores, tais como a correta estruturação da progressão e do valor e classe de renda sobre a qual incide a alíquota mais elevada. Se a tributação da renda se aproximar de 100%, o Estado estará, em última instância, desestimulando o esforço despendido pelos cidadãos no intuito de trabalhar e de lucrar para, afinal, ver o desvio aos cofres públicos do produto de seu esforço.[25]

---

[23] Sobre a história do imposto de renda no Brasil, cf. *História do Imposto de Renda no Brasil* – um Enfoque da Pessoa Física (1922-2013), livro da Receita Federal sobre o imposto, disponível em: https://www.ibet.com.br/wp-content/uploads/2016/05/Imp.-Renda.pdf.

[24] "Art. 153 – O imposto previsto no inciso III: I – Será informado pelos critérios da generalidade, da universalidade e da progressividade".

[25] Após a 2ª Guerra Mundial verifica-se uma mudança no panorama universal do modelo progressivo de tributação, com a guinada da política fiscal no sentido de tornar legítima a ideia de que o sacrifício tributário deveria ser estendido a limites quase de confisco. Nesse sentido, Seligman: "A experiência demonstra que os impostos progressivos com alíquota máxima, que quase se avizinha dos 100% não destroem a propriedade e assim não provoca o confisco". *Apud* Uckmar, *op. cit.*, p. 89. As alíquotas progressivas que até então permaneciam modestas aumentaram substancialmente, chegando perto dos 100%. Nos Estados Unidos o Imposto de Renda subiu para 91% na década de 50. Na França e Inglaterra a escala foi ainda maior, atingindo 97,5%. Sob diversos fundamentos, seja para fazer face à despesa pública, seja por razões distributivistas, a implementação de alíquotas vultosas estendeu-se ao mundo, sem que os Estados se dessem conta dos efeitos negativos sobre a eficiência do sistema econômico que seriam produzidos. Ao revés, como lembra Aliomar Baleeiro, cuja obra é contemporânea à nova política fiscal, os financistas sustentavam a perfeita compatibilidade de fortes impostos progressivos com a preservação dos sistema de produção da empresa e iniciativa privadas. *Op. cit.*, p. 207. No Brasil, na primeira declaração de imposto de renda pessoa física, da década de 20, "a alíquota da tabela progressiva atingia até 8%. Paulatinamente, as taxas aumentaram até atingir, no exercício de 1944, 20%. No ano de 1946, o limite de isenção dobrou de Cr$12.000,00 para Cr$24.000,00, muito acima da inflação do período, em torno de 7%. No exercício de 1948, a alíquota mais elevada deu o maior salto da história: passou de 20% para 50%. Esse percentual permaneceu até 1961". *História do Imposto de Renda no Brasil... cit.*, p. 65. Após, pela Lei nº 3.898/61, as alíquotas

A questão do grau da progressividade na tributação dos rendimentos está vinculada a dois limites jurídicos, quais sejam, um limite de isenção e um limite superior, que represente um teto para incidência do imposto.

A isenção é matéria consagrada em todos os países democráticos. Sempre se aceitou, desde a teoria do sacrifício formulada por Stuart Mill, que o mínimo indispensável ao sustento do cidadão deveria ser isento de tributação como forma de garantir a sua própria existência. Em todas as legislações, esse mínimo é preservado através da fixação de um limite abaixo do qual não há incidência tributária, de forma a respeitar a célula da sociedade, o cidadão. Aqui se destaca o conceito do mínimo existencial, que se configura como uma espécie de imunidade fiscal para todo aquele que se situa aquém de um determinado patamar de capacidade contributiva.[26]

Destituída de unanimidade, porém, é a questão acerca da fixação de um teto para a taxação progressiva. A partir da década de 80, instaura-se no mundo jurídico-financeiro um movimento no sentido de impor um limite à tributação progressiva, prevalecendo a ideia de que aqueles que ganham mais devem poder resguardar o suficiente para levar uma vida que corresponda ao seu esforço. Não há um limite ideal de progressividade, mas já houve avanço nas legislações dos Estados, que, percebendo os males causados pela tributação excessiva dos rendimentos, procederam a uma complexa reforma fiscal, de forma a reduzir consideravelmente as alíquotas incidentes sobre o fruto do trabalho e da renda.

Em razão do crescimento vagaroso na produtividade durante a década de 70, nos EUA, houve grande pressão popular no sentido de se reduzir o imposto de renda tanto da pessoa física quanto da jurídica. Assim é que o Presidente Reagan reformulou profundamente o sistema fiscal americano, que até então adotava diversas alíquotas e permitia uma enorme gama de abatimentos. Pelo ato de 1986, baixaram-se as alíquotas, restando apenas duas delas a incidirem sobre classes de renda diferentes, e, ainda, limitaram-se radicalmente os abatimentos.

---

passaram a variar de 1 a 60%, com 17 faixas distintas. Com a edição da Lei nº 4.154/62, a alíquota de apuração do imposto progressivo alcançou, nos exercícios de 1963 a 1965, o percentual mais elevado da história do IRPF: até 65%.

[26] Sobre a imunidade ao mínimo existencial, cf. TORRES, Ricardo Lobo. *O Direito ao Mínimo Existencial*. Rio de Janeiro: Renovar, 2009, p. 186 e seguintes. Destaca o autor: "O imposto de renda não incide sobre o mínimo imprescindível à sobrevivência do declarante. Cuida-se de imunidade do mínimo existencial, embora apareça na lei ordinária, posto que remonta às fontes constitucionais".

Seguiram essa política fiscal, posteriormente, outros tantos países como Inglaterra, França, Itália, Canadá, inclusive o Brasil, cuja reforma também consistiu no sistema de redução de alíquotas e abatimentos, o que se procedeu através das Leis nº 7.713/88 e nº 8.383/91, com a instituição de duas alíquotas. A reforma, todavia, não recebeu adesão integral da doutrina.[27] Atualmente, são quatro as alíquotas progressivas do Imposto de Renda no Brasil.[28]

3   Imposto sobre propriedade territorial urbana

Ao contrário do Imposto de Renda, a progressividade no IPTU foi objeto de controvérsias desde seu nascedouro na Constituição Federal de 1988. Com efeito, na redação original da Constituição a progressividade no IPTU vinha expressa em dois dispositivos distintos, a saber, nos artigos 156, §1º, e 182, §4º, II.[29] E recebia, nessa disposição primitiva, interpretações também distintas. Se os artigos 156, I, §1º, e 182, §4º, fossem lidos em conjunto, o IPTU progressivo revestir-se-ia de caráter penal, uma vez que só poderiam ser cobradas alíquotas progressivas na hipótese da propriedade urbana que não cumprisse sua função social, ou seja, aquela que não atendesse às exigências fundamentais de

---

[27] Sem considerar os aspectos polêmicos que exsurgiam da série de alíquotas outrora adotadas para o IR, a reforma de 1989 recebeu algumas críticas por certa parte da doutrina. Nesse sentido, Aires Barreto, ressentido com a fixação de apenas duas alíquotas: "causa-me grande espécie a circunstância de que entre nós existem apenas hoje duas alíquotas: uma alíquota de 15% e uma alíquota de 25%. Causa-se espécie a circunstância de que também não se toma em conta o que eu chamaria de "capacidade contributiva negativa", isto é, só se pode cogitar de exigir IR à luz da capacidade contributiva". BARRETO, Aires F. Conferências e Debates. *In: Revista de Direito Tributário*, vol. 58, p. 177. Críticas à reforma foram feitas também por Sacha Calmon, para quem "(...) somos absolutamente contrários à legislação do imposto de renda das pessoas físicas em vigor que só tem duas alíquotas. Deveriam ser pelo menos três, a mais alta reservada aos muito ricos senão não há progressividade, técnica de atuação do princípio da capacidade contributiva, mormente em face da pirâmide social brasileira, com uns poucos muito ricos no ápice, remediados de várias classes no meio e muitos pobres na base". COÊLHO, Sacha Calmon Navarro. *Comentários à Constituição Federal de 1988* – Sistema Tributário. Rio de Janeiro: Forense, 1990, p. 206

[28] Lei nº 11.945/09: 7,5; 15; 22,5; 27,5%.

[29] Art. 156. Compete aos Municípios instituir impostos sobre:
I – propriedade predial e territorial urbana;
§1º O imposto previsto no inciso I poderá ser progressivo, nos termos da lei municipal, de forma a assegurar o cumprimento da função social da propriedade".
Art. 182, §4º – É facultado ao Poder Público municipal, mediante lei específica para área incluída no plano diretor, exigir, nos termos da lei federal, do proprietário do solo urbano não edificado, subutilizado ou não utilizado, que promova seu adequado aproveitamento, sob pena, sucessivamente, de:
II – imposto sobre a propriedade predial e territorial urbana progressivo no tempo;

ordenação da cidade expressas no plano diretor.[30] Lidos em separado, por outro lado, entendia-se que aos Municípios era lícito instituir IPTU progressivo em hipótese diversa, diante da autonomia do artigo 156, I, §1º, especificamente inserido no Sistema Tributário Nacional.

Havia, portanto, duas correntes opostas a atribuir natureza diversa à progressividade no IPTU: (i) os autores que condicionavam os dois artigos transcritos, para os quais as alíquotas do IPTU só poderiam variar com base em motivos extrafiscais, ou seja, para impedir o desvirtuamento da função social da propriedade; (ii) aqueles que liam os artigos separadamente, a admitir a instituição de alíquotas progressivas tanto por razões fiscais como extrafiscais.

O primeiro entendimento limitava a constitucionalidade da alíquota progressiva à sua utilização como instrumento de política urbana. Somente quando a propriedade não cumprisse sua função social, ou o imóvel fosse subutilizado ou não edificado, é que seria admissível a progressividade, a variar com o exclusivo critério temporal. Ou seja, a alíquota progressiva só poderia ser aplicada no tempo, não sendo admitidos outros critérios, tais como valor venal do bem, localização, etc. Nesse sentido, aquelas propriedades que cumprissem sua função social estariam automaticamente excluídas da incidência progressiva.[31]

---

[30] "Art. 182, §2º – A propriedade urbana cumpre sua função social quando atende às exigências fundamentais de ordenação da cidade expressas no plano diretor".

[31] Nesse sentido, Ives Gandra: "se o legislador constituinte colocou o princípio da progressividade como forma de exigir o cumprimento da função social da propriedade e especificou de que maneira a propriedade cumpre sua função social, à evidência, apenas para essas hipóteses será possível sua aplicação no Direito Tributário Brasileiro". *Op. cit.*, p. 551. E conclui "pensar de forma diversa é entender que o constituinte, sobre ser repetitivo, prolixo e desconhecedor da técnica legislativa, fosse, fundamentalmente, um contumaz defensor das contradições, ao dizer que tanto os imóveis que cumprem a sua função social quanto aqueles que não a cumprem seriam punidos pelo princípio da progressividade, punição expressa para estes e implícita para aqueles. Mais do que isto: apesar de ter gasto espaço e palavras com a explicitação dos casos em que o princípio da progressividade poderia ser aplicado, haveria de se entender que, fora aqueles casos expressos, em todos os outros casos o princípio da progressividade poderia ser aplicado". Em igual sentido, Aires Barreto, para quem "de harmônica e entrelaçada exegese, resulta, de um lado, que (a) esse imposto poderá ser progressivo, mas só (b) de forma a assegurar o cumprimento da função social da propriedade, que, por sua vez, vem explicitamente no art. 182 da nova Constituição. Segundo este dispositivo, a propriedade cumpre sua função social quando atende às exigências fundamentais de ordenação da cidade expressas no plano diretor. De conseguinte, sempre que a propriedade imobiliária cumpre sua função social, não cabe qualquer progressividade". BARRETO, Aires F. *A Constituição Brasileira de 1988 – Interpretação*. Fundação Dom Cabral/Academia Internacional de Direito e Economia. Rio de Janeiro: Forense, 1988, p. 86 e 87. E, ainda, Marco Aurélio Greco, para quem a CF não previa duas hipóteses distintas de progressividade para o IPTU, mas apenas para assegurar a função social da propriedade, o que se faz através do regime e instrumentos consagrados no art. 182 da Carta Federal. Sustentava, afinal, que "se não existisse nenhum dispositivo

De outro turno, a corrente contrária estabelecia um claro vínculo entre o IPTU e a capacidade contributiva. Aqui, o IPTU progressivo teria um espectro maior do que um mero instrumento de política urbana: a Constituição teria conferido aos Municípios a faculdade de instituir alíquotas progressivas em razão de qualquer critério eleito pelo legislador municipal, uma vez que o valor do imóvel revelaria capacidade contributiva do munícipe, sendo a incidência de alíquotas maiores sobre imóveis de valores mais elevados legitimada pelo art. 145, §1º, CF.[32] Corolário dessa interpretação estava em que os Municípios poderiam variar as alíquotas do imposto em razão do valor do imóvel, de sua localização ou, ainda, do número de imóveis que o contribuinte possuísse, o que, à época, contrariava frontalmente a Súmula 589 do STF, segundo a qual era inconstitucional a fixação de adicional progressivo do IPTU em função do número de imóveis do contribuinte.

Em suma, seriam três as situações que ensejariam o imposto predial progressivo: (i) a do art. 156, §1º, que autorizaria a progressividade para assegurar a função social da propriedade; (ii) a do art. 182, §4º, II, com caráter sancionatório, que autorizaria uma alíquota progressiva no tempo em razão da não observância pelo proprietário de imóvel urbano não edificado, subutilizado ou não utilizado segundo

---

(como ocorrida na CF anterior) a progressividade poderia ser utilizada com maior amplitude, pois o Constituinte de 1988 cercou-a de inúmeros limites. Ou seja, estando regulada na CF a figura só terá validade se atender a todos os requisitos constitucionais". GRECO, Marco Aurélio. Progressividade do IPTU e função social da propriedade. *In: Revista do Advogado*, n. 32, p. 58, 1990.

[32] Nesse sentido, Sacha Calmon, que, em seus comentários à CF em edições contemporâneas, admite duas hipóteses de incidência do IPTU progressivo. A primeira seria de política urbana prevista no art. 182, §4º, em prol da ordenação urbanística das municipalidades, e a segunda fundamentar-se-ia no princípio da capacidade contributiva insculpido no art. 145, §1º. Entendia o autor que: "no primeiro caso, a *meta optata* é remover obstáculos ao plano diretor. Na segunda, procura-se, em função da pessoa do proprietário (imóveis mais valorizados, número de imóveis possuídos, tamanho da propriedade móvel, etc.) fazer atuar o princípio da capacidade contributiva. Agora, se o suposto rico tiver imóveis, mas não capacidade econômica, a sua alíquota pode ser contestada em juízo". *Op. cit.*, p. 257. Hugo de Brito Machado, a sua vez, sustentava: "a prevalecer a tese pela qual não é possível qualquer outra forma de progressividade, além daquela prevista no art. 182, §4º, item II da Constituição, a disposição do art. 156, §1º, restará absolutamente inútil. Poderá ser excluído do texto constitucional sem lhe fazer falta". A seguir ressalta que "os planos diretores serão obrigatórios para as cidades com mais de vinte mil habitantes (art. 182, §1º). Assim, a interpretação restritiva ora em exame priva os pequenos municípios com cidades cujos habitantes não ultrapasse aquele limite, de instituir o IPTU progressivo, a menos que elaborem o plano diretor. O plano diretor, desta forma, deixaria de ser um instrumento de política urbana, eis que, como tal, foi dispensado da Constituição, para ser simples condicionante da cobrança de um tributo, cuja arrecadação certamente seria antieconômica". MACHADO, Hugo de Brito. Progressividade no IPTU. *In: Repertório IOB de Jurisprudência*, n. 16, p. 259, 1990.

as regras do plano diretor; (iii) por força do art. 145, §1º, como forma de observar a capacidade contributiva.

Ao argumento de que a progressão seria prevista na Constituição tanto como punição, de forma a estimular o cumprimento da função social do imóvel, quanto em homenagem ao princípio da capacidade contributiva, algumas legislações municipais, como a dos Municípios de São Paulo e Belo Horizonte,[33] estabeleceram alíquotas progressivas e diferenciadas por faixas, sem levar em conta a finalidade de assegurar o cumprimento da função social da propriedade.[34] Inconformados, os contribuintes ajuizaram inúmeras ações, nas quais se multiplicaram os pronunciamentos judiciais refutando o argumento da Fazenda Municipal.[35] O STF, finalmente, foi instado a se manifestar e, no

---

[33] Lei Municipal nº 10.921/89 e posteriormente pela Lei nº 11.152/91.

[34] Tais legislações passaram a aumentar progressivamente de acordo com o valor do imóvel, sua localização e sua destinação (residencial, comercial ou industrial), ou seja, quanto mais valorizado fosse o imóvel, maior a alíquota aplicável para o cálculo do imposto; se tivesse destinação comercial ou industrial, da mesma forma sofreria maior tributação. Os legisladores municipais não levaram em conta a existência de um plano diretor da cidade para a utilização de um sistema de alíquotas progressivas, senão que tinham por única finalidade aumentar o imposto conquanto aumentava o valor do imóvel e sua especializava-se seu uso.

[35] Leia-se, por todos, o acórdão prolatado à unanimidade pela 1. Câmara do 2º TAC/SP, nos autos da apelação nº 497.468-5, figurando como apelada a Municipalidade de São Paulo, julgou procedente o recurso do contribuinte, nos seguintes termos: "IPTU – ALÍQUOTA – PROGRESSIVIDADE – FUNÇÃO SOCIAL DA PROPRIEDADE – DESCUMPRIMENTO – PENALIDADE. (...) somente quando houver o descumprimento da função social da propriedade incidirá a progressividade do imposto em questão, com sanção a tal comportamento. E é o art. 182, §4º mencionado que estabelece em que condições a progressividade se verificará, a saber: quando não edificado, quando subutilizado, ou não utilizado o solo urbano; existência de um plano diretor aprovado pela Câmara Municipal que estabeleça as exigências fundamentais de ordenação da cidade; obediência aos termos de lei federal. Demais disso, a progressividade incidirá pelo período em que permanecer o mau uso da propriedade, como forma de coagir o proprietário a utilizar seu bem e forma produtiva à sociedade da qual participa. Dessa forma, o §1º do citado art. 156 da Constituição da República Federativa do Brasil, ao referir-se à progressividade das alíquotas do IPTU, nada mais fez do que frisar esta possibilidade em capítulo relativo ao Sistema Tributário Nacional, já que tal tema é disciplinado pelo mencionado art. 182, que se insere no capítulo de Política Urbana. E, como é do conhecimento de todos, a lei não contém palavras inúteis. Consequentemente, a instituições de alíquotas progressivas ao IPTU pela Lei nº 10.921/90 contraria as exigências constitucionais acima referidas, pois não se trata de descumprimento da função social da propriedade ensejando tal penalidade. Além disso, o próprio imposto, tendo como base de cálculo o valor venal do imóvel, já estabelece uma progressão de valores à sua exigência, visto que os imóveis que possuírem valor venal elevado, pagarão imposto maior. Isso porque o IPTU é tributo de caráter real, não pessoal, e sua graduação considera o imóvel tributado e não a pessoa que o possui, sendo, pois, atendidos os princípios da capacidade contributiva do contribuinte e da igualdade tributária" (Ementário IOB nº 03/93, p. 40). Em sentido contrário, e minoritário, decidiu a 5. Câmara do 1º TAC/SP: "IPTU – ALÍQUOTA – PROGRESSIVIDADE – FUNÇÃO SOCIAL DA PROPRIEDADE – AUTORIZAÇÃO CONSTITUCIONAL – PRINCÍPIO DA

julgamento do Recurso Extraordinário nº 153.771-0/MG, declarou a inconstitucionalidade da progressividade fiscal no IPTU, diante de seu caráter real:

> EMENTA: – IPTU. Progressividade. – No sistema tributário nacional é o IPTU inequivocamente um imposto real. – Sob o império da atual Constituição, não é admitida a progressividade fiscal do IPTU, quer com base exclusivamente no seu artigo 145, §1º, porque esse imposto tem caráter real que é incompatível com a progressividade decorrente da capacidade econômica do contribuinte, quer com arrimo na conjugação desse dispositivo constitucional (genérico) com o artigo 156, §1º (específico). A interpretação sistemática da Constituição conduz inequivocamente à conclusão de que o IPTU com finalidade extrafiscal a que alude o inciso II do §4º do artigo 182 é a explicitação especificada, inclusive com limitação temporal, do IPTU com finalidade extrafiscal aludido no artigo 156, I, §1º. – Portanto, é inconstitucional qualquer progressividade, em se tratando de IPTU, que não atenda exclusivamente ao disposto no artigo 156, §1º, aplicado com as limitações expressamente constantes dos §§2º e 4º do artigo 182, ambos da Constituição Federal. Recurso extraordinário conhecido e provido, declarando-se inconstitucional o sub-item 2.2.3 do setor II da Tabela III da Lei 5.641, de 22.12.89, no Município de Belo Horizonte. (Relator para o acórdão Ministro Moreira Alves, j. em 20.11.96, *DJ* de 05.09.97).

Não obstante a polêmica quanto à aplicabilidade da progressividade aos impostos reais e a "personalização" de imposto incidente sobre coisas, de que tratamos no item 1, o constituinte derivado, após o julgamento do Recurso Extraordinário nº 153.771/MG, houve por bem aderir expressamente à possibilidade de adoção de alíquotas progressivas como instrumento de justiça fiscal, reputando-as aptas à medição da capacidade contributiva.

CAPACIDADE CONTRIBUTIVA. Se a própria Constituição Federal define o que seja função social da propriedade, desnecessário a edição de qualquer norma federal, para os fins declinados pelo apelante; a lei municipal sancionada assegurou o correto lançamento do tributo de forma progressiva. Assim, não se pode dizer que é ilegal o sistema adotado de alíquotas progressivas, calcada na Lei Municipal n. 10.805/89, como também nada tem de inconstitucional o sistema adotado para o referido lançamento, pois a progressividade do IPTU é uma forma de atender a função social da propriedade urbana, sendo a mesma autorizada pela lei magna. A lei municipal acima mencionada, repetindo o que editara a anterior (Lei n. 10.394/87) adotou o sistema de alíquotas graduais progressivas, por classes de valor venal, na apuração do IPTU. Verifica-se, por aí, não só um meio de resguardar o princípio da capacidade contributiva ou econômica do cidadão mas também um modo de realizar-se a chamada 'extrafiscalidade' do tributo, coisas, aliás, que correm juntas, ambas vigentes no texto constitucional" (AC nº 477.270-9. *Ementário IOB de jurisprudência*, n. 17/93, p. 327).

Assim é que, com a Emenda Constitucional nº 29 de 2000, a Constituição Federal passou a prever a incidência progressiva do IPTU em razão do valor do imóvel, de sua localização e do uso do imóvel.[36] Após a autorização expressa, pelo constituinte derivado, da possibilidade de a municipalidade cobrar alíquotas maiores de acordo com a capacidade contributiva do indivíduo, o Supremo Tribunal Federal editou a Súmula nº 668, segundo a qual é inconstitucional a lei municipal que tenha estabelecido, antes da Emenda Constitucional nº 29/00, alíquotas progressivas para o IPTU, salvo se destinada a assegurar o cumprimento da função social da propriedade urbana.

O entendimento da Corte Suprema, à primeira vista, em especial com a edição da Súmula 668, parece-nos poder ser avaliado no sentido de que o Tribunal continuou a se posicionar contrariamente à progressividade nos impostos reais, passando a admiti-la no IPTU por exclusiva exceção constitucional inserta no novo art. 156, §1º. Posteriormente, contudo, a partir de 2013, o Tribunal mudou radicalmente seu posicionamento e passou a admitir a progressividade também nos impostos reais, desde que diretos.[37] O novo entendimento se confirma, inclusive, com o julgamento da ADI em que se questionou a constitucionalidade da EC nº 29/03 – ADI nº 2.732 –, pelo qual a Corte assentou, uma vez mais, que "não se vislumbra a presença de incompatibilidade entre a técnica da progressividade e o caráter real do IPTU, uma vez que a progressividade constitui forma de consagração dos princípios da justiça fiscal e da isonomia tributária".[38] Atualmente, portanto, a Súmula 668

---

[36] Art. 156. Compete aos Municípios instituir impostos sobre:
I – propriedade predial e territorial urbana;
§1º Sem prejuízo da progressividade no tempo a que se refere o art. 182, §4º, inciso II, o imposto previsto no inciso I poderá: (*Redação dada pela Emenda Constitucional nº 29, de 2000*)
I – ser progressivo em razão do valor do imóvel; e (*Incluído pela Emenda Constitucional nº 29, de 2000*)
II – ter alíquotas diferentes de acordo com a localização e o uso do imóvel. (*Incluído pela Emenda Constitucional nº 29, de 2000*).

[37] Cf. nota .....

[38] ADI nº 2.732 / DF – Relator(a): Min. DIAS TOFFOLI; Julgamento: 07.10.2015 Órgão Julgador: Tribunal Pleno; ACÓRDÃO ELETRÔNICO DJe-249 DIVULG 10.12.2015 PUBLIC 11.12.2015. EMENTA Ação direta de inconstitucionalidade. Artigo 3º da EC nº 29, de 13 de setembro de 2003, que alterou o §1º do art. 156 da Constituição Federal, instituindo a progressividade fiscal do Imposto Predial e Territorial Urbano – IPTU. Constitucionalidade. Improcedência. 1. No julgamento do RE nº 423.768/SP, Relator o Ministro Marco Aurélio, o Plenário do STF refutou a tese da inconstitucionalidade da EC nº 29/03, na parte em que modificou o arquétipo constitucional do IPTU para permitir o uso do critério da progressividade como regra geral de tributação, em acréscimo à previsão originária da Carta Magna, calcada no art. 185, §4º, inciso II, que trata da progressividade sancionatória do imposto pelo desatendimento da função social da propriedade imobiliária urbana. Não se vislumbra a presença de incompatibilidade entre a técnica da progressividade e o caráter real do IPTU, uma vez

encontra-se superada e eventual atendimento de seus termos só se justifica por exclusiva razão de segurança jurídica.

4 Imposto Territorial Rural

O Imposto Territorial Rural, em sua redação original,[39] tinha por uma de suas finalidades desestimular, através de suas alíquotas, a manutenção da propriedade improdutiva (art. 153, §4º, CF), qual seja, aquela não exerce sua função social nos moldes apresentados pelo art. 186 do texto fundamental.[40] E a adoção de alíquotas progressivas cumpre perfeitamente o papel extrafiscal de promover a política e a reforma agrárias.

De feito, desde o seu nascedouro na atual Constituição,[41] o imposto constitui importante instrumento da União para proceder a uma política agrária que incentive a produtividade da propriedade rural e evite a manutenção de grande quantidade de terras nas mãos de poucos como forma de reserva de valor. A ideia é que, a partir da incidência de diversas alíquotas, que deverão ser aumentadas a ponto do proprietário improdutivo não perceber lucratividade em sua manutenção, o contribuinte acabe sendo levado a se desfazer de suas terras caso não proceda à adequada utilização.[42]

A matéria foi inicialmente regulada pela Lei nº 8.847, de 28.01.94, que previa, em seu art. 5º, a variação de alíquotas de acordo com a utilização efetiva da área aproveitável do imóvel.[43] A lei sucessora

---

que a progressividade constitui forma de consagração dos princípios da justiça fiscal e da isonomia tributária. 2. Ação julgada improcedente.

[39] §4º – O imposto previsto no inciso VI terá suas alíquotas fixadas de forma a desestimular a manutenção de propriedades improdutivas e não incidirá sobre pequenas glebas rurais, definidas em lei, quando as explore, só ou com sua família, o proprietário que não possua outro imóvel.

[40] Nesse sentido, de lembrar que a função social constitui verdadeiro princípio inerente à propriedade privada, quer urbana, quer rural, como prescrevem os artigos 5º, XXIII, e 170 da Constituição Federal. Ela é o fundamento constitucional do direito de propriedade, pelo que ambas não podem se desvincular.

[41] Há muito que a progressividade no ITR era considerada um instrumento de política fundiária, mas só em 1988 recebeu *status* constitucional.

[42] Nesse sentido, Sacha Calmon: "O Imposto Territorial Rural, sem dúvida, é um poderoso instrumento de política fundiária, a ser utilizado com transparência, boa-fé, firmeza e determinação. Andou bem o constituinte particular. A progressividade tem só um limite: a alíquota maior não pode ser 100% (empatar com o valor fundiário). Será confiscatório." *Op. cit.*, p. 205.

[43] Art. 5º. Para a apuração do valor do ITR, aplicar-se-á sobre a base de cálculo a alíquota correspondente ao percentual de utilização efetiva da área aproveitável do imóvel rural

modificou relativamente o critério, inserindo o tamanho do imóvel também como fator de progressão,[44] de modo que as alíquotas variem não só em razão da utilização do imóvel, mas também de acordo com a sua área.

No entanto, em que pese a Constituição ter previsto a progressividade no ITR em sua versão original, a autorização era restritiva, na medida em que a Carta havia claramente eleito uma finalidade específica para ela, qual seja, de servir de mecanismo garantidor do cumprimento da função social da propriedade fundiária. Nesse sentido, poder-se-ia argumentar, como acabaram por fazer diversos contribuintes, que qualquer variação de alíquota em função do tamanho do imóvel seria inconstitucional.

Diante da limitação constitucional e do entendimento do Supremo Tribunal Federal consolidado na Súmula 668, de que os impostos reais se submeteriam apenas à progressividade extrafiscal, salvo expressa ressalva no texto constitucional, também aqui houve por bem o Constituinte derivado intervir para estabelecer a possibilidade de instituírem-se alíquotas progressivas por critério outro que não apenas de desestimular a manutenção de propriedades improdutivas. Assim é que a Emenda Constitucional nº 42/03 passou a prever que o ITR será progressivo *e* terá suas alíquotas fixadas de forma a fomentar a propriedade produtiva.[45] Vale dizer, inseriu expressamente a progressividade fiscal no imposto real incidente sobre a propriedade rural. Mas aqui, diferentemente do IPTU, o STF admitiu a progressividade fiscal mesmo antes da EC nº 42/03, ao argumento de que todos os impostos devem guardar relação com a capacidade contributiva, independentemente de possuírem caráter real ou pessoal.[46]

---

considerado o tamanho da propriedade medido em hectare e as desigualdades regionais, de acordo com as Tabelas I, II e III, constantes do Anexo I.

[44] Art. 11. O valor do imposto será apurado aplicando-se sobre o Valor da Terra Nua Tributável – VTNt a alíquota correspondente, prevista no *Anexo desta Lei*, considerados a área total do imóvel e o Grau de Utilização – GU. §1º Na hipótese de inexistir área aproveitável após efetuadas as exclusões previstas no art. 10, §1º, inciso IV, serão aplicadas as alíquotas, correspondentes aos imóveis com grau de utilização superior a 80% (oitenta por cento), observada a área total do imóvel.

[45] Art. 153 §4º O imposto previsto no inciso VI do *caput*: (*Redação dada pela Emenda Constitucional nº 42, de 19.12.2003*)
I – será progressivo e terá suas alíquotas fixadas de forma a desestimular a manutenção de propriedades improdutivas; (*Incluído pela Emenda Constitucional nº 42, de 19.12.2003*).

[46] Ementa: AGRAVO REGIMENTAL NO RECURSO EXTRAORDINÁRIO. TRIBUTÁRIO. ITR. PROGRESSIVIDADE DE ALÍQUOTAS EM PERÍODO ANTERIOR À EC 42/2003. LEI 8.847/1994. INEXISTÊNCIA DE CONTRARIEDADE À REDAÇÃO ORIGINAL DO 153, §4º, DA CF. ART. 145, §1º, DA CF. NECESSIDADE DE TODOS OS IMPOSTOS

5 Imposto sobre transmissão causa mortis e doação de quaisquer bens ou direitos

O Imposto *causa mortis* foi substancialmente modificado com o advento da CF/88, passando a incidir sobre a transmissão gratuita de quaisquer bens ou direitos por motivo de morte ou por doação. Continuou, porém, sendo informado pelo princípio da progressividade, ainda que de maneira mais precária, como prevê o art. 155, §1º, IV, segundo o qual sua alíquota máxima deve ser fixada pelo Senado Federal. Aliás, como lembra Ricardo Lobo Torres, "o imposto *causa mortis*, incidindo sobre o incremento do patrimônio de herdeiros e legatários sem qualquer trabalho ou esforço deles, denota excelente índice de capacidade contributiva e extraordinária aptidão para promover a justiça social, pelo que deve se afinar simultaneamente com os subprincípios da progressividade, que recomenda a elevação das alíquotas na medida em que aumentar o bolo tributável, e da personalização, que se expressa pelo agravamento da tributação de acordo com o afastamento entre o herdeiro e o de cujus na linha de sucessão".[47]

Com efeito, no Brasil aplica-se a progressividade ao imposto de transmissão gratuita em homenagem ao valor máximo da justiça, como acabou por chancelar o Supremo Tribunal Federal.[48] A previsão, no

---

GUARDAREM RELAÇÃO COM A CAPACIDADE CONTRIBUTIVA DO SUJEITO PASSIVO, INDEPENDENTEMENTE DE POSSUIREM CARÁTER REAL OU PESSOAL. IMPOSTOS DIRETOS. UTILIZAÇÃO DE ALÍQUOTAS PROGRESSIVAS. CONSTITUCIONALIDADE. AGRAVO REGIMENTAL A QUE SE NEGA PROVIMENTO. I – Nos termos do art. 145, §1º, da CF, todos os impostos, independentemente de seu caráter real ou pessoal, devem guardar relação com a capacidade contributiva do sujeito passivo e, tratando-se de impostos diretos, será legítima a adoção de alíquotas progressivas.. II – Constitucionalidade da previsão de sistema progressivo de alíquotas para o imposto sobre a propriedade territorial rural mesmo antes da EC 42/2003. III – Agravo regimental a que se nega provimento (RE nº 720945 AgR/SP. Relator Min. Ricardo Lewandowski; J. Em 09.09.14; órgão julgador: Segunda Turma).

[47] TORRES, Ricardo Lobo. *Tratado de Direito Constitucional Financeiro e Tributário*, volume IV. Os Tributos na Constituição. Rio de Janeiro: Renovar, 2007, p. 225

[48] Em que pese a inexistência de previsão expressa e direta acerca da tributação progressiva no ITCMD, o Plenário do STF já sacramentou a sua constitucionalidade. Na análise do RE nº 562.045/RS, em sede de repercussão geral, consolidou entendimento no sentido da constitucionalidade da progressividade de alíquota de imposto sobre a transmissão *causa mortis* e doação de bens e direitos, conforme se verifica da ementa a seguir: "RECURSO EXTRAORDINÁRIO. CONSTITUCIONAL. TRIBUTÁRIO. LEI ESTADUAL: PROGRESSIVIDADE DE ALÍQUOTA DE IMPOSTO SOBRE TRANSMISSÃO CAUSA MORTIS E DOAÇÃO DE BENS E DIREITOS. CONSTITUCIONALIDADE. ART. 145, §1º, DA CONSTITUIÇÃO DA REPÚBLICA. PRINCÍPIO DA IGUALDADE MATERIAL TRIBUTÁRIA. OBSERVÂNCIA DA CAPACIDADE CONTRIBUTIVA. RECURSO EXTRAORDINÁRIO PROVIDO" (RE nº 562.045/RS-RG, Pleno, Redatora para o acórdão a Ministra Cármen Lúcia, *DJe* de 27.11.13).

entanto, se fez de forma um tanto peculiar, com a atribuição ao Senado Federal da competência para fixar a alíquota máxima do imposto.[49] A casa legislativa elevou a referida alíquota a 8% pela Resolução nº 9, de 5.5.92, mas, em previsão de duvidosa constitucionalidade,[50] não se restringiu a fixar o teto, senão que estabeleceu critério de progressividade com facultar a progressão das alíquotas em função do quinhão que cada herdeiro receber,[51] desconsiderando a personalização do imposto de acordo com a proximidade na linha sucessória e excluindo donatários e legatários.

O Imposto de Transmissão *causa mortis*, cuja origem remonta a Roma, ao tempo em que era cobrado em forma de vigésima, tende, mundialmente, a ser calculado sobre os quinhões adquiridos, incidindo sobre eles alíquotas progressivas. Não obstante alguns países o façam incidir sobre o monte, a maioria o aplica sobre o líquido dos quinhões e legados sob forma progressiva, de acordo com o afastamento entre o herdeiro e o *de cujus* na linha de sucessão, a fim de resguardar o princípio da capacidade contributiva e da personalidade.[52] Disso se extrai a inclinação predominante de que o tributo apresente-se com o

---

[49] Com a reforma tributária de 1965 o imposto *causa mortis*, que antes incidia progressivamente sobre bens móveis e imóveis em função do grau de parentesco, passou a ter sua alíquota máxima fixada pelo Senado Federal, norma incorporada pelas Constituições de 1967 e 1969. No entanto, essa casa legislativa sempre fixou teto reduzido, adotando, a princípio, 2% e posteriormente 4%, com o que acabou por inviabilizar, na prática, a técnica progressiva de tributação.

[50] Tal resolução é notoriamente inconstitucional por três motivos básicos, a saber: (i) a CF atribui ao Senado Federal tão somente a função de fixar um teto para a alíquota do imposto e não de adentrar na regulamentação da progressividade; (ii) o princípio da personalização foi ferido quando o Senado restringiu a técnica progressiva ao valor do quinhão, desconsiderando a posição da pessoa do herdeiro na linha sucessória; (iii) a progressividade passou a incidir apenas sobre o quinhão do herdeiro, excluindo os donatários e legatários. Cf. TORRES, Ricardo Lobo, Tratado, vol. IV... *cit.*, p. 228.

[51] Diz o art. 2º da Resolução nº 09/92: "As alíquotas dos impostos, fixadas em lei estadual, poderão ser progressivas em função do quinhão que cada herdeiro efetivamente receber, nos termos da CF".

[52] Pelo fato de que o recebimento de um quinhão ou um legado incrementa a capacidade contributiva do cidadão e considerando, ainda, que tal incremento não representa propriamente esforço ou trabalho do beneficiado, é que os países mais desenvolvidos taxam progressivamente os quinhões ou legados adquiridos, principalmente em função da proximidade do herdeiro na linha sucessória. As legislações alienígenas, como aponta Aliomar Baleeiro, apresentam diferentes formas de personalização deste imposto. Assim é que: a) discriminam pelo grau de parentesco (alíquotas menores entre descendentes, ascendentes e cônjuges); médias para colaterais e pesadas entre estranhos. Vale dizer, cresce o índice numérico à medida que se distancia o parentesco; b) isenção para pequenos quinhões, sobretudo se os herdeiros são órfãos, assim como para instituições filantrópicas; c) reduções para herdeiros de avançada idade ou que não são ricos; d) escala progressiva segundo o vulto dos quinhões; e) agravação do tributo se o herdeiro reside noutro Estado ou no estrangeiro; f) possibilidade de encarar os encargos de família do *de cujus* e do

caráter de imposto pessoal e direto sobre o herdeiro, abandonando-se o caráter real de incidência sobre o monte.[53]

O Supremo Tribunal Federal, além de chancelar a incidência progressiva do ITDMC, como já se anotou, admitiu, com base na doutrina de Ricardo Lobo Torres,[54] a constitucionalidade de lei estadual que adotou critérios de grau de parentesco com o *de cujus* para atribuir alíquotas diferenciadas, ao entender legítima a personalização do imposto instituída com a consideração do afastamento entre herdeiro e *de cujus* na linha de sucessão.

---

herdeiro para mitigação da tabele (lei francesa que estabelece deduções quando o *de cujus* deixa vários filhos ou quando os tem numerosos o herdeiro). *Op. cit.*, p. 366

[53] A propósito, a Alemanha adota uma incidência progressiva nas transmissões gratuitas, variando as alíquotas entre 3% e 70% de acordo com o grau de parentesco e com o valor do bem (Erbschaftsteuer – und Schenkungsteuergesetzt, de 17.4.74). Cf. TORRES, Ricardo Lobo, *Tratado, vol. IV... cit.*, p. 227.

[54] Cf. AI 683791/PE – Relator Min. Dias Toffoli; J. em 31.10.2014; *DJe* 23.02.2015: "Decisão: Vistos. Trata-se de agravo contra decisão que não admitiu recurso extraordinário no qual se alega contrariedade ao artigo 145, §1º, da Constituição Federal. (...) Decido. A irresignação merece prosperar, haja vista que o Plenário desta Corte, na análise do RE nº 562.045/RS, em sede de repercussão geral, consolidou entendimento no sentido da constitucionalidade da progressividade de alíquota de imposto sobre a transmissão *causa mortis* e doação de bens e direitos, conforme se verifica da ementa a seguir: 'RECURSO EXTRAORDINÁRIO. CONSTITUCIONAL. TRIBUTÁRIO. LEI ESTADUAL: PROGRESSIVIDADE DE ALÍQUOTA DE IMPOSTO SOBRE TRANSMISSÃO CAUSA MORTIS E DOAÇÃO DE BENS E DIREITOS. CONSTITUCIONALIDADE. ART. 145, §1º, DA CONSTITUIÇÃO DA REPÚBLICA. PRINCÍPIO DA IGUALDADE MATERIAL TRIBUTÁRIA. OBSERVÂNCIA DA CAPACIDADE CONTRIBUTIVA. RECURSO EXTRAORDINÁRIO PROVIDO' (RE nº 562.045/RS-RG, Pleno, Redatora para o acórdão a Ministra Cármen Lúcia, *DJe* de 27.11.13). Ressalte-se, por oportuno, que a Ministra Ellen Gracie, ao proferir o seu voto no supracitado julgamento, consignou que: '8. Note-se, também, que o ITCMD em questão contém algumas cláusulas de subjetivação, ao assegurar isenção quando 'o recebedor seja ascendente, descendente ou cônjuge, ou a ele equiparado, do transmitente, não seja proprietário de outro imóvel e não receba mais do que um imóvel, por ocasião da transmissão'. Ricardo Lobo Torres, no seu *Tratado de Direito Constitucional Financeiro e Tributário*, ed. Renovar, Vol. IV, 2007, p. 228, cuidando da matéria, destaca que o 'princípio da personalização', expresso pelo agravamento da tributação de acordo com o afastamento entre herdeiro e *de cujus* na linha da sucessão, presente em diversas legislações estrangeiras, fez com que imposto *causa mortis* tenha se transformado em um tributo pessoal, quando antes era real. 9. Por revelar efetiva e atual capacidade contributiva inerente ao acréscimo patrimonial, o imposto sobre transmissão '*causa mortis*', também conhecido como imposto sobre heranças ou sobre a sucessão, é um imposto que bem se vocaciona à tributação progressiva. (...) A base tributável do ITCMD, portanto, está longe de ser daquelas avessas à progressividade. Antes, a aconselha como instrumento de justiça fiscal". Anote-se, ainda, a seguinte decisão: AI nº 581.154/PE-AgR, de minha relatoria, *DJe* de 27.6.13. Ante o exposto, nos termos do artigo 544, §3º, do Código de Processo Civil, com a redação da Lei nº 9.756/98, conheço do agravo e dou provimento ao recurso extraordinário. Publique-se. Brasília, 31 de outubro de 2014.

6 Imposto sobre a Transmissão Intervivos de Bens Imóveis (ITBI)

Revendo a tese da taxatividade constitucional das hipóteses de progressividade tributária, virada radical deu o Supremo Tribunal Federal também no que concerne ao ITBI,[55] imposto municipal previsto no art. 156, II, da CF, cuja incidência progressiva era obstada pela Súmula nº 656: "É inconstitucional a lei que estabelece alíquotas progressivas para o Imposto de Transmissão Intervivos de Bens Imóveis (ITBI) com base no valor venal do imóvel".

Embora decisões mais recentes venham procurando diferenciar os novos julgados e a Súmula nº 656,[56] o que se vê é que a fundamentação do Supremo Tribunal se aplica à progressividade adotada sob qualquer critério, seja em razão do valor venal, seja em razão de sua destinação ou, ainda, conforme a forma de aquisição dos bens imóveis, o que, na prática, representa uma superação do entendimento então sumulado. É que, como já se anteviu, o novo entendimento da Corte Maior está calcado em que, desde que diretos, todos os impostos devem observar a capacidade contributiva, e que a progressividade fiscal seria o meio utilizado para se atingir isso.[57]

---

[55] RECURSO EXTRAORDINÁRIO COM AGRAVO. TRIBUTÁRIO. IMPOSTO DE TRANSMISSÃO INTER VIVOS DE BENS IMÓVEIS – ITBI PROGRESSIVO EM RAZÃO DA DESTINAÇÃO DO IMÓVEL. SÚMULA N. 656 DO SUPREMO TRIBUNAL FEDERAL: INAPLICABILIDADE. ACÓRDÃO EM DISCORDÂNCIA COM A JURISPRUDÊNCIA DO SUPREMO TRIBUNAL FEDERAL. PRECEDENTES. RECURSO EXTRAORDINÁRIO COM AGRAVO AO QUAL SE DÁ PROVIMENTO. ARE 1202188/SP – Relator(a): Min. CÁRMEN LÚCIA. Julgamento: 24.05.2019; *DJe* 31.05.2019.

[56] Veja-se no julgamento do ARE 1202188/SP: "Cumpre esclarecer que o presente caso não versa sobre alíquota progressiva de Imposto de Transmissão Inter-vivos de Bens Imóveis – ITBI com base no valor venal do imóvel, o que justificaria a aplicação da Súmula n. 656 deste Supremo Tribunal. Trata-se de imposto progressivo com base na destinação do imóvel, situação diversa da trazida pela referida súmula".

[57] Leia-se o trecho do julgamento aludido na nota acima, que descreve a evolução histórica do entendimento do STF: "(...) 9. Ao analisar o *histórico jurisprudencial deste Supremo Tribunal* sobre a progressividade de tributos reais, é possível observar sua evolução. Em 5.9.1997, no julgamento do Recurso Extraordinário n. 153.771, Relator o Ministro Carlos Veloso, Redator para o acórdão o Ministro Moreira Alves, o Plenário do Supremo Tribunal Federal firmou jurisprudência no sentido de que o §1º do art. 145 e o §1º do art. 156 da Constituição da República eram fundamentos justificantes da incompatibilidade entre a "progressividade decorrente da capacidade econômica do contribuinte" e o caráter real dos tributos. (...) 11. *Revendo essa tese da taxatividade constitucional das hipóteses de progressividade tributária,* no julgamento do Recurso Extraordinário n. 562.045, do qual fui redatora para o acórdão, submetido à sistemática da repercussão geral, este Supremo Tribunal concluiu que os impostos devem observar o princípio da capacidade contributiva, nos termos do §1º do art. 145 da Constituição da República, e que a progressividade fiscal seria o meio utilizado para se atingir isso. Foi assentada a validade da progressividade fiscal do Imposto sobre

Fica a dificuldade de superar o fato de que as transmissões onerosas não denotam acréscimo de riqueza, pelo que a incidência de igual alíquota sobre o incremento da base de cálculo por si só atende ao princípio da capacidade contributiva.

Informação bibliográfica deste texto, conforme a NBR 6023:2018 da Associação Brasileira de Normas Técnicas (ABNT):

TORRE, Silvia Faber. A progressividade no Direito brasileiro. *In*: SARAIVA FILHO, Oswaldo Othon de Pontes; SIQUEIRA, Julio Homem de; BEDÊ JÚNIOR, Américo; FABRIZ, Daury César; SIQUEIRA, Junio Graciano Homem de; CUNHA, Ricarlos Almagro Vitoriano (Coord.). *Limitações formais e materiais ao poder de tributar*. Belo Horizonte: Fórum, 2021. p. 429-451. (Coleção Fórum Princípios Constitucionais Tributários – Tomo II). ISBN 978-65-5518-122-7.

Transmissão Causa Mortis e Doação – ITCMD, não prevista na Constituição da República. (...). 12. Em 9.3.2015, a Primeira Turma deste Supremo Tribunal, no julgamento do Agravo Regimental no Recurso Extraordinário n. 768.436, Relatora a Ministra Rosa Weber, assentou a validade da adoção de alíquotas diferenciadas do Imposto de Transmissão Inter Vivos de Bens Imóveis – ITBI conforme a forma de aquisição dos bens imóveis: "DIREITO TRIBUTÁRIO. ITBI. ALÍQUOTAS DIFERENCIADAS PARA IMÓVEL FINANCIADO. CONSONÂNCIA DA DECISÃO RECORRIDA COM A JURISPRUDÊNCIA CRISTALIZADA NO SUPREMO TRIBUNAL FEDERAL. RECURSO EXTRAORDINÁRIO QUE NÃO MERECE TRÂNSITO. REELABORAÇÃO DA MOLDURA FÁTICA. PROCEDIMENTO VEDADO NA INSTÂNCIA EXTRAORDINÁRIA. ACÓRDÃO RECORRIDO PUBLICADO EM 30.4.2013. (...). 13. O acórdão recorrido divergiu dessa orientação jurisprudencial. 14. Pelo exposto, dou provimento ao agravo e, desde logo, ao recurso extraordinário (§§3º e 4º do art. 544 e §1º-A do art. 557 do Código de Processo Civil e §2º do art. 21 do Regimento Interno do Supremo Tribunal Federal)". Publique-se. Brasília, 24 de maio de 2019. Ministra CÁRMEN LÚCIA. (ARE nº 1202188/SP – Relator(a): Min. CÁRMEN LÚCIA. Julgamento: 24.05.2019; *DJe* 31.05.2019).

O PRINCÍPIO DA PROGRESSIVIDADE TRIBUTÁRIA: CONCEITO FUNDAMENTAL E BREVES CONSIDERAÇÕES PRÁTICAS NO IR, IPTU, ITBI E ITR

MARCELO CAMPOS
ANDRESSA GOMES

I Introdução

O presente trabalho trata de um dos principais temas em Direito Tributário, especificamente ao que concerne o *princípio da progressividade*.

Tendo sido concebido, para muitos autores, a partir dos ditames constitucionais da igualdade tributária e da capacidade contributiva, será analisado e interpretado de forma sistemática com respaldo nestas e demais regras e princípios que compõem o sistema constitucional tributário.

Por este motivo, não seria viável, tampouco correta, sua análise sem que introduzíssemos, mesmo que de forma breve, porém lógica e concatenada, as devidas considerações doutrinárias acerca do próprio sistema constitucional tributário e da capacidade contributiva.

Diante de sua identificação no referido sistema, trataremos de examiná-lo de forma prática quando de sua aplicabilidade no Imposto de Renda, Imposto sobre a Propriedade Territorial Urbana, Imposto sobre Transmissão inter vivos, a qualquer título, por ato oneroso, de bens imóveis, por natureza ou acessão física, e de direitos reais, exceto os de garantia, bem como a cessão de direitos a sua aquisição e no Imposto sobre a Propriedade Territorial Rural

A eleição destes impostos decorre de hipóteses de aplicação do princípio com previsão expressa na Carta Constitucional, conforme será demonstrado, detendo peculiaridades que lhes reservam compreensão e aplicação específica.

II   Sistema constitucional tributário brasileiro: rápidas considerações

O Sistema Constitucional Tributário Brasileiro é conduzido pela Constituição Federal sendo composto por regras e princípios responsáveis pela regulação dos indivíduos que participam, seja quando inseridos em sociedade, seja no bojo de sua vida privada.

Pronunciando-se sobre o tema, Geraldo Ataliba explica que:

> Ao conjunto de normas constitucionais de cada país se designa Constituição. Ensina a ciência do direito que as Constituições nacionais formam sistemas, ou seja, conjunto ordenado e sistemático de normas, constituído em torno de princípios coerentes e harmônicos, em função de objetivos socialmente consagrados.[1]

Assim, o ordenamento jurídico consiste em um conjunto de normas organizadas hierarquicamente, onde as normas inferiores recebem respaldo, fundamento de validade, das normas superiores (constitucionais).

É a própria Constituição Federal o fundamento último de validade de todas as demais normas compreendidas no ordenamento. É ela quem regula a vida dos indivíduos e condiciona a atuação do Poder Público em todas as suas funções estatais (o Legislativo, o Executivo e o Judiciário).

Discorrendo acerca do Sistema Constitucional, Roque Antônio Carrazza esclarece:

> A Constituição, conforme acenamos, ocupa o nível supremo da ordem jurídica, acima do qual não se reconhece outro patamar de juridicidade positiva. É ela que enumera os princípios fundamentais, organizativos e finalísticos da comunidade estatal, definindo as relações do poder

---

[1]   ATALIBA, Geraldo. *Sistema Constitucional Tributário Brasileiro*. São Paulo: Revista dos Tribunais, 1968, p. 3.

político, dos governantes e governados e – respeitados os direitos e garantias individuais e sociais e o princípio da livre iniciativa – até das pessoas físicas e jurídicas.[2]

Pois bem. Considerando esta breve introdução e ingressando para o sistema constitucional tributário, objeto de nosso presente estudo, este é compreendido por conter disposições em matérias tributárias insertas no ordenamento jurídico. Nas palavras de Geraldo Ataliba:[3] "um sistema parcial, inserto no sistema total".

III Os princípios da capacidade contributiva e a progressividade em matéria tributária

> *"Secundum facultatem ou secundum aequalitatem proportions"*
> São Tomás de Aquino acerca da tributação com base na capacidade contributiva

A aplicação do *princípio da capacidade contributiva* no ordenamento jurídico brasileiro não é recente. A Constituição do Império de 1824 o fez referência de forma sútil em seu artigo 179, inciso XV. Na Constituição da República de 1891 não foi reproduzido, ao passo que na Constituição de 1934 foram retomadas algumas considerações, por exemplo, a aplicação da progressividade dos impostos incidentes nas transmissões de bens por herança ou legado. A Carta de 1937 nada previu, sendo retomada somente na Carta Magna de 1946, artigo 202.[4]

A respeito desta introdução histórica sobre o referido princípio, destaca José Maurício Conti:

> A Comissão Afonso Arino, que deu início ao processo de elaboração da Constituição promulgada em 5.10.88, trouxe o princípio expresso no texto do Anteprojeto por ela confeccionados nos seguintes termos: "Art.149. Os tributos terão caráter pessoal, sempre que isso for possível, e serão graduados pela capacidade econômica do contribuinte segundo critérios fixados em lei complementar". Ressalte-se, no texto do Anteprojeto,

---

[2] CARRAZZA, Roque Antonio. *Curso de Direito Constitucional Tributário*. 29. ed. rev. ampl. e atual. até a Emenda Constitucional n. 72/2013. São Paulo: Malheiros Editores, 2013, p. 34.

[3] ATALIBA, Geraldo. *Sistema Constitucional Tributário Brasileiro*. São Paulo: Revista dos Tribunais, 1968, p. 4.

[4] Art. 202 da Constituição de 1946: Os tributos terão caráter pessoal sempre que isso for possível e serão graduados conforme a capacidade econômica do contribuinte.

dois aspectos relevantes, que posteriormente se modificaram e não vieram a constar da atual Constituição. O primeiro deles é a referência a tributos, e não a impostos, de modo que o princípio teria aplicação mais abrangente. O segundo é a colocação da expressão "sempre que possível", que, no caso, claramente referia-se apenas ao caráter pessoal.[5]

Com a Emenda Constitucional nº 18 de 1965, devido à reforma constitucional tributária, o artigo 202 acabou sendo revogado.[6] Por este motivo, na próxima Constituição de 1967 também não dispôs de tratamento constitucional para o princípio da capacidade contributiva, tendo sido retomado no artigo 145, §1º, da Constituição Federal de 1988, com a seguinte redação:

> Art. 145. A União, os Estados, o Distrito Federal e os Municípios poderão instituir os seguintes tributos: §1º – Sempre que possível, os impostos terão caráter pessoal e serão graduados segundo a capacidade econômica do contribuinte, facultado à administração tributária, especialmente para conferir efetividade a esses objetivos, identificar, respeitados os direitos individuais e nos termos da lei, o patrimônio, os rendimentos e as atividades econômicas do contribuinte.

Bem verdade, o princípio da capacidade contributiva está diretamente relacionado com o princípio da igualdade, sendo este considerado como uma projeção, na área tributária, do princípio geral da isonomia jurídica, ou princípio pelo qual todos são iguais perante a le. Isto é, sua essência é sobre a *exigência de que todos contribuam com a respectiva manifestação de riqueza, sendo um parâmetro da carga tributária correspondente, com observância ao primado da igualdade.*

Assim, a capacidade contributiva revela-se como um instrumento de aplicação da igualdade com a finalidade de se alcançar o ideal de justiça tributária.

---

[5] CONTI, José Maurício. *Princípios tributários da capacidade contributiva e da progressividade.* São Paulo: Dialética, 1997, p. 39.

[6] Art. 25 da Emenda Constitucional nº 18 de 1965: Ressalvado o disposto no artigo 26 e seus parágrafos, ficam revogados ou substituídos pelas disposições desta Emenda o artigo 15 e seus parágrafos, o artigo 16, o artigo 17, o artigo 19 e seus parágrafos, o artigo 21, o §4º do artigo 26, o artigo 27, o artigo 29 e seu parágrafo único, os números I e II do artigo 30 e seu parágrafo único, o artigo 32, o §34 do artigo 141, o artigo 202 e o artigo 203 da Constituição, o artigo 5º da Emenda Constitucional nº 3, a Emenda Constitucional nº 5 e os artigos 2º e 3º da Emenda Constitucional nº 10.

Neste sentido, Roque Antônio Carraza:

Insistimos que o princípio da capacidade contributiva, intimamente ligado ao princípio da igualdade é um dos mecanismos mais eficazes para que se alcance, em matéria dos impostos, a tão almejada Justiça Fiscal. Em resumo, é ele que concretiza, no âmbito dos impostos, a igualdade tributária e a Justiça Fiscal.[7]

Necessário destacar, no entanto, que esta vertente sobre o que se compreende de capacidade contributiva é atual e não se confunde com aquela que a história nos conta. Em que pese o termo seja o mesmo, a capacidade contributiva já teve significado diverso.

Em um determinado tempo, os tributos eram exigidos somente do povo, uma vez que a nobreza e o clero não pagavam tributos. Isto porque tal ato decorria de uma forma de dominação do povo e não em razão da manifestação de riqueza de cada indivíduo.

A alteração deste significado para o que compreendemos hoje se deu com a instituição do Estado Democrático de Direito, tendo em vista que os tributos passaram a ser exigidos de todos os indivíduos que possuíam capacidade de contribuir para a concretização do bem comum.

Para uma grande parte dos teóricos, a ideia atual acerca da capacidade contributiva é atribuída a Adam Smith quando o estudo dos gastos do Soberano passou a sugerir critérios racionais para que a sociedade financiasse o bem comum de acordo com a capacidade contributiva individual.

A capacidade contributiva pode ser observada de forma objetiva e subjetiva. Explicamos.

Quando a capacidade contributiva é medida por fatos e situações que presumem riqueza, estamos diante da forma objetiva. Em outras palavras, são constatadas situações que presumem que aquele que os praticou tem capacidade de arcar com o imposto correspondente.

Por outro lado, a capacidade contributiva pode ser observada de forma subjetiva tomando por base as reais e pessoais condições do contribuinte para o pagamento de um correspondente imposto.

Ao que concerne à identificação destas duas facetas da capacidade contributiva no ordenamento, Eduardo Sabbag, lembrado pela Ilustre Ministra Regina Helena Costa,[8] destaca:

---

[7] CARRAZZA, Roque Antonio. *Curso de Direito Constitucional Tributário*. 32. ed. rev. ampl. e atual. até a Emenda Constitucional n. 99/2017. São Paulo: Malheiros Editores, p. 80.

[8] COSTA, Regina Helena. *Princípio da Capacidade Contributiva*. 3. ed. São Paulo, 2003, p. 27.

a) capacidade contributiva absoluta (ou objetiva): é a capacidade identificada pelo legislador, que elege o evento ou fato-manifestação de riqueza, vocacionadas a concorrer com as despesas públicas. Aqui se tem um sujeito passivo potencial.

b) capacidade contributiva relativa (ou subjetiva): é a capacidade identificada pelo legislador, que elege o sujeito individualmente considerado, apto a contribuir na medida de suas possibilidades econômicas, suportando o impacto tributário. *Nesta capacidade contributiva, desponta o rito gradualístico dos impostos, à luz da progressividade, bem como o respeito ao mínimo existencial e a não confiscalidade.* (grifo nosso)

O aspecto subjetivo com destaque não é à toa. É neste cenário que podemos introduzir os conceitos de proporcionalidade e *progressividade,* sendo este último o objeto desse nosso estudo.

A questão acerca de sua aplicação envolve discussão doutrinária com argumentos sob diferentes pontos de vista que possam justificar a tal gradação de alíquotas.

Adotando um posicionamento favorável, Betina Treiger Grupenmacher explica que:

> ... adotaremos o conceito de capacidade contributiva proposto por Francesco MOSCHETTI, segundo o qual, a observância da capacidade contributiva impõe a tributação de acordo com a aptidão para contribuir, qualificada por um dever de solidariedade e observado o mínimo existencial.
>
> Foi MOSCHETTI que introduziu a ideia de solidariedade como componente intrínseco ao conceito de capacidade contributiva, manifestando-se no sentido de que o pagamento de tributos é uma cooperação altruísta para um fim específico. Segundo leciona, são elementos que caracterizam a solidariedade, a ausência de contraprestação direta, o sacrifício de um interesse individual, o interesse coletivo enquanto fim da tributação.[9]

Neste sentido, Roque Antonio Carraza:

> A progressividade das alíquotas tributárias, longe de atritar com o sistema jurídico, é o melhor meio de se afastarem, no campo dos impostos, as injustiças tributárias, vedadas pela Carta Magna. Sem impostos progressivos não há como atingir-se a igualdade tributária. Logo, o sistema de impostos, no Brasil, deve ser informado pelo critério da progressividade.[10]

---

[9] GRUPENMACHER, Betina Treiger. *IPTU, ITBI e Capacidade Contributiva*: Diversidade de Bases de Cálculo e Critérios para a Progressividade. Instituto Brasileiro de Estudos Tributários – IBET, p. 9.

[10] CARRAZZA, Roque Antonio. *Curso de Direito Constitucional Tributário.* 32. ed. rev. ampl. e atual. até a Emenda Constitucional n. 99/2017. São Paulo: Malheiros Editores, p. 82.

A aplicação da progressividade na tributação, no entanto, encontrou em Leroy-Beaulieu (1843-1916) um ferrenho adversário, defensor incansável do direito à propriedade. Leroy-Beaulieu contestava de forma bastante fundamentada a ideia de igualdade de sacrifícios e redistribuição de riquezas que sustentam o referido princípio e o fazia nunca como reação ao aspecto social, mas como recusa em conferir ao Estado um cheque em branco onde ao seu bel-prazer fixasse os percentuais correspondentes à variação de sacrifício e os limites da prática progressiva.

Ressaltava Leroy-Beaulieu

> Ainsi, La theorie de l'impot progressif n'est pas rationelle; elle ne sort pas d'une analyse exacte des faits socieaux; elle est supperficielle; ce n'est pas une doctrine scientifique.
> Cette theorie est em outre dangereuse, parce que, partant du princioe de l'egalité de sacrifice, elle a uma tendance invincinble à vouloir corriger les inegalités sociales; il y a là un entraînement qui est fatal.
> Elle offre encore bien des inconvenientes: ainsi l'impôt progressif est arbitraire, em ce sens qu'on ne sait comment fixer la progression et où l'arrêter. Si on ne l'arrête pas, elle finit bientôt par absorber la totallité du revenu.[11] [12]

Em suma, Leroy-Beaulieu vislumbrava na progressividade, teoria a seu ver desprovida de cunho científico, uma tendência de que sob o manto da correção das desigualdades sociais resultasse o empobrecimento dos mais ricos e enriquecimento do próprio Estado, refletindo influência direta dos ideais marxistas.

Nem se alegue que a adoção da progressividade hoje se encontraria superada enquanto embate doutrinário. Observa Maurin Almeida Falcão:

> A reação de Leroy-Beaulieu à progressividade anteviu um problema que afeta os atuais sistemas tributários. Quais seriam os limites dessa progressividade e qual seria a fronteira entre a capacidade contributiva

---

[11] LEROY-BEAULIEU, Paul. *Traité de la Science des Finances*, Tome Premier des Revenus Publics, Felix Alcan Éditeur, Septime Editione, Paris, 1906, p. 198.

[12] Tradução livre: Assim, a teoria da tributação progressiva não é racional; não vem de uma análise exata dos fatos da sociedade; é superficial; não é uma doutrina científica.
Essa teoria também é perigosa, pois, partindo do princípio da igualdade de sacrifício, tem uma vocação para corrigir as desigualdades sociais; revelando um potencial que é fatal.
São inúmeras as desvantagens na adoção da progressividade: assim, a tributação progressiva é arbitrária, no sentido de que não se sabe como fixar a progressão e onde interrompê-la.
Caso não seja interrompida, logo acaba absorvendo a totalidade da renda.

e o confisco? O dilema é ainda mais perverso quando se verifica a inexistência dessa definição em um sem número de sistemas legais, trazendo insegurança jurídica à relação deteriorada entre Estado-contribuinte. Além disso, um debate a respeito dos efeitos nocivos da progressividade vem ganhando corpo desde a segunda metade do século XX, em função da necessidade de inserção internacional dos sistemas tributários diante do processo globalizante, do novo modelo de financiamento do Estado e das injunções dos organismos multilaterais.[13]

Com a incidência da proporcionalidade verifica-se a aplicação de uma alíquota única sobre uma determinada matéria a ser tributada, sendo que o imposto será proporcionalmente maior quanto maior for a matéria tributável com aplicação de uma mesma alíquota. Assim uma diferença a ser paga a maior decorre da diferenciação da própria base de cálculo.

Ocorre que para boa parte dos autores somente a proporcionalidade não bastaria para que fosse alcançada uma justiça fiscal. Por este motivo, para muitos a progressividade se faz necessária.

Sobre a necessidade de observância da progressividade além da proporcionalidade, Luciano Amaro explica que:

> A capacidade contributiva reclama mais do que isso [proporcionalidade], pois exige que se afira a justiça de incidência em cada situação isoladamente considerada, e não apenas a justiça relativa entre uma e outra das situações. O princípio da capacidade contributiva, conjugado com o da igualdade direciona os impostos para a proporcionalidade, mas não se esgota nesta.[14]

A progressividade nos impostos consiste na forma que o legislador aplica alíquotas variadas e progressivas à medida que se aumenta a base de cálculo. Assim, diferentemente da proporcionalidade, há alteração da matéria tributável com variação da alíquota, sendo que esta última será maior quanto maior for o valor da matéria tributável.

Sua existência e incidência são justificadas por uma boa parte da doutrina como adoção de uma igualdade de sacrifícios, de forma que possam ser alcançadas a igualdade e a capacidade tributária que não seriam alcançadas unicamente a partir de uma tributação proporcional.

---

[13] FALCÃO, Maurin Almeida. *A Construção Doutrinária e Ideológica do Tributo do Pensamento Liberal e Social* – Democrata Após a Modernidade. Universidade Católica de Brasília. p. 10.

[14] AMARO, Luciano. *Direito Tributário Brasileiro*. 16. ed. São Paulo: Saraiva, 2010, p. 165.

Sobre a busca pela igualdade com base também na progressividade, Hugo de Brito Machado assevera que:

> Não fere o princípio da igualdade – antes, o realiza com absoluta adequação – o imposto progressivo. Realmente, aquele que tem maior capacidade contributiva deve pagar imposto maior, pois só assim estará sendo igualmente tributado. A igualdade consiste, no caso, na proporcionalidade da incidência à capacidade contributiva, em função da utilidade marginal da riqueza.[15]

É, portanto, visto como um meio necessário para a concretização dos princípios da igualdade e da capacidade contributiva e concedendo eficácia ao Estado Democrático, cujos objetivos encontram-se a *solidariedade* e a redução das *desigualdades sociais* (art. 3º, I e III, da CF/88).

Ressalta-se ainda que a progressividade no sistema constitucional brasileiro encontra-se limitada pela vedação ao confisco tal qual previsto no artigo 150, inciso IV,[16] da Constituição Federal. Isto é, a vedação ao confisco também pode ser extraída do princípio da capacidade contributiva, pois *o limite da tributação é a capacidade contributiva*.

Superados os breves conceitos introdutórios que compõem o sistema constitucional tributário, no qual a progressividade tributária está inserida, o passo seguinte é a perquirição de seus aspectos práticos no Imposto de Renda – IR, de competência da União (art. 153, III, CF/88), no Imposto sobre a Propriedade Predial e Territorial – IPTU, de competência dos Municípios (art. 156, I, CF/88), *Imposto sobre transmissão inter vivos, a qualquer título, por ato oneroso, de bens imóveis, por natureza ou acessão física, e de direitos reais, exceto os de garantia, bem como cessão de direitos a sua aquisição – ITBI também de competência dos Municípios (art. 156, II, CF/88)* e no Imposto sobre a Propriedade Territorial Rural – ITR, de competência da União (art.153, VI, CF/88).

IV A progressividade no Imposto de Renda das pessoas físicas

O Imposto de Renda é de enorme importância da União, tendo função nitidamente fiscal, sem prejuízo de sua utilização como

---

[15] MACHADO, Hugo de Brito. *Curso de Direito Tributário*. São Paulo: Malheiros Editores, 2015, p. 38.

[16] Art. 150. Sem prejuízo de outras garantias asseguradas ao contribuinte, é vedado à União, aos Estados, ao Distrito Federal e aos Municípios: IV – utilizar tributo com efeito de confisco.

instrumento de intervenção do Poder Público no domínio econômico a propiciar desenvolvimento econômico regional e setorial.[17]

O princípio da progressividade incidente neste imposto está previsto no art. 153, §2º, I, da Constituição Federal com a seguinte redação:

> Art.153. Compete à União instituir impostos sobre:
> §2º O imposto previsto no inciso III
> I – será informado pelos critérios da generalidade, da universalidade e da progressividade, na forma da lei.

Por meio da progressividade, o referido imposto é graduado conforme a capacidade econômica do contribuinte com fulcro no dispositivo supracitado.

Como explicado, há variação positiva da alíquota na medida em que há variação da base de cálculo. Quanto maior a base de cálculo, maior será a alíquota.

Tendo as classes de alíquotas fixadas a partir dos valores nominais da renda, hoje a atualização monetária da tabela do IR, ou a falta dela, é sem dúvida uma fonte de aumento de arrecadação sem a necessidade de intervenção legal.

Em síntese, basta *submeter a tabela aos efeitos inflacionários que se obtém um aumento da arrecadação com as alíquotas mais baixas* alcançando uma camada maior da população. Aquele que normalmente não alcançaria a faixa de incidência passa a sofrer a incidência sem que tenha um efetivo aumento de receita, mas a mera recomposição do poder de compra da moeda. O mesmo se refletirá com a alteração de faixas que deverá ocorrer também pela mera atualização monetária e não pelo incremento da receita.

V A progressividade no Imposto sobre a Propriedade Predial e Territorial Urbana

O Imposto Predial e Territorial Urbano – IPTU é de competência municipal, sendo um tributo real, pois toma por base apenas as características do imóvel tributado. Sua base de cálculo é o valor venal do imóvel (art. 33 do Código Tributário Nacional).

---

[17] Neste contexto, podemos citar, por exemplo, os incentivos fiscais da Superintendência do Desenvolvimento da Amazônia – SUDENE e Superintendência do Desenvolvimento da Amazônia – SUDAM.

A incidência do princípio da progressividade tributária no Imposto sobre a Propriedade Territorial e Urbana, de caráter real, é polêmica, uma vez que no texto constitucional temos duas disposições acerca de sua incidência. Porém devem ser analisadas de forma cuidadosa, tendo em vista tratar-se de situações diversas, conforme demonstraremos.

Estamos nos referindo aos artigos 156, §1, I e II, e 182, §4º, inciso II, ambos do texto constitucional.[18]

Mas o que de fato envolve estes dois dispositivos? Explicamos.

Inicialmente, a Constituição federal somente previa a progressividade no tempo, conforme o artigo 182, §4º, II, de forma que fosse assegurada a função social da propriedade, externando uma extrafiscalidade, quando o proprietário do solo urbano não edificado, subutilizado ou não utilizado não promovesse seu adequado aproveitamento.

No sentido de que não seria cabível a aplicação do princípio da progressividade para impostos reais, o Supremo Tribunal Federal manifestava-se com o seguinte entendimento:

> IPTU. Progressividade. No sistema tributário nacional é o IPTU inequivocamente um imposto real. Sob o império da atual Constituição, não é admitida a progressividade fiscal do IPTU, quer com base exclusivamente no seu artigo 145, §1º, porque esse imposto tem caráter real que é incompatível com a progressividade decorrente da capacidade econômica do contribuinte, quer com arrimo na conjugação desse dispositivo constitucional (genérico) com o artigo 156, §1º (específico). A interpretação sistemática da Constituição conduz inequivocamente à conclusão de que o IPTU com finalidade extrafiscal a que alude o inciso II do §4º do artigo 182 é a explicitação especificada, inclusive com

---

[18] Art. 156. Compete aos Municípios instituir impostos sobre: (...)
§1º Sem prejuízo da progressividade no tempo a que se refere o art. 182, §4º, inciso II, o imposto previsto no inciso I poderá (Redação dada pela Emenda Constitucional nº 29 de 2000):
I – ser progressivo em razão do valor do imóvel; e (Incluído pela Emenda Constitucional nº 29, de 2000)
II – ter alíquotas diferentes de acordo com a localização e o uso do imóvel. (Incluído pela Emenda Constitucional nº 29, de 2000).
Art. 182. A política de desenvolvimento urbano, executada pelo Poder Público municipal, conforme diretrizes gerais fixadas em lei, tem por objetivo ordenar o pleno desenvolvimento das funções sociais da cidade e garantir o bem-estar de seus habitantes. (Regulamento) (Vide Lei nº 13.311, de 11 de julho de 2016).
§4º É facultado ao Poder Público municipal, mediante lei específica para área incluída no plano diretor, exigir, nos termos da lei federal, do proprietário do solo urbano não edificado, subutilizado ou não utilizado, que promova seu adequado aproveitamento, sob pena, sucessivamente, de: (...)
II – imposto sobre a propriedade predial e territorial urbana progressivo no tempo.

limitação temporal, do IPTU com finalidade extrafiscal aludido no artigo 156, I, §1º. Portanto, é inconstitucional qualquer progressividade, em se tratando de IPTU, que não atenda exclusivamente ao disposto no artigo 156, §1º, aplicado com as limitações expressamente constantes dos §§2º e 4º do artigo 182, ambos da Constituição Federal. Recurso extraordinário conhecido e provido, declarando-se inconstitucional o subitem 2.2.3 do setor II da Tabela III da Lei 5.641, de 22.12.89, no município de Belo Horizonte (STF – Pleno – RE 153.771-0-MG, Rel. Min. Moreira Alves, DJ 05.09.97, INFORMATIVO STF nº 82).

Com o advento da Emenda Constitucional nº 29 de 2000, foi alterado o §1º do art.156 e incluídos os incisos I e II, possibilitando que a progressividade pudesse ser aplicada também considerando o valor do imóvel e ter alíquotas diferenciadas de acordo com a localização e o uso do imóvel.

Desta forma, o artigo 156, §1º, utiliza a expressão "poderá ser progressivo" aparentando um caráter facultativo por parte do sujeito ativo, enquanto, no artigo 182, 4º, a progressividade no tempo será aplicada no caso do proprietário do solo urbano incluído em Plano Diretor não ter atendido as devidas formas de aproveitamento. São hipóteses de progressividade fiscal e progressividade extrafiscal, respectivamente.

Evidentemente, o IPTU é de forma inequívoca um imposto real, sendo a este, em princípio inadmitida a aplicação da progressividade decorrente da capacidade econômica do contribuinte.

Devido a esta situação concomitante de aplicação do princípio, objeto de análise de repercussão geral pelo Supremo Tribunal Federal, a Corte editou a Súmula Vinculante nº 668:

> É inconstitucional a lei municipal que tenha estabelecido, antes da Emenda Constitucional 29/2000, alíquotas progressivas para o IPTU, salvo se destinada a assegurar o cumprimento da função social da propriedade urbana.

Neste sentido, Leandro Paulsen faz menção ao seguinte julgado do Supremo Tribunal Federal:

> Tributário. IPTU. Progressividade. Caracterização do escalonamento da Carta Tributária de Acordo com a Destinação dada ao Imóvel. Acórdão Recorrido que afirma haver Progressividade. Razões de Agravo Regimental Insuficientes para afastar a Conclusão. Processual Civil. Agravo Regimental.

1. Esta Corte interpretou os arts. 145, §1º, 156, §1º, e 182, §§2º e 4º, da Constituição, na redação anterior à Emenda Constitucional 29/2000, para fixar que a utilização da técnica da tributação progressiva para o imposto sobre a propriedade territorial e urbana – IPTU somente era cabível para assegurar a eficácia da função social da propriedade, atendidos os requisitos estabelecidos em Plano Diretor compatível com a lei federal. Súmula 668/STF.[19]

Considerando, por fim, que as alíquotas deste imposto são estabelecidas por lei municipal, veda-se a fixação de alíquotas excessivamente onerosas, com clara violação ao princípio da capacidade e econômica sendo, portanto, *limitada pelo princípio do não confisco* (art.150, IV, CF/88).

VI A progressividade no imposto sobre transmissão *inter vivos*, a qualquer título, por ato oneroso, de bens imóveis, por natureza ou acessão física, e de direitos reais, exceto os de garantia, bem como cessão de direitos a sua aquisição

A análise acerca da possibilidade de aplicação da progressividade no ITBI é relevante, tendo em vista a questão já ter exigido um posicionamento do Supremo Tribunal Federal que resultou na edição da Súmula 656:

> É inconstitucional a lei que estabelece alíquotas progressivas para o imposto de transmissão "intervivos" de bens imóveis – ITBI com base no valor venal do imóvel.

Não obstante o posicionamento estabelecido, para fins de completude de nosso presente estudo, necessária a apresentação de algumas considerações sobre o ITBI.

Trata-se se de um imposto de competência municipal, conforme previsão constitucional inserta no art. 156, II.[20]

Especificamente, o pagamento do referido imposto é exigido no momento do aperfeiçoamento do negócio jurídico, isto é, aquele que

---

[19] PAULSEN, Leandro. *Impostos federais, estaduais e municipais* / Leandro Paulsen, José Eduardo Soares de Melo. 8. ed. rev. e atual. Porto Alegre: Livraria do Advogado, 2013, p. 328-329.

[20] Art. 156. Compete aos Municípios instituir impostos sobre (...)
II – transmissão inter vivos, a qualquer título, por ato oneroso, de bens imóveis, por natureza ou acessão física, e de direitos reais sobe imóveis, exceto os de garantia, bem como cessão de direitos a sua aquisição.

corresponde à lavratura da escritura de alienação imobiliária,[21] ou de direitos a ele relativos. Aqui, o direito tributário se utiliza de conceitos da lei civil, não podendo alterar a definição, o conteúdo e o alcance dos institutos (art. 110, Código Tributário Nacional).

Para tanto, há de se ter uma base de cálculo do ITBI, que, conforme o art. 38 do Código Tributário Nacional, será o valor venal dos bens ou direitos transmitidos.

As alíquotas terão limites fixados em resolução do Senado Federal que poderá distinguir para aplicação de alíquota mais baixa, hipóteses de transmissões a atendimento à política nacional de habitação (art. 39 do Código Tributário Nacional).

Disto não se presume correto dizer – nem poderia ser – que é possível a aplicação da progressividade para o ITBI, uma vez que não há previsão constitucional nesse sentido.

O Supremo Tribunal Federal, aplicando o entendimento sumulado no verbete de nº 656 e eliminando toda e qualquer pretensão dos Municípios em aplicarem o princípio da progressividade no ITBI, assim interpretou a questão:

> EMENTA: CONSTITUCIONAL. TRIBUTÁRIO. IMPOSTO SOBRE A TRANSMISSÃO DE BENS IMÓVEIS "INTER VIVOS" – ITBI. PROGRESSIVIDADE. ESCALONAMENTO DE ALÍQUOTAS CONFORME CRITÉRIOS ALEGADAMENTE EXTRAÍDOS DO PRINCÍPIO DA CAPACIDADE CONTRIBUTIVA. IMPOSSIBILIDADE NO PERÍODO EM QUE AUSENTE AUTORIZAÇÃO CONSTITUCIONAL EXPRESSA. O imposto previsto no art. 156, II da Constituição não admite a técnica da progressividade, enquanto ausente autorização constitucional expressa. Agravo regimental ao qual se nega provimento (AI 456.768-AgR/MG, Rel. Min. Joaquim Barbosa, 2ª Turma, DJ 8.10.2010).

Afora ser esse o entendimento pacificado junto a nossa Suprema Corte, vale reproduzir o alerta de Betina Treiger Grupenmacher[22] no sentido de que "em decisão recente relativa ao ITCMD – Imposto Sobre Transmissão *Causa Mortis* e Doação de Bens e Direitos, de competência dos Estados, manifestou o entendimento no RE nº 562.045/RS, com

---

[21] Art. 108. Não dispondo a lei em contrário, a escritura pública é essencial à validade dos negócios jurídicos que visem à constituição, transferência, modificação ou renúncia de direitos reais sobre imóveis de valor superior a trinta vezes o maior salário mínimo vigente no País.

[22] GRUPENMACHER, Betina Treiger. *IPTU, ITBI e Capacidade Contributiva*: Diversidade de Bases de Cálculo e Critérios para a Progressividade. Instituto Brasileiro de Estudos Tributários – IBET, p.12.

repercussão geral admitida, no sentido de que o princípio da progressividade é uma exigência do princípio da capacidade contributiva".

A partir de tal concepção, pensamos que a posição da nossa Corte Constitucional tenderá à modificação quanto à progressividade ser uma exigência para todos os impostos.

VII   A progressividade no Imposto sobre a Propriedade Territorial Rural

Para o ITR, percebemos que a previsão constitucional[23] é no sentido de permitir a incidência de alíquota maior na medida em que se aumenta a base de cálculo, quando da *não utilização da propriedade de forma produtiva*.

Como no caso do IPTU, trata-se de um *imposto real* que, conforme uma interpretação à luz do art. 145, §1º, da Constituição, não comportaria a incidência da progressividade. Porém tornou-se viável após o advento da Emenda Constitucional nº 42/2003, fixando expressamente essa possibilidade.

Conclusão

O princípio da progressividade juntamente com demais princípios e regras pertence a um sistema constitucional tributário.

A existência deste princípio e de seu estudo é relevante, pois, como apresentado, sua aplicação encontra na literatura pátria e estrangeira argumentos contra e a favor de sua aplicação.

Sendo assim, a análise deste princípio implica compreender sua derivação a partir do conceito da capacidade contributiva previsto no art.145, §1º, pois a partir dela foi possível extrairmos a ideia de igualdade e uma tributação justa, onde aquele com maior capacidade a contribuir assim o faz.

É a progressividade para uma parte doutrinária, portanto, que instrumentaliza a concepção de justiça fiscal.

---

[23] A Constituição Federal, no art. 153, VI, outorga competência à União para a instituição de imposto sobre a propriedade territorial rural:

Art. 153. Compete à União instituir impostos sobre: (...)

VI – propriedade territorial rural; (...)

§4º O imposto previsto no inciso VI do *caput*:

I – será progressivo e terá suas alíquotas fixadas de forma a desestimular a manutenção de propriedades improdutivas. (redação dada pela Emenda Constitucional nº 42/2003).

Partindo-se desta ideia, foram trazidas as aplicações práticas da progressividade no IRPF, IPTU, ITBI e ITR, sendo que, para o IPTU e ITR, somente a partir de emendas constitucionais é que restou autorizada também nos impostos reais, mesmo que, para tanto, tenham exigido uma interpretação do Supremo Tribunal Federal, de sua aplicação, como se verifica no caso do IPTU.

Na tentativa de esclarecer alguns dos principais pontos acerca do princípio da progressividade – reconhecendo ser inviável seu esgotamento apenas nas considerações deste trabalho –, buscou-se, sobretudo, fixar a importância de uma verificação e interpretação sistêmica para que não se incorra em erros de identificação do instituto no ordenamento e de apreensão de seu significado.

Informação bibliográfica deste texto, conforme a NBR 6023:2018 da Associação Brasileira de Normas Técnicas (ABNT):

CAMPOS, Marcelo; GOMES, Andressa. O princípio da progressividade tributária: conceito fundamental e breves considerações práticas no IR, IPTU, ITBI e ITR. *In*: SARAIVA FILHO, Oswaldo Othon de Pontes; SIQUEIRA, Julio Homem de; BEDÊ JÚNIOR, Américo; FABRIZ, Daury César; SIQUEIRA, Junio Graciano Homem de; CUNHA, Ricarlos Almagro Vitoriano (Coord.). *Limitações formais e materiais ao poder de tributar*. Belo Horizonte: Fórum, 2021. p. 453-468. (Coleção Fórum Princípios Constitucionais Tributários – Tomo II). ISBN 978-65-5518-122-7.

AS NOTAS DISSONANTES DO PRINCÍPIO CONSTITUCIONAL DA CAPACIDADE CONTRIBUTIVA

MAURIN ALMEIDA FALCÃO

I   Os fundamentos da justiça fiscal

Em todos os tempos, a justiça fiscal sempre se constituiu em tema recorrente dos debates sobre reforma tributária e sobre o melhor meio para se redistribuir o ônus decorrente da vida em sociedade. Entretanto, a vasta literatura criada em torno da matéria não conseguiu identificar a contento os seus reais limites. Por isso, as dificuldades para uma melhor compreensão sobre o seu alcance ainda persistem e fazem com que, mesmo no direito positivo, a sua dimensão ainda permaneça em uma zona cinzenta. Para isso, concorre o perfil do sistema tributário, que, formado por um mosaico de espécies, não permite definir com exatidão os domínios da justiça fiscal.

Os próprios mecanismos do imposto permitem a determinados segmentos de contribuintes repercuti-los sobre outros, tornam difícil a tarefa de apontar quais modalidades responderiam aos imperativos da equidade e da eficiência, objetivos perseguidos desde sempre seriam considerados inconciliáveis na perspectiva do sistema tributário. Stern observou que a "tributação ótima consiste na busca de quais configurações do imposto permitiria discutir o compromisso entre equidade e eficiência".[1] Entretanto, o *optimum* fiscal, em face da

---

[1]   STERN, N. H. On the specification of model of optimum income taxation. *Journal of public economics*, 6, 1976.

lógica relacionada à própria natureza dos mecanismos tributários, parece demonstrar que a eficiência aproveitaria apenas em relação ao Estado. Quanto à equidade, esta seria incompatível com a eficiência e não haveria possibilidade de se estabelecer qualquer equilíbrio entre as duas variáveis.

A justa redistribuição da carga tributária, dentro dos parâmetros da equidade, constitui-se em uma utopia em decorrência do amplo leque de modalidades tributárias à disposição do Estado. Sem dúvida, determinadas modalidades tributárias poderiam, inclusive, atender o requisito da equidade. Contudo, outras estariam distantes do princípio e, por isso, levaram à adoção do exagerado pragmatismo que tem norteado a política tributária, o que lhe empresta um certo verniz de eficiência. Nesse debate contínuo, muitos persistem no discurso de adoção de um sistema tributário justo sem atentar, entretanto, para essa diversidade, a qual não permitiria alcançar o ideal da equidade. A reforma do sistema tributário pátrio não depende da vontade exclusiva dos legisladores e do consenso político que eventualmente poderia ser obtido. A pregação ingênua segundo a qual a progressividade e a simplicidade do sistema tributário resultariam em uma maior justiça fiscal parece não considerar a própria configuração do tributo e os aspectos políticos que incidem nas decisões em matéria de política tributária.

Por outro lado, os ditames de uma ordem tributária internacional, dentro do atual processo de interdependência entre nações, estabeleceram o perfil dos sistemas tributários, chegando ao ponto de deslocar o foco do sacrifício fiscal das suas bases tradicionais – renda e patrimônio – para o consumo. A própria arena na qual se constituiu o sistema tributário, onde impera a disputa política pela riqueza social produzida pelo Estado e a busca da melhor maneira legal de se transferir o ônus fiscal sobre o ombro de outros, jogaria por terra todo o discurso sobre justiça fiscal e parte dos valores que formaram o solidarismo social na sociedade pós-Revolução Industrial. O intervencionismo estatal, sustentado pelos pilares da grande sociedade solidária, resultava do consenso social que forneceria os meios para a sua materialização. De fato, a produção de uma legislação social protetora dos mais fracos foi o grande marco na passagem do século XIX. Desse contexto, emergiriam os cânones da justiça fiscal e do solidarismo, tendo como figuras de proa a progressividade, a capacidade contributiva e a consolidação do Estado fiscal.

O século XX seria testemunha da afirmação desse modelo, embora as mais diferentes forças atuassem no sentido de anulá-lo. Não obstante a difusão do modelo inspirado na República de Weimar, originado do antigo socialismo de cátedra que marcou o florescimento da socialdemocracia na Alemanha de Bismarck, os percalços da grande sociedade solidária se fizeram notar logo depois da Segunda Guerra Mundial. Antes, porém, Keynes e o keynesianismo contribuiriam com as suas teses destinadas a confirmar as virtudes do intervencionismo, o que para Nemo seria "la dernière source idéologique identifiable de l'impôt sans contrepartie".[2] Ao estabelecer a emergência de uma justiça fiscal moderna, Leroy estabeleceu como marco temporal a consolidação do Estado providência ocorrida a partir de 1914, a qual se juntou ao modelo do Estado keynesiano.[3] Portanto, a noção de justiça fiscal estaria devidamente atrelada às três funções intervencionistas do Estado, as quais consolidariam, em épocas diferentes e à medida da evolução da democracia, os direitos geracionais. Assim, ganhava terreno a noção da igualdade pelo imposto graças à progressividade que sedimentaria, de vez, as relações sociais verticais.

Nesse diapasão é importante notar, portanto, que o intervencionismo teve o condão de unir a justiça fiscal e a justiça social, a qual poderia ser qualificada, conforme nota Bouvier, de justiça redistributiva.[4]

Os eventos que marcariam a construção da ordem mundial do pós-guerra trouxeram, por um lado, a renovação do contrato social a partir das propostas de Lorde Beveridge com vistas à consolidação da solidariedade, por meio da universalização das prestações do Estado, fato que influenciaria boa parte das constituições ocidentais. Por outro lado, a retomada dos valores do antigo liberalismo do século XIX, patrocinada pelas ideias de Hayek e a sua sociedade do Mont-Pélérin, se tornaria a *pièce de résistence* contra os abusos do intervencionismo. Após décadas de pregação, Hayek veria a confirmação de suas teorias, ao final dos Trinta Gloriosos, que trouxeram consigo a crise internacional da década de setenta e a necessidade de redução do Estado.

Daí para frente o que se viu foi a implementação de medidas multilaterais e a convergência de todos para uma nova e inexorável realidade. A consolidação da interdependência colocaria todos diante de regras de conduta de escala global. Nesse caso, o perfil dos sistemas tributários não ficou ao abrigo das injunções internacionais, prevalecendo a partir daquele momento as diretrizes emanadas pelos organismos

---

[2]   NEMO, Philippe. *Philosophie de l'impôt*. Paris: Presses Universitaires de France, 2017, p. 126.

[3]   LEROY, Marc. *La sociologie de l'impôt*. Paris: Presses Universitaires de France, 2002, p. 110.

[4]   BOUVIER, Michel. *Introduction au droit fiscal général et à la théorie de l'impôt*. 10. ed. Paris: LGDJ, 2010, p. 300.

multilaterais, pela OCDE, pelos clubes de investidores e até mesmo pelas temidas agências de riscos.

Nesse contexto, não haveria como prevalecer no universo tributário a justiça fiscal. Mesmo assim, ela se consolidou nos mais diferentes ordenamentos jurídicos e passou a fazer parte do discurso da sociedade bem organizada. Entretanto, tudo se tratava de um discurso vão, seja por não convencer aqueles que poderiam melhor contribuir para o seu aperfeiçoamento, seja por aqueles colocados sob o estado de anestesia fiscal. Enfim, o tema da justiça fiscal parece não caber mais na passagem da modernidade para a pós-modernidade e se constitui, talvez, em um *leitmotif* destinado a justificar que estariam todos vivendo em uma democracia plena. O tema sempre esteve presente na agenda sociopolítica, entretanto, como uma quimera destinada a resguardar o invólucro do Estado Democrático de Direito. Como alertou Sloterdijk, é preciso que acordemos do sono do dogmatismo fiscal.[5] De fato, a sociedade contemporânea vem passando por um processo de desconstrução de vários dogmas, em uma espécie de desalento em relação à construção da modernidade que marcou o século XIX.

Nesse aspecto, deve ser observado que a construção da sociedade solidária, a partir dos critérios da horizontalidade e da verticalidade, recorreu aos princípios basilares da justiça fiscal que destacavam a igualdade pelo tributo e diante do tributo. A repartição equânime do sacrifício fiscal seria a justificativa para exigir a participação de todos no processo social. A partir dessa premissa, uma profusão de princípios adentrou nos domínios dos direitos positivados, passando a fazer parte de um significativo número de constituições ocidentais.

II A fragilidade do princípio constitucional da capacidade contributiva

Laufenburg definiu o princípio da capacidade contributiva como "uma garantia da neutralidade e como a primeira condição técnica de coesão de um sistema tributário".[6] A partir dessa premissa é possível entender a controvérsia que tem marcado o debate sobre a justiça fiscal e os seus princípios de sustentação. Assim, não haveria qualquer possibilidade de coesão no intramuros do sistema tributário? A questão não oferece maiores dificuldades. Não há qualquer evidência

---

[5] SLOTERDIJK, Peter. *Repenser l'impôt*. Tradução Olivier Mannoni. Paris: Libella, 2012, p. 38.

[6] LAUFENBURG, H. *Traité d'économie et de législation financière*. 5. ed. Paris: Sirey,1954, p. 10.

no sentido de afirmar que a resposta seria positiva. Em realidade, essa espécie de anestesia fiscal na qual se encontra o cidadão-contribuinte não lhe permite perceber as incoerências do tributo e dos princípios constitucionais que o legitimam. À lição de Laufenburg é preciso acrescentar a de Adam Smith, que, conforme ensina Agron, deteria a paternidade da expressão "capacidade contributiva":

> Les sujets de chaque État doivent contribuer à l'entretien du gouvernement autant que possible en proportion de leur capacité respective. L'observation ou de l'inobservation de cette maxime résulte l'égalité ou l'inégalité de l'impôt. La capacité contributive nuance et tempère le principe de l'universalité et de la généralité de l'impôt.[7]

Posteriormente, recepcionados pela declaração de 1789, o princípio da capacidade contributiva estabeleceu os marcos da tributação moderna. Calcado na justiça fiscal, compôs a transição da sociedade antiga para a moderna, que levou ao Estado Democrático de Direito. Apesar desse consenso, Steinmo reiterou que "The modern idea that taxation should be based upon the ability to pay was hotly contested before the end of the nineteenth century".[8]

Monnier notou que "Les discussions originelles sur l'impôt juste portèrent sur la doctrine du bénéfice et son équivalence à celle des facultés contributives".[9] De fato, a repartição equânime do fardo fiscal se revelou em um moto contínuo da preservação dos valores da justiça fiscal. Todavia, o tempo demonstraria que a persistência de desigualdades no âmbito da tributação seria um traço indelével da própria lógica do tributo. Scheve e Stasavage advertem sobre as controvérsias que cercam o tema da capacidade contributiva ao colocar em lados opostos aqueles que acreditam na equidade proporcionada pelo princípio da capacidade contributiva e aqueles que duvidam da virtuosidade de tal princípio:

> Proponents of the ability to pay doctrine (sometimes also called the faculty theory) have suggested that it does involve treating citizens as equals.

---

[7] AGRON, Laure. *Histoire du vocabulaire fiscal*. Paris: LGDJ, 2000, p. 165.

[8] STEINMO, Sven. *Taxation & Democracy* – Swedish, British and American Approaches to Financing the Modern State. New Haven and London: Yale University Press, 1993, p. 22.

[9] MONNIER, Jean-Marie. La formation des conceptions de la justice fiscale dans la pensée économique anglo-saxonne. *Revue Française de Finances Publiques*, Paris, 84, p. 91, dez. 2003.

Those opposed have said that the doctrine is difficult to implement, and they doubt whether it is the right criterion for judging fairness.[10]

O debate sempre controverso acerca da capacidade contributiva fluiria também para o campo ideológico, como asseverou Eisenstein, ao registrar que "The ideology of ability to pay speaks with the voice of dispassionate justice, as a good ideology should".[11] Dessa forma, a percepção da capacidade contributiva se revelou um dilema que remonta à tradição clássica do embate entre esquerda e direita. A propósito, esta acomodação de interesses de um lado e de outro levou Steinmo a fazer a seguinte observação:

> Where tax policy was concerned, this meant that the Left would abandon its goals of socialization and the radical redistribution of wealth; for the Right, it meant the acceptance of both the ability to pay as the basic principle of a modern tax system and the growth for an increasingly large state.[12]

Vê-se que a polêmica que cerca o debate considerou-o de forma parcial, o leque de modalidades tributárias flexibilizaria a regra matriz da justiça fiscal ao possibilitar a adoção de outra espécie em proveito de determinados segmentos de contribuintes. Sem dúvida, o perfil dos sistemas tributários passou por mudanças significativas após o surgimento do que seria considerada a inovação fiscal da primeira metade do século XX: a tributação indireta. Com o incremento da mobilidade das bases tributáveis após a eclosão da ordem econômica internacional do pós-guerra, o foco dos sistemas tributários foi passando lentamente do seu escopo tradicional – renda e patrimônio – para a tributação sobre o consumo, cuja natureza regressiva é do domínio de todos. Aliás, nesse aspecto, Falcão e Machado destacaram que:

> A precisa definição dos limites da capacidade contributiva dos indivíduos tem sido uma questão de difícil solução nos sistemas tributários atuais. O problema se apresenta, sobretudo, no momento da análise econômica do alcance deste princípio. Tal assertiva se justifica em função de que no mundo jurídico, a situação estaria pacificada uma que os dispositivos legais vigentes naqueles sistemas tributários definem claramente a

---

[10] SCHEVE, Kenneth; STASAVAGE, David. *Taxing the Rich* – A History of Fiscal Fairness in the United States and Europe. Princeton and Oxford: Princeton University Press, 2016, p. 26.

[11] EISENSTEIN, Louis. *The Ideologies of Taxation*. New York: Ronald Press Co, 1961, p. 14.

[12] STEINMO, *Op. cit.*, p. 22.

medida exata da carga tributária. Contudo, tal medida seria tomada somente a partir dos tributos diretos, desprezando os efeitos dos tributos indiretos sobre a capacidade contributiva dos indivíduos. Trata-se de uma antiga discussão que tem revelado um sem número de facetas e entendimentos divergentes.[13]

O questionamento que se impõe, nesse caso, decorre do absoluto desprezo com que o ordenamento jurídico-tributário tem tratado a questão da capacidade contributiva em face da natureza intrínseca do tributo. A simples recepção de princípios no ordenamento jurídico, dentre os quais aqueles voltados para a limitação do poder tributante do Estado, parece não ter levado em conta o pragmatismo que impera no universo inexorável da tributação. Aliás, é importante assinalar que os sistemas tributários não teriam esta margem de manobra, uma vez que há uma ordem tributária internacional latente, a qual sucumbiu à interdependência das economias. Por conseguinte, restaria a inclusão desses princípios no sentido de dar mais transparência à sociedade democrática. Com esse intuito, Falcão e Machado aduziram que "O constitucionalismo moderno tem como objetivo fundamental salvaguardar o homem do poderio do Estado".[14] Todavia, permanece demonstrado que há um distanciamento significativo entre esse objetivo e o mundo real quando o próprio Estado não estabelece uma fronteira clara onde finda a capacidade contributiva e se inicia o confisco.

Com isto, feriram-se mortalmente os cânones da justiça fiscal. Como ressaltado, apesar de positivado em vários ordenamentos tributários, o princípio da capacidade contributiva foi mitigado em proveito da lógica apontada. As economias passaram a depender de forma significativa da tributação sobre o consumo. Com isso, teve-se a impressão que o debate sobre a capacidade contributiva se constituía apenas em uma satisfação do cidadão-contribuinte com vistas à preservação do sentimento de justiça tributária.

Como supedâneo da justiça fiscal, o princípio da capacidade contributiva disposto no artigo 145, parágrafo primeiro, da Constituição brasileira expõe de início que, "Sempre que possível, os impostos terão caráter pessoal e serão graduados segundo a capacidade econômica do contribuinte, [...]", deixando uma lacuna na definição da fronteira

---

[13] FALCÃO, M. A.; MACHADO, I. O limite frágil entre a capacidade contributiva e a vedação ao confisco no sistema constitucional tributário brasileiro. *Nomos*, Fortaleza, 2012, v. 32, n. 1, p. 95, 2012.

[14] *Ibid.*, p. 98.

onde acaba a capacidade contributiva e começa o confisco. A expressão "Sempre que possível" expôs, de pronto, que a capacidade contributiva se constituiria em uma quimera a qual foi ficando cada vez mais distante em face da racionalidade inexorável do tributo, a qual permite a postergação do ônus, levando ao fato de que paga tributo quem não tem como evitá-lo.

Essa perspectiva se coadunaria com a doutrina marxista onde "[...] dans le mode de production capitaliste, est nécessairement une fiscalité de classe, qui sert les intérêts de la classe au pouvoir", conforme reiteraram Bouvier-Ajam, Ibarrola e Pasquarelli.[15] Aliás, dada a pertinência do enunciado dos autores em outra passagem da obra elaborada no intramuros do Centro de Estudos e de Pesquisas Marxistas, é importante repeti-lo para destacar que a técnica e o peso do imposto são determinados pela relação de forças entre as classes antagonistas e entre os grupos sociais que compõem algumas dessas classes.[16]

Como ressaltado, a tributação moderna assentou as suas bases sobre os princípios da capacidade contributiva e da progressividade, os quais se afirmariam na sociedade pós-Revolução Industrial, marco inaugural da grande sociedade solidária. Contudo, no transcorrer do tempo, em função da própria dinâmica do tecido socioeconômico, os sistemas tributários passaram por metamorfoses que acabariam por mitigar os efeitos desses princípios. A necessidade premente de novas fontes de receitas tributárias, aliada a outras variáveis, como a influência sobre a arena política na qual se constituiu o sistema tributário e a mobilidade das expressões tradicionais de riqueza, findou por modelar o universo impositivo de forma a atenuar a incidência tributária sobre o patrimônio e a renda. Essa é a constatação decorrente da economia globalizada. Farias, de forma incisiva, ressaltou esse quadro ao afirmar que, "Numa situação extrema, os Estados chegam ao ponto de não mais conseguirem estabelecer os tributos a serem aplicados sobre a riqueza – esta é que, transnacionalizando-se, passa a escolher onde pagá-los".[17] Na esteira do seu entendimento, o autor questiona um pouco mais adiante, sobre a quem se deve cobrar responsabilidades e como exercer a *accountability* e controlar os governantes e sua responsabilidade na nova ordem internacional?[18]

---

[15] BOUVIER-AJAM, M. ; IBARROLA, J. ; PASQUARELLI, N. *Dictionnaire Économique et Social*. Paris: Éditions Sociales, 1974, p. 298.

[16] *Ibid.*, p. 298.

[17] FARIA, E. *O direito na economia globalizada*. São Paulo: Malheiros, 1999, p. 23.

[18] *Ibid.*, p. 31.

Diante de um quadro adverso à manutenção dessas formas tributárias tradicionais, os Estados se viram forçados a buscar novas fontes de receitas, as quais trariam uma maior comodidade na sua exigência. Assim, emerge o que muitos autores consideram como a maior inovação tributária do século XX, a tributação sobre o consumo, de caráter regressivo e indolor e que por isso despertou, logo, uma rejeição conduzida pelos adeptos da justiça fiscal. O que era uma teoria na literatura das finanças públicas, na primeira metade do século passado, conheceu posteriormente um crescimento explosivo inesperado.[19]

Não obstante essa perspectiva, a literatura ainda insiste nos efeitos milagrosos dos princípios da capacidade contributiva e da progressividade como paliativo às incoerências do sistema tributário. Talvez, no afã de preservar o *status quo* constitucional desses princípios, os debates passam por temas como o aumento da progressividade e a implementação de uma maior justiça fiscal a partir dos cânones da faculdade contributiva. Todavia, essa é uma mão única, que não considera outras vertentes como aquelas apontadas. Nenhum Estado é senhor do seu sistema tributário apesar de deter a soberania política para tanto. Em realidade, há uma ordem tributária internacional responsável por definir determinadas regras de comportamento, a qual está estreitamente vinculada ao processo de interdependência e que, por isso, deixa estreita margem de manobra para os Estados conduzirem com mais liberdade os elementos de sua política tributária, incluindo o tema da justiça fiscal.

III Conclusão

Há longa data embutido no ideário da justiça fiscal, o princípio da capacidade contributiva não tem sido examinado na sua amplitude. O seu debate tem sido parcial e não considera as variáveis que identificariam a sua fragilidade no universo do sistema tributário. Até mesmo o dispositivo constitucional não foi capaz de estabelecer contornos mais precisos quanto aos limites do princípio. De forma acanhada, o parágrafo 1º do art. 145 da Constituição Federal recorre à expressão "sempre que possível os impostos terão caráter pessoal e serão graduados segundo a capacidade econômica do contribuinte", o que denota os limites do princípio. Todavia, o clamor por mais justiça fiscal se fez sempre presente.

---

[19] SHOUP, C. S. Choosing among types of VATS. *In*: *Vallue Added Taxation in Developing Countries*. Washington: World Bank, 1990, p. 04.

Com efeito, trata-se de uma utopia em face da realidade dos sistemas tributários, que, voltados para um certo pragmatismo exacerbado, mantêm aceso o lume da justiça fiscal com vistas à preservação de um símbolo.

Informação bibliográfica deste texto, conforme a NBR 6023:2018 da Associação Brasileira de Normas Técnicas (ABNT):

FALCÃO, Maurin Almeida. As notas dissonantes do princípio constitucional da capacidade contributiva. *In*: SARAIVA FILHO, Oswaldo Othon de Pontes; SIQUEIRA, Julio Homem de; BEDÊ JÚNIOR, Américo; FABRIZ, Daury César; SIQUEIRA, Junio Graciano Homem de; CUNHA, Ricarlos Almagro Vitoriano (Coord.). *Limitações formais e materiais ao poder de tributar*. Belo Horizonte: Fórum, 2021. p. 469-478. (Coleção Fórum Princípios Constitucionais Tributários – Tomo II). ISBN 978-65-5518-122-7.

ABORDAGEM DIALOGAL ENTRE O DIREITO E A ECONOMIA

AGOSTINHO DO NASCIMENTO NETTO

1 Introdução

Este texto abordará, no contexto dos princípios constitucionais tributários de conteúdo e contornos substantivos, o princípio constitucional fiscal tributário da neutralidade. Para que se apresente essa figura principiológica, serão necessários alguns cuidados metodológicos e argumentativos especiais.

Primeiramente, com a observância de método especial de fundamentação, apresenta-se como necessário o emprego de categorias conceituais que não se inscrevem tradicionalmente do âmbito da visão cientifica do Direito, por assim dizer, tradicional. Dizer de neutralidade como vetor de orientação na abordagem do fenômeno jurídico fiscal tributário estabelece a orientação de se explorarem noções, cujas explicações partem de elaborações desenvolvidas antes pela Ciência Econômica. A partir do que se pode encontrar nesse ramo de conhecimento, evidente Ciência Social, é que, defende-se, obtém-se o adequado ponto de partida da argumentação.

A pretensão de desenvolvimento desse padrão de argumentação impõe, todavia, a admissão de que é cientificamente consistente, e mais que tudo aproveitável, o diálogo entre a Ciência do Direito e a Ciência Econômica. Algumas linhas serão lançadas no esforço de sustentação de que esse encontro é possível e de que se mostra autorizado pela compreensão jurídica, sobretudo constitucional, brasileira.

Em seguida, com direto emprego da síntese dialogal defendida, a intenção é de se abordar quadro que se pode definir como de uma tributação aperfeiçoada. Erguida a premissa, a conclusão buscada é a de ser a neutralidade fiscal tributária pilar aceito constitucionalmente, considerados perímetros didáticos dos Direitos Fundamentais e, a partir destes, do Direito Financeiro, do Direito Orçamentário, do Direito Tributário e do Direito Econômico.

Tomada por cumprida a tarefa de se explicar o que se definiria como neutralidade fiscal tributária, busca-se apontar onde topologicamente se localiza a sua expressão constitucional mais direta.

Daí, dessa identificação, focalização e plotagem, o consequente esforço, mesmo que sob limites de uma primeira aproximação, será o da apresentação de um seu efeito.

2 Diálogo (possível) entre a Ciência Econômica e a Ciência do Direito[1]

Uma propriedade que se passou a identificar como própria da Ciência Econômica é a sua capacidade explicativa,[2] característica que pode permitir "prover uma teoria explicativa da estrutura das normas jurídicas",[3] e, ainda, a compreensão das relações construídas a partir delas, incluídas as suas consequências e efeitos. Mas, para que se admita a Ciência Econômica como útil à compreensão jurídica de dado problema, faz-se necessária uma sua precisa definição.

A Economia lida basicamente com duas ideias-força. De um lado a de demanda infinita por riquezas, utilidades e bens, e de outro a incontornável de finitude desses mesmos fatores. As relações entre esses dois polos é que conforma o centro das atenções e elaborações da Economia. A Economia é, assim, o ramo de conhecimento que "[...] estuda tais relações e a atividade social desenvolvida sob a sua égide, para a administração desses recursos escassos".[4]

---

[1] O núcleo da argumentação que se apresenta no presente escrito é desenvolvido de modo mais aprofundado no livro do mesmo autor "Análise econômica do direito à elisão fiscal" (Rio de Janeiro: Lumen Juris, 2017).

[2] SALAMA, Bruno Meyerhof. O que é "direito e economia"? *In*: TIMM, Luciano Benetti (Org.). *Direito & economia*. 2. ed. Porto Alegre: Livraria do Advogado editora, 2008, p. 52.

[3] SALAMA, Bruno Meyerhof, *op. cit.*, *loc. cit.*

[4] NUSDEO, Fábio. *Curso de economia* – introdução ao direito econômico. 3. ed. rev. e atual. São Paulo: Revista dos Tribunais, 2001, p. 41.

A Ciência Econômica, seja segundo enfoque positivo, em que se preocupa com realidades econômicas postas e concretas, explicando a sua dinâmica e o seu funcionamento, seja sob prisma normativo, quando se dedica a desenvolver prescrições, orientando-se por abordagem prospectiva, incorpora ao menos dois fundamentais pressupostos teóricos.

O primeiro pressuposto, talvez o mais definidor, é o de adoção, mesmo que como critério mais epistemológico e menos como dado de efetiva realidade, de critérios de racionalidade. É admitindo a análise do comportamento racional que a Economia propõe os caminhos de acesso às "possibilidades de eficiência e de equilíbrio".[5] Anote-se:

> Por trás de boa parte da análise econômica está a hipótese básica da escolha racional, significando que as pessoas ponderam os custos e benefícios de cada possibilidade sempre que se deparam com uma escolha. Essa hipótese está baseada na expectativa de que pessoas e empresas agem de forma coerente, com uma noção razoavelmente bem definida do que gostam e dos objetivos que pretendem alcançar, e com alguma ideia de é possível chegar a eles. Os economistas se preocupam com as consequências dessas diferentes preferências.[6]

O segundo pressuposto é o de que "As pessoas geralmente respondem a incentivos, explorando oportunidades de obter vantagens".[7] Em outras palavras, "Ao se tentar prever como as pessoas vão se comportar em uma situação econômica, uma boa aposta é que irão responder a incentivos".[8] Não parece haver dúvidas quanto ao fato de que, em regra, as pessoas estão sempre procurando racionalmente identificar oportunidades e auferir vantagens delas decorrentes; esse padrão se mostra como "a base de todas as previsões dos economistas sobre o comportamento individual".[9] A interação das ideias de racionalidade e de incentivo é o núcleo das atenções teóricas da Ciência Econômica.

Noções conceituais, de se notar, como, por exemplo, as de eficiência, incentivos, de custos e de neutralidade estão desenvolvidas de modo superior, de se admitir, às tentadas pelo Direito. Conceitos

---

[5] Por todos, sobre o ponto, verifique-se ROSSETTI, José Paschoal. *Introdução à economia*. 9. ed. rev., atual. e ampl. São Paulo: Atlas, 1982, p. 83/84.

[6] STIGLITZ, Joseph E.; WALSH, Carl E. *Introdução à microeconomia*. HOFFMANN, Helga (trad.); ALBUQUERQUE, Maria Pessoa (rev. téc.). Rio de Janeiro: Campus, 2003, p. 22.

[7] KRUGMAN, Paul; WELLS, Robin. *Microeconomia* – uma abordagem moderna. MACEDO, Regina Célia Simille de (Trad.). 3. ed. Rio de Janeiro: Elsevier, 2015, p. 8.

[8] KRUGMAN, Paul; WELLS, Robin, *op. cit., loc. cit.*

[9] KRUGMAN, Paul; WELLS, Robin, *op. cit., loc. cit.*

jurídicos rigorosos para essas noções ou são inexistentes ou, quando muito, frágeis e incertos, situação da qual derivam mais equívocos e, porquanto, problemas, antes que soluções. Adequada compreensão jurídica para problema claramente derivado do âmbito econômico, e para o qual o Direito claudica ou tropeça, não deve, pois, dispensar as contribuições da Economia.

Ao assim o admitir, o estudioso das questões jurídicas, aquele que se debruça sobre problemas jurídicos e para os quais procura soluções, termina por gerar algo que poderia ser identificado como espécie de externalidade,[10] com selo, sublinhe-se, positivo, ou seja, efeito indiretamente pretendido e ainda assim produzido com conteúdo contributivo. Anote-se:

> A economia é uma ferramenta importante para iluminar a relação entre meios jurídicos e fins normativos. (...) A pertinência entre meios jurídicos e fins normativos é então a chave para se entender por que a economia importa para o profissional e o estudioso do direito. Quando há uma grande quebra dessa relação, o debate no campo dos valores protegíveis pelo direito entra em curto-circuito. Nesses casos, é preciso apelar para uma ferramenta descritiva do mundo.[11]

O Direito e a Economia se movem, no entanto, metodologicamente de forma própria e diversa um do outro. Anote-se:

> Enquanto o Direito é exclusivamente verbal, a Economia é também matemática; enquanto o Direito é marcadamente hermenêutico, a Economia é marcadamente empírica; enquanto o Direito aspira ser

---

[10] Clássica, sintética e por isso mesmo primorosa definição para o conceito de externalidade: "uma pessoa, enquanto presta um serviço a uma contraparte, o estende a terceiros, ou faz com que o serviço imponha custos aos terceiros de maneira que não se possa cobrá-los dos beneficiários ou deles obter uma indenização [...]". PIGOU, Arthur C. The Economics of Welfare. 4. ed. London: Macmillan, 1932, *apud* MACKAAY, Ejan; ROUSSEAU, Stéphane. *Análise econômica do direito*. Rachel Sztajn (trad.). 2. ed. São Paulo: Atlas, 2015, p. 201/202. *A contrario sensu*, confirmado ser a externalidade negativa um custo – que é privado para quem a engendra, porém menor que o custo, ou efeito, social, isto é, a soma do custo privado com o custo imposto a terceiros (conforme MACKAAY, Ejan; ROUSSEAU, Stéphane, *op. cit.*, *loc. cit.*) –, uma externalidade positiva, sempre, repise-se, mantida a percepção de ser uma extensão de efeitos a terceiros, portanto, não exatamente pretendida, termina sendo não um custo, mas um benefício exterior.

[11] SALAMA, Bruno Meyerhof. De que forma a economia auxilia o profissional e o estudioso do direito? *Economic Anaysis of Law Review*, v. 1, n. 1, jan./jun. 2010, *apud* ARAÚJO, Thiago Cardoso. *Análise econômica do direito no Brasil* – uma leitura à luz da teoria dos sistemas. Rio de Janeiro: Lumen Juris, 2017, p. 132.

justo, a Economia aspira ser científica; enquanto a crítica econômica se dá pelo custo, a crítica jurídica se dá pela legalidade.[12]

O Direito, todavia, tendo "algo de insatisfatório, de incompleto", repousando-se "sobre princípios cuja justificação racional ela (a Ciência Jurídica) omite",[13] [14] e em que pese seguirem a Ciência Jurídica e a Ciência Econômica por caminhos argumentativos diferentes, surge em dadas situações como sensivelmente em dificuldades, na medida em que se afigura como saber voltado a soluções concretas e socialmente aceitáveis. Nesse momento, a integração entre o Direito e a Economia é o melhor e mais producente.

Em verdade, "em nenhum campo a divisão entre especialidades é mais destrutiva"[15] do que entre a Economia e o Direito. Uma das razões a tanto é que o Direito e a Economia são ciências sociais que não se bastam com compreensão e com diagnóstico sobre e para determinado problema, dirigindo a eles formulação normativa de processos de correção e de ajuste. Uma situação econômica a que se dedique compreender não se deterá em abordagem proporcionada pela Ciência Econômica, seguindo até o Direito, que, então, desenvolverá a resposta jurídica adequada.

3 Tributação conceitualmente adequada

Um sistema de tributação adequado deve atender, em primeiro plano, ao critério da efetividade, isto é, deve proporcionar rendas estatais suficientes a fazer frente às políticas públicas formal e institucionalmente eleitas, às necessidades financeiras apontadas pelas opções governamentais chanceladas política e constitucionalmente; e, ainda, ao critério da eficiência, o que significa dizer que não desatende às preocupações e atenções para as medidas de arrefecimento dos efeitos

---

[12] SALAMA, Bruno Meyerhof, *op. cit.*, p. 49.

[13] VILLEY, Michel. *A formação do pensamento jurídico moderno*. RIALS, Stéphane (revisão e apresentação); DESMONS, Eric (revisão das notas); BERLINER, Cláudia (tradução); RIOS, Gildo Sá Leitão (revisão técnica). São Paulo: Martins Fontes, 2005, p. 4.

[14] "Pode-se observar que esses princípios são uma contribuição dos filósofos aos juristas: assim, nosso legalismo oficial tem como fonte as filosofias do contrato social (Hobbes; Locke; Rousseau; Kant) mais ou menos modificadas, aliás, por outras doutrinas filosóficas no século XIX". Conforme VILLEY, Michel, *op. cit., loc. cit.*

[15] Conforme HAYEK, Friedrich A. Von. *Law, legislation and liberty*. Chicago: The University of Chicago Press, 1973, vol. I, p. 4, *apud* SALAMA, Bruno Meyerhof, *op. cit.*, p. 49/50, nota de rodapé nº 5.

negativos em termos de alocação de recursos econômicos. Esse conjunto de cuidados e critérios é tratado pela teoria identificada como Teoria da Tributação Ótima.[16]

Adam Smith,[17] classicamente tomado como precursor de estudo sistemático sobre o tema, apontou como características de um sistema tributário aperfeiçoado aquele que atendesse a quatro diretrizes. Para ele, qualquer sistema de tributação adequadamente desenhado deveria estar dotado de atenção à equidade, à certeza, à comodidade e à economicidade, o que somente se dá quando, respectivamente, a arrecadação fiscal respeita a capacidade econômica e financeira de cada um; tem o valor a ser recolhido ao tesouro público facilmente apurável; permite o recolhimento da parcela fiscalmente devida de modo facilitado; e, por fim, aponta os custos para apuração e recolhimento do tributo como despesa módica.

Em novos avanços teóricos, ao lado dos inolvidáveis quatro critérios de Smith, passaram-se a apontar ou enfatizar especialmente duas noções.

Uma primeira, a de proporcionalidade ou equidade, que para Rezende consiste em ajustar os níveis de pressão fiscal, isto é, da denominada carga tributária, àqueles nos quais a arrecadação fiscal não avança por sobre o patrimônio privado de forma desmedida, tangenciando não raras vezes o repulsivo confisco. Tributação sob critérios de proporcionalidade e de equidade é um quadro de exigências fiscais em que se busca

> [...] dar um mesmo tratamento, em termos de contribuição, aos indivíduos considerados iguais – um critério de 'equidade horizontal' –, assegurando, ao mesmo tempo, que os desiguais serão diferenciados segundo algum critério a ser estabelecido, uma preocupação com a 'equidade vertical'.[18]

Ao lado da proporcionalidade ou equidade, defende-se, como aperfeiçoamento aos critérios smithnianos, a verificação da noção de neutralidade como necessária à caracterização de um sistema tributário justo, aperfeiçoado, em síntese, ótimo.

---

[16] Por todos, SIQUEIRA, Rozane Bezerra de; NOGUEIRA, José Ricardo; BARBOSA, Ana Luiza Neves de Holanda. Teoria da tributação ótima. *In*: BIBERMAN, Ciro; ARVATE, Paulo. *Economia do setor público no Brasil*. Rio de Janeiro: Elsevier, 2004, p. 173-187.

[17] Por todos, confira-se SIQUEIRA, Rozane Bezerra de; NOGUEIRA, José Ricardo; BARBOSA, Ana Luiza Neves de Holanda, *op. cit.*, p. 174.

[18] REZENDE, Fernando. *Finanças públicas*. 2. ed. São Paulo: Atlas, 2001, p. 162.

4 Princípio fiscal tributário da neutralidade

Informa Bomfim que a noção de neutralidade – derivada de uma concepção econômica liberal e considerada como necessariamente desinfluente, aliás, necessariamente vedada, no respeitante ao comportamento dos agentes econômicos – "era tão arraigada que, como lembra Maurice Duverger,[19] a definição de seu conceito era tomada como despicienda [...]".[20]

Em linha similar, isto é, na argumentação de que desnecessária uma atenção específica à neutralidade fiscal, quando assim essa entendida como a pretensão a um quadro de absoluta não influência dos tributos nos comportamentos e opções econômicas, Schoueri. Para esse autor, sustentando ser a ideia de eficiência econômica "a expressão mais adequada do que se prega como neutralidade", observação que não comporta maior reparo, a neutralidade tributária aponta para a busca de um sistema tributário em que não se anotasse qualquer afetação no comportamento dos agentes econômicos, expectativa que se apresenta rigorosamente utópica. Anota que em sendo assim

> [...] qualquer que seja o tributo, haverá, em maior ou menor grau, a influência sobre o comportamento dos contribuintes, que serão desestimulados a práticas que levem à tributação. Neste sentido, não haverá que se cogitar tributo ou atuação neutros da parte do legislador. Ao contrário, [...], cabe ao legislador ponderar os efeitos econômicos de suas medidas,[21] utilizando-se das normas tributárias, como de outros meios que estiverem a seu alcance, para a indução do comportamento dos agentes econômicos, visando às finalidades próprias da intervenção econômica.[22]

Nada a objetar quanto a ser uma pretensão concreta e factualmente, em grande medida, irrealizável a de se construir e ter um sistema tributário infenso aos efeitos da incidência fiscal por sobre o comportamento econômico dos atuantes em dado mercado. Mas, se é em grande medida inalcançável, o ideal da neutralidade deve ser

---

[19] DUVERGER, Maurice. *Instituciones financieras*. Jacinto Ros Hombranella (trad.). Barcelona: Bosch, 1960, p. 97, *apud* BOMFIM, Diego. *Tributação & livre concorrência*. São Paulo: Saraiva, 2011, p. 204.

[20] BOMFIM, Diego, *op. cit., loc. cit.*

[21] BRIGGS, Charles W. Taxation is not fiscal purpose only. *American Bar Association Journal*, v. 52, p. 45-29 (47), jan. 1966, *apud* SCHOUERI, Luís Eduardo. *Direito tributário*. 7. ed. São Paulo: Saraiva, 2017, p. 52.

[22] SCHOUERI, Luís Eduardo, *op. cit., loc. cit.*

perseguido e pode ser alcançado em alguma medida. Devendo e podendo se apresentar objetivo valorativo a ser buscado, esse escopo econômico, de arrefecimento máximo das influências da tributação nas escolhas alocativas econômicas, precisa ter no legislador um papel central.

Certo, de toda sorte, serem, mesmo aos regimes tributários definíveis como ótimos, inevitáveis as influências das dinâmicas fiscais tributárias nas relações econômicas, restando invariavelmente afetado o critério da neutralidade:

> Os sistemas tributários de todos os países são essencialmente compostos de instrumentos que introduzem distorções na economia. Entre esses instrumentos, os mais utilizados são os tributos sobre a renda e os tributos sobre a venda de mercadorias. Tais tributos são distorcivos porque influenciam os comportamentos dos agentes econômicos.[23]

Parece, porquanto, sustentável a assertiva:

> Economicamente, inexiste formação de preços ou de custos, eleições de políticas públicas, especialmente as sociais, decisões administrativas e organizacionais ou opções obrigacionais estatais ou privadas que sejam insensíveis, em primeiro plano, ao decidido orçamentariamente, em seguida ao adotado financeiramente e por derradeiro ao implementado tributariamente. Em que pese não haver dissenso sobre um " (...) sistema tributário dever(ia) interferir o mínimo possível na maneira como a economia aloca recursos (...)",[24] a absoluta neutralidade tributária é, todavia, um ideal de impossível alcance.[25]

Isso, no entanto, repise-se, não deve servir de escusa para a inação absoluta. A tributação deve, a par com o seu foco na arrecadação dos recursos exigíveis à realização das políticas e escolhas públicas, influenciar o mínimo nas iniciativas econômicas, aproximando-se idealmente o mais possível da situação em que as decisões econômicas, considerado, ainda que sob a forma de modelo abstrato ou tipo ideal, um mercado[26] em que não se verificam externalidades,[27]

---

[23] SIQUEIRA, Rozane Bezerra de; NOGUEIRA, José Ricardo; BARBOSA, Ana Luiza Neves de Holanda, *op. cit.*, p. 173.

[24] STIGLITZ, Joseph E.; WALSH, Carl E. *Introdução à microeconomia.* HOFFMANN, Helga (trad.), ALBUQUERQUE, Maria Pessoa (rev. téc.). Rio de Janeiro: Campus, 2003, p. 269.

[25] DO NASCIMENTO NETTO, Agostinho, *op. cit.*, p. 16.

[26] Sobre mercados perfeitos e imperfeitos, consulte-se DO NASCIMENTO NETTO, Agostinho, *op. cit.*, p. 66-73.

[27] DO NASCIMENTO NETTO, Agostinho, *op. cit.*, p. 73/74.

incentivos[28] inadequados ou assimetrias informacionais,[29] sejam as mais eficientes. Sempre forte na premissa de que "Por causa da cunha introduzida pelo imposto, [sabe-se] que deixam de ocorrer algumas transações que teriam ocorrido sem o imposto",[30] ou de que "o imposto (...) impõe custos na forma de ineficiência, que ocorre porque o imposto desestimula transações mutuamente benéficas",[31] exatamente por isso um "(...) sistema tributário deve(r) interferir o mínimo possível na maneira como a economia aloca recursos (...)".[32]

Segundo a Constituição Federal, nos termos do seu art. 1º, o Brasil, nunca é demais rememorar, ostenta como fundamento, ao lado de outros, a livre-iniciativa. Isso significa afirmar que pertence ao patrimônio jurídico do capital privado a liberdade para empreender, contratando, auto-organizando-se, produzindo, fazendo circular riqueza e bens e com eles negociando, reservado ao Estado o papel de normatização, regulação e normalização das relações jurídicas na economia. Somente se permite ao Estado a exploração direta de qualquer atividade econômica em caráter estritamente supletivo, ou, sempre nos termos do art. 173, para atenção aos imperativos da segurança nacional ou a relevante interesse coletivo. A ideia a mover o Constituinte, não há dúvida, é a de que a liberdade econômica se inscreve no elenco dos direitos da liberdade tal qual um valor substantivamente constitucionalizado e juridicamente a se proteger.

Outro relevante aspecto a ser apontado é o de que, e parece ter sido adotada como convicção e vontade constitucionais, a liberdade econômica somente faz sentido quando preservado um ambiente negocial saudável econômica e juridicamente, com os participantes do mercado atuando sob igualdade de condições. A nuclearidade do conceito de mercado competitivo passa a ser assumido como fator de maximização do bem-estar econômico e social. Essa é a expressão a ser extraída da direta mensagem estampada no art. 170 da Constituição, segundo a qual a ordem econômica, sempre fundada na livre-iniciativa e sem prejuízo da atenção à valorização do trabalho e da justiça social, submete-se ao princípio da livre concorrência.

---

[28] DO NASCIMENTO NETTO, Agostinho, *op. cit.*, p. 78/79.

[29] DO NASCIMENTO NETTO, Agostinho, *op. cit.*, p. 74-77.

[30] Conforme KRUGMAN, Paul; WELLS, Robin. *Microeconomia* – uma abordagem moderna. MACEDO, Regina Célia Simille de (Trad.). 3. ed. Rio de Janeiro: Elsevier, 2015, p. 162.

[31] KRUGMAN, Paul; WELLS, Robin, *op. cit.*, p. 162/163.

[32] STIGLITZ, Joseph E.; WALSH, Carl E., *op. cit., loc. cit.*

Desse modo, para a Constituição em vigor, uma opção axiológica, central diretriz hermenêutica, é a de que a competição econômica maximamente aprimorada induz ao aumento do bem-estar na sociedade, assim na exata e direta medida em que imprime eficiência econômica alocativa, isto é, na situação dos recursos, sempre escassos, premiando, inclusive, com aumentos crescentes de margens de lucratividade as melhorias nos processos produtivos, o que alcança inovações e ganhos de produtividade. É daí que deriva uma importante perspectiva das relações econômicas, considerando ser a tributação um direto reflexo dessas.

A referência é à neutralidade fiscal tributária, cujo conteúdo em muito termina se sinomizando à noção de neutralidade concorrencial. Como leciona Schoueri, "O Princípio da Livre Concorrência atua igualmente como limite para a atuação do legislador tributário: cabe a este investigar os efeitos danosos que pode gerar sobre a concorrência, mitigando-os".[33]

Com tal ordem de preocupação, o Constituinte derivado atuou, fazendo estampar no Texto Máximo, em seu segmento tributário, uma diretiva na qual se identifica todo um verniz principiológico.

5 Constitucionalização expressa do princípio fiscal tributário da neutralidade

A ideia de eficiência econômica encontra, em grande extensão, sensível tradução em quadro de equilíbrio na disputa concorrencial, o que, em outras palavras, é inadmitir ganhos artificiais. Há práticas que são geradas provocando distorções em âmbito das relações jurídicas tributárias. A censura a tanto deve ser direta, alcançando, tanto quanto em situações outras, igualmente promotoras de patologias ao equilíbrio competitivo econômico, *e.g.*, práticas mono ou oligopolísticas, práticas abusivas no arbitramento dos preços e nas margens de lucratividade para certos mercados, aquelas de ordem tributária elisiva afastadas das autênticas atividades finalísticas empresariais.

Para Marco Aurélio Greco,[34] "além de suas características próprias, o tributo, na atualidade, apresenta outra feição toda peculiar".[35]

---

[33] SCHOUERI, Luís Eduardo, *op. cit.*, p. 381.

[34] Para uma análise aprofundada e detalhada da íntegra da teorização de Marco Aurélio Greco sobre planejamento tributário, consulte ROCHA, Sergio André. *Planejamento tributário na obra de Marco Aurélio Greco*. Rio de Janeiro: Lumen Juris, 2019.

[35] GRECO, Marco Aurélio. *Planejamento tributário*. São Paulo: Quartier Latin, 2019, p. 58.

É que o tributo – para o autor, pode; para o defendido até aqui neste escrito, inevitavelmente provocará – causa interferências na competição entre empresas se não "estiver adequadamente formulado ou não for devidamente exigido".[36]

Ainda para o autor,

> Interferências na competição podem surgir tanto em razão de as leis fiscais gerarem distorções ou desigualdades num mesmo setor, como também podem surgir se as leis estão adequadamente formuladas, mas sua aplicação concreta não fizer com que sua potencialidade total se efetive.[37]

E arremata confirmando que "A existência de 'vazios' ou o surgimento de situações individuais não atingidas pelo tributo em razão de 'conformações peculiares' podem se apresentar como comprometedoras do equilíbrio da competição de mercado".[38] Tal ordem de preocupação animou afinal o legislador constituinte derivado em dezembro de 2003.[39]

Uma eventual quebra da isonomia nas relações econômicas, as quais devem sempre espelhar os valores da economia de mercado e da eficiência econômica, com a instituição de regime tributário que termine por desprezar, de um lado, a expressão da capacidade contributiva real e, de outro, a da neutralidade, "hoje está em desconformidade com o princípio consagrado no artigo 146-A da CF/88".[40]

Com o advento do, na conceituação de Greco que aqui igualmente se adota, princípio, estampado na altura constitucional pelo artigo 146-A, passa-se a ter, por imposição jurídica, repise-se, constitucional, a necessidade de ultrapassagem de qualquer quadro fiscal tributário que – interferindo na dinâmica das relações econômicas normalizadas, nas quais se tomam decisões a partir do emprego de mecanismos de mercado, tais como melhorias e avanços nos terrenos da pesquisa e da tecnologia, das técnicas de comercialização, das relações de trabalho, da produtividade, etc. – produza ineficiência econômica como resultante de artificialismos e de ofensa à neutralidade.

---

[36] GRECO, Marco Aurélio, *op. cit.*, *loc. cit.*

[37] GRECO, Marco Aurélio, *op. cit.*, *loc. cit.*

[38] GRECO, Marco Aurélio, *op. cit.*, *loc. cit.*

[39] "A importância da sadia competição é tão grande que levou à introdução do artigo 146-A na CF/88, ao ensejo da EC nº 42/2003 [...]". Conforme GRECO, Marco Aurélio, *op. cit.*, *loc. cit.*

[40] GRECO, Marco Aurélio, *op. cit.*, p. 357.

Um desses, e mais marcantes, artificialismos advém das práticas organizacionais, as referidas por Greco como conformações peculiares,[41] cujo exclusivo escopo é o da economia tributária, deixado de lado qualquer propósito verdadeiramente negocial.[42][43]

O princípio agora ditado pelo artigo 146-A da Constituição Federal de 1988 muito mais não fez, em verdade, do que dar expressão gramatical no campo da fiscalidade e da tributação ao valor da economia de mercado, em que preservado quadro onde protegidas as liberdades das mais caras, sublinhe-se, de iniciativa, de auto-organização e de contratar, mas, de igual forma e potência, promovida a neutralidade e o equilíbrio concorrencial, aquele em que seus competidores inscritos se postam como isonomicamente habilitados.

Ao lado, portanto, do antes exclusivo autêntico princípio da capacidade contributiva,[44] com o artigo 146-A, tem-se o Sistema Tributário brasileiro submetido ao princípio jurídico constitucional fiscal tributário – e econômico – da neutralidade e do equilíbrio concorrencial.

---

[41] Vide, acima, nota de rodapé nº 39.

[42] Sobre uma introdução ao esse debate, o da invocação do conceito de propósito negocial como ferramenta para exame da aceitabilidade de iniciativas elisivas, consulte-se DO NASCIMENTO NETTO, Agostinho, *op. cit.*, p. 207-239 (III-6 – Fundamentos decorrentes das Finanças Públicas e da interlocução entre a Ciência Jurídica e a Ciência Econômica de aplicação para correção de desajustes fiscais concorrenciais promovidos por abusividade econômica fiscal tributária).

[43] Na mesma obra, em seu Apêndice (*op. cit.*, p. 279/280), propôs-se como instrumento de análise modelo baseado na Fórmula de Learned Hand (fórmula algébrica empregada no julgamento US *v.* Carroll Towing Co. pelo Juiz Learned Hand, integrante do 2º Circuito da Corte de Apelações de New York, do ano de 1947 (159 F.2d 169 (2d. Cir. 1947), que define, no campo da responsabilidade civil extracontratual (*tort law*), a negligência), segundo o qual, "[e]xaminada dada operação de reorganização societária, aquele que se debruce sobre o processo e suas resultantes na perspectiva de aferição da sua juridicidade como tradução de que confirmadas a prevalência da substância sobre a forma e o propósito negocial, poderá considerar como fator a ser focalizado a variação do Custo Operacional, assim entendido o conjunto de custos incorridos e despendidos para as atividades finalísticas da entidade empresarial, e dos Custos Fiscais ao final verificáveis. Assim, Se ΔCop ΔCfis $\Rightarrow$ (–) PROP.NEGOC. – [o]nde: a) ΔCop= 1 – (Cop' : Cop), sendo Cop' correspondente ao Custo Operacional no momento 2 ou final (após a operação de reorganização); e b) ΔCfis= 1 – (Cfi' : Cfi), sendo Cfis' correspondente ao Custo Fiscal no momento 2 ou final (após a operação de reorganização); sendo c) (–) PROP.NEGOC. correspondente ao Propósito Negocial presumivelmente Negativo ou Ausente – verificada uma variação dos custos operacionais menor que a variação dos custos fiscais, pode ser presumida a ausência ou depreciação de propósito negocial na operação".

[44] Para uma reflexão acerca da interpretação desenvolvida por Marco Aurélio Greco, em que se destaca magistralmente o papel do princípio da capacidade contributiva, seja em sua polarização positiva, seja em sua polarização negativa, na interpretação aplicada às relações tributárias e nestas, destacadamente, as verificadas no âmbito do fenômeno elisivo, consulte-se ROCHA, Sergio André, *op. cit.*, p. 107-111, e Comentários às p. 112-114.

Conclusões

1. O Direito, marcado por incompletude e apoiado em justificações que são por si omitidas, em situações especiais, vê-se forçado à abertura e ao diálogo com outros conhecimentos. Nesse contexto, é a integração entre o Direito e a Economia aquela a se mostrar a mais producente.

2. Sistema de tributação adequadamente concertado deve atender ao critério da efetividade, recolhendo rendas suficientes para uma implementação das políticas públicas eleitas. Não apenas, contudo.

3. Aos quatro critérios de Adam Smith (equidade, certeza, comodidade e economicidade) apontados como imprescindíveis a um quadro de tributação aperfeiçoado (ótima) foram acrescidos os da proporcionalidade ou equidade e o da neutralidade.

4. Inexiste formação de preços ou custos que se mostre protegida de reflexos tributários, sempre indutores de ineficiência, assim na medida em que desestimulam transações empresariais, que, do contrário, ocorreriam.

5. Neutralidade tributária, muito embora somente um modelo abstrato ou tipo ideal, deve ser, também por força de imposição constitucional, buscada.

6. A partir da Emenda Constitucional nº 32, o Texto Maior passou a apresentar expressão gramatical no campo fiscal tributário, como confirmação do prestígio do valor da economia de mercado, do princípio do equilíbrio concorrencial e da neutralidade fiscal tributária.

Informação bibliográfica deste texto, conforme a NBR 6023:2018 da Associação Brasileira de Normas Técnicas (ABNT):

DO NASCIMENTO NETTO, Agostinho. Princípio da neutralidade fiscal tributária: abordagem dialogal entre o Direito e a Economia. *In*: SARAIVA FILHO, Oswaldo Othon de Pontes; SIQUEIRA, Julio Homem de; BEDÊ JÚNIOR, Américo; FABRIZ, Daury César; SIQUEIRA, Junio Graciano Homem de; CUNHA, Ricarlos Almagro Vitoriano (Coord.). *Limitações formais e materiais ao poder de tributar*. Belo Horizonte: Fórum, 2021. p. 479-491. (Coleção Fórum Princípios Constitucionais Tributários – Tomo II). ISBN 978-65-5518-122-7.

IN DUBIO CONTRA FISCUM. ANÁLISE DO PRECEITO FRENTE AOS CONTEMPORÂNEOS PARADIGMAS DE INTERPRETAÇÃO DO DIREITO

THAIS DE LAURENTIIS

1 Introdução

O fenômeno que reconhecidamente assombra o Direito Tributário na atualidade consiste na insegurança dos contribuintes acerca das obrigações às quais estão submetidos. A vastidão bem como os vícios e incongruências das leis geram interpretações antagônicas, obrigando os contribuintes a se socorrerem frequentemente de técnicos do direito a fim de saberem a que deveres estão submetidos. No âmbito jurisdicional, a situação é a mesma, o que se constata pela oscilação de jurisprudência em matéria tributária, seja nos tribunais administrativos, seja no Poder Judiciário.

Neste lamentável contexto de incertezas, exsurge o papel da hermenêutica do Direito Tributário. Restaria a ela o papel de salvadora das dúvidas causadas pelos diplomas normativos.

Diante das particularidades que encontramos no Direito Tributário, autores de escol propugnam que esta seara merece interpretação ímpar. Dentre os meios de exegese próprios do Direito Tributário, encontrar-se-ia o preceito do *in dubio contra fiscum*, oriundo do Direito romano e aplicável face ao caráter invasivo da tributação na esfera de direitos do contribuinte.

No presente estudo abordaremos a adequação desse preceito frente aos paradigmas jurídicos contemporâneos a respeito da exegese do Direito Tributário.

2 Linhas gerais sobre o *in dubio contra fiscum*

2.1 Histórico da concepção do *in dubio contra fiscum*

A conhecida expressão latina *in dubio contra fiscum*, ao pé da letra, significa que, diante da dúvida a respeito dos dizeres da lei, deve-se adotar a interpretação contrária ao fisco. Portanto, a interpretação que prevalecerá será aquela mais favorável ao contribuinte.

Esta concepção[1] fundamenta-se na cláusula de Modestino, jurisconsulto romano, vazada nos seguintes termos: *non puto delinquere eum qui in dubiis quaestionibus contra fiscum facile responderit.*[2]

Vejamos o contexto do surgimento dessa ideia.

No mundo pré-romano, o tributo estava vinculado ao estigma da servidão dos indivíduos e à tirania do soberano. Era essa mesma concepção que vigia na Grécia, onde somente povos dominados, estrangeiros, imigrantes e forasteiros se viam compelidos ao pagamento de tributo, enquanto os cidadãos eram imunes a qualquer forma de tributação ordinária, só sendo atingidos em situações especialíssimas.

Assim é que, para os gregos, tirania e tributação eram um só.[3]

Já quando do advento da civilização romana, desde cedo, apresentaram-se vicissitudes que demandavam maior receita a ser aplicada pelo governo. Por essa razão foi instituída a tributação dos cidadãos, sendo inclusive condição para cidadania o adimplemento de suas obrigações tributárias. Ao lado dos tributos que atingiam os habitantes das cidades romanas, existia o tributo provincial, suportado pelos não cidadãos, submetidos ao regime romano. Entretanto, a tributação nesse período não deixou de ser vista pelas lentes da servidão e da humilhação, perspectiva essa que adentrou a época imperial.

---

[1] Os elementos históricos aqui narrados estão devidamente descritos por Ezio Vanoni em sua obra Natureza e Interpretação das Leis tributárias (p. 15-22).

[2] VANONI, Ezio. *Natureza e Interpretação das Leis Tributárias*, p. 14.

[3] Desse modo, a tributação indireta era a base para a concepção de liberdade nas cidades-estados gregas (ADAMS, Charles. *For Good and Evil* – the Impact of Taxes on the Course of Civilization, p. 55).

Com o desenvolvimento do Império Romano, a necessidade de receitas aumentou ainda mais, ganhando tamanha relevância que culminou na unificação do sistema fiscal, quando foram abolidas todas as diferenças entre cidadãos e provincianos no que tange aos direitos e obrigações jurídicas fiscais. Desse modo, os romanos sentiam-se já desprovidos de seu antigo poder, agora sobreposto pela humilhante tributação que deveriam suportar. Essa concepção tornava-se mais forte à medida que, para o sistema romano, as receitas arrecadadas pela tributação não eram visivelmente levantadas para o bem-estar do Estado, mas tão somente para a aplicação discricionária pelo Imperador, que tinha poder para tanto.

Esse sentimento de ofensa e opressão que tomou conta dos romanos, em razão da carga tributária a que foram submetidos, acarretou não só numa crescente evasão fiscal – inclusive essa sendo apontada por Charles Adams como uma das grandes causas para a queda do Império Romano –,[4] mas também uma reação por parte da jurisprudência.

Efetivamente, os jurisconsultos passaram, através de formas escorregadias e engenhosas de interpretação, a proferir pareceres com o objetivo de limitar a aplicação das leis tributárias. Foi nesse momento, no auge dessa reviravolta jurisprudencial contra as imposições tributárias, que nasceu o ensinamento de Modestino, que em alguma medida perdurou na sociedade e no âmago do Direto Tributário no decorrer da História.

2.2   Certeza do conceito e incerteza da natureza jurídica

Como pudemos adiantar, a máxima do *in dubio contra fiscum* tem como significado que, no caso de dúvida quanto aos dizeres da lei, deve prevalecer aquela interpretação mais favorável ao contribuinte, portanto desfavorável ao erário.

Posteriormente à definição do *in dubio contra fiscum*, advém a questão sobre qual seria a natureza jurídica desse instituto. Tratar-se-ia de regra? Princípio? Brocardo jurídico? Método de interpretação?

No intuito de responder a esta pergunta, cumpre inicialmente averiguar a existência no ordenamento jurídico brasileiro de um dispositivo que expressamente acoberte a ideia de uma interpretação mais benéfica aos contribuintes, em caso de ambiguidade sobre o conteúdo da lei tributária.

---

4   *Ibidem,* p. 126 e 127.

De pronto podemos afirmar que o artigo 112 do Código Tributário Nacional (CTN) não institui o preceito do *in dubio contra fiscum*. Afinal, o tema deste dispositivo é exclusivamente o das infrações,[5] ao preconizar que, quanto ao tratamento das penalidades tributárias, objetivamente instalada a dúvida, não haverá lugar para a aplicação de hipótese mais gravosa para o contribuinte. Ou seja, sobre a exigibilidade de valores devidos a título do tributo propriamente dito, silencia o artigo 112.

Igualmente na regra abraçada pelo artigo 106, II, do CTN podemos observar a aproximação do Direito Tributário com o Direito Penal somente no que tange às penalidades. De fato, é nessa seara que princípios do Direito Penal são trazidos para o Direito Tributário, permitindo, nesses casos, a aplicação da lei posterior mais benéfica ao infrator. Não se trata, dessarte, de se conferir interpretação apriorística em prol do contribuinte para todas as relações jurídicas tributárias, mas tão somente para as decorrentes de ilícitos, por expressa disposição do sistema normativo tributário.

Podemos então concluir que nas normas gerais de Direito Tributário não está expresso o *in dubio contra fiscum* enquanto regra.

Neste ponto, insta salientar que partimos do pressuposto de que o Direito é constituído por normas jurídicas, válidas num determinado território. Nesta concepção, não encontraremos nada no Direito Positivo que não sejam normas. Disso não se deve concluir que os princípios não teriam lugar no ordenamento jurídico. Entendemos, isto sim, que os princípios são espécie, assim como as regras, do gênero normas jurídicas. Tendo em vista que os princípios se revestem do atributo da prescritividade, além da estrutura completa que lhe é inerente, podemos qualificá-los como normas. Assim, "princípios são normas jurídicas carregadas de forte conotação axiológica.[6]

Vale ressaltar que existem princípios implícitos e explícitos no Direito. Como exemplo do primeiro, temos segurança jurídica, que não vem colocada expressamente em nenhum enunciado prescritivo da Constituição brasileira, muito embora seja plenamente adotada como princípio do Direito, tendo em vista sua construção a partir de diversos extratos do texto que lhe dão suporte tacitamente.[7] Já como

---

[5] SCHOUERI, Luis Eduardo. *Direito Tributário*, p. 666.

[6] "É o nome que se dá a regras do direito positivo que introduzem valores relevantes para o sistema, influindo vigorosamente sobre a orientação de setores da ordem jurídica". Afinal, o direito é objeto cultural, sendo, portanto, impregnado de valores (CARVALHO, Paulo de Barros. *Direito Tributário, Linguagem e Método*, p. 252).

[7] São eles: preâmbulo, artigo 5º, §§1º e 2º, artigo 150, *caput*. Apesar de não ser expressa, não há menos eficácia desse princípio, que integra o rol dos direitos fundamentais. Afinal, o Estado Democrático de Direito orienta-se para um garantismo dos direitos fundamentais (TORRES, Heleno Taveira. *Direito Constitucional Tributário e Segurança Jurídica*, p. 191 e 192).

exemplos de princípios explícitos, salientamos a capacidade contributiva, a igualdade e o não confisco, expressamente postos pelos artigos 145, §1º, e 150, II e IV, da Constituição da República.

Somente na categoria dos princípios implícitos poderíamos enquadrar a máxima do *in dubio contra fiscum*. Isto porque que em nenhum momento a literalidade textual o coloca explicitamente. Lembremos que o *in dubio pro reo* é princípio expressamente assegurado pela Constituição no âmbito do Direito Penal (artigo 5º, inciso LVII), mas não do Direito Tributário.

Porém, tampouco acreditamos que o *in dubio contra fiscum* guarde *status* de princípio implícito na ordem jurídica constitucional. Embora a Constituição tenha trazido uma gama de direitos dos contribuintes – conforme veremos no item 4.2 –, em nada parece dar a entender que haveria um direito subentendido de interpretação mais benéfica com relação à obrigação tributária, em caso de dúvida.

O que restaria ao preceito seria, então, ser consagrado como regra de interpretação apriorística, tendo como fundamento histórico a odiosidade em relação aos deveres tributários – como assentado no item 2.1 –, determinando o favorecimento do contribuinte nas hipóteses de dúvida causada pela lei.

Nesse ponto, cumpre desde já realçar que não aceitamos que brocardos ou métodos de interpretação façam parte do Direito Positivo. Segundo nosso entender – que será pormenorizado nos tópicos 3.1 e 3.2 a seguir –, os métodos de interpretação fazem parte do processo intelectual da produção normativa pelo intérprete. Para ratificar tal assertiva, basta pensarmos que em nenhum momento o Direito posto fala em método de interpretação gramatical, histórico, sistemático, teleológico ou evolutivo. Tais sistematizações são feitas pela Ciência do Direito.

Passemos a esmiuçar a questão no âmbito da hermenêutica jurídica.

3 Pressupostos acerca do trabalho hermenêutico no Direito

3.1 Interpretação no Direito: atribuição de significado aos textos

Com a mudança do paradigma da filosofia do conhecimento, não mais vemos a interpretação como o trabalho de extração do sentido contido nos textos, encontrando o verdadeiro significado preexistente da expressão sob análise do exegeta.

Segundo esta superada concepção, interpretar seria esclarecer, explicitar o vocábulo da norma jurídica,[8] de modo a traduzir o que vem ali exteriorizado, sacando e revelando o seu verdadeiro sentido. Nesse sentido, o trabalho do intérprete não seria somente tornar clara a norma, e sim revelar seu sentido apropriado.[9]

O ofício da interpretação amplamente aceito na atualidade é visto, isto sim, como ato de valoração do exegeta, que construirá o conteúdo do texto que analisa, pois a significação não está enlaçada ao suporte físico. De tal modo, o texto (ou "disposição", na nomenclatura utilizada por Guastini)[10] é apenas o ponto de partida para o processo de construção de sentido pelo intérprete, que tem função indispensável na interpretação, à medida que é por meio de sua atuação de atribuição de sentido aos signos que será construído o conteúdo destes.

Desse modo, não se vê mais a interpretação como identificação ou determinação do significado normativo. "A interpretação do direito é constitutiva, e não simplesmente declaratória", como ensina Eros Roberto Grau.[11] Assim, o que se interpreta são os textos normativos, dos quais resultam as normas, ou seja, de onde se constrói seu significado.

Em suma, interpretar é o ato humano de atribuir significações (conteúdo) aos símbolos,[12] dando com isso também referências a objetos.[13]

---

[8] Como exemplo desse entendimento sobre a hermenêutica jurídica, destaca-se a doutrina de Carlos Maximiliano (MAXIMILIANO, Carlos. *Hermenêutica e Aplicação do Direito*. p. 7 e 8).

[9] Vale aqui a transcrição das palavras de Carlos Maximiliano nesse sentido: "Todo ato jurídico ou lei positiva consta de duas partes – o sentido íntimo e a expressão visível. Partir desta para atingir aquele, através dos vocábulos atingir a ideia, fazer passar pela própria consciência da norma concreta, compreender o texto em seu significado e alcance; em uma palavra, subjetivar a regra objetiva: eis a operação mental que o intérprete realiza" (*Ibidem*, p. 12). Foi também nesse sentido que se manifestou Alfredo Augusto Becker, ao afirmar que interpretar é "extrair a regra jurídica contida na lei" (*Teoria Geral do Direito Tributário*, p. 122).

[10] GUASTINI, Riccardo. *Das Fontes às Normas*, p. 25 e 26.

[11] GRAU, Eros Roberto. *Ensaio e discurso sobre a interpretação/aplicação do direito*, p. 22. É necessário destacar que Eros Grau diverge em parte da posição aqui adotada, dizendo que a norma se encontra em estado de potência, no texto normativo, mas apenas parcialmente, pois os fatos também são determinantes para seu significado. Afirma que o intérprete produz a norma porque a faz brotar do texto, e não porque a cria literalmente.

[12] CARVALHO, Paulo de Barros. *Fundamentos Jurídicos da Incidência*, p. 108-122.

[13] Os axiomas da interpretação, de acordo com os ensinamentos de Paulo de Barros Carvalho, são a *intertextualidade* e a *inesgotabilidade*. O primeiro se refere ao diálogo entre os diversos textos normativos, sendo eles presentes passados ou futuros. A seu turno, a inesgotabilidade diz respeito à possibilidade de infinitas interpretações do texto, de modo que ele poderá sempre ser reinterpretado, pois a interpretação não é restrita a um campo semântico (CARVALHO, Paulo de Barros. *Direito Tributário, Linguagem e Método*. p. 180-193).

No mais, cumpre realçar que inexiste uma separação entre interpretação e aplicação da lei: "a presença humana é encontrada não só no plano da ciência, mas, também, na constituição do objeto".[14]

Não poderia ser diferente, afinal, o que se aplica são as normas jurídicas, significações construídas a partir dos textos jurídicos, o produto da interpretação. Essa interpretação é feita pelo ser humano, em seu intelecto. Consequentemente, o homem, sendo responsável pela interpretação para criação de normas jurídicas, é também o responsável pela sua concomitante aplicação, como ensina Paulo de Barros Carvalho.[15]

De fato, "o intérprete produz a norma não por diletantismo,[16] mas visando à sua aplicação a casos concretos".[17]

3.2 Interpretação do Direito Tributário: o falso problema da autonomia

É consabida a luta que fora travada nos bancos universitários para consagrar a autonomia do Direito Tributário, especialmente face ao Direito Financeiro.

Neste ímpeto, Ruy Barbosa Nogueira,[18] em sua obra datada de 1965 sobre interpretação do Direito Tributário, por exemplo, assegura que os institutos do Direito Tributário, relacionando-se entre si, formam um sistema específico no que tange a forma, método e conteúdo.[19]

---

[14] IVO, Gabriel. *A incidência da norma jurídica. O cerco da linguagem*, p. 188.

[15] É por essas razões que Paulo de Barros Carvalho afirma que "as normas jurídicas não incidem por força própria", mas sim são incididas pelos homens ao subsumirem o fato à norma (*Fundamentos Jurídicos da Incidência*, p. 9).

[16] Valemo-nos da sempre esclarecedora explicação dada por Luis Eduardo Schoueri sobre o tema: "admitir a construção de normas em momento anterior ao da aplicação é imaginar que o jurista, abstratamente e sem qualquer necessidade de resolver problemas concretos, constrói um arsenal de normas jurídicas, que ficarão em estado de latência até que, surgido o caso concreto, ele verificará se aquela norma abstrata se aplica a tal situação" (*Op. cit.*, p. 610).

[17] Vemos que também Eros Grau afirma que interpretação e concretização do direito se dão concomitantemente: parte-se dos textos jurídicos e dos fatos, para alcançar a norma jurídica, e então chegar à norma de decisão, que solucionará o caso concreto (*Op. cit.*, p. 24 e 25).

[18] NOGUEIRA, Ruy Barbosa. *Da interpretação e da aplicação das leis tributárias*, p. 4 e 5.

[19] "Assim, o direito tributário, que possui princípios e institutos próprios, constitui hoje, sem dúvida, um sistema do ramo científico autônomo, quer pela forma ou método, como pelo conteúdo". Continua seu raciocínio buscando demonstrar que o Direito Tributário tem princípios específicos que o caracterizam, e que não poderiam ser aplicados em outro ramo do Direito. Também afirma que o Direito Tributário teria institutos jurídicos próprios, entendidos como a disciplina integrante da relação de fato e pelas normas objetivas do Direito. Assim, pela sua visão, estes institutos típicos do Direito Tributário não devem ser aplicados a disciplina do Direito Civil, como, por exemplo, o lançamento (*Ibidem*, p. 2 e 3).

Entretanto, hoje já seguros da importância do Direito Tributário e de suas especificidades notórias, dignas de elevação de uma doutrina própria, podemos tranquilamente ratificar a lição trazida por Alfredo Augusto Becker, segundo a qual a finalidade de se atribuir divisões ao Direito em certos ramos é meramente didática. Procura-se, com isso, simplesmente uma melhor análise da incidência e concatenação das regras jurídicas de uma determinada natureza, e sua relação com o sistema como um todo.[20]

Em face da constatação da multiplicação das relações sociais, que, por sua vez, demandam regras jurídicas para discipliná-las, de fato surgem cada vez mais especificações que justificam a alocação destas regras em ramos do estudo jurídico. Isso decorre da necessidade dos operadores do Direito de domínio da matéria, a qual permite dar certeza e segurança aos critérios de decidibilidade.[21]

Porém, face ao princípio da unicidade do Direito, estes ramos não devem ser considerados como autônomos.[22] A autonomia está no estudo, e não no objeto de estudo.

Por força do citado axioma da unidade do direito, é inexorável a conclusão de que as leis tributárias devem ser interpretadas como qualquer outra lei. Eis aí o cânone hermenêutico da totalidade do sistema jurídico.[23]

Aclarando o assunto, Ricardo Lobo Tôrres afirma que a interpretação do Direito Tributário não difere daquela de outros ramos do Direito. Segundo o autor, embora algumas particularidades possam ser constatadas em razão de suas normas específicas, não existe uma diferenciação no que tange aos métodos de interpretação.[24]

---

[20] BECKER, Alfredo Augusto. *Teoria Geral do Direito Tributário*, p. 33.

[21] FERRAZ JUNIOR, Tercio Sampaio. *Introdução ao Estudo do Direito* – Técnica, Decisão e Dominação, p. 140.

[22] Luciano Amaro chega a argumentar que nem mesmo no plano da Ciência do Direito haveria de se cogitar da autonomia dos ramos do Direito Tributário, haja vista que seria impossível estudar "as disposições do direito tributário com abstração de suas conexões com preceitos integrantes de outros ramos do direito. A segmentação setorial do direito tributário insere-se no fenômeno da especialização das disciplinas jurídicas" (*Direito Tributário Brasileiro*, p. 8).

[23] BECKER, Alfredo Augusto. *Op. cit.*, p. 117.

[24] *Normas de Interpretação e integração do direito tributário*, p. 55. É muito bem colocada a posição do aclamado jurista, ao afirmar que o direito positivo, mediante regras postas no ordenamento, pode criar uma realidade específica para um determinado campo do direito, e, com isso, nada mais estará fazendo que sua função de criador de normas para regular as condutas intersubjetivas.

Fica então consignada a nossa posição sobre o falso problema da autonomia do Direito Tributário e, consequentemente, da sua pretendida forma especial de interpretação.

Inclusive, frisamos que foi exatamente pela mencionada ansiedade em validar a ideia de autonomia do Direito Tributário que tomou corpo a doutrina defensora da existência de características próprias da interpretação dessa matéria.

Esta concepção hoje em dia está ultrapassada, diante do acolhimento da visão unitária do direito e, por conseguinte, de sua interpretação.

4 Utilização do *in dubio contra fiscum* atualmente

4.1 Do caminho doutrinário de abandono do *in dubio contra fiscum*

Como visto no item antecedente (3.2), a norma tributária será interpretada como qualquer outra norma jurídica. É nesse contexto que deve seguir nossa análise sobre a validade da utilização de excepcionalidades ou métodos apriorísticos de exegese, como o *in dubio contra fiscum* ou o *in dubio pro fiscum* (vide item 2.1).

Carlos Maximiliano, ao discorrer sobre a interpretação da lei tributária, afirma que lançar tributos é um direito do Estado Soberano, tendo em vista a necessidade de fazer frente aos serviços públicos. Desta feita, tal direito só sofreria as limitações expressas em lei.

No seu entender, o Direito Tributário impõe mediante linguagem clara e precisa todos os elementos a serem verificados na tributação, ou, nos dizeres do autor, "impõe normas de tal espécie como se foram rigorosamente taxativas".[25] Por esta razão, o aplicador do Direito, diante desta sorte de normas, deveria se abster quanto a interpretações restritivas ou extensivas, devendo preferir o sentido rigoroso, estrito da norma. Informa, ademais, que no Direito Fiscal haveria de se observar a máxima do *in dubio contra fiscum*.

O referido jurista faz a seguinte distinção: quando se tratar de dúvida relativa à competência para instituir tributos ou às hipóteses de isenção ou benefício fiscal (disposição excepcional), deve-se decidir em favor do poder tributante, porque não é possível presumir a disponibilidade de receitas pelo Fisco; já se for o caso de dúvida atinente

---

[25] MAXIMILIANO, Carlos. *Op. cit.*, p. 270.

à interpretação da lei instituidora do tributo propriamente dita ou penalidades, dar-se-á preferência ao contribuinte.[26] Adverte, ainda, que cabe ao hermeneuta conciliar os interesses contrastantes para atribuir a melhor interpretação, não devendo ficar adstrito à lei, mas também buscando o fim que a norma reclama. Depois de feito esse processo, se persistir a dúvida caberá a utilização do *in dubio contra fiscum*, que, no seu entender, deve ser qualificado como um brocardo jurídico.[27]

Além da utilização consciente dos brocardos jurídicos, outro argumento que é levantado em favor da utilização do *in dubio contra fiscum* consiste numa interpretação teleológica do Direito Tributário, a qual seria suposta e intrinsecamente favorável aos contribuintes. Explico.

É apresentada a seguinte indagação: para que serve o Direito Tributário; qual a sua finalidade? A resposta oferecida pelos defensores do *in dubio contra fiscum* é que a disciplina do Direito Tributário não visa resguardar a arrecadação do fisco.

Argumentam que o tributo é imprescindível para a existência do Estado e que ele possui todos os poderes para a arrecadação, o que leva à conclusão de que o Direito Tributário serve justamente para garantia à via contrária: a função da lei tributária seria, por esse ponto de vista, dar segurança jurídica para proteger o contribuinte do poder de império do Estado, afastando a tributação arbitrária.

A consequência dessa conclusão é que o responsável pelo *dubio* (dúvida) seria o fisco, de modo que permaneceria válida a utilização do *in dubio contra fiscum*. Nesse sentido, entende-se que o fisco, quem em última instância cria os diplomas normativos tributários, os edita criando dúvidas e confusões. Desse modo, ele deveria ser responsável pelo seu trabalho, o que justificaria a aplicação *in dubio contra fiscum* no âmbito do Direito Tributário. Em síntese, pensa-se que se a legislação dá margem a dúvidas, essas dúvidas têm que ser resolvidas em favor do contribuinte.

---

[26] *Ibidem*, p. 271.

[27] Sobremais, Carlos Maximiliano destaca os problemas que surgem pela utilização de brocardos jurídicos. Vejamo-los: são fórmulas gerais e amplas, que, aparecendo isoladas do complexo em que nascem, se encaixam indiscriminadamente nos casos concretos; alguns brocardos já são evidente e pacificamente destituídos de valor científico (*in claris cessat interpretatio*); eles têm aplicação mais extensa do que deveriam, tornando-se fontes de erros e confusões, pois numa forma simples e curta implica em uma vastidão de significados; finalmente, apesar de se expressarem em latim, muitas vezes os brocardos não têm origem romana, e sim suspeita e de embaçada veracidade. Conclui, todavia, de modo contrário, afirmando que "procedem as objeções, porém só em parte; não justificam o repúdio dos adágios, e, sim, o cuidado de os aplicar sempre com discernimento, atenção e senso jurídico" (*Ibidem*, p. 196).

Contudo, não nos parece ser esta a posição mais adequada sobre o tema.

Isto porque o Direito, entendido como um conjunto de normas válidas em determinadas condições de espaço e tempo, tem como escopo a regulação das condutas intersubjetivas de todos. É por essa razão que o jurista contemporâneo, segundo Tercio Sampaio Ferraz, preocupa-se com o Direito que postula como sendo um "todo coerente, relativamente preciso em suas determinações, orientado pra uma ordem finalista, que protege a todos indistintamente".[28]

No que tange ao Direito Tributário não é diferente, mesmo porque, como expusemos no início desse trabalho, o Direito Positivo é uno, assim como sua interpretação. Destarte, temos que o Direito Tributário, didaticamente autônomo, trata das relações entre fisco e contribuinte, sem o intuito de fazer prevalecer este ou aquele interesse.

É claro que os direitos dos contribuintes têm que ser respeitados. Basta recordar que a tributação excepciona o direito de propriedade, garantido na Constituição da República. À medida que a propriedade é constitucionalmente protegida, o tributo só será legítimo quando também pautado nos enunciados constitucionais.[29]

Com razão, Roque Antonio Carrazza leciona que essa somatória de direitos e garantias estabelecida pela Constituição forma o "Estatuto do contribuinte", cuja função é justamente regular as relações entre fisco e cidadão contribuinte. O alicerce último deste raciocínio é direito fundamental do contribuinte só ser tributado nas estritas balizas traçada pela Constituição.[30]

Concordamos plenamente com o Professor, porém, no nosso sentir, a discussão aqui proposta não se esgota nesse ponto.

Também o Estado tem garantido seu direito à arrecadação para fazer frente aos custos de sua manutenção e existe toda uma legislação acerca da vinculação do orçamento dos entes públicos aos fins a que se destinam,[31] além da sua responsabilização nesse sentido (Lei Complementar nº 101/2000).

Cabe rememorar que vivemos hoje em um Estado Democrático de Direito, onde não mais vige a ideologia liberalista de um Governo que deve intervir o menos possível em todas as esferas atinentes ao

---

[28] *Introdução ao Estudo do Direito* – Técnica, Decisão e Dominação, p. 82.

[29] CARRAZZA, Roque Antonio. *Direito Constitucional Tributário*, p. 391.

[30] *Ibidem*, p. 423.

[31] Fica ressalvado, dentre outros, o princípio da não afetação (vide artigo 167, inciso IV, da Constituição da República).

cidadão. Por conseguinte, atualmente é clara não só a intervenção do Estado em setores econômicos ("como produtor de serviços de consumo social, regulamentador da economia e produtor de mercadorias", caracterizando-se como um centro distribuidor de renda),[32] como também o seu papel em efetivar direitos fundamentais de primeira (liberdades individuais), segunda (direito sociais) e terceira geração (direitos transindividuais).[33] Para tanto, fará uso das receitas originárias e derivadas que o sistema jurídico lhe outorga, tudo com base no consenso de que o Estado tem por fim o bem comum,[34] o qual é intrinsecamente atrelado à noção objetiva de justiça.

Em face deste cenário, o Direito Tributário se presta para regular as relações entre fisco e contribuinte, cada qual com seus direito e deveres, tudo nos estritos limites da lei, o que, em última instância, significa que a tributação será efetuada em conformidade com as balizas traçadas pela Constituição brasileira. Esta assegura tanto as garantias do contribuinte como as garantias do Estado enquanto ente tributante.

Bastante interessante é a colocação de Hugo de Brito Machado, frisando que o interesse público reside na adequada interpretação da Constituição e das leis, de modo que seus preceitos não sejam amesquinhados.[35]

Finalmente, destacamos que a falta de precisão técnica – geradora de dúvidas – dos textos legais deve ser combatida, de modo a preservar a segurança jurídica na sua função de certeza, conforme leciona Heleno Taveira Torres.[36]

Todavia, essa problemática – que deriva da forma com que as leis são apresentadas, discutidas e votadas em nosso sistema legislativo, muitas vezes buscando abarcar interesses de categorias mais do que uma melhora do sistema tributário – não pode descambar num amesquinhamento generalizado do direito de tributar da Administração, muito menos em uma deturpação da teoria da interpretação do Direito como um todo.

---

[32] FERRAZ JUNIOR, Tercio Sampaio. *Op. cit.*, p. 84.

[33] SILVA, Virgílio Afonso da. *A evolução dos direitos fundamentais*, p. 546 a 552.

[34] DALLARI, Dalmo de Abreu. *Elementos de Teoria Geral do Estado*, p. 94 a 104.

[35] O verdadeiro "interesse público não se presta para fundamentar uma posição apriorística do intérprete da lei tributária em favor do Fisco" (*Curso de Direito Tributário*, p. 121).

[36] Dentre os âmbitos funcionais da segurança jurídica, encontra-se a função de certeza (segurança jurídica formal). Esta tem a ver com regras de validade, procedimento, competência etc. Ou seja, a forma como o direito se auto-reproduz e sanciona, criando uma orientação nos administrados, e, por conseguinte, uma certeza de funcionamento do sistema (*Op. cit.*, p. 204 e 205).

Dessa forma, não podemos alcançar outra conclusão que não o descabimento de qualquer interpretação apriorística do Direito Tributário, seja ela mais favorável ao fisco ou ao contribuinte.

Invocamos nesse sentido Amílcar de Araújo Falcão, que, ao discorrer sobre a aplicação do *in dubio contra fiscum*, afirmou não ser preciso insistir no engano de tal concepção.[37]

Igualmente na opinião de Ezio Vanoni, de fato não se sustentam as razões que na Antiguidade justificaram o nascimento e manutenção do princípio *non puto delinquere eum qui in dubiis quaestionibus contra fiscum facile responderit,* simplesmente pelo contexto atual ser diverso. "Os doutores repetem os ensinamentos que se tornaram definitivamente clássicos, e, pode-se dizer, não se apercebem das novas tendências que se afirmam nos ordenamentos financeiros".[38] Com isso, afiança que a aplicação dessa forma *a priori* de interpretação só fazia sentido diante da consideração que prevalecia, segundo a qual o pagamento de tributo consiste em pura espoliação do direito do cidadão, ferindo seus direitos.[39]

Percebemos que a interpretação segundo o *in dubio contra fiscum,* assim como aquela segundo o *in dubio pro fiscum,* atualmente não passa de dados históricos. Afinal, sabemos que as relações jurídicas tributárias são regidas não só por normas do Direito Tributário, mas também do Direito Constitucional, Administrativo, Societário, Civil, entre outros. "Da construção de que todo o ordenamento pode, potencialmente, regular a relação jurídica tributária, extrai-se a evidência de que seria inaceitável que alguns textos legislativos, por terem a pecha de tributários, merecessem critérios de interpretação diversos dos demais", afiança Luis Eduardo Schoueri.[40]

Assim é que o "princípio" do *in dubio contra fiscum* na verdade não é princípio de interpretação jurídica.[41]

---

[37] FALCÃO, Amílcar de Araújo. *Introdução ao Direito Tributário*, p. 66.

[38] O autor italiano assevera ainda que "é missão da doutrina e da jurisprudência opor-se à persistência, no espírito do povo, de opiniões não justificadas a não ser pelo imediatismo individualista (VANONI, Ezio. *Op. cit.*, p. 33 e 41).

[39] "Esse último modo de entender impressionava-se pela ideia de que fosse odiosa ou restritiva da liberdade e da propriedade a lei tributária e que, como tal, se lhe devesse dar tratamento correspondentes àquele seguido em direito penal, segundo o qual, na dúvida, se favorece o réu (*in dubio pro reo*)" (FALCÃO, Amílcar de Araújo. *Op. cit.*, p. 66).

[40] Conforme ensina o autor, temos que a norma tributária será interpretada como qualquer outra norma jurídica, sem que se fale em excepcionalidades ou métodos apriorísticos de exegese, como o *in dubio contra fiscum*, ou o *in dubio pro fiscum* (SCHOUERI, Luis Eduardo. *Op. cit.*, p. 599).

[41] TÔRRES, Ricardo Lobo. *Op. cit.*, p. 204.

Essa tendência nada tem de inovadora,[42] mas sim vem sendo construída desde os anos 30, como podemos perceber na supracitada obra de Ezio Vanoni.

De qualquer forma, o caminho doutrinário de abandono do *in dubio contra fiscum* permanece na atualidade. Ricardo Lobo Tôrres, em sua tese de livre-docência sobre as normas interpretativas no âmbito da tributação, corrobora que a interpretação restritiva do Direito Tributário, favorável ao contribuinte, tem como fundamento a excepcionalidade dessa área do Direito Positivo e o *in dubio contra fiscum*, ambos próprios do liberalismo individualista.[43] Sua conclusão, que se coaduna com tudo o que foi até aqui destacado, pode ser resumida na seguinte passagem: "já estão totalmente superadas as opiniões que apontavam o Direito Tributário como excepcional ou que sujeitavam sua interpretação a princípios como o do *in dubio contra fiscum*".[44]

Percebemos ainda que mesmo Carlos Maximiliano, defensor da utilização do *in dubio contra fiscum* na atualidade, no fim de sua exposição sobre o tema admite que o "brocardo" não trará de fato a decisão para o caso concreto. Em seus dizeres: "*In dubio contra fiscum*, embora brocardo ainda dominador, não obriga o presidente de corporação administrativa ou judiciária a desempatar a favor do contribuinte".[45]

Apresentados todos esses elementos, concluímos pelo afastamento de interpretações aprioristicas no Direito Tributário como o *in dubio contra fiscum*.

4.2 Da desnecessidade do *in dubio contra fiscum* para a garantia dos direitos dos contribuintes no caso concreto

Como já pudemos nos manifestar,[46] na interpretação do Direito Tributário são aplicáveis os tradicionais e conhecidos "métodos de

---

[42] Dentre os mais novos estudiosos da matéria, vemos Vittorio Cassone, que buscando conferir um viés prático a sua obra aceda da interpretação no Direito Tributário, também afirma: "Há uma quantidade de brocardos de interpretação que não podemos utilizar como princípios fundamentais de hermenêutica, que devem ou passam a ser aplicados. Mencionaremos alguns simplesmente para que se tenha em conta qual a matéria a que nos vamos referir. Por exemplo, dois brocardos muito conhecidos: *in dubio pro fiscum* ou *in dubio contra fiscum*, derivados de antecedentes do próprio direito romano" (*Interpretação no Direito Tributário – Teoria e Prática*, p. 361).

[43] *Op. cit.*, p. 204.

[44] *Ibidem*, p. 48.

[45] *Op. cit.*, p. 273.

[46] LAURENTIIS, Thais de. *Quem o STF quer ser? Sobre crédito de IPI da Zona Franca de Manaus, interpretação constitucional tributária e segurança jurídica*, p. 185-212.

interpretação" do Direito, decorrentes da sistematização exposta por Savigny. Ou seja, as categorias de interpretação como restritiva, extensiva, sistemática, gramatical ou teleológica, tão bem estudadas pela Ciência do Direito, são utilizadas na construção dos sentidos possíveis de serem atribuídos à norma tributária, quando da sua edificação pelo intérprete do Direito.

Como já advertia Karl Larenz, tais "pontos de vista metódicos devem ser todos tomados em consideração para que o resultado da interpretação possa impor a pretensão de correção".[47] Vale dizer, não se deve hierarquizar esses métodos de interpretação, pois todos eles possuem o mesmo peso, não sendo possível a prevalência do método sistemático ou do teleológico, por exemplo.

Na realidade a melhor opção é assumir o pluralismo de métodos e a impossibilidade de eleição de um deles aprioristicamente.

Esta opção constitui, na visão de José Maria Arruda de Andrade, solução dada pelo pós-positivismo, no qual a interpretação do direito não permite hierarquizar e separar métodos, haja vista que são todos aspectos de uma operação una. Nessa perspectiva, a eleição de um método só buscará a justificação da posição adotada pelo intérprete.[48]

Mais uma vez, fica evidente a impossibilidade de adoção de formas *a priori* de interpretação do Direito. Todos os métodos de interpretação devem ser aproveitados no momento da análise dos fatos e das leis, pela interpretação e concomitante aplicação do Direito (item 3.1).

Pois bem. Vivemos em um Estado Democrático de Direito, estampado numa Constituição que se preocupou em abarcar em seu texto garantias caríssimas ao contribuinte, como a capacidade contributiva, a legalidade, o não confisco, a anterioridade, a segurança jurídica, a isonomia, a irretroatividade das leis tributárias, entre outras. Ademais, foram estabelecidas formas rígidas de repartição de competências tributárias, assim como imunidades para resguardar valores maiores da sociedade por meio da tributação. Foi ainda garantido ao povo brasileiro o controle de constitucionalidade das leis, para ver declarada a inconstitucionalidade de atos normativos formal ou materialmente contrários à Magna Carta. Por fim, mas não menos importante, é assegurado aos contribuintes, além do amplo acesso ao Poder Judiciário, um contencioso administrativo (art. 5º, inciso LV), no qual os atos

---

[47] *Metodologia da Ciência do Direito,* p. 450.

[48] *Interpretação da Norma Tributária,* p. 252.

exarados pela Administração Pública serão sujeitos a uma análise de legalidade, bem como de conformidade estrita com os fatos apurados pelos órgãos de fiscalização.

Com isso, e tratando do tema brevemente em nível constitucional, não restam dúvidas acerca da vontade do sistema tributário brasileiro em proteger os direitos do contribuinte contra qualquer situação ilegal ou abusiva por parte do ente arrecadador.

Queremos com isso enfatizar que os direitos e deveres de cada uma das partes da relação jurídico-tributária, vale dizer, o fisco e o contribuinte, são igualmente bem colocados pelo sistema jurídico, garantindo o modelo de Estado tomado pela República brasileira. Não faz mais sentido a visão detestável quanto à tributação que existia na Antiguidade. Dessarte, não é necessário o apelo a formas de interpretação apriorísticas, como o *in dubio contra fiscum* para que, em caso de dúvidas sobre a aplicação da lei, prevaleça o direito do contribuinte, pois o próprio sistema assim determina, mediante uma gama de instrumentos que terão seu lugar afiançado mesmo diante das normas que preconizam o direito de arrecadação e fiscalização tributária.

O intérprete do Direito, ao se deparar com uma forma dúbia colocada pela lei, percorrerá o caminho interpretativo, partindo da literalidade textual até na construção da norma jurídica a ser aplicada (item 3.1). Para tanto, utilizará os métodos de interpretação gramatical, sistemático, teleológico e evolutivo, além dos valores que inerentemente impregnam seu espírito e os dizeres do próprio sistema jurídico. Com certeza, assim, terá condições de atingir um resultado interpretativo coerente, justo e adequado ao caso que lhe deu ensejo, levando em conta o ordenamento jurídico e a exegese em sua completude e unicidade. Não há, com isso, necessidade de se recorrer a técnicas interpretativas apriorísticas, como o *in dubio contra fiscum* ou *in dubio pro fiscum*, totalmente desconexas com o sistema jurídico positivo ora vigente e com a Ciência do Direito tão à sua frente.

5 Síntese conclusiva

Buscamos, em nossa exposição, traçar premissas quanto ao modelo teórico adotado sobre a interpretação do Direito.

Com esse objetivo, restou registrado que entendemos a interpretação não como um ato de destacar o conteúdo intrínseco dos textos jurídicos, mas sim como um processo de construção de sentido no qual o homem é o principal ator. É o exegeta que, em seu intelecto, alcança proposições jurídicas a partir dos enunciados prescritivos encontrados nos textos jurídicos (leis, decretos, etc.) e, ao associá-los, constrói as normas para o caso concreto que ensejou a interpretação do Direito. Nesta ação o intérprete leva em conta os seus valores e as disposições trazidas pelo próprio direito.

Tratamos, então, da questão da separação do direito em ramos específicos, como o Direito Civil, Tributário ou Penal. Percebemos que tal distinção só é válida para fins meramente didáticos de estudo, tendo em vista a unicidade do direito posto. Sendo o direito positivo uno e indecomponível, também o é a sua interpretação, raciocínio este que consagra o cânone hermenêutico da totalidade do sistema jurídico.

Munidos destes pressupostos, analisamos o preceito do *in dubio contra fiscum.*

Estudamos o contexto histórico de seu aparecimento, que ocorreu na Antiguidade, precisamente em Roma, sob o manto de odiosidade à tributação, sentimento compartilhado pelos cidadãos romanos, por culturalmente entenderem o tributo como uma afronta à sua propriedade e liberdade. Daí o advento da cláusula do jurisconsulto romano, Modestino, *non puto delinquere eum qui in dubiis quaestionibus contra fiscum facile responderit,* base que originou o modernamente dito *in dubio contra fiscum.*

A conceituação deste preceito é de que, caso a lei apresente dúvida sobre a interpretação conferida ao ato normativo, deverá prevalecer aquele sentido mais favorável ao contribuinte.

Foi feita tentativa de averiguação da natureza jurídica do instituto, porém fracassada, pois, não sendo regra nem princípio (implícito ou explícito), não integra o direito positivo. Tampouco pudemos enquadrar o *in dubio contra fiscum* como método de interpretação válido no sistema jurídico, pois este entendimento leva em conta uma suposta especialidade do Direito Tributário, a qual mereceria técnicas próprias de interpretação, o que não concordamos, face à unidade do Direito e da sua interpretação.

Desse modo, o ponto nevrálgico do trabalho, que cuida da verificação da possibilidade de se utilizar o preceito sob análise no Direito hodiernamente, já foi respondido negativamente.

Tivemos o cuidado, entretanto, de tratar de outros pontos que dariam suporte a inteligência em sentido contrário. Assim, refutamos o argumento de que a finalidade do Direito Tributário é proteger os direitos do contribuinte contra o Fisco, que seria responsável pela edição das leis, devendo arcar com uma interpretação desfavorável em caso de gênese de dúvidas. Afinal, o direito não visa atender esta ou aquela parte das relações jurídicas, e sim discipliná-las, apontando para cada qual seus respectivos direito e deveres. Não se há de falar, de tal modo, em uma finalidade unilateral do Direito Tributário. Este garante que o contribuinte arque com a tributação nos estritos dizeres das leis, como também que o Fisco institua e cobre tributos segundo todos os limites impostos pelo sistema jurídico.

Foi possível, ademais, destacar algumas garantias estipuladas na Constituição brasileira, as quais colocam de forma rígida e clara inúmeros direitos dos contribuintes.

Concluímos então que, trilhando o caminho de interpretação do direito, fazendo uso dos diversos métodos interpretativos à sua disposição (gramatical, sistemático, teleológico e evolutivo), como também observando as garantias do contribuinte positivadas no ordenamento jurídico, alcançar-se-á resultado justo e adequado. Portanto, em nada perde o contribuinte pela inaplicabilidade do *in dubio contra fiscum* no Direito atual, pois o sistema trata de resguardar seus direitos, que serão abrangidos na construção interpretativa feita pelo exegeta, quando diante de leis que tragam dúvidas.

Informação bibliográfica deste texto, conforme a NBR 6023:2018 da Associação Brasileira de Normas Técnicas (ABNT):

LAURENTIIS, Thais de. *In dubio contra fiscum*. Análise do preceito frente aos contemporâneos paradigmas de interpretação do Direito. *In*: SARAIVA FILHO, Oswaldo Othon de Pontes; SIQUEIRA, Julio Homem de; BEDÊ JÚNIOR, Américo; FABRIZ, Daury César; SIQUEIRA, Junio Graciano Homem de; CUNHA, Ricarlos Almagro Vitoriano (Coord.). *Limitações formais e materiais ao poder de tributar*. Belo Horizonte: Fórum, 2021. p. 493-510. (Coleção Fórum Princípios Constitucionais Tributários – Tomo II). ISBN 978-65-5518-122-7.

PRINCÍPIOS RELATIVOS AO LANÇAMENTO TRIBUTÁRIO

OSWALDO OTHON DE PONTES SARAIVA NETO

I   Introdução

O lançamento é procedimento administrativo plenamente vinculado que constitui o crédito tributário, determinando a matéria tributável, calculando o montante do tributo e identificando o sujeito passivo. Sendo, em um primeiro momento, um procedimento administrativo (conjunto de atos) tendente à constituição da dívida fiscal, o lançamento está vinculado, naturalmente, aos princípios da legalidade, impessoalidade e moralidade. Para além dos princípios gerais aplicados à Administração Pública, a Administração fiscal também está submetida a princípios próprios a serem seguidos na atividade de constituição do crédito tributário.

Ademais, como a lei confere ao contribuinte o direito de participar da constituição do crédito tributário, mormente como fiscal da lei e parte que pode colaborar com informações e elementos probatórios, é inegável que, em um segundo momento (notificação e impugnação do sujeito passivo), o lançamento ganha feição processual, o que atrai a aplicação de princípios de natureza instrumental.

Este trabalho irá tratar dos princípios correlatos ao lançamento tributário quais sejam, o contraditório mitigado, a busca da verdade real, o *in dubio contra fiscum*, a vinculação, o acesso à Justiça e, principalmente, o princípio da inalterabilidade do lançamento fiscal, que será posto em teste em relação às hipóteses de emenda ou substituição da Certidão de Dívida Ativa, título executivo que deve ser um retrato fiel do lançamento.

II Do princípio da verdade material como forma de compensação do contraditório mitigado no processo administrativo fiscal

O processo administrativo fiscal tem por finalidade garantir a legalidade e o saneamento da cobrança de tributos, ao conferir direito de defesa e possibilidade de contraditório à parte contribuinte.

O direito ao contraditório, todavia, é mitigado, posto que não existe paridade de armas entre as partes, uma vez que a Administração fiscal reúne as funções de autoridade autuante, parte e órgão julgador.

Deve-se ponderar, todavia, que de nada vale todo o procedimento de impugnação e recursos administrativos com a possibilidade de produção e juntada de provas, sem que haja sobre elas a devida análise, materializada na fundamentação adequada, requisito formal do ato administrativo.

Ademais, a Administração fiscal deve pautar-se pelo princípio da verdade material, que a proíbe de seguir com exações sempre que lhe for possível descobrir a efetiva ocorrência ou não dos fatos fiscalizados. Com efeito, no processo administrativo, o julgador não deve se amparar em um estrito formalismo, sob pena de negar a própria razão de ser do processo, que é dar ao contribuinte a possibilidade de contradizer o lançamento fiscal, antes que se opere a constituição definitiva do crédito tributário.

O processo administrativo tem o fim de garantir a aplicação objetiva da lei, de forma que a Administração Tributária seria desinteressada na arrecadação ilícita, não havendo propriamente litígio entre as partes, mas cooperação tendente à descoberta da verdade material.[1]

Sobre a aplicação do princípio da verdade material ao processo administrativo fiscal, James Marins leciona que:

> A exigência da verdade material corresponde à busca pela aproximação entre a realidade factual e sua representação formal; aproximação entre eventos ocorridos na dinâmica econômica e o registro formal de sua existência; entre a materialidade do evento econômico (fato imponível) e

---

[1] XAVIER, Alberto. *Do lançamento* – Teoria geral do ato do procedimento e do processo tributário. 2. ed. Rio de Janeiro: Forense, 1998, p. 160.

sua formalização através do lançamento tributário. A busca pela verdade material é o princípio de observância indeclinável da Administração tributária no âmbito de suas atividades procedimentais e processuais. Deve fiscalizar em busca da verdade material, deve apurar e lançar com base na verdade material.[2]

Portanto, além de conceder o direito de defesa à parte, a Administração fiscal não fica adstrita a uma posição passiva no processo, cabendo-lhe zelar pela realidade dos fatos, pela correção do sistema de cobrança fiscal e pela moralidade da Administração Pública, conforme ensina José Eduardo Soares de Melo, ao apontar a necessidade de proatividade das Juntas, Câmaras e Conselhos de julgamento:

> No processo administrativo o julgador não deve se ater, exclusivamente, às alegações das partes (fisco e contribuinte), devendo tomar providências necessárias (diligências) para buscar a realidade fática, uma vez que a pretensão à obrigação tributária não nasce apenas dos argumentos e elementos fazendários contrapostos pelo autuado.[3]

Ainda que formalmente haja partes contrapostas e ainda que uma das partes detenha o poder de decisão, a Administração Fiscal, em compensação, está vinculada à legalidade tributária, devendo o processo administrativo para constituição em definitivo do lançamento fiscal ser instrumento de saneamento e procura da verdade material, voltado ao interesse de justiça que deve prevalecer sobre o interesse arrecadatório. Nesse sentido, as diligências instrutórias no processo fiscal devem ser requeridas não só para comprovação do fato gerador ou aumento da base de cálculo, como também para identificação de elementos que diminuam ou excluam o valor do crédito tributário.

III Do ônus da prova e o princípio do *in dubio contra fiscum*

A formação da convicção do auditor sobre a incidência do fato à norma tributária decorre da livre apreciação de provas e da

---

[2] MARINS, James. *Direito Processual Tributário Brasileiro*. 8. ed. São Paulo: Dialética, 2015, p. 175 e 176.

[3] MELO, José Eduardo Soares de. Nulidades do processo administrativo tributário. *RFDT*, Belo Horizonte, ano 12, n. 67, p. 24, jan./fev. 2014.

admissibilidade de todos os meios probatórios disponíveis.[4] De fato, compete à Administração fiscal provar os fatos constitutivos do seu direito de lançar o crédito. Trata-se de um dever jurídico de busca da verdade material, de modo que não há que se falar em repartição do ônus da prova, salvo quanto aos fatos impeditivos apontados pelo contribuinte.

Nesse sentido, as diligências instrutórias no processo fiscal devem ser requeridas não só para comprovação do fato gerador ou aumento da base de cálculo, como também para identificação de elementos que diminuam ou excluam o valor do crédito tributário.

Ademais, em casos em que há incerteza sobre a existência ou forma de ser do fato, deve-se prevalecer o princípio do *in dubio contra fiscum*, formulado por Alberto Xavier nos seguintes termos:

> Na ordem jurídica brasileira não pode duvidar-se da solução a dar ao problema em causa: o respeito pela propriedade privada, consagrado constitucionalmente, e que em matéria tributária se reflete no princípio de uma rígida legalidade, revela só por si que no caso de incerteza sobre a aplicação da lei fiscal são mais fortes as razões de salvaguarda do patrimônio dos particulares do que as que conduzem ao seu sacrifício (*in dubio pro libertate, melior est conditio possidentis*).[5]

Eventual exação sobre fato incerto estaria à margem das regras preestabelecidas e vinculativas para a cobrança fiscal, bem como conteria vício de motivação, posto que lhe faltariam os elementos da suficiência e da clareza, conforme será abordado no próximo tópico.

IV Motivação do ato administrativo vinculado e controle externo do lançamento

A forma como foi concebido o processo administrativo fiscal sofre desajustes na realidade, principalmente pela confusão de prioridades entre o interesse financeiro *versus* o interesse de justiça (legalidade) e pela inversão do ônus da prova camuflada no atributo da presunção de veracidade dos atos administrativos. Por força do art. 5º, XXXV, da Constituição, eventuais desvios não estão imunes à apreciação pelo

---

[4] XAVIER, Alberto. *Do lançamento* – Teoria geral do ato do procedimento e do processo tributário. 2. ed. Rio de Janeiro: Forense, 1998, p. 124.

[5] XAVIER, Alberto. *Do lançamento* – Teoria geral do ato do procedimento e do processo tributário. 2. ed. Rio de Janeiro: Forense, 1998, p. 148.

Poder Judiciário, que realiza o controle externo do lançamento fiscal, como ato administrativo vinculado que é.

Os princípios da legalidade e tipicidade tributária proíbem que, no lançamento, a autoridade fiscal exerça juízo discricionário sobre a subsunção dos fatos apurados à norma tributária. Essa discricionariedade é ilustrada por Alberto Xavier na seguinte passagem:

> Ora, se quanto a estes aspectos a vontade da Administração se pudesse exprimir em termos discricionários, isso significaria que ela poderia influir, de qualquer modo, na existência e no quantitativo da obrigação tributária. E poderia fazê-lo por diversas vias: ou declarando a tributabilidade de fatos não compreendidos nos tipos legais, isto é, criando novos tributos; ou dispensando a verificação de um dos elementos do tipo para que a obrigação se constituísse; ou exigindo para o mesmo fim a verificação de um elemento atípico; ou modificando o conteúdo de qualquer elemento positivo ou negativo do tipo tributário; ou fixando qualquer elemento típico dentro dos limites demarcados por lei, quer este elemento respeito a hipótese, quer ao mandamento da norma.[6]

Em relação aos atos vinculados, são duas as razões principais para que a motivação seja obrigatória: a) a necessidade de se conhecer a interpretação dada pelo auditor à lei de imposição tributária; e b) a possibilidade de o contribuinte verificar a correta incidência da norma à situação fática. Nas palavras do administrativista Florivaldo Dutra de Araújo:

> A lei nunca pode ser aplicada sem que antes seja interpretada. A fim de que o administrador não utilize de sua competência para, ao interpretar a norma, desbordar dos limites de seu poder, a garantia mais segura decorrerá da possibilidade de controle do ato administrativo com base em obrigatória fundamentação. Nesta, exporá a leitura que fez da lei ao concretizá-la, em cada caso, tal como está obrigado a fazer o juiz. Além da necessidade de interpretação, a aplicação da lei comumente torna-se difícil em vista de complexas situações fáticas.[7]

Em regra, o exercício do contraditório materializa o direito abstrato à ampla defesa. Em face de mitigação do contraditório no processo administrativo fiscal, é a fundamentação requisito formal

---

[6] XAVIER, Alberto. *Do lançamento* – Teoria geral do ato do procedimento e do processo tributário. 2. ed. Rio de Janeiro: Forense, 1998, p. 205.

[7] ARAÚJO, Florivaldo Dutra de. *Motivação e Controle do Ato Administrativo*. 2. ed. Belo Horizonte: Del Rey, p. 112.

do ato administrativo, que concretiza o direito abstrato de defesa do contribuinte através de uma resposta fundamentada de sua impugnação.

A motivação é elemento obrigatório dos atos administrativos, pois garante que o particular realize a sindicância da legalidade e adequação das razões invocadas. A falta de motivação enseja a nulidade do ato administrativo por vício de forma.

Conforme as lições do Professor da UFMG, são requisitos da motivação: a congruência, a exatidão e a suficiência.[8] A congruência é a relação lógica entre os pressupostos fáticos (motivos), as normas tributárias aplicáveis. A exatidão corresponde à veracidade dos motivos invocados e à possibilidade jurídica do que é decidido. A suficiência é a satisfatoriedade dos argumentos expendidos mediante análise do caso concreto, em contraposição à indesejável fundamentação genérica, abstrata ou por presunção.

Portanto, a devida motivação é essencial para o aperfeiçoamento, interpretação e controle interno e externo do ato vinculado do lançamento da Administração Pública, de modo a concretizar o direito de defesa no contribuinte na esfera administrativa.

V Princípio da inalterabilidade do lançamento: irrevogabilidade e imutabilidade dos critérios jurídicos adotados como fundamento

Como o lançamento é um conjunto de atos jurídicos plenamente vinculados (art. 3º e 142, do CTN), não se cogita a sua revogação, posto que não existe margem de discricionariedade administrativa através de juízos de conveniência e oportunidade.

O controle do lançamento tributário somente pode ser realizado na esfera da legalidade do ato administrativo (anulabilidade), por provocação do contribuinte ou de ofício, contanto que, nesta última hipótese, a autoridade revisora fundamente a revisão em uma das hipóteses do art. 149, do CTN (*e. g.* quando se comprove falsidade, erro ou omissão nas declarações; quando se comprove que o sujeito passivo agiu com dolo, fraude ou simulação; quando deva ser apreciado fato não conhecido ou não provado por ocasião do lançamento anterior; quando se comprove que ocorreu fraude ou falta funcional). A revisão

---

[8] O autor ainda menciona os requisitos da clareza e a seriedade da motivação. ARAÚJO, Florivaldo Dutra de. *Motivação e Controle do Ato Administrativo*. 2. ed. Belo Horizonte: Del Rey, p. 122;

que implique aumento de tributo deve, todavia, submeter-se ao prazo decadencial do direito de a Fazenda Pública lançar o crédito fiscal, conforme parágrafo único do art. 149, do CTN.

O Código Tributário Nacional também prezou pela estabilidade e segurança das relações jurídicas ao proibir a modificação do lançamento para alterar a valoração jurídica dos fatos. Nesse sentido, por força do princípio da não surpresa, a modificação nos critérios jurídicos adotados no exercício do lançamento somente pode ser efetivada quanto a fato gerador ocorrido posteriormente à sua introdução (art. 146, do CTN).

A irrevogabilidade do lançamento é medida de proteção e autonomia da autoridade fiscalizadora, enquanto a imutabilidade dos critérios jurídicos do lançamento protege em especial a confiança legítima do contribuinte em relação aos atos administrativos. Ambos são atributos ou sinônimos do princípio da inalterabilidade do lançamento.

VI Do princípio da inalterabilidade do lançamento e dos limites à retificação da Certidão de Dívida Ativa nos autos da Execução Fiscal

A Certidão de Dívida Ativa é um título executivo cujos atributos da certeza, liquidez e exigibilidade são presumidos em virtude de estrita obediência de sua constituição à forma e ao conteúdo prescritos em lei. Não é desimportante a expressão "tributo é toda prestação pecuniária compulsória (...), *cobrada mediante atividade administrativa plenamente vinculada*" (art. 3º, do Código Tributário Nacional). No mesmo sentido, o art. 142, parágrafo único do CTN: "A atividade administrativa de lançamento é vinculada e obrigatória, sob pena de responsabilidade funcional".

A lei (art. 202 do CTN e art. 2º, §5º, da Lei de Execução Fiscal – Lei nº 6.830/80) exige que o termo de inscrição da dívida ativa indique obrigatoriamente:

> I - o nome do devedor e, sendo caso, o dos corresponsáveis, bem como, sempre que possível, o domicílio ou a residência de um e de outros;
> II - a quantia devida e a maneira de calcular os juros de mora acrescidos;
> III - a origem e natureza do crédito, mencionada especificamente a disposição da lei em que seja fundado; IV - a data em que foi inscrita;
> V - sendo caso, o número do processo administrativo de que se originar o crédito (Lei 6.830/80).

E penaliza a omissão desses elementos com a nulidade do título e de seu processo de cobrança, conforme o primeiro período do art. 203 do CTN.

O Superior Tribunal de Justiça já se manifestou no sentido de que a CDA só mantém a presunção de liquidez e certeza se cumprir todas as exigências legais (art. 202 do CTN e art. 2º, §§5º e 6º, da LEF):

> 1. Os arts. 202 do CTN e 2º, §5º, da Lei nº 6.830/80, preconizam que a inscrição da dívida ativa somente gera presunção de liquidez e certeza na medida em que contenha todas as exigências legais, inclusive, a indicação da natureza do débito e sua fundamentação legal, bem como forma de cálculo de juros e de correção monetária
> 2. A finalidade dessa regra de constituição do título é atribuir à CDA a certeza e liquidez inerentes aos títulos de crédito, o que confere ao executado elementos para opor embargos, obstando execuções arbitrárias.[9]

Segundo as lições do Professor Aliomar Baleeiro, essa estrita vinculação da atividade de cobrança fiscal à lei não permite que se apliquem as regras do Código de Processo Civil,[10] que autorizam o juiz a relevar a nulidade se não houver prejuízo ao executado.[11][12] Todavia, a própria lei busca equilibrar sua preocupação com a cobrança fiscal plenamente vinculada com os princípios da celeridade, efetividade e economia processual, ao dispor que "a nulidade poderá ser sanada até a decisão de primeira instância, mediante substituição da certidão nula, (...)" (art. 203, *in fine*, do CTN).

Portanto, quando o título executivo contiver irregularidades ou vícios na sua inscrição, a Fazenda Pública tem o poder-dever de realizar o controle da legalidade mediante retificação do título por emenda ou

---

[9] REsp 902.357/RS, 1ª Seção, Rel. Ministro Luiz Fux, j. 09.04.2007.

[10] Art. 277. Quando a lei prescrever determinada forma, o juiz considerará válido o ato se, realizado de outro modo, lhe alcançar a finalidade.
Art. 282. §1º O ato não será repetido nem sua falta será suprida quando não prejudicar a parte.

[11] BALEEIRO, Aliomar. *Direito Tributário Brasileiro*. 10. ed. Rio de Janeiro: Forense, p. 629; FLAKS, Milton. *Comentários à lei de execução fiscal*. 1. ed. Rio de Janeiro: Forense, 1981, p. 107.

[12] Escreve o Professor Aliomar Baleeiro: "Do rigor formal da inscrição como ato jurídico administrativo, decorre logicamente a severidade do art. 203, do CTN, cominando a sanção de nulidade, para ela e para a certidão dela, se forem omitidas ou estiverem erradas as indicações essenciais indicadas no art. 202" (BALEEIRO, Aliomar. *Direito Tributário Brasileiro*. 11 ed. edição revista e complementada conforme a Constituição de 1988 por Misabel Abreu Machado Derzi. Rio de Janeiro: Forense, 2006, p. 1.012).

substituição.[13] Esse poder-dever de revisão pelo agente público decorre dos efeitos lesivos de negligenciá-la, quais sejam: a) a nulidade absoluta do título; b) a não fluência de juros de mora e c) a não interrupção do curso do prazo prescricional.[14]

Quanto aos limites do poder de revisão da CDA pela Administração Pública, a lei apenas ressalva que: a) o título executivo somente poderá ser revisto até o proferimento da sentença extintiva dos embargos à execução fiscal e b) deve ser assegurada ao executado a devolução do prazo para contraditar o conteúdo alterado. Transcrevem-se os dispositivos da Lei nº 6.930/80 e do CTN:

> Art. 2º - Constitui Dívida Ativa da Fazenda Pública aquela definida como tributária ou não-tributária na Lei nº 4.320, de 17 de março de 1964, com as alterações posteriores, que estatui normas gerais de direito financeiro para elaboração e controle dos orçamentos e balanços da União, dos Estados, dos Municípios e do Distrito Federal.
>
> (...)
>
> §8º - Até a decisão de primeira instância, a Certidão de Dívida Ativa poderá ser emendada ou substituída, assegurada ao executado a devolução do prazo para embargos.
>
> Art. 203. A omissão de quaisquer dos requisitos previstos no artigo anterior, ou o erro a eles relativo, são causas de nulidade da inscrição e do processo de cobrança dela decorrente, mas a nulidade poderá ser sanada até a decisão de primeira instância, mediante substituição da certidão nula, devolvido ao sujeito passivo, acusado ou interessado o prazo para defesa, que somente poderá versar sobre a parte modificada.

---

[13] Segundo Américo Luís Martins Silva, *Emenda* "constitui correção de defeito ou de erro, na inscrição e na certidão, por provocação da parte interessada ou de ofício pelo juiz, sem que se tenha que substituí-los integralmente por outros. A emenda refere-se, portanto, ao saneamento de possíveis irregularidades existentes na certidão. Geralmente, o juiz, que conduz as diligências e atos processuais da ação de execução fiscal, examina a certidão tão logo lhe chegue em conclusão o processo, após os trabalhos de autuação e registro. Pode ser que neste momento verifique defeito ou erro que possa ser sanado. Quando isto ocorre, determina, então, que seja emendada" Já a substituição "diz respeito à colocação de uma certidão nova no lugar da anterior, em virtude de defeito ou erro grave que implica na sua nulidade. Assim, ao contrário da emenda, a substituição tem como causa a necessidade de alteração completa da certidão da dívida ativa, inclusive da quantia cobrada. No entanto, o prazo para que a Fazenda Pública proceda à substituição termina no momento em que for proferida a decisão de primeira instância. Este prazo é de preclusão" (SILVA, Américo Luis Martins da. A execução da dívida ativa da Fazenda Pública. 2. ed. rev. atual. e ampl. São Paulo: Revista dos Tribunais, 2009, p.139-140).

[14] Art. 174, p.u., do CTN: A prescrição se interrompe: I – pelo despacho do juiz que ordenar a citação em execução fiscal.

O privilégio de a Fazenda Pública poder retificar o título executivo para emendá-lo ou substituí-lo também é delimitado por meio de construção jurisprudencial, nos termos da Súmula nº 392/STJ: "A Fazenda Pública pode substituir a certidão de dívida ativa (CDA) até a prolação da sentença de embargos, *quando se tratar de correção de erro material ou formal, vedada a modificação do sujeito passivo da execução*".

Para a substituição da CDA (correção de erro material ou formal), é necessário ressaltar que os erros materiais e formais passíveis de revisão são aqueles relacionados ao ato de inscrição, que não alteram a relação jurídica constituída, tais como erros de grafia de nomes, erros aritméticos, irregularidades de procedimento, inclusão de valores já amortizados.

Desde a época da elaboração da Lei de Execução Fiscal, no ano de 1980, havia divergência quanto ao alcance do poder de revisão do título executivo pela Fazenda Pública, conforme se pode verificar na sugestão de emenda ao Projeto de Lei proposta pelo senador Tancredo Neves:

EMENDA nº 10

Art. 2º, §8º.

Substituir pelo seguinte:

§8º Até a decisão de primeira instância, os erros de transcrição da Certidão de Dívida Ativa poderão ser emendados, assegurada ao executado a devolução do prazo para embargos.

Justificação

A possibilidade de retificação da certidão a dívida ativa, tal como previsto no projeto, é incompatível com a presunção de certeza e liquidez atribuía ao crédito inscrito. É de se admirar a retificação de erros de transcrição ou reprodução do que se acha inscrito, mas não a modificação do termo de inscrição quanto aos seus elementos essenciais, tais como montante da dívida, o devedor, e fundamento legal. De outro modo, não haveria segurança jurídica contra erros da Administração Pública, e o Estado poderia, sem qualquer procedimento regular, modificar discricionariamente os créditos inscritos.

Embora correta a justificação da emenda, a redação proposta restringia demasiadamente a possibilidade de retificação do título pela Fazenda (apenas a erros de transcrição), o que ensejou sua rejeição, conforme relatado pelo saudoso procurador da Fazenda Nacional e um dos autores do anteprojeto que foi transformado na Lei nº 6.830/80, Leon Fredja Szklarowsky.[15]

---

[15] SZKLAROWSKY, Leon Fredja. *Execução Fiscal*. Brasília; ESAF, 1984, p. 420.

As preocupações externadas pelo senador Tancredo Neves, contudo, foram amenizadas com a publicação, no ano de 2009, da Súmula nº 392/STJ, que restringiu o espaço de correção da CDA a erros "materiais e formais", "vedada a modificação do sujeito passivo". Ao interpretar a parte final do enunciado da Súmula 392/STJ: "A Fazenda Pública pode substituir a certidão de dívida ativa (...), *vedada a modificação do sujeito passivo da execução*", deve-se fazer uma leitura ampliativa da vedação para abarcar todas as hipóteses em que a retificação do título executivo pretender alterar pela via transversa a relação jurídica já constituída.

A autorização legal para a substituição da CDA é limitada a erros de inscrição, não se estendendo a vícios do lançamento tributário, posto que não é permitido modificar os fundamentos de fato e de direito apresentados ao contribuinte durante o processo administrativo para a constituição definitiva do crédito tributário.

A inscrição e a Certidão de Dívida Ativa devem ser retratos fiéis do lançamento,[16] de modo que o ordenamento permite à Fazenda retificar o título para ajustá-las ao conteúdo do lançamento tributário.

Repare-se, todavia, que a jurisprudência, em alguns momentos, confunde os conceitos de inscrição e lançamento ao tratá-los como sinônimos, conforme seguinte decisão: "não é possível corrigir, na certidão, vícios do lançamento e/ou da inscrição. A emenda ou substituição da CDA é admitida diante da existência de erro material ou formal, não sendo cabível, entretanto, quando os vícios decorrem do próprio lançamento ou da inscrição".[17]

A diferenciação entre esses atos procedimentais da cobrança fiscal nunca foi matéria simples, como apontado por Milton Flaks[18] ao relatar o esforço do Código Tributário Nacional em deixar expresso no art. 203 que a substituição da certidão deve sanar nulidades de *inscrição*. Em outros dispositivos, os arts. 142, 201, 202 e 203 do CTN distinguem os institutos:

> Art. 142. Compete privativamente à autoridade administrativa constituir o crédito tributário pelo *lançamento*, assim entendido o procedimento administrativo tendente a verificar a ocorrência do fato gerador da

---

[16] FLAKS, Milton. *Comentários à lei de execução fiscal*. 1. ed. Rio de Janeiro: Forense, 1981, p. 113.

[17] Nesse sentido: AREsp nº 1588954/SP, Relator Ministro HERMAN BENJAMIN, SEGUNDA TURMA, *DJe* 19.05.2020; AgInt no AREsp nº 1551712/SP Relatora Ministra ASSUSETE MAGALHÃES, SEGUNDA TURMA, *DJe* 20.02.2020; REsp nº 1814386/PE Ministro HERMAN BENJAMIN, SEGUNDA TURMA, *DJe* 18.10.2019).

[18] FLAKS, Milton. *Comentários à lei de execução fiscal*. 1. ed. Rio de Janeiro: Forense, 198, p. 113.

obrigação correspondente, determinar a matéria tributável, calcular o montante do tributo devido, identificar o sujeito passivo e, sendo caso, propor a aplicação da penalidade cabível.

Art. 201. *Constitui dívida ativa tributária a proveniente de crédito dessa natureza, regularmente inscrita* na repartição administrativa competente, depois de esgotado o prazo fixado, para pagamento, pela lei ou por decisão final proferida em processo regular.

Art. 202. *O termo de inscrição da dívida ativa*, autenticado pela autoridade competente, indicará obrigatoriamente: (...).

Art. 203. A omissão de quaisquer dos requisitos previstos no artigo anterior, ou o erro a eles relativo, são causas de nulidade da inscrição e do processo de cobrança dela decorrente, (...).

Por força dos princípios da não surpresa e do contraditório, a retificação do ato de inscrição não pode inovar nos pressupostos fático-jurídicos, posto que assim realizaria novo ato de lançamento do crédito até então não exigido e desconhecido pelo contribuinte, violando os direitos ao devido processo administrativo e a ampla defesa.

A certeza e a liquidez do título executivo decorrem da presunção de veracidade dos fatos descritos pelo servidor público mediante atividade vinculada, submetida ao controle do próprio contribuinte, que pode apresentar defesa na instância administrativa.

O exercício do direito ao contraditório pelo contribuinte na fase de elaboração do título, ainda que mitigado, é essencial para que se possam desconstituir os fatos narrados ou distingui-los em relação às hipóteses abstratas previstas na norma. Permitir a retificação do lançamento tributário em fase judicial e fora dos requisitos destacados representaria suprimir um grau de jurisdição previsto em lei, o que fragilizaria o direito de defesa do contribuinte e o princípio da lealdade processual (moralidade administrativa).

Considera-se, pois, que a constituição definitiva do crédito tributário (lançamento definitivo) possui eficácia preclusiva para a Fazenda em relação aos fundamentos de fato e de direito, sendo vedada a inclusão de encargos não previstos originariamente, em face do princípio da inalterabilidade do lançamento.

A jurisprudência do STJ é firme no sentido de que:

a autorização de emenda ou substituição não se estende ao lançamento, sendo possível à Fazenda Pública apenas ajustar a inscrição ou a CDA ao lançamento, corrigindo erros materiais ou formais acaso cometidos na inscrição do débito ou na extração da respectiva certidão. Não lhe é permitido, porém, alterar o valor do débito lançado (*quantum debeatur*) e os fundamentos de fato e de direito que deram origem ao lançamento.[19] [Uma vez que] Quando haja equívocos no próprio lançamento (...), fazendo-se necessária alteração de fundamento legal ou do sujeito passivo, nova apuração do tributo com aferição de base de cálculo por outros critérios, imputação de pagamento anterior à inscrição etc., será indispensável que o próprio lançamento seja revisado, se ainda viável em face do prazo decadencial, oportunizando-se ao contribuinte o direito à impugnação, e que seja revisada a inscrição, de modo que não se viabilizará a correção do vício apenas na certidão de dívida. A certidão é um espelho da inscrição que, por sua vez, reproduz os termos do lançamento. Não é possível corrigir, na certidão, vícios do lançamento e/ou da inscrição. Nestes casos, será inviável simplesmente substituir-se a CDA. Leandro Paulsen, René Bergmann Ávila e Ingrid Schroder Sliwka, in "Direito Processual Tributário: Processo Administrativo Fiscal e Execução Fiscal à luz da Doutrina e da Jurisprudência (Tema Repetitivo 166, REsp 1.045.472/BA, 1ª Seção, Relator Ministro Luiz Fux, *DJe* 18.12.2009).

Portanto, é irretocável a definição da Corte Superior do que sejam vícios do lançamento. Alterar os critérios de apuração da dívida, com inclusão de pessoas, períodos, fatos imponíveis ou parcelas até então não apuradas ou cobradas, por óbvio, exigiria um novo lançamento (constituição do crédito) e não a mera retificação da Certidão de Dívida Ativa.

VII Conclusões

Em síntese conclusiva, o procedimento de lançamento tributário está circundado de vários princípios voltados à garantia da vinculação à lei da atividade de cobrança fiscal e ao resguardo do direito de defesa do contribuinte. Realçou-se a importância do processo administrativo fiscal como instrumento que possibilita a participação do contribuinte na constituição definitiva do lançamento. A relação entre as partes no processo administrativo não deve ser tratada como litigiosa, mas colaborativa, tendo em vista o dever jurídico da autoridade fiscal de buscar a cobrança justa, em consonância com a verdade material. Assim sendo, é inequívoca a importância deste grau de jurisdição, que não pode ser suprimido por via de retificação de CDA para inclusão na

---

[19] AgInt no REsp 1.646.084/RJ, Rel. Ministro NAPOLEÃO NUNES MAIA FILHO, PRIMEIRA TURMA, julgado em 17.02.2020, *DJe* 03.03.2020.

execução fiscal de fatos novos. Por fim, apresenta-se retrospectiva em tópicos do que foi tratado neste artigo:

(a) O direito ao contraditório no processo administrativo fiscal é mitigado, posto que não existe paridade de armas entre as partes, uma vez que a Administração fiscal reúne as funções de autoridade autuante, parte e órgão julgador;

(b) Todavia, de nada vale todo o procedimento de impugnação e recursos administrativos com a possibilidade de produção e juntada de provas, sem que haja sobre elas a devida análise, materializada na fundamentação adequada, requisito formal do ato administrativo;

(c) A devida motivação é essencial para o aperfeiçoamento, interpretação e controle interno e externo do ato vinculado do lançamento da Administração Pública, de modo a concretizar o direito de defesa no contribuinte na esfera administrativa;

(d) São duas as razões principais para que a motivação seja obrigatória: a) a necessidade de se conhecer a interpretação dada pelo auditor à lei de imposição tributária; e b) a possibilidade de o contribuinte verificar a correta incidência da norma à situação fática;

(e) O processo administrativo fiscal tem o fim de garantir a aplicação objetiva da lei, de forma que a Administração Tributária seria desinteressada na arrecadação ilícita, não havendo propriamente litígio entre as partes, mas cooperação tendente à descoberta da verdade material;

(f) Compete à Administração fiscal provar os fatos constitutivos do seu direito de lançar o crédito. Trata-se de um dever jurídico de busca da verdade material, de modo que não há que se falar em repartição do ônus da prova. Nos casos em que há incerteza sobre a existência ou forma de ser do fato, deve-se prevalecer o princípio do *in dubio contra fiscum*;

(g) O controle do lançamento tributário somente pode ser realizado na esfera da legalidade do ato administrativo (anulabilidade), por provocação do contribuinte ou de ofício, respeitado o prazo decadencial do direito de lançar;

(h) Assegura-se, igualmente, a apreciação judicial do lançamento tributário através de inequívoco controle externo da motivação ato administrativo vinculado;

(i) A inscrição e a Certidão de Dívida Ativa devem ser retratos fiéis do lançamento, de modo que o ordenamento permite à Fazenda retificar o título para ajustá-las ao conteúdo do lançamento tributário.

(j) Por outro lado, a constituição definitiva do crédito tributário (lançamento definitivo) possui eficácia preclusiva para a Fazenda em relação aos fundamentos de fato e de direito, sendo vedada a inclusão de encargos não previstos originariamente, em face do princípio da inalterabilidade do lançamento.

(k) Portanto, alterar os critérios de apuração da dívida, com inclusão de pessoas, períodos, fatos imponíveis ou parcelas até então não apuradas ou cobradas, exigiria um novo lançamento (constituição do crédito) e não a mera retificação da Certidão de Dívida Ativa.

Referências

ARAÚJO, Florivaldo Dutra de. *Motivação e Controle do Ato Administrativo*. 2. ed. Belo Horizonte: Del Rey.

ARAÚJO, Juliana Furtado Costa. *Retificação da Certidão de Dívida Ativa. In*: CONGRESSO NACIONAL DE ESTUDOS TRIBUTÁRIOS – IBET. Sistema tributário brasileiro e crise atual. São Paulo: Noeses, 2009.

BALEEIRO, Aliomar. *Direito Tributário Brasileiro*. 11. ed. edição revista e complementada conforme a Constituição de 1988 por Misabel Abreu Machado Derzi. Rio de Janeiro: Forense, 2006.

FLAKS, Milton. *Comentários à lei de execução fiscal*. 1. ed. Rio de Janeiro: Forense, 1981.

FURTADO, Lucas Rocha. *Curso de Direito Administrativo*. 3. ed. Belo Horizonte: Fórum, 2012.

LEVATE, Luiz Gustavo; CARVALHO, Felipe Caixeta. *Lei de Execução Fiscal à luz da doutrina e da jurisprudência*. Belo Horizonte: Fórum, 2010.

NUNES, Cleucio Santos. *Curso de Direito Processual Tributário*. 2. ed. São Paulo: Saraiva, 2018.

MACHADO, Hugo de Brito. *Curso de Direito Tributário*. 40. ed. São Paulo: Malheiros, 2019.

MACHADO SEGUNDO, Hugo de Brito. *Processo Tributário*. 2. ed. São Paulo: Atlas, 2006.

MARINS, James. *Direito Processual Tributário Brasileiro*. 8. ed. São Paulo: Dialética, 2015

MELO, José Eduardo Soares. Nulidades do processo administrativo tributário. *RFDT*, Belo Horizonte, ano 12, n. 67, jan./fev. 2014.

MORAES, Bernardo Ribeiro de. *Dívida Ativa*. São Paulo: Quartier Latin, 2004.

PAULSEN, Leandro, ÁVILA, René Bergmann. *Direito Processual Tributário*: processo administrativo fiscal e execução fiscal à luz da doutrina e da jurisprudência. Porto Alegre: Livraria do Advogado, 2012.

PEIXOTO, Daniel Monteiro. *Prescrição intercorrente e a lei complementar 118/05*. In: II Congresso Nacional de Estudos Tributários. São Paulo: Noeses.

ROCHA FILHO, J. Virgílio Castelo Branco. *Execução Fiscal*: doutrina e jurisprudência. 2. ed. Curitiba: Juruá, 2003.

SILVA, Américo Luis Martins da. *A execução da dívida ativa da Fazenda Pública*. 2. ed. São Paulo: Editora Revista dos Tribunais, 2009.

SZKLAROWSKY, Leon Fredja. *Execução Fiscal*. Brasília; ESAF, 1984.

XAVIER, Alberto. *Do lançamento* – Teoria geral do ato do procedimento e do processo tributário. 2. ed. Rio de Janeiro: Forense, 1998.

Informação bibliográfica deste texto, conforme a NBR 6023:2018 da Associação Brasileira de Normas Técnicas (ABNT):

SARAIVA NETO, Oswaldo Othon de Pontes. Princípios relativos ao lançamento tributário. *In*: SARAIVA FILHO, Oswaldo Othon de Pontes; SIQUEIRA, Julio Homem de; BEDÊ JÚNIOR, Américo; FABRIZ, Daury César; SIQUEIRA, Junio Graciano Homem de; CUNHA, Ricarlos Almagro Vitoriano (Coord.). *Limitações formais e materiais ao poder de tributar*. Belo Horizonte: Fórum, 2021. p. 511-526. (Coleção Fórum Princípios Constitucionais Tributários – Tomo II). ISBN 978-65-5518-122-7.

SOBRE OS AUTORES

Agostinho do Nascimento Netto
Procurador da Fazenda Nacional. Graduado em Direito pela UFF. Mestre em Direito, Estado e Constituição pela UnB. Doutor em Finanças Públicas, Tributação e Desenvolvimento.

Américo Bedê Freire Júnior
Professor do programa de pós-graduação *stricto sensu* (doutorado e mestrado) da FDV. Doutor e mestre em Direitos Fundamentais pela FDV. Professor de Direito Processual Penal da FDV. Juiz federal titular da 2ª Vara Criminal em Vitória/ES. Professor coordenador do Grupo de Pesquisa "Hermenêutica jurídica e jurisdição constitucional" da FDV. E-mail: bede@jfes.jus.br.

Andreia Barbosa
Doutoranda em Ciências Jurídicas Públicas, mestre em Direito Tributário e Fiscal e licenciada em Direito pela Escola de Direito da Universidade do Minho. Assistente convidada na Escola de Direito da Universidade do Minho.

Andressa Gomes
Advogada. Especialista em Direito Tributário e mestranda em Direito Político e Econômico pela Universidade Presbiteriana Mackenzie/SP. Monitora acadêmica da pós-graduação *lato sensu* em Direito Tributário – FGVlaw na FGV/SP. E-mail: andressa@cdf.adv.br.

Betina Treiger Grupenmacher
Advogada. Professora de Direito Tributário da UFPR. Doutora pela UFPR. Pós-doutora pela Universidade de Lisboa e *Visiting Scholar* pela Universidade de Miami. E-mail: betina@grupenmacher.com.br.

Clotilde Celorico Palma
Doutora em Ciências Jurídico-Econômicas, com foco em Direito Fiscal, e mestre em Direito das Comunidades Europeias pela Faculdade de Direito da Universidade de Lisboa.

Edison Carlos Fernandes
Doutor em Direito pela PUC-SP. Professor do CEU/Law School. Professor de Direito da FGV/SP. Cocoordenador do Grupo de Estudos em Direito e Contabilidade da FGV/SP. Titular da Cadeira nº 29 da Academia Paulista de Letras Jurídicas. Advogado.

Fernando Masagão
Especialista em Direito Empresarial pela FGV/SP. Graduado em Ciências Jurídicas e Sociais pelas FMU/SP, Brasil. Advogado. E-mail: fernando.masagao@ marizadvogados.com.br.

Gustavo Miguez de Mello
Acadêmico da Academia Brasileira de Direito Tributário. Vice-presidente da Associação Brasileira de Direito Financeiro. Ex-expositor da Comissão The Future of the Lawyer da Union International des Avocats. Escritor. Publicou diversos trabalhos em obras jurídicas e escreveu artigos filosóficos. Advogado. Sócio fundador de Miguez de Mello Advogados. E-mail: gustavo@miguez.com.br.

Isabel Fernanda Augusto Teixeira
Diretora da União dos Juristas Católicos do Rio de Janeiro e membro da Comissão permanente de Direito Tributário. Possui curso de extensão em Contabilidade Tributária na Associação Brasileira de Direito Financeiro. Advogada no Escritório Miguez de Mello Advogados. E-mail: isabel@miguez. com.br.

João Sérgio Ribeiro
Doutor em Direito pela Faculdade de Direto da Universidade Nova de Lisboa. Mestre em Direito pela London School of Economics and Political Science. Licenciado em Direito pela Escola de Direito da Universidade Católica Portuguesa. Professor de Direito Tributário da Escola de Direito da Universidade do Minho.

José Augusto Delgado
Doutor *Honoris Causa* pela UFRN e pela Universidade Potiguar. Especialista em Direito Civil. Acadêmico da Academia Brasileira de Letras Jurídicas, da Academia Brasileira de Direito Tributário, da Academia Norte-Rio-Grandense de Letras e da Academia de Direito do Rio Grande do Norte. Integrante da Academia de Direito Tributário das Américas e do Instituto dos Advogados do Distrito Federal. Ex-professor da UCP. Professor aposentado da UFRN. Professor convidado do curso de especialização do UniCEUB. Chanceler honorário nacional do Centro de Integração Cultural e Empresarial de São Paulo, Brasil. Ex-juiz estadual. Ex-juiz federal. Ex-ministro do TSE. Ministro aposentado do STJ. Parecerista, consultor e advogado. Autor de mais de 200 artigos jurídicos nas áreas de Direito Civil, Tributário, Administrativo e Processual Civil.

Julio Pinheiro Faro Homem de Siqueira
Mestre em Direitos e Garantias Fundamentais pela FDV. Pesquisador no programa de pós-graduação em Direito da FDV no Grupo de Pesquisa "Estado, Democracia Constitucional e Direitos Fundamentais". Membro do Centro Local de Inteligência e Prevenção de Demandas Repetitivas da SJRJ. Servidor público federal na SJRJ. E-mail: julio.pfhs@gmail.com. *Curriculum Vitae*: http://lattes. cnpq.br/1936096236504255. Publicações: http://bit.ly/2XY8E8c.

Karina Borges de Almeida
Aluna especial no mestrado em Ciências Contábeis da UFES, nas disciplinas Tributação e Contabilidade e Controles Democráticos sobre a Administração Pública. Pós-graduada em Direito Civil e Processual Civil pela FESV. Graduada em Direito pela FDV. Advogada. E-mail: karina.b.almeida@outlook.com.

Kiyoshi Harada
Mestre pela UNIP. Especialista em Direito Tributário e Ciência das Finanças pela USP. Professor aposentado de Direito Financeiro da UNIP. Ex-procurador-chefe da Consultoria Jurídica do Município de São Paulo, Brasil. E-mail: kiyoshi@haradaadvogados.com.br.

Lara Carvalho Breda
Advogada. Pós-graduada em Direito Processual Civil pela FDV. E-mail: laracbreda@gmail.com.

Luís Carlos Martins Alves Jr.
Doutor em Direito Constitucional pela UFMG. Graduado em Direito pela UFPI. Professor Titular de Direito Constitucional no UniCEUB. Procurador da Fazenda Nacional, oficiando na Assessoria Especial de Assuntos Parlamentares do Ministério da Economia do Brasil.

Luiz Carlos Simões
Advogado e consultor para Assuntos Jurídicos Tributários e Negócios de Miguez de Mello Advogados. E-mail: lsimoes@miguez.com.br.

Marcelo Campos
Advogado, acadêmico e presidente do Conselho Diretor da Academia Brasileira de Direito Tributário (ABDT). Professor de Direito Tributário e Processo Tributário. Coordenador da Revista Tributária e de Finanças Públicas (RTFP). E-mail: marcelo.campos@abdt.net.

Marcus Abraham
Pós-doutor em Finanças Públicas pela Universidade de Lisboa. Doutor em Direito Público pela UERJ. Professor associado de Direito Financeiro e Tributário da UERJ. Desembargador federal no TRF2. Diretor da EMARF.

Marilene Talarico Martins Rodrigues
Especialista em Direito Tributário pelo CEU. Membro do Conselho Superior de Direito da FECOMERCIO/SP, do IASP, da Diretoria da Academia Brasileira de Direito Tributário, da Academia Paulista de Letras Jurídicas e da União de Juristas Católicos de São Paulo. Professora do CEU. Advogada.

Maurin Almeida Falcão
Pós-doutora pela Universidade de Paris I – Panthéon-Sorbonne, França. Doutora em Direito Público pela Universidade de Paris 11 – Sud, França. Professora adjunta da UCB.

Misabel Abreu Machado Derzi

Professora titular de Direito Financeiro e Tributário da UFMG e das Faculdades Milton Campos. Presidente honorária da Associação Brasileira de Direito Tributário. Consultora e Advogada.

Oswaldo Othon de Pontes Saraiva Filho

Mestre em Direito. Professor de Direito Financeiro e de Direito Tributário na Faculdade de Direito da Universidade de Brasília (UnB). Diretor científico da Revista Fórum de Direito Tributário (RFDT). Sócio sênior de serviço do escritório MJ Alves e Burle Advogados e Consultores. Ex-Procurador da Fazenda Nacional de categoria especial (aposentado). Advogado e parecerista. E-mails: othonsaraiva.filho@gmail.com; othon.saraiva@mjab.adv.br.

Oswaldo Othon de Pontes Saraiva Neto

Advogado em M. J. Alves e Burle, onde atua no contencioso estratégico nas áreas tributária e administrativa.

Paula Rosado Pereira

Doutora em Direito pela Faculdade de Direito da Universidade de Lisboa. Professora da FDUL, nos cursos de licenciatura, pós-graduação e mestrado, em disciplinas relacionadas com o direito fiscal nacional, internacional e europeu. Docente do módulo de Imposto sobre o Rendimento das Pessoas Singulares (IRS) na componente formativa de direito tributário nos 4º e 5º Cursos de Formação de Juízes dos Tribunais Administrativos e Fiscais do Centro de Estudos Judiciários. Membro da Comissão para a Reforma do IRS de 2014. Integra a lista de Árbitros em Matéria Tributária do Centro de Arbitragem Administrativa (CAAD). Advogada especialista em Direito Fiscal.

Paulo Roberto Lyrio Pimenta

Professor titular de Direito Financeiro e de Direito Tributário da UFBA. Doutor em Direito pela PUC-SP. Estágio de pós-doutoramento na Ludwig-Maximilians-Universität (Universidade de Munique, Alemanha). Juiz federal na Bahia. Professor da UCSAL.

Ramon Tomazela Santos

Doutorando e mestre em Direito Tributário pela USP. Mestre em Tributação Internacional pela Wirtschaftsuniversität Wien, Áustria. Professor convidado em cursos de pós-graduação. Autor dos livros O Regime de Tributação dos Lucros Auferidos no Exterior na Lei nº 12.973/2014 (2017), Os Instrumentos Financeiros Híbridos à luz dos Acordos de Bitributação (2017), Controversial Issues in International Tax Law (2017) e Estudos de Direito Tributário Internacional (2019). Advogado sócio do escritório Mariz de Oliveira e Siqueira Campos Advogados.

Raphael Silva Rodrigues

Doutor em Direito pela UFMG. Mestre em Direito pela UFMG. Especialista em Direito Tributário pela PUC Minas. Professor Universitário em diversos cursos de graduação e de pós-graduação *lato sensu*. Membro do Conselho Editorial da Revista Fórum de Direito Tributário (RFDT). Parecerista (Double Blind Peer Review) da RFDT. Advogado. Consultor jurídico.

Ricardo Lobo Torres (*in memoriam*)

Ricardo Mariz de Oliveira

Especialista em Direito Civil pela USP. Graduado em Ciências Jurídicas e Sociais pela USP. Advogado e consultor. E-mail: rmo@marizadvogados.com.br. ORCID: https://orcid.org/0000-0002-9120-5575. *Curriculum Vitae*: http://lattes.cnpq.br/7573756443636596.

Sacha Calmon Navarro Coêlho

Coordenador do curso de especialização em Direito Tributário das Faculdades Milton Campos. Ex-professor titular das Faculdades de Direito da UFMG e da UFRJ. Ex-presidente da Associação Brasileira de Direito Financeiro no Rio de Janeiro. Ex-procurador chefe da Procuradoria Fiscal de Minas Gerais. Ex-juiz federal. Autor do *Curso de Direito Tributário Brasileiro* (Ed. Forense). Advogado. E-mail: scalmon@sachacalmon.com.br.

Silvia Faber Torres

Doutora e mestre em Direito Público pela UERJ. Procuradora do Estado do Rio de Janeiro.

Thais de Laurentiis

Doutoranda e mestre em Direito Tributário pela Faculdade de Direito da USP, com período no Institut d'Études Politiques de Paris. Especialista em Direito Tributário pelo IBET. Graduada em Direito pela USP. Professora de cursos de pós-graduação e de extensão universitária. Conselheira do CARF.

Esta obra foi composta em fonte Palatino Linotype, corpo 10
e impressa em papel Offset 75g (miolo) e Supremo 250g (capa)
pela Gráfica Formato.